영화, 물질적 유령

친애하는 아버지에게

질베르토 페레스 카스티요

1911~1967

FILMS
AND THEIR
MEDIUM

이룬긴 미결의 장계를 위하여

장-미카르 페리시 지음
이윤영 바지수 옮김

cinelook 005

유령, 물질적 영역

GHOST
THE MATERIAL

cinelook 005

영화, 물질적 유령
이론과 비평의 경계를 넘어

지은이 질베르토 페레스
옮긴이 이후경 박지수
펴낸이 이리라

책임편집 이여진
편집 하이픈
표지 디자인 엄혜리

2024년 3월 20일 1판 1쇄 펴냄
2024년 4월 30일 1판 2쇄 펴냄

펴낸곳 컬처룩
등록 번호 제2011 – 000149
주소 03993 서울시 마포구 동교로 27길 12 씨티빌딩 302호
전화 02.322.7019 ｜ 팩스 070.8257.7019 ｜ culturelook@daum.net
www.culturelook.net

The Material Ghost: Films and Their Medium
by Gilberto Perez
© 1998 Johns Hopkins University Press
All right reserved. Published by arrangement with Johns Hopkins University Press, Baltimore, Maryland

Korean translation copyright ©2024 Culturelook Publishing Co.
This Korean edition published by arrangement with Johns Hopkins University Press,
through Agency-One, Seoul.

ISBN 979 – 11 – 92090 – 36 – 8 93680

culturelook

차례

"지난 25년간 영화 비평서 중 이만큼 흥미롭고 유익한 책은 없었다. 페레스는 영화감독, 다큐멘터리, 대중적 장르, 영화적 시점과 이야기 기법, 배우, 그리고 무엇보다 카메라 스타일에 대해 훌륭하게 서술한다. …… 그가 논의하는 뛰어난 영화들을 다시 보고 싶게 만든다. 이런 글쓰기의 미덕이란 참으로 드물다."
_ 제임스 네어모어James Naremore, 〈시네아스트*Cineaste*〉

"페레스의 책은 영화에 대한 사랑과 그 즐거움이 온전히 강렬한 지성에 놓여 있다는 점에서 일부 독자에게는 시대착오적으로 느껴질 수도 있다. 이 훌륭하고 유연하며 폭넓은 학자가 하나의 주제를 가지고 있다면, 그것은 영화라는 환영적 매체는 현실과 추상 사이에 끝없이 동요하고 있다는 것이다…… 냉소적인 이성('후기 자본주의의 공식 철학')에 대한 비판에서 눈부시게 논쟁적이며, 영화의 진실 가치를 누구보다 열정적으로 옹호한다는 점에서, 페레스는 위대한 인본주의 비평가 앙드레 바쟁의 가장 뛰어난 후계자로 보인다."
_ 〈사이트 앤 사운드*Sight and Sound*〉

"벨라 발라즈에서 V. F. 퍼킨스에 이르기까지 감각 중심적 영화 미학의 오랜 전통은 페레스의 뛰어난 책에서 그의 분석적인 면모만큼이나 완벽한 문학적 표현을 찾는다. 누가 도브젠코, 르느와르, 스트라우브– 위예에 관해 이토록 아름다운 글을 쓴 적이 있는가?"
_ 에이드리언 마틴Adrian Martin

"질베르토 페레스는 가장 탁월한 영화평론가 중 한 사람이다."
_ 조너선 로즌바움Jonathan Rosenbaum

"야심 차고, 풍부하며, 세련된 질베르토 페레스의 책은 독자를 영화의 경이로움을 발견하는 여행으로 안내한다. 수십 년간 생각하고 가르친 결실이다."
_ 스탠리 카벨Stanley Cavell

"강렬하고, 지적이며, 놀랍도록 매력적인 《영화, 물질적 유령》은 멋진 책이다."
_ 에드워드 사이드Edward Said

"통찰력 있는 분석과 우아한 글쓰기 사이의 이상적인 균형을 이룬다. 영화의 복잡성과 독자의 감수성을 동등한 이해, 배려, 존중으로 다루는 사려 깊은 비평의 모델이다."
_ 데이비드 스터릿David Sterrit, 〈크리스천 사이언스 모니터*Christian Science Monitor*〉

"키튼과 르느와르에 대한 장은 놀랍고 인상적인 서술로 가득하며, 고다르에 대한 장은 설득력 넘치는 재사유다. 잊기 힘든 통찰력이 담기지 않은 장이 없다."
_ 마이클 우드Michael Wood, 〈런던 리뷰 오브 북스*London Review of Books*〉

"플래허티의 〈북극의 나누크〉, 안토니오니의 〈일식〉, 포드의 〈황야의 결투〉, 고다르의 〈네 멋대로 해라〉. 페레스의 프레임별 분석은 항상 명료하고 활력 넘치며, 이 영화들이 처음부터 고전으로 간주된 이유를 우리에게 상기시켜 준다. 더 훌륭한 점은 페레스가 덜 알려진 영화와 감독도 발굴해 그 가치를 알려준다는 것이다⋯⋯ 영화의 절충적 혼합성은 오히려 이 책의 강점을 돋보이게 만들며, 페레스가 광범위한 주제를 다룰 수 있게 한다⋯⋯ 높은 미학적 기준을 유지하지만 페레스는 결코 영화 귀족으로 보이지 않는다. 그의 독해는 영화에 대한 진정하고도 소통 가능한 사랑에 뿌리를 둔다."
_ 조너선 보겔스Jonathan Vogels

"영화에 관한 최고의 책. 명쾌한 사고와 통찰력이 담긴 정확하고 아름다운 글쓰기를 볼 수 있을 뿐만 아니라 영화에 대한 지식으로 가득 찼다. 너무나 날카롭고 적절하게 설명되어 있어 학교에서 그리고 미래의 글쓰기에서 활용하지 않을 수 없을 정도다."
_ 레슬리 브릴Lesley Brill, 〈비평Criticism〉

"이 책은 이미 영화 비평의 중요한 이정표가 되었으며, 그 이유를 알기란 어렵지 않다. 우선, 페레스는 환영주의의 아름다움을 훌륭하게 옹호했다. 이는 수십 년간 학계가 공격적인 태도로 그것을 지배 계급의 음모로 판정한 이후, 비로소 만나게 된 멋진 태도다. 하지만 훨씬 더 중요한 것은 모든 영화 이론이 예술 형식으로서의 구체성과 특정성으로부터 시작해야 한다는 것을 이해한다는 점이다. 이 책은 스타일의 함의에 대한 저자 자신의 무한한 민감성을 보여 준다⋯⋯ 걸출한 지성의 작업이다."
_ 피터 매튜스Peter Matthews

"페레스의 이 새로운 책에 담긴 키아로스타미에 대한 서술은 내가 이 주제에 대해 읽은 것 중 최고의 논평이다."
_ 스탠리 카우프먼Stanley Kauffman

"최근 수십 년간, 테크놀로지로서 또한 예술 양식으로서의 영화의 물리적, 심리적 경험에 대해 이보다 더 명석한 재사유는 없었다. 빨리 다시 읽고 싶다."
_ 닉 제임스Nick James

"눈부시게 빛난다⋯⋯ 이 명료한 저서에서 작용하는 온전한 지성은 짜릿하다."
_ 앨프리드 구체티Alfred Guzzetti, 〈보스턴 북 리뷰Boston Book Review〉

"페레스의 지속적인 영화 사랑이 이 책을 가득 채우고 있다. 그 사랑은 로버트 플래허티의 다큐멘터리에서부터 알렉산드르 도브젠코의 혁명적인 서사시, 장 르느와르의 목가주의에까지 우아하게 움직인다."
_ 〈크로니클 오브 하이어 에듀케이션Chronicle of Higher Education〉

일러두기

- 한글 전용을 원칙으로 하되, 필요한 경우 원어나 한자를 병기하였다.
- 한글 맞춤법은 '한글 맞춤법' 및 '표준어 규정'(1988), '표준어 모음'(1990)을 적용하였다.
- 외국의 인명, 지명 등은 국립국어원의 외래어 표기법을 따랐으며, 관례로 굳어진 경우는 예외를 두었다.
- 사용된 기호는 다음과 같다.

  영화, 신문 및 잡지 등 정기 간행물 등:〈　〉

  책(단행본):《　》
- 원서는 미주로만 편집했는데, 이 책에서는 독자의 편의를 위해 저자의 보충 설명에 해당하는 내용을 본문 아래쪽에 각주(●)로 했다.
- 영화 가운데 일부는 한국에서 개봉되었을 때의 제목으로 표기하였다.

물론 비평을 하기 위해 이론가가 될 필요는 없을 것이다. 하지만 이론과 무관한 비평은 단어의 정의상 성립하기 힘들다. 대학생 시절 물리학 이론에 심취했던 이 책의 저자는 이론 물리학을 영화 이론에, 실험 물리학을 비평에 비유하지만, 영화에 관해서라면 이론과 비평의 경계는 훨씬 모호할 것이다. 비평이 언어의 일인 한, 모든 담론뿐만 아니라 개별 단어들도 대개 메타적 차원을 묵시적으로 동반하기 때문이다.

주관적인 인상 비평을 쓸 때조차, 쓰는 이도 의식하지 못하는 사이에, 그 언어들은 모종의 컨텍스트 위에서 의미화한다. 우리가 쓰는 언어의 메타적 차원 혹은 컨텍스트 혹은 전제를 묻는 작업이 이론의 일이라면, 모든 비평은 자기만의 이론을 혹은 절충된 복수의 이론들을 암묵적으로 거느리고 있다고 보는 게 맞을 것이다.

이론적 개념을 강박적으로 기피하고 비평 언어의 즉물적 감화력에 전념하는 하스미 시게히코 같은 독특한 평론가를 논외로 한다면, 1970년대의 기호학 만능주의를 혐오했던 걸출한 평론가 로빈 우드조차 이론을 배격했다기보다 "비평은 논쟁과 교육의 최상의 영역이며, 이론가는 몸을 낮춰 비평에 복무해야 한다"(《사적인 견해*Personal Views*》, 2006, 개정판 서문)라고 말하며 '이론의 복무'를 요청했다. 20세기 최고의 영화평론가이자 아직도 리얼리즘 영화 이론의 거대한 기둥으로 추앙되는 앙드레 바쟁의 치열한 탐색적 글쓰기는 아마도 비평과 이론의 가장 아름다운 상호 작용의 사례일 것이다.

물론 이런 사실을 받아들인다 해도, 한 사람의 평자에게 이론이란 여전히 버거운 영역이다. 끝이 보이지 않는 이론적 사유의 숲을 본격적으로 탐사할 엄두를 내기란 쉬운 일이 아니기 때문이다.

이 책은 1998년에 출간된 페레스의 첫 저서 《영화, 물질적 유령 *Material Ghost: Films and Their Medium*》을 옮긴 것이다. 저명한 평론가들과 여러 영화 매체들뿐만 아니라, 몇몇 동시대 석학들까지 찬사를 바친 이 책의 가치와 매력을 재론할 필요는 없을 것 같다. 다만, 역자로서도 이 책의 번역 과정 자체가 어디서도 얻을 수 없었던 설레는 배움의 연속이었음은 말해 두고 싶다.

이 책은 개념이 아니라 방법을 알려주었다. 전 시대의 기호학처럼 마스터 키 노릇을 할 수 있는 것처럼 보이는 이론적 개념 체계가 아니라, 자신이 사랑하는 영화들의 비평적 탐사를 수행하면서, 동원되는 개념들의 적확성과 컨텍스트를 질문하는 방법이었다. 그것은 비평적 방법이면서, 동시에 이론적 개념들의 비평적 재검토라는 이론적 방법이기도 했다. 예컨대 널리 수용되어 온 기호의 자의성이라는 개념이 기호의 지시성 없이는 성립할 수 없다는 것, 자의성에도 적정성이라는 기준이 적용되어야 한다는 사실을 놀라울 만큼 명료하고 간결하게 알려준다.

역자가 지닌 역량의 한계로 충분히 옮겨졌을지는 자신할 수 없지만, 질베르토 페레스의 글은 아름답다. 그의 언어는 현미경과 망원경의 시야를 혹은 클로즈업과 롱 숏의 시점을 혹은 열정적 공감과 초연한 조망을 능란한 곡예사처럼 오간다. 미려한 수사와는 무관할 그 아름다움은 아마도 엄격한 인문학적 사유와 천진한 영화광적 감수성이 결합된 유연하고도 창의적 정신에서 비롯될 것이다.

"물질적 유령"이라는, 얼핏 보기에 형용모순적인 제목에 이미 저자의 이런 유연하고도 역동적인 정신 혹은 방법이 함축되어 있다. 영화는 실재의 물리적 흔적을 보존하고 있다는 점에서 물질적이지만, 동시에 지금 여기 존재하지 않는 것들이 허구화의 공정을 거쳐 우리 눈앞에 제시되고 있다는 점에서 유령인 것이다.

정신분석학과 기호학의 시대로부터 이른바 '포스트 이론'의 시대로 진입한 1980년대 후반 이래, 이 책의 서평에서 평론가 에이드리언 마틴이 쓴 표현을 빌리면 "이론과 비평이 절망적으로 분리된 것처럼 보이는 시기"에, 이 책은 "영화 비평과 영화 이론 모두를 새롭게 할 가능성"을 보여 준다. 페레스 자신은 이 책에 실린 글들이 "이론에 계속해서 끌리면서도 오늘날 무엇을 '이론'이라 부를 수 있는가에 대해 끊임없이 회의하는 영화 비평"이라고 표현했다.

이 책에서 배울 수 있는 것은 물론 그것만이 아니다. 이 책을 관류하는 주요 개념들을 여러 영화들의 사례를 통해 설명하는 1, 2장을 제외하면, 각 장은 버스터 키튼(3장), F. W. 무르나우(4장), 알렉산드르 도브젠코(5장), 장 르느와르(6장), 존 포드(7장), 키아로스타미와 스트라우브-위예(8장), 장뤽 고다르(9장), 미켈란젤로 안토니오니(10장)에 대한 빼어난 작가론이기도 하며, 그들의 주요 작품(상대적으로 덜 다뤄져 온)에 대한 예리한 작품론이기도 하다. 특히 키튼의 열린 공간과 채플린의 닫힌 공간의 함의, 〈시골에서의 하루〉에서 르느와르가 공간과 시간을 다루는 방법에 대한 통찰, 키아로스타미의 〈클로즈업〉에서 모더니즘과 자연주의가 합일하는 순간의 포착 등은 페레스가 이론에 계속해서 끌린다 해도 결국 뼛속 깊이 영화광이며 걸출한 비평가임을 알려준다.

진실, 전체, 이상주의, 아름다움, 낭만주의 등 후기구조주의와 포스트모더니즘의 도래 이후 폄하되어 온 단어들의 가치를 도그마에 기대지 않고 복원하려는 시도 또한 빼놓을 수 없는 중요한 대목이다. 앙드레 바쟁의 몇몇 명제를 비판적으로 점검하고 있지만, 페레스를 바쟁의 진정한 후예라고 말할 수 있다면, 이 점과 무관치 않을 것이다.

이 책은 어느 장부터 읽어도 무방하지만, 몇몇 주요 개념들에 대한 페레스의 생각이 정리된 1장과 2장을 먼저 읽어 보기를 권한다. 특히 2장에 서술된 '내러티브'와 '드라마'의 구분은 페레스가 상식적인 용법과 다르게 자기만의 방식으로 정의하고 있는, 이론적인 측면에서는 이책의 핵심적 대목 가운데 하나다. (각 장의 부제는 원저에는 없으나 독자의 편의를 위해 추가했다.)

1943년 쿠바에서 태어난 질베르토 페레스는 2015년 1월 6일, 갑작스러운 심장마비로 영면했다(그의 이력은 이 책의 서론에 자세히 서술되어 있다). 두 번째 책인 《능변의 스크린: 영화의 수사학*The Eloquent Screen: A Rhetoric of Film*》은 사후 4년 뒤에 출간되었다. 여러 영화 매체들에 실린 글들을 모은 그 책은 첫 저서와 마찬가지로 작가론, 작품론, 이론의 한 분야에 정박될 수 없는 유연하고 창의적인 페레스적 글쓰기의 정점을 보여 준다.

번역 작업은 저자가 세상을 떠나기 직전인 2014년에 시작되었으나, 피치 못할 사정과 역자의 게으름이 겹쳐 오늘에서야 책이 나오게 되었다. 인내하면서 오래 기다려 준 편집진에게 깊은 감사를 드린다. 당연한 말이지만, 이 번역서에 오류가 있다면 모두 역자들의 책임이다.

페레스의 절친한 벗이자 저명한 영화학자 제임스 하비는 페레스가 떠나기 하루 전에도 그와 함께 영화 한 편(《인히어런트 바이스*Inherent Vice*》)을 보고 단골 식당에서 수다를 떨었다. 페레스의 두 번째 책에 실린 하비의 회고 중 한 구절을 옮기며 이 글을 맺는다.

1999년, 그를 처음 만난 지 얼마 안 된 어느 날, 그가 존 포드와 프레스턴 스터지스 중에 누가 더 위대하다고 생각하냐고 물었다. 나는 망설임 없이, "물론 존 포드지"라고 답했다. 우리는 그 문답이 즐거웠다. 그 질문이 그에겐 큰의미가 있었다. 내게도 역시 그랬다. 그것은 그 후로 계속 이어질 우리 만남의약속과도 같은 것이었다.

감사의 말

이 책을 쓰며 가장 큰 신세를 진 사람은 내가 사랑하고 나를 사랑하는 나의 아내이자 지적이고 다감한 동반자이며 가장 친한 친구이자 나에 관한 최고의 비평가이기도 한 다이앤 스티븐슨이다. 이 책은 수년에 걸친 작업의 산물이지만 감사의 말은 짧게 하는 편이 나을 것 같다. 내가 신세를 진 사람들을 모두 열거하자면 끝이 없을 테니까 말이다. 가족에게 감사하는 마음이야 굳이 말할 필요도 없지만, 나의 친애하는 어머니 에데니아 기예르모는 모성애 이상의 사랑과 지지를 보내 주셨기에 특별히 언급하고 싶은 분이다. 그리고 내 작업에 각별한 도움을 준 몇몇 친구들, 에밀리오 암바스, 클라우디아 벨, 로버타 북스, 잭 패럴, 어니 기어, 제러미 길버트롤프, 앨프리드 구체티, 클라라 헴필, 후아나 아멜리아 에르난데스, 빅토리아 로 홀브룩, 댄 클라인먼, 프리실라 랑게비셰와 볼프강 랑게비셰, 앤젤라 모거, 윌리엄 파크, 윌리엄 펙터, 케빈 스콧, 데이비드 샤피로, 아서 자스매리, 수사나 토레, 멜린다 워드도 언급하고 싶다. 1970년대 프린스턴대학교와 1980년대 중반 이후 세라 로런스 칼리지에서 만난 학생들을 통해서도 내가 그들에게 가르친 것만큼이나 많은 것을 그들에게 배울 수 있었다. 나를 고용해 준 기관들과 나를 필자로 써 준 매체들에도 감사를 드린다. 하버드대학교의 멜론패컬티 펠로십은 끝내 집필되지 못했으나 시간이 지나 이 책으로 변형된 원고의 집필을 지원해 주었다. 세라 로런스 칼리지로부터는 휴렛-멜론 연구비를 받아 한 학기 동안 수업 부담을 덜 수 있었고 다른 소정의 연구비로 일러스트레이션도 준비할 수 있었다. 이 책의 일부는 〈아트포럼*Artforum*〉, 〈허드슨 리뷰*Hudson Review*〉, 〈네이션*Nation*〉, 〈라리탄*Raritan*〉, 〈사이트 앤 사운드*Sight & Sound*〉, 〈예일 리뷰*Yale Review*〉 등에 실렸던 것이다.

영화감독을 작가와 비교하는 것은 부정확하다. 영화감독이 창작자라면 그는 건축가에 더 가까운 창작자다. 건축가는 자신에게 주어진 정확한 상황에 따라 설계를 해야 하기 때문이다.

— 존 포드John Ford

영화 관객은 스크린 위의 이미지를 꿈꾸는 듯한 상태로 바라본다. 그런고로 그는 물리적 현실을 그것의 구체성으로 인식할 것이다.

— 지크프리트 크라카우어Siegfried Kracauer,《영화의 이론Theory of Film》

아바나는 영화를 보며 자라기에 더없이 좋은 도시였다. 1950년대 아바나는 바티스타의 독재 아래 있었기에 좋은 시대는 아니었다. 하지만 한 소년이 영화광으로 성장하기에는 좋은 시대, 좋은 도시였다. 나의 도시에서는 전 세계에서 온 온갖 영화가 스크린 위에 펼쳐졌다. 수많은 할리우드 영화, 그리고 콧대 높은 전문가들을 위한 소수 작품만이 아닌 이탈리아, 프랑스, 러시아, 멕시코, 스페인, 남미, 일본, 인도, 스칸디나비아 등에서 온 수많은 좋은 영화들로 가득했다. 내가 가장 좋아했던 영화관 카프리에서는 정기적으로 다양한 외화로 구성된 프로그램을 상영했고, 덕분에 〈사기꾼들Il Bidone〉과 〈킬링The Killing〉 혹은 〈나폴리의 황금Gold of Naples〉과 〈파리의 미국인An American in Paris〉, 〈마담 드…Madame de…〉와 〈범죄에 대한 수필The Criminal Life of Archibaldo de la Cruz〉 같은 영화들을 나란히 놓고 볼 수 있었다. 드문 경우를 제외하고는 모두 낯선 국적의 영화였는데, 모두 국적 없는 영화였다고도 할 수 있다. 그 영화들이 펼쳐지는 곳은 스크린이라는 매혹적 타지였다. 다행히도 영화는 쿠바 관객을 위한 더빙본이 아닌 원어 그대로 상영됐다. 덕분에 나는 어릴 적부터 자막에 익숙해졌고 내게 자막은 영화 언어의 일부였다. 나아가 내가 영화를 보며 자란 때는 흑백 영화와 컬러 영화가 혼재하던 시기여서 스크린 위의 이미지를 대하기 전에 컬러 여부에 대한 선입견을 가지지 않을 수 있었다. 자연스레 어떤 영화들을 다른 영화들보다 좋아하게 되고 어떤 영화의 주제와 스타일, 기질과 접근 방식의 차이를 구분하게 됐지만, 한 영화를 언어나 컬러나 국적에 따라 차별하게 되지는 않았다.●

● 네스토 알멘드로스Néstor Almendros는 자신의 촬영 감독 경력에 관해 쓴 책에서 아바나 영화 관람 문화의 초창기에 관해 나와 비슷한 이야기를 한다.

아버지가 정착한 곳은 쿠바였다. [알멘드로스의 아버지이자 파시즘 정권의 스페인으로부터 추방당한 공화주의자였던 에르미니오 알멘드로스는 내 아버지의 친구이기도 해서 나는 어릴 적 가끔 그를 본 적이 있다. 하지만 그의 아들은 한 번밖에 본 적이 없으며 그것도 수년 뒤 뉴욕에서였다.] 아버지는 어느 정도 여력이 생기자마자 스페인에 남아 있던 우리를 불러들였다. 1948년에 나는 아바나로 가는 배에 올랐다. 거기서 대학에 들어가 철학과 문학을 배웠는데 가족을 만족시키기 위한 것이라기보다 영화에 관심이 있었던 나 자신을 위한 선택이었다. 하지만 아바나에는 시네클럽 같은 게 전혀 없었다. 바르셀로나에 있는 시네클럽 같은 것들도 없었고, 영화 전문 잡지도 북미에서 나온 영화 팬 잡지가 전부였다. 하지만 다른 한편으로 쿠바는 역설적이게도 당시 영화 관람에 더 없이 좋은 장소였다. 첫 번째로 쿠바에는 스페인과 달리 더빙이란 게 없었다. 모든 영화는 오리지널 버전에 자막만 달린 채 상영됐다. 두 번째로 당시 쿠바는 국가의 통제가 거의 없는 자유 시장이었기 때문에 배급업자들은 온갖 종류의 영화를 다 사들였다. 거기서 나는 미국 영화, 심지어 다른 나라에서는 구하기도 힘든 B급 영화도 다 볼 수 있었다. 멕시코, 스페인, 아르헨티나, 프랑스, 이탈리아 등의 영화도 많이 볼 수 있었다. 소련, 독일, 스웨덴 등의 영화를 포함해 매년 600여 편의 영화가 수입됐다.

당시, 즉 바티스타의 독재 이전 쿠바 내 검열 제도는 스페인, 심지어 미국과 비교해서도 대단히 관대한 수준이었다. 전 세계 최초로 포르노 영화가 합법적으로 상영된 곳도 코펜하겐이 아니라 아바나였음을 기억할 필요가 있다. 나아가 상업 영화관들은 동시 상영을 통해 칼 드레이어의 〈뱀파이어〉 같은 고전 영화를 틀기도 했다. 나는 그런 영화를 동네 극장에서 우연히 보게 되곤 했다. 아바나는 시네필의 천국이었다. 하지만 어떤 비평적 관점도 존재하지 않는 천국이었다.

네스토 알멘드로스가 쓴 《카메라와 함께한 나날들Dias de una cámara》(Barcelona: Seix Barral, 1982, 37~38)을 내가 번역한 것이다. 상이한 영문 번역본을 다음 책에서도 찾아볼 수 있

1940년대 뉴욕에서 영화를 보며 자란 문학도 친구가 농담처럼 "자막이 있으면 그건 예술 작품이야"라고 말한 적이 있다. 거의 자막 있는 영화만 보고 자란 내게 있어 영화는 평범하거나 형편없는 작품들 가운데 소수의 좋은 작품이 존재한다는 점에서 문학이나 회화와 다름없는 예술 매체였다. 내가 처음 영화를 본 것은 아버지와 함께였는데, 아버지는 유년기와 청소년기 내내 나의 영화 친구이기도 했다. 《우리의 세기*Nuestro Siglo(Our Century)*》란 책을 쓰기도 한 아버지는 문학과 예술에 열띤 관심을 지닌 의사로서 내게 영화와 문학이 예술적 동지 사이임이 틀림없다는 인상을 심어 주었다. 언젠가 폴린 케일Pauline Kael이 "우리가 영화에 관심을 갖게 되는 것은 영화 보기를 즐기기 때문이고, 우리가 영화 보기를 즐기는 까닭은 우리가 영화를 예술로 여기는가의 문제와는 별 상관이 없다"라고 쓴 바 있다.[1] 그녀의 문장에서 앞부분은 내 경험과 일치하지만 뒷부분은 아니다. 난 예술로서의 영화 그리고 예술과 함께 자랐는데, 그 예술은 거북하고 가식적인 것이 아니라 영화처럼 생동감이 넘치는 어떤 것이었다.

　　내가 청소년도 되기 전부터 푹 빠져 있던 최초의 예술 비평은 〈카르텔레스*Carteles*〉에 실린 영화 비평이었다. 〈카르텔레스〉는 쿠바의 〈콜리어스*Collier's*〉나 〈새터데이 이브닝 포스트*Saturday Evening Post*〉라 할 만한 주간지였다. 영화 칼럼 코너의 이름은 그냥 '씨네'였으며 한동안은 필자 이름도 달려 있지 않았다. 그런데도 일관된 비평적 논조를 띄고 있었다. 나중에서야 그 목소리의 주인이 G. 카인G. Cain임을 알게 됐다. 알고 보니 그는 아바나의 밤을 그린 뛰어난 소설 《세 마리의 슬픈 호랑이*Tres tristes tigres*》(영어 제목 역시 혀 꼬이는 *Three Trapped Tigers*)로 호평을 받은 쿠바 작가 기예

다. *A Man with a Camera*, trans. Rachel Phillips Belash (New York: Farrar, Straus & Giroux, 1984), 26~27.

르모 카브레라 인판테Guillermo Cabrera Infante였다. 내가 무엇이 영화를 운동하게 하고 영화가 어떤 종합을 거쳐 완성되는가를 주의 깊게 살피기 시작한 것도, 우리가 스크린 위에 포착된 세계를 바라보는 방식이 어떻게 카메라에 의해 결정되는가를 의식하고 처음으로 짜릿함을 맛본 것도 모두 카브레라 인판테 덕분이다. 그의 영화 리뷰는 내게 눈으로 보고 생각하는 법을 가르쳐 줬다. 그 칼럼들은 이후 1963년 아바나의 에디시오네스 레볼루시온 출판사가 G. 카인이란 저자명을 달아 《20세기의 직무 *Un oficio del siglo XX*》란 제목으로 한데 묶어 발간했다. 1965년 카브레라 인판테는 쿠바를 떠났다. 30년 뒤 거의 수정을 거치지 않은 상태로 (사실 개정할 내용도 없었지만) 《20세기의 과제*A Twentieth Century Job*》란 제목의 영문판이 나오기도 했다.[2]

이를테면 미켈란젤로 안토니오니Michelangelo Antonioni가 1955년에 만든 숨은 걸작으로 그가 1960년대에 유명한 감독이 된 뒤에도 쿠바에서는 거의 알려진 바가 없었던 〈여자 친구들*Le Amiche*〉에 대해 카브레라 인판테는 이미 이 작품의 성취에 대한 통찰과 미더운 전망을 담은 리뷰를 내놓았다. 그의 리뷰는, 일찍이 잭슨 폴록Jackson Pollock을 알아본 클레멘트 그린버그Clement Greenberg의 리뷰처럼, 동시대적 의식과 미래에 대한 예견이 맞닿아 있는 비평이었으며, 작품에 현전한 것과 잠재한 것, 안토니오니가 절제된 독창성을 바탕으로 어떤 성취를 보여 줬는가와 그가 자신의 예술적 실천을 어떤 방향으로 끌고 나갈 것인가를 동시에 짚어 낸 뛰어난 안목을 지닌 비평이었다.

많은 이가 보기에 1950년대 영화는 완전히 몰락한 예술이 아니라면 적어도 내리막길에 접어든 예술이었다. 할리우드 고전 영화는 명이 다해 가고 있었으며, 프랑스 영화의 대부분은 아카데미즘에 무릎을 꿇은 상태였고, 전후 이탈리아 영화에 생명을 불어넣었던 네오리얼리즘도 쇠퇴하고 있었다. 그러나 누가 봐도 궁핍한 시대였음에도 불구하고 1950년대는 영화 예술에 있어 가장 풍요로운 때이기도 했다. 카브레라 인판테는 당시 각국에서 이루어지고 있는 영화적 성취를 알아본 몇 안 되는 인물 중 하나였다. 이탈리아에는 네오리얼리즘에서 뻗어 나와 자신만의 새로운 자기반영적 방식으로 있는 그대로의 세계를 그리려 한 안토니오니와 페데리코 펠리니Federico Fellini가 있었고, 프랑스에는 실체적인 것을 포착하는 데 열정을 쏟은 감독 자크 베케르Jacques Becker와 재현 불가능한 것에 닿기 위해 엄밀함을 추구한 감독 로베르 브레송Robert Bresson이, 멕시코에는 고용된 상업 영화감독이 된 뒤에도 여전히 매섭고 매혹적인 작품을 만들어 내고 있는 왕년의 초현실주의자 루이스 부뉴엘Luis Buñuel이, 일본에는 고요하고 으스스한 미조구치 겐지와 변함없이 견고한 구로사와 아키라가, 인도에는 육체적이면서도 명상적인 사티야지트 레이Satyajit Ray가, 할리우드에는 앨프리드 히치콕Alfred Hitchcock과 하워드 혹스Howard Hawks와 빈센트 미넬리Vincente Minnelli 같은 거장뿐만 아니라 오슨 웰스Orson Welles와 젊은 스탠리 큐브릭Stanley Kubrick 같은 이단아들이 있었다. 이를테면 지난 시대의 걸작들을 동경한 미국의 제임스 에이지James Agee 같은 평론가와 달리 카브레라 인판테는 기대감과 가능성, 현재 진행 중인 예술이 장차 보여 줄 매혹에 대한 열렬한 기다림을 바탕으로 글을 썼다.

오늘날 내 태도는 에이지의 그것에 더 가깝다. 그가 자신의 10대 혹은 1920년대 영화를 되돌아보며 D. W. 그리피스D. W. Griffith와 찰리 채플린Charles Chaplin, 세르게이 에이젠시테인Sergei Eisenstein과 알렉산드르 도브젠코Aleksandr Dovzhenko의 영화들에서 영화 예술의 위대한 한 시대를 확인하고는 했듯, 나 역시 나의 10대, 20대를 되돌아보며 1960년대에 절정에 오른 뒤 후대의 영화들이 넘어서지 못한 영화 예술의 찬란했던 한 때를 확인하고는 한다. 에이지의 시대에도 우리 시대에도 흔치 않은 이런 태도가 주관적인 것에 불과한, 즉 감수성이 가장 예민한 나이에 경험한 너무 깊은 감흥이 만들어 낸 태도에 불과한 것일까? 주관성은 우리가 어떤 예술에 대한 반응을 형성하는 과정에 필수적인 것이지만, 반드시 객관성이 결여된 판단만을 낳는 것은 아니다. 우리가 유년기에 본 영화들에 대해 마치 첫사랑과 같은 감정을 갖는 것은 주관성의 측면에서만이 아니라 미학적인 측면에서도 중요하다. 카브레라 인판테의 책에 실린 리뷰들은 내가 영화라는 예술과 처음으로 사랑에 빠졌던 시기로 나를 되돌려 놓고는 한다.

1960년대에 내가 이 나라[미국]에 온 지 얼마 지나지 않아, 해외 영화 비평의 흐름에 보조를 맞추며 노란 표지의 1950년대 〈카이에 뒤 시네마*Cahiers du Cinéma*〉의 정신을 공유하고자 했던 카브레라 인판테의 글을 통해 내가 익히 알고 있었던 문제들이 미국 영화 비평가들 사이에서 '작가 이론auteur theory'이란 이름 아래 뜨거운 논란의 화두로 거론되고 있음을 알게 됐다. 작가 이론은 각기 다른 사람들에게 각기 다른 의미를 갖는다. 하지만 작가 이론이 영화란 감독의 예술이라는 뜻이라면, 달리 말해 특히 영화에서 그리고 대부분의 걸작 영화에 있어서 그 주조자가 바로 감독의 손임을 의미한다면, 그것은 영화도 하나의 예술이라는 주장만큼이나 오래된 생각이다.

즉각적으로 눈에 띄는 스타일을 지닌 영화감독 오슨 웰스는 작가 이론이 최고의 인기를 누렸던 20여 년 전쯤 작가 이론의 지지자이자 스스로 작가이고자 한 피터 보그다노비치Peter Bogdanovich 감독과의 인터뷰에서 보란 듯이 배우를 치켜세운 바 있다.[3] 대부분의 관객은 배우를 보려고 영화를 보러 간다. 요즘 내가 영화를 보며 느끼는 즐거움의 대부분도 배우로부터 온다. 영화를 보러 가는 이유 중에서, 배우야말로 영화 리뷰어들이 말하고자 하는 다른 어떤 이유들보다 앞설 것이다. 그러나 작가 이론의 반대자들은 대개 문학에 대한 편애가 있어 감독의 중요성을 깎아내릴 때 배우보다 시나리오 작가를 치켜세우는 경향이 있다. 그게 아니라면 영화란 수많은 손을 거쳐 완성되는 것이라는 주장에 만족해 버린다. 그들은 수많은 손을 때때로 (중세 교회의 탈개인적인 집단적 기예처럼) 긍정적으로 다루기도 하지만, 대개는 (공장 조립라인에서의 영혼 없는 동작처럼) 부정적으로 다루기 일쑤다. 작가 이론이 당시 영화 비평가들보다 더 높은 위상을 갖기 시작한 영화학자들 사이에서 비판받기 시작했을 때, 영화학자들의 목적은 배우나 시나리오 작가의 높아진 위상을 인정하려는 것이라기보다 부르주아적 이데올로기에 의해 주입된 허위의식으로서의 개인성을 배척하려는 것이었다.

그리피스는 1913년 말 바이오그래프사Biograph와 결별하면서 〈뉴욕 드라마틱 미러New York Dramatic Mirror〉에 전면 광고를 내고, 1908년부터 그때까지 자신이 바이오그래프의 고용 감독으로 있으면서 만든 영화들에 대한 자신의 저작권을 알리고자 했다. 영화사 초기에 악명 높던 바이오그래프는 물론 많은 영화사들이 배우나 감독의 이름을 대중에게 밝히지 않았다. 영화는 영화사의 상품쯤으로 여겨졌다. 이런 영화사들의 비개인적인 정책에 맞서 그리피스는 자신의 저작권과 기예를 알리고자 했던 것이다. 그가 바이오그래프에서 만든 영화들은 대단히 혁신적인 작품들이었다. 전면 광고를 통해 그는 "모션 픽처 드라마에 혁명을 일으키고 이 예술의 현대적 테크닉을 정립한" 것은 회사가 아닌 자신이었다고 주장했다.[4]

작가 이론이 나오기 오래전 이미 영화 비평가들과 영화사가들은 감독의 저작권에 대한 그리피스의 주장을 지지한 바 있다. 하지만 최근 영화연구가 학계 안에 자리 잡게 되면서 바이오그래프의 편에 서서 말하는 것이 영화 이론의 지배적 논조가 됐다. 1960년대 초 프랑스에서 수입된 작가 이론은 유행이 지난 지 오래다. 이후 수입된 프랑스 이론은 심지어 작가의 죽음을 선고했다. 예술을 한 천재적 개인의 창작 혹은 표현으로 보는 것은 철 지난 유행으로 여겨지고 있다. 대신 집단성을 중시하면서 "시스템의 천재성"●을 동경하거나, 동전의 이면과 같은 것이지만, 억압적 이데올로기에 복무하며 영화의 제작과 수용 모든 면에서 어떤 탈선의 여지도 허락하지 않는 시스템의 통제력을 배격해야 한다고 생각한다.

작가 이론의 반대자들은 작가 이론이 비역사적이라고 비판했는데, 그러한 비판은 얼마간 정당성을 가진 것이다. 작가 이론의 영향력 있는 지지자였던 앤드루 새리스Andrew Sarris는 초창기에 "영화감독들과 여타 예술가들을 그들이 속한 역사적 환경과 분리해 보지 못한다면…… 미학은 민족지학의 하위 분야로 환원될 것이다"라고 말한 바 있다.[5] 이에 폴린 케일은 "대체 그는 미학이 뭐라고 생각하는 것인가?"라고 반박했다.[6] 그리고 크리스토퍼 포크너Christopher Faulkner는 《장 르느와르의 사회적 영화The Social Cinema of Jean Renoir》란 책 서문에서 "민족지학의 편"에 서서, 개인의 창작을 강조하고 역사적 정황을 소홀히 여기는 경향의 작가 이론이야말로 부르주아적 이데올로기의 한 형태라고 지적했다.[7] 하지만 개인의

● 이는 토머스 샤츠Thomas Schatz의 책 제목이다. *The Genius of the System: Hollywood Filmmaking in the Studio Era*(New York: Pantheon, 1988). 샤츠의 책 제목은 앙드레 바쟁의 글에서 가져온 것이다. "미국 영화는 고전 예술인데, 그렇다면 어째서 고전 예술에서 가장 감탄할 만한 것, 이를테면 이런저런 감독의 재능이 아니라 시스템의 천재성, 늘 왕성한 전통의 풍요로움, 그리고 그것이 새로운 요소들과 만났을 때 나오는 생산력에 감탄하지 않는 것인가"(André Bazin, "La Politique des auteurs," *Cahiers du cinéma*, no. 70 [1957], reprinted in *English in The New Wave*, ed. Peter Graham [New York: Doubleday, 1968], 154). 바쟁이 "시스템의 천재성"이라고 했을 때 정확히 말하면 그는, 샤츠의 책 주제이기도 한 할리우드 스튜디오 시스템을 뜻했던 것이 아니라 더 거대한 어떤 것, 영화라는 매체와 관련 종사자들과 관객의 상호 작용, 할리우드의 고전 예술을 번창시킨 사회적, 문화적, 역사적 요소의 결합을 뜻한 것이었다. 샤츠의 책은 할리우드의 제작자를 그동안 간과돼온 창조적 역할자로 간주하며 자세히 연구한다. 바쟁은 자신이 가장 찬미한 영화의 수호성인으로서 에리히 폰 스트로하임을 든 바 있는데, 그런 그의 표현이, 스트로하임으로부터 〈탐욕〉을 빼앗아 난도질을 했던 어빙 탈버그Irving Thalberg를 영화의 수호성인으로 삼은 책의 제목으로 사용됐다는 것은 다소 아이러니한 일이다.

창작에 대한 강조만큼이나 역사적 정황에 대한 강조 역시 부르주아적 사고방식임을 인식해야 한다. 포크너는 예술가를 역사로부터 분리하려는 생각이 르네상스 때부터 지배적 사고로 이어져 내려온 것이라 여긴 듯하나, 새리스는 (미국 신비평가 그룹American New Critics의 뒤를 이어) 지배적인 비평적 접근법으로 오랫동안 군림해 온 역사주의에 저항하고자 한 것이었다. 포크너의 비역사적이라는 비판은 그 자체가 오히려 비역사적이다.

포스트모던한 사고의 유행은 통일성과 총체성의 관념에 대한 저항을 불러왔다. 통일성과 총체성의 관념은, 그것들이 훨씬 더 오랜 역사를 지니고 있으며 우리가 그것들에 문제를 제기할 때조차 그 관념의 틀을 벗어나 생각할 수 없는 듯 보임에도 불구하고, 부르주아적 위선, 지배 이데올로기적 사고로 간주됐다. 우리는 우리가 부분이라고 생각하는 것이 전체라고 생각되는 것에 정확히 맞아들어가지 않을 때조차 전체와 부분으로 나누어 생각하곤 한다. 포크너의 장 르느와르Jean Renoir 연구는 한편으로는 수십 년에 걸친 르느와르의 작가성을 논하는 데 통일성 개념이 갖는 문제를 제기하면서도, 다른 한편으로는 1930년대와 1940년대의 각기 다른 르느와르를 만들어 내는 데 결정적인 역할을 한 역사적 정황의 통일성이라는 전제에는 아무런 의구심을 갖지 않는다. 한 예술 작품이나 한 예술가의 작품 세계가 갖는 통일성은 전통적으로 가치 있게 여겨졌으나 현재에 와서는 부르주아적 이데올로기의 산물로서 형성된 주체의 통일성이라는 일종의 허위의식으로 평가절하되고 있다. 지각된 객체의 통일성은 지각하는 주체의 자기 통일성에 대한 감각을 뒷받침하는 것으로 간주된다. 이를테면 내가 〈전함 포템킨The Battleship Potemkin〉(1925)을 보고 통일성을 지닌 작품이라는 인상을 받았다면 그러한 인상은 나 자신이 통일적 주체라는 느낌을 길러낸다는 것이다. 하지만 〈전함 포템킨〉은 관객에게 개인성이 아니라 계급 의식, 집단적 연대와 같은 다른 종류의 통일성, 부르주아적 이데올로기인 개인주의와는 상충되는 통일성의 감각을 고양시킨다. 그렇다면 한 작가로서의 에이젠시테인을 말할 때, 그의 작품 세계의 통일성은 어떠한가? 예컨대 〈전함 포템킨〉과 〈폭군 이반Ivan the Terrible〉(1944~1946)을 각기 다른 역사적 정황의 산물이 아닌 한 개인의 작품으로 간주하는 것은 내가 나 자신의 개인성에 대한 감각 속에서 확인하는 일이다. 하지만 모든 개인과 모든 역사적 정황이 동일할 수 없는 만큼, 에이젠시테인이 속한 시대의 역사적 정황과 관련한 그의 개인성의 문제와 내가 속한 시대의 역사적 정황과 관련한 내 개인성의 문제는 추상적으로 결정되기보다 구체적으로 검토돼야 한다. 개인을 역사적 정황으로부터 분리해 생각하는 것이 이데올로기적이라면 개인을 이데올로기의 가공물이나 역사의 피조물로 위치 짓는 것 역시 그만큼 이데올로기적인 것이다. 설령 우리가 속해 있는 이 포스트모던 시대의 자아가 돌이킬 수 없을 정도로 파편화된 것이라 해도, 혹은 자아의 통일성에 관한 관념이란 그 어떤 것이든 한낱 환영에 불과하다 해도, 다른 시대와 장소에 대해서까지 마찬가지라 결정해 버릴 자격이 우리에겐 없다.

예술가에 대한 낭만적 숭배를 불러일으키며 영화가 신흥 예술로 인정받게 한 작가 이론으로부터 유행은 바뀌어 우리는 예술가를 역사와 문화와 사회의 산물로 바라보게 됐다. 비정치적이며 하나의 정책으로 제안된 작가 이론은 실은 시스템의 순응화에 저항하는 개별적 존재로서의 작가를 옹호하기 위한 정치학이었다. 작가 이론은 작가를 과대평가한 측면도 있었지만 시스템을 절대적인 법이나 다름없는 것처럼 과대평가한 다른 이론에 비하면 작가와 시스템, 개인과 사회의 관계를 변증법적으로 볼 수 있게 해 준 이론이었다. 영화를 만드는 사람은 스튜디오에 고용된 상태가 아니더라도 사회적·정치적 질서, 자신의 작품이 속한 문화와 환경에 영향을 받는다. 또한 그 영향이 아무리 폭넓은 것이라 할지라도 그가 만드는 영화나 그 영화를 보게 될 관객의 반응을 완전히 결정하지는 못한다. 영화를 만들거나 보는 데는 어느 정도의 자유가 허락되며, 관객의 자유로운 반응을 유도하는 부류의 영화가 만들어질 가능성도 얼마든지 있다. 그리고 그 어느 정도의 자유가 모든 것을 변화시킬지도 모른다.

부르주아적 개인주의를 비판하는 영화학자들은 자신이 체제에 저항적이라고 생각한다. 하지만 그들은 자본주의의 개인주의 모델이 기업적 모델에 자리를 내어 주었으며 개인주의를 비판하는 입장이 오히려 현 세계를 지배하는 기업 자본주의 논리에 더 잘 들어맞는다는 사실을 인식하지 못하고 있는 것 같다. 확실히 작가로서의 감독은 기업적인 할리우드에 잘 들어맞지 않는 개념이다. 또한 개별 작가가 할리우드 스튜디오 시스템에 잘 들어맞은 적은 한 번도 없었다는 주장도 가능한데, 이는 처음부터 제기된 작가 이론의 문제점이다. 작가 이론이 영화 제작의 실제에 들어맞지 않는다는 것이다. 하지만 그러한 지적은 논쟁의 토대를 개인주의 이데올로기에 관한 것에서 영화 산업의 환경에 관한 것으로 옮겨 버린다. 말하자면, 개별 예술가를 부르주아 이데올로기의 산물이라 말하는 것과 할리우드의 노동 환경이 개별 예술가에게 적대적이라고 말하는 것은 엄연히 다르다. 작가 이론은 개인의 예술적 재능을 소중히 여기며 그것이 영화 속에 존재한다고 주장하는 이론이다. 할리우드 내에 작가가 존재할 수 없다고 말하는 것과 어디에도 작가란 존재할 수 없으며 단지 허위의식 때문에 우리가 작가를 높이 평가한다고 말해 버리는 것은 엄연히 다르다. 작가 이론은 예술의 천재 이론을 영화에 적용한 것이다. 천재 이론은 온통 그릇된 것인지도 모른다. 그것은 빈센트 미넬리와 프랭크 보제이기Frank Borzage에 대해서만큼이나 베토벤과 미켈란젤로에 대해서도 부적합한 이론일 수 있다. 또한 영화에 적용할 수 없는 이론이거나 할리우드 영화에 적용할 수 없는 이론일 수도 있다.

1960년대 작가 이론에서 논쟁의 핵심은 영화가 감독의 예술인가라는 것보다 어떤 감독들이 작가로 간주될 만한가라는 것이었다. 에이젠시테인과 르느와르의 개인적 예술성에 대해서는 아무도 이견이 없었다. 논란의 대상은 주로 할리우드 감독들이었다. 〈카이에 뒤 시네마〉의 작가 정책이 영화 담론에 새로운 지평을 열었다면 그건 개인의 예술적 표현에 적대적이라고 여겨져 온 상업적 오락 산업에 종사 중인 일부 감독들의 예술성과 작가성을 부각시켰기 때문이다. 혹스가 대표적인 경우로, 그는 놀라운 성취를 보여 준 감독임에도 불구하고 프랑스 비평가들에 의해 재발견되기 전까지 제대로 된 비평적 관심을 받지 못했다. 히치콕도 흥미로운 경우인데, 그의 작가성은 '서스펜스의 대가'로서만 널리 알려져 있었지만, 그의 예술성은 프랑스 비평가들이 그를 진정한 거장으로 인정한 뒤에야 제대로 파악될 수 있었다.

히치콕은 스스로 홍보 전략을 구상했고 그것을 통해 자신의 연출적 인장(그리고 자기 영화에 자신의 뚱뚱한 신체를 트레이드마크처럼 몰래 끼워 넣는 방식)을 세상에 널리 알렸다. 그는 자신을 감독으로 판매했고, 그리고 자기 영화를 자신의 창작물로 판매했다. 히치콕의 영화보다 그의 영화가 수용된 방식에 대해 연구한 책인《히치콕: 명성의 제작기*Hitchcock: The Making of a Reputation*》에서 로버트 E. 캡시스Robert E. Kapsis는 히치콕이 영화의 창작자로서의 감독과 그가 "소"라고 부르기도 했던 배우들을 위해, 그리고 뛰어난 감독으로서의 자신을 위해 평생에 걸쳐 수행한 홍보 활동을 추적한다.[8] 1927년 영국에서 히치콕은 첫 번째 흥행작 〈하숙인*The Lodger*〉을 만들었는데, 이는 그가 처음으로 자신의 작품에 카메오로 출연한 영화이기도 하다. 같은 해에 이미 그는 자신의 또 다른 트레이드마크, 즉 자신이 직접 그린 자기 옆모습을 캐리커처로 배포하기 시작했다. 런던의 한 신문과 한 인터뷰에서는 "영화감독은 자신의 영화가 만들어지는 동안 그 영화와 함께 산다. 소설가에게는 소설이 자신의 상상력으로 낳은 자식이듯 영화감독에게는 영화가 자신의 아이다. 그런 의미에서 영화가 진정한 예술에 이를 때 그것이 전적으로 한 인간의 창조물임이 더욱 분명해질 것이다"라고 그는 말하기도 했다.[9] 히치콕의 자기 홍보가 상업적인 것인지 예술적인 것인지 묻는 것은 영화감독의 경력에서 두 가지가 밀접한 관계를 갖고 있다는 사실을 간과하는 일이다. 히치콕은 돈을 벌고 싶었던 만큼 예술작품을 만들기 위해 돈이 필요하기도 했다.

1950년대의 히치콕은 상업적으로 가장 고분고분한 모습을 보여 줌과 동시에 놀라운 예술성과 대담함도 보여 줬다. 내가 처음 본 히치콕 영화는 재미는 있었으나 인상적이진 않았다. 매끈하지만 얄팍한 그 영화 〈나는 결백하다To Catch A Thief〉(1955)는 확실히 상업적 계열에 속한다. 하지만 숨 막힐 듯 아름다운 〈현기증Vertigo〉(1958)도 있었다. 내겐 당대에 나온 다른 어떤 영화보다 인상적인 작품이었다. 아바나에서 내가 알고 지냈던 다른 영화광 친구들도 모두 좋아했으며, 카브레라 인판테 역시 걸작이라 칭송했다. 내가 나중에 알고 무척 놀란 사실이지만, 당시 미국에서는 이 영화에 대한 비판적 분위기가 지배적이었다고 한다. 일반적인 교양을 중시하는 사람들이 특히 고개를 저으며 이 영화에 대한 애호를 보편적이지 못한 프랑스 비평가적 취향의 난해한 일탈쯤으로 무시했다고 한다. 1958년 6월 7일 〈뉴요커The New Yorker〉에 실린 리뷰에서 존 매카튼John McCarten은 "이 작품을 제작하고 연출한 앨프리드 히치콕"이 "이제까지 이 정도로 자기 맘대로 터무니없는 영화를 만든 적은 없었다"라고 썼다. 이후에 평가는 완전히 뒤집어졌다. 오늘날 대부분의 사람들은 〈현기증〉이 걸작(이제 촌스럽게 여겨지는 이 용어를 사용하지 않더라도)임에 동의한다. 히치콕에 대한 평가는 작가 이론과 함께 부흥했으나 함께 쇠락하진 않았다. 영화 이론의 주도권을 잡은 페미니즘 이론 역시 작가 이론만큼이나 히치콕을 중요하게 여겼으며 〈현기증〉을 정전의 중심에 놓았다.

〈현기증〉은 한 남자(소년 느낌이 남아 있는 평범한 남자의 페르소나 위에 혼란의 그림자를 덧쓴 듯한 제임스 스튜어트)가 붙잡을 수 없는 사랑을 뒤쫓는 이야기다.

이 영화를 보는 관객에게, 그중에서도 특히 당시 사춘기 소년이었던 내게 동일시 대상이었던 이 남자는 한 여자(킴 노백)에게 사로잡히는데, 스크린 위에 한없이 가깝고도 아득히 멀게 비치는 그 스타의 이미지는 아름다우면서도 유령 같다. 손에 잡힐 듯 사라지는 유령 같은 여인을 좇는 남자 주인공과 마찬가지로, 카브레라 인판테는 이 영화의 "마술적 세계에 완전히 빠져들다 못해" 〈현기증〉을 "사흘 밤 연달아 홀린 듯" 보고는 "20세기 최초의 낭만주의적 작품"이라 선언했다.[10] 당시 내가 받은 느낌이 바로 그랬다. 하지만 오늘날 대체로 이 영화는 그렇게 받아들여지지는 않고 있다. 캡시스가 자신의 생각이 아닌 다른 사람들이 하는 생각을 모아 쓴, 즉 많은 사람의 합의된 의견을 전달하는 것으로 보이는 그의 책에 따르면 〈현기증〉은 "낭만적 사랑의 폐단을 비타협적으로 고발하는 영화"다.[11] 마법 세계에 빠지는 것은 좋은 게 아니라는 뜻이다. 페미니즘 이론의 첫 번째 물결은 〈현기증〉의 낭만주의를 남성적 욕망과 응시를 매혹적으로 전시하는 전형으로서 적대시했다. 하지만 〈현기증〉의 매혹을, 또한 남성적 응시를 기본 전제로 두고 그것을 책망하는 이론을 뿌리치지 못한 이들은 이 영화를 낭만주의에 대한 비판으로 재해석함으로써 "페미니즘을 위하여 이 영화를 구제"하고자 노력했다.

〈현기증〉에서 처음에는 많은 이들에게 혹평을 받았으나 나중에는 대부분의 사람들로부터 상찬을 받은 부분이 있다. 히치콕이 잘 만든 미스터리 영화의 공식을 저버리고 중간쯤에 일찌감치 사건을 해결해 버리면서 그때까지 이 영화의 중심 의식을 맡고 있었던 넋 나간 주인공으로부터 갑자기 시점을 박탈해 버리는 대목이다. 이런 대담한 선택을 통해 이 영화는 자신의 낭만주의를 탈신비화한다. 남자 주인공이 사랑한 여인이 다른 여자를 사칭한 여자에 불과했음을, 단지 그에 의해 이상화된 인물이 아니라 완전히 가공된 인물이었음을, 남자의 낭만적 집착이 낳은 산물을 연기한 바로 그 여자를 통해 우리는 알게 된다. 그가 외골수처럼 그녀를 집요하게 밀어붙이자 그녀도 어쩔 수 없이 그의 낭만적 이상에 부합하는 여인을 다시 한번 연기하기로 동의하는 모습을 보면서 우리는 일종의 공포심을 갖게 된다. 하지만 우리는 남자 주인공보다 이 상황을 더 잘 이해하고 있음에도 마음속의 알 수 없는 힘에 이끌려 그의 눈앞에 다시 나타난 아름다운 여인의 형상에 그와 똑같이 반응하게 된다. 카브레라 인판테의 감상이 캡시스가 정리한 이론적 합의보다 훨씬 더 정확하다. 〈현기증〉은 낭만주의를 탈신비화하지만 그것을 소멸시키진 않는다. 그런 점에서 이 영화는 또 한 편의 위대한 낭만적 영화, 어떤 리얼리티도 떨쳐버릴 수 없는 마법과 같은 환영과 사랑에 빠진 (남자가 아니라) 여자를 주인공으로 한 막스 오퓔스Max Ophuls의 〈미지의 여인에게서 온 편지Letter from an Unknown Woman〉(1948)와도 비슷하다.

히치콕은 그토록 엄청난 명성을 얻을 만한 감독인가? 물론 그는 높이 칭송받을 자격이 있으며, 영화를 예술로 인정하길 꺼리는 이들 사이에서는 여전히 옹호가 필요한 감독이다. 하지만 영화 담론 안에서 이 질문에 대한 답은 '아니오'인 게 분명하다. 역사상 가장 위대한 감독이라면, 오랜 시간이 흘러도 그에 대한 논문과 서적이 줄어들 기미가 보이지 않을 정도로 다른 감독들에 비해 압도적으로 많은 비평적, 학문적 관심을 받아야 하기 때문이다. 한 예술가의 최고작은 그를 평가하는 데 최선의 척도인데, 히치콕의 최고작을 보면 그가 위대한 예술가임을 알 수 있다. 영화 카메라를 사용하는 그의 화법draftsmanship(영화의 언어로 기술한다는 점에서, 프랑스인들이 선호하는 단어로는 에크리튀르écriture)은 과연 놀랄 만하다. 하지만 영화적 능숙함으로 따지자면 히치콕보다 못할 게 없는 프랭크 카프라Frank Capra는 그만큼 주목받지 못했다. (히치콕을 그리 좋아하지 않았던) 그레이엄 그린Graham Greene은 1930년대 영화들을 평한 글에서 "카프라는 카메라를 사용하는 데 천재적 솜씨를 지녔다. 그의 스크린은 늘 다른 감독들의 그것보다 두 배는 더 커 보이며 그의 편집은 에이젠시테인의 그것만큼이나 뛰어나다"라고 썼다.[12] 하지만 오늘날 카프라에 대한 관심은 〈멋진 인생It's a Wonderful Life〉(1946)에 담긴 복합적 정서와 유머에 머물러 있고, 미국인의 연례적인 크리스마스 텔레비전 시청 영화라는 이 영화의 명성에 주로 기대고 있다. 폴린 케일은 "누구도 카프라처럼 회한의 정서와 촌스러운 유머의 곡절을 균형 있게 담아내진 못한다"라고 말한 뒤 "하지만 다른 누가 그걸 배우려 든다면 죽여야 한다"라고 썼다.[13] "카프라콘Capracorn"●은 많은 이들에게 호감을 얻었지만, 거부감을 지닌 이들도 있었다. 오슨 웰스도 보그다노비치와의 인터뷰에서 카프라에 대해 "엄청난 기량"을 지녔으나 "그에겐 늘 어딘가 달달한 〈새터데이 이브닝 포스트〉 같은 느낌이 난다"라고 말한 바 있다.[14]

히치콕이 완벽한 카메라의 장인이었다면 카프라는 질감과 빛의 대가, 즉 스크린 위에 펼쳐지는 빛의 유희로서의 질감을 다루는 데 탁월한 대가였다. 예술사가 하인리히 뵐플린Heinrich Wölfflin이 제안한 이원성 duality을 영화에 적용해 말하자면, 히치콕은 정해 놓은 선에 자신의 카메라의 각도와 움직임을 정확히 맞추어 시선을 이끄는 선적인linear 감독이었고, 카프라는 광택과 섬광, 명멸하는 빛과 은은히 이어지는 빛, 누그러뜨린 빛과 널리 퍼져나가는 빛과 휘황찬란한 빛의 팔레트로 흑백 영화를 채색하는 회화적인painterly 감독이었다고 할 수 있다. 카프라 영화가 지닌 특유의 외양과 빛은 1930년대 내내 카프라의 촬영 감독이었던 조지프 워커Joseph Walker의 작업에 크게 빚졌다. 카프라의 첫 히트작이자 아무도 예상치 못한 흥행작이었던 1934년 영화 〈어느 날 밤에 생긴 일

● '카프라'와 '팝콘'을 합성한 조어로 카프라 특유의 달콤하고 대중적인 스타일을 의미한다. ― 옮긴이

It Happened One Night〉에 대해 제임스 하비James Harvey는 통찰력이 돋보이는 호평을 남긴 바 있다. 오래 기억될 만한 스크루볼 코미디이자 언제 봐도 매혹적인 대공황기 로맨스물로, 클로데트 콜베르가 도피 중인 상속녀로 출연하고 클라크 게이블이 신문 기자로 출연한 이 영화에 대해 그는 이렇게 썼다. "특히 자동차 캠핑장의 창문들을 타고 흐르는 빗줄기에서부터 게이블이 콜베르를 안아 들고 가로지르는 거칠면서도 반짝거리는 강물, 그리고 어쩌다 함께 하룻밤을 보내게 된 두 남녀 위로 달빛을 받으며 축 늘어져 있는 아치형의 건초 더미에 이르기까지, 조지프 워커의 촬영은 이 영화 속 밤의 세계에 시종일관 찬란하게 빛나는 느낌, 영화 안으로부터 빛이 흘러넘치는 듯한 질감을 부여한다."[15]

비 내리는 밤, 콜베르와 게이블은 자동차 캠핑장에서 게이블이 "제리코의 성벽"이라 부르며 걸어 놓은 담요 한 장만을 사이에 둔 채 하룻밤을 보내게 되는데, 거기에는 하비가 정확히 짚어 낸 바대로 풍부한 감정으로 빛나는 어떤 순간이 있다. 바로 어둠에 둘러싸인 콜베르의 클로즈업이다. 그녀가 이불 속에서 자세를 바꿀 때 카메라는 그녀의 촉촉한 눈망울에 반사된 빛을 아주 잠깐 보여 준다. 그것은 영화 전체에 퍼져 있는 "갈망의 공기"를 증류해 얻은 "짧지만 선명한 한 줄기 빛"이다.[16] 그리고 이어서 카프라는 그녀의 내면과 공명하는 외부를 이어 붙이는 각운의 편집으로, 즉 여주인공의 반짝이는 눈의 클로즈업 장면 다음, 갈망으로 젖은 두 눈의 형상을 닮은 창문 너머 반짝이며 흐르는 빗줄기의 롱 숏을 이어 붙임으로써, 이 순간을 완벽에 이르게 한다.

카프라의 〈어느 날 밤에 생긴 일〉, 레오 매커리Leo McCarey의 〈이혼소동*The Awful Truth*〉(1937), 혹스의 〈여비서*His Girl Friday*〉(1940), 이 세 작품은 내가 보기에 스크루볼 코미디, 혹은 스탠리 카벨Stanley Cavell이 재혼의 코미디라 부른 장르의 최고작들로,[17] 고전 할리우드의 절정기를 대표하는 이 장르의 특성을 가장 잘 보여 주는 사례들이다. 이 세 작품을 모두 조지프 워커가 촬영했다. 그는 영화사에서 가장 위대한 촬영 감독 중 하나였다. 그는 합당한 인정을 받지 못했는데, 카프라마저 그에게 공을 돌리는 데 인색했던 점은 특히 부당하게 느껴진다. 히치콕처럼 카프라도 자신의 작가성을 널리 알리고자 했다. 그가 영화감독을 고용 도우미쯤으로 취급했던 영화 산업에 맞서기 위하여 자신의 작가성을 주장한 것은 수긍할 만한 일이지만, 그가 자신의 작가성을 주장하기 위해 함께 작업한 이들의 업적을 축소한 것도 부정할 수 없는 사실이다. 1934년 아카데미 시상식을 휩쓴 〈어느 날 밤에 생긴 일〉을 시작으로 카프라는 5년간 세 번이나 아카데미 감독상을 수상했다. 1938년에는 〈타임*Time*〉의 표지를 장식하기도 했다. 그는 작가 이론이 한창 유행이었던 1971년에 발간된 자신의 자서전 제목처럼 "제목 위의 이름the name above the title"으로 널리 알려지고자 했다.[18] 그 책은 어느덧 내리막길에 접어들어 별다른 작품 활동을 하지 못하고 있었던 그에게 얼마간의 유명세를 회복시켜 주었다. 시칠리아 출신의 가난한 이민자가 영화계에서 성공한 이야기를 담은 그 책은, 그의 출세를 돕고 그의 성공에 기여한 다른 이들을 과소평가하며 자신은 의기양양하게 과대평가하는 책으로 잘 알려져 있다. 그에게 아카데미 감독상을 안겨 준 세 편의 영화를 포함해 워커가 촬영하고 로버트 리스킨Robert Riskin이 각본을 쓴 여러 영화에 대해 그는 자신이 얼마나 그들의 덕을 봤는지 제대로 인정한 바가 없다.

　당사자의 인정을 받지 못한 평전으로서, 그리 믿을 만하지 못한 자서전에 대한 장황한 반박문처럼 읽히기도 하는 《프랭크 카프라: 성공의 파국*Frank Capra: The Catastrophe of Success*》에서 조지프 맥브라이드Joseph McBride는 카프라의 사례뿐만 아니라 미국이라는 기회의 땅을 배경으로 한 자수성가 이야기 일반을 비판한다.[19] 맥브라이드는 카프라의 성공을 못마땅하게 여기며 그의 몰락에 (심지어는 카프라가 농사에 실패한 것에 대해서까지) 흐뭇해하지만 그가 그러는 것도 이해할 만하다. 카프라의 성취는 다른 이들의 성취를 기반으로 했다. 카프라의 영화는 한 사람에 의해 만들어진 것이 아니었다. 조지프 워커가 없었다면, 다른 스태프들이 없었다면, 그가 속한 사회의 예술적, 역사적 정황이 아니었다면, 카프라는 카프라가 아니었을 것이다. 그렇다고 카프라가 아무것도 아니었단 뜻은 아니다. 〈어느 날 밤에 생긴 일〉, 〈이혼 소동〉, 〈여비서〉는 조지프 워커의 영화로 볼 수도 있고, 컬럼비아픽처스의 영화로 볼 수도 있으며, 코미디 장르에 속하는 영화들로 볼 수도 있고, 특정한 시대와 장소 혹은 문화와 사회의 표현물로도 볼 수 있다. 하지만 그 영화들은 특정 영화감독의 작품이기도 하다. 작가 이론의 처방에 따라 카프라, 매커리, 혹스의 인격에까지 관심을 둘 필요는 없겠지만 그들의 예술이 스크린 위에 현존하고 있는 점은 분명한 것이다.

맥브라이드는 카프라의 정치적 성향에 대해서도 문제를 제기한다. 흔히 뉴딜 정책과 친연성이 깊다고 알려졌던 카프라는 실제 투표 때 공화당을 지지했으며, 맥브라이드는 그런 그의 정치적 위선을 고발한다. 하지만 카프라의 영화들이 카프라 혼자 만든 것이 아님을 인식함으로써 우리는 그의 개인적 정치 성향과 그의 영화들이 갖는 정치 성향을 분리해 볼 수 있다. 〈스미스 씨 워싱턴에 가다Mr. Smith Goes To Washington〉(1939)에서 카프라와 함께 작업한 각본가 시드니 버크먼Sidney Buchman은 나중에 좌파 소속으로 할리우드 블랙리스트에 오른 영화인이었으며, 이 영화에 나타난 "〈새터데이 이브닝 포스트〉식의 달달함"은 미국 정치 체제 내의 권력 부패에 대한 씁쓸한 고발과 결합돼 있다. 스미스 씨(제임스 스튜어트)는 최후의 승자가 되긴 하지만 마지막 순간에 일종의 기적에 의해 영광을 거머쥘 따름이며, 영화는 실제 현실에서 스미스 씨 같은 이상주의자는 그가 맞서고자 했던 견고한 정치적 시스템에 의해 완전히 박살이 나기 마련임을 곤혹스럽게 드러낸다. 카프라는 1970년대에 자서전을 낸 뒤 여러 대학을 순방했다. 그중 한 특강에서 나는 그에게 왜 실제로 있을 법하지 않은 힘든 해피 엔딩을 동원하지 않을 수 없을 지경이 될 때까지 스미스 씨를 몰락의 구렁텅이 속으로 몰아가야 했는지 물었다. 그가 원했다면 얼마든지 더 그럴듯한 해피 엔딩을 만들 수 있지 않았을까? 카프라는 내 질문을 내 의도와 달리 적대적으로 받아들였고 십자가에 못 박힌 예수와 패배를 통한 승리의 이야기로 답을 대신했다.

〈스미스 씨 워싱턴에 가다〉는 〈디즈 씨 도시에 가다Mr. Deeds Goes To Town〉(1936)의 뒤에 나온 작품이며, 〈존 도우를 만나요Meet John Doe〉(1941)와 〈멋진 인생〉이 그 뒤를 이었다. 일련의 연속성을 지닌 이 카프라 영화들에 대해 리처드 그리피스Richard Griffith는 "선의의 판타지"라 명명하고 "뉴딜 시대의 중산층의 정신적 딜레마를 요약해 보여 주는, 현실적 문제와 상상적 해결책의 혼합물"이라 말했다. 리스킨이 쓴 〈디즈 씨 도시에 가다〉의 각본에 비하면 버크먼이 쓴 〈스미스 씨 워싱턴에 가다〉의 각본은 갈등을 좀 더 현실적으로 다루고 있으며 그로 인해 제시된 해결책은 더 판타지적으로 보인다. "개인적 이상주의는 어떤 현실적 문제에 대한 해결책도 될 수 없다. …… 하지만 사람들은 습관적인 사고방식에 부합하는 다른 해결책을 찾을 수 없을 때 개인적 이상주의와 같은 관념을 신성시하게 된다"라고 그리피스는 지적한다.[20] 하지만 마찬가지로 리스킨이 각본을 쓴 〈존 도우를 만나요〉에서 사태는 지나치게 현실적이어서 만족스러운 해결책은커녕 판타지조차 허락할 수 없는 지경에 이른다. 그런가 하면 (크레딧에 실리지 않은 클리퍼드 오데츠Clifford Odets, 도로시 파커Dorothy Parker, 돌턴 트럼보Dalton Trumbo를 포함해) 여러 각본가들이 함께 쓴 〈멋진 인생〉에서는 심지어 해결책이 처음부터 이야기 안에 장착된 상태로 시작해 결국 천국에서 내려온 천사에 의한 궁극적 판타지 형태로 나타난다.

카프라는, 즉 한 개인이 아닌 함께 작업한 사람들의 노력과 모든 영화적 요소를 포함하는 결과물로서의 그의 영화들을 관통해 드러나는 누군가의 이름으로서 내가 부르고자 하는 영화감독 카프라는, 자신의 이상에 부합하도록 현실을 왜곡하는 이상주의자는 아니었으며, 그래서 대신 판타지적 결말에 말 그대로 날개를 다는 쪽을 택했다. 그는 흔히 포퓰리스트라고 오해받지만 사실은 그렇지 않았다. 그가 많은 애정을 가졌다고 평하는 '소시민little people'에 대한 그의 묘사에는 오히려 감상성과 우월감이 담겨 있다. 그의 정치 성향은 뉴딜 포퓰리즘보다 중산층의 노블리스 오블리주에 가까웠다. 〈멋진 인생〉의 조지 베일리(제임스 스튜어트)는 평범한 남자보다 성인군자에 가까운 인물이다. 그가 없었다면 그의 고향 마을이 어떻게 변했을지 보여 주는 악몽 같은 영상을 보면 알 수 있듯이, 그는 공동의 선을 위해 이상주의적으로 헌신하면서 홀로 책임감을 갖고 자본가의 탐욕에 맞선다. 하지만 그는 현실에서라면 실제로 강물에 몸을 던졌을 만한 실패자이기도 하다. 카프라는 자신의 이상에 대한 믿음이 넘쳐, 있는 그대로의 세계를 그 이상의 척도로 삼지 않았던 이상주의자였다.

카프라의 영화 제목을 가져와 "미국의 광기American Madness"라고 제목을 붙인 한 뛰어난 논문에서 윌리엄 펙터William Pechter는 카프라가 의식하지는 못했더라도 직관적으로는 자기 영화의 결말이 지닌 상상적 성격과 해피 엔딩이 지닌 비개연성에 대해 알고 있었을 것이라 주장한다.[21] 코미디 영화의 해피 엔딩 중에는 종종 불신의 웃음을 유발하려는 의도를 적나라하게 드러내는 아이러니한 엔딩이 많다. "피에르 보마르셰Pierre Beaumarchais의 《피가로의 결혼Le nozzo di Figaro》은 있을 법하지 않은 결말로 끝나는데 우리에게 그런 점을 깨닫고 그 상황을 아이러니하게 보게 한다"라고 에릭 벤틀리Eric Bentley는 이 작품을 또 다른 희극의 혈통과 대조하며 쓴 바 있다. "《십이야Twelfth Night》에서처럼 볼프강 아마데우스 모차르트Wolfgang Amadeus Mozart의 〈피가로의 결혼Le Marrage de Figaro〉에서도 사랑과 행복은 작품 속에서 그 나름의 리얼리티를 갖지만, 실제 삶에서 그것들이 얼마나 리얼리티를 갖느냐에 관한 문제는 냉소적이지 않은 유예 상태로 남겨진다."[22] 〈어느 날 밤에 생긴 일〉에서 사랑과 행복은 바로 그런 방식의 리얼리티, 로맨틱 코미디 방식의 리얼리티를 가진다. 하지만 〈스미스 씨 워싱턴에 가다〉와 〈멋진 인생〉은 정확히 말해 로맨틱 코미디는 아니다. (《디즈 씨 도시에 가다》는 로맨틱 코미디에 더 가깝다.) 두 영화의 해피 엔딩이 지닌 비개연성은 약간만 설정을 바꿨어도 티 나지 않게 보일 수 있었겠지만, 〈멋진 인생〉에서 주인공의 자살을 막기 위해 천사가 끼어드는 장면처럼, 우리가 도저히 눈치채지 않을 수 없을 만큼 노골적으로 드러난다. 이런 해피 엔딩을 아이러니하다고 말할 수는 없다. 알다시피 실제 삶에서 세상일이 이렇게 되지는 않는다. 하지만 우리는 얼마간의 긴장과 소망을 품은 채 우리의 불신을 유예하며 미소 지을 뿐이다.

프랭크 카프라의 이력은 작가 이론에 대한 반론으로 유용하다. 그가 천재였다면 그의 천재성은 〈멋진 인생〉 이후 소멸해 버렸다. 그러니 그의 천재성은 다른 이들의 재능, 다양한 요인과 주제, 특정 시대와 장소가 제공하는 조건이나 에너지 등에 의존했던 것이다. 하지만 몇 년 동안은 천재성과 같은 무언가가, 즉 자족적 개인의 천재성이나 스튜디오 시스템의 천재성(컬럼비아가 카프라를 메이저 감독으로 키운 게 아니라 카프라가 컬럼비아를 메이저 스튜디오로 키웠다)이 아니라, 모든 것을 종합해 스크린 위에 새겨 넣을 줄 아는 어떤 천재성이 그의 영화 속에 있었다. 영화의 각 부분은 다른 이들의 재능으로 만들어진 것이었지만, 그것들을 종합하는 재능, 영화의 각 부분이 한 편의 카프라 영화로서 스크린 위에서 함께 어울릴 수 있도록 빚어내는 재능은 의심의 여지 없이 그에게서 나온 것이었다. 영화감독이라는 직업의 성격에 대해 존 포드가 말했던 것처럼 그는 작가라기보다 건축가였던 것이다.

고등학교 졸업 후 나는 미국으로 건너와 공학도가 될 줄로만 알았다. 대학도 MIT(매사추세츠공과대학교)에 진학했다. 거기서 학교 신문에 실릴 영화평을 쓰기 시작했다. 그러다 고학년이 되어서는 〈더 테크*The Tech*〉란 잡지에 정기 칼럼도 쓰게 됐다. 학내 유머 잡지가 두 번이나 이 칼럼을 패러디하며 허세가 있다고 조롱했을 만큼 많은 호감을 산 칼럼은 아니었지만 독자층은 넓었다. 대학 내에선 나를 모르는 사람이 없었고, 난 일찍이 유명세를 맛봤다. 당시에는 몰랐으나 이미 그때부터 나는 이 책을 향한 여정을 시작했던 것이다.

공학과에서는 오래 버티지 못했다. 2학년 때는 공학만큼 실용적인 학문은 아니지만 내겐 훨씬 매력적인 학문이었던 물리학으로 전공을 바꿨다. 누군가는 물리학이 은하계와 아원자 입자, 우리의 경험 바깥 영역에 있는 것에 대한 학문이라 생각할 수도 있지만 내게 있어 물리학이 가진 매력은 나를 둘러싼 세계를 설명해 줄 수 있는 능력에 있었다. 움직이는 자전거가 넘어지지 않는 이유가 각운동량 보존 법칙과 그로 인해 회전 중인 물체가 갖게 되는 안정성 때문임을 배우며 희열을 느꼈다. 조수간만의 차에 관한 아이작 뉴턴Isaac Newton의 설명을 들었을 때도, 조수간만에 어떻게 태양보다 한참 작은 달이 더 큰 영향을 끼칠 수 있는지 이해하며 흥분을 느꼈다. 몇몇 동기들은 이런 나를 보고 달빛이 비치는 바닷가에서 로맨스는 뒷전인 채 물리 이야기에만 빠져 있는 샌님이라고 놀리곤 했지만, 내게 바다의 아름다움은 물리학적 지식을 통해 상쇄되기보다 배가되었다. 그 무렵 어떤 꿈을 꾸었는데, 꿈속에서 나는 도저히 신의 존재를 부인할 수 없을 것 같은 느낌에 휩싸였다. 그 꿈에 따르면 태양과 달 두 천체는 엄청난 크기의 차이가 나지만 지구에서 하늘을 올려다봤을 땐 정확히 같은 크기로 보이기 때문에 신은 존재한다는 것이었다. 적어도 꿈을 꾸는 동안에는 철학자들이 찾아 헤매던 신의 존재에 관한 증거를 내가 찾아낸 것만 같은 확신이 들었다.

물리학자들은 스스로를 크게 이론가와 실험가의 두 부류로 분류한다. 이론가들은 실험가들을 무시하는 경향이 있다. 갈릴레오가 피사의

탑에서 추를 떨어뜨리고 그 과정을 관찰해 아리스토텔레스를 반박한 이래 현대 물리학은 경험적 관찰을 근거로 삼아 발전해 왔다. 그런데도 스콜라 철학의 사유 방식을 물려받은 이론 물리학은 여전히 더 특권적인 위치를 점하고 있다. 알베르트 아인슈타인Albert Einstein, 제임스 클러크 맥스웰James Clerk Maxwell, 베르너 하이젠베르크Werner Heisenberg처럼 나도 이론 물리학자였다. 영국인으로서 뚜렷한 계급 의식의 소유자였던 한 과학자 친구는 나를 손에 물 묻히기 싫어하는 "신사 수학자"라 부르기도 했다. 난 그렇게 불리길 거부했다. 내가 속했던 쿠바 중산층에게 수학자는 학교에서 가르치는 사람이었고, 공학자보다 덜 존경받는 존재였다. 하지만 내가 이론가로서 지녔던 우월감을 내 친구가 꿰뚫어 본 것은 맞다. 박사 학위 종합시험에서 실험 과목을 거의 죽 쑤는 바람에 거의 낙제할 뻔한 적이 있다. 시험에 나올 만큼 수준이 높지 않은 문제에는 대비할 필요가 없다고 여겨서 생긴 결과였다. 채점관은 날 통과시켜 주면서 대신에 여름 동안 해야 할 실험 과제를 내줬다. 실험은 성공적으로 해냈지만 그 과정에서도 실수로 비싼 실험 기구를 망가뜨려 몇 주에 걸쳐 물어내야 했다. 그 정도로 실험 과학에 소질이 없었다. 그러나 나를 매혹시킨 이론은 구체적 현실로부터 동떨어진 오로지 추상적이기만 한 것이 아니라 자전거가 넘어지지 않는 이유를 설명해 주는 것이기도 했다.

이론 물리학과 실험 물리학의 관계는 영화 이론과 영화 비평의 관계와 비슷하다. 사반세기 전쯤인 1970년대에 영화는 하나의 학문 분과로서 연구되기 시작했다. 영화학은 이론을 원했다. 당시에 그리고 이후 수년간 인문학계에서 유행한 이론은 구조주의와 후기구조주의 이론이었다. 그게 영화학에서 말하는 '이론'이라는 것, 영화학이 대학 내에 자리를 잡은 이래 수년간 이 분야의 토대가 된 이론이다. 그것은 비평과 아주 동떨어져 있으며 종종 비평을 무시하려는 이론이자, 스스로 답을 알고 있다고 가정하는 (혹은 그 이론들이 애용하는 표현 중 하나를 빌리자면 '항상 이미' 답을 알고 있는) 이론이며, 스스로 궂은일을 해 가며 자신을 뒷받침할 근거를 마련하기 위해 노력하기를 싫어하는 이론이다. 그리고 그런 이론의 이론가가 가진 우월감이란, 우월감이란 게 흔히 그렇듯, 갑작스러운 출세로 생겨난 불안감에 의해 고조된 것이며 학계에 새로 입문해 지위 확보에 급급한 신참의 그것과도 같은 것이다. 그것은 관념을 우선시하면서 현실 또한 관념에 당연히 부합할 것이라고 생각한다는 점에서 다분히 관념적인 이론이지만, 스스로는 자신이 유물론적이며 다른 이론들의 관념주의나 이데올로기를 폭로하고 있다고 생각한다.

나는 이론 물리학에 끌렸던 것처럼 영화와 관련해서도 영화 이론에 끌렸다. 실험 물리학과 마찬가지로 영화 비평 또한 자신의 실천 방향을 조정하고 합리화하기 위해 명확한 초점과 구조를 지닌 이론, 영화 비평이 찾고자 하는 것과 찾은 것의 의미를 구성해 주는 가설들의 체계에 의지하기 마련이라고 생각했다. 하지만 경험에 적용 가능한 이론이 경험에 근거한 것이기도 함을 또한 믿는다. 이론은 자기 세계에 함몰되지 말아야 하며 구체적 현실과의 활기찬 상호 작용 속에서 자기 체계를 건설해야 한다. 나는 비평과의 그런 상호 작용을 기피하는 영화 이론, 용어받아쓰기에만 혈안이 된 이론과는 함께할 수 없다. 이 책은 이론에 계속해서 끌리면서도 오늘날 무엇을 '이론'이라 부를 수 있는가에 대해 끊임없이 회의하는 영화 비평들로 이루어져 있다.

구조주의 이론은 페르디낭 드 소쉬르Ferdinand de Saussure 언어학에서 영감을 얻어 그것을 언어 외의 다른 의사소통 형식으로까지 확장하고자 시도했다. 이 이론을 영화에 적용하는 데 있어선 크리스티앙 메츠Christian Metz가 가장 꾸준한 노력을 보여 줬다. 그는 영화란 엄밀히 말해 언어가 아니라고 결론지었다.[23] 하지만 영화 이론의 언어학적 경도는 계속 이어졌다. 그로 인한 결과 중 하나로, 평범한 관객은 자연스레 배우와 이 매체의 여타 드라마적 요소들에 관심을 갖는 데 반해 영화학자들은 더 이상 드라마를 떠올리지 않고 영화를 일종의 내레이션 형식으로 간주하게 된다. 내러티브와 드라마를 구별하는 전통은 아리스토텔레스로 거슬러 올라간다. 내러티브는 술회되는 것으로 스토리텔러의 말을 통해 전달되는 것이다. 드라마는 상연되는 것으로 무대 위 배우들에 의해 연기되는 것이다. 영화는 배우와 소품과 무대 배경을 토대로 한 상연의 매체로 볼 수도 있지만, 언어 지향적 이론가들은 그런 영화를 종이에 쓰인 글처럼 이야기를 전달하는 내러티브 매체로 바라본다. 이를테면 존 엘리스John Ellis는 영화란 스토리텔러의 매개를 숨기고 "현실이 스스로를 서술하는 듯한 느낌"을 주는 "역사적인 내레이션 양식"이라는 입장을 고수한다.[24] 영화의 언어적 모델에 빠져 있는 그는 허구를 현실처럼 보여 주려고 하는 기만적 시도라고 자신이 묘사하고 설명한 것이 드라마를 작동시키는 일반적인 원리임을 잘 모르는 듯하다. 드라마에서는 스토리텔러가 알려주지 않아도 누구나 일련의 행위가 관객을 위해 연기된 허구임을 이해하기 마련이다. 이 책의 2장에 나올 영화 내러티브에 대한 내 이론은 영화가 드라마와 내러티브, 상연과 매개의 중간쯤에 놓인 매체란 것이다.

소쉬르에 따르면 언어의 기호는 서로 연결된 두 부분인 기표signifier와 기의signified로 구성된다. 기표는 단어, 이를테면 나무라는 단어와 같은 것이고, 기의는 그 단어의 개념, 나무란 단어가 연상시키는 나무의 이미지와 같은 것이다. 소쉬르는 추상적 단어가 구체적 사물을 지시한다는 오래된 모델을 뒤집었다. 그에 따르면 기표 즉 단어야말로 감각적 부분이자 더 물질적인 부분이며, 기의 즉 단어가 연상시키는 이미지야말로 더 추상적인 부분이다.● 소쉬르의 모델에서는 단어가 지각에 자극을 가하는 것

● 소쉬르에게는 기표와 기의 모두 물리적인 것이라기보다는 심리적인 것이었지만, 둘 중 더 물질적인 것은 기표이고 더 정신적인 것은 기의였다. "언어적 기호는 사물과 이름을 결합하는 게 아

이고, 이미지는 머릿속에 상기되는 것이다. 이는 단어를 연구 재료로 삼는 언어학자들에게는 별 문제가 아니지만 시각 이미지 연구에 적용하는 순간 잘못 해석될 여지가 많다.[25] 소쉬르 언어학을 지그문트 프로이트 Sigmund Freud 정신분석학에 적용한 자크 라캉Jacques Lacan은 이미지를 상상계에 속한 것으로 본다. 라캉에게 상상계는, 아이가 엄마를 소유한 것처럼 혹은 자아가 세계를 소유한 것처럼 인식할 때 발생하는 원초적 나르시시즘의 거대한 환영을 의미한다. 영화 이론에 좀 더 직접적인 언어학적 접근을 시도한 뒤 라캉주의 정신분석학으로 돌아선 메츠는 영화 이미지가 "상상적 기표the imaginary signifier"라고 선언했다.[26] 무엇을 '상상적 기표'라 할 수 있을까? 메츠는 소쉬르가 기호의 감각적 부분을 지칭한 용어인 기표와, 소쉬르가 자신의 이론에서 정신에 할당한 영역을 무리하게 결합시켰다. 기의는 상상계적일 수 있으나 기표는 그럴 수 없다. 기표는 감각 기관 앞에 현전하는 기호로서 감각 기관에 의해 지각되기 때문이다. 하지만 메츠가 보기에 영화적 기표는 비어 있다. 그의 견해에 따르면, 영화 이미지는 라캉의 상상계처럼 충만함을 보여 주는 듯하지만, 실제로 그것이 우리에게 가져다주는 것은 아무것도 아닌 어떤 그림자일 뿐이란 것이다. 충만함의 환영, 부재라는 사실. 말하자면 라캉주의자들에게 영화를 본다는 것은 한순간 내가 이 세계를 다 가진 것 같다가도 다음 순간 그 세계를 완전히 잃어버린 느낌을 갖게 되는 일이다. 그러나 노엘 캐럴Noël Carroll이 관찰한 바대로, 이 이론이 지닌 문제점 하나는 우리가 스크린 위

니라 개념과 사운드-이미지를 결합한다. 후자는 물질적 소리, 완전히 물리적인 것이 아니라 그 소리의 심리적 흔적, 그 소리가 우리의 감각에 남기는 인상이다. 사운드-이미지는 감각되는 것으로서, 만일 내가 그것을 '물질적'이라고 표현한다면 오로지 그런 의미에서이며 그것을 연관된 다른 용어인 개념에, 다시 말해 일반적으로 사운드-이미지보다 추상적인 대립 항인 개념에 맞세우기 위한 것이다." (Ferdinand de Saussure, *Course in General Linguistics*, ed. Charles Bally and Albert Sechehaye with Albert Riedlinger, trans. Wade Baskin [New York: McGraw-Hill, 1966], 66).

에 재현된 것이 현실이기를 바란다고 가정해 버리는 것이다.[27] 이것은 실수다. 우리가 영화를 볼 때 느끼는 쾌락은 재현 자체가 주는 쾌락이기 때문이다.

라캉주의자들에 따르면 우리는 스크린 위의 보이는 것이 현실이길 너무 절실히 바란 나머지 거기에 현실이 없다는 자명한 사실을 스스로 부인하게 된다고 한다. 그들의 이론은 그것이 자발적인 불신의 유예가 아니라 거세 공포로 인한 환영에의 집착이라고 본다. 거세? 프로이트는 남근의 부재가 여성 성기를 보게 된 아이에게 공포심을 야기한다고 생각했으며, 물신(보통 아이가 그 직전에 본 사물로 그 여성의 속옷이나 나중에 벨벳 혹은 털로 치환되곤 하는 그녀의 음모, 혹은 발이나 신발일 경우가 많다)은 물신숭배자로 하여금 남근의 부재를 부인할 수 있게 해 주는, 잃어버린 남근의 대체물로 기능한다고 보았다. 라캉주의자들에게 우리는 모두 영화관에서 물신 숭배자가 되어 영화 이미지에 집착하며 현실의 부재를 부인하는 존재다. 《영화관에서 그것을 잃어버렸네*I Lost It at the Movies*》는 폴린 케일이 낸 첫 번째 책의 제목이다. 라캉주의자가 보기에 우리는 모두 그것을 잃어버렸다. 즉 아버지의 법에 의해 욕망의 대상에 영영 다가갈 수 없게 되고 언어의 거세 작용에 의해 세계의 육체로부터 회복할 수 없을 정도로 분리돼 있다. 영화는 우리가 여전히 그것을 갖고 있다고 스스로를 기만하게 만드는 물신인 것이다.

프로이트에게 메두사의 머리는 공포스러운 여성 성기를 상징했다. 아테나는 페르세우스에게 메두사를 절대 똑바로 쳐다봐선 안 되며 어딘가에 반사된 이미지를 통해서만 봐야 한다고 경고하면서 그 괴물을 마주쳤을 때 쓰라고 번쩍이는 방패를 선물했다. 지크프리트 크라카우어는 《영화의 이론》에서 "존재하는 모든 매체 가운데 영화만이 자연을 거울처럼 비출 수 있다"라고 썼다. "영화의 스크린이란 아테나의 번쩍이는 방패와 같다."[28] 라캉주의자들에게 그러하듯 크라카우어에게도 스크린은 일종의 거울이다. 다만 크라카우어에게는 스크린이 복제물로서, 우리가 평소에 제대로 직시하지 못하는 현실의 얼굴을 제대로 볼 수 있도록 해 주는 거울이라면, 라캉주의자들에게 스크린은 환영으로서 아이로 하여금 자아와 세계를 오인하는 장소로서의 원초적 거울을 재연한 것이다. 하지만 크라카우어나 라캉주의자 모두 스크린을 재현의 공간으로서는 제대로 파악하지 못했다. 스크린 위의 이미지는 현실의 복제도, 현실에 대한 환영도 아니다. 차라리 그것은 현실로부터 파생됐으나 현실과는 분리된 구축물, 현실과 놀라울 정도로 닮았으나 누구도 현실로 착각하는 일은 없는 평행 세계다. 스크린 위에 보이는 현실의 이미지는 아주 그럴듯해 보이지만 그것은 허구로서 그럴듯한 것이다. 우리는 현실을 대한다기보다 재현된 구축물을 대하는 태도로 그 이미지들을 대한다. 소설, 연극, 회화가 재현이라면 스크린 위의 이미지는 현실의 재현이다. 혹은 아리스토텔레스식으로 말해 모방이나 미메시스라 할 수 있다.●

그 누구도 라캉을 아주 잘 이해하진 못한다. 그건 그의 이론이 워낙 심오하거나 뭐라 말하기 어려울 정도로 모호해서 이해하기 어려운 탓일 수도 있지만, 라캉 자신이 스스로를 의도적으로 이해하기 어렵게 만든 탓일 수도 있다. 젊은 시절에 초현실주의자들과 친분을 나누기

● 《눈에 비치는 세계*The World Viewed*》(Cambridge: Harvard University Press, 1979)에서 스탠리 카벨은 사진적 이미지의 자동성automatism과 회화나 연극에서 인간이 행하는 재현 사이의 차이를 강조한다. 그 차이의 관점에서 봤을 때 그는 영화를 현실의 재현representation이 아닌 현실의 "투사projection"로 간주해야 한다고 주장한다. 난 그 차이의 중요성에 관해 카벨에 동의하지만, 그 동의를 표현하기 위해 사진적 이미지가 재현이 아니라고 말하고 싶진 않다. 카벨은 모던 예술이 재현을 포기해야 한다고 본 사조(클레멘트 그린버그와 마이클 프리드Michael Fried의 모더니즘)에 반대하여 사진적 이미지를 정당화할 필요를 느꼈지만, (마네나 세잔이나 마티스나 피카소의) 모던 아트는 재현을 포기한 것이 아니었다.

도 한 그는 평생 당혹스러움을 의도한 초현실주의적 프로그램을 유지했다.[29] 그는 중요한 사상가일 수도 있고 사기꾼일 수도 있다. 하지만 어느쪽이라 단정하기가 이렇게 어렵다는 사실 자체가 초현실적이다. 아마 그는 양쪽의 성향을 둘 다 조금씩은 갖고 있었을 것이다. 미국 학자들 사이에서 자신이 누린 인기 또한 초현실주의적 농담쯤으로 즐겼을 게 분명하다. 스스로를 이해하기 어렵게 포장하는 학자들의 목적이란 그 학문에 대해 잘 모르는 사람들이 경외심을 갖고 바라볼 만한 특별한 전문영역을 만들고 거기에 울타리를 치는 것이다. 그들은 문외한들은 물론이고 자신도 제대로 잘 모르는 용어를 내세운 뒤 나중에 그것이 학계에서 아무런 의심 없이 일반적으로 쓰이는 관용어가 된 상황에 너무나 익숙해져서 자신이 무엇에 대해 말했는지조차 모르게 된다.

라캉은 1970년대에 학계에 등장한 영화 이론에 엄청난 영향을 미쳤지만, 그러한 영향력의 상당 부분은 라캉이 쓴 수많은 논문 중에서도 단 한 편, 1949년에 발표된 거울 단계에 관한 논문에서 나온 것이다. 그리고 라캉의 영향력은 그의 정신분석 대상자였던 루이 알튀세르Louis Althusser의 영향력과 결합하면서 더 막대해졌는데, 알튀세르는 라캉이 정신분석학에 도입한 언어학적 모델을 바탕으로 마르크스주의를 재해석하려 했다. 라캉과 마찬가지로 알튀세르의 영향력도 단 한 편의 논문, 즉 이데올로기와 국가 기구state apparatuses에 관한 논문에서 나왔다. 상상계에 관한 라캉의 논문과 이데올로기에 관한 알튀세르의 논문이 영화 이론의 주춧돌이 된 두 편의 글이다. 저 두 편의 논문과 필수 어휘력만 갖추고 있으면 영화에 대해 잘 모르는 사람도 영화 이론가로서 개업할 수 있었다. 라캉의 상상계는 알튀세르적 이데올로기 개념과 결합됐다. 성인이 돼서도 거울 단계를 반복하게 만드는 것으로서 이론화된 영화 스크린은 부르주아적이거나, 가부장적이거나, 지배 이데올로기와 관련이 있다고 여겨지는 특성이라면 무엇이든 다 갖다 붙일 수 있는 이데올로기적 기구로 해석됐다. 이에 대해 라캉이 뭐라고 생각했는지는 알려져 있지 않다. 학계의 영화 이론이 라캉의 상상계imaginary와 상징계symbolic의 관계에 열중하는 동안 정작 라캉 본인은 자신이 (잘못된 방식으로든 아니든) 이해하기 너무 만만한 상대가 됐을까 봐 걱정이 들었는지 여전히 모호한 개념이기로는 마찬가지인 실재계real로 옮겨갔다.●

  라캉-알튀세르 이론의 시대는 갔다. 하지만 그 유산은 여전히 남아 있다. 일례로 페미니즘을 들 수 있다. 1970, 1980년대에 페미니즘 영화 이론은 라캉-알튀세르 이론의 용어들을 가져와 기본 틀을 만들었다. 그 용어들은 당시의 시대 흐름이나 그들의 목적에 부합하는 것이었지만 페미니즘에 꼭 필요한 용어들은 아니었다. 1975년에 나온 로라 멀비Laura Mulvey의 기념비적 논문 "시각적 쾌락과 내러티브 영화Visual Pleasure and Narrative Cinema"의 주된 요지 또한 영화 이론을 발전시키자는 것이 아니라 할리우드와 가부장주의의 연합 통치에 저항하는 영화적 실천을 요청하는 것이었다.[30] 물론 영화 이미지를 개별 영화의 내용이나 관점과는 상관없이 남성만이 즐길 수 있는 시각적 쾌락, 남성적 응시에 맞춰진 쾌락을 위한 매체로 바라보는 방식은 멀비가 이미 검증된 이론으로 상정하고 가져다 쓴 라캉-알튀세르 이론의 영향이 컸다. 그러나 니켈로디언●●

● 라캉주의적 체계에서 상상계는 우리에게 풍요로움을 주지만 상징계(언어의 세계, 법과 관습의 세계, 의미의 세계, 그리고 결핍과 거세의 세계)는 모든 것을 앗아간다. 그리고 실재계는 무엇을 하는가? 실재계는 상징화에 저항하는 것, 상징계적 질서 안의 틈, 사각지대로 정의된다. 실재계에 대한 라캉의 개념은, 직접적이지는 않더라도, 퍼스(실재계는 일종의 지표로도 보이기 때문에)를 포함하는 어떤 경로를 거쳐 칸트의 물자체 개념으로부터 파생된 것처럼 보인다. 라캉-알튀세르주의 이론은 상상계와 상징계에만 집중했지만, 더 최근의 라캉주의 이론은 실재계 그리고 상징계와 실재계의 관계에도 관심을 쏟고 있다. 이 새로운 라캉주의의 물결을 이끄는 인물은 슬라보예 지젝Slavoj Žižek으로 다음을 비롯해 여러 책을 썼다. *Enjoy Your Symptom! Jacques Lacan In Hollywood and Out*(New York: Routledge, 1992).

●● 영화사 초기에 미국에서 번성한 입장료 5센트짜리 영화관을 말한다. ― 옮긴이

이 술집을 대체하며 영화가 최고의 대중적 오락물의 지위를 누리기 시작한 이래 여성도 비록 항상 남성과 같은 영화를 좋아하는 것은 아니더라도 남성만큼이나 영화를 즐겨 보고 영화관에 자주 간다는 것은 분명한 사실이다. 새로운 페미니즘의 과제는 라캉-알튀세르주의가 득세한 시기에 나온 검증되지 않은 주장 속에서 유효한 것을 골라내고, 우리가 처한 상황에 적용 가능한 통찰을 지켜냄으로써, 우리 상황을 더 잘 이해하는 방향으로 나아가는 것이다.

"시각적 쾌락과 내러티브 영화"는 영화에 관한 논문 중 다른 어떤 논문보다도 많이 인용되고 반박되었으나 그에 관한 논쟁 중 대부분은 그 이론과 근거를 비판적으로 검토하기보다 같은 교리를 믿는 사람들끼리의 갑론을박에 머물렀다. 멀비가 이 논문에서 당연한 것으로 받아들였으나 충분히 논증하지 않은 채 자기 이론의 바탕으로 삼은 전제, 즉 영화 관객은 항상 관음증적 자세를 취한다는 전제에 대해서는 아무도 의문을 제기하지 않았다. 관음증자의 쾌락은 그(관음증자를 남성으로 이론화한 경우가 아니라면 그녀일 수도 있는)가 보아서는 안 되는 것, 혹은 그가 보도록 초대받은 적이 없는 광경을 몰래 훔쳐보는 데 기인한다. 하지만 스크린에 보이는 것은 분명히 우리가 보도록 초대된, 우리를 위해 조성된 이미지다. 경우에 따라 어떤 영화는 허구화 방식의 일환으로 우리에게 관음증적 태도를 취하게 만들기도 한다. 하지만 분명 대부분 영화는 침실에서만 진행되지 않으며, 볼 수 없도록 가로막혀 있는 광경을 엿보기 위해 지나치게 애를 쓰지도 않는다. 만약 관음증이라는 전제를 수용한다고 해도 관음증적인 자세가 남성의 전유물이라는, 역시나 제대로 검토되지 않은 가정이 여전히 문제로 남는다. 미국 무성 영화의 관객성spectatorship에 대한 연구서 《바벨과 바빌론Babel and Babylon》에서 미리암 한센Miriam Hansen은 흥미로운 사례를 드는데, 1897년 제임스 코베트와 로버트 핏츠시몬스 간의 헤비급 챔피언전을 담은 영화가 그것이다. 프로권투는 남성의 전유물이었지만 프로권투에 관한 영화는 남자들만 본 게 아니라 엄청난 숫자의 여자들도 봤다는 것이다.[31] 당시에도 아무도 예상치 못한 현상이었으며 현재의 페미니즘 영화 이론으로도 설명하기 힘든 이 영화의 여성 관객 수는, 여성 또한 스크린 위에 전시된 남성 육체의 스펙터클로부터 쾌락을 얻을 수 있다는 점과 관련이 있을 것이다. 여성이 얻는 시각적 쾌락은 남성의 그것과 분명히 다르다. 하지만 이것이 여성이 영화에서 아무런 시각적 쾌락도 얻지 못한다는 뜻은 아니다.

라캉-알튀세르 영화 이론만이 아니라 일반적으로 포스트모던 이론 자체가 영화를 포함해 예술을 행하고 즐기는 행위 전반에 근본적으로 문제점이 있다는 가정 위에 발전해 왔으며, 환영의 공급업자, 가부장제와 부르주아지의 시녀, 지배 질서의 도구로서 예술이 세상에 끼치는 해악을 이론의 주요 관심사로 다루어 왔다. 아이러니한 점은 영화가 대학 내 교육 과목이 된 것이 영화 예술이 제도적인 인정을 받기 시작했음을 알리는 신호탄으로 보였으나, 오히려 영화연구가 예술의 잘못된 점을 강조하는 방향으로 주로 발전해 왔다는 사실이다. 물론 이론이든 비평이든 예술의 아름다움을 상찬하기만 해서는 안 된다. 하지만 예술에 그리고 영화에 내가 흥미를 느끼는 이유가 그것의 잘못된 점 때문이라면 나는 영화와 예술에 이렇게 많은 시간을 할애하지 않았을 것이다. 내가 이 책을 쓰게 된 이유도 영화를 좋아하기 때문이며, 모든 영화를 좋아하는 것은 아니지만 내 인생의 상당 부분을 영화에 쏟을 만한 가치가 있을 정도로 좋아하는 영화가 많기 때문이다. 이 책에 실린 대부분의 글도 내가 좋아하는 영화에 대해 쓴 것이다.

《포스트이론Post-Theory》은 데이비드 보드웰David Bordwell과 노엘 캐럴이 라캉-알튀세르 이론과 여러 다른 포스트모던 이론들의 해체 이후 "영화 이론을 재구성"하려는 의도로 공동 편집한 논문 모음집이다.[32] 보드웰과 캐럴이 기존의 이론들을 넘어서려고 애쓰며 거기에 가한 비판

중 몇 가지에 대해서는 나도 동의하는 바다. 특히 경험적 증거를 멸시하는 이론, 체험에 바탕해 이론을 검증하려는 그 어떠한 시도도 '경험주의'로 치부해 버리며 스스로 철옹성 같은 이론이 되고자 하는 거만한 태도의 이론을 거부하는 입장에 동의한다. 하지만 보드웰과 캐럴이 영화연구에 대한 접근법으로서 더 유익한 이론이자 더 뛰어난 접근법으로 널리 알리고자 한 '인지주의cognitivism'는 '상식주의commonsensism'(갈릴레오로 하여금 납덩이건 깃털이건 상관없이 모든 물체는 같은 속도로 낙하한다는 사실을 발견하기 어렵게 했던, 상식적인 어떤 것과 관련해 당연시되는 법칙)의 문제를 내재하고 있다. 주디스 메인Judith Mayne은 보드웰과 캐럴의 인지주의가 무의식을 무시하며 정신분석학을 외면한다고 한 지적했다. 이에 대해 캐럴은 인지주의가 정상적인 것을 다루며 설명 가능한 것을 설명하는 이론인 반면, 정신분석학은 정상적인 것이 알 수 없는 이유로 인해 제대로 작동하지 않을 때만 동원되는 이론, 즉 다른 모든 이론이 실패했을 때만 활용되는 이론이라고 대응했다.[33] 나는 프로이트주의든 라캉주의든 상관없이 정신분석학 자체에 회의적인 편이지만, 상식주의적 설명이 모든 곳에 적용 가능하다는 주장에 훨씬 더 회의적이다. 정신분석학이 일상생활의 정신병리학으로 지나치게 확장된 면도 있지만, 캐럴의 상식주의는 정신분석학을 달리 설명 불가능한 것들의 영역으로 게토화해 버릴 수 있다.

이론가는 처음부터 정상적이라는 것에 근거하여 이론을 세울 수 없는데, 이는 그전에 무엇이 정상적인 것인가를 판단하기 위한 이론을 거쳐야 하기 때문이다. 그런 맥락에서 주디스 메인은, 정신분석학은 비정상적인 것을 다루는 이론으로, 인지주의는 정상적인 것을 다루는 이론으로 보는 보드웰과 캐럴의 관점을 문제시하며 이렇게 말했다.

정신분석학은 정상성이라는 바로 그 개념에 대해 근본적인 질문을 던진다. 혹자는 이른바 이상성deviance 속에서만 (이상성 없이는 혼자서 의미를 가질 수 없는

영화와 물리학

49

개념인) '정상성'을 닮은 어떤 것을 읽어 낼 수 있다는 가정에 근거하여, 정신분석학이 예외적이고 극단적 사례들을 통해서만 정상성을 읽어 낼 수 있는 이론이라고 말할 수도 있다. 하지만 가장 급진적 형태의 정신분석학에 핵심적 성찰은 정상성이라는 개념 자체가 실로 취약한 개념이란 사실이다.[34]

우리의 통념을 정상적인 것으로 보는 이론은 현 상태를 승인할 따름이지 그것에 문제를 제기하는 이론은 아니다. 하지만 그렇다고 해서 정신분석학이 우리의 통념에 문제를 제기하기 위한 최고의 방법인 것도 아니다. 영화연구와 관련해 정신분석학주의자도 아니고 인지주의자도 아닌 나의 접근 방식은 주로 정상성에서 벗어난 이상한 작품에 주목하는 것이다. 이는 그런 작품들이 가장 흥미로운 작품들이어서만이 아니라 그런 작품들이 영화가 작동하는 방식을 비롯해 이 매체의 속성과 가능성에 대해 가장 많은 것을 알려주는 작품들이기도 하기 때문이다.

개별적인 것들에 주목할 필요가 없다고 보는 라캉-알튀세르주의자는 현실의 환영이란 일반적으로 이데올로기의 기만성을 품고 있기 때문에, 영화가 우리에게 제공하는 것도 현실의 지각이라는 오인을 초래하는 재현일 뿐이라고 주장한다.● 나는 동의하지 않는다. 영화는 우리에게

● 라캉-알튀세르주의 이론의 중심이 된, 영화적 장치에 관한 두 편의 에세이에서 장루이 보드리Jean-Louis Baudry는 장치 자체, 환영을 생산하는 기계 자체가 영화의 이데올로기적 효과를 일으키는 주범이라고 주장한다. 그에 따르면 장치의 이데올로기적 효과는 그것을 누가 어떻게 사용했는지에 상관없이 장치 자체에 내장돼 있는 것이다. 보드리의 두 에세이, "Ideological Effects of the Basic Cinematographic Apparatus"(1970)와 "The Apparatus: Metapsychological Approaches to the Impression of Reality in Cinema"(1975) 모두 다음에 재인쇄됐다. *Narrative, Apparatus, Ideology: A Film Theory Reader*, ed. Philip Rosen (New York: Columbia University Press, 1986), 286~318. 주디스 메인은 다음과 같이 쓰고 있다.

보드리는 1975년에 쓴 에세이 "장치The Apparatus"의 결말에 이르러 영화에 구현된 욕망과

지각의 재현을 제공한다. 그건 실감 나긴 하지만 직접 지각된 현실이 아닌 현실을 재현한 허구로서 실감 나는 재현이다. 그리고 우리가 개별적인 것들에 주의를 기울일 필요가 있는 것은 그것들에 내재한 의미 때문만이 아니라 그것들을 통해 우리가 일반적인 것에 대해 더 잘 알 수 있기 때문이기도 하다. 보드웰과 캐럴이 라캉-알튀세르 이론의 거만한 일반화에 정면 도전한 것은 옳지만, 그들 역시 이론이 개별적인 것들과는 별 관계가 없다고 믿는 것처럼 보인다. 캐럴에 따르면,

> 영화 해석interpretation은 문제적이거나 난해한 사례들, 혹은 걸작들 중 특별히 뛰어난 사례들을 다루는 반면, 영화 이론은 일반적인 사례를 논한다. 영화 해석이 이상한 것, 즉 정상적인 것을 거스르거나 넘어서거나 재고하게 만드는 것들을 다루는 일을 본연의 소명으로 삼는다면, 영화 이론은 규칙성과 정상성을 추적한다.[35]

캐럴이 영화 해석이라고 부르는 것이 내가 영화 비평이라 부르는 것이다. 나는 어떤 식으로든 이론을 비평이나 해석으로부터 분리시킬 수 있다고 믿지 않는다. 문제적이거나 난해한 사례들, 대단히 뛰어난 작품들이야말로 오래된 이론에 문제를 제기하고 새로운 이론을 도출해 낼 수 있도록 이끌어 주기 때문이다. 일반적인 것을 거스르거나 넘어서거나

관련해 지나치게 포괄적인 여러 주장 중 하나를 내놓는다. 그가 말하긴 "주체에게 재현에 불과한 것을 진정한 지각처럼 제공할 수 있는 시뮬레이션 기계를 건설하고자 하는 소원"이 "영화의 긴 역사"를 예비해 왔다. 만일 영화 장치가 주체를 최면 상태, 복종적인 환상의 상태로 유지한다면 영화 제도라는 권력의 가장 중요한 표식 중 하나는 다름 아닌 지각과 재현의 혼동이라는 것이다. 그의 가정은 강력한 힘을 지닌 재현 체계만이 아니라 이 체계의 환영에 사로잡힌 관객까지 겨냥하고 있으며, 모든 지각 행위는 유예되거나 적어도 기계에 의해 선동된 퇴행적 욕망에 예속된 것이다(Mayne, *Cinema and Spectatorship*, 55).

재고하게 만드는 이상한 것들이야말로 이 책이 비평과 이론의 결합을 통해 다루고자 하는 대상이다.

재현은 컨벤션convention에 의존한다. 컨벤션은, 종종 문제적이지만 항상 필수적인 관행practice을 설명하기에 적절한, 문제적이면서도 필수적인 용어다. 컨벤션은 수용되고 동의된 다음 확립된다. 레이먼드 윌리엄스Raymond Williams가 논한 바 있듯, '관습적인conventional'이란 용어는 낭만주의자들이 예술에 정해져 있는 규칙을 깨부술 예술가의 권리를 강조한 이래 부정적 의미로 사용돼 왔다. 하지만 그가 쓴 것처럼, 예술가는 "오직 또 다른 컨벤션을 따르거나 만들어 내기 위해 기존의 컨벤션을 버릴 뿐이다."[36] 예술에서 컨벤션은, 이를테면 정지를 의미하는 신호등의 빨간불처럼 정해져 있는 규칙에 불과한 것이 아니라, 관객과의 동의, 즉 한 작품이 무엇을 보여 줄 것이며 그것을 어떤 방식으로 보여 줄 것인가에 대해 관객과 합의한 바이기도 하다. 이미 잘 알려져 있는 컨벤션이든 새롭게 시도된 대담한 컨벤션이든 간에 관객이 그것을 잘 이해할 수 있으려면 관객의 동의를 구해야 하며 관객에게 컨벤션으로 수용되어야 한다. 가장 관습적인 작품도 이미 이런 컨벤션은 잘 알려져 있겠거니 하고 안심할 수는 없으며 관객이 봤을 때 그 컨벤션이 컨벤션으로 기능할 수 있도록 만들어야 한다. 심지어 가장 혁신적인 작품조차 컨벤션을 간단히 무시해 버릴 수는 없으며 그 작품의 혁신성을 관객이 수용할 수 있도록 협상을 벌여야 한다. 비록 관객이 그것을 수용해 줄지를 확신할 수 없으며 관객이 수용해 줄 때까지 끝없는 협상을 벌여야 할지라도 말이다. 영화를 보는 관객이 그 영화가 사전 설정한 위치에 가 있을 것이라고 상정하는 이론은 관객이 꼭 영화가 이끄는 대로 따라갈 필요는 없다는 사실, 관객이 심지어는 영화에 등을 돌릴 수도 있다는 사실, 영화가 원하는 방식대로 관객과 소통하려면 관객의 동의를 얻어야만 한다는 사실 등을 무시하곤 한다.

소쉬르는 언어 기호가 자의적이라고 했다. 이에 레이먼드 윌리엄스는 "나는 (언어 기호가) 자의적이 아니라 관습적이라고 본다"라고 대응하며 "컨벤션은 사회적 과정의 결과물"이라고 답했다.[37] 하지만 소쉬르에게 모든 컨벤션은 그것이 사회적 혹은 인간적 동기에 의해 만들어진 것일 때조차 본질적으로는 자의적이며, 규칙에 의해 확정되는 것이다. 그리고 그는 언어가 가장 독창적이며 이상적인 표현 체계라고 생각했는데, 그건 그가 언어를 완전히 자의적인 것으로 간주했기 때문이다.[38] 기호의 자의성, 즉 모든 컨벤션 및 표현을 규칙에 의해 정해진 '코드'의 문제로 보는 관점은 구조주의자들과 후기구조주의자들이 신념처럼 간직해 온 생각이다. 어떤 기호가 만들어진 동기를 밝혀내려는 모든 시도(예컨대 하나의 시각적 이미지가 그것이 재현하는 대상과의 유사성에 의해 동기화된다는 사실)를 그들은 자의성을 은폐하기 위한 행위로 봤다. 그들은 자의성에 대한 자각을 통해 변화의 가능성을 인식할 수 있다고 생각했다. 하지만 어떤 방향으로 변화한다는 말인가? 만약 우리의 모든 컨벤션과 표현 체계, 그리고 우리의 모든 인간적 교류가 자의적일 뿐이라면, 더 많은 자의성이 있을 뿐 더 나은 것이란 있을 수 없으며, 따라서 더 나은 방향으로의 변화란 것도 없을 것이다.

낭만주의자들은 자연적인 것이 아니라는 이유로 컨벤션에 저항했다. 하지만 아리스토텔레스와 같은 고전 철학자는 자연과 문화를 상반된 것으로 보지 않았으며, 컨벤션 또한 인간적인 것이기에 곧 자연적이기도 한 것으로서 잘못된 게 아니라고 보았다. 그나마 낭만주의자들은 자연과 문화를 서로 상반하는 것으로 생각하긴 했어도 인간이, 그중에서도 특히 예술가가, 자연과 문화를 잇는 가교가 되어 자연을 문화 속으로 통합할 수 있다고 보았다. 구조주의자들과 후기구조주의자들은 자연과 문화를 대립시킨 낭만주의적 견해와 컨벤션을 자의적인 것으로 본 낭만주의적 관점을 열렬히 계승했다. 하지만 그들은 가교도 처방도 대안도 알지 못한다. 그들은 자의성을 모든 인간적인 것까지 확장시킨다. 당연히 그들이 보기에 개인은 자연의 담지자가 될 수 없으며, 예술가는 그와 가장 거리가 먼 존재다. 예술가란 차라리 전적으로 자의적인 문화의 산물이다.

기호의 자의성에 반론을 제기하기 위해서는 코드와 컨벤션을 구분하는 것이 중요하다. 코드는 따라야 하는 규칙이며 컨벤션은 도출돼야 하는 합의다. 코드는 반드시 컨벤션이기도 하지만 컨벤션이 반드시 코드인 것은 아니다. 종교 회화에서 성인을 가리키는 후광이나 구식 멜로드라마에서 악당을 가리키는 콧수염처럼 예술의 컨벤션이 코드인 경우도 가끔 있지만, 보통은 그렇지 않은 경우가 더 많다. 캐럴은 둘을 구별하지 못한다. 그는 구조주의와 후기구조주의에 대해 비판적인 입장임에도 불구하고 컨벤션을 완전히 자의적인 것으로 이해하는 그들의 시각만큼은 답습하고 있다. 그는 원근법은 컨벤션이 아니라는 입장을 고수하는데, 그 이유는 다음과 같다.

> 컨벤션이란 동일한 효과를 낼 수 있는 여러 방법 가운데 채택된 것이며 우측 도로 주행이나 좌측 도로 주행처럼 한 가지 안이 채택되고 다른 안이 채택되지 않는 것은 아무래도 상관없는 사소한 문제일 뿐이다. 하지만 원근법이 공간적으로 더 정확한 것이라면, 그것은 우리 눈에 보이는 공간적 구조를 이미지로 옮기는 수많은 방법 중 임의로 채택된 한 가지 방법이라 할 수 없다.[39]

연극에서 독백은 컨벤션이 분명하다. 하지만 자의적이진 않다. 그것은 실제 삶에서 우리가 아는 누군가가 남들 몰래 우리에게만 비밀을 털어놓을 때와 비슷해 보이게 만든 것이다. 그리고 햄릿의 생각을 윌리엄 셰익스피어William Shakespeare가 쓴 독백 형태로 표현하느냐 아니면 무대 뒤에서 모스 부호로 표기하느냐 하는 것은 아무래도 상관없는 문제가 아니다. 마찬가지로 원근법도 자의적이지 않다. 그것은 실제 삶에서 우리가 매 순간 어떤 공간 내 특정 위치에서 사물을 지각하는 방식과 비슷해 보이게 만든 것이다. 하지만 그렇다고 원근법이 컨벤션이 아니라고 할 수는 없다. 독백이 컨벤션임을 알아채기는 쉬워졌는데, 그것은 요즘 거의 사용되지 않기 때문이다. 그에 비하면 원근법은 르네상스 때 고안된 것이긴 하지만 오늘날까지도 컨벤션으로서 유효하며 그만큼 자연스럽게 보인다.

빨간불 앞에서는 정지하고 도로에서는 우측 차선으로 달려야 한다는 규칙은 경찰에 의해 집행된다. 하지만 예술에는 예술의 규칙을 강요하는 경찰이 없다. 예술은 우리에게 그러한 규칙들을 컨벤션으로 받아들여 달라고 요청하며 우리의 동의를 얻을 만한 규칙들을 만들어 나갈 따름이다. 원근법에 따라 찍힌 사진은 보는 이에게 단일 시점에 의한 재현 방식을 수용해 달라고 요청한다. 왜 그러한 수용이 필요한가? 사진이란 실제로 눈에 보이는 대로 찍혀 있는 것이 아니던가? 그러나 사진은 실제가 아니다. 실제로 우리의 시야는 우리가 위치한 곳에서 볼 수 있는 것들에 제한돼 있지만, 사진은 수없이 많은 다른 방식을 통해 사물을 재현할 수 있다. 사진이 한 개인의 지각에 맞춰 스스로의 한계를 설정한다면 그 선택은 우리의 수용을 획득해야 한다. 르네상스 시대에 원근법이 적극적으로 수용된 것은 그것이 인본주의의 세계관을 분명히 표현했기 때문이다. 단일 시점을 통해 표현된 그림은 눈앞에 펼쳐지고 있는 세계와 그것의 의미가 한 개별적 인간의 응시에 종속된다는 느낌을 전달함으로써, 그것을 보는 개인이 풍경을 장악하고 있다는 감각을 제공한다. 이후에 원근법은 그런 감각의 한계 혹은 시야의 제한성을 강조하는 방식으로 사용되기도 했다. 어느 쪽이 됐든 원근법을 사용한 작품은 한 인간의 눈에 보일 만한 것들만을 보여 주면서 우리가 그것에 동의하기를 요청한다. 원근법이 사진적 혹은 회화적 컨벤션인지, 우리가 실제로 보는 방식을 정확히 표현한 것인지에 관해선 많은 논란이 있어 왔다. 이 논란과 관련해 에르빈 파노프스키Erwin Panofsky와 E. H. 곰브리치E. H. Gombrich는 반대 입장을 취했다. 둘 다 일리가 있다. 원근법은 (우리가 보는 것을 완벽하게 표현한 것은 아니나 충분히 가깝게 표현한 것으로서) 정확한 표현법이기도 하고 컨벤션이기도 한 것이다. 사물을 바라보는 다른 방법으로서가 아니라, 한 개인의 시점을 재현하는 방법으로서의 원근법이 갖는 정확도야말로 원근법을 컨벤션으로 만들고, 동시에 그것에 대한 상반된 견해를 낳은 이유다.

《영화의 이론Theory of the Film》에서 벨라 발라즈Béla Balázs는 영화에서 클로즈업된 인간의 얼굴을 통해 상연되는 "무성의 독백"에 관해 다음과 같이 쓴 바 있다.

극 중 인물이 혼자가 된 순간 …… 극 중 인물이 가장 솔직해지는 순간인 그때에 그가 독백을 하지 않으면 침묵만 지킬 수밖에 없음에도 불구하고 현대 연극은 더 이상 독백을 사용하지 않는다. 요즘의 대중은 유성의 독백을 견딜 수 없어하는데, '부자연스럽다'는 것이 그 이유인 듯하다. 오늘날 우리는 영화를 통해 무성의 독백을 얻게 되었으며, 영화에서 인간의 얼굴은 부자연스럽게 보이거나 관객에 거부감을 일으키지 않으면서 가장 미묘한 의미까지도 표현할 수 있게 됐다. 이 고요한 독백 속에서 고독한 인간의 영혼은, 본능적이고 무의식적인 방식으로 표현된다는 점에서 어떤 유성의 독백보다도 솔직하고 자유로운 언어를 발견하게 되었다.[40]

연극의 독백만큼이나 영화의 클로즈업 또한 하나의 컨벤션이다. 클로즈업은 실제 삶에서 우리가 관심을 갖고 있는 누군가의 얼굴을 바라볼 때와 비슷해 보이게 만든 것이다. 하지만 실제 삶에서 우리는 스스로 관심의 대상을 찾아 나서는 반면, 영화에서 우리는 카메라가 정해 준 것만을 본다. 카메라는 누군가의 얼굴을 보여 주고 우리는 카메라가 보는 대상만 보기에 동의한다. 심지어 영화 카메라는 대상에 원하는 만큼 가까이 또는 오랫동안 다가갈 수도 있다. 우리는 실제 삶에서와 다른 방식으로 대상을 바라보게 하는 그런 카메라의 시선에 따라 대상을 바라보기에 동의한다.

클로즈업은 숏의 컨벤션이라 할 만한 특별한 방법이다. 연극은 관객으로 하여금 무대를 하나의 세계로 수용하기를 요청한다. 그게 연극의 기본적 컨벤션이다. D. W. 그리피스는 초기 영화의 연극성으로부터, 정해진 위치에 마치 연극을 보는 관객처럼 고정돼 있는 카메라를 통해 한 씬scene●을 처음부터 끝까지 통째로 보여 주었던 방식으로부터 벗어나고자 했다. 그런 시도를 한 유일한 감독은 아니었지만 그런 시도를 가장 대담하고 체계적으로 보여 준 감독이었던 그리피스는 영화를 숏 단위로, 여기를 보여 준 다음에는 저기를 보여 주고, 멀리서 보여 준 다음에는 가까이에서 보여 주는 식으로 잘게 쪼갰다. 영화사가들이 그에 대해 종종 지적해 온 것처럼 그는 씬이 아닌 숏을 영화의 기본 구성단위로 만들었다. 그가 일으킨 혁신의 핵심은 숏의 컨벤션을 구축한 것이었다. 연극의 기본적인 컨벤션이 무대를 하나의 전체적 세계로 수용하기를 요청하는 것이라면, 그리피스 이후 이어져 온 영화의 기본적인 컨벤션은 각각의 숏들이 스크린상에 지속되는 동안에는 그 숏에 담겨 있는 부분적 세계만 보기를 요청하는 것이다.

숏의 컨벤션에 따라 우리는 '스크린 위에 보이는 것만 본다'는 규칙에도 동의하면서 '스크린 위에 보이지 않는 것은 보지 않는다'는 규칙에

●   'scene'이 시퀀스의 하위 단위로 사용될 때, 외래어표기법에 따르면 '신'이지만 혼동을 피하기 위해 '씬'으로 표기하며, 일반적인 의미로 쓰일 때는 '장면'으로 번역했다. ─ 옮긴이

도 동의하게 된다. 숏의 컨벤션은 보이지 않는 것에 대한 동의도 수반한다. 예를 들어 리우데자네이루를 담은 롱 숏 다음에 잉그리드 버그먼과 케리 그랜트의 근거리 숏이 나올 때(나는 히치콕의 〈오명Notorious〉[1946]을 떠올리는 중이다), 우리는 리우데자네이루가 화면에 더 이상 나오지 않음에도 잉그리드 버그먼과 케리 그랜트가 거기에 있다고 동의하게 된다. 〈오명〉의 리우데자네이루는 실제 그 도시의 모습을 일부 담고 있기는 하나 가상의 리우데자네이루다. 〈오명〉의 대부분은 스튜디오에서 촬영됐고, 잉그리드 버그먼과 케리 그랜트는 리우데자네이루에 있지 않았다. 하지만 그들이 거기에 갔다고 한들, 혹은 그 영화의 대부분을 로케이션에서 촬영했다고 한들 달라질 것은 없다. 배우들과 배경 간의 관계, 스크린 위에 보이는 것과 화면에는 보이지 않지만 각 숏이 암시하는 주변 공간 간의 관계가 숏의 배열을 통해 조직된 허구라는 사실에는 변함이 없다. 영화에 나오는 각 숏에서 우리가 보기로 동의한 부분적 세계는 (비록 아주 닮아 보이긴 해도) 우리가 살고 있는 이 세계의 일부가 아니며 우리의 동의 아래 영화로부터 주어져 있는 허구 세계의 일부인 것이다.

영화적 재현이 제대로 작동하려면 부재하는 것들(우리가 잉그리드 버그먼과 케리 그랜트를 볼 때 거기에 부재하는 리우데자네이루처럼 스크린 위의 각 이미지에 부재하는 나머지 세계)에 대한 우리의 동의가 있어야 한다. 그리피스 이후 영화 이미지는 세계의 파편으로서 받아들여져 왔음에도 불구하고 왜 라캉주의 영화 이론은 우리가 이미지를 충만한 것으로 '오인'한다고 가정했는지 의문이다. 라캉주의 이론은 거울 앞의 아이에 관한 모델을 바탕으로, 영화 관객을 영화 보기에서 필수적인 첫 번째 사항인 숏의 컨벤션조차 익히지 못한 사람으로 설정했다. 숏의 컨벤션이란 스크린상에 보이는 파편은 그 순간 우리가 볼 수 있고 봐야 하는 유일한 무언가이며 거기에 암시돼 있긴 하지만 부재하는 나머지 세계는 그 순간에는 볼 필요가 없는 무언가임을 받아들여야 한다는 것이다. 우리가 스크린을 통해 보는 것이 잉그리드 버그먼과 케리 그랜트가 아니라 단지 그들의 그림자일 뿐이란 사실이야말로 우리가 잉그리드 버그먼과 케리 그랜트를 보는 방식의 조건이자 영화적 재현의 조건이다. 또한 그것은 우리가 시스티나 예배당 천장을 볼 때 사실 하느님이 아담을 창조하는 광경을 보는 게 아니라 천장에 칠해진 물감을 보는 것이라는 회화적 재현의 조건과도 같은 것이다. 아마 아기들을 제외하면 영화 관객 중 어느 누구도 스크린 위에 보이는 것이 현실이라고 착각하거나 스크린 위에 현실 자체가 부재한다고 해서 허탈함을 느끼지는 않을 것이다. 현존과 부재의 유희는 영화의 핵심을 이루는 요소다. 하지만 그건 어디까지나 재현 영역에서의 현존과 부재인 것이다. 회화와 연극이 관객의 눈에 보이는 모든 것이 담긴 구획된 공간으로서의 전체를 재현한다면, 영화는 한 번에 하나의 일부만을 보여 주며 이미지 경계 너머의 보이지 않는 훨씬 더 큰 무한한 공간을 암시한다. 영화에서 현존은 환영이 아니며 부재는 실제가 아니다. 현존과 부재는 영화적 재현의 컨벤션인 것이다.

사진 또한 제대로 작동하려면 그것의 파편성에 대한 우리의 동의가 있어야 한다. 다만 이 파편은 지금에만 파편이 아니라 영원히 파편이다. 하나의 파편(공간의 한 조각, 시간의 한 순간)을 독자적으로 존재하는 어떤 것, 지금 우리가 볼 수 있는 전부인 어떤 것으로 가공해 내는 데 사진의 예술성이 있다. 다른 파편과 마찬가지로 사진은 거기에 없는 더 큰 전체를 암시한다. 하지만 더 큰 전체를 시사할 뿐 영화처럼 그것을 구성해 낼 수는 없으며 한 편의 허구로 완성해 낼 수도 없다. 사진에서 이미지 너머의 프레임 바깥 공간에 있는 것은 암시에 머물지만 영화는 이를 컨벤션으로 만들어 낸다.

이미지 경계 너머로의 영화적 공간의 확장성에 대하여 앙드레 바쟁 André Bazin만큼 잘 이해한 이도 없었다. 그는 "스크린은 가면"이라면서, "그것의 기능은 현실을 드러내는 것만큼이나 감추는 것이기도 하다. 카메라가 드러내는 것이 지닌 중요성은 그 뒤에 감춰진 것과 연관돼 있다"
라고 했다.[41] 하지만 그는 영화적 공간이나 현실적 공간 모두 우리가 볼
수 있는 것을 항상 초월한다는 점에서 둘이 근본적으로 동일한 것이라
고 봤다. 스크린 외부 공간도 하나의 컨벤션이고 허구이며, 또한 무대 장
치만큼이나 하나의 구축물이고 구축 방식이 달라짐에 따라 유동한다는
것을 그는 인식하지 못했다.

현실의 재생이든 꿈의 모방이든, 상상적 기표이든 공간적 리얼리즘
이든, 대부분의 이론가들은 영화의 본질을 이미 주어진 것, 근본적이고
불변적인 것으로 정의하려 했다. 이 책은 영화의 본질을 다양한 구축 방
식에 따르는 가변적이고 유동적인 것, 구체적인 영화 만들기와 그 과정
에서 관객과의 교류를 통해 발전된 컨벤션에 의해 정의되는 것으로 다
룰 것이다. 이 책은, 추상적인 수준에서가 아니라 구체적 상황과 사례들
에서 다양하게 정의되어 온 매체로서의 영화에 대한, 역사적이고 비평적
이며 이론적인 연구다. 특히 자신이 다루는 매체의 표현 양식을 대단히
독창적인 방식으로 창안한 몇몇 중요한 영화들과 영화감독들을 집중적
으로 살펴볼 것이다.

크라카우어와 바쟁은 영화를 사진의 확장으로, 사진을 현실의 기
록으로 본 이론가들이다. 크라카우어는 순수주의자였다. 클레멘트 그린
버그처럼 그도 하나의 매체는 그 매체를 한정 짓는 것, 즉 그 매체만이
할 수 있는 것에 의해 정의되어야 한다고 믿었다. 그린버그가 회화는 평면
성에 의해 정의된다고 보았듯이, 크라카우어는 영화 매체가 사진적 리얼
리즘에 의해 정의된다고 보았다. 바쟁은 영화 매체에 대해 좀 더 복잡한
생각을 지녔고 심지어는 비순수 영화impure cinema를 주창하기도 했으나, 현
실과의 특별한 유사성에 의해 제어되고 이해되는 것으로서의 영화라는

개념을 벗어나진 않았다. 현실에 대한 이러한 강조에 대해 구조주의자들과 후기구조주의자들은 기호에 대한 강조로 대응했다. 그들은 크라카우어, 바쟁과 같은 부류가 이미지를 현실로 착각할 만큼 순진하다고 여겼다. 하지만 정작 순진했던 것은 누구나 스크린에 투영된 빛과 그림자를 현실로 착각하기 마련이라고 생각한 그들이다. 문제는 스크린이 보여 주는 이미지란 어떤 이미지이며 현실을 어떻게 재현한 것인가 하는 점이다.

영화 이미지는 자신이 재현한 현실의 일부인 이미지, 자신의 피사체로부터 "현실을 이양transference"받은 이미지라고, 바쟁은 말했다.[42] 회화는 손으로 그린 이미지로서, 그 안에 그 그림을 그린 화가의 손에 관한 무언가를 담고 있다. 사진적 이미지는 빛에 의해 새겨진 것으로서, 그 안에 그 사진을 주조한 빛, 즉 카메라가 조리개 앞에 놓인 현실로부터 받아들인 빛에 관한 무언가를 담고 있다. 만일 한 고딕 성당이 영적이고 초월적인 요소로서의 빛에 관한 형이상학을 담아내고자 했다면, 카메라는 재현의 물질적 요소로서의 빛에 관한 물리학을 채택한다. 또한 회화에 쓰이는 물감이 화가의 소유물이라면, 사진에 쓰이는 빛은 재현 대상에 속하는 물질이다. 물자체의 무언가가 사진적 재현을 통해 스스로를 드러내는 것이다.

물리학의 법칙들은 크기에 따라 달라진다. 두 배로 큰 세계는 크기만 두 배인 세계가 아니라 질적으로 다른 세계다. 예술에서도 크기는 차이를 유발한다. 대개 사진은 실물보다 작고, 영화 스크린은 실물보다 크다. 사진은 광학적, 화학적 방법을 통해 포착된 실물의 작은 조각이며 삶의 조그만 흔적들이라는 점에서 작은 게 어울린다. 영화 스크린은 실물을 대신해, 삶의 자리에 영화의 세계를 둔다는 점에서 큰 게 어울린다. 최근 몇몇 사진들에서 보이는 확대의 경향은 사진의 개념이 더 이상 실재하는 무언가의 기록이 아닌 적극적으로 만들어진 무언가로 바뀌어 가고 있음을 반영한다. 텔레비전의 작은 화면을 통해 영화를 보는 경향 또한 영화가 우리를 압도하는 어떤 세계가 아니라 찬찬히 들여다보거나 흘끗거리는 대상으로 바뀌어 가고 있음을 시사한다.

어쩌면 크라카우어의 《영화의 이론》에서 가장 흥미로운 대목은 관객에 관한 장이다. 그 장에서 그는 사진적 리얼리즘에 근거한 영화 이미지의 박진성과 그에 상반되는 관객 경험의 몽환성, "영화를 볼 때 우리가 겪게 되는 최면에 걸린 듯한 상태"를 동시에 강조한다.[43] 크라카우어에게 영화란 현실을 꿈처럼 보여 주는 것이다. 그리고 그 꿈은 그런 방식으로가 아니라면 우리가 보지 못하는 현실을 볼 수 있도록 해 주는 꿈, 우리가 정상적으로 깨어 있는 상태에서는 더 이상 제대로 감각할 수 없게 된 현실을 우리에게 되돌려주는 꿈이다. 영화 이미지는 더 실감날수록 더 꿈처럼 보인다.

카메라가 자연적 사물들을 지금 막 물리적 실재의 태내에서 꺼낸 듯한 상태로, 이미지와 실재 간의 탯줄이 아직 끊어지지 않은 듯한 상태로 보여 주면서 그것들의 거칠고 완강한 현존성으로 우리를 압도해 올 때, 어쩌면 영화는 가장 꿈처럼 보이는지도 모른다. 그런 이미지들이 갖고 있는 돌연한 직접성과 충격적인 진실성 속에서 영화 이미지가 꿈처럼 보이는 이유를 찾을 수 있을 것이다.[44]

비슷한 맥락에서 바쟁 또한 사진은 카메라에 의해 생산된 이미지가 "그것이 사실이라는 환각"을 일으킨다는 점에서 "초현실주의 예술에 특화된 기법"이라고 말한 바 있다.[45] 사진 이미지는 사실을 전달할 수는 있지만 환각의 느낌을 일으키지는 않는다. 오히려 영화 이미지야말로 진정한 환각, 물질적 유령material ghost●이다.

● ghost에는 환영이란 뜻도 있으나 저자의 시적 표현을 존중하는 의미에서 유령이란 표현을 그

아인슈타인이 빛이, 파동인 동시에 입자로서, 다른 물체들처럼 추락한다는 사실을 가르쳐 줬다면, 바쟁은 빛이 다른 물체들처럼 어떤 흔적을 남긴다는 사실, 카메라가 이미지로 변환하는 어떤 각인을 남긴다는 사실을 가르쳐 줬다. 하지만 카메라가 영화 이미지를 만드는 데 필요한 유일한 기계는 아니다. 환등기라 불리기도 했던 영사기는 자신이 내는 빛으로 카메라가 포착한 빛의 흔적을 약동케 하며, 실물의 흔적이 스크린 위에서 새로운 실물로 살아 움직이게 한다. 그렇게 만들어진 스크린 위의 이미지에는 이 세계에 속한, 즉 물질적인 무언가와 별세계에 옮겨졌거나 별세계적인 것으로 변형된 무언가가 함께 담겨 있다. 그러므로 영화 이미지의 특수성은 그것이 기이할 정도의 현실과 가까우면서도 현실로부터 그만큼 멀리 떨어져 있다는 점, 달리 말해 이 세계와 별세계의 접속에 있다.

대로 옮긴다. — 옮긴이

1장

다큐멘터리 이미지

사진적 이미지 존재론의 재검토, 혹은
〈북극의 나누크〉의 아름다운 허구

어떤 영화도 추상 속으로 사라지지 않는다. 카메라가 복제한 이미지는 항상 가장 기본적 차원에서 현실의 외양을 담고 있기 때문이다. 이는 영화가 연극보다 훨씬 더 진부해지기 쉬운 이유이기도 하다. 우리가 영화의 '비현실성'에 대해 불평할 때 그것은 정확히 말하면 납득하기 어렵다는 뜻이 아니라, 너무 쉽게 납득하게 된다는 뜻에 아마 더 가까울 것이다. [영화] 〈세일즈맨의 죽음 *Death of a Salesman*〉의 가장 공허한 장면들에서 윌리 로먼이라는 캐릭터는 볼 수 없을지 몰라도, 적어도 프레드릭 마치라는 배우는 보게 된다. 윌리 로먼은 언제나 한 인간이라기보다 하나의 개념적 존재지만, 배우 프레드릭 마치는 너무나 가깝고 선명히 다가와 배역의 경계 밖으로 뚫고 나올 듯한 물질적 리얼리티를 지닌다. 연극 무대에서라면 이는 배우가 자기 존재감을 지나치게 과시하는 우를 범한 결과가 되겠지만, 영화에서라면 그는 스스로를 내세울 필요조차 없다. 그는 그저 물질적인 존재를 한없이 탐하는 카메라에 스스로를 내어 주는 수동적 피사체로서 현존하기만 하면 되는 것이다.

— 로버트 워쇼Robert Warshow, "영화 카메라와 미국인The Movie Camera and the American"

마이크를 손에 든 TV 기자는 백악관이나 베이루트의 거리에 서서 뉴스 현장으로부터 우리를 향해 말을 건다. 이것이 뉴스 보도에 진실의 아우라를 부여한다. 카메라라는 믿을 만한 증인이 그 자리에 있는 리포터의 존재를 증언함으로써 그 리포터 또한 믿을 만한 증인이라는 인상을 심어 주는 것이다. 사진이나 그림으로 만들어진 배경 화면은 시청자에게 그만한 신뢰를 끌어낼 만큼 설득력이 있기 어려운 까닭에, 방송국들은 스튜디오에서 충분히 전달할 수 있는 뉴스인 경우에도 로케이션 촬영에 따르는 갖은 노력과 비용을 감수한다. 하지만 카메라의 시각적 증언은 구술 보도와 함께 하나의 뉴스로 제시되더라도 어디까지나 구술 보도에 외재적 요소이며 그 내용과 큰 관련이 없다. 뉴스 보도의 의미를 전달하는 말들에 덧붙여진 사실적 장식물일 뿐인 것이다. 뉴스 보도의 핵심은 말이며, 그 말은 촬영 장소에 상관없이 편파적일 수도 거짓일 수도 있다. 스튜디오에서 녹화하든 종이에 인쇄하든, 뉴스 현장에서 리포터가 하는 말이 달라지진 않을 것이다. 뉴스 보도가 로케이션 촬영을 통해 획득하는 것은 그럴듯해 보이는 신빙성, 보증되지 않은 진실의 아우라, 그 자체로 일종의 거짓인 무언가다. 의도와 달리, 뒤에 보이는 백악관이나 베이루트의 거리가 리포터가 하는 말을 더 믿을 만한 것으로 만들어 주지는 못한다. 리얼리티를 더하기 위한 그런 시각적 기호는 사실 스튜디오의 배경막으로 대신해도 그만일 것이다. 그 배경막은 전달되는 메시지를 담고 있는 기호인 리포터의 말에 아무런 실질적인 의미도 더하지 못하기 때문이다. 카메라가 제공하는 실제 현장의 직접적 기록, 카메라가 보장한다는 진실성이 여기서는 시각적 거짓말에 기여할 뿐이다.

카메라는 거짓말을 하지 않는다는 단순한 생각은 그만두자. 거짓말이든 진실의 말이든 그것은 카메라의 권역이 아니라 카메라를 사용하고 그것을 목적에 맞게 작동시키는 인간들의 권역에 속한 것이다. 어떤 면에서 카메라는 강력한 직접성으로 우리를 기만한다고도 볼 수 있다. 카메라의 이미지들이 너무나 직접적이어서 거기에 가해진 인위나 내재된 편향성을 잊고 아무 의심 없이 있는 그대로의 현실처럼 받아들이게 되는 것이다. 앙드레 바쟁은 "사진은 꽃이나 눈송이와 같은 일종의 자연 현상처럼 우리에게 작용한다"[46]라고 말해, 인간의 구축물인 문화적 대상을 자연적 대상으로 '자연화'했다는 비판의 여지를 남겼다. 사진이 자연 현상이라고 말한 게 아니라 자연 현상처럼 작용한다고 말했음에도 말이다. 그러나 우리에게 자연 현상처럼 작용한다는 바로 그 사실 때문에 사진은 자연화의 최적의 도구이기도 하다. 크라카우어는 《영화의 이론》 결말부에서 가장 포괄적인 사진적 자연화를 시도한 사례로서 에드워드 스타이켄Edward Steichen의 '인간의 가족Family of man'전을 상찬하는데, 그 사진전에서 카메라의 특성은 가장 장대한 보편화를 위해 작동되며 인간이 어디서나 "자연적으로" 동일한 존재임을 보여 준다. 아리스토텔레스에게 도시가 자연적이었다면 우리의 문명에 자연적인 것은 사진이다. 어쩌면 사진 이미지야말로 우리가 만들어 낸 어떤 다른 구축물보다 우리의 문화가 자연이라고 간주하는 것을 가장 잘 상연하는지도 모른다.

레니 리펜슈탈Leni Riefenstahl은 자신이 나치 선전가였음을 부인한다.● 1934년 뉘른베르크에서 열린 나치 전당대회에 관한 영화 〈의지의 승리 *Triumph des Willens*〉는 단순히 있었던 일을 기록한 것으로서 카메라에 포착된 사실 그대로였다고 그는 여전히 주장한다. 나아가 그 영화에 보이스오버 내레이션이나 관객의 생각을 조종할 만한 말이 들어 있지 않으며 자명한 사실만 보여 준다고 주장한다. 리펜슈탈의 합리화를 반박하기란 어렵지 않다. 진행 중인 실제 사건을 기록한 다큐멘터리에서 보통 사건은 촬영에 유리하도록 설정돼 있지 않으며 카메라는 찍을 수 있는 만큼만 찍을 뿐이다. 하지만 나치당이 제작하고 나치당의 전적인 협조 아래 만든 〈의지의 승리〉에서 전당대회는 곳곳에 배치된 수많은 카메라와 그곳에 참석한 많은 사람을 보면 알 수 있듯 카메라에 맞게 설정돼 있고, 그래서 영화는 연출된 극영화처럼 다양한 기술을 자유롭게 사용한다. 카메라가 가능한 만큼 찍는 게 아니라 원하는 대로 찍을 수 있도록 권한을 부여받은 것이다. 그런 의미에서 〈의지의 승리〉는 희귀한 작품이며, 다큐멘터리적인 초대형 극영화였다.

많은 이들이 지적하듯, 〈의지의 승리〉의 오프닝 장면은 히틀러를 구름 위에서 뉘른베르크로 내려오는 신처럼 보여 준다. 여기서 리펜슈탈

● 이 책은 레니 리펜슈탈이 살아 있을 때 발간됐다. ─ 옮긴이

은 히틀러가 타고 다니는 비행기를 반복적으로 보여 준다. 그 비행기는 날아다니는 기계라는 형태로 구름 위 존재로 군림하는 신, 데우스 엑스 마키나deus ex machina다. 확실히 이 오프닝은 경이감을 일으키려는 목표를 지녔는데, 1934년에 비행기는 틀림없이 경이의 대상이었다. 하지만 비행기는 또 다른 일을 수행한다. 그것은 영화가 구름 같은 환상이 되지 않게 한다. 이 구름이 실제 현실, 기록된 사실임을 인지시키고, 초인간 히틀러도 환상이 아님을 암시하는 것이다. 〈의지의 승리〉는 카메라에 찍힌 현실을 통해 자기 증명을 꾀하는 판타지다. 아름다운 중세 도시로서 독일의 과거를 대변하는 뉘른베르크 위로 독일의 미래를 대변하는 히틀러의 비행기가 날아간다. 도시와 비행기는 둘 다 기록된 사실이지만, 독일의 위대한 정신과 유산을 20세기에 계승하는 지도자라는 히틀러의 픽션에 신뢰성을 부여하기 위해 사용되고 있다. 리펜슈탈은 자신이 선전가가 아니라 기록자라고 말하지만, 〈의지의 승리〉는 다큐멘터리의 속성을 통해 최악의 거짓 선전을 수행한다.

다큐멘터리는 항상 속임수라고 혹자는 결론짓는다. 다큐멘터리 영화라는 것은 존재하지 않는다고 그들은 말한다. "모든 영화는 픽션 영화"라고 크리스티앙 메츠도 말했다. "영화의 특징은 상상계를 재현할 수도 있다는 점이 아니라 애초부터 상상계라는 점에 있다."[47] 스크린 위에 존재하는 어떤 것도 실재가 아니며 심지어 기표도 아니라고 그는 생각했다. 무대 위의 의자는 관객 눈앞에 놓여 있으며 그 위에 앉을 수 있지만, 스크린 위의 의자는 신기루일 뿐이다. 바쟁은 다른 관점을 취했다. 그는 "연극에는 '삶의 한 단면'과 같은 게 전혀 없다"라고 생각했는데, 무대 위에 놓인 것은 삶으로부터 분리돼 쇼로, 공연의 일부로 변형된 것이기 때문이다.[48] 연극 무대 위에 존재하는 어떤 것도 실재가 아니며, 모든 것은 관객을 위해 상연되고 있다. 심지어 실제로 심은 나무 한 그루조차 무대 위에서는 그것이 나무임을 알리는 푯말에 지나지 않는다. 무대 위의 의자는 적어도 공연이 벌어지는 동안에는 관객이 가서 앉을 수 없는 의자다. 무대란 이 세계를 표상하는 동시에 이 세계에서 분리된 영역인 것이다. 반면 스크린 위에서는 나무와 의자 같은 이 세계의 사물들이 본연의 상태로 존재할 수 있다고 바쟁은 생각했다. 다큐멘터리가 연극에 이질적이며 영화에 본질적이라고 본 것이다.

바쟁은 '영화적 리얼리즘'을 '연극적 컨벤션'의 대립 항으로 두는 오류를 범했다. 리얼리즘(그것이 영화적 리얼리즘이든 아니든)도 컨벤션(그것이 연극적 컨벤션이든 아니든)의 문제다. 스크린 위에 보이는 나무와 의자는 우리가 이 세계에서 마주하는 나무와 의자가 아니다. 그것들은 나무와 의자의 재현, 어떻게 보면 하나의 퍼포먼스라 할 수도 있을 것이다. 하지만 그 퍼포먼스는 나무와 의자 자체에 기이할 정도로 가까워서 어떻게 보면 하나의 다큐멘터리라고 부를 수도 있을 것이다.

 롤랑 바르트Roland Barthes는 사진에 관한 책에서 다음과 같이 썼다.

사진을 발명한 것은 화가들이었다고(그들의 프레이밍, 알베르티적 원근법, 카메라 옵스큐라의 광학을 물려준 것이라고) 흔히들 말한다. 천만의 말씀이다. 사진을 발명한 것은 화학자들이었다. 여러 방식으로 조명을 받은 피사체가 뿜어내는 광선을 직접 포착해 인화지에 새겨낸 것은 화학자들이었기 때문이다. 사진은 말 그대로 지시 대상의 발산물이다. 거기에 존재했던 실제 대상으로부터 방사된 빛이 결국 여기 있는 내게 닿는다. 그 이행에 걸리는 시간은 중요치 않다. 더 이상 그 자리에 없는 존재의 사진은, 손택이 말한 것처럼, 어느 별의 지연된 광선처럼 나에게 닿는다.[49]

찰스 샌더스 퍼스Charles Sanders Peirce가 지적한 것처럼 사진은, 그의 용어와 정의를 그대로 따르자면, 도상이자 지표다. 도상인 이유는 그 재현 대상과 유사한 것, 하나의 이미지를 제공하기 때문이다. 동시에 지표인 이유는 그 대상과 직접 연결되기 때문이다. 발자국과 발이, 지진계와 지면의 진동이 연결되는 것처럼 말이다. 도상으로서의 사진이 화가에 의해 발명됐다면, 지표로서의 사진은 화학자에 의해 발명됐다. 화가보다 화학자에게 사진의 발명에 관한 공을 돌리는 것은 사진을 정의하는 데 도상보다 지표가 더 유효한 개념이라 보는 것이다. 이런 관점(바쟁이 《영화란 무엇인가?Qu'est-ce que le cinéma》에서 가장 앞에 나오는 글이자 유명한 글 "사진 이미지의 존재론"에서 제시한 관점)에서 사진을 사진으로 만드는 특별함은 그것이 빛을 새긴 것, 어떤 실재하는 물체가 남긴 자국으로서 그것의 외양이 우리에게 어떤 별의 지연된 광선처럼 와닿는다는 점에 있다.

사진은 그것이 지표라는 점 때문에 더 믿을 만한 도상으로 여겨진다. 사진이 회화보다 더 뛰어난 유사성을 제공하기 때문은 아니다. 바쟁이 강조한 것처럼 핵심은 결과로 나온 이미지보다 그것이 만들어진 과정에 있다. 회화가 더 생생한 관찰과 정밀한 묘사를 담아낼 수도 있지만, 사진 이미지는 실물을 직접 찍어 낸 것으로 인식되는 탓에 특별하게 믿을 만한 도상으로 받아들여진다. 인간이 자기 손으로 만들어 내지 않아 주관성의 방해를 받지 않은 창작물로서 말이다. "모든 예술이 인간의 현존에 그 근거를 둔다"라고 볼 수 있지만, "오직 사진만이 인간의 부재로부터 강점을 끌어낸다"라고 바쟁은 썼다.[50]

회화는 거기에 새겨진 인장을 통해 가치를 얻고, 사진은 인장의 부재를 통해 신빙성을 얻는다. 양자의 경우 모두에서 중요한 것은 눈앞에 놓인 이미지보다 그 이미지를 탄생시킨 보이지 않는 작인agency이다. 손으로 그린 회화 작품의 원본에는 발터 벤야민Walter Benjamin이 '아우라aura'라 부른 것이 있다. 사진에는 원본 이미지가 따로 없고 복사본만 있을 뿐이며 그래서 벤야민에 따르면 아우라가 없다. 그러나 사진 이미지에도 나름의 아우라가 있다. 잔존와 잔여의 아우라다. 사진이 아니라, 사진에 포착된 광선의 발산물인 지시 대상이 지닌 원본의 단독성과 고유함에 있는 아우라 말이다. 사진의 원본은 조리개가 열린 찰나에 거기에 있었던 현실의 조각이며, 그 원본이 된 현실의 흔적을 보존함으로써 사진은 진실성authenticity을 부여받는다. 결국 진실성의 관건은 기원이다. 인간의 존재를 알리는 인장의 진실성이든, 인간의 부재에 기인한 진실성이든 말이다. 그러나 기원이란 과거에 묻혀 있는 의심스러운 것이기도 하다. 오늘날 많은 이들은 기원을 환영으로 간주한다.

우리는 사진을 볼 때 어떻게 그것이 정말로 사진인지, 인간이 손으로 지어 낸 이미지가 아니라 카메라가 받아들인 실재 빛의 흔적인지 아는가? 사진의 외양look으로 안다. 그것이 사진처럼 보이기 때문이다. 사진만이 가지는 특유한 외양, 우리가 도상적인 차원에서 사진이라고 인식하기 때문에 그것이 다른 종류의 그림이 아니라 사진이라고 받아들이게 되는 외양 때문이다. 지표로서의 사진이 사진의 도상성에 신빙성을 부여한다면, 이 도상의 외양은 그것을 지표로서 설득시킨다. 이 도상은 그것이 재가공되었거나 다른 어떤 방식으로 변질된 것처럼 보일 때, 그 외양이 기교나 조작의 흔적을 무심코 드러낼 때, 신빙성을 잃는다. 지표로서의 사진이 피사체의 리얼리티에 대한 증거가 된다면, 도상으로서의 사진은 사진이 그 리얼리티의 지표임을 증언하는 것이다.

사진을 사진으로 만드는 특별함은 사진이 도상보다 지표라는 점 혹은 이미지보다 빛의 자국이라는 점에 있지 않고, 지표와 도상, 빛의 자국과 이미지의 결합물이라는 점에 있다.

예술로서의 사진에 대한 지지자들은 종종 사진을 회화적 대상으로, 지표보다 도상으로 추켜세워야 한다고 느낀다. 보통 사람들에게 사진은 찍거나 찍히는 것이지만, 사진가들 사이에서 사진은 찍는 게 아니라 만드는 것, 기계적으로 찍히는 게 아니라 인간적으로 만들어지는 것이다.

사진 예술의 지지자들은, 사진 예술을 저평가하며 기계 복제는 예술일 수 없다[51]고 주장하는 이들에 맞서기 위해, 이 예술이 기계적 복제를 기반으로 한다는 사실을 경시하는 경향이 있다. 일반적으로 그들이 예술로 간주하는 사진은 화학자보다 화가의 발명품으로 여겨지는 사진이다. 사진과 회화 간에 본질적, 존재론적 차이는 없다고 악착같이 주장하는 조엘 스나이더Joel Snyder도 도상으로서의 사진을 지표로서의 사진과 분리하면서 자신의 주장을 전개하는데, 그 과정에서 도상으로서의 사진은 대상과의 정확한 유사성 측면에서 회화보다 나을 게 없는 것이 되고, 지표로서의 사진도 빛의 흔적이기만 하면 현실의 이미지임을 알아보기 힘들 정도로 초점이 빗나가거나 노출이 과해도 상관없는 것이 된다.[52] 하지만 사진은 이미지인 흔적이자 흔적인 이미지이며, 유사성을 지닌 흔적이자 목격자가 있는 이미지다.

흔적이 존재했던 대상의 증거를 제공한다면, 이미지는 그것이 그려내는 대상의 현존을 제공한다. 사진은 그것에 담긴 대상의 존재 증거를 제공하고, 또한 존재했던 대상을 현전토록 한다. 사진이 회화와 차원이 다른 다큐멘터리적 이미지인 까닭은, 사진이 그림보다 더 사실적이기 때문이 아니라 현실과 필수적인 물질적 관계를 맺고 있기 때문이다.

사진이 보여 주는 대상은 존재했던 무엇이다. 회화가 보여 주는 대상은 그림 속에서 생성된 무엇이다. 영화가 보여 주는 것은 각각의 세부까지도 존재했던 무엇이라 할 수 있다. 우리가 보는 대상 각각은, 아무 상상력 없이 "물질적 존재에 대한 무한한 탐욕"만을 소유한 카메라 앞에 놓여 있었던 게 분명하다. 하지만 하나의 전체로서 영화는, 혹은 영화의 세계는, 스크린 위에 생성된다. 존재했던 것은 다큐멘터리지만, 생성되는 것은 허구다. 영화는 다큐멘터리의 세부로 빚어진 허구인 것이다. 카메라는 사물들을 만들어 내는 게 아니라 현실에서 그들이 발산하는 빛을 받아들일 따름이지만, 영사기는 자체의 빛을 지닌다. 영화 이론에서 사진적 리얼리즘을 강조하는 한 진영은 영사기를 카메라의 다큐멘터리 이미지에 종속시킨다. 그런가 하면 환영과 상상계를 강조하는 다른 진영은 영사기의 환영적 이미지에 카메라를 종속시킨다. 하지만 영화 이미지는 카메라와 영사기 모두의 것이다. 물질적 유령인 것이다.

역에 도착하는 기차를 보여 주는 뤼미에르 형제 영화의 스틸은 거기 있었던 것을 현전토록 한다. 스크린 위에 영사된 영화는 그 현전성을 약동시켜 살아 움직이게 한다고 우리는 말하곤 한다. 또한 영화가 실존했던 대상을 현재로, 그때가 아닌 지금으로 불러들인다고, 많은 이들이 말한다. 열차를 보고 피했다는 초기 영화 관객은 영화를 현재로 여겼던 것 같다. 하지만 우리는 달려오는 열차를 봐도 피하지 않는다. 우리는 영화를 현재로 여기지 않는데, 우리가 있는 곳이 현재이며 영화는 그것이 지금 생동하는 세계라 하더라도 어디까지나 다른 세계임을 알기 때문이다. 그래서 스탠리 카벨은 영화가 현재라는 주장에 반박하며 지나간 세계라는 주장을 견지했다. 하지만 다른 이론가들과 마찬가지로 카벨도 사진 이미지와 영화 이미지를 혼동한다. 사진은 분명 과거의 것이다. 하지만 영화의 시제는 그리 분명하지 않다.

다큐멘터리는 거기에 있었던 과거이지만, 다큐멘터리적 영화들은 종종 훨씬 더 강렬한 현재적 인상을 전달하기도 한다. 네오리얼리즘 초기에 만들어진 로베르토 로셀리니Roberto Rossellini의 영화들은 뉴스릴 같은 직접성을 지녀, 제임스 에이지로부터 "현재 시제의 환영을 일으킨다"라는 상찬을 받았다.[53] 〈무방비 도시Roma città aperta〉(1945)에서 안나 마냐니가 분한 인물의 죽음은 그 동작의 직접성으로 유명하다. 그 죽음은 보는 이가 무방비 상태에서 마주하도록 만들어져 있다. 그 장면에서 로셀리니가 교묘하게 다른 방향으로 돌려온 극적 긴장이 해소된 듯한 순간, 연인이 포로로 잡혀가자 갑자기 거리로 뛰쳐나온 여인이 나치의 총에 맞아 죽는다. 그 비극은 불시에 우리를 덮친다. 카메라조차 예기치 못해 뉴스릴의 거친 스타일로 간신히 찍어 낸 듯한 이 장면에는 실재의 박력 같은 것이 있다. 하지만 뉴스릴의 긴박함은 그때 거기의 긴박함이지 지금 여기의 긴박함은 아니다. 카메라가 현재 시점으로 말하고 있다 해도, 우리가 스크린으로 볼 때 그것은 이제 과거가 된 현재다. 그런 장면의 통절함은, 그 장면이 죽음을 담고 있지 않다 해도 늘 죽음의 통절함을 동반하겠지만, 현재적 긴급함을 지닌 과거로부터 현재의 우리에게 도달한 통절함일 뿐이다.

비토리오 데 시카Vittorio de Sica와 체사레 자바티니Cesare Zavattini의 네오리얼리즘 영화들은 뉴스릴의 외양을 채택하지 않는다. 그들의 네오리얼리즘은 뉴스에 나올 만한 일이 아닌 일상의 평범한 일을 관찰한다. 그러나 그들의 일상적인 것에 대한 밀착성과 투명성이 현재성으로 받아들여져 왔다. 일상적 삶의 시간을 향한 그들의 집중은 바쟁으로 하여금 자바티니를 "현재형 서술에 있어 마르셀 프루스트Marcel Proust에 버금가는 인물"이라 부르게 했다.[54] 여기서 바쟁은 특히 자바티니가 각본을 썼고 데 시카가 연출했으며 위대한 G. R. 알도G. R. Aldo가 촬영한 마지막 네오리얼리즘 영화 중 하나이자 아마도 가장 뛰어난 네오리얼리즘 영화인 〈움베르토 디Umberto D.〉(1952)를 염두에 두고 있다. 움베르토 디는 변변찮은 연금에 의지해 홀로 살아가고 있는 은퇴한 공무원으로, 방세가 밀린 지 오래되어 집주인에게 쫓겨날 위기에 처한 상태다. 아무도 그를 도우려 하지 않는다. 몇 안 되는 친구들도 그를 외면한다. 그가 키우는 개를 빼면, 그를 걱정하는 이는 시골에서 올라와 움베르토만큼이나 어려운 처지인 주인집의 젊은 하녀뿐이다. 하지만 거기에는 데 시카의 카메라도 있다. 카메라야말로, 바쟁이 말한 것처럼, 인물들에 대한 애정을 드러낼 역량을 지녔는데, 이건 다른 어떤 재현 도구도 갖지 못한 것이다. 다른 어떤 도구도 인간 각자가 지닌 단독성을 정확히 주목하여 그토록 구체적이고 개별적인 존재로 재현할 수 없기 때문이다. 데 시카의 카메라는 그의 인물들이 선량하거나 아름답거나 존경스러워서가 아니라 그저 존재하기 때문에 사랑한다. 그 카메라가 보여 주는 사랑은 에로스가 아니라 아가페, 즉 욕망의 대상을 향한 사랑이 아니라 신이 자신의 창조물에게 하사하는 부류의 사랑이다. 그리고 카메라는 인물들의 곁에 머물며 평범한 경험의 세부를 함께 겪음으로써 자신의 사랑을 드러내고, 현재를 탐사하는 프루스트처럼 일상적 실존의 시간을 음미한다.

〈움베르토 디〉는 소외에 관한, 애정에 의해 침식되는 소외에 관한 영화다. 우리의 것이기도 한 카메라의 묘사에 담긴 애정은, 영화에 묘사된 소외, 즉 움베르토 디가 주변의 모든 사람과 모든 대상에 느끼는 단절감에 대립한다. 세계는 저 멀리 있지만, 우리는 서로 가까이 느낀다. 세계는 차갑지만, 불씨를 당길 만한 온기도 있다. 그러나 노인이 결국 삶에 대한 절망으로 자살을 결심하고, 더 이상 자기 공간이 아닌 방을 떠나며 하녀에게 작별 인사를 한 뒤, 전차에 올라 위층 창문에 비친 하녀의 모습이 멀어져 가는 것을 지켜볼 때, 놀라운 일이 벌어진다. 갑자기 이 세계 전체가 되돌릴 수 없이 뒤로 물러나고, 닿을 듯 가깝던 것이 아득히 멀어지면서, 불현듯 현재성의 환영이 아찔한 과거성에 자리를 내어 주는 것이다. 이보다 더 자살의 무드를 섬뜩하게 전하는 작품은 없다. 영화 이미지의 물질성, 구체적 현실과의 근접성이 데 시카가 다른 어떤 매체도 할 수 없는 방식으로 사랑을 표현할 수 있게 했다면, 스크린의 이미지가 지닌 유령성은 그로 하여금 다른 어떤 매체도 할 수 없는 방식으로 죽음을 표현하게 한다.

실물 같은 이미지는 유령 같은 이미지이기도 하다. 생생한 것은 사라진 것을 품는다. 어떤 순간에라도 사라질 수 있는 생생한 것, 그것이 사라질 수도 있다는 걸 알기에 더 생생하게 보이는 것, 그것이 험프리

〈움베르토 디〉. 멀어지는 창가의 하녀.

제닝스Humphrey Jennings가 전쟁 중인 영국에 관해 만든 훌륭한 다큐멘터리 〈리슨 투 브리튼*Listen to Britain*〉(1942)의 주제이기도 하다. 에릭 로드Eric Rhode는 "사랑하는 것들이 최악의 위기에 처했을 때······ 험프리 제닝스는 최고의 작품을 만들어 냈다"라고 썼다.[55] 〈리슨 투 브리튼〉은 전쟁이 아니라 전시 중 사람들의 일상, 파괴의 위협 아래 특별한 것이 되어 버린 범상한 현실에 초점을 맞췄다. 〈움베르토 디〉처럼 제닝스의 다큐멘터리가 지닌 온유함과 파토스 역시 영화 이미지에 고유한 현재성과 과거성의 결합에 의지한다. 그가 영화적으로 지휘해 낸 '전시 영국의 음악' 중 가장 빛나는 순간들은 동시 녹음 장면들인지 모른다. 코미디언 플래너건과 앨런이 어느 공장 노동자들의 오락 시간에 마이크를 가까이 대고 노래하는 장면, 피아니스트 마이라 헤스가 내셔널 갤러리 정오 콘서트에서 건반을 두들기는 장면 등이다. 동시 녹음을 동반하는 이미지는 더 현재적으로 또한 구체적인 존재들에 더 가까이 닿아 있는 것처럼 느껴지며, 아직 사라지지 않은 생에 대한 생생한 긍정으로 다가온다.

사진은 과거적이고 회화는 현재적이다. 연극은 현재적이고 소설은 과거적이다. 영화 이미지의 시제는 이중적이라고 말할 수 있다. 때로는 현재처럼, 때로는 과거처럼 작동하기 때문이다. 빛은 파동인가 입자인가? 현대 물리학이 발견해 낸 것처럼, 그것은 때로는 파동처럼 때로는 입자처럼 움직인다. 입자와 파동, 물질과 에너지는 서로 다른 두 개의 무언가가 아니라 같은 것의 다른 두 측면, 같은 것의 다른 두 작용 방식이다. 현재와 과거, 도상과 지표, 허구와 다큐멘터리, 드라마와 내러티브, 그 모두가 영화 매체의 서로 다른 측면들, 영화의 다양한 작용 방식인 것이다.

장뤽 고다르Jean-Luc Godard는 모든 영화가 출연 배우에 관한 다큐멘터리이기도 하다고 말했다. 로버트 워쇼가 보기에 〈세일즈맨의 죽음〉에서 윌리 로먼이라는 캐릭터의 추상성은 그를 연기하는 프레드릭 마치에 관한 다큐멘터리적 측면으로 인해, 영화에서 더 구체성을 가지게 되고 연극에는 없는 힘을 부여받는다. 고다르는 자신의 영화에서 의도적으로 배우에 관한 다큐멘터리를 그가 연기하는 캐릭터와 분리된 것으로서 전면에 내세웠다. 배우의 연기가 캐릭터의 도상이라면, 그 배우의 다큐멘터리는 그 연기를 수행하는 사람의 지표다. 네오리얼리즘 감독들은 비전문 배우들을 즐겨 기용했는데, 외모도 더 사실적이고 그들이 맡은 배역을 더 사실적으로 보이게 하기 때문이었다. 지표가 도상을 제공하고, 다큐멘터리가 연기라는 인위적 수행에 적절한 동반자가 됐던 것이다. 고다르가 배우와 캐릭터 사이에 설정하는 간극은 데 시카의 영화에는 어울리지 않았다. 데 시카는 비전문 배우 연출에 있어, 즉 다큐멘터리에서 연기를 이끌어 내는 데 네오리얼리즘 감독 중 최고였다.

연기는 허구이지만(움베르토 디를 연기한 사람은 가난에 시달리는 연금 수급자이기는커녕 존경받는 대학 교수였다), 그 허구는 그 배우를 도저히 다른 캐릭터로 상상할 수 없게 하는 다큐멘터리적 개별성에 단단히 뿌리내리고 있다. 네오리얼리즘의 비전문 배우들은 그가 연기하는 캐릭터와 동일시됐다. 스타 배우의 경우는 정반대다. 스타 배우가 연기하는 각각의 캐릭터가 그와 동일시된다. 스타 배우와 네오리얼리즘 영화의 비전문 배우들은 둘 다 지표로부터 생성된, 카메라의 다큐멘터리적 이미지에 의존하는 도상이라는 점에서 비슷하다. 가르보의 얼굴도, 가르보만큼 눈길을 사로잡는 마리아 피아 카실리오(《움베르토 디》의 하녀 역)의 얼굴도 다큐멘터리에 의존한다. 하지만 카실리오의 얼굴이 갖는 단독성은 실제 일상 세계에 존재하는 다른 것들의 다큐멘터리적 단독성 속에 함께 자리하는 반면, 가르보의 얼굴이 갖는 단독성은 이 영화에서 저 영화로 옮겨 다니며 할리우드의 가상 세계에 거주한다. 바르트가 어느 유명한 글에서 가르보의 얼굴을 (카실리오의 얼굴과 비교하지는 않았으나) 오드리 헵번의 얼굴과 비교하며 헵번의 얼굴이 "하나의 이벤트"라면 가르보의 얼굴은 "하나의 [플라톤적] 이데아"[56]라고 한 말은 틀리지 않지만, 그 이데아는 가르보의 얼굴이 아니라 그 얼굴이 생성된 이 세계 속에 있다. 하나의 얼굴이 스크린을 장악하려면 분명 그 얼굴에 맞는 하나의 세계를 찾아야 한다. 하나의 세계도 분명 그 세계에 맞는 얼굴들을 찾아야 한다. 위대한 영화 스타들의 얼굴은, 혹은 그들이 스크린 위에 존재하는 방식은, 다큐멘터리적 이미지의 고유한 개별성을 지닌다. 하지만 영화 스크린이 하나의 허구로 빚어내는 그 다큐멘터리적 이미지를 통해, 한 영화(스타의 경우에는 수많은 영화)의 세계와 다큐멘터리적인 개별자들은 그 허구의 일부가 된다.

크라카우어나 바쟁처럼 영화의 신기루에 넋을 잃었던 이론가들은 영화를 보는 것과 현실 경험의 차이를 경시하는 경향이 있다. 마치 스크린 위의 바다나 트래블링 숏의 지나가는 나무들과 우리 사이에 어떤 인공 장치도 없는 것처럼, 마치 그 바다와 나무들이 이미지가 아닌 것처럼, 실은 연극 무대 위의 소품보다 얇은 빛과 그림자로 이뤄진 영사 이미지가 아닌 것처럼 여기는 것이다. 이 유령적 매체는 카메라가 실제 사물들과 관계 맺는 방식 때문에 연극이 도달할 수 없는 수준의 강력한 현실감을 전할 수 있다. 카메라의 강력한 접근성 덕에 전 세계는 영화를 위한 무대가 될 수 있다. 우리가 스크린을 통해 보는 바다는, 실재도 아니고 가짜도 아니며, 카메라가 받아들인 빛에 의해 필름에 새겨진, 그 바다의 실제 모습에 관한 유용한 흔적을 담고 있다. 바쟁은 비록 영화에서 조작술의 역할을 등한시하기는 했으나, 사진 이미지에 피사체가 지닌 리얼리티가 보존된다고 본 점에서는 옳았다. 영사기에서 돌아가는 필름 스트립 위에는 바다 자체의 무언가가 남아 있다.

영화 이미지는 리얼리티를 담고 있지만 어디까지나 간격을 둔 리얼리티다. 리얼리티가 영화 이미지에 강한 효과와 확신을 제공한다면, 재현된 대상들에 형태와 의미를 부여하는 것은 그 간격이다. 왜냐하면 영화에서 바다는 바다 자체가 아닌 무언가가 되고, 실제 경험의 그물망을 벗어나, 어떤 구조, 주제, 표현의 형상에 맞춰 배열될 수 있기 때문이다. "그것들은 이미 거기에 있다. …… 그걸 왜 조작해야 하는가?"[57] 그렇게 로셀리니는 세계의 개별자들을 대하는 그의 겸허한 태도를, 혹은 바쟁이 경탄에 차 표현한 것처럼 "리얼리티에 대한 믿음"을 드러낸 바 있다. 바쟁은 "이미지를 믿는 감독들과 리얼리티를 믿는 감독들"을 구별했다.[58] 그가 이미지라고 말한 것은 모든 영화적 인위, 다시 말해 재현 대상에 재현 행위가 부가하는 모든 것을 의미한다. 바쟁은 로셀리니가 공언한 리얼리티에 대한 믿음, 그저 존재하는 것들에 대한 존중을 애호했다. 하지만 카메라 앞의 리얼리티를 존중한다 해도, 영화를 만드는 사람은 어떤 태도를 표현하려면 이미지 즉 재현의 인위에 의존해야 하며, 이는 그저 존재하는 대상에 대한 겸허한 존중을 표현할 때도 마찬가지다. 영화가 카메라의 직접성에 깊이 의존하기는 하지만, 그것을 직접적 체험으로부터 분리하는 거리 없이는, 즉 분절된 형상들을 배열해 일정한 의미를 만드는 데 필수적인 간격 없이는, 아무것도 표현할 수 없고 아무것도 의미화할 수 없다.

어떤 영화도 추상 속으로 사라지지 않지만, 어떤 영화도 우리를 구체적 리얼리티에만 빠져 있게 하진 않는다. 세르게이 에이젠시테인은 실제 공장에서 연극을 올린 적이 있는데, 그때 공장의 절대적 존재감이 관객을 압도해 공연은 오히려 부차적이 되는 것을 보고, 왜 연극 무대가 현실과 분리돼 있어야 하는지 깨달았다. 이는 그를 영화로 이끌었고, 스크린에서 그는 현실을 있는 그대로가 아니라 현실의 흔적이 담긴 이미지를 통해 간격을 두고 만남으로써 물질적 세계의 위력적인 현전성을 더 능숙하게 다룰 수 있었다. 필름에 새겨진 리얼리티는 리얼리티 자체와 늘 얼마간 떨어져 있지만, 리얼리티를 어떻게 다루었느냐에 따라 그 간격은 클 수도 작을 수도 있으며 그 효과의 질도 달라진다. 모든 영화가 등장 배우에 관한 다큐멘터리가 될지는 몰라도, 이외의 것들에 관한 다큐멘터리가 되는 영화는 드물다. 로케이션에서 촬영된 영화라 하더라도 그것은 실제 세계와 동떨어진 곳에서 벌어진다. 연극 무대 위에 진짜 나무를 심어도 그것이 나무임을 알리는 일종의 표지판이 되는 것처럼, 대부분 영화에서 실제 로케이션은 텔레비전 리포터 뒤에 보이는 백악관마냥 그 장소를 알려주는 표지판으로, 일련의 장면들에 현실의 피상을 빌려줄 뿐인 카메라의 자연주의로 장식된 표지판으로 격하한다. 대부분의 로케이션 장면이 만들어지는 방식을 보면, 촬영지가 실재하는 장소이기는 하나 그로 인해 크게 달라지는 것은 없다. 전형적인 영화는 한두 개의 롱 숏을 통해 촬영지를 짧게 보여 주는 장면으로 시작한다. 그런 뒤 더 근거리의 숏들의 연쇄를 통해 무대 공간 주변의 배경만 조명하면서, 배우들과 그들의 드라마적 상황과 표정, 대사, 의미심장한 침묵, 사랑이 담긴 눈빛이나 폭력적인 행위의 교환에 우리의 주의를 집중시킨다. 그리고 혹여 이곳이 현실 세계임을 우리가 잊어버렸을까 봐 다시 한두 개의 롱 숏이 나오며 장면이 마무리된다. 세트처럼 다루어지는 이런 로케이션은 스크린 위에서도 기실 세트처럼 보인다. 로케이션의 리얼리티는 자연주의적 허울 속으로 사라져 버리고, 그 역할도 배우들과 드라마에 엄격히 종속된다. 뉴스 보도에서 의미를 전달하는 것은 리포터의 말인 것처럼, 대부분 영화에서 의미를 전달하는 것은 드라마다. 그리고 리포터의 말처럼 드라마도 구상되고 상연되기 마련이며, 스튜디오가 아닌 로케이션에서 촬영을 했다 해도 그것의 의미가 달라지진 않는다.

예전 할리우드에서는 로케이션 촬영 대신, 일종의 속성 환유법으로서 에펠탑이나 해변의 야자수 같은 것들을 찍은 스톡 푸티지를 통상적으로 활용했으며, 그런 푸티지들을 배면영사한 상태에서 스튜디오 촬영을 진행하고는 했다. 당시에는 폭넓게 받아들여졌던 그런 방식은 어떤 이미지를 신뢰하기 위해 더 강력한 수준의 '리얼리즘'을 필요로 하는 오늘날 관객에게는 더 이상 유효하지 않다. 오늘의 관객은 배면영사 같은 속임수 정도는, 즉 실은 스튜디오를 애초에 떠난 적도 없는 배우들이 차를 타고 도시의 거리를 달린다든지 역마차를 타고 서부의 황야를 가로지른다든지 하면서 실제 로케이션에 나가 있는 것처럼 흉내를 내는 정도는 즉각적으로 알아차리며 의심의 눈초리로 바라보기 마련이다. 물론 예전 관객들이라고 이런 속임수를 눈치채지 못했던 것은 아니지만 배우와 스토리가 관람 목적인 그들에게 그 정도는 컨벤션으로 받아들여졌으며, 그들은 실제 로케이션을 대신해 배면영사되고 있는 푸티지에 불만을 갖지 않았다. 그렇다고 그들이 우리보다 멍청했다고 얕봐선 안 된다. W. C. 필즈W. C. Fields의 유쾌한 패러디 영화 〈치명적인 맥주 한 잔*The Fatal Glass the Beer*〉(1933)을 봐도 알 수 있듯 그들은 배면영사에 속지 않았다. 오히려 영화란 자고로 어떤 것인지를 더 잘 알고 있었다는 점에서 더 나은 '리얼리즘'을 원하는 오늘날의 관객보다 낫다. 오늘날의 관객이 요구하는 것이란 실제 로케이션에서의 촬영이 가져다준다고 하는 번드르르한 외양으로서의 리얼리티지만, 그때나 지금이나, 배면영사 같은 속임수를 썼든 실제 로케이션에서 찍었든, 대부분의 경우에 실제 장소가 주는 이점은 많지 않다. 대부분 영화에서 리얼리티는 예나 지금이나 희석되어 있으며 드물게만 직면된다.

하지만 리얼리티를 직면해야 한다는 주장은 영화사 내내 수시로 제기되어 왔다. 실제 세계를 향해, 구체적인 것들로 가득한 세상을 향해 카메라를 꺼내 들고자 하는 충동은 뤼미에르 형제 이래 여러 시대와 지역에서 영화에 활기를 불어넣었다. 로버트 플래허티Robert Flaherty와 지가 베르토프Dziga Vertov, 버스터 키튼Buster Keaton과 에이젠시테인, 도브젠코와 장 비고Jean Vigo, 부뉴엘과 르느와르, 제닝스와 로셀리니, 데 시카와 사티야지트 레이, 장 루슈Jean Rouch와 D. A. 페네베이커D. A. Pennebaker, 포드와 빅터 누네즈Victor Nuñez와 찰스 버넷Charles Burnett, 구로사와 아키라와 토마스 구티에레스 알레아Tomás Gutiérrez Alea와 넬슨 페레이라 도스 산토스 Nelson Pereira dos Santos, 고다르와 우스만 셈벤Ousmane Sembène과 아바스 키아로스타미Abbas Kiarostami, 안토니오니와 장마리 스트라우브Jean-Marie Straub와 다니엘 위예Danièle Huillet와 같은 다양한 감독들이 그러했던 것처럼 말이다. 리얼리티의 허울에만 만족하지 못한 이들은 현실에서 훨씬 다채롭고 기이하며 강력하고 중대한 무언가를 찾으려 해 왔다. 그러나 그런 특성을 지닌 리얼리티는 바로 그 때문에 일관된 구조로 다루기가 더 어렵고, 명료한 배열에 더 저항적이다. 여기에 진지하게 리얼리티를 있는 그대로 포착하려는 영화감독에게 리얼리티 사체가 야기하는 문제가 있다. 리얼리티에 더 깊이 몰두할수록 그것에 어떤 형태와 의미를 부여하기가 더 어려워지는 것이다. 영화 이미지와 실제 대상과의 간격은 그것을 더 쉽게 다룰 수 있게 해 주고, 그 대상으로부터 충분한 간격을 유지함으로써 비일관성을 면하게 해 주지만, 그로 인해 리얼리티에 대한 진정한 몰두도 차단된다. 비일관성의 위험을 감수해야만, 제어되기 힘든 리얼리티가 이야기 속으로의 유순한 편입을 거부하는 저항성과 에너지를 유지한 채 조우될 수 있을 것이다. 오로지 리얼리티의 저항성과 씨름함으로써, 영화감독은 현실의 에너지로부터 무언가 추출할 수 있으며 스크린 위에서 그것을 의미심장한 구조로 빚어내고 생동감과 힘이 약동하도록 할 수 있다.

영화감독에게 리얼리티 자체가 야기하는 문제를 잘 보여 주는 예가 로셀리니의 작품들이다. 그는 이 문제와 씨름함으로써 새로운 지평을 열었는데, 종종 문제를 해결하는 데 실패하기도 했다. 여기서 문제란 형식의 문제, 혹은 허구의 문제다. 즉 관찰된 사실과 기록된 세부에 형식을 부여하는 문제이고, 사실로부터 허구를 만들어 내는 것, 즉 다큐멘터리 이미지를 폭력적 손상 없이 정당하게 다루는 허구를 만들어 내는 것의 문제다. "로셀리니의 〈무방비 도시〉를 혐오했다"라고 루이스 부뉴엘은 자서전에 쓴 바 있다. "옆방에서 고문당하는 신부와 무릎 위에 여자를 앉힌 채 샴페인을 즐기는 독일 장교의 모습을 대조하는 손쉬운 방식은 역겨움을 일으켰다."[59] 부뉴엘은 로셀리니치고는 얄팍하다고 할 만한 조작술을 정확히 집어냈다. 로셀리니는 원칙적으로 어떠한 조작술도 반대했으나 실제로는 마지막 수단으로 종종 조작술에 기대고는 했다. 그의 가장 뛰어난 영화들은 (그가 영향을 준 게 틀림없는) 로버트 프랭크Robert Frank나 개리 위노그랜드Gary Winogrand의 거리 사진에 견줄 만하다. 그들의 영화와 사진은 삶을 다듬어지지 않은 상태로, 그저 거기 있었을 따름인 무언가를 어떤 진술에 맞게 배열하지 않고 소란스러운 모습 그대로 낚아챈 것이다. 그렇게 그저 조리개를 열고 현실이 스스로 이미지가 되게 하는 일은 쉬워 보이지만 잘해 내려고 하면 아주 어려운 일이며, 사진보다 영화에서 훨씬 어려운 일이다. 사진은 어떤 순간을 낚아챌 때 그 전과 후에 관한 복잡한 문제를 고민하지 않아도 된다. 사진도 나름의 형식의 문제를 짊어지기는 하지만, 시간의 문제, 이야기의 문제, 허구의 문제는 아니다.

한 평론가가(폴린 케일이 한 대담에서) "위대한 영화는 한 편도 만들지 않은 위대한 영화감독"이라고 특징지은 바 있듯, 로셀리니는 위대한 순간들을 많이 만들기는 했으나 그 전과 후를 능숙하게 다루지는 못했다.

크라카우어는 영화가 가능한 한 드라마적인 이야기가 아니라 움직이는 사진 같은 것이 되기를 바랐다. 그는 "삶의 흐름에 스며들 수 있는" 이야기가 아닌 한, 달리 말해 카메라에 삶의 흥미로운 순간이 포착되면 언제든 유예될 수 있을 만큼 미미한 이야기가 아닌 한, 이야기는 비영화적이라 여겼다. 로셀리니의 〈전화의 저편*Paisà*〉(1946) 중 로마 에피소드에 대해서 그는 "〈전화의 저편〉이 전반적으로 탁월하게 보여 주는 소묘적이고 불안에 찬 르포르타주와 달리, 고도로 꾸며진 이야기"라고 비판했다.[60] 하지만 〈전화의 저편〉의 다른 부분들과 마찬가지로 이 에피소드의 문제는 고도로 꾸며진 게 아니라 조악하게 꾸며진 이야기라는 점에 있다. 이런 점은 〈독일 영년*Germania anno zero*〉(1947)에서 나아졌는데, 이 영화도 〈무방비 도시〉와 〈전화의 저편〉만큼이나 서투르며 종종 설득력이 떨어지기는 하나, 단편적인 장면들만 아니라 하나의 전체로도 기억에 남는다. 이 영화에서 그가 들려주는 이야기도 고도로 꾸며진 것이기는 하다. 몰락한 독일의 오이디푸스라 할 만한 열세 살 소년이 그릇된 의무감에 차 병든 아버지를 살해한다. 하지만 이 이야기는 그것이 놓인 구체적인 시공간에 잘 들어맞아, 전후 베를린의 본질을 드러내는 이야기로써, 또한 전장의 폐허에 너무도 어울리는 드라마적 행위로써, 우리의 마음을 움직인다. 같은 장소를 빌리 와일더Billy Wilder도 〈외교 문제*A Foreign Affair*〉(1948)에서 다룬 바 있는데(당시 할리우드는 이탈리아 네오리얼리즘의 영향을 받아 이전보다 훨씬 자주 로케이션 촬영을 했다), 거기서 베를린은 몇몇 인상적인 광경을 빚어내기는 하나 푸티지 배경보다 별로 나을 게 없으며 영화에 지역색을 가미하는 정도에 머무른다. 로셀리니는 (때때로 배면영사를 사용하기는 해도) 실제 장소를 영화의 중심에 위치시키는데, 이 영화는 그 장소의 구체적인 세부나 상황과 분리해 생각할 수 없는, 그 현장에 긴밀히 조응하도록 설계된 하나의 건축물 같은 작품이다. 크라카우어는 비극이 영화와 이질적이라 주장하지만, 〈독일 영년〉은 오히려 연극과 이질적이다. 주인공 소년이 실제 장소에서 관찰된 개별적 세부들과 관계함으로써만 존재하는 캐릭터라는 점에서 그러하다. 카메라가 붕괴한 도시를 바라볼 때와 똑같이 혼란에 찬 시선으로 소년을 바라보는 긴 장면 다음, 소년이 반쯤 무너진 어느 건물에서 바닥의 돌무더기를 향해 몸을 던질 때, 폐허의 적나라한 세부들이 지닌 원초적 힘은 비극의 영속적 힘으로 전환된다. 이 주인공과의 관계 속에서 그리고 그를 중심으로 이뤄지는 행위와의 관계 속에서 로셀리니 영화의 개별적 세부들은 비로소 모종의 의미를 지니게 되고 하나의 일반 명제로 구현된다.

뤼미에르는 세상을 위한 홈 무비를 만들었다. 그에게는 이야기도 필요하지 않았고 상상력도 필요 없었으며, 일상의 아주 놀라운 순간들, 이를테면 기차의 도착이나 아기에게 젖먹이는 일 등을 단순히 기록하면서 대중이 흥미를 갖기를 기다리기만 하면 됐다. 그는 그런 흥미가 대중적 오락물로서의 영화라는 형태로 지속될 것이라 여기지 않았다. 그는 그가 만든 영화 카메라가, 조지 이스트먼George Eastman의 스틸 카메라처럼, 가족과 친구들이 집에 모여 아무 이야기나 상상력이 가미되지 않은 화면 속의 놀라운 움직임을 보는 것만으로도 충분히 즐거워할 만한 가정용 상품으로 자신의 시장을 가질 거라고 생각했던 것 같다.

대중 영화의 지속적 성공이 뤼미에르가 틀렸음을 입증한다면, 오늘날 비디오를 통해 더 저렴해지고 신속해져 더 인기가 많아진 홈 무비의 지속적 성공은 그가 옳았음을 입증한다. 뤼미에르 이래 대중 영화는 주로 가공된 픽션이었다. 다큐멘터리 영화는 새로운 것, 다른 것에 대한 관심을 자극함으로써 가정을 넘어 대중에게 닿을 수 있었으며, 그런 점에서 홈 무비를 제외한다면 다큐멘터리 영화의 두 주된 유형은 뉴스릴과 기행 영상물travelogue이었다. 예술로서의 다큐멘터리 영화에 시초가 된 것은 지가 베르토프와 로버트 플래허티로, 전자는 뉴스릴에서, 후자는 기행 영상물에서 출발했다.

베르토프는 1917년 혁명 이후 소비에트에서 뉴스릴 편집자로 출발했다. 그의 작품, 특히 〈카메라를 든 사나이Man with a Movie Camera〉(1929)는 최근에 일종의 아방가르드 영화로 대단히 추앙되고 있다. 하지만 그것은 분명 다큐멘터리 영화이기도 하다. 삶을 있는 그대로 보여 준다는 의미에서가 아니라(그런 영화는 어디에도 없고, 〈카메라를 든 사나이〉처럼 적극적 만듦의 의도가 강조된 영화라면 더더욱 아니다), 실제 삶으로부터 직접 소재를 취한다는 점에서 그렇다. 베르토프에게는 자신의 실제 삶의 조각들을 소재로 작업한다는 것, 공산주의 혁명이 삶에 새로운 질서를 만들어 내듯 그 소재들에 새로운 질서를 부여한다는 것이 중요했다. 그의 영화들은 확실히 일종의 구축물이었지만 절대 상상의 산물은 아니었다. 그건 현실의 조각들로 만들어 낸 구축물이었다. 그는 리허설 없는 삶을 재현해야 한다고 주장하면서 동시에 영화적 재현의 조작술도 긍정적으로 여겼다. 리얼리티와 인위성을 양면적으로 강조한 그는 배우들의 허구를 배제하면서도 드라마를 만들어 냈고, 스크린에 영사된 이미지들의 배열만으로 이뤄진 픽션에 몰두했다.

모든 영화는 다큐멘터리의 측면과 픽션의 측면을 다 갖고 있다. 그렇다면 우리는 이렇게 다큐멘터리를 픽션과 구별되는 별도의 영화로 논할 수 있는가? 다큐멘터리를 정의하려는 여러 시도를 통해 드러났듯 이 범주는 명확하게 정의하기 어렵지만, 그렇다고 범주화의 시도가 무의미한 것은 아니다. 모든 영화는 다큐멘터리적이라고도 픽션적이라고도 할 수 있겠지만, 확실히 어떤 영화들은 다른 영화들보다 다큐멘터리적이거나 픽션적이다. 흔히 사용되는 논픽션 영화라는 용어는 쓸모가 없다. 다큐멘터리 영화는 픽션을 거부하는 영화가 아니다. 어떤 영화도 픽션을 피해 갈 수는 없기 때문이다. 다큐멘터리 영화란 그 영화의 다큐멘터리적 측면과 픽션적 측면 사이에 모종의 연관성, 모종의 상호 작용을 설정해, 다큐멘터리적 측면이 더 중요하게 부각되는 영화를 의미한다.

재현의 조작술을 선언적으로 드러내는 또 한 편의 다큐멘터리는 부뉴엘의 〈빵 없는 대지Land without Bread〉(1932)다. 베르토프의 작품처럼 부뉴엘의 영화도 다큐멘터리의 인위성에 주목하도록 한다는 점에서 최근에 높이 상찬되고 있으며, 동시에 그런 이유로 진정한 다큐멘터리는 아니라고 간주된다. 〈빵 없는 대지〉는 그보다 10년 전 작품이자 플래허티의 경력은 물론이고 다큐멘터리 예술의 출발점이 된 〈북극의 나누크 Nanook of the North〉를 끔찍하게 뒤집어 놓은 영화다. 플래허티가 적대적 자연과 용맹하게 씨름하는 에스키모(이누이트족)의 능력을 찬미하는 반면, 부뉴엘은 스페인 산간의 낙후되고 고립된 지역인 라스 우르데스의 주민들이 적대적인 환경을 극복하기 위해 갖가지 시도를 벌이지만 비참하게 패배하는 모습을 보여 준다. 또한 플래허티는 기행 영상을 자신의 목적에 맞춰 다듬고 정돈했지만, 부뉴엘은 전혀 의도치 않았던 방향으로 흘러가는 이 기행 영상을, 자신의 목적에 부합하는 충격적 아이러니를 간직한 상태로, 고스란히 받아들인다.

〈빵 없는 대지〉는 라스 우르데스라는 낙후한 지역으로 향하면서, 먼 타지를 방문해 그곳의 그림 같은 풍경 그리고 특이한 동식물과 건축물을 바라보는 부류의 다큐멘터리에서 볼 법한 톤과 묘사 양식을 채택한다. 불행한 라스 우르데스 사람들을 보여 주는 태도도 타지인들의 신기한 풍습에 관한 얄팍한 관심을 드러내는 공허한 기행 영상들에서 으레 볼 수 있는 것이다. 형식이 내용과 불화한다. 재현 스타일도 의도적으로 부적절하다. 이 영화는 스스로를 질문에 부친다. 부뉴엘은 앞서 만든

〈안달루시아의 개*Un chien Andalou*〉(1929)의 상영 때 관객들에게 이 영화를 좋아하지 않았으면 좋겠다는 말로 작품을 소개한 바 있다. 〈빵 없는 대지〉는 우리가 이 영화를 좋아하지 않기를 바랄 뿐만 아니라 이 영화를 신뢰할 수 없기를 바란다. 관객에게 진실로 받아들여지길 바라는 관습적인 다큐멘터리의 태도와 절연하고 있는 것이다.

기행 영상이든 뉴스릴이든 다큐멘터리 영화는, 카메라가 보여 주는 것을 어떻게 받아들여야 하는지 알려주는 보이스오버 내레이션에 보통 의존한다. 픽션에서는 신뢰할 수 없는 내레이터가 드물지 않다. 그것은 이야기를 내레이터의 지각을 통해 재구성한 대로 받아들이도록 요청하는 컨벤션의 한 변형이다. 하지만 〈빵 없는 대지〉에서처럼 다큐멘터리에 믿기 힘든 내레이터를 등장시키는 것은 다른 문제다. 그것은 다큐멘터리의 권위에 대한 도전이며 다큐멘터리에서 픽션으로의 뻔뻔스러운 이행이다. 그래서 모든 영화는 픽션이라고 생각하는 이들은 〈빵 없는 대지〉가 자신의 허구성을 스스로 폭로한다는 면에서 매우 좋아한다. 실제로 이 영화는 기행 영상의 패러디로, 초현실주의적 농담으로 일컬어지고는 했다. 하지만 이 영화는 단순한 패러디나 농담으로서는 그리 흥미롭지 않다. 이 영화가 폭로하는 픽션의 조건은 다큐멘터리의 조건과 충돌함으로써 의미를 획득하는데, 그 의미는 신랄하고 불편하다. 우리는 라스 우르데스 사람들을 보고, 즉 그들이 사태를 호전시키기 위해 부단히 애쓰는 모습과 사태를 본의 아니게 악화시키는 모습을 보고 웃을 수도 있을 것이다. 하지만 그 웃음은 그들이 실재하는 사람들이라는 사실 때문에 교란되고 난감해지며 결국 중단된다. 우리는 그들의 상황을 재현하는 데 기행 영상이 부적합한 수단임을 깨닫게 된다. 하지만 어떤 형식인들 그들의 끔찍한 현실에 적합하겠는가? 이런 부류의 다큐멘터리가 그러하듯, 〈빵 없는 대지〉는 자신이 픽션이라 선언함으로써 스스로를 다큐멘터리로 규정한다.

그들은 왜 그곳을 떠나지 않는가라고, 대대로 계속돼 온 악몽 같은 삶을 하루하루 이어가는 라스 우르데스 사람들을 보며 우리는 묻는다. 그들 중에는 근친상간을 통해 태어난 지체아도 있지만, 대부분은 우리처럼 평범하다. 그들은 왜 그곳을 떠나지 않는가라고 영화는 조용히 그러나 끈질기게 묻는다. 그곳은 고립된 지역이긴 하나 벗어나기에 물리적으로 어려울 정도는 아니다. 일부는 일자리를 찾아 떠나기도 하지만 결국 못 찾고 돌아온다. 그들을 옭아매는 것은 라스 우르데스의 지리적 특성이 아니라 그들 삶 속의 뿌리 깊은 습관, 공동체의 견고한 전통이다. 마치 부뉴엘의 이 패러디 기행 영상의 방식과 흡사한 인간 사회의 기괴한 패러디 수행이, 그들을 철저한 불행 속으로 몰아넣은 것처럼 말이다.

보통 그런 불행은 동정적인 시선으로 그려지지만 부뉴엘의 재현은 우리의 동정심을 제어하며 다른 섣부른 감정의 표출도 억제한다. 불행한 이들을 그저 불쌍히 여기는 것이 여의치 않게 되자 우리는 자신의 상황을 성찰하게 된다. 스스로를 문제 삼는 영화가 관객도 자신을 문제 삼게 만드는 것이다. 마땅히 이렇게 자문할 수 있다. 우리는 왜 자신의 삶의 곤경들로부터 벗어나지 못하는가? 〈빵 없는 대지〉는 인간이 지닌 최상의 가능성에 대한 습관적 억압, 그 가능성들을 불구로 만드는 이식된 행동 패턴, 라스 우르데스 사람들이 극단적으로 드러내는 문화적 사회적 병리로부터 우리도 예외가 아니라는 깨달음으로 이끈다. 만일 인도주의적 영화가 타자들에 대한 우리의 동정심을 유발하고(우리는 괜찮지만 그들은 괜찮지 않아), 일반 기행 영상이 이국적 대상에 우월적인 관심을 표하고(우리는 괜찮은데 그들도 괜찮을지 몰라), 보다 진지한 인류학적 영화가 타 문화의 전통과 관습이 우리 것만큼 좋거나(우리도 괜찮고 그들도 괜찮아), 심지어 우리 것보다 우월하다고 한다면(그들은 괜찮지만 우리는 괜찮지 않을 수 있어), 〈빵 없는 대지〉는 그들이 겪는 문제가 우리 자신이 겪는 문제를 심화해 보여주는 사례임을 깨닫게 한다. 그들도 괜찮지 않고 우리도 괜찮지 않은 것이다. 그렇게 부뉴엘은 동정심을 억제하면서 두려움을 불러일으킨다. 면밀히 조율된 아이러니를 통해 그의 패러디 기행 영상은 비극의 동정심과 공포감을 함께 끌어들인다. 그런 아이러니는 감정의 분출이나 카타르시스를 통한 종결을 허락하지 않고, 결말 없는 비극을 일깨운다.

베르토프와 부뉴엘의 다큐멘터리가 지닌 픽션적 특성은 오늘날 다큐멘터리의 인위성에 대한 자인으로 존중되고 있지만, 플래허티의 다큐멘터리가 지닌 픽션적 특성은 노골적인 속임수는 아니라 해도 적어도 낭만적 도피주의로 간주돼 제대로 인정받지 못하는 경향이 있다. 플래허티는 확실히 미국적 루소주의자로서 자연과의 조우 속에서 휴머니티의 진수를 찾기 위해 먼 이국땅으로 달려갔으며 자신이 원하는 것을 찾지 못하면 그것을 꾸며 내기도 했다. 그는 거기에 있는 것을 기록하는 대신 거기에 한때 있었던 것, 혹은 거기에 있어야 하는 것을 자신이 본 것처럼 재구성했다. 〈북극의 나누크〉에 나오는 이누이트족은 오래전부터 총을 사용해 왔지만 영화에서 그들은 칼, 창, 작살만 쓴다. 〈모아나Moana〉(1926)에 나오는 남태평양제도 사람들도 영화의 클라이맥스에서 자신들이 선보이는 고통스러운 문신 의식을 그만둔 지 오래다. 〈아란의 사람들Man of Aran〉에 나오는 섬 주민들은 영화를 위해 자신의 선조들이 어떻게 상어를 사냥했는지 새로 배워야 했다. 플래허티는 탐험가로서 영화를 만들기 시작했으며 그의 영화 속에서 끝까지 탐험가로 남았다. 그는 통상적인 기행 영상을 만드는 피상적 관광객이 아니라 그 장소 및 그곳 사람들과 소통하며 그들을 알아가는 느긋한 방문객이고자 했다. 그의 예술은 이누이트족의 조각을 닮았다. 그들은 재료 속에서 형상을 발견해 내려고, 즉 형상을 밖에서 주입하는 것이 아니라 안에서부터 끄집어내려고 노력했다. 하지만 플래허티가 재료로부터 끄집어내는 형상은, 그 지역적 차이와 플래허티의 정성스러운 작업 방식에도 불구하고 그가 가는 곳마다 비슷하게 나타난다. 앞서 말한 '인간의 가족'전의 전

지구적 판본이라 할 만한 영화적 작업이다.

하지만 사진가와 달리 플래허티는 자신이 원하는 순간만 잡아챌 수 없었다. 또한 스타이켄이 전시에서 한 것처럼 자신이 원하는 순간들만 모아 짜맞출 수도 없었다. 피사체들에 대한 그의 관점을 전달하기 위해 플래허티는 그들을 흐르는 시간 속에서 관찰해야 했으며 그들을 운동 중인 상태로 상연해야 했다. 그가 관객을 위해 재구성한 삶은 스크린 위에서도 살아 있어야 했던 것이다. 그래서 그는 그런 삶을 재구성했고, 그 삶의 운동을 상연했다. 그 삶이 이어져 온 바로 그 장소에서, 그 삶을 살아 온 바로 그 사람들과 말이다. 〈북극의 나누크〉에 나오는 이누이트족, 당시 플래허티와 대부분의 사람들이 에스키모라 부른 그들은 상황을 알고 있는 연기자들이었고 이 영화를 만드는 데 적극적인 협력자들이었다. 그들은 많은 제안을 했고(이를테면 옛날 방식으로 이루어지는 바다코끼리 사냥이 그 제안 중 하나였는데, 그들이 예상한 것처럼 이는 아주 흥미진진한 장면이 된다), 현장에서 곧장 현상된 러시●를 정기적으로 확인했다. "러시를 확인하는 일을 늘 제일 중요하게 여겨 왔다"라고 플래허티는 말했다. "하지만 북극에서 필름을 현상한 또 다른 이유는 에스키모들에게 촬영분을 보여 줌으로써 그들이 내가 하는 일을 이해하고 받아들이게 하고, 그들이 파트너로서 함께 작업하기를 원해서였다."[61] 그 파트너십은, 앤드루 새리스가 지적했듯, 완성된 영화에 고스란히 드러난다.

자신이 다루는 소재에 직접 참여함으로써 [플래허티는] 물리학에서 베르너 하이젠베르크의 불확정성 원리에 준할 만한 영화적 원리를 정립했다. 이른바,

● 당일 촬영한 필름을 현상실에서 최초로 프린트한 것을 말한다. 다음 촬영 전에 이전 촬영분을 검토하기 위해 촬영 현장으로부터 가까운 곳에서 '서둘러' 현상, 인화한 데서 붙여진 명칭이다. — 옮긴이

〈북극의 나누크〉. 이글루 창문의 나누크.

핵(과 영화적) 입자들에 대한 관찰만으로 그 입자 간 관계의 성질 변화가 수반
된다는 원리다. 나누크가 자신의 이글루 안에서 플래허티에게 카메라가 있음
을 알아차리고 미소 짓는 순간은 영화사에서 가장 아름다운 순간 중 하나로
기록된다. 감독은 나누크를 몰래 기록하거나 나누크의 삶을 날것 그대로 포
획하려 하지 않았다. 그는 존재의 모사가 아니라 재현을 토대로 나누크와 협
력한 것이다. 카메라의 이미지가 예술가의 정신으로 재가공되지 않을 때 다
큐멘터리가 관음증으로 전락할 수 있음을 플래허티는 아주 잘 이해하고 있
었다.[62]

새리스가 지적한 아름다운 순간은 이 영화 내내 느껴지는 감독과
이누이트족의 파트너십을 감안해도 특별한 순간이다. 숙련된 솜씨로 이
글루를 지은 다음 자신이 플래허티에게 영화에 쓸 만한 좋은 장면을 제
공했음을 알고 있는 나누크가, 이글루 안에서 창을 도려내고는 그 창 너

머로 카메라를, 나아가 또 하나의 창이라 할 뷰파인더로 자신을 응시하는 한 남자를 응시하며 미소 짓는다. 이 영화가 다루는 대상과 이 영화를 만드는 사람, 그 두 남자가 지닌 두 인공물, 즉 이글루와 카메라는 여기서 한 몸이 된다. 〈북극의 나누크〉는 영화의 인위성을 자기 방식대로 인정한다. 그리고 그런 인정을 통해 스스로 다큐멘터리임을 입증한다. 〈빵 없는 대지〉와 〈카메라를 든 사나이〉처럼 〈북극의 나누크〉도 자신이 픽션이라 선언함으로써 스스로를 또 다른 부류의 다큐멘터리로 규정하는 것이다. 스크린 위의 나누크는, 실제 북극 환경 안에 놓인 이 진짜 에스키모는 사냥하고 낚시하고 이글루를 짓는 동시에, 자신에 대해 알고 싶어 하는 관객을 위해 연기하면서 의식적으로 자화상을 구현했음이 분명하다. 이것이 나누크의 삶이다. 그들이 실제로 살았던 삶은 아닐 수 있지만, 그가 우리에게 보여 준 삶이다.

어떤 이들은 나누크가 자신을 따라다니는 카메라를 의식하는 모습을 결함으로 여기기도 한다. 극영화에서 배우들은 관습적으로 카메라가 거기 없는 것처럼 행동하는데, 플래허티는 다큐멘터리에 그런 극영화의 테크닉을 녹여내 다큐멘터리를 예술로 끌어올렸다고 평가받았던 탓이다. 에릭 바누우Erik Barnouw도 다큐멘터리의 역사에 관한 자신의 책에서 〈북극의 나누크〉와 관련해 드라마적 자질은 호평하면서도 나누크와 그의 가족이 카메라를 의식하는 순간들에 대해서는 유감을 표했다. "카메라를 향해 포즈를 취하며 자신의 흥취를 드러내는 등장인물들은 기행 영상의 유물로 보인다."[63] 플래허티 이전의 기행 영상물이란 톰 거닝Tom Gunning이 말한 '어트랙션 시네마the cinema of attraction'의 어트랙션에 가까웠다.[64] 어트랙션 시네마는 스토리텔링의 영화가 아니라, 관객에게 훨씬 대담하게 말을 걸면서, 계속해 장면이 전환되는 버라이어티쇼처럼 코미디, 마술, 섹스, 스릴 넘치는 액션 등을 조금씩 가미해 관객의 시선을 붙들고자 하는 영화였다. 그런 영화적 버라이어티쇼에서 기행 영상은 이국적인 재미를 담당했다. 〈북극의 나누크〉에도 어트랙션이라고 할 만한 무언가가, 즉 노골적으로 관객을 겨냥한 볼거리가 있다. 플래허티는 나누크와 그의 가족에게 보통의 기행 영상물에 나왔을 법한, 카메라를 보고 얼굴을 찡그리는 행동 같은 것은 못 하게 했지만, 극영화에서처럼 카메라 앞에서 그들이 연기를 하고 있다는 사실을 감추지 않았다. 바누우나 다른 이들이 반대할 수도 있으나, 관객을 더 직접 끌어들이는 이 방식은 이 영화의 강점으로 작용한다. 플래허티는 나중에 만든 영화들에서 어트랙션의 요소와 그 효과를 줄여나갔는데, 〈모아나〉나 〈아란의 사람들〉에서 마치 카메라가 없는 것처럼 연기하는 인물들 중 그 누구도 〈북극의 나누크〉만큼 스크린 위에서 생생히 존재했던 이는 없었다.

거닝은 스토리텔링 영화에 상반되는 것으로서 어트랙션 시네마를 제시하면서 양자택일을 하게 만든다. 관객에게 드러내 놓고 말을 거는 영화이거나, 그들에게 이야기를 들려주는 영화이거나 둘 중 하나라는 것이다. 하지만 〈북극의 나누크〉는 둘 다 한다. 그 둘을 힘들이지 않고 단번에 해내는 주인공 나누크가 있었던 것이야말로 이 영화의 행운이다. 나누크는 카메라와 보기 드문 수준의 자발적인 친밀도(스타 배우들을 특징짓는 친밀도와 유사한)를 지녀, 자의식을 드러내지 않으면서도 카메라에 찍히고 있다는 사실을 의식하고 있음을 보여 줄 수 있었고, 실제 세계 속에서 행동하는 존재이자 동시에 무대 위의 존재로서 관객을 위해 연기할 수 있었다. 그는 자신을 위장하지 않고도 손님을 접대할 줄 아는 사람의 자세로, 자신의 공간을 찾아온 카메라를, 그리고 우리를 기꺼이 받아들인다. 극영화는 스토리텔러 없이 연기를 통해 이야기를 전달하지만, 〈북극의 나누크〉에는 연기자이자 스토리텔러인 나누크가 있다. 그는 우리를 향해 자신의 이야기를 들려주는 동시에 카메라 앞에서 그것을 연기한다. 하지만 카메라 뒤에 있는 플래허티도 스토리텔러이며, 나누크가 이글루 창 너머로 플래허티를 환한 얼굴로 바라볼 때 두 스토리텔러는 하나가 된다.

〈북극의 나누크〉는 그러나 플래허티의 영화다. 어떻게 이야기를 전달할 것인가에 대해 최종 결정권을 지닌 이는 플래허티였다. 그는 이 영화에 나오는 사람들을 착취했다고 비난받았고, 식민주의자, 제국주의자라는 혐의를 받았다. 탐험가와 탐사자로 일했던 플래허티는 야생의 단독자가 아니라 그 야생을 식민화하고 착취하는 사람들의 고용인이기도 했다. 영화감독으로서도 그는 분명 식민주의적이고 제국주의적인 기업에 연루돼 있었다. 그가 나누크보다 우위를 점했던 것은 단지 카메라의 지휘자였기 때문이 아니라 백인 남성이었기 때문이기도 하다. 하지만 그렇다고 해서 그가 자신을 나누크에 동일시한 것, 카메라를 이글루에 동일시한 것까지 사기로 치부해서는 안 된다. 플래허티는 진정으로 자신의 작업을 나누크의 작업과 동일시했다. 영화감독으로서 그는 항상 자신의 활동을 자신이 촬영한 인물들의 활동과, 나름의 용기와 기술을 지니고서 꿋꿋하게 살아가는 사람들의 활동과 동일시했다. 그리고 그러한 동일시를 통해 자신을 예술가로 자리매김했으며, 다른 누군가의 소외된 노동이 아니라 자기 손으로 작품을 만드는 데 자부심을 지녔다. 그는 식민주의자였을 수도 있지만, 자기 카메라 앞에 존재하는 사람들에게 연대감을 느끼는 포퓰리스트이기도 했다.

윌리엄 로스먼William Rothman은 "〈북극의 나누크〉는 다큐멘터리와 픽션 사이에서 균형을 이루고 있다"라고 쓰며 이렇게 덧붙였다. "픽션과 다큐멘터리의 구분이 확립되기 이전의 한순간을 장식한다."[65] 로스먼이 말하는 구분은 영화의 종류, 즉 장르로서의 픽션과 다큐멘터리의 구분을 뜻한다. 모든 영화는 다큐멘터리적 측면과 픽션적 측면 사이에서, 즉 카메라가 포착한 다큐멘터리적 이미지와 스크린에 투사되는 픽션 사이에서 어떤 방식으로든 균형을 잡는다. 다큐멘터리적 측면을 강조하는 영화는 픽션의 문제를 대면해야 한다. 이는 다큐멘터리와 픽션이 만나는 불확정적인 경계를 어떻게 다루느냐의 문제다. 다큐멘터리와 픽션, 카메라와 영사기, 지표와 도상, 부재와 현존, 과거와 현재, 내러티브와 드라마, 물질과 유령(환영)의 사이에서, 영화 매체는 자기만의 균형을 추구한다.

2장

내러티브 시퀀스

내러티브와 드라마는
왜 구분되어야 하는가

"처음에서 시작하라"라고, "그리고 끝이 나올 때까지 계속 가라. 그런 뒤 멈추어라"라고, 왕은 아주 근엄하게 말했다.

— 루이스 캐럴Lewis Carroll, 《이상한 나라의 앨리스Alice in Wonderland》

정말로 우주 만물은 서로 연관돼 있으며 예술가가 짊어진 아름다운 과제란 끊임없이 자신만의 기하학을 통해 우주 만물이 서로 관계가 있음을 조화롭게 드러나도록 하는 원을 그려나가는 것이다.

— 헨리 제임스Henry James, 《로데릭 허드슨Roderick Hudson》 서문

무대에 등장한 배우는 모든 중요한 순간마다 자신이 실제로 하고 있는 행위와 더불어 자신이 하고 있지 않은 행위를 발견하고 구체화하고 암시한다. 그것은 말하자면 그가 그 장면을 연기하는 다른 방법이 가능한 한 뚜렷이 드러나도록 연기한다는 말이며, 그의 연기는 다른 가능성들을 추론할 수 있게 하는 가운데 가능한 대안들 중 단 하나만을 보여 준다는 말이다.

— 베르톨트 브레히트Bertolt Brecht, "소격 효과를 생산하는 연기의 새로운 테크닉에 관한 짧은 설명Short Description of a New Technique of Acting Which Produces an Alienation Effect"

● 저자는 'narrative'와 'drama'를 엄격히 구분하고 있어, 혼동을 피하기 위해 별도의 번역어 대신 '내러티브'와 '드라마'로 표기한다. 내러티브와 밀접하게 연관된 'narration'과 'narrator'도 '내레이션'과 '내레이터'로 표기한다. 시퀀스도 '순서' 혹은 '연쇄'라는 일반적 의미와 한 단위의 사건이 연속성을 갖고 이어지는 영화의 단위라는 특수한 의미를 갖고 있는데, 저자는 종종 중의적으로 사용하고 있어 그대로 시퀀스로 표기한다. — 옮긴이

이야기를 전달하는 행위와 무언가를 헤아리는 행위가 관계가 있다는 것은 관련 어휘들을 통해 알 수 있다. 말하는 것to tell은 헤아리는 것to count이기도 하다. 화자는 말하는 사람이기도 하고 헤아리는 사람이기도 하다. '리카운트recount'라는 동사에는 이야기하다란 뜻도 있고 재고하다란 뜻도 있다.● '어카운트account'란 명사에도 셈이란 뜻도 있고 설명이란 뜻도 있다. 같은 뜻의 스페인어 '콘타르contar'도 세다라는 뜻과 말하다라는 뜻을 둘 다 갖고 있다. 독일어에서 '세다zählen'와 '이야기하다erzählen'가 비슷하듯, 프랑스어에서도 '세다compter'와 '이야기하다conter'가 매우 유사하다. 이야기한다는 것은 실로 무언가를, 물론 내용의 면에서가 아니라 형식의 면에서, 헤아리는 것이다. 이야기는 어떤 하나 다음에 다른 것이 오고 또 다른 것이 오는 식으로, 무언가가 헤아려지듯, 연속의 형태로 말해지는 것이다. 우리가 어떤 사물들을 헤아릴 때 그것들이 놓인 공간적인 순서대로 세듯이, 이야기를 할 때도 먼저 벌어진 일부터 말하고 그다음에 벌어진 일을 말하는 식으로, 시간적인 순서대로 말한다고 생각될 수 있다. 하지만 어떤 풍경이나 방 안에 있는 물건들을 이야기할 경우, 거기에 동시적으로 함께 있었던 것들임에도 불구하고 묘사를 하는 과정에서는 마치 그것들을 헤아리듯 그것들에 순서를 부여해 연속적으로 이야기한다. 우리는 무언가를 하나, 둘, 셋 하고 셀 때, 그것들에 특정한 순서가 없음에도 우리 머릿속에 그것들을 줄세운다. 어떤 이야기를 할 때도 우리는 같은 과정을 수행한다. 이야기들을 시퀀스로 정렬하는 것이다.

우리는 무언가를 헤아릴 때 그 헤아리려는 것 속에서 우리가 따를 수 있는 어떤 순서를, 여기 시작점으로부터 저기 끝점까지 어떤 경로를

● 저자는 '리카운트'를 주로 과거의 이야기를 말하는 행위를 가리킬 때 사용하고 있어, 혼동을 피하기 위해 이후로는 '술회'로 번역한다. ― 옮긴이

거쳐 헤아려야 할지를 먼저 생각하는데, 보통 그 순서는 임의적이며 어디에서도 그 근거를 찾을 수 없는, 우리 스스로 선택한 시퀀스일 때가 많다. 이야기를 전달할 때, 우리는 사건들의 자연스러운 순서에 따르고 싶어 한다. 하지만 제시간에 맞춰 하나씩 등장한다는 것은 사물들의 본질이 아니다. 이야기 과정에서 이런 식의 등장이 요구되는 것은 언어의 인위성에서 비롯된다. 사건들을 이야기하는 데는, 꼭 시간 순서를 따르지 않더라도, 자연스럽게 따르게 되는 순서가 있을 수 있다. 이를테면 어떤 풍경을 말할 때 우리에게 강력한 인상을 주는 지배적인 요소부터 설명하는 것이다. 하지만 같은 풍경을 말하려는 다른 누군가는 다른 요소로부터 더 강력한 인상을 받을 수도 있고 그 외의 부분들을 먼저 설명하고 가장 인상적인 부분은 대미를 위해 남겨두는 것이 낫다고 생각할 수도 있다. 내러티브 시퀀스의 문제, 즉 무엇을 처음에 이야기해야 하고 다음에 무엇을 이야기해야 하고 그렇게 가다가 무엇을 끝에 이야기해야 하는가의 문제는, 늘 어느 정도는 우리가 자의적으로 정한 순서인 것이다. 우리가 어떤 것들을 이야기할 때 그것들로 만들어 낸 순차적 배열이 바로 내러티브라는 가공물을 특징짓는다. 내러티브는 그저 하나의 이야기가 아니라, 즉 실제로 발생했거나 실제로 발생한 것처럼 상상된 일이 아니라 말해진 이야기다. 시퀀스는 발생한 게 아니라 만들어진 것이다.●

그림은 내러티브와 반대다. 그림에는 모든 것이 함께 놓여 있다. 그것이 진행 중인 사건을 그린 것이든 전쟁 혹은 창가에 서서 편지를 읽고

● 일상 언어에서 내러티브는 이야기를 뜻할 수도 있고 이야기하기를 뜻할 수도 있다. 내러티브 이론은 보통 이야기와 이야기하기를 구분한다. 러시아 형식주의자들도 이야기fabula와 플롯 syuzhet을 구분했다. 제라르 주네트Gérard Genette는 이야기histoire, 서사récit, 내레이션narration 세 가지 구분법을 이용했다. 하지만 이 용어들의 일상적 사용은 우리에게 그런 구분이 확고하고 완전한 것이 아니며 이야기란 이야기되거나 어떤 형식으로 재현됨을 통해서만 존재할 수 있음을 상기시킨다.

있는 여자를 그린 것이든, 그림은 이야기를 담고 있을 수도 있지만 그런 경우에도 이야기를 동시 발생의 형식으로 담고 있다. 내러티브가 삶을 시퀀스로 만들어 낸다면 그림은 삶을 동시 발생적인 것으로 만들어 낸다.《라오콘*Laocoon*》에서 G. E. 레싱G. E. Lessing의 주장은, 내러티브는 시간의 예술이고 회화는 공간의 예술이라는 것, 내러티브는 삶 속의 순차적인 것들을 다루고 회화는 삶 속의 동시 발생적인 것들을 다룬다는 것이다. 이 주장은 예술이란 인공물이며 인위성을 가진다는 것, 즉 가공된 것으로서의 예술 작품을 특징짓는 성질이 사물들을 실제 삶에서 발생한 것과는 다른 방식으로 구성한 것임을 간과한다. 빅토르 시클롭스키Victor Shklovsky는《트리스트럼 샌디*Tristram Shandy*》를 "가장 전형적인 소설"이라고 불렀다. 왜냐하면 그 소설을 쓴 로런스 스턴Laurence Sterne이 자신이 하고 있는 이야기에 계속 개입하며 사건들의 시간을 제멋대로 갖고 노는 방식이 모든 소설에 관한 진실, 즉 내러티브 시퀀스란 이야기에 담긴 사실이나 이야기된 삶이 아니라 술회 과정에서 삶에 새롭게 주어진 설정arrangement●이라는 진실에 주목하게 하기 때문이다.[66] 어떤 그림에 나타나는 동시성도, 그 그림 속에 놓여 있는 것들이 실제로 그렇게 놓여 있었거나 그렇게 놓여 있을 수 있다는 점에서가 아니라 그렇게 놓여 있도록 만들어졌다는 점에서, 마찬가지로 일종의 설정이다.

　하나의 시퀀스는 끝이 열려 있는 설정이며 무한한 덧붙임을 허용한다. 내러티브는 계속 이어질 수 있는 것으로, 언젠가 끝나긴 하겠지만 그 때조차 잠재적으로는 계속 이어질 수 있는 것이다. 그림에서는 모든 것이 우리 앞에 놓여 있다. 무언가 덧붙여져 계속되는 내러티브는 여전히 내러티브이지만, 그러한 그림을 상상한다는 것, 즉 시간상으로 그 그림 뒤에 뭐가 올지 혹은 공간상으로 그 그림 밖에 뭐가 놓여 있을지 상상한

●　'설정'과 '배열'을 모두 뜻하지만 문맥에 따라 하나를 선택했다. ― 옮긴이

다는 것은 더 이상 그 그림에 관해 생각하는 것이 아니라 다른 어떤 것, 즉 연재 만화 내지는 영화를 생각하는 일이다. 그림은 더 나아갈 곳도 더 보여 줄 것도 없이 스스로 온전한 어떤 것이다. 내러티브는 덧붙임이 가능한 것이고 늘 더 많은 덧붙임이 있을 수 있는 것으로, 거기에는 이야기 속에서 벌어진 일들에 관한 더 많은 이야기가, 스턴이 《트리스트럼 샌디》에서 어떤 짧은 사건에 관해 과도하게 길게 물고 늘어졌던 것처럼 어떤 일에 관한 어떤 이야기도 덧붙여질 수 있다. 셈은 주어진 집합 내 모든 요소를 헤아리고 나면 끝난다. 하지만 이야기를 말할 때는 술회되는 삶의 모든 부분을 다 다룬다는 것이 불가능하다. 삶에 관한 이야기는 완전히 고갈되는 것이 불가능할 만큼 거대하고 무궁무진해 그 이야기가 아무리 빈틈없는 것이라 하더라도 부분적일 수밖에 없고, 시간적으로나 공간적으로 불완전할 수밖에 없으며, 셀 수 없는 집합(세계)을 억지로 쪼개 셈한 것일 수밖에 없다.

　사물 혹은 사건이 동시적으로 주어져 있는 회화에서처럼, 사진에서도 거기 제시되는 것은 카메라에 의해 재생된 동시성의 사실이다. 다만 사진에서 우리가 보는 것은 이 세계 속에서 어쩌다 함께 놓이게 된 것이지 회화에서처럼 인위적으로 모아놓은 것은 아니다. 화가는 자신이 그림을 그릴 표면에서 시작한다. 그가 그 표면에 그려 넣는 것만이 우리가 볼 수 있는 전부다. 반면 사진가는 자신이 찍고자 하는 이 세계 속에 존재하는 무언가에서 출발한다. 그 사진 속에 나타난 것이 우리가 볼 수 있는 전부일 수도 있지만 그의 카메라 앞에 놓여 있었던 모든 것, 관찰 가능한 전부는 아니며 특정한 시간에 특정한 관점에서 포착한 공간의 한 측면일 뿐이다. 사진에서는 어떤 것들이 거기 동시에 있긴 하지만 모든 것이 거기 있진 않다. 내러티브처럼 사진 역시 불완전한 보여 주기이며 부분적인 광경일 뿐이다. 그렇다면 사진이 연속성을 가질 수 있는 방법은 무엇인가, 다른 관점 혹은 다른 시공간에서 더 많은 것을 볼 수 있는가라는 질문은 항상 정당하다. 사진은 시퀀스가 아니라 잠재적 시퀀스의 한 조각이다. 하지만 뉴스 사진에서 볼 수 있듯 캡션에 의해 이어지기도 하고 영화에서 볼 수 있듯 초당 24개의 다른 사진들에 의해 이어지기도 하면서 연속성을 획득한다.

영화 카메라는 자동적으로 하나의 시퀀스를 제공한다. 1895년 당시 최초로 만들어진 영화(첫 활동사진이 아니라 스크린에 영사되기 위해 만들어진 첫 영화였던 뤼미에르 형제의 영화)는 관객에게 볼 만한 멋진 시퀀스를 제공했다. 루이 뤼미에르가 막 발명한 카메라를 고정시켜 놓은 자리에서 우리는 공장 문이 열리는 광경, 노동자들이 점심시간을 맞아 밖으로 나오는 모습, 문이 닫히는 광경을 보게 된다. 거기에는 아리스토텔레스, 혹은 《이상한 나라의 앨리스》의 왕이 흡족해할 만한 처음, 중간, 끝이 있다. 하지만 그것은 한 시퀀스에 담긴 사실 즉 카메라에 수동적으로 기록된 사건일 뿐이며, 내레이터가 같은 사건을 이야기로 전달한다고 했을 때 그 사건에 관해 무엇을 어떤 순서로 말할 것인지 정하게 됨에 따라 만들어지는 설정으로서의 시퀀스는 아니다. 영화 카메라는 그 자체로는 내레이터처럼 어떤 사건이나 사물을 어떤 순서대로 정돈하지 않으며 그저 기록할 뿐이다.

뤼미에르가 정한 것은 처음과 끝과 카메라의 자리였다. 그 외의 모든 것은 자동적으로 이루어졌다. 그의 세 가지 선택은 이미 내레이터의 선택에 준할 만한 것이지만, 뤼미에르는 그것들을 가능한 한 내러티브에서 멀어지기 위한 방법처럼 사용했다. 그는 공장의 문이 열리는 순간, 즉 사건이 시작되는 순간 영화를 시작한다. 만약 그가 공장의 문이 열리기 전에 무언가 기다리는 느낌으로 시작했다면 보는 사람으로 하여금 다음에 올 것을 궁금해하게 만드는 효과를, 즉 내러티브적 전략을 수행할 수 있었을 것이다. 그는 공장의 문이 닫히는 순간, 즉 사건이 끝나는 순간 영화를 끝낸다. 만약 그가 공장의 문이 닫힌 뒤에도 계속 머무는 느낌으로 끝냈다면 보는 사람으로 하여금 아직 어떤 일이 더 벌어질 것이라 기대하게끔 할 수 있었을 것이며 그의 영화도 사건의 단순한 기록보다 더 이어지는 내러티브가 될 수 있었을 것이다. 카메라를 어디에 놓을 것인가에 관한 그의 선택도 내러티브적 배열과 같은 것을 만들어 낼 수밖에 없다. 노동자들이 공장을 나서는 시퀀스는 하나의 사실이지만, 그들이 프레임 안에 등장하고 프레임 밖으로 빠져나가는 시퀀스는 카메라의 위치 선정을 통해 만들어지는 설정인 것이다. 하지만 뤼미에르는 공장의 길 건너 건물 내 창가에, 우리에게 그 광경 전체를 조망할 수 있게 해 주는 위치에 카메라를 세웠다. 카메라를 좀 더 가까운 위치에 세웠더라면 노동자들이 프레임 안으로 들어오고 프레임 밖으로 빠져나가는 모습을 훨씬 인상적으로 설정하는 게 가능했을 것이며, 그 장면에 대해 우리에게 덜 보여 줌으로써 우리에게 화면에 포착되지 않은 더 많은 것을 보고 싶게 할 수 있었을 것이다. 반대로 카메라를 좀 더 먼 위치에 세웠더라면 그 장면 외에 더 많은 것을 궁금하게 만들었을 것이다. 이를테면 창문의 틀이나 카메라가 세워진 방 안의 물건들이 나오게 함으로써 우리에게 그 방 안에 또 어떤 다른 물건들이 있는지 궁금하게 만들 수 있었을 것이다. 물론 우리는 여느 사진적 기록을 마주할 때와 마찬가지로 뤼미에르의 영화를 볼 때도 그다음에 다른 어떤 것이 이어질 수 있을지 궁금해하긴 하지만, 거기에 회화의 완결성 이상의 가능성을 기대하기는 어렵다.

사모아에 관한 플래허티의 다큐멘터리 〈모아나〉(1926)의 한 장면에서는 한 원주민 소년이 야자수를 타기 시작한다. 우리는 나무 전체를 볼 수는 없고 밑동만 볼 수 있는데, 화면은 나무를 타는 소년이 프레임 위쪽으로 사라질 때까지 고정된 상태다. 그런 뒤 카메라는 더 높은 위치로 옮겨져 야자수의 다음 부분, 밑동은 아니지만 꼭대기도 아닌 부분을 타고 있는 소년을 보여 주고, 이번에도 화면은 소년이 프레임의 위쪽으로 사라질 때까지 고정된 상태다. 다시 카메라는 더 높은 위치로 옮겨져 이제 야자수의 제일 윗부분과 자신이 목표했던 야자열매를 딸 때까지 계속 올라가고 있는 소년을 보여 준다. 공장을 나서는 노동자들의 모습처럼 소년의 나무타기도 시작, 중간, 끝이 있는 사건으로서, 뤼미에르의 영화와 같은 방식으로, 즉 나무 전체와 나무를 타는 소년이 처음부터 끝까지 한 시야에 들어오도록 충분히 멀리 떨어진 위치에 고정된 카메라로 기록할 수도 있었을 것이다. 하지만 플래허티는 사건의 시작, 중간, 끝과 정확히 일치하진 않는, 자신만의 시작, 중간, 끝을 정한다. 내레이터가 그렇게 하듯 그는 존재하지 않는 무언가의 시퀀스를 만들어 낸다. 나무를 보여 줌에 있어서도 그것에 관해 어떤 이야기를 들려주듯 이 부분, 그리고 다음 부분, 그리고 그다음 부분의 식으로 한 부분씩 차근차근 보여 준다. 의도적으로 그는 한정된 부분만을 보여 주며 그것이 우리를 거기에 무엇이 더 있는지 궁금하게 하고 나무의 예상외로 큰 키에 놀라게 한다. 나무와 달리 소년의 나무 타는 행위는 연속적이지만, 플래허티가 그것을 다루는 방식은 소년의 나무 타는 행위와는 다른 방식으로 연속적이다. 의도적으로 그는 소년이 우리의 시야를 벗어나도록 놔둠으로써 우리에게 소년이 옮겨간 곳, 우리가 곧 보게 될 프레임 위의 공간에 대해 관심을 갖게 한다. 만일 카메라가 나무 타는 소년의 연속적 행위들을 가까이 따라가며 소년과 함께 나무 위로 움직여 갔다면 나무 타는 소년이, 즉 스크린 위에서 계속 움직이는 무언가가 우리 관심의 주된 대상이 되었을 것이다. 마치 이야기꾼처럼 플래허티는 뒤에 더 올 것에 대한 우리의 기대, 그가 우리에게 준 정보가 불완전하며 뒤에 뭔가가 계속될 것이라는 우리의 지각을 이용해 재주를 부린다.

여기서 두 번 멈추었다 이동하는 카메라의 방식은 우리가 응시의 제스처, 보기의 행위로 부르는 어떤 것이다. 응시와 보기 자체와는 다른, 카메라의 이런 제스처와 행위를 우리가 인지함으로써 이 시퀀스가 이야기를 하고 있음을 인지하게 된다. 내러티브 이론에서 이야기하기telling와 보여 주기showing는 종종 상반된 것으로 말해지지만 이 시퀀스에서 이야기하기는 보여 주기의 한 방식이다.

최근 어떤 영화 이론은 언어학자 에밀 뱅베니스트Émile Benveniste로부터 용어들을 빌려와 이런 보여 주기의 방식을 "담론discourse"으로, 이런 보기의 제스처를 "언표 행위enunciation"로 명명하곤 한다. 뱅베니스트는 이야기story를 어떤 화자의 개입도 없는 내레이션으로, 담론을 "화자와 청자가 있다는 전제 아래 화자가 청자에게 어떤 식으로든 영향을 끼치려는 의도를 갖고 있는 모든 발언"으로 구분했다.[67] 담론은 이런 상황에서 이런 말을 하는 화자의 말하는 행위에 의해, 즉 발화(언표 행위 énonciation)에 의해 나타난 발언(언표énoncé)이다. '나'라는 대명사와 '여기'라는 부사는 그 발언에서 발견되는 언표 행위의 흔적이다. 혹자는 위에서 설명한 시퀀스에서 나타난 플래허티의 카메라의 일시 정지와 이동을 두고 플래허티의 언표에서 발견되는 언표 행위의 흔적이라고 할지도 모르겠다.

뱅베니스트의 구분은 '이야기'가 문자화된 텍스트이고 '담론'이 구술되는 말인 한 유효하다. 하지만 '담론'이 문자화된 텍스트로 진입하는 순간 문제는 달라진다. 당연하게도 모든 '이야기'는 노골적으로 드러나지 않더라도 화자와 청자, 그리고 영향을 끼치려는 의도를 전제하고 있다. 뱅베니스트의 용어들을 빌려온 영화 이론가들은 이 문제를 알아차리지 못했다. 그들은 영화가 분명한 화자를 가지지 않기 때문에 '이야기'라고 이해하거나 영화가 영향을 끼치려는 의도를 가지기 때문에 '담론'이라고 이해함으로써 대부분 영화들에서 발화의 흔적을 지운다는 일종의 음모를, 혹은 크리스티앙 메츠의 표현을 빌리면 담론에 이야기라는 가면을 씌운다는 음모를 상상한다. 뱅베니스트를 영화에 적용하려는 시도에는 다른 문제들도 있다. 한편으로 영화 이미지는 화자와 청자를 지시하는 대명사를 갖고 있지 않지만 다른 한편으로 영화 이미지는 문자화된 발언의 화자와는 다르게 항상 분명 어디엔가 카메라가 존재하고 있다는 점 때문에 여기here의 성질을 가지게 된다. 영화 이미지는 일인칭이나 이인칭으로 발화할 수 없지만(영화 속 배우나 보이스오버 내레이터는 발화할 수 있으나 그건 또 다른 문제다), 카메라는 그것이 여기에서 이런 각도로 이만큼의 거리를 두고 이것을 보고 있음을 자동적으로 발화한다. 영화 이미지가 언표이고 카메라가 그 언표의 화자로서 보통은 은폐되지만 가끔은 분명히 드러나는 언표 행위를 수행한다는 발상은, 엄격한 이론이라는 가면을 쓴 느슨한 비유에 불과하다.

카메라는 관찰자이지 화자가 아니다. 야자수를 타는 소년은 카메라가 보는 무엇이지 카메라가 말하는 무엇, 발언(언표)이 아니다. 플래허티의 시퀀스에서 우리가 받는 이야기하기의 느낌은 말하는 행위로부터 오는 것이 아니라 보기의 행위로부터, 즉 카메라가 우리에게 어떻게 보아야 할지 지시하는 방식으로부터 오는 것이다. 카메라는 발화자가 아니라 지시자, 카메라의 응시 앞에 놓여 있는 이 세계의 사물들 가운데 우리가 주의를 기울여야 할 대상을 가리키는 도구다. 뤼미에르가 그리는 사람이라면 플래허티는 가리키는 사람이라고 할 만하다.●

이야기하기와 보여 주기처럼 내레이션과 묘사도 종종 상반된 것으로 여겨진다. 하지만 플래허티의 시퀀스에서 이야기하기가 일종의 보여 주기의 방식인 것처럼, 내레이션도 묘사의 한 양식이다. 행위가 사색의 반대인 것처럼 내레이션도 묘사의 반대이지만, 여기서 나무 타는 행위와 그 행위를 스크린에서 제시하는 방식(내레이션처럼 느껴지는 것)은 저 야자수

● 퍼스에 따르면 가리키는 것은 곧 지표다. 그러므로 뱅베니스트가 보기에 언표 행위의 흔적인 나나 여기here도 지표다. 영화 이미지에 언어학적 모델을 부과하는 언표 이론보다는 지시 pointing의 이론, 나아가 지표의 이론이 영화에는 일반적으로 더 나을 것이다. 카메라와 지시에 관한 더 깊은 논의를 위해서는 이 책의 10장을 보라.

의 키가 얼마나 큰지를 인상적으로 보여 주기 위해 쓰인다. 〈북극의 나누크〉에서처럼 여기서도 플래허티는 우리의 호기심을 재료로 발견의 구조를 빚어낸다. 그는 점진적 드러냄의 전략을 통해 세계의 풍경을 분할해 보여 줌으로써 우리에게 이 세계에 관해 더 많이 보고 싶다는 소망을 갖게 하고 다시 그 소망을 만족시킨다. 그가 카메라를 사용하는 방식은 주로 묘사적이고, 그가 최후의 주요 주창자라고 할 만한 오래된 내러티브 전통 내에 있으며, 먼 곳을 여행한 뒤 돌아와 우리에게 그곳들에 관해 이야기해 주는 여행자의 그것과 같다.

그리피스 이전의 미국 영화감독 중에서 가장 특기할 만한 인물은 〈미국 소방관의 삶 *The Life of an American Fireman*〉과 〈대열차 강도 *The Great Train Robbery*〉로 잘 알려져 있는 에드윈 S. 포터 Edwin S. Porter다. 포터는 영사 기사로 경력을 시작했는데, 영화사 초기에 영사 기사는, 찰스 무서 Charles Musser가 주장한 것처럼, 일종의 편집 기사로서 볼거리의 시퀀스를 배열하고, 하나의 상영 프로그램을 구성하는 다양한 단편 영화들의 순서를 정하는 임무를 맡았다.[68] 영화 편집의 기술은 그러한 영사 기술과 함께 시작된 것이다.

포터의 편집 방식은 출처가 다른 여러 볼거리들이 하나씩 차례대로 스크린에 펼쳐질 수 있도록 영사 기사가 연결시키는 스타일로서, 처음에는 혁신적이었지만 포터의 경력 말기에는 고집스러운 구식이 되어 버렸다. 〈미국 소방관의 삶〉의 클라이맥스 장면은 화재 중 구출 광경을 보여 준다. 전체 장면을 한곳에 놓은 카메라로 담아내는 당시의 표준적 촬영으로는 부족함을 느낀 포터는 카메라 두 대를 사용하는 방법, 즉 카메라를 불 난 집의 안에도 두고 밖에도 두는 대범한 수법을 썼다. 하지만 그로부터 몇 년 뒤 그리피스가 한 것처럼 (그리고 오랫동안 원본으로 오해받

왔던 재편집 버전에서 볼 수 있는 것처럼) 두 시점을 순차적으로 번갈아 보여 주는 식으로 편집했던 것은 아니다.● 대신 포터는 전체 장면을 보여 줌에 있어 한 번은 방안에서 한 여자와 아이가 위험에 처해 있는 모습을 보여 주고, 다른 한 번은 지나가던 목격자의 눈에 보였을 만한 방식으로 바깥 거리에서 구조 현장을 보여 주는 식으로 두 번에 걸쳐 보여 줬다. 방 내부에서의 시점과 바깥 거리에서의 시점은 각기 다른 데서 출발한 다른 시점들이 하나씩 차례대로 나오는, 영사 기사가 편집한 시퀀스처럼 다루어졌다. 우리는 방 내부 장면을 볼 때 극장 관객의 시점을, 바깥 거리 장면을 볼 때는 뉴스 카메라맨의 시점을 취하게 되며, 포터는 두 시점을 융합하려 하기보다 두 시점이 각각 독립적으로 존재하도록 했다.

이것은 내러티브적 시퀀스인가? 과거로 돌아가는 방식, 같은 사건을 다른 시점에서 다시 보는 방식은 내러티브적 특권이며, 포터는 같은 사건에 두 번 관계하는 내레이터로서, 혹은 같은 사건에 대한 서로 다른 두 내레이터의 시점을 전달하는 작가로서 생각될 수 있다. 하지만 우리는 그 사건이 우리와 물리적으로 연계된 것이 아니라 우리를 위해 연출된 것임을, 우리의 눈앞에 상연된 것임을 잊지 말아야 한다. 그것은 두 번의 상연, 첫 번째는 연극 무대와 대단히 비슷해 보이는 무언가를 상연한 것, 두 번째는 뉴스릴을 연상시킬 정도로 실제같이 보이는 더 큰 규모의 연극(당시에는 어떤 상황을 뉴스릴처럼 보이도록 연출하는 방식이 흔했다)을 상연한 것이다. 포터는 우리가 한 장면의 두 가지 주요 측면, 즉 위험에 처한 어느 모자의 상황과 그들을 구출하러 가는 소방관의 상황을 더 잘 파악할 수 있도록 같은 장면에 대한 두 개의 버전을 연속적으로 보여 주는데, 그런 점에서 그는 스크린을 위한 무대 연출의 혁신가라고 하는 편이 더

● 그리피스의 교차 편집cut back and forth은 복수의 사건을 교차해 보여 주거나, 한 사건의 여러 단계를 보여 주는 데 사용되었다. — 옮긴이

정확할 것이다.

내러티브는 과거에 일어난 어떤 일을 하나의 이야기로 술회recount한다. 드라마는 어떤 이야기를 상연enact해 관객 앞에서 그것이 현전하도록 한다. 같은 사건을 다른 위치에서 두 번째 다시 보여 주는 것은 과거에 일어난 일을 재현하는 것이 아닌가, 그렇다면 두 번째 상연은 일종의 술회하기가 아닌가라고 물을 수 있다. 그것은 관객이 어떻게 받아들이느냐에 달렸다. 만일 관객이 그것을 드라마로 받아들인다면, 즉 두 번째 상연을 같은 사건의 두 번째 재현도 포함하는 상연의 컨벤션으로 받아들인다면, 그것은 현재적인 것 다시 말해 현전하도록 만들어진 어떤 것이 될 수 있다. 어떤 연극이나 영화를 다시 볼 때, 우리는 첫 번째 봤을 때만큼이나 두 번째 볼 때도 그것의 드라마에 똑같이 사로잡힐 수 있다. 만일 포터가 그러한 선택을 고려한 것이라면, 그는 그리피스 방식의 교차 편집이 오히려 관객을 불편하게 할 것이고, 사건의 두 측면을 한 번에 하나씩 보여 주는 것이 관객을 더 몰입하게 하는 방법이라 생각했음에 틀림없다. 하지만 그가 채택한 재현의 양식은 오늘날의 관객에겐 생소한 것이며, 우리가 그런 생소함을 느끼는 한, 즉 그가 자기 영화의 관객에게 받아들이라고 요구했던 컨벤션에 우리가 거리감을 느끼는 한, 그의 상연enactment은 현재에서 과거로 물러나 일종의 술회하기recounting가 되어 버린다.●

● 노엘 버치Noël Burch는 포터의 영화에 나타난 원거리 카메라와 비일관적 연속성이 브레히트 이전에 이미 존재했던 한 브레히트주의자 예술가의 기법이라 보았다(버치의 "Porter, or Ambivalence," *Screen* 19, no. 4 [1978~79]: 91~105를 보라). 오늘날의 관객에게 포터의 재현 양식은 확실히 브레히트적인 소격 효과 같은 성격을 가지고 있다. 하지만 이것이 1903년에 만들어진 영화의 의도된 효과는 아니었을 것이다. 브레히트가 제안한 계산된 소격은 몰입에의 휩쓸림을 막기 위한 작업으로써만 그 의미가 있다. 분명 1903년의 포터는 관객이 이야기에 얼마나 몰입하느냐보다는 눈에 보이는 것에 얼마나 몰입하느냐에 더 많은 신경을 쓰긴 했지만 어쨌거나 자기 영화에 관객을 몰입시키려고 했을 것이다.

연출된 두 구출 장면은 따로 봤을 때는 드라마로 기능하지만 둘의 시퀀스화, 즉 편집으로 연결된 씬은 내러티브 시퀀스를 형성한다고 주장할 수도 있을 것이다. 그러나 그러한 주장은 그리피스가 사용했을 법한 교차 편집 방식에도 그리고 이런 씬을 하나의 시퀀스로 만들어 내는 다른 가능한 모든 편집 기술에까지도 적용 가능할 것이다. 영화 예술이란 곧 편집의 예술임이 신념처럼 여겨지던 때가 있었다. 씬은 연극에 속하므로 영화는 시퀀스를 고민해야 한다는 것이다. 오늘날에도 여전히 영화 내러티브의 기예가 편집에 있다고들 생각한다. 카메라는 보여 줄 뿐이고 이야기하는 것은 편집이란 것이다. 심지어 영화 이론의 역사에서 가장 앞장서 편집의 권능을 공격했던 앙드레 바쟁마저도 그렇게 생각했다. 그는 그리피스가 이룬 편집의 발전이 "영화가 단지 보여 주기만이 아니라 이야기하기도 할 수 있음을 영화에게 가르쳐 주었다"라고 여겼다.[69] 이는 바쟁이 그리피스의 대적자이자 영화를 보여 주기라는 "본연의 기능"으로 되돌려놓은 시네마의 복원자로 추앙했던 에리히 폰 스트로하임Erich von Stroheim에 관한 글에서 그가 한 말인데, 바쟁은 스트로하임의 편집이 실은 그리피스의 편집보다 빠르다는 사실은 제대로 보지 못한 듯하다. 그런데 이는 편집이 보여 주기의 기능을 얼마나 잘 수행하는지에 대한 증거이기도 하다. 또 다른 증거는 이론가들과 비평가들이 시퀀스에 관한 담론을 펼치길 선호하는 동안, 평범한 영화 관객들은 씬에 대해 계속해 말하고 있다는 사실이다.

편집은 다른 어떤 기능에 앞서 보여 주기를 가능하게 하는 것이며, 시퀀스는 어떤 씬에 관해 더 풍부한 조망을 우리에게 제공한다. 클로즈업은 세부를 보여 준다. 앵글과 리버스 앵글은 그 씬의 양면을 보여 준다. 영사 기사식으로 내부 시점과 외부 시점을 연결한 시퀀스는 우리를 드라마로 이끌지는 못할 수도 있지만 분명 포터의 구출 장면에 대한 더 총체적인 이해를 제공한다. 보여 주기는 드라마화하기와 같은 것이 아니다. 드라마에의 몰입이 가능하려면 어떤 걸 보는 것 이상의 무언가가 필요하며, 어떤 이야기가 우리 눈앞에서 현전하고 있다는 느낌이 있어야 한다. 그리고 편집은 보여 주기의 수단 이상으로 드라마화하기의 수단이기도 하다. 시퀀스는 그 씬에서 벌어지고 있는 행위를 훨씬 생생하게 만들어 준다. 포터가 영화를 만들었던 시절로부터 멀리 떨어져 있는 우리는 그의 구출 장면의 두 번째 씬이 지닌 의도가 드라마화를 위한 것인지, 더 잘 설명하기 위한 것인지(이를테면 스포츠 중계에서의 즉각적인 돌려 보기가 다시 봄으로써 세부적 설명을 위한 것인 것처럼) 확실히 알 수 없다. 아마 둘 다일 것이다. 그리피스의 교차 편집의 의도는 확실히 드라마화에 있다. 그리피스의 방식으로 두 시점을 번갈아 보여 주는 것은 그냥 보여 주기 위한 것만이 아니라 드라마적 방식으로 현재성을 만들기 위한 것이기도 하다. 행위가 두 장소에서 동시에 펼쳐질 때, 그리피스적 교차 편집은 두 장소의 상황을 모두 놓치지 않고 두 장소 모두가 스크린 위에서 동시에 현전하도록 만든다. 이것은 분명 내러티브적 과정이라기보다 드라마적 과정이다. 그리피스식 교차 편집에 의해 강화된 흥분감으로 가득한 구출 장면에 어떤 인물 혹은 다른 화자에 의한 보이스오버 내레이션까지 더해져 있다고 상상해 보라. 무척 어색하게 느껴질 것이다. 그런 장면에는 내레이션을 동반하는 것이 어울리지 않을 것이고, 행위의 현재성은 내레이션의 과거성과 불협화음을 이룰 것이다.

　카메라는 보여 주고 편집은 이야기한다는 개념은 문학 연구에서 씬과 개요(요약)summary를 구분하는 것과 연관이 있다. 엄격히 말하면 소설에는 씬은 없고 말만 있다. 하지만 소설이 특정한 시간에 벌어지고 있는 일을 (주로 대화를 통해) 긴 분량에 걸쳐 묘사할 때, 소설이 씬을 재현하고 있다고 말해진다. 개요는 상당히 긴 시간에 걸쳐 일어난 일을 몇 페이지 안에 이야기하는 것이다. 에드워드 브래니건Edward Branigan은 "어떤 이야기의 사건을 상상했을 때 그 사건의 상상 속 지속 시간이 그것을 이야기하는/읽는 데 드는 시간과 거의 '동일'하다면," "그것은 하나의 '씬'이다"라고 했다.[70] '동일'과 '씬'에 달린 따옴표는 적절하다. 씬은 소설이 보여준다고 하는, 드라마화한다고 하는 무언가인 반면, 개요는 이야기된, 서술된 무언가다. 그런데 소설에서는 개요가 그런 것처럼 영화에서는 편집이 시간을 가속화하는 것으로 여겨진다. 하지만 당연하게도 편집은 시간을 늦출 수도 있다. 포터의 구출 장면은 그의 영사 기사식 시퀀스에서 두 배로 길어진다. 그리피스의 교차 편집은 시간을 연장하는 데 적합한 만큼 시간을 압축하는 데도 적합한데, 어떤 쪽을 봐도 그것은 개요와는 전혀 다른 것이다.

편집은 실로 시간을 조작하는 방법이지만, 그것이 내러티브적 방법이란 뜻은 아니다. 편집되지 않은 씬은 종종 씬 속 사건을 실제 그 사건에 소요됐을 법한 만큼의 시간에 걸쳐 보여 준다고 여겨진다. 거의 편집 없이 이어지는 히치콕의 〈로프Rope〉(1948) 같은 영화는 '실시간'으로 진행된다는 것이다. 하지만 시간은 편집상에서뿐만 아니라 극본이나 씬 연출상에서도 조작된다. 연극의 씬들은 당연히 실시간으로 펼쳐지지 않는다. "정상적으로 작동하는 시계는 연극 무대에 늘 방해물이 된다"라면서 발터 벤야민은 이렇게 덧붙였다. "자연주의적인 연극에서조차 천문적 시간은 연극적 시간과 충돌한다."[71] (연극이 원작인) 〈로프〉에서 벌어지는 모든 일이 스크린상에서 이 영화가 상영되는 시간 안에 실제로 다 벌어지는 것은 불가능하다. 〈로프〉는 실시간이 아니라 연극적 시간 속에서 벌어지는 영화다. 드라마는 자신만의 시간을 설정하며, 편집은 그런 드라마적 설정을 위해 통상적으로 사용되는 방법이다.

영화에서 숏들로 이뤄진 한 시퀀스가 그 자체로 내러티브적 시퀀스인 것은 아니다. 하지만 숏의 배열이 어떻게 이루어지느냐에 따라 내러티브적 시퀀스가 될 수도 있다. 많은 영화 시퀀스들은, 보이스오버 내레이션이 있든 없든, 내레이션에 의한 요약으로 기능한다. 그리고 숏들의 내러티브적 배열은 요약 외에도 다른 여러 형태를 취할 수 있다. 편집을 통한 내레이션을 가장 성실하게 실천한 영화감독은 아마 로베르 브레송Robert Bresson일 것이다. "브레송 영화의 형식은 대단히 선형적임에도 불구하고 반드라마적이다"라고 수전 손택Susan Sontag은 쓴 바 있다. "무엇보다 그것은 독특한 내레이션 형식이다."[72] 사람들이 '선형적 서사'라고 할 때 보통은 사건들의 연쇄, 장면들의 연속, 드라마적 플롯을 의미한다. 브레송의 선형적 서사는 그런 것들과 다르며 보다 엄밀한 의미에서 선형적 서사라는 이름에 걸맞는다. 그것은 숏들의 연쇄로서, 사건들이 아니라 사건의 편린들, 이 세계에서 선택되어 추출된 다음 흔해 빠진 사물들처럼 정렬된 파편들이다. 씬들이 아니라 씬들의 조각들이 드라마적 맥락으로부터 떨어져나와 엄격한 내러티브의 질서에 따라 배열되는 것이다. 브레송은 스스로를 씬을 만드는 사람metteur en scène이 아니라 질서를 만드는 사람metteur en ordre이라고, 무대 위의 인물과 사물들을 창안하는 사람으로서의 연출자가 아니라 그것들에 질서를 부여하는 사람이라고 말했다. "각각의 숏은 한 단어와 같다"라고 그는 말했으며, 그에게 이는 단지 이론에 불과한 것이 아니라 엄격한 영화적 실천이었다.● 각각의 숏은 한 단어와 같으며, 한 숏 다음에 다른 숏이 오도록 배열된 숏들은 절합된 문장과 같다. 그것이 드라마적 연쇄가 아닌 내러티브적 시퀀스다.

● 브레송의 말을 좀 더 인용하자면, "각각의 숏은 혼자서는 아무것도 의미할 수 없거나 너무 많은 것을 의미하여 결과적으로 아무 의미도 없어지게 되는, 하나의 단어와 같다. 하지만 시에서 하나의 단어는 주변의 다른 단어들과의 관계 속에 배치됨으로써 정확하고 특별한 의미를 가지도록 변형된 것이다. 같은 방식으로 영화에서 한 개의 숏도 그것의 맥락에 의해 그 의미가 주어지며, 각각의 숏은, 마지막 숏와 함께 총체적이고 달리 표현할 수 없는 최종 의미가 완성되기 전까지는, 앞의 숏의 의미를 변형해 가는 것이다"(Sontag, 같은 책, 185에서 인용).

"시인은 내레이션을 통해 모방할 수도 있고(이 경우 그는 호메로스처럼 다른 인물의 입을 빌려 말하거나, 변함없이 자신의 입으로 말할 수도 있다), 자신이 창조한 모든 인물이 우리 앞에 생동하도록 할 수도 있다." 그렇게 아리스토텔레스는 내러티브와 드라마를 구분한다.[73] 그것은 말하기telling와 상연하기 enacting를 구분한 것이다. 이는 사람들이 생각하듯 말하기와 보여 주기의 구분은 아니다. 아리스토텔레스에게 드라마는 보여 주기가 아니라 말하기, 말을 상연하기다. 모방의 매체가 말인 것은 내러티브에서나 드라마에서나 같은데, 차이가 있다면 내러티브에서 말은 가끔 특정 인물에게 양도되는 경우에도 어디까지나 내레이터의 것이지만 드라마에서 말은 전적으로 드라마 속 캐릭터들에게 주어지며 공연하는 배우들에 의해서 발화된다는 점이다. 아리스토텔레스가 말하길 비극은 "내러티브의 형식이 아닌 행위의 형식으로" 이루어지는 행위의 모방이라고 했다.[74] 하지만 고대 그리스 비극의 무대에서 벌어지는 것 중에는 오늘날의 관객이 행위라고 부를 만한 것이 별로 없었다. 모방되는 행위는 말하기의 행위뿐이었다. 고대 그리스 비극의 무대에 올려진 것은 주로 시각적 장면이 아니라 인간들의 말이었다.

근현대의 연극은 보여 주기에 더 치중해 왔다. 하지만 말하기와 보여 주기의 구분은 말하기만이 가능한 내러티브 이론으로부터 온 것이다. 내러티브와 드라마에 관한 아리스토텔레스의 구분처럼 이 역시 말을 통한 구분 방식으로, 우리에게 무언가를 들려주는 말과 우리에게 무언가를 보게 하는 말을 구분한 것이다. 하지만 아리스토텔레스의 구분은 명료하고 정확한 것으로, 재현의 물질적 수단의 분제 즉 종이 위의 말이냐 무대 위의 배우냐 하는 문제와 관련된 것인 반면, 말하기와 보여 주기의 구분은 종이 위의 말들이 무대 위의 배우들을 떠올리게 할 것이라는 희망에 의거한 생각과 관련돼 있을 뿐이다.

"아리스토텔레스의 미메시스mimesis 개념은 연극에 주로 적용 가능한 것이다"라고 데이비드 보드웰은 말했다.[75] 이는 흔히들 범하는 오류다. 미메시스 혹은 모방은 아리스토텔레스가 재현이란 뜻으로 사용한 용어이며, 회화적인 것이든 음악적인 것이든, 내러티브적인 것이든 드라마적인 것이든 상관없이 모든 재현에 적용 가능하다. 다른 이론가들과 마찬가지로 보드웰도 미메시스를 디제시스diegesis와 대조하길 좋아한다. 이 또한 잘못이다. 디제시스는 최근 이론에서 이야기의 세계, 인물들이 존재하고 사건들이 펼쳐지는 그 세계를 가리키기 위해 종종 사용되곤 하는 용어다. 이런 맥락에서 디제시스는 미메시스가 존재화하는 세계를 가리키는 것이기 때문에 그와 반대되는 것으로 놓일 수 없다. 하지만 이 용어는 다른 식으로도 쓰인다. 《국가The Republic》 3권에서 플라톤은 시인의 직접적인 말에 의한 단순한 내러티브를 뜻하는 단순 디제시스 haplê diêgêsis와, 시인이 다른 누군가의 말을 모방하는 미메시스에 의한 내러티브를 구분한다. 여기서 디제시스는 내러티브 혹은 내레이션을 의미하며, 플라톤은 그것을 미메시스에 반대되는 것으로 놓지 않고, 직접적인 내레이션을 의미하는 단순 디제시스와, 인물들의 대사의 모방이 뒤섞여 있는, 미메시스를 사용하는 디제시스로 구분한다. 이는 아리스토텔레스가 내러티브와 드라마를 구분한 방식과 유사하며, 말을 통한 재현의 문제와 더 관련이 깊을 뿐, 보드웰이나 다른 이론가들이 생각하는 것처럼 말하기와 보여 주기를 구분하는 문제와는 거의 관련이 없다. 《국가》 10권에서도 플라톤은 아리스토텔레스가 한 것처럼 재현 일반을 뜻하는 단어로 미메시스를 사용한다. 이만하면 미메시스와 디제시스를 대조하는 일은 그만둬도 좋을 것이다.

한때 영화는 드라마적 매체로 간주됐다. 영화가 내러티브로 다루어지기도 했으나 그때의 내러티브는 하나의 이야기를 의미했을 뿐이고, 영화란 하나의 이야기를 드라마의 형식으로 만듦으로써, 즉 이야기의 상연을 통해 이야기를 전달한다는 생각이 당연시됐다. 영화 매체에서 드라마와 내러티브는 구분되지 않았던 것이다. 하지만 영화학도들의 생각은 점점 변해 왔다. 오늘날 일반적인 가설은 영화가 내러티브적 매체라는 것이다. 언어적 모델이 부과되고 스크린 위의 이미지들이 일종의 말이라고 이론화되고 있는 마당에, 다른 어떤 결론이 가능하겠는가? 영화가 보통 스토리텔러 없이 이야기를 전달한다는 사실은 사람들로 하여금 영화가 드라마적 매체라고 결론 내리게 하는 대신 영화에는 언표 행위의 흔적이 제거돼 있고 내레이터가 억압돼 있으며 그 제거와 억압이 지배 이데올로기의 작용에 기인한다는 결론으로 이끌고 간다. 이전에 영화는 모두 드라마였다면, 이제 영화는 모두 내러티브다. 여전히 영화에서는 드라마와 내러티브가 구분되지 않는 것이다.

영화 내레이션에 관한 이론에서 보드웰은 언어적 모델을 가져오지 않는다. 그는 올바르게도 모든 영화에서 내레이터를 찾는 사람들, 모든 영화 이미지의 시퀀스를 어떤 내레이터에 종속시키려 하는 사람들을 비판한다. 하지만 그는 하나의 내레이터를 상정하지 않고도 모든 영화를 일종의 내레이션으로 간주한다. 그는 내러티브에 대해 구축을 강조하는 접근법을 취하는데, 여기서 구축은 재현 매체에 관계 없는 이야기의 절합을 의미한다. 그러면 드라마는 내러티브만큼이나 내러티브적인 것이 된다. 드라마와 내러티브 간의 구분은 사라지고, 매체의 특성을 고려하지 않은 보여 주기와 말하기 간의 구분이 그 자리를 차지한다. 그것이 종이에 쓰여진 것인지 무대에서 상연된 것인지, 언어를 통한 것인지 이미지를 통한 것인지 따질 필요가 없는 보여 주기와 말하기 간의 구분이 논의를 지배하게 되는 것이다.

보드웰은 "모든 영화를 숨은 신deus absconditus에 배속시켜 버리면 아무것도 얻을 수 없다"라고 말한다. 그의 이론은 숨은 신 없이 즉 억압돼 있다고 여겨지는 내레이터 없이 전개됨으로써 오히려 좋은 점이 있다는 것이다.[76] 그러나 그리피스의 초기 바이오그래프 시절과 내러티브 영화의 기원에 관한 연구에서 톰 거닝은 보드웰에 반론을 제기하며 영화에 내레이터를 다시 끌어들이고 있다. 그는 그리피스의 영화들에서 숨겨져 있거나 억압돼 있는 내레이터를 상정하지 않고 사실상의 작가auteur의 존재를 상정한다. 내레이터에 관한 그의 주장은 우리가 영화를 자연적인 대상이 아니라 인간이 만들어 낸 산물, "우리에게 특정한 효과를 발휘하도록 계획된, 의도적 대상"으로서 경험한다는 평범한 결론으로 요약된다.[77] 그는 우리가 의도가 발견된 곳에서 어떤 지능을 인식하게 된다(그것은 신의 존재 증명을 위해 고안된 오래된 논리이기도 하다)고 보고 그 지능을 내레이터라고 부른다. 그때 그가 실제로 의미하는 것은 작품에 깃든 작자, 작가다.[•] 우리가 의도를 가진 대상으로서 경험하는 것들에는 자동차나 가위, 건물이나 연극 무대도 있지만 그렇다고 그것들이 모두 내레이터의 작품이 되진 않는다. 만일 내레이터가 영화란 인간의 의도와 노동으로부터 나온 산물이며 작품이라는 사실을 뜻하기 위한 용어라면, 우리는 말하기의 산물로서 그 특수성이 내러티브에 있을지도 모를 한 편의 영화에 관해 어떤 통찰도 얻지 못할 공산이 크다.

내레이터 없는 연극에서 묵시적 작가는 극작가인데, 그는 무대 위에 있지 않으며 모방 매체인 말을 직접 발화하는 사람이 아니기 때문에 드러나지 않고 묵시된다. 하지만 연극은 시각적 매체이기도 하다. 그것은 우리에게 어떤 볼 것, 아리스토텔레스가 옵시스opsis 혹은 스펙터클이라고 부른 것을 보여 준다. 연극이 더 시각적으로 될수록, 무대 위에서

●　묵시적 작가의 개념은 웨인 부스Wayne Booth가 다음 저서에서 발전시킨 것이다. *Rhetoric of Fiction* (Chicago: University of Chicago Press, 1961). 거닝은 "D. W. 그리피스"가 부스가 말한 것과 같은 의미에서 묵시적 작가로 간주돼야 한다고 힘주어 말했으며, 여기서 따옴표는 실제 인간 D. W. 그리피스와 혼동되지 않도록 하기 위한 것이다. 하지만 부스의 개념은 실제 인간과의 차이만이 아니라 내레이터와의 차이를 통해서도 이해돼야 하는 것이다. 거닝은 묵시적 작가와 내레이터를 종종 혼동한다.

의 보여 주기가 더 큰 차이를 만들어 낼수록 작품에서 묵시되는 또 다른 작가가 있음을 인식할 수 있다. 그것은 무대화의 작가, 바로 연극 연출가이며 19세기부터 중요성을 인정받기 시작한 존재다. 잉마르 베리만Ingmar Bergman이 연출한 연극 〈겨울 이야기The Winter's Tale〉의 원작자는 여전히 셰익스피어지만 연출가 또한 작품을 지배하는 또 하나의 지능으로서 배우들의 연기를 통해 드러난다. 작가 이론, 즉 감독이 영화의 작가라는 개념은 영화가 무엇보다 시각적 매체라는, 보는 것이 우위에 있고 보여 주기에 의해 의미가 통제되는 매체라는 가정 위에 세워진 것이다. 어떤 영화에 묵시적 작가의 인장이 새겨져 있느냐 아니냐, 그 작가가 감독이냐 아니냐는 내레이션의 문제가 아니다. 거닝이 내러티브화narrativization라고 부르고 싶어 한 그리피스의 작업은 드라마화dramatization라고 표현해야 맞다. 그것은 상연의 방법으로서의, 즉 하나의 행위를 스크린에 현전하도록 만드는 방법으로서의 보여 주기이기 때문이며, 내러티브가 아닌 행위의 형식으로 이야기를 전개하기 때문이다. 그리피스는 시각적 재현을 드라마적 행위 전달의 수단으로 만듦으로써 보여 주기를 드라마화했다.

포터보다 훨씬 위대한 혁신가인 그리피스도 포터처럼 영화 스크린을 위한 무대 연출에 혁신적인 인물이었다. 포터처럼 그도 영화를 위한 무대 전환의 기술을 고안했다. 포터에게 영사 기사식 시퀀스가 있었다면 그리피스에겐 교차 편집이 있었다. 그것은 그리피스 특유의 편집 형식이었고 그는 한 영화 안에 여러 다른 시점들을 함께 집어넣기를 선호했다. 그러나 포터처럼 그도 자신이 선호하는 방식을 고집스럽게 견지했으며, 그 이상의 변화를 보여 주지 못했다. 그리하여 포터처럼 그도 영화산업의 확립에 공헌했음에도 이른 은퇴를 면하지 못했다. 그리피스가 바이오그래프 시절(1908~1913)에 선구적으로 발전시킨 것은 무엇보다 교차 편집, 평행 편집의 기술과 그것의 다양한 표현 가능성이다. 그는 특유의 클로즈업 사용으로 유명하지만 그것은 좀 더 나중의 일이며 클로즈업에 대한 기묘한 거부감도 늘 갖고 있었다. 그는 장면들 사이를 컷하는 것보다 한 장면 안에서 컷하는 것을 피하는 경향이 있었으며 나중에 다른 영화감독들이 모두 한 장면 안에서 컷할 때도 여전히 그것을 피했다. 왜 그랬을까? 거닝의 내레이터 모델은 이 물음에 아무런 답도 하지 못한다. 내레이터라는 용어 대신 영화를 위해 무대화하는 사람으로서의 감독이라는 용어를 택한다면, 그리피스는 연극 무대로서의 영화 스크린이라는 개념, 즉 관객 눈앞에 각 장면의 퍼포먼스를 위해 전체로서 주어진 공간으로서의 영화 스크린이라는 개념에 충실한 감독으로 이해될 수 있다. 퍼포먼스는 다른 장면으로의 컷을 통해 끊어질 수도 있지만, 무대는, 즉 영화 프레임이라는 프로시니엄 아치proscenium arch● 내부에 위치한 각 장면의 공간은 관객이 다 볼 수 있도록 하나의 전체로 유지된다. 그리피스는 언제든 한 무대에서 다른 무대로 재빨리 컷을 할 수 있도록 준비가 된 감독이었지만 각각의 무대가 스크린상에서 갖는 완결성에 균열을 내는 데는 주저했다. 그는 한 장면 안에서 컷을 할 때조차, 연극의 관객이 자기 눈앞에 펼쳐져 있는 무대 전체 중에서 중요한 세부를 보기 위해 오페라글라스를 사용하듯이, 정면 시점을 유지한 채 더 가까이 들어가는 식이었다.

교차 편집은 연극에서 생소한 것이 아니다. 장면 리얼리즘scenic realism●●도 추구하지 않았고 무대 연출에서 어떤 정교한 형식도 추구하지 않았으며 따라서 한 장면에서 다음 장면으로 손쉽게 이동했던 시대에 극작을 했던 셰익스피어의 연극에도 비슷한 것이 존재한다. 장면 리얼리즘에의 추구가 종종 정교한 형식으로 나타난 19세기 연극에서도

● 무대와 객석을 구분하는 액자 모양의 건축 구조를 말한다. — 옮긴이
●● 단순히 현실 세계의 장소를 사용하는 것이 아니라, 믿을 수 있고 몰입할 수 있는 환경을 만들기 위해 장면 내 요소들을 신중하게 선택하고 배열하는 것을 말한다. — 옮긴이

교차 편집의 효과를 위한 시도가 있었다. 하지만 사실적인 볼거리를 만들어 내기 위한 소품들로 가득한 무대에서 재빠른 장면 전환은 쉽지 않은 일이었다. A. 니콜라스 바르닥A. Nicholas Vardac은 자신의 중요한 저서 《무대에서 스크린으로Stage to Screen》에서 어떻게 장면 리얼리즘과 행위의 유동성이란 두 가지 목표의 동시 추구가 19세기 연극으로 하여금 영화의 길로 들어서게 했는지 밝힌다. 바르닥이 언급하는 연극 혁신가 스틸 매케이Steele MacKaye는 다양한 방식으로 움직이는 무대(위로 올라가는 무대, 옆으로 밀 수 있는 무대, 떠 있는 무대, 트랙에 올린 무대 등)를 고안해 그리피스가 얼마 후 영화에서 보여 준 장면들 간의 전환을 연극에서 이미 거의 가능하게 만드는 수준까지 갔다.[78]

신호에 맞춰 정해진 자리로 옮겨졌다가 안 보이게 치울 수 있는 움직이는 무대는 그러나 사용하기에 편집보다 훨씬 힘이 들고 완벽히 매끄럽게 작동될 수 있다고 하더라도 그리 대단한 효과가 있진 않을 것이다. 연극 무대에는 배우들이 바로 거기에 있다. 그들이 우리 앞에 있다는 실제적 존재감은 그들의 연기 행위를 더 드라마적으로 보이게 한다. 하지만 움직이는 무대에서는 배우들이 바로 저기에 있더니 무대와 함께 움직이다가 서서히 사라진다. 이는 무대 위 배우들이 몸을 움직여 다음 장소로 이동한다는 너무도 자명한 사실을 굳이 상기시킴으로써, 한 장소에서 다른 장소로의 순간적 이동이라는 환영, 영화는 너무나 쉽게 만들어 내곤 하는 그 환영을 깨트리게 된다. 이런 경우 영화의 편집이 더 효과적인 이유는 우리 눈에 보이는 스크린 위의 배우들이 실제로는 우리 앞에 없다는 점, 그 배우들이 스크린상에서 현전하는 행위가 무대 위에서의 연기 행위만큼 현재성을 갖지 못한다는 점 때문이다. 영화 이미지는 온전한 드라마적 직접성을 결여하고 있으며 우리와 행위 사이를 내러티브의 매개와 같은 다른 무언가를 통해 매개해야 하기 때문이다.

드라마는 제시하고, 내러티브는 전달한다. 《시학Poetics》에서 아리스토텔레스는 내러티브를 가리키기 위해 전언apaggelia이란 말을 썼는데, 그것은 전달하다, 소식을 전하다란 뜻을 지닌 동사 전언하다apaggello에서 가져온 것이다. 드라마는 여기에서 벌어지고, 내러티브는 다른 곳으로부터 온 소식을 전하는 것이다. 우리는 흔히 영화 카메라는 우리를 다른 곳으로 데려가고 우리가 거기에 있다고 느끼게 만든다고 말한다. 하지만 그곳은 완전히 여기가 되지 못하며 완전히 우리 앞에 있진 못하다. 그래서 카메라는 다른 곳으로부터 무언가를 가져와 전달하고 있다고, 즉 이미지의 형태로 된 소식을 전하고 있다고도 말할 수 있다. 영화는 드라마적 매체이자 내러티브적 매체이며, 영화의 내러티브적 특성이 그리피스로 하여금 영화의 드라마적 가능성을 발굴할 수 있게 해 준 것이다.

〈밀의 독점A Corner in Wheat〉(1909)은 세 가지 이야기를 다룬다. 하나는 밀을 키우는 농부들의 이야기이고, 다른 하나는 밀을 매점하려는 투기꾼의 이야기이며, 마지막 하나는 빵값의 상승에 직면한 도시 빈민의 이야기다. 여기서 그리피스의 교차 편집은 드라마화에 기여하지 않는다. 세 이야기는 분리돼 있으며 어떤 인물도 공유하지 않는다. 세 이야기를 드라마적인 방식으로 엮지 않고 그사이를 오가는 편집은 그 대신 단일한 논점의 연결선을 만들어 낸다. 플롯이 아닌 사례를 구성하는 것이다. 그리피스의 교차 편집은 그리피스가 내레이터라기보다는 우리에게 자신의 관점을 설득시키고자 하는 논평자로서 여기에 존재하는 것처럼 느끼게 한다. 구출 장면에서의 교차 편집에서와 달리 이런 편집에서는 내레이션도 얼마든지 동반될 수 있다. 이런 방식은 영화 매체의 내러티브적 가능성을 더 넓혀 준다. 흥미로운 것은 하나의 이야기 전개와는 무관한 이런 교차 편집이 하나의 내러티브처럼 더 잘 기능할 수 있다는 점이다.

영화가 드라마적 매체이기도 하고 내러티브적 매체이기도 하다면 왜 영화에서 드라마와 내러티브를 구분해야 하냐고 물을 수도 있을 것이다. 영화가 작동하는 방식을 더 잘 이해하기 위해서다. 양자물리학에서 아원자 입자가 입자처럼 움직이기도 하고 파동처럼 움직이기도 한다 하더라도 입자와 파동을 구분해서 살펴봐야 하는 이유와 같다.●

내러티브에서 말은, 그것이 우리에게 이야기하는 세계와 우리 사이를 매개한다. 그것은 어떤 누군가의 말이며, 우리에게 무슨 일이 있었는지를 있는 그대로 들려주는 게 아니라 있었던 일에 대한 설명account, 즉 있었던 일 중 누군가에 의해 선택된 것들을 들려준다. 그러나 무대 위에 상연되는 연극은 설명이 아니다. 연극은 어떤 일이 벌어질 수 있도록 주어진 유일한 장소인 우리 눈앞의 무대에서 벌어지는 일 자체다. 물

● 로렌조 쿠쿠는 안토니오니에 관한 자신의 저서(내가 알기로 이 주제에 관한 최고의 저서)에서 아리스토텔레스의 드라마와 내러티브에 관한 구분 모델을 기반으로 "두 개의 서로 다른 영화 형식에 관한 명확한 구분 …… 을 확립하고 싶은 유혹"에 반대해야 한다고 경고한다. 쿠쿠가 말하길 "이 오류"는 "방법론으로서만 가치를 갖는 이항 대립을 긴 역사를 지닌 형식에 관한 현상학의 차원으로 잘못 옮겨놓음에 따른 것이다"(Lorenzo Cuccu, *La visione comeproblema: Forme e svolgimento del cinéma di Antonioni* [Rome: Bulzoni, 1973], 121, 내가 번역한 것이다). 당연하게도 쿠쿠는, 예술 작품을 논하는 방식에 불과한 것을 실제 예술 작품의 실정적 부속물처럼 다루는 경향에 반대한다. 하지만 아리스토텔레스의 구분은 예술 작품이 실제로 이루어지는 방식, 무대 위에서 연기하는 배우와 이야기를 전달하는 이야기꾼 간의 구분 위에 세워진 것이다. 엄격히 말해서 영화는 드라마도 아니고 내러티브도 아닌, 배우도 아니고 이야기꾼도 아닌 것이다. 엄격히 말해서 양자 역학의 아원자 입자들은 입자도 아니고 파동도 아닌 것이다. 하지만 아원자 입자들에 대해 양 측면에서 이야기하는 것이 유용한 이유는 그럼으로써 그것들을 입자와 파동에 관한 우리의 경험에 연결시켜 이해할 수 있기 때문이고, 마찬가지 의미에서 영화에 대해서도 드라마와 내러티브의 양 측면에서 이야기하는 것이 유용하다. 그리고 아원자 입자들이 가끔은 입자에 더 가까워 보이고 가끔은 파동에 더 가까워 보이는 것처럼, 영화 또한 가끔은 드라마에 더 가까워 보이고 가끔은 내러티브에 가까워 보인다. 나는 드라마와 내러티브를 상이한 영화 형식으로서가 아니라 영화 매체가 우리에게 보여 주는 상이한 측면들로서, 우리에게 영화가 작용하는 상이한 방식들로서 구분하자고 제안하는 것이다. 우리는 어찌해서 영화가 어떤 경우에는 드라마처럼 작동하고 다른 어떤 경우에는 내러티브처럼 작동하는지를 이해함으로써 영화의 작동 방식에 대한 통찰을 얻을 수 있다.

론 거기에서 벌어지는 일도 누군가에 의해 선택된 것이긴 하지만, 바로 거기에서, 우리 눈앞에 아무 매개 없이 벌어지는 사건이 되는 순간, 그것은 더 이상 어떤 선택의 문제가 아니게 되며 다른 모든 가능성을 배제한 하나의 사실이 된다. 내러티브가 항상 선택의 문제인 이유는 이 세계가 그에 관한 누군가의 설명보다 훨씬 방대하기 때문이다. 하지만 연극에서는 무대가 세계다. 내레이터가 만드는 시퀀스는 우리가 사는 이 세계 위에서 수행되는 작업이며, 이 세계에서 선택된 특정 요소들의 세목이다. 하지만 연극에서 우리가 만나는 시퀀스는 무대 위에 펼쳐진 사실뿐이다. 그것은 무대 위 바로 거기에 있는 것이며 그것이 거기 있는 전부다. 한 편의 연극은 한 폭의 그림처럼 온전한 전체다.

내레이터의 말처럼 카메라도 우리와 세계 사이를 매개한다. 하지만 카메라는 말보다 훨씬 직접적이다. 카메라의 매개는 특별하게 직접적이다. 스크린 위에 있는 것이 지금 벌어지고 있는 것이긴 하지만, 연극에서처럼 우리 눈앞에 직접 벌어지는 것은 아니며 카메라 앞에 존재했던 것으로서 카메라에 의해 직접 복제된 것이다. 카메라는 어떤 선택도 하지 않는다. 그 앞에 존재하는 것을 우리에게 전해 줄 뿐이다. 스크린 위에 있는 것은 사실이지 설명이 아니다. 한편의 영화가 하나의 내러티브처럼 될 수 있는 것은 스크린 위에 없는 것에 대한 우리의 지각, 우리가 그것의 일부분만 보고 있을 뿐인 더 큰 세계에 대한 우리의 지각을 통해서다.

줄리앙 뒤비비에Julien Duvivier가 감독하고 장 가뱅이 주연한 프랑스 갱스터 영화 〈망향Pépé le Moko〉(1937)에는 페페와 한 여자가 알제리의 카페에서 파리를 추억하는 한 장면이 있다. 둘 사이의 친밀감이 점점 높아져 가는 가운데 그들은 자신들이 그리워하는 도시의 지하철역 이름을 댄다. 그가 역 이름을 댈 때는 그가 보이고, 그녀가 역 이름을 댈 때는 그녀가 보이고, 그렇게 화면이 교차하다가 둘이 동시에 블랑슈 광장을 말하는 순간 그들은 하나의 숏 안에 함께 있는 모습으로 보이게 된다. 이 씬을 뤼미에르처럼 찍었다면 어땠을지 상상해 보라. 페페와 여자를 함께 보여 주는 숏이 처음부터 끝까지 계속됐을 것이다. 그 숏은 씬의 모든 요소가 한눈에 보이도록 정면에서 프레이밍됐을 것이며, 더도 말고 덜도 말고 꼭 필요한 만큼의 공간으로 제한됐을 것이다. 오프닝과 엔딩 역시 꼭 필요한 만큼의 시간으로 제한됐을 것이다. 전체를 아우르는 단일 시점으로 찍혔을 뤼미에르의 씬은 마치 그것이 거기에 있었던 모든 것인 양 씬을 일정 시공간으로 제한하며, 그런 점에서 연극 무대의 한 장면과 비교해도 별다를 것이 없다. 이에 비해 여러 숏을 번갈아 보여 주는 뒤비비에의 기법은 분명 연극적이진 않다. 하지만 뤼미에르라면 하나의 숏 안에서 수행했을 작업을 뒤비비에는 각각의 숏들에서 똑같이 수행한다. 각 숏의 지속 시간과 프레이밍이 해당 숏에서 이뤄지고 있는 행위와 가능한 한 일치하도록 만드는 것이다. 뒤비비에의 씬 안에서 각각의 숏도 대사가 시작할 때 시작하고 대사가 끝날 때 끝나며, 그 대사를 말하는 사람을 한 프레임으로 잡고, 마지막 숏에서는 두 사람을 함께 잡는다. 뤼미에르의 영화에서처럼 여기서도 그것의 효과는 제한적이다. 우리는 스크린 위의 행위에만 집중해야 하며 어떤 다른 것을 볼 수 있을지 생각하면 안 된다는 것이다.

뒤비비에의 편집은 그 씬에 없는 것에서 시퀀스를 만들어 내진 않는다. 그의 편집이 하는 것은 두 인물의 대화, 그들이 떠올린 지하철역 이름들이 주는 친밀감의 교류를 정적인 단일 숏이 할 수 있는 것보다 더 섬세하게 드러내는 것이다. 앞서 언급한 〈모아나〉의 장면이 이런 방식을 채택했다고 가정해 보자. 카메라가 계속 움직여 야자수를 타는 소년의 움직임을 뒤쫓도록 함으로써 우리가 거기에 존재하는 시퀀스에 더 깊이 몰두하게 만들 것이다. 이런 종류의 영화 기법은 무대 위에서 행해진 일들에만 집중하는 방식이며, 다른 가능성들의 배제를 통해 시퀀스를 하나의 사실로서 보여 주는 것이다. 물론 우리는 영화가 우리에게 모든 것을 보여 주지 않는다는 것을, 우리가 여자만 볼 수 있을 때도 페페는 거기 있으며 우리가 페페만 볼 수 있을 때도 여자는 거기에 있음을 안다. 하지만 우리는 영화가 우리에게 중요한 것은 다 보여 줄 것이며, 최적의 순간에 최적의 것을 보여 줄 것이란 느낌을 갖게 된다. 뒤비비에의 편집 기법은 영화의 구축에서 내러티브적 접근과 상반되는 드라마적 접근을 보여 주는 한 예다.

뒤비비에가 만든 장면을 그의 동료이자 동시대인이었던 장 르느와르가 만들었다고 상상해 보라. 아마 하나의 고정된 숏에 모든 것을 담았겠지만 그것이 뤼미에르식의, 그 안에 있는 것들로 충분한 자립적 숏은 아니었을 것이다. 르느와르 특유의 방식대로라면 그 장면을 탈중심화된 시점으로 보여 줄 것이다. 그러니까 아마도 페페의 몸을 스크린 외부에 위치시킨 뒤 그를 프레임 안쪽으로 몸을 굽혔다 프레임 바깥으로 몸을 젖혔다 하면서 스크린 가장자리를 기웃거리고 있는 모습으로 보여 주거나, 카페 안의 다른 테이블을 일부 보여 주면서 다른 사람들의 대화 중 일부를 엿듣게 할 것이다. 그리고 르느와르 특유의 방식대로라면 숏을 페페와 여자가 자리에 앉기 전부터 시작해 그들이 자리를 떠난 후까지 계속 이어갔을 것이다. 어느 경우에나 르느와르는 장면을 열 때 스크린 위에 부재하는 것에 주의를 기울이게 하는데, 그의 영화들을 볼 때 우리가 늘 느끼게 되듯 우리가 스크린에서 볼 수 있는 바로 그것이 아닌 그 밖의 것들도 얼마든지 중요할 수 있다. 1930년대 르느와르 영화들에서(이후의 영화들은 다소 덜 그러하지만) 행위는 그것을 보는 우리의 시야를 초과한다. 행위는 프레임의 상하좌우로 들어왔다 나갔다 하는 가운데 바깥에 남겨져 있는 것들을 암시하고, 우리에게 그것들이 프레임 안으로 들어올 수도 있었으나 모종의 선택에 따라 그렇게 결정된 것임을 의식하도록 하는 것이다.

'불장난에 빠진' 귀족 사회의 사랑을 다룬 장 르느와르의 희비극

〈게임의 규칙La règle du jeu〉(1939)의 한 장면에서는 로베르 드 라 슈네 후작과 후작부인, 그리고 그들의 손님들이 성에서의 하룻밤을 마감하며 취침 준비에 들어간다. 후작을 가까이에서 잡고 있던 카메라가 뒤로 물러나면서 장면의 무대를 설정하고, 전체를 아우르는 롱 숏, 이른바 마스터 숏을 통해 그곳에 있는 사람들을 보여 준다. 드라마적 영화 기법은 그런 마스터 숏에 종종 의존하곤 한다. 마스터 숏이 액션이 펼쳐지게 될 공간을 제시하고 그 공간 속에서 카메라가 중요한 세부들을 연속으로 선별해 낸다. 하지만 르느와르는 세부 장면으로 컷을 하는 법이 없다. 수많은 인물들이 밤 인사를 나누는 가운데 누군가는 프레임 왼쪽으로 누군가는 오른쪽으로 사라지고, 후작 역시 스크린 가장자리에 잠시 머무르다가 그의 정부를 따라 프레임의 왼쪽으로 빠져나가는 동안, 롱 숏이 지속된다. 그러다 두 조연 캐릭터만 남았을 때 카메라는 그들의 모습을 더 가까이에서 보여 주려고 움직이는데, 여기서 우리는 그들이 함께 침실에 들면서 그 장면이 끝날 것이라 예상할 수 있다. 하지만 카메라는 둘 중 한 사람을 따라 패닝하고, 카메라의 무심한 움직임은 갑작스럽게 왼쪽 공간을 열어 보이며 거기에 있을 거라 전혀 예상치 못했던 길게 뻗은 복도를, 즉 우리가 따라가던 인물 옆에 예상치 못한 방식으로 펼쳐져 있는 훨씬 커다란 무대를 보여 준다. 이제 이 시점이 지속되며 르느와르 영화의 특징으로 잘 알려져 있는 딥 포커스 화면이 나온다. 후경의 저 깊숙한 곳에서는 후작과 그의 정부를 볼 수 있는가 하면 가까운 전경에서는 여행 가방을 든 손님, 호각을 부는 손님, 베개를 던지는 손님 등 여러 손님들이 자신의 침실을 들락날락거리는 모습을 볼 수 있다. 그러는 동안 한 하녀가 복도 뒤쪽까지 쭉 걸어 들어가고 후작은 손님들 사이를 누비며 복도의 앞쪽으로 걸어 나온다. 그러다 후작이 카메라 가까이까지 왔을 때 카메라는 그와 함께 이번에는 오른쪽으로 패닝하는데, 그 방향으로 또 다른 깊은 공간, 스크린 외부에 남겨져 있던 전혀 예상치 못한 공

〈게임의 규칙〉. 하나의 롱 테이크로 찍힌 세 가지 프레임. 후작과 아내와 손님들이 각자의 방으로 돌아가기 전 인사를 나누는데, 왼쪽으로 패닝하면 복도가 등장하고, 오른쪽으로 패닝하면 복도의 또 다른 공간이 보인다.

간, 손님들로 북적이는 또 다른 복도를 펼쳐 보이면서 우리의 시야를 넓힌다. 이제 이 시점이 유지되며, 한 하인이 후경에 있는 문에서부터 전경까지 뻣뻣한 걸음걸이로 쭉 걸어 나오는 동안, 손님들이 후작부인 크리스틴의 방문 앞에서 그녀에게 잘 자라는 인사를 하고 후작 또한 그녀의 방을 찾아 그녀에게 말을 걸려고 한다. 그리고 그가 그녀에게 말을 거는 순간 그녀의 방안으로 컷이 되며 이 이례적인 롱 테이크가 끝난다.

르느와르의 영화 기법을 내러티브 기법으로 만드는 것은 딥 포커스와 롱 테이크가 아니라 르느와르가 그것들을 사용한 방식이다. 오슨 웰스나 윌리엄 와일러William Wyler 같은 감독들도 딥 포커스와 롱 테이크를 드라마적인 방식으로, 말하자면 우리가 무대라 부르는, 스크린 위에 드라마적 재현을 위한 제한된 공간을 만들어 내기 위한 방식으로 사용했다. 마스터 숏으로 한 공간을 보여 준 다음 그 한정된 공간 안의 어떤 중요한 것들로, 최적의 순간에 최적의 것으로 컷을 하는 방법 또한 스크린을 무대처럼 다루는 하나의 방식이다. 하지만 르느와르는 종종 스크린을 무대처럼 설정해 놓은 것처럼 보이다가도 이후 닫혀 있는 그 공간을 부수고 그 너머의 공간을 열어내곤 했다. 르느와르가 특유의 방식으로 딥 포커스를 사용한 이유는 후경과 전경을 드라마적 전체로 통합하기 위해서가 아니라 전경에서 벌어지는 액션과 직접적 관련은 없지만 그만큼 중요할 수도 있는 후경의 무언가에도 관심을 갖게 하기 위해서다. 그리고 그가 후작의 성에서의 취침 장면에서처럼 특유의 방식으로 롱 테이크를 사용한 까닭도 공간을 열기 위한 것이고, 우리의 시야를 벗어나 있는 모든 것에까지 우리의 주의를 요청하기 위한 것이며, 스크린 위에 존재하는 것들만큼이나 우리의 관심을 요구할 가치가 있는 것들이 존재하는 공간으로서의 스크린 외부 공간을 활성화하기 위한 것이었다. 우리가 먼저 보게 되는 것은 무대와 같은 어떤 것이지만, 왼쪽 혹은 오른쪽으로 약간의 움직임을 통해 무대의 양 날개 방향으로 한없이 깊고 넓게 뻗어 나가는 어떤 세계가 드러나게 된다. 재현의 공간이 예상치 못한 방식으로 두 차례 수정되는 것이다. 카메라 운동은 언제나 우리의 시야를 재프레이밍하기 마련이지만, 르느와르의 재프레이밍은 우리의 시야 속 공간 안에서 우리의 위상을 변화시키고, 무엇을 봐야 하는지, 무엇이 중요한지에 대한 우리의 지각을 동요시킨다.

후작의 성에서 벌어지고 있는 파티에는 아마추어 공연들도 마련돼 있다. 그중 한 공연의 막이 내리고 나서 화면은 무대 뒤로 가 무대 의상을 입고 있는 후작과 크리스틴과 여러 연기자들을 보여 준다. 크리스틴은 남편의 외도에 대해 알게 되며 그의 정부와 대화를 나눌 때도 모든 것을 용납하는 척하지만 그의 정부가 후작을 껴안자 바로 다른 남자의 손을 잡고서 그곳을 빠져나가고, 후작은 그런 그녀를 공허하게 불러 보는데, 우리는 그와 다른 시점에서 그 광경을 바라보면서 그녀의 갑작스러운 이탈에 후작만큼이나 어리둥절해진다. 다시 화면은 무대에서 관객을 정면으로 바라보는 시점으로 컷이 되고, 피아노를 연주하는 여자에게로 패닝한 뒤, 후경에서 크리스틴과 생 오뱅이란 이름의 다른 남자가 프레임 안팎을 들락거리는 것을 보여 준다. 우리는 그들을 더 가까이에서 잡은 화면을, 즉 플롯상의 이런 중요한 전환을 더 명료히 드러내는 장면을 기대하게 되지만, 르느와르는 그런 일이 우리 시야의 가장자리에서 벌어지도록 함으로써, 자칫하면 우리가 그것을 쉽게 놓쳐 버렸을 수도 있겠다는 느낌을 불러일으킨다.

또 하나의 공연은 죽음의 무도로, 연기자들이 해골 분장을 하고 어두컴컴한 극장 안의 관객을 덮치는 가운데 몇 개의 불빛이 돌아다니는 장면이다. 이따금씩 불빛이 비치는 어둠 속에서 우리는 사냥터지기 슈마세르가 자신의 아내이자 크리스틴의 시종인 리제트를 찾고 있는 것을 보는데, 바로 전 우리는 리제트가 자신에게 계속 추파를 던져온 하인 마르소와 키스하는 것을 본 상태다. 카메라는 마치 호기심 어린 행인처럼 문간의 슈마세르를 발견하고 아내 찾기에 나선 그를 따라가다가 그가 벽 뒤로 사라지자 다른 문간에서 그를 다시 찾아낸다. 하지만 다시 다른 벽이 나타나 그가 보이지 않도록 우리 눈을 가로막자, 거기서 소파 위의 크리스틴과 생 오뱅을, 무대를 떠난 뒤로 한 번도 보이지 않다가 다른 커플의 동선 속에서 다시 발견된 그들을 비춘다. 카메라는 그들 앞에서 멈춰 서지만, 곧 이동을 계속하여 또 다른 문간에서 리제트와 마르소를 발견한 슈마세르를 찾아낸다. 그리고 이 삼각관계 앞에서도 잠시 멈춰 섰다가 다시 좀 더 이동해 사랑하는 크리스틴을 위해 대서양을 횡단한 비행가 앙드레 주리우를 발견한다. 슈마세르와 리제트와 마르소에겐 아무 관심 없는 이 남자는 크리스틴의 또 다른 삼각관계를 발견하고는 크리스틴과 그녀 옆의 남자를 향해 분노의 시선을 보낸다. 주리우가 서 있는 구석에 멈춰 섰던 카메라는 이제 그의 시선 반대 방향으로 돌아서고, 그렇게 역전된 카메라는 도망가는 마르소와 그를 쫓아가려는 리제트를 말리는 슈마세르 앞에서 멈춰 섰다가 소파에서 일어나는 크리스틴과 생 오뱅을 비춘 뒤 방을 빠져나가는 주리우를 다시 쳐다본다.

〈모아나〉에서 야자수를 오르는 소년을 보여 주는 장면에서처럼 이 영화에서 카메라가 움직이고 멈추고 다시 움직이는 방식 또한 보기의 한 제스처로, 우리의 보는 방식을 이끄는 독특한 방법이다. 우리는 우리와 그 씬을 매개하는 시선을 감지하며, 그 시선이 스크린 위에서 만들어 내는 설정이 곧 내러티브 시퀀스다. 플래허티의 영화에서처럼 르느와르의 영화에서도 스크린 위에 있지 않은 것에 대한 우리의 지각이 그 장면에 대한 우리의 반응에 중요하게 작용한다. 스크린 위쪽으로 사라지면서 나무의 아직 보이지 않는 나머지 부분을 암시하는 소년, 그리고 르느와르의 숏에서 우리의 시야 안팎으로 들락거리는 인물들은 우리에게 그들의 행위 중 일부만 잠깐 들여다본 것 같은 느낌을 준다. 하지만 매

같은 롱 테이크에 담긴
세 프레임. 아내를 찾
아다니는 슈마세르, 마
르소와 함께 있는 아
내를 발견한 슈마세르,
앙드레 주리우 쪽으로
움직이는 카메라.

개하는 시선에 배어 있는 태도나 시각적 내레이션의 스타일은 감독마다 다르다. 플래허티 영화에서 나무의 키가 얼마나 큰지 알고 있으며 그것으로 우리를 놀라게 하려는 어떤 관찰자를 우리는 떠올리게 되지만, 르느와르의 영화에서는 리제트와 마르소를 향해 가던 중 거기 크리스틴과 생 오뱅이 함께 앉아 있는 것을 발견하거나 화가 난 모습으로 방 한 구석에 서 있는 주리우를 발견하고는 자기 스스로도 놀라고 마는 어떤 관찰자를 떠올리게 된다. 물론 그 장면을 연출한 사람은 르느와르이며 그는 거기서 자신이 찾게 될 것을 이미 알고 있었지만, 그 장면에서 우리가 떠올리게 되는 관찰자는 르느와르 자신(이 영화의 실제 시나리오 작가 혹은 묵시적 작가)이 아니라 이야기 전달을 위해, 내러티브 시퀀스의 진행을 위해 르느와르가 선택한 시각적 내레이터인 것이다.

르느와르의 숏 안에서는 두 개의 행위, 두 개의 삼각관계가 동시에 진행된다. 그리고 그 둘 사이에, 즉 질투하는 두 남자 슈마세르와 주리우 사이에, 사랑을 갈구하는 두 여자 리제트와 크리스틴 사이에, 즉 하인들 간의 사랑싸움과 주인들 간의 사랑싸움 사이에 존재하는 유사성 parallel●이 드러나는데, 이 유사성은 평행parallel 편집을 통해 표현될 수도 있었을 것이다. 하지만 슈마세르와 주리우, 리제트와 크리스틴 사이를 직접 넘나드는 편집은 그런 유사성을 르느와르가 원하는 것보다 과도하게 드러냈을 것이다. 르느와르의 찬미자들은 르느와르가 그 유사성을 우리 스스로 만들어 내도록 한다고 말하지만 그렇지 않다. 이 유사성은 르느와르가 만들지 우리가 만들어 낸 게 아니다. 르느와르는 그 유사성을 우연히 발견하고 알아차리게 될 어떤 시각적 내레이터를 통해 만든다. 그리하여 슈마세르와 주리우, 리제트와 크리스틴은 단지 이런 상황

●   저자는 'parallel'을 평행, 상응, 유사의 의미가 모두 담긴 단어로 사용하는데 여기서는 문맥에 따라 유사성과 평행으로 번역했다. ─ 옮긴이

이기 때문에 비슷하게 보이는 것이 아니라 원래부터 놀라울 정도로 비슷한 사람들이었음이 드러난다. 우리는 리제트가 교태 있는 여자인 것은 알았지만 크리스틴은 그렇지 않다고 생각했을 것이다. 슈마세르를 다른 인물과 비교하라고 한다면 우리는 분명 주리우가 아니라, 자신에게 마음이 떠난 것 같은 아내를 둔 후작을 들었을 것이다. 그리고 주리우를 다른 인물과 비교해야 한다면 슈마세르가 아니라 다른 남자의 아내를 쫓아다니는 마르소를 들었을 것이다. 이런 식으로 유사성을 만들어 내는 르느와르의 방식은 이 모든 복잡한 관계가 활동하도록 한다. 그리고 이런 복잡한 관계의 활동에 의해 슈마세르가 영화 내내 거의 제대로 만난 적도 없는 주리우를 총으로 쏴 죽이게 되고 마는 것이다.

르느와르가 중단 없는 롱 테이크로 보여 주는 이 장면을, 대부분의 감독들은 평행 편집을 통해서건 다른 기법을 통해서건, 여러 숏으로 나누었을 것이다. 대부분의 감독들은 우리에게 한 번에 한 가지 일만 보여 주었을 것이다. 슈마세르가 리제트와 마르소를 쫓아다니는 것을 하나의 상황으로서 집중적으로 보여 준 뒤 우리가 그 상황을 충분히 이해할 수 있을 때야 크리스틴과 생 오뱅과 주리우의 관계를 다른 하나의 상황으로 보여 줬을 것이다. 그러면 우리는 두 가지 일이 동시에 벌어지고 있음을 알 수 있긴 했겠지만, 한 번에 한 가지 일에만 집중하면서 그동안 다른 일은 중지 상태로 놔뒀을 것이다. 르느와르는 우리가 동시에 두 가지 일을 다 유념하길 바라며, 우리가 보고 있지 않은 것, 우리가 지금 볼 필요는 없는 어떤 것이 아니라 우리가 보고 있는 것만큼이나 대단히 중요하지만 단지 우리의 시야에 빠져 있을 뿐인 이 세계의 다른 부분, 그것이 무엇인지에 관해 늘 의식하기를 바란다. 우리는 리제트와 마르소, 슈마세르를 따라가다 크리스틴과 생 오뱅에 이르게 되지만, 크리스틴과 생 오뱅을 지켜보는 동안에도 슈마세르를 의식하게 되며, 마찬가지로 슈마세르와 그의 아내와 그녀를 유혹하는 남자를 지켜보는 동안에도 크리스틴과 생 오뱅을 의식하게 된다. 하나의 삼각관계가 우리의 시야 안으로 들어오면 다른 삼각관계는 우리의 시야를 벗어나기 마련이고, 두 삼각관계를 동시에 볼 수 없다는 것은 우리 시각의 한계이지만, 르느와르는 그래도 두 삼각관계를 우리에게 동등한 관심을 받을 만한 것으로서 동시에 보여 준다.●

〈게임의 규칙〉에서 인물들의 행위는 복합적이며, 후작의 성에서 벌어지는 긴 파티 시퀀스에서 그 복합성은 서로 쫓고 쫓기는 관계의 하인들과 귀족들, 짝을 짓는 데 성공한 혹은 실패한 연인들, 여기저기에서 일어나는 일들과 그 일들의 상호 개입으로 인해 최고조에 이른다. 하지만 우리에게 이 장면이 세계의 일부분에 불과하다는 느낌을 갖게 하는 것은 그런 복합성과 개입이 아니라 르느와르의 카메라, 그 카메라가 세계를 바라보는 방식이다. 르느와르의 전작 중 〈익사 직전에 구조된 부뒤 *Boudu sauvé des eaux*〉(1932)에서 아주 단순한 행위로 이루어져 있는 한 장면

●　르느와르에 관한 두 개의 글에서 스티븐 티프트Stephen Tifft는 이 숏을 사냥 씬에 비유한다. "연쇄적으로 출입문을 통과하는 수평 트래킹 화면에 잡힌 슈마세르는 복도를 따라 오른쪽으로 이동하면서 다양한 게임을 '시작'하는 것처럼, 사냥을 개시하는 것처럼 보인다." 이 비유는 무리해 보인다. 사냥 씬에서, 슈마세르와 그가 이끄는 두 사냥개를 뒤쫓는 두 트래킹 숏에서 카메라 움직임은 주인들이 총을 쏠 수 있도록 사냥을 준비해야 하는 그들의 임무에 어울리듯, 안정적이고 비인격적이다. 이 죽음의 무도가 펼쳐지는 동안 그와 함께하는 카메라의 움직임에는 갑작스러운 정지나 출발이나 놀라움의 요소가 전혀 없다. 반면 파티 시퀀스에서 이 사냥터지기는 결코 비인격적이지 않으며 총을 쏘는 사람도 다름 아닌 그다. 티프트는 〈게임의 규칙〉에서 극 중 인물들을 보는 우리 시각의 불완전성(그는 특히 크리스틴의 동기를 알 수 있는 부분들이 "눈 깜짝할 새에 스쳐 지나가는" 것을 강조한다)이, 그가 보기에 "인물의 동기를 이해하기 쉽게 하는 데 어울리지 않는," "난잡한 활동으로 이루어진 소극" 때문이라고 생각한다. 하지만 보통 소극은 동기를 이해할 수 없게 만드는 것이 아니라, 동기를 단순하게 만든다. 〈게임의 규칙〉의 비범한 점은 이 영화가 인물들이 가진 동기의 복잡성을 소극의 난잡한 활동과 결합했다는 데 있다. 다음을 보라. Stephen Tifft, "Theater in the Round: The Politics of Space in the Films of Jean Renoir," *Theater Journal* 39 (October 1987): 328~346; Stephen Tifft, "*Drôle de Guerre*: Renoir, Farce, and the Fall of France," *Representations* 38 (Spring 1992): 131~165.

〈익사 직전에 구조된 부뒤〉. 길을 건너는 부뒤.

을 생각해 보자. 부랑자 부뒤가 자기 개를 잃고 센 강변을 따라 침울하게 걸어가는 장면이다. 심지어 여기서도 르느와르는 이 단순한 행위를 비슷한 방식(부뒤를 분주한 거리의 건너편에서 찍음으로써 중간에 지나가는 차들이 우리의 시야를 가로막게 하고 카메라가 그를 따라 패닝할 때도 그의 움직임에 속도를 맞추지 못해 결국 그를 프레임 밖으로 벗어나게 하고 마는 등)으로 찍어서 우리가 보고 있는 것의 불완전함을 감지하게 한다.

　당시 사람들은 뒤비비에 같은 감독과 비교해 르느와르는 기술적으로 서투른 감독이라 생각했다. 그들은 카메라가 행위를 따라가야 한다고 생각했다. 드라마적 영화 기법은, 〈망향〉에서 추억 속의 지하철역 이름을 번갈아 대는 장면처럼, 행위와 화면, 그 장면에서 벌어지고 있는 일과 스크린 위에 만들어지고 있는 화면 사이의 완벽한 일치를 추구한다. 하지만 한편의 르느와르 영화에서는, 하나의 내러티브가 그러한 것처럼,

세계는 그것에 관해 진술된 어떤 것보다 거대한 것이다. 언제나 내러티브가 다 말하지 못하고 남겨진 것이 있기 마련이며, 르느와르 영화에서 우리는 더 봐야 할 것들이 남아 있다고 느끼게 된다. 카메라는 행위의 일부만 따라갈 수밖에 없으며 나머지는 시야 바깥에 남겨둘 수밖에 없다. 숏이 최적의 것만 보여 줄 수 없는 이유는 최적의 것이란 게 애초부터 없으며 무엇을 보여 줄 것인가에 관한 누군가의 선택만이 있기 때문이다. 컷이 최적의 순간에 이루어지지 않는 이유도 최적의 순간이란 것은 존재하지 않으며 언제 컷을 해야 하는가에 대한 누군가의 선택만 있기 때문이다. 행위와 화면 사이에 정확한 일치가 이루어지지 않는 것도 어떤 화면에 최적인 행위란 게 존재하지 않기 때문이다. 르느와르가 이야기를 말하는 사람으로서 자신의 설정이며 곧 세상에 대한 자신의 설명인 시퀀스를 제공한다면, 뒤비비에는 드라마를 만드는 사람으로서 거기에 주어져 있는, 세계에서 떨어져 나와 경계가 한정된 시퀀스를 제공한다.

'내러티브적 결말'에 관해서는 많은 논의가 있어 왔는데, 일부 이론가들은 내러티브를 결말의 측면에서 정의하려는 시도까지 벌였다. 하지만 결말이 내러티브의 문제라면 그것은 분명 내러티브가 결말 없이 계속 이어질 수 있는 부가 가능한additive 것이기 때문이다. 결말은 내러티브가 노력해야 얻을 수 있는 것이다. 그림이나 연극에는 처음부터 결말이 주어져 있다. 화폭이나 무대 같은 재현 공간은 이미 닫혀 있는 공간이다. 그림이나 연극이 결말을 엉망으로 만들 수도 있고 결말 없이 끝나게 할 수도 있지만, 시작할 때는 결말이 주어진 상태에서 출발한다. 내러티브는 결말 없이 시작하며 결말을 향해 나아갈 수도 있지만, 그래도 그림이나 연극이 가질 수 있는 수준의 완결성과 자기충족성을 가지지 못한다. 아리스토텔레스는 비극이 서사시보다 더 높은 수준의 형식이라고 생각했는데 그 이유는 비극이 서사시보다 더 완결적이기 때문이었다.

내러티브란 결말이 열려 있는 설정으로서 온전한 전체의 통일성이나, 완결적인 행위를 갖지 않는다. 내러티브가 통일성을 추구하는 한 가지 방식은 한 명의 주인공에 집중하는 것이다. 하지만 아리스토텔레스가 경고했듯 주인공의 통일성이 작품의 통일성을 보장해 주진 않는다. "하나의 통일체로 환원될 수 없는 인간의 삶에는 무한히 다양한 사건들이 존재한다." 아리스토텔레스는 드라마에서처럼 내러티브에서도 플롯은 하나의 인물보다 하나의 행위를 모방해야 한다고 단정한 바 있다. 내러티브는 "드라마적 원칙 위에 구축되어야 한다. 그것은 처음, 중간, 끝이 있는 총체적이고 완결적인 단일 행위를 자신의 주제로 가져야 한다. 그리하여 살아 있는 유기체의 통일성을 닮을 수 있으며 그에 걸맞은 적절한 쾌락을 생산할 수 있다."[79]●

헨리 제임스는 내러티브가 드라마적 원칙 위에 세워져야 한다는 것에는 동의했으나, 단일한 행위의 통일성보다는 단일한 의식consciousness의 통일성을 추구했다. 제임스에게 내러티브에 적합한 통일성은 있었던 사

● 예술 작품이 통일성을 가져야 한다는 것(아리스토텔레스가 살아 있는 유기체에 비유해 말한 바이며, 낭만주의자들도 통일성이란 기계적인 것에 반대되는 유기적인 것이라 주장했다)은 최근 많은 도전을 받고 있는 개념이다. 주장한 바는 예술 작품의 통일성이란 또 다른 허위의식, 자아의 통일성을 조성하기 위한 이데올로기적 구성물이라는 것이다. 예술 작품의 통일성이건 자아의 통일성이건 통일성이란 것은 분명 구성물, 허구, 정신 속에 존재하는 무언가다. 하지만 그것은 정신이 무언가를 파악하려는 행위를 벌일 때, 이해하려는 과제를 수행할 때 적어도 일시적으로나마 필요한 것이기도 하다. 우리는 통일성 없이는 아무것도 할 수 없다. 아이리스 머독Iris Murdock이 말한 것처럼 "만일 그것이 어느 정도 필요한 허구라면 그것은 거짓말은 아니다"(*Metaphysics as a Guide to Morals* [Harmondsworth: Penguin, 1993], 1). 하지만 통일성은 이미 정해져 있거나 주어져 있는 것이 아니라 가능성의 장으로서, 다양성 속에서 성취됐을 때, 넓은 다양성을 허락할 때, 최선의 것이 된다. 도전받아야 하는 것은 통일성 자체가 아니라 정상적인 것으로서 확립되고 강요되곤 하는, 통일성에 대한 편협한 개념이다.

건의 통일성이 아니라 지각의 통일성, 있었던 사건에 대한 의식의 통일성, 있었던 사건을 술회하는 관점의 통일성이다. 내러티브가 소식을 전하는 배달부라면, 그 내러티브의 통일성과 일관성이 소식보다 배달부에게 있게 하라는 것이다. 이야기하기가 항상 부분적인 것이라면, 그 부분성이 이야기의 일부이게 하고 인물의 관점으로 드라마화되도록 하라는 것이다. 제임스는 드라마가 완전할 수 없음을 인정했지만, 내러티브는 그것의 불완전성을 드라마화하는 작업, 내러티브의 불완전성을 이야기 속 인물의 관점에 귀속시키는 작업을 통해 만족스러운 수준으로 자기충족적이고 일관되게 만들 수도 있다고 보았다. 자신의 소설에서도 행위 속에 내러티브적 관점을 포함시키고 한 인물의 지각을 통해 이야기를 제공하여, 이야기에 대한 설명이 이야기의 일부, 한 인물의 보는 방식이 되도록 함으로써 일종의 드라마적 통일성을 확보했다. 플롯은 하나의 주인공이나 행위가 아니라 하나의 의식을 모방하는 것이다. 제임스의 소설에서 우리는, 주어진 상황 속의 한 인물이 이야기꾼의 위치에서 말하고 있는, 일종의 무대에 갇혀 있다.

부뒤가 강변을 따라 걷고 있는 숏 앞에 혹은 뒤에 길 건너 카메라의 위치에 서서 그를 보고 있는 다른 어떤 인물의 숏이 붙어 있다고 상상해 보라. 이는 우리가 부뒤를 그 인물이 볼 수 있는 만큼만 멀리서 불분명하게 볼 수밖에 없는 이유, 보이는 것의 불완전성, 그의 행위에 관한 주어진 설명의 불완전성을 그 인물의 제한된 시점 탓으로 돌리게 할 것이다. 그것은 그 장면에 관한 부분적인 시점을 그 장면의 일부로 만들고, 무엇을 보여 줄 것인가에 대한 르느와르의 선택을 한 캐릭터가 목격한 사실로 전환함으로써 르느와르의 숏을 드라마화하는 효과를 가질 것이다. 그런 숏은 르느와르는 거의 사용하지 않았지만 흔한 드라마적 영화 기법 중 하나인, '시점 숏point-of-view'이라는 장치가 된다.

강변을 따라 걷고 있는 부뒤의 숏(망원 렌즈로 찍은 패닝 숏)은 실제로 부르주아 서적상의 아파트 안에서 망원경에 앉은 먼지를 털고 있는 하녀의 숏으로 이어진다(마치 우리가 망원 렌즈로 부뒤를 본 걸 시인하기라도 하듯이 말이다). 서적상은 방으로 들어와 망원경을 통해 창밖을 내다보고, 이제 우리는 그의 시점으로부터 시점 숏을 얻게 된다. 이것이 이 영화에서 유일한 시점 숏이다. 그는 망원경을 통해 부뒤를 발견하고 완벽한 부랑자라며, 아름답다고 말하지만, 곧 그 부랑자가 강물 속으로 뛰어드는 모습을 보고는 망원경을 내팽개치고 그를 구하러 뛰쳐나간다. 이 이야기에서 중요한 순간인 주인공의 자살 시도는, 부뒤에 대한 우리 시야의 한계를 깨닫게 하고 부뒤가 자신의 삶을 포기하고자 하는 동기를 불분명하게 남겨두면서, 대범할 정도로 불완전한 방식으로 제시된다. 그리고 그 한계는 부르주아 서적상의 시점 탓으로 돌려질 수 없다. 그 한계를 우리는 앞선 망원 렌즈의 시점에서 이미 느끼며, 이후 서적상이 자신의 망원경으로 부뒤를 보는 장면에서는 그런 느낌을 그와 공유하게 됐을 뿐이다. 그것은 서적상의 개인적 시점이 아니라 그가 속한 계급의 관점이다. 우리는 그 한계를 한 개인의 관점의 한계가 아니라 한 계급의 세계관의 한계라고 느낀다. 영화 내내 불투명해 보이는 부뒤는 부르주아 서적상의 눈에 불투명해 보이듯이 우리 눈에도 불투명해 보인다. 〈익사 직전에 구조된 부뒤〉의 내러티브적 시점, 대상에 대해 우리 시야가 갖는 한계는, 그 이야기에 관한 한 캐릭터의 관점이 아니라 한 사회적 계급 전체가 세계를 바라보는 방식에 기인한다.

다른 데서와 마찬가지로 여기서도 르느와르는 사회적 이야기를 하고 있다. 묵시적 작가로서의 그의 입장은 부르주아에 비판적이지만, 그의 영화는 개인화된 시점보다 사회화된 시점, 비판 대상이 되는 계급의 내러티브적 시점을 취한다. 그는 부르주아 계급의 집단적 시선을 통해 한 훼방꾼, 부르주아적 질서에 부합하지 않는 한 부랑자의 이야기를 전한다. 어떤 계급의 세계관을 표현하는 예술 작품은 그리 드문 것이 아니지만, 여기에 표현된 계급관은 우리가 받아들여야 하는 이데올로기가 아니라 우리가 깨달아야 하는 한계다. 이 영화의 원작인 연극에서처럼 이야기가 훨씬 드라마적으로 재현됐더라면 우리는 어떤 시점이 지닌 편향성을 자각하지 못했을 것이고 부뒤란 사람을 통해 그런 편향에 도전할 수 없었을 것이다.

한 인물이 보고 있는 어떤 것으로서의 시점 숏을 한 인물이 말하는 것으로서의 한 줄의 대사에 비교할 수도 있다. 하지만 한 인물이 한 줄의 대사를 발화하듯이 하나의 시점 숏을 '발화'한다고 가정하는 것은 잘못이다. 한 줄의 대사는 그 인물이 말하려고 선택한 어떤 것이지만, 카메라가 특정한 순간에 어떤 인물의 시점을 취하도록 만드는 것은 그 인물의 선택이 아니다. 그 인물은 시점 숏에 대해 권한이 없다. 한 줄의 대사는 이야기 진행 속에서 그 인물에 목소리를 부여한다. 대사란 어떤 인물의 말을, 누군가가 말하는 방식을, 한 개별자가 자신의 생각과 감정을 표현하기 위해 사용하는 단어들을 모방하는 것이다. 하지만 시점 숏은 단지 공간 속 한 지점에서의 시점을 모방하는 것이다. 누구든 그 지점에 서면 같은 것을 보게 될 것이다.

카메라는 볼 필요가 있는 모든 것을 보여 주기 위해, 매 순간 중요한 것들에 주목할 수 있게 하기 위해 어디에나 갈 수 있고 어디에나 접근할 수 있는 관습적인 권한을 가진 관찰자다. 하지만 카메라가 그런 권한을 갖고 있다고 해서 카메라가 어떤 인물의 위치에서 시점 숏을 보여 줄 때 그 인물도 같은 권한을 갖고 있는 것은 아니다. 영화에서의 남성의 응시를 이론화한 로라 멀비와 여러 이론가들은 남성 주인공이 그의 시점으로 촬영된 시점 숏을 통해 권력을 갖게 된다고 봤다. 하지만 멀비가 제시한 예시를 다시 사용하자면, 〈현기증〉에서 제임스 스튜어트는 그가 킴 노백 캐릭터를 따라다니는 동안, 즉 우리가 히치콕이 만든 뭔가에 홀린 듯한 시점 숏을 통해 그의 시점을 공유하는 동안, 권능을 갖는 게 아니라 뭔가에 조종당하고 있다. 존 포드나 하워드 혹스같이 유명한 남성 액션 영화 감독들은 시점 숏에 인색한 편이다. 존 웨인이 그 감독들의 영화에서 권능을 지닌 것처럼 보인다고 해도 그것이 우리가 계속 그의 눈을 통해 무언가를 보게 되기 때문은 아니다. 가부장적인 문화 내에서 많은 영화가 주로 남성의 시점에서 대상을 재현하는 것은 틀림없는 사실이지만, 그 남성의 시점이 꼭 시점 숏을 통해 표현되는 것은 아닌 것이다. 거기서 남성적인 것은 시선이라기보다 입장stance이다.

시점 숏은 내러티브 기법이라기보다 드라마 기법이다. 제임스 스튜어트 캐릭터가 제임스주의적● 중심 의식으로서 내러티브를 통해 우리를 이끄는 〈현기증〉의 전반부에서처럼, 시점 숏은 내러티브적 시점을 설정하는 데 도움이 될 수도 있지만 보통은 대사와 같이 드라마적 씬의 일부가 될 뿐이다. 시점 숏은 단지 잠깐의 엿봄, 우리가 일시적으로만 공유할 수 있는 누군가의 의식의 한 조각만을 제공한다. 반면 내러티브적 시점은 어떤 이야기의 세계에서 우리에게 범위compass를 제공한다. 한 인물의 내러티브적 시점, 우리의 관점과 지각을 결정하는 중심 의식을 설정하려 할 때, 시점 숏만으로는 충분하지 않으며 시점 숏이 꼭 필요한 것도 아니다.

〈미지의 여인에게서 온 편지〉(1948)는 시점 숏을 거의 사용하지 않지만, 그럼에도 우리를 주인공의 시점 속으로, 즉 임종 중에 자신이 평생 동안 사랑한 남자에게 편지를 쓰고 있으며 그 편지를 우리에게 보이스오버 내레이션으로 들려주는 미지의 여자 리사 번들(조안 폰테인)의 시점으로 끌고 들어간다. 오퓔스 영화에 시점 숏이 드물다는 점 때문에 혹자들은 이미지들이 내레이션의 주체인 일인칭에 속하지 않으며, 따라서 그 이미지들이 리사의 의식을 재현하는 것은 아니라고 결론 짓는다. 이

● 미국 심리적 리얼리즘 문학의 대표자인 헨리 제임스의, 주인공의 심리를 중심으로 서술하는 방식을 뜻한다. — 옮긴이

미지는 문법상의 인칭을 지니고 있지 않으며, 우리가 일인칭 이미지에 관해 말한다면 그건 단지 느슨하고 비유적인 것일 뿐이다. 하지만 느슨하게라도 시점 숏들이 일인칭 시점이라고 말할 수는 없다. 그 숏들은 한 인물이 보는 것을 보여 주지만, 그 인물로부터 나온 것도 아니고 그 인물이 의도한 것도 아니다. 하나의 시점 숏은 어떻게도 그 인물 자신의 진술이라고 이해될 수는 없다. 〈미지의 여인에게서 온 편지〉의 이미지들은 혹자들이 주장한 것처럼 일인칭은 아니지만 그 이유가 그것들이 시점 숏이 아니기 때문은 아니다. 그리고 몇 인칭이건 간에 그 이미지들은 인물의 의식을 표현한다. 그 이미지들은 리사 자신의 진술이 아닐지는 몰라도, 그녀의 의식의 지평 안에 있는 것들이며 그녀의 입장과 일치하는 것들이다. 헨리 제임스는 이야기란 한 인물의 의식을 통해 전달돼야 한다고 생각했지만, 그 인물이 일인칭으로 말하는 것은 경계했다. 이디스 워튼Edith Wharton의 소설을 마틴 스코세이지Martin Scorsese가 영화화한 〈순수의 시대The Age of Innocence〉(1993)는 심지어 삼인칭 보이스오버 내레이션을 사용하면서 주인공인 뉴랜드 아처의 중심 의식 그리고 내러티브적 시점을 만들어 낸다.

〈미지의 여인에게서 온 편지〉의 한 인상적인 장면에서 카메라는 리사의 의식으로부터 물러나 그녀의 시점과 불일치하는 시점으로 그 장면을 바라보는 듯하다. 리사가 사랑하는 남자 즉 수려한 외모의 바람둥이 피아니스트(루이 주르당)와 하룻밤을 보내게 된 날, 그들은 함께 낭만적인 저녁 시간을 보낸 뒤 그가 사는 곳에 도착해 나선형 계단을 올라 그의 아파트 문 앞에 이르는데, 카메라는 계단의 더 위쪽에서 곡선의 난간을 통해 가파른 부감으로 그들을 내려다본다. 프레임의 아래쪽에 있던 그들이 사라지자 그들을 놓쳤던 카메라는 오른쪽으로 약간 패닝하여 층계참에 다다른 그들을 따라잡는다. 계단을 오르며 도착하는 커플 그리고 가파른 부감과 약간의 오른쪽 패닝은 초반부의 거의 같은 장면을 정확히

〈미지의 여인에게서 온 편지〉. 사춘기 소녀 리사가 다른 여인과 함께 집에 도착하는 피아니스트를 바라본다. 수년 뒤 이번에는 그 다른 여인의 자리에 있는 리사가 피아니스트와 함께 집에 도착한다.

그대로 반복하고 있다. 수년 전 그 피아니스트에게 이미 돌이킬 수 없을 정도로 푹 빠진 사춘기 소녀 리사가 그 계단의 그 위치에 서서 그가 다른 여자(그의 욕정의 여정에 동행했던 수많은 여자 중 한 명)와 함께 자신의 아파트로 들어가는 모습을 지켜봤던 장면이다. 앞 장면에서 카메라는 리사의 뒤에서 도착하는 커플을 바라봤다. 이제는 카메라의 위치와 동선은 이전과 완전히 동일하지만, 위에서 아래를 내려다보던 리사가 그 다른 여자의 위치로 내려가 있다. 앞 장면에서 카메라의 시점은 그녀의 시점과 일치했지만 이젠 상반된다. 이제 리사 자신이 그 피아니스트와 반복되는 욕정의 여정에 동행하고 있으며 수년 전 그 자리에 있었던 다른 미지의 여인과 정확히 같은 방식으로 보여지고 있다. 이는 자신이 사랑하는 남자와 하룻밤을 보내게 된 리사 또한 수많은 여자 중 한 명에 불과하며, 그녀에게 특별한 이 밤이 실제로 전혀 특별할 것이 없음을 암시한다. 물론 이것이 이 장면에서 리사가 자신을 바라보는 방식은 아니다.●

그러나 그것은 여전히 그녀와 연관된 시점이며 앞 장면에서 나온 그녀의 시점과 연관된 시점이다. 앞 장면에서 카메라는 어린 그녀와 함께 보았으며, 그녀의 눈을 통해 시점 숏으로 보진 않았지만 그녀의 뒤에서 그녀와 함께 보았다. 우리가 듣는 보이스오버 내레이션의 목소리는 어른이 된 리사이며 편지를 쓰는 리사의 회고하는 목소리이고, 사춘기 소녀 리사 곁에서 바라보는 시점은 성숙한 여자가 자신의 어릴 적을 되돌아

● 〈미지의 여인에게서 온 편지〉의 이 특기할 만한 한 쌍의 숏에 관해서는 많이 얘기됐다. 조지 M. 윌슨George M. Wilson은 다음 저서 중 영화에 관한 장에서 이 숏들을 언급한다. *Narration in Light* (Baltimore: Johns Hopkins University Press, 1986), 103~104. 이 숏들을 그는 이 영화가 리사를 재현하는 방식, 그녀를 "그녀의 경험의 무게에 심각하게 갇혀 있는 하나의 의식"으로 보여주는 방식의 핵심으로 본다. 나는 동의하지 않는다. 여기서 내가 주장할 바와 같이, 리사(피아니스트와 함께 도착하는 리사는 아닐 수도 있지만 그에게 편지를 쓰며 자신의 경험을 되돌아보는 리사)는 이 숏들이 표현하는 가슴 저미는 아이러니를 잘 알고 있는 하나의 의식이다.

보는 시점 숏이다. 시점 숏은 대개 지금 여기에서 인물이 보고 있는 것을 가리키는 현재 시제다. 그래서 회고조의 내레이션 양식으로 진행되는 이 영화에서 시점 숏이 드문 것이다. 앞 장면의 시점이 회고하는 리사의 시점이라면, 다음 장면의 시점도, 물리적인 시점이 아니라 내러티브적 시점이긴 하지만, 똑같이 회고하는 리사의 시점이다. 차이라면 다음 장면에서는 우리 눈에 보이는 리사의 관점과 회고하는 리사의 관점, 카메라가 취하는 관점 사이에 거대한 불일치가 존재한다는 것이다. 이는 이 장면에서 리사가 자신을 바라보는 방식은 아닐 수도 있지만, 편지를 쓰고 있는 리사가 그 마법과도 같았던 저녁과 관련해 자신과 자신의 경험을 되돌아보는 방식인 것은 맞다. 그녀는 자신이 피아니스트의 수많은 여자 중 하나에 불과했음을 깨달으며, 동시에 그럼에도 불구하고 여전히 마법 같은 순간이었던 그 저녁의 기억에 매달린다. 피아니스트가 다른 여자와 도착하는 것을 지켜봤던 사춘기 소녀는 그 다른 여자의 위치에 들어가기를 꿈꿨고 이제 그 꿈이 이루어진 것이다. 그것을 되돌아보는 성숙한 여인은 그것이 단지 꿈이었음을 너무 잘 알지만 여전히 그것을 그녀의 삶에 의미를 부여해 준 꿈으로서 소중히 간직한다. 오퓔스가 이 순간을 경이로우면서도 동시에 보잘것없는 어떤 것, 모든 것인 동시에 아무것도 아닌 어떤 것으로 보여 줄 수 있었던 것은, 보이스오버 내레이션에서는 물론 이미지들에서도 내러티브적 시점을 취한 덕분이다. 혹자들은 낭만적 판타지에 쉽게 빠져 버리는 리사 같은 여자는 그런 의식의 복잡성을 가질 수 없다고 여겼다. 하지만 리사는 오퓔스와 같은 부류의 낭만주의자로, 그 환영이 자신을 지탱시켜 주고 있음을, 또한 그것이 환영일 뿐임을 잘 알고 있는 낭만주의자, 진정한 의미의 낭만주의자다.● 개인적 의식에 대한 미메시스를 통한 디제시스, 어떤 인물의 시점

● 함께 낭만적인 저녁을 보내고 있던 리사와 피아니스트는 놀이공원에서 모조 기차에 올라 창

의 모방에 의한 제임스주의적 내러티브 방법은 소설에서처럼 영화에서
도 내러티브적 방법으로서 많이 선호돼 왔다. 영화는 드라마적 매체인
동시에 내러티브적 매체이며, 제임스주의적 중심 의식은 영화가 내러티
브적 시점을 드라마화함으로써 드라마와 내러티브를 결합할 수 있도록
해 준다. 고전적 사례로는 〈39 계단*The Thirty-nine Steps*〉(1935)이 있는데, 히치
콕의 영화 중 최초로 중심인물을 중심 의식으로 설정한, 우리의 주인공
이 우리의 시점이 되도록 설정한 작품이다. 칼 드레이어Carl Dreyer의 〈뱀
파이어*Vampyr*〉(1932)는 좀 더 특이한 시도를 했는데, 이야기에 주변 인물
을 중심 의식으로 설정하고, 주인공은 거의 관찰자, 그것도 혼란에 빠진
관찰자로서 이야기의 흐름을 잘 따라갈 수 없는 위치로 설정했다. 카메

밖에 걸린 풍경 그림을 보며 이국적인 장소들을 여행하는 환상에 빠진다. 여기서 오퓔스는 그것
의 영화와의 유사성을 상기시키며 환영을 만들어 내는 기계에 대한 관심을 촉구한다. 그의 분위
기 넘치는 미장센을 통해 묘사된 1900년대 비엔나 또한 거의 환영에 가까운 이국적인 장소다. 그
리고 그는 자신의 인위를 노정하면서 동시에 리사의 의식 또한 환영에의 몰입에 의한 것임을 분
명히 한다. 찰스 애프론Charles Affron이 쓰기를, "거기, 놀이공원 기구에서"

> 리사와 감정에 가득 찬 카메라의 움직임은, 연인이 타고 있는 정지된 열차 뒤 풍경 그림의 평
> 면 위에서 공명한다. 리사는 스테판(피아니스트)에게 그녀의 상상력이 어떻게 작동하는지
> 설명한다. 그에 따라 기계적이고도 환영적인 장면 교체 과정(베네치아 배경 파노라마의 롤
> 이 끝까지 돌고 나면 노인이 지렛대와 기어를 이용해 그것을 스위스 것으로 대체한다)이 상
> 세히 드러난다. 리사는 자신이 만든 깊은 허구 속에서 환영과 환상이 갖는 가치를 완벽히 파
> 악하고 있으며, 우리가 영화를 보러 가서 영화의 인위의 깊이에 감동받는 것처럼 그녀도 그
> 것들로부터 감동받고 있다. (Charles Affron, *Cinema and Sentiment* [Chicago: University of
> Chicago Press, 1982], 102~103)

〈미지의 여인에게서 온 편지〉에서 리사를 착각에 빠진 인물이 아니라 지각 있는 인물로 인식
하는 다른 논의들이 궁금하다면 다음을 보라. Tania Modleski, "Time and Desire in the Woman's
Film," *Cinema Journal* 23, no. 3 (1984). 혹은 리사를 마조히스트이며 마조히스트로서 자기 경
험을 통제하는 인물로 보는 해석은 다음을 보라. Gaylyn Studlar, "Masochistic Performance and
Female Subjectivity in Letter from an Unknown Woman," *Cinema Journal* 33, no. 3 (1994).

라라는 이 다른 관찰자가 미스터리한 세계를 탐험하는 이 주인공을 따라다니긴 하지만, 카메라 역시 이야기의 흐름을 잘 따라갈 수 있는 위치에 있지 않다. 드레이어의 카메라의 행로, 즉 우리가 따라가는 내러티브적 행로는 주인공의 행로와 상당히 다르지만 그것과 이리저리 교차하기도 한다. 카메라 자체의 관점이 확고히 드러날 수 있을 만큼 주인공의 관점으로부터 충분히 멀어지려 하면서도 두 관점이 분리될 정도로 너무 멀어지지는 않으려 하면서 말이다. 우리는 카메라를 주인공과 같은 곤경에 처한 또 하나의 의식으로서 지각하게 되고, 그 곤경이 주인공에게만 고유한 것이 아니라 "어떤 행자도 그 경계를 한번 넘어가면 돌아올 수 없는 미지의 나라"의 가장자리에서 우리 모두가 마주하게 되는 곤경임을 깨닫게 된다. 〈뱀파이어〉는 죽음에 관한 내러티브이고, 그 내러티브의 시점은 아는 게 없는 시점이다.

　주류 영화에서 드라마는, 내러티브로 서서히 바뀌어 가는 드라마, 이따금 내러티브적인 대목이 삽입된 드라마이거나, 드라마가 아니라도 중심 의식이 되는 한 인물에 관해 드라마화된 내러티브인 경우가 많다. 하지만 한 인물이 중심이 아닌 내러티브적 영화도 있다. 이를테면 서사시적 영화epic cinema가 그것이다. 여기서 서사시적 영화란 수천 명을 동원한 영화(대체로 그건 내러티브도 드라마도 아니고 단순 스펙터클을 의미할 뿐이다)가 아니라 민족적 이야기를 전달하는 영화를 뜻한다. 그것은 모두가 알고 있는 이야기이며, 여기서는 모두를 대변하는 내레이터가 확고한 지식을 갖고 있는 위상에서 말한다. 무엇이든 찍을 수 있지만 플롯을 전개하는 데 그치는 드라마적 카메라의 위상이 아니라, 이런 서사시적 스토리텔링의 위상만이 진정 '전지적 내레이터'의 그것이라 불릴 만한 것이다. 이런 신적인 위상은 원한다고 가질 수 있는 것은 아니다. 서사시의 내레이터가 그런 위상을 취할 수 있는 것은 오로지 대중이 과거에 일어난 일을 다 알고 있기 때문이며, 사람들이 그 이야기꾼에게 자신들의 이야기를 해도 될 권한을 부여했기 때문이다. 미국인 존 포드,● 일본인 미조구치 겐지, 아프리카인 우스만 셈벤은 그런 확신을 갖고 신적인 전지성의 위상을 점할 수 있었던 몇 안 되는 영화감독들이다.

　미조구치 겐지의 〈산쇼다유山椒大夫〉(1954)는 플래시백으로 시작된다. 소년 즈쇼는 어머니에게 아버지에 관해 물어본 뒤 햇살에 반짝이는 숲을 향해 달려 나가고, 그때 그의 어릴 적 달리는 모습으로 화면이 디졸

● 　닉 브라운Nick Browne은 포드의 〈역마차〉에 관한 글에서 승객들이 중간 기착지에서 식탁에 둘러앉아 밥을 먹는 시퀀스를 살펴본다. 이 시퀀스의 카메라 위치와 편집이 장면 속 한 인물, 식탁 상석에 앉아서 창녀 댈러스와 무법자 링고를 못마땅하게 쳐다보고 있는 남부 여인 루시의 시점으로부터 나온 것으로 보이게 함으로써 그는 이 시퀀스를 내레이션의 흔적을 삭제한 사례로 제시하려 한다. 브라운의 한 가지 지적은 분명 탁월하다. 우리는 루시의 관점을 통해 댈러스를 바라봄에도 불구하고 루시의 의심에 가득한 응시를 거부하고 댈러스와 동일시하는데, 이는 영화가 옹호하는 인물이 응시의 주체가 아닐 때도 종종 있음을 보여 준다. 내가 제안한 방식으로 설명하자면, 브라운이 말하고 싶은 것은 이것이 서사적 시퀀스라기보다 드라마적 시퀀스라는 것이다. 하지만 그를 뒷받침할 근거는 충분치 않다. 그는 분석을 위해 이 시퀀스의 일부만 선택했으며, 그 부분에서조차 핵심적인 숏 하나를 그냥 지나쳤다. 댈러스와 가까이 앉아 있던 루시가 도박사와 은행원과 함께 식탁의 반대 끝으로 자리를 옮길 때, 카메라는 루시가 앉아 있었던 식탁 끝 빈자리의 시점으로 식탁 전체를 비춘다. 빈자리의 시점에서 본 이 숏은 명백히 어떤 인물의 시점도 아니다. 그 자리를 비워두고 거기에 우리를 앉힘으로써 이 숏은 그 자리에 누가 앉을 만한지 생각하게 만들고 누구도 그 자리에 앉아 다른 사람들을 재단해선 안 됨을 암시한다. 이 숏에서 포드는 그의 내러티브적 개입을 드러내고 이 영화의 평등주의적 시점을 강조한다. 식탁의 댈러스와 링고를 보여 주는 이어지는 숏들은 정면으로 찍혀 있으며 루시나 다른 인물들의 편향된 관점으로부터 해방돼 있다. 포드는 나아가 댈러스와 링고를 루시와 남부 도박사와 비교하는데, 이는 비록 둘 사이에 차이가 있음을 인식하게 하고 이후 함께 국경을 넘게 될 전자의 커플을 남부 출신 커플보다 선호하게 하면서도, 두 커플 모두를 존중하며 그들 간의 유사성에 주목하게 만든다. 이러한 비교는 씬 안에서 벌어지는 행위의 일부도 아니고 씬 안의 어떤 인물의 지각도 아니다. 그것은 드라마적 선택이라기보다 내러티브적 선택이다. 태그 갤러거는 포드에 관한 저서에서 브라운이 포드의 작가성이란 이름하에 벌인 분석에 이의를 제기한다. 하지만 여기서 문제는 작가성이 아니다. 작가는 내레이터가 아니며, 누군가가 한 영화의 저자, 작가이기 위해 영화의 내레이터여야 하는 것은 아니다. (다음을 보라. Nick Browne, "The Spectator-in-the-Text: The Rhetoric of Stagecoach," *Film Quarterly* 29, no. 2 [1975~1976]: 26~38; Tag Gallagher, *John Ford: The Man and His Films* [Berkeley: University of California Press, 1986]: 153~161)

브되면서 우리도 과거로 들어가게 된다. 플래시백의 끝도 스토리텔러적 제스처라 할 만한 카메라 움직임을 통해서 이루어지는데, 카메라는 어머니에게 머물렀다가 그녀가 고개를 돌리는 순간 현재의 어머니로 돌아가는 디졸브 화면으로 이어진다. 우리는 아들이란 경로를 통해 과거로 들어가고 어머니란 경로를 통해 현재로 돌아오며, 이후 두 번째 플래시백에서는 어머니란 경로를 통해 들어가고 아들이란 경로를 통해 돌아오게 된다. 이렇게 같은 방식으로 프레이밍된 플래시백은 다른 어떤 영화에서도 찾아볼 수 없는 것이다. 이것은 한 개인에 속한 기억이 아니라 모자 모두에게 속한 기억이며 두 사람을 넘어 그들의 이야기를 알고 있는 대중에게 속한 기억이다.

즈쇼와 그의 누이는 어머니와 헤어져 노예로 팔려 가게 된다. 수년이 흐르고 아이들은 노예로 자라 있다. 하지만 즈쇼는 동생 몰래 대신 목숨을 대가로 치른 누이 덕분에 토지 관리인 산쇼 소유의 노예 상태에서 벗어나는 데 성공한다. 즈쇼는 그동안 자행되어 온 부정을 바로잡고자 총리대신을 만나러 교토로 향하고, 카메라는 언덕의 꼭대기에 동요 없이 서서 저기 보이기 시작하는 이 도망자를 원거리의 롱 숏으로 주시한다. 그런 뒤 미조구치 겐지 특유의 또 다른 스토리텔러적 제스처가 나온다. 즈쇼가 경사를 따라 언덕을 내려가기 시작할 때 카메라도 움직이기 시작하는데, 그를 따라 언덕을 내려가지 않고 반대로 올라가면서, 세밀하게 계산된 상승 운동 속에서 하강 운동 중인 그를 정확히 경사 끝에 걸려 있는 모습으로 계속해 비춘다. 카메라는 즈쇼와 분리돼 있다. 그 인물의 움직임을 따라가지 않고 그가 내려갈 때 올라가며 그를 아주 먼 거리에서 내려다보는 것이다. 그렇지만 그를 지켜보길 멈추지 않으며, 의도적으로 위치까지 바꿔 가면서 그를 계속 지켜본다. 카메라는 무심하면서도 자비로운 신, 훨씬 높은 위치에 있지만 고통받는 이 작고 연약한 존재에도 주의를 기울이는 신의 시선처럼 소년의 움직임에 반응하며

움직인다.●

히치콕의 〈의혹의 그림자*Shadow of a Doubt*〉(1943)는 셋방에서 돈을 침대 협탁과 바닥에 아무렇게나 던져 놓은 채 입에는 시가를 물고 침대에 누워 있는, 찰스라는 수상한 인물과 함께 시작한다. 그를 수소문하러 다니는 두 남자가 근처에 도착하자 그는 일어나 창문의 블라인드를 내리며 아래층 바깥 거리의 두 남자를 내려다본다. 그리고 혼잣말로 "이것 봐라? 허풍 떨고 있네. 나란 증거도 없으면서"라고 중얼거릴 때, 카메라도 그의 시점으로 그들을 내려다본다. 그는 그들이 허풍 떨고 있다고 결론을 내린 듯 현관문으로 내려가고, 그런 다음 그의 시선으로 길모퉁이에 서 있는 두 남자를 비추는 시점 숏이 나오며, 이어 그들에 더 근접한 시점 숏, 마지막으로 그들을 향해 다가가는 그를 따라 움직이는 시점 숏이 나온다. 하지만 그때, 찰스가 두 남자를 스쳐 지나가는 바로 그 순간, 시점이 바뀌면서 우리는 두 남자와 함께 그 자리에 남아, 길모퉁이를 돌아 배경 속으로 사라지는 찰스를 지켜보게 된다. 그들은 찰스의 뒤를 밟기 시작하지만 우리는 여전히 그곳에 멈춰 서서 두 남자도 배경 속으로 사라지는 것을 본다. 화면은 넓게 펼쳐져 있는 도시 속 황무지를 내려다보는 오버헤드 롱 숏으로 컷되고, 거기서 우리는 쫓기고 있는 한 남자와 그를 쫓는 두 남자의 깨알같이 작은 형상들을 보게 된다. 다시 화면은 황무지의 다른 곳을 내려다보는 신적인 시점으로 컷이 되는데, 이제

● 더들리 앤드루는 미조구치 겐지의 카메라를 그전의 행위에 대한 시각적 반응을 상연하는 일종의 수행자로서 이해한다. 그 시각적 반응이란 "자신이 만든 인물들에 대한 영화감독의 동정적인 해석이 담긴, 영화 내내 작동하는 …… 다른 행위"를 형성하는 반응이다. 앤드루는 이런 "반응의 영화"에서 미조구치 겐지의 카메라가 갖는 역할을 무성 영화의 변사(스크린 위에 영사되고 있는 영화에 실시간 코멘터리를 제공하는, 그 시대 일본 관객에게 인기 있었던 라이브 화자)의 역할에 비교한다(다음을 보라. Andrew, *Film in the Aura of Art* [Princeton: Princeton University Press, 1984], 172~192).

두 남자는 사냥감을 잃은 상태이며, 그들에게 쫓기고 있었던 찰스는 아무 데서도 보이지 않다가 가히 놀라운 내러티브적 운동 속에서, 즉 높은 곳에서 두 남자를 내려다보며 시가를 뻐끔대고 있는 그를 향해 패닝하는 카메라를 통해서 그 모습을 드러낸다.[80] 이 신적인 시점은 악마의 시점이었음이 드러난다.

히치콕은 위의 장면들에서 채택된 시점들(찰스의 시선을 통한 시점 숏들, 도주 장면에서의 오버헤드 시점들)을 통해서가 아니라 시점의 전환, 특히 전혀 예상치 못한 순간에 찰스의 시점으로 회귀하는 방식을 통해 자신의 내러티브적 손길을 드러낸다. 여기서 찰스는 중심 의식이라기보다 중심 미스터리에 더 가까운 무엇이다. 오버헤드 시점은 신적인 시점, 모든 것을 알고 있는 하이 앵글을 보여 주지만, 여기에는 우리가 아직 모르는 것들도 많다. 이 하이 앵글은 전지적이지 않다. 경찰에 쫓기는 몸인 찰스는 일종의 천국을 향해, 자기 누이와 조카 찰리와 가족이 살고 있는 작은 전원 마을로 도망친다. 비록 악마의 시점에는 그 천국이 다소 우습고 답답해 보이긴 하지만 말이다. 찰리가 동네 도서관에서 삼촌 찰스가 자신에게 준 반지와 함께 그가 범죄자임을 알리는 기사를 발견할 때, 카메라는 반지의 클로즈업에서 익스트림 오버헤드 롱 숏, 모든 것을 알고 있는 하이 앵글로 올라가면서 또 한 번의 놀라운 내러티브적 운동을 보여 준다. 〈의혹의 그림자〉를 에덴동산에 관한 이야기로, 신적인 하이 앵글이 선악과나무(앎의 나무tree of knowledge)로서 기능하는 일종의 알레고리로 볼 수도 있을 것이다. 그 나무의 열매를 베어 물면 앎을 얻게 되기보다 순수를 상실하게 된다는 것, 알아야 할 것이 어떤 것들이며 안다는 것은 어떤 의미인지 깨닫게 되는 것이다. 그래서 이 하이 앵글은 전지적인 것이 아니라 앎의 위상, 악마가 연관된 선악에 관한 앎을 표현하는 것이다. 하이 앵글로의 상승은 은총으로부터의 추락이다. 찰스는 신적인 태도를 취하고 있는 추락한 천사다. 히치콕의 다 안다는 듯한 카메라는 스스로를 신이 아니라 오직 악마와 동일시할 수밖에 없다.

신처럼 전지적이지도 않고 악마처럼 다 아는 듯 굴지도 않는 르느와르의 카메라는 인간의 시점을 취한다. 하지만 개인의 시점을 취하진 않는다. 인간이란 제한된 앎만을 가질 수밖에 없지만, 르느와르에게 있어 그것이 개인적 의식에 제한된 앎은 아니다. 르느와르의 카메라는 모두가 알고 있는 이야기를 들려주는 서사시적 카메라가 아니며, 한 인물이 아는 것에 스스로를 제한하는 제임스주의적 카메라도 아니다. 르느와르의 내러티브 스타일은 한 인물의 곁에만 머무르지 않고 모든 곳을 포괄한다는 점에서 독창적이지만, 그럼에도 불구하고 어디에서든 우리의 시야의 한계를 느끼게 한다. 시점은 다중적이지만 시야는 그럼에도 부분적인 것이다.

헨리 제임스가 드라마화를 추구한 소설가였다면, 베르톨트 브레히트는 내러티브화를 추구한 드라마 작가였다. 《코카서스의 백묵원Der kaukasische Kreidekreis》에서 버려진 아기를 구하는 데 주저하던 그루샤가 아기를 외면하지 못하고 밤새 그 곁을 지킨 뒤 날이 밝자 아기를 데리고 떠나는 한 장면을 떠올려 보자. 브레히트는 이 장면에서 배우들이 팬터마임으로 연기하게 했으며, 이야기는 옆에서 가수가 노래로 전달하게 한다. 노래 가사에서 그루샤는 삼인칭으로, 그 장면에서 벌어지는 일은 과거 시제로 표현된다. "마치 도둑맞은 물건처럼 그녀는 그걸 주워 들었네. 그리고 마치 도둑처럼 슬금슬금 사라졌네." 여기서 노래는 분명 내러티브이지만, 가수의 연기, 일종의 행위의 재현이기도 하다. 이것은 그루샤 역의 여배우가 하는 팬터마임 연기와 병치되는데, 이 연기는 이 장면을 일종의 내러티브로 전환하는 효과, 다시 말해 같은 행위의 또 다른 설명의 효과를 지닌다. 이 장면에서 벌어지는 행위는 무대 위에서 그것이 상연되는 두 가지 방식, 노래와 팬터마임 중 어느 하나라고 말할 수 없으며, 그 두 가지 버전은 서로에 대해 의문을 제기하며 보는 이로 하여금 이 사건에 대한 다른 가능한 표현 방식도 생각하게 만든다. 상연된 장면이 그 안에서 벌어지는 일과 구분되고 거리를 갖게 되듯이, '소격 효과'로 인하여 우리도 상연된 장면과 거리감을 갖게 된다. 브레히트 작품은 우리가 상연을 행위 그 자체로 받아들이지 못하도록 막는다. 행위는 상연되지 않으며 더 이상 무대 위에 있지 않다. 다만 상연에 의해 지시되는 것이다. 상연의 컨벤션, 무대가 세계를 대신한다는 컨벤션은 소격 효과에 의해 무효화되고, 무대는 세계를 지시하는 것, 내러티브 매체로 바뀌게 된다.

브레히트의 소격 효과는 종종 단지 연극에서의 리얼리즘에 반대되는 것, 즉 제4의 벽이 사라진 상태의 친숙한 공간을 폐기하기 위한 방법이나 무대가 우리 눈앞에 실제 세계의 복사판(아리스토텔레스는 그렇게 생각하지 않았겠지만 많은 이들이 미메시스라고 생각하는 그것)을 제공하는 것이라 여기는 컨벤션을 폐기하기 위한 방법으로서만 이해된다. 명확히 말하면 브레히트가 연극 무대가 지니는 리얼리티의 환영에 반대한 것은 맞지만, 더 일반적으로 말하면 그는 특정 상연 양식에 상관없이 대체 현실로서의 무대가 갖는 자족성에 반대했던 것이다. 그가 스스로 주장한 것처럼, 이는 단지 리얼리즘 방법론으로서의 드라마적 형식에만 반대하는 것이 아니라 아리스토텔레스가 《시학》에 규정한 드라마의 원칙, 무대란 상연되는 행위를 전체적이고 완전한 형태로 보여 주기 위한 것이란 바로 그 컨벤션에도 반대하는 것이다.

브레히트는 '서사극epic theater'(여기서 그는 드라마적 연극에 상반되는 것으로서의 내러티브라는 의미로 서사시epic란 단어를 사용했다)을 제안하면서, 그 모델로 교통사고 목격자가 다른 사람들에게 사고 경위를 재연하고 그 상황을 전달하기 위해 자신이 할 수 있는 만큼 그 현장을 연출해 보이는 사례를 들었다. 그의 재연을 보는 사람들 중 누구도 그 재연을 실제 사건으로, 즉 사고 그 자체로는 물론이고 사고 그 자체를 대체할 만한 완전한 실상으로도 받아들이지는 않을 것이다. 확실히 그것은 내러티브적 상황, 있었던 일에 대한 상연을 통한 설명이다. 상연이 행위를 제시하는 수단이 아니라 행위를 보고하는 수단으로 기능하는 연극의 한 모델인 것이다. 거리의 교통사고 장면을 내러티브로 기능하게 하는 것은 그것에 담긴 내용이나 그것이 상연되는 구체적 방식이 아니다. 재연되는 거리 장면이 사고 자체가 아니며 그 사고의 부분적 상연에 불과할 뿐 같은 사건을 본 다른 목격자는 다르게 상연할 것이란 사실에 대한 관객의 인지가 그 장면을 내러티브로 기능하게 한다. 재연 장면에서 관객이 갖게 되는 불완전성의 감지, 상연되고 있지 않은 것에 대한 감지가 바로 브레히트가 연극에서 시도하려 했던 것이다. 그것은 이 목격자의 모방 행위를 주어진 전체로서 보는 것이 아니라 파편들의 연쇄이고 내러티브적 시퀀스이며 그 행위에 대한 하나의 설명을 위해 무언가를 상연하는 누군가의 선택으로 보는 것이다. 한 씬에서 생생한 구체성을 띤 어떤 것들을 포함시키고 다른 것들은 눈에 띄게 배제하는 브레히트의 무대 연출, 재현의 일관성을 파괴하기 위한 중단과 부조화의 사용, 각각의 씬들이 다음으로 이어지지 않고 "단독적으로 존재"하여 그사이의 간극을 그대로 드러내게 하는 불연속적 구성. 이 모든 것이 무대 위에 있지 않은 것에 주의를 집중시키기 위한 방법, 연극에서 완전한 묘사가 불가능한 지점과 대안적 묘사에의 가능성이 열려 있는 지점을 알아차리게 하기 위한 방법이다. 소격 효과란 상연의 양식이 아니라 관객들이 상연이 아닌 것을 인지하게 만드는, 상연의 부정이다.

아기를 데려가는 그루샤의 팬터마임과 노래를 나란히 놓는 것은 무성 영화의 한 장면에 보이스오버 내레이션을 얹는 것과 같다. 그 내레이션을 위해 브레히트는 사운드를 끄고 그 장면을 무성으로 연출한 것이다. 그루샤가 말을 했더라면 그 장면은 더 드라마적이고 더 현재성이 강하지만 노래 가사의 과거 시제 내러티브에는 덜 어울리는 장면이 되었을 것이다. 아리스토텔레스는 옳았다. 드라마가 무대 위에서 현재성을 갖도록 하는 주요 요소는 인간들의 말이다. 시각적인 장면은, 그것이 아무리 생생하게 제시된다 해도, 언제나 내레이션의 과거성을 허용한다. 하지만 어떤 인물이 말을 하는 순간, 그 연기는 우리 눈앞에 살아 있는 것이 된다. 브레히트의 인물들도 물론 말(무대극의 위대한 시인에 의해 주어진 말)을 하지만, 그들의 말이 지닌 생생한 현존감은 중단과 부조화와 다른 여러 연극적 소격의 방법론들에 의해 우리로부터 멀어져야 하는 것으로서, 우리는 그것을 일종의 상연된 내러티브로서 지각하고 반응하게 될 것이다.

교차 편집, 클로즈업 등 그리피스와 여러 감독들이 무성 영화 시대에 발전시킨 영화 기법들은 주로 시각적 장면을 드라마화하는 데 사용됐고, 때로는 그 장면이 어떤 내레이션도 덧붙일 수 없을 정도로 강렬한 것으로서 스크린 위에 현전하도록 만들었다. 하지만 이런 기법들이 모두 도입된 이후에도 많은 무성 영화가 일러스트레이션의 영화, 비유컨대 움직이는 그림책과 같은 형태, 다시 말해 이미지들 사이에 삽입된 중간 자막이 내러티브를 제공하는 영화로서 꽤 오래 지속되었다. 사운드는 영화에 더 나은 리얼리즘을 가져다준 것으로 종종 얘기된다. 기본적으로 이는 맞는 말이다. 사운드는 유성 영화가 모방하는 현실의 일부이기 때문이다. 하지만 유성 영화가 현실을 리얼리즘적으로 모방하는가는 또 다른 문제다. 사운드, 즉 이미지와 동시화된 사운드가 영화에 가져다준 것은 더 뛰어난 리얼리즘이라기보다는 더 뛰어난 드라마적 현전성이었다. 대개의 영화 이미지들은 보이스오버 내레이션을, 더 나은 영화 이미지를 위해서건 아니건 간에, 수용할 수 있다. 단, 인간의 목소리가 인간의 몸에서 나와 그 인물이 말해야 하는 것을 들려주는 것으로 보여야 하는 이미지들, 즉 인간의 말을 스크린 위에 현전하게 하는 이미지들을 제외하면 말이다.

그림의 표면처럼 연극 무대도 우리가 살고 있는 세계에서 분리된 어떤 영역이다. 그것은 관객이, 적어도 연극이 지속되는 동안에는, 컨벤션에 따라 이 세계의 일부가 아니라 별도로 자족적으로 존재하는 어떤 영역, 주변의 현실 공간으로부터 차단돼 있는 재현의 공간으로서 받아들이게 돼 있는 상연의 장이다. 영화에서 이런 연극의 컨벤션에 준할 만한 것은 숏의 컨벤션이다. 그것이야말로 그리피스의 기술 혁신이 이룬 것이다. 이 컨벤션에 의해 영화감독은 이 세계에 존재하는 것들의 일부, 즉 무언가 벌어질 수 있는 전 영역이 아니라 무언가 벌어지고 있는 특정한 부분만 스크린 위에 프레이밍해도 된다는 자격을 부여받는다. 크든 작든, 여기든 저기든, 그것이 무엇이고 어디에 있는 것이든, 그것은 중요한 부분, 우리의 관심이 요구되는 부분이라고 지목된 것이다. 무대가 처음부터 끝까지 드라마적 행위가 벌어지는 곳으로 표시된 영역이라면, 영화에서 그 영역이란 지속 시간 내내 고정된 것이라기보다 매 순간 달라질 수 있는 것으로서 매 순간 숏이 무대를 설정한다. 영화에서 우리는 각 숏에 프레이밍된 영역을, 즉 스크린 위에 재현된 사건의 특정한 조각을 다른 모든 것을 배제하고 현재 가장 중요한 일부로 받아들이도록 돼 있다. 그리하여 스크린은 무대와 같은 것, 이 세계의 나머지 부분으로부터 분리된 재현 공간이 된다. 아리스토텔레스 이래 이어져 온 주류적 시각에 따르면 모든 예술은 그런 점에서 별세계적인 것으로, 자신의 영역이 어디까지인지 표시하고, 자신이 다루는 모방 매체를 현실과 평행하는 관념적 영토로 설정해, 해당 예술 작품이 자족적 완결체로 존재할 수 있게 해 준다.

브레히트는 무대를 관념적 영토로 보는 관점과 단절한 유물론자였다. 연극적 관습에 저항한 앙토냉 아르토Antonin Artaud나 다른 이들처럼 브레히트가 무대와 관객 사이의 경계를 무너뜨리려고 한 것은 아니다. 오히려 반대로 그 경계를 분명히 드러냄으로써 관객이 몸을 뒤로 한 채 거리감을 갖고 연극을 보게 하려 했다. 그는 경계선을 확실히 그었다. 관객은 배우의 위치에 있을 수 없으며, 배우는 캐릭터의 위치에 있을 수 없다. 관객은 배우에 동일시해서는 안 되며, 배우는 캐릭터에 동일시해서는 안 된다. 브레히트는 작품과 현실과의 경계를 흐리는 것이 아니라 그것이 재현의 작업임을 분명히 함으로써 무대를 현실 영역 속으로 다시 가져다 놓았다. 소격 효과에 의한 연극의 부정은 부정에 대한 변증법적 부정이다. 그것은 연극이 진행되는 동안에는 우리 자신의 생각과 무대 밖의 현실을 차단해야 한다는 컨벤션을 무효화하는 것이다. 드라마의 생산을 위해 세계에서 분리되었던 세계의 일부는 내러티브의 생산을 위해 세계 속에 원상태로 회복된다. 이 세계 속에 되돌려진 브레히트의 무대는 내러티브적 공간으로 회복된다.

어떤 이들은 영화에 유물론적으로 접근하려면 매체의 물질적 도구(카메라, 필름, 영사기, 스크린)를 강조해야 한다고 생각한다. 마치 드라마와 내러티브 모두와 단절하고, 모든 재현을 일개 환영으로 치부해야 한다는 것처럼 말이다. 이 계열의 이론가들은 다르게 주장할 수도 있겠지만, 사실 이런 부류의 유물론은 마르크스주의 전통의 사적 유물론과 별 관계가 없다. 이 계열에서 나온 이론적 생산물들은 무척 흥미로울 수도 있지만, 그들은 자신들이 다루는 (더 이상 모방의 매체가 아닌) 매체를 심지어 평범한 영화보다 더 심한 수준으로 그것만의 자족적 영역, 나머지 세계에서 분리된 것으로서 설정하고 있다. 이런 부류의 유물론자들은 르느와르가, 스크린 위에 현실이 존재한다는 환영을 조성하는 감독이란 의미에서, 혹은 그들의 기준에 따르면 평범한 영화 환영주의자와 다를 게 없는 감독이란 의미에서, '리얼리스트'라고 생각하는 경향이 있다. 르느와르가 리얼리스트였던 것은 맞다. 브레히트 역시, 헨리크 입센Henrik Ibsen과 안톤 체호프Anton Chekhov의 노선이나 '사회주의적 리얼리즘'의 노선에 속하진 않지만, 자신이 리얼리스트라고 생각했다. 만일 환영주의자가 특정 매체를 현실을 재현하는 데 사용하는 사람이라면 르느와르와 브레히트는 모두 환영주의자였다고 할 수 있으며, 보통의 영화는 차라리 환상주의적이라 불러야 할 것이다.● 앙드레 바쟁은 르느와르의 연출에서, 테크닉의 엉성함과 그걸 보완하기 위한 감상적 인간애가 아니라, 그의 특별한 형식과 스타일을 알아차린 첫 번째 인물이었다. 하지만 바쟁도 르느와르가 그의 영화에서 공간을 다루는 방식에 영화 매체의 본질적 속성이 있다고 봄으로써, 그리고 연극의 공간은 폐쇄적인 반면 영화의 공간은 개방적이라고 일반화함으로써, 문제의 초점을 빗나갔다.●● 르느와르가 하려고 했던 것은

● 내가 프린스턴대학교에서 영화를 가르치기 시작한 1970년대에 대학 내에 영화 콜렉션을 구축하자고 나와 함께 탄원한 한 예술사가가 있었다. "영화사가로서" 그녀는 "질베르토와 나는 어떤 영화가 이 콜렉션의 첫 번째 작품이 돼야 할지 알고 있다"라고 말했다. 나는 그게 뭔지 모르겠어서 그녀에게 어떤 영화를 염두에 두고 있냐고 물었다. "아니, 물론 〈카메라를 든 사나이〉죠"라고 그녀는 답했다. 난 그보다는 〈게임의 규칙〉을 고르겠다고 했다. "그럴 수도 있죠"라며 그녀는 미소를 지으며 "그런 19세기 리얼리즘 부류를 좋아한다면요"라고 답했다. 그녀에게 리얼리즘이란 환영이며 19세기가 독점하고 있는 하나의 시장이었다. 하지만 어떤 영화도, 심지어 예술적으로 가장 보수적인 영화조차도 19세기 리얼리즘적 작품으로 치부될 수는 없으며, 〈게임의 규칙〉은 영화사상 가장 대담한 영화 중 하나로 예술적으로는 〈카메라를 든 사나이〉만큼이나 대담하고, 사회적·정치적으로는 더 대담하다. 이 영화의 리얼리즘은 분명 20세기 리얼리즘을 보여 주고 있다는 점에서 브레히트의 연극들처럼 20세기 리얼리즘의 정수다.

●● 조지 M. 윌슨은 영화 내레이션의 독창적 형식으로서 르느와르의 스타일을 인식한 몇 안되는 사람 중 하나였다. 그의 설명은 이러하다.

많은 사람이 〈게임의 규칙〉을 처음 볼 때 그 내레이션 방식이 어딘지 혼란스러운 상태라는 느낌을 받는다. 그런 생각은 잘못된 것이지만, 인물들의 삶이 고장 나는 복잡한 과정을 종합적으로 들여다보고 이해하려 하며, 영화나 여타 장치들이 갖는 한계를 인식하도록 하는 영화 스타일에 대한 첫인상으로써 불합리한 것은 아니다. 이 영화는 스펙터클의 파편들을 조합하는데, 1939년의 관객 중 그런 스타일의 영화를 볼 준비가 된 이는 거의 없었다. 이 영화의 지배적 태도는 인간의 지식과 지각에 대한 전면적인 회의주의가 아니며, 그것이 조합하는 파편들은 아주 많은 것을 이야기하고 있다. 하지만 그 내레이션 방식은 사건들에 대한 개관을, 이 영화에서처럼, 인식론적으로 불확실한 초점을 통해 다소 중심에서 벗어난 상태, 자명하게 단절된 상태, 다양한 방식을 통해 불완전한 상태로 제시할 것이라는 명제에 충실하다. 관객은 이런 파편들이 어떤 거짓도 없이 잘 빚어진 전체로 통합되는 것이 불가능함을 알게되고, 어떤 측면에서는 왜 그런지 이해도 하게 된다. 이런 성취를 이룸으로써 〈게임의 규칙〉은 내러티브적 영화의 새로운 형식을 발견해 낸 것이다. (Wilson, *Narration in Light*, 92~93)

이미 구축된 것으로서의 영화의 공간에 저항하는 것, 브레히트가 연극의 컨벤션에 저항했듯 숏의 컨벤션에 저항하는 것이었다.

바쟁에게 연극의 공간은 인위적이고 관습적인 것이었으며 영화의 공간은 실제 삶의 공간과 일치하는 것이었다. 실제 삶에서 우리가 눈앞에 있는 어떤 것에 집중하는 동안 나머지 세계는 보지 못하는 것처럼, 영화에서 카메라도 자기 앞의 어떤 것에만 초점을 맞추면서 나머지 세계는 스크린 외부 공간에 존재하는 것으로서 암시된다는 것이다. 바쟁은 혹자들이 생각하는 것처럼 단순한 리얼리스트는 아니었다. 그는 영화가 실제 삶과 동일하다고 말한 게 아니라 영화의 공간이 실제 삶의 공간과 동일하다고 말했다. 하지만 그렇다 한들 그의 말이 맞는 것은 아니다. 영화의 공간은 연극의 공간만큼이나 인위적이고 관습적이다. 만일 영화의 공간이 더 사실적으로 보인다면 그것은 단지 우리가 그것의 인위성을 더 친숙하게 느끼기 때문이며 그것의 컨벤션을 더 받아들이기 쉽다고 느끼기 때문이다. 실제 삶에서 우리는 무언가를 주시할 때 항상 더 큰 무언가의 맥락 속에서 그것을 보게 되고, 영화는 그런 방식을 모방한다. 하지만 영화에서 매 순간 우리가 주시하는 대상과 그것이 놓인 더 큰 맥락은 둘 다 허구다. 또한 스크린에 보이는 대상과 스크린 외부에 있다고 짐작되는 대상 역시 둘 다 허구다. 우리 관객을 위해 설정되고, 우리에게 그 경로를 따르라고 요청하는 허구인 것이다.

이것은 보여 주고 저것은 보여 주지 않는 것, 우리에게 보여지고 있는 것만 봐야 하고 생략된 것은 보지 말아야 한다는 것에 동의하도록 만드는 것은 하나의 컨벤션이다. 스크린 위에 각각의 숏이 펼쳐지는 동

그 통제 불능의 복잡성을, 관습적으로 말해 잘 빚어진 전체는 아니라 하더라도, 다양성의 절묘한 통일로 전환해 내는 르느와르의 영화에 나타난 파편화와 혼란을 나보다 훨씬 강조한다.

안 우리는 그 숏이 보여 주는 이 세계의 일부에 우리의 지각을 제한하면서 뒤따라야 한다. 그리고 보이지 않도록 스크린 외부 공간에 남겨진 나머지 세계의 존재도 인정해야 하며 그런데도 그것을 볼 수는 없음을 받아들여야 한다. 우리에게 보이지 않는 더 넓은 맥락이 존재함을 수용하라고 요구하는 컨벤션은 동시에 우리에게 그것의 누락 또한 수용하라고 요구한다. 우리는 그것이 거기에 존재함에 동의하는 동시에 그것을 볼 필요가 없다고도 동의하는 것이다. 스크린 외부 공간에 존재하는 모든 것은 배경으로, 스크린 위의 행위와 관련된 암시적 배경으로 격하되며, 매 순간 변화한다는 점을 제외하면 기능 면에서 연극 무대에서의 배경막과 별다를 게 없다. 연극의 컨벤션처럼 숏의 컨벤션도 재현 공간 밖의 외부 세계를 부정한다. 연극의 장면들처럼 영화에서 숏들의 연쇄도 하나의 행위를 전체적이고 완결된 것으로서 제시할 수 있다.

장 르느와르는 브레히트의 친구이자 디드로 소사이어티Diderot Society의 예정 멤버였다(다른 예정 멤버로는 에이젠시테인도 있었다). 디드로 소사이어티는 브레히트가 유물론적 철학자들이란 이름 아래 한데 모으고자 했던 연극계와 영화계 예술가들의 그룹으로 "새롭고 반형이상학적이며 사회적인 예술"을 지향했다.[81] 흔히 르느와르는 따뜻하고 포용적인 예술가로, 브레히트는 차갑고 비판적인 예술가로 묘사된다. 혹자는 《억척 어멈과 그 자식들Mutter Courage und ihre Kinder》에 나타난 연민과 〈게임의 규칙〉에 보이는 초연함을 지적하며 그들을 반대로 묘사하고 싶을 수도 있을 것이다. 하지만 누구도 브레히트와 르느와르가 상당히 다른 기질의 예술가임을 부정할 수는 없을 것이다. 그런데도 두 사람은 모두, 중요한 모든 것은 관객의 눈에 보이도록 제시되어야 한다는 이념적 공간을 해체하려 했다. 또한 두 사람 모두, 우리 눈에 보이지 않도록 설정된 것에도 주의를 기울여야 한다고 주장했으며, 부정된 현실의 공간을, 재부정을 통해 되살리려 했다.

그리피스가 자기 시대의 다른 누구보다 숏의 컨벤션을 확립하기 위해 힘썼다면, 르느와르는 자기 시대의 다른 누구보다 숏의 컨벤션을 해체하기 위해 힘썼다. 숏의 컨벤션은 우리에게 바로 이것이야말로 지금 주목해야 하는 것이며 나머지는 덜 중요한 것으로 여기라고 요구하면서 관심attention의 위계를 설정한다. 후경을 전경만큼 중요한 것으로 만드는 르느와르의 딥 포커스 사용은 이미지 내 전경과 후경 간에 흔히 존재하는 위계를 거부한다. 르느와르가 스크린 외부 공간(바쟁이 "측면 심도"라고 부른)을 다루는 방식 또한 보이지 않도록 남겨진 것들을 보이는 이미지만큼이나 중요하게 만드는 방식으로서, 스크린 내부 공간은 특권화하고 나머지는 스크린 외부의 암시적 배경으로 격하하는 관심의 위계를 거절한다. 르느와르는 자신의 숏들에 대해 컨벤션이 제공하는 특별한 지위를 박탈하며, 그 숏들이 그 묘사 대상들에 대해 이상적 적합성을 갖고 있다는 주장도 인정하지 않는다. 대신 그 숏들을 이 세계 내 원래 자리로, 더 큰 현실 속의 파편들로서 복구한다. 브레히트가 무대를 그렇게 한 것처럼 르느와르는 드라마적 공간으로서의 스크린을 해체하고 내러티브적 공간으로서의 스크린을 우리의 현실 쪽으로 되가져온다.[82]

비록 카메라가 현실 공간 속에 놓여 있다 해도 스크린은 연극 무대와 마찬가지로, 그것이 드라마적 허구이건 내러티브적 허구이건, 허구의 공간이다. 하지만 드라마적 허구는 자신만의 현실을 보여 주기 위해 우리의 현실로부터 스스로를 분리하는 반면, 내러티브적 허구는 우리가 거주하는 바로 이 세계로부터 전언한다. 그 전언은 하나의 허구일 것이고, 전언자 역시 허구일 테지만, 내러티브는 우리가 사는 세계로부터 우리에게 전해지는 허구를 만든다. 이 이야기꾼은 무대 위의 배우처럼 우리와 다른 세계에 있는 누군가가 아니다. 그의 이야기는 우리가 서 있는 이 현실 공간에서 말해진다. 여기 이 세계에서는 누구의 말도 그 말이 지시하는 사물에 대한 이상적 적합성을 주장할 수 없다. 어떤 설명도 설명되지 않은 나머지 부분을 수반하기 마련이다. 그 나머지 부분, 설명에 누락된 부분, 완결에 관한 아리스토텔레스적 기준에 미달하는 그 부분을 의식함으로써 우리는 내러티브의 매개적 성격, 우리와 이야기 사이에 존재하는 이야기꾼의 존재를 인식한다. 보도되는 거리의 실제 사고와는 달리 브레히트의 무대나 르느와르의 스크린에 재현되는 것은 허구다. 하지만 브레히트의 무대나 르느와르의 스크린은 현실의 거리 장면과 마찬가지로 우리의 현실에서 벗어나지 않고 현실의 한 공간에서 출현하는 시각적 재현이다.

드라마는 사회적인 것으로서 익명의 대중을 상대로 한 퍼포먼스다. 소설의 득세 이후 내러티브는 주로 사적인 것, 작가가 혼자 쓰고 각각의 독자가 혼자 읽는 것이 되었다. 다른 측면들에서처럼 이런 측면에서도 영화는 드라마와 내러티브 사이에 위치한다. 영화를 보러 가는 것은 연극을 보러 가는 것보다는 사적이지만 소설을 읽는 것보다는 사회적이다. 영화는 대중을 상대로 한 퍼포먼스이지만, 배우들은 엄밀히 말해 대중 앞에 존재하지 않으며 우리는 엄밀히 말해 배우들과 함께 있지 않다. 다른 한편, 영화관에서 우리들은 혼자 있지 않다. 영화를 보러 간다는 것은, 관객을 어두운 객석 속의 고립된 구경꾼으로 묘사하길 좋아하는 일각의 사람들이 말하는 것보다 훨씬 사회적인 경험일 수 있다. 고립된 영화 관람을 좋아하는 이들도 있지만, 그보다 공동체적인 (연극에서처럼 배우들과 함께가 아니라 다른 관객들과 함께라는 의미에서 공동체적인) 영화 관람을 좋아하는 이들도 있다.

드라마는 사회적인 것으로서 드라마의 컨벤션 뒤에는 사회의 컨벤션이 자리한다. 우리는 우리가 속한 사회의 정의, 적합성, 불가피성을 받아들이듯이 상연되는 행위의 정의, 적합성, 불가피성을 받아들인다. 이 이야기가 이런 방식으로 상연되도록 하는 것은 한 개인의 선택이 아니라 사회적 선택이다. 만일 어떤 선택이 옳고 그른 것 사이에서 옳은 걸 선택한 것처럼 보인다 해도, 그 선택의 배후에는 사회적 승인이 작동한다. 드라마는 사회에 비판적일 수 있지만 그 비판은 정립된 사회 구조 내부로부터만 나올 수 있다. 드라마는 사회가 삶에 대해 작성한 가설들assumotions의 수용 여부에 의존한다. 관객이 객석에 앉아서 현실을 대신하는 이 무대 그리고 이렇게 상연되는 행위와 상연 방식에 안심하고 동의하기 위해선 그 수용이 요구되는 것이다.

제임스주의적 내러티브 형식에 나타나는 개인적 중심 의식은, 한 개인에서 출발해 다른 개인에게 도착하는 커뮤니케이션, 다시 말해 혼자 글을 쓰는 작가에서 출발해 그 글을 혼자 읽는 독자에게 도착하는 커뮤니케이션에 기반한다. 제임스주의적인 영화적 내러티브, 즉 한 인물의 관점에 한정되고 개인적 시점으로 드라마화되는 카메라의 관점 또한 보는 이로 하여금 어두운 영화관 안에 혼자 앉아 있는 한 개인으로서 거기에 몰입하게 한다. 반면 서사시적 영화 내러티브는 이야기가 한 개인이 다른 개인에게 말하는 것이 아니라 '나' 대신 '우리'라 할 만한 사람들이 자신들의 공통 경험, 집단적 기억과 상상을 들려주는 것인 스토리텔링 양식의 후예이며, 문학이 더 이상 그런 양식을 유지할 수 없는 시대에 그것을 스크린 위로 가져옴으로써 그 양식에 새로운 지위를 부여한다. 브레히트의 '서사극'은 그런 점에서 서사시가 아니다. 그것은 한 사회의 가설들에 대한 드라마의 전통적인 수용을 거부하는 연극으로서, 그런 거부를 통해 일종의 내러티브적 연극이 된다. 이 내러티브적 연극은 개인적이라기보다 사회적인 시점을 지니고 있지만 전통적 서사시처럼 사회 통합적이라기보다는 사회 전복적이다. 르느와르의 영화적 내러티브도 그런 부류다.●

● 《회한의 안개: 고전 프랑스 영화에 나타난 문화와 감성*Mists of Regret: Culture and Sensibility in Classic French Film*》(Princeton: Princeton University Press, 1995)에서 더들리 앤드

르느와르의 내러티브는 브레히트의 그것처럼 드라마의 무효화, 즉 우리가 살고 있는 이 세계를 부정하는 드라마에 대한 부정을 통해 변증법적으로 그 모습을 드러낸다. 자신의 컨벤션으로 구축된 드라마, 그리고 이면에 현실의 컨벤션으로 구축된 사회를 감춘 드라마가 설정된 뒤 전복되는 것이다. 드라마는 보통 우리에게 이런 컨벤션을 수용하고 이런 구축에 동의하라고 요구하지만, 드라마가 내러티브가 되는 순간 우리는 재현의 불완전함, 사회적 가설들의 파편성을 인식하게 된다. 드라마가 내러티브가 되는 것은 우리가 사물과 사태들의 현존 방식 그리고 그것들이 확립된 방식에 동의할 수 없기 때문이며, 우리가 지배적 질서의 정당성, 적합성, 불가피성과 동행할 수 없기 때문이다. 제임스주의적 내러티브에서 우리가 한 개인의 관점의 한계를 공유한다면, 르느와르와 브레히트의 서사에서는 사회적 관점의 한계를 인식하게 된다. 대개 사회는 개인처럼 하나의 관점을 가지는 것으로 생각되지는 않는다. 하나의 관점은 다른 많은 가능성 중 하나에 불과하지만 사회는 여러 가능성들의 장으로 제시된다. 드라마를 내러티브로 만드는 변증법은 우리에게 사회의 컨벤션과 구축물의 적절함보다 그것의 편향을 알게 하고, 그들이 모종의 관점을 생성한다는 것을 직시하게 한다. 사건과 사물은 완료된 것이 아니며, 마땅히 가야 할 길이 정해진 것도 아닌 것이다.

루는 자신이 "소설적"이라고 생각하는 뒤비비에나 카르네, 프레베르의 시적 리얼리즘réalisme poétique에 비해 르느와르는 더 "연극적"이라고 본다. 그의 관심사는 나와 다르다. "소설적"이라는 것에 대한 그의 개념은 제임스주의적 중심 의식에, 〈망향〉이나 〈안개 낀 부두Le Quai des brumes〉나 〈새벽Le jour se lève〉에서 가뱅이 연기하는 주인공들의 시점에 그 근거를 두고 있다. 그는 이 시적 리얼리즘이 얼마나 드라마적 영화 기법과 연극적 미장센에 기반하는지는 고려하지 않는다. 그리고 그는 〈익사 직전에 구조된 부뒤〉나 〈랑주 씨의 범죄〉나 〈게임의 규칙〉의 사회적 관점을 내러티브로 인식하지 않는다.

미켈란젤로 안토니오니의 첫 장편 영화 〈어느 사랑의 연대기 *Cronaca di un amore*〉(1950) 중 두 주인공, 밀라노의 사업가의 부인인 파올라와 그녀의 결혼 전 연인이자 현재 불륜 상대인 귀도가 호텔 방에서 남편을 어떻게 할 것인지에 관해 상의하는 장면이 있다. 카메라가 그들을 미디엄 숏으로 잡고 있는 동안 파올라는 남편이 죽을 수도 있지 않겠느냐고 말하며 교살 시늉을 하듯 연인의 목에 손을 감는다. 살인이란 발상에 거부감을 느낀 귀도는 그녀를 밀쳐내고, 그녀가 뒤의 벽 쪽으로 물러나게 됨에 따라 카메라도 움직이기 시작하는데 그녀의 움직임을 따라가는 게 아니라 반대 방향으로 움직이며 우리가 그들을 롱 숏으로 볼 수 있을 때까지 두 사람으로부터 멀어진다. 이 숏은 다시 고정 숏이 되고, 파올라가 카메라와 후경의 벽 사이를 오가며 자신이 싫어하는 남편과 그래도 포기할 수 없는 돈에 대해 떠드는 동안 귀도는 거의 말없이 서 있다. 얼마 지나지 않아 두 연인은 어떻게 할 것인지 여전히 결정하지 못했음에도 불구하고 포옹과 키스를 나누고, 이 시점에서 카메라는 다시 움직이기 시작해 역시 그들을 향해서가 아니라 반대 방향으로, 키스를 나누는 커플로부터 점점 멀어지며 그렇게 그 장면은 페이드아웃된다.

소년이 야자수 타는 모습을 보여 주는 플래허티의 카메라처럼, 혹은 성에서 죽음의 무도가 펼쳐지는 동안 슈마르세가 아내를 찾아다니는 모습을 뒤쫓는 르느와르의 카메라처럼, 안토니오니의 카메라도 여기서 우리의 시야를 프레임화했다 재프레임화하고, 멈췄다 움직이고 멈췄다 다시 움직이면서, 우리에게 우리와 씬 사이에 놓여 있는 카메라의 자율적이며 매개적인 응시를 인식하도록 한다. 그것은 연기되고 있는 행위에 봉사하는 드라마적인 카메라가 아니라 그 행위에 대한 최적의 관점을 우리 스스로 선택할 수 있게 하는 내러티브적 카메라로, 이 내러티브적 카메라는 카메라 시점의 움직임을 우리가 주목하도록 이끈다. 이 카메라의 보기 방식, 이 카메라가 스크린 위에 대상을 제시하는 방식은 카메라 앞에서 일어나고 있는 일들과 눈에 띄는 간극을 갖는다. 이 장면에서 내러티브적 카메라가 갖는 매개적 현전성은 행위와 화면, 사건과 이미지 간의 그 간극, 그 장면에서 실제로 벌어지고 있는 일과 스크린 위에 보이는 것 간의 바로 그 간극(에이젠시테인이라면 갈등conflict이라고 불렀을)에 의해 확립된다.

플래허티와 르느와르의 씬에서 우리는 우리가 보고 있는 것이 충분하지 않다고 느낀다. 그 간극은 우리 눈에 보이도록 주어진 공간의 영역과 우리의 관심을 끄는 더 큰 영역 사이에 있다. 안토니오니의 씬에서 그것은 기본적으로 우리가 이 세계에서 얼마나 많이 보느냐보다 우리가 어느 위치에서 그것을 보느냐의 문제가 된다. 카메라가 파올라와 귀도로부터 멀어지는 것은 우리에게 호텔 방을 더 많이 보여 주기 위한 것이 아니라 두 연인의 상황에 대한 우리의 반응을 변화시키게 될 다른 관점을 보여 주기 위한 것이다. 안토니오니의 씬에서 우리가 느끼는 간극은 행위와 시점 사이, 그 씬에서 상연되고 있는 드라마와 카메라에 의해 채택된 관점 사이에 놓여 있다. 감정이 고조된 바로 그 순간, 카메라가 그 격렬함을 더 밀접한 시점(귀도가 파올라를 밀쳐 낼 때 그의 얼굴을 잡는 클로즈업, 벽 쪽으로 밀쳐진 파올라를 따라가는 카메라의 움직임, 화해하며 키스하는 두 연인을 보여 주는 근접한 투 숏 등 인물들이 느끼는 감정에 상응하는 시점)으로 드라마화할 것이라 기대하게 되는 바로 그 순간, 우리는 인물들로부터 멀어진다. 내레이터의 말에서처럼 카메라의 위치에서도 우리는 행위와 분리되어 그 행위에 변화한 함의를 부여할 수 있는 시점을 인식할 수 있다. 드라마적인 카메라처럼 행위와 맞아떨어지게 하는 게 아니라, 이 카메라는 피사체와의 거리를 유지할 뿐만 아니라 카메라의 운동이 이 씬에서 연기되는 감정에 역행하도록 하면서 인물들에 대한 우리의 몰입을 저지하고 그들에 대해 흔한 감정적 동일시가 아니라 비판적 거리 두기의 태도를 유발한다. 이는 일종의 소격 효과로, 브레히트와는 다른 방식을 통하긴 했으나 그가 고안한 장치들과 유사한 지향을 지닌 고의적 부조화의 카메라, 행위와 어긋나는 카메라를 바탕으로 이룬 것이다.

문장이나 그림과 달리 사진적 이미지는 시점을 항상 지니고 있다. 카메라란 늘 어딘가에 세워져 있기 마련이고 그것이 생산하는 이미지란 피사체를 한 공간 속 정확히 그 지점에서 보이는 대로 보여 주기 마련이기에 그것은 말 그대로의 시점이다. 하지만 드라마적 영화 기법은 공간 속 어떤 지점에서의 시점이, 즉 우리가 그 장면을 볼 때의 각도나 거리가, 드라마적인 필요성으로부터 나온 것처럼 느끼게 한다. 숏의 컨벤션은 우리에게 그 각도와 거리를 그 행위에 완벽히 적합한 것, 그 행위에 대해 가능한 다른 동등한 관점들 중 하나가 아니라 최상의 관점으로서 받아들이게 한다. 시점 숏은 숏의 컨벤션에서 특별한 경우다. 그것은 다른 누구도 아닌 한 인물의 시점만을 제공하지만, 우린 그것을 그 시점에 드라마적으로 필요한 시점으로서 받아들이며, 한 인물의 한 줄의 대사만큼이나 플롯을 가장 잘 전개시킬 수 있는 것으로서 받아들이게 된다. 카메라의 시점이 내러티브적 시점으로서 기능하려면 우리는 그것의 적합성을 그대로 받아들일 수 없고 공간 속 그 지점이 갖는 특정성을 인식해야 한다. 우리는 그 각도와 거리가, 그 대상의 외양에 관해 다른 측면들보다 한 가지 측면을 보여 준 선택이, 다른 관점에서 보면 전혀 다르게 보일 수도 있을 그 대상에 대한 우리의 인상을 어떻게 변화시킬 수 있는지에 주목해야 한다.

일종의 소격 효과, 즉 카메라 앞에서 벌어지고 있는 일들과 카메라의 분리가 요구된다. 그를 통해 행위로부터 분리된 시점, 다시 말해 전개되는 장면으로부터 독립적인 위치가 상정될 수 있다. 이것이 안토니오니가 성취한 효과다. 그는 한 이미지 주변을 배회하다가 우리가 이제껏 받아들이고 있었으나 어느 순간 이상하게 보이기 시작하는 한 시점을 취함으로써 그 효과를 이뤄 낸다. 카메라는 스스로의 흐름에 따라 한 측면에서 다른 측면으로 선회하며 우리의 주의 방향을 계속 재설정하도록 유동하고, 갑자기 카메라 앞 대상들이 예기치 못한 방식으로 다르게 보이게끔 엉뚱한 각도를 설정해 새로운 관점을 가미하는 것이다. 현대적 삶의 소외에 대한 안토니오니의 묘사는 많이 논의돼 왔지만, 그가 소외를 공감의 주제로서 다루기보다 비판적 탐사의 주제로 다룬다는 점, 즉 그의 카메라의 작동을 통해 우리가 소외된 삶으로부터 소외된다는 점은 충분히 지적되지 않았다. 로렌조 쿠쿠Lorenzo Cuccu는 안토니오니에 관한 연구에서 행위와 분리된 시선, 그 씬에서 벌어지고 있는 극으로부터 자율적인 시선이란 의미로 "이격된 시선visione straniata"이란 개념을 제안하고, 그것을 상연되고 있는 드라마에 부합하며 드라마의 전개와 긴밀히 연결된 시선이란 뜻의 "밀착된 시선visione aderente"과 반대되는 것으로 봤다. 쿠쿠의 밀착된 시선과 이격된 시선은 그동안 내가 드라마적 카메라 기법과 내러티브적 카메라 기법을 구별한 것과 거의 비슷하다.[83] 이격된 시선은 확실히 이방인의 시점을 설명하기에, 또한 안토니오니의 카메라 테크닉이 갖는 '소격 효과'를 설명하기에 좋은 용어다.

드라마적인 카메라는 우리에게 무엇을 보여 줄 것인지 또 중요한 것의 범위를 정확히 알고 있다. 미조구치 겐지의 서사시적 카메라나 히치콕이 운용하는 악마의 카메라는 우리에게 무엇을 보여 줄 것인지뿐만 아니라 카메라의 앎의 한계까지 생생하게 느끼도록 한다. 플래허티가 운용하는 탐험가의 카메라는 우리를 대신해 그 영토를 정찰하고 우리에게 무엇을 보여 줄 것인지 발견한다. 르느와르의 카메라는 다른 종류의 탐험가로 그 영토를 향해 우리보다 앞서 나가지 않으며 우리에게 무엇을 보여 줄 것인지 미리 상정하지 않는다. 이런 측면에서 안토니오니의 카메라는, 르느와르의 카메라처럼, 알고 있는 카메라가 아니라 물어보는 카메라다. 비록 르느와르의 카메라가 이방인보다 친구의 시점을 취하고 있기는 하지만 말이다. 안토니오니의 영화에서 우리는 항상 〈욕망

Blow-up〉(1966)에 나오는 사진가가 직면한 문제, 눈에 보이는 것은 그것이 어떤 시점에서 본 것이건 간에 불완전하고 비결정적이라는 문제를 지각하게 된다. 우리는 그것을 다른 관점으로 볼 수도 있음을, 주어진 설명 외에 다른 설명들도 있음을 깨달음으로써 내레이터의 말에서는 물론이고 카메라의 위치에서도 어떤 매개적 시점을 인식하게 된다.

3장

어리둥절한 곡예사

버스터 키튼의 슬픈 물리학

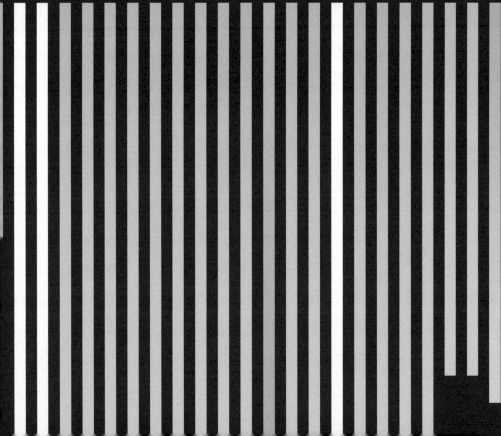

이 신비로운 세계는 겉보기에는 혼란스러워 보이나 그 가운데 개개인은 시스템에 아주 잘 적응해 있고 한 시스템은 또 다른 시스템과, 그리고 시스템 전체와 잘 어울려 돌아가고 있어서, 한 인간이 그로부터 잠시 한 발짝 떨어져서 보면 자신의 자리를 영원히 잃어버릴지도 모른다는 두려운 위험을 느끼게 된다.

— 너새니얼 호손Nathaniel Hawthorne, 〈웨이크필드*Wakefield*〉

버스터 키튼의 코미디라는 기묘한 세계에서 〈전문학교*College*〉(1927)의 마지막 장면보다 더 기묘한 순간은 없다. 이 영화에서 키튼은 운동선수가 되려고 고군분투하는 책벌레를 연기한다. 고등학교 때 반에서 1등을 하고 졸업식 축사로 운동선수를 혹평하는 연설을 했을 정도로 스포츠와는 거리가 멀었던 그는 다음 가을, 책이 아닌 운동 기구가 잔뜩 든 여행 가방을 들고 대학에 도착한다. 키튼적인 영웅답게 불굴의 의지를 지닌 이 자그마한 모범생은 소질이 없음에도 역시나 키튼적인 영웅답게 자신이 사랑하는 여학생의 사랑을 얻기 위해 해야만 하는 일에 스스로 뛰어든다. 다른 동급생들과 마찬가지로 그의 졸업식 축사에 분노했던 그녀는 축사가 끝나자마자 그에게 말했듯, 그가 태도를 바꾸고 스포츠를 배우지 않는다면 더 이상 그를 상대하지 않으려고 한다. 그래서 그는 태도를 바꾸어 대학에서는 학업을 제쳐두고 대신 운동장에서 대부분의 시간을 보낸다. 비록 그는 다양한 종목에 끈질기게 시도하며 구제불능의 수준으로 소질 없음을 드러내지만, 그녀의 마음을 얻는 데는 성공한다. 그녀가 위험에 처했을 때 전에 없던 능력을 발휘해 더 빨리 달리고 더 높게 뛰어서, 즉 장애물 달리기로 앞에 놓인 울타리들을 거뜬히 넘고 장대높이뛰기로 그녀의 방 창문 안까지 가볍게 골인해 그녀를 구한 덕분이다. 그 모멘텀을 그대로 이어 그는 자신의 적수, 즉 그녀의 애정을 놓고 경쟁 사이였던 덩치만 큰 얼간이를 무찌른 뒤 그녀를 데리고 바로 교회로 향하고, 입고 있던 체육복도 갈아입지 않은 채 그녀와 결혼하기에 이른다. 그런 뒤 아주 특이한 에필로그가 이어진다. 신혼부부가 교회를 나오기가 무섭게 디졸브 화면이 등장해 몇 년 뒤 중년이 된 그들이 여러 자녀와 함께 앉아 있는 장면으로 우리를 데려다놓는다. 이는 다시 세월이 흘러 변함없이 나란히 앉아 있는 늙은 부부의 모습으로 바뀌고, 이는 다시 나란히 붙어 있는 두 무덤의 클로징 숏으로 변한다.

키튼의 코미디에서 슬픔의 요소는 자주 지적돼 왔으며, 이는 저 마지막 장면 속 노화와 죽음에 관한 묘사를 통해서도 확실히 드러난다. 승리의 해피 엔딩 뒤에 바로 이어지는 에필로그의 갑작스러운 슬픔은 우리를 당혹스럽게 한다. 하지만 이 장면이 혹자들이 생각하는 것처럼 이 영화의 나머지 부분과 단절을 이룬다고 나는 생각하지 않는다. 월터 커Walter Kerr는 《무성 광대The Silent Clowns》에서 "러브스토리가 분명해 보였던 영화의 마지막에 이런 식으로 찬물을 끼얹는 건 뭐란 말인가?"라고 쓴 바 있다. "그 장면의 쓸쓸함을 전달하는 데는 11초도 걸리지 않지만, 내러티브가 쌓아온 갈망, 분투, 승리, 그 모든 것을 단 한 번에 무너뜨리기에 충분하다."[84] 그 쓸쓸함에 당황한 것이 분명한 커는 이 에필로그가 실망에 빠진 부부, 심지어는 원통해하는 부부의 모습을 보여 준다고 잘못 표현하고 있다. 그런 기미는 어디에도 보이지 않으며 우리에게 보이는 것은 별일 없이 긴 결혼 생활의 요약일 뿐이다. 이 에필로그를 그전까지의 낭만적인 이야기에 대한 매정한 반전이라고 보는 것은 내 생각으로는 잘못됐거나 반만 맞다. 비록 좋아하는 여자에 대한 이 주인공의 헌신에는 의심할 여지가 없지만, 고집스레 그녀를 추종하는 그만큼이나 그에게 독단적인 요구를 하는 그녀 또한 도를 넘는 인물이란 느낌을 받게 함으로써 이 이야기는 자신의 낭만성에 대해 은연중 의구심을 품게 한다. 만일 키튼이 낭만적이라면 그는 특이하게도 감상적이지 않으면서 낭만적이다. 당연하게도 우리는 이야기가 키튼이 여자를 얻는 것으로 끝나리라 예상하지만, 에필로그는 그저 그가 그녀와 계속 함께 사는 모습을 보여 준다. 이는 분명 그의 소원의 무효화가 아니라 틀림없는 성취다. 이 에필로그가 해피 엔딩의 역전이라 해도, 그저 해피 엔딩 이후의 일을 논리적으로 연장시킨 것일 뿐이며, 그것이야말로 저 유명한 낭만적 마지막 구절, "그들은 그후로 행복하게 살았습니다"의 시각적 등가물인 것이다.

이 부부가 함께 보낸 인생이 스크린 위에 너무 짧은 시간 안에 지나가 버리는 것을 보는 일은 물론 저 구절이 줘야 할 안심의 효과를 전혀 주지 못한다. 하지만 마지막 11초의 당황스러운 신속함은 마치 모든 것을 한 번에 완전히 안착시키려는 키튼의 목표를 확인시켜 주듯, 절정에서의 구출 장면과 뒤이은 결혼 장면의 서두름을 마지막 장면까지 이어간다. 키튼의 영화 중 무덤으로 끝나는 영화가 〈전문학교〉만 있는 것은 아니다. 키튼이 도시의 모든 경찰과 초현실적인 추격전을 벌이는 단편 영화 〈경찰Cops〉(1922)에도 "끝"을 알리는 자막이 묘비에 새겨져 있으며 그 위에 키튼이 항상 쓰고 다니는 키 낮은 중절모가 걸쳐져 있다. 그러나 〈경찰〉의 플롯은 그의 장편 영화들의 플롯과 다르게 불행한 결말로 끝난다. 자신의 뒤쫓는 모든 경찰을 따돌린 뒤에도 좋아하는 여자에게 거절당하고 마는 키튼은 자살하듯 경찰들 사이로 다시 뛰어든다. 그것이 코미디에 흔치 않은 결말임은 분명하지만, 주인공의 승리에도 불구하고 부부가 여생을 함께 보낸다는 관습적인 결론이 이어진 뒤 로맨스가 슬픔으로 바뀌어 버리는 〈전문학교〉의 결말처럼 기묘하진 않다.

"그는 한 번도 이 세계에 완전히 속한 적이 없는 채로 이 세계를 떠났다"라고 1966년 키튼이 세상을 떠난 뒤 휴 케너Hugh Kenner는 쓴 바 있다. "오로지 성자들과 소수의 뛰어난 광인들만이 키튼에 비견할 만한 능력을 발휘해 우리가 능숙하게 기차를 잡아타는 이 장소가 전적으로 우리를 위해 만들어진 곳은 아님을 알려준다."[85] 성자나 광인과 달리 키튼

질베르토 페레스가 그린 버스터
키튼의 캐리커처.

은 이 세계가 돌아가는 방식에 저항하지 않는다. 반대로 그는 순응하기
위해 노력한다. 로마에서는 로마의 길을 따르기 위해, 즉 좋아하는 여자
가 바라는 게 운동선수가 되는 것이라면 운동선수가 되기 위해, 정해진
해피 엔딩이 결혼해서 자식을 낳고 영원히 행복하게 사는 것이라면 그
런 해피 엔딩을 위해, 그는 최선을 다한다. 케너는 키튼의 부고에 (에드거
앨런 포Edger Allen Poe의 묘비에 새겨진 스테판 말라르메Stéphane Mallarmé의 소네트를 따
라 하듯) "어떤 알 수 없는 대재앙에 의해 이 지구에 떨어진 것마냥 ……
그는 자신이 할 수 있는 한 이 지구의 시스템을 견뎌내려 했다"라고 썼
다.[86] 이 지구에 사는 동안 그는 지구인들처럼 살기 위해 최선을 다했고
그럼으로써 우리에게 우리 삶을 지배하는 시스템의 특이성을 깨닫게 해
주었다.

키튼의 최고작 대열 — 〈우리의 환대*Our Hospitality*〉(1923), 〈셜록 주니어*Sherlock Junior*〉(1924), 〈항해자*The Navigator*〉(1924), 〈제너럴*The General*〉(1927), 〈스팀보트 빌 주니어*Steamboat Bill Jr.*〉(1928) — 에 끼진 못하지만 〈전문학교〉는 그래도 내가 보기에는 과소평가돼 온 훌륭한 영화다. 그보다 앞서 만들어졌으며 이 영화에 영향을 끼친 게 분명한, 해롤드 로이드Harold Lloyd의 더 유명한 학교 코미디 〈신입생*The Freshman*〉(1925)을 능가하는 작품이라고 난 생각한다. 〈신입생〉의 주인공도 무능력한 운동선수로서 마지막에 예상치 못한 재주를 보여 줌으로써, 즉 미식축구 시즌 중 결정적인 경기에서 이김으로써 스스로를 구제한다. (로이드의 영화와 똑같아 보이지 않으려 한 듯, 〈전문학교〉에 등장하지 않는 스포츠 중 하나가 미식축구다.) 하지만 운동 경기를 특별히 부각시키면서, 두 희극인 모두 대학 생활에서 종종 공부보다 스포츠가 더 중요하다는 자명한 사실을 반영하고 있으며 무성 영화의 신체 코미디에 그 특성상 유용한 운동 관련 소재를 활용하고 있다. 그런데도 그들의 희극적 구상에는 근본적 차이가 있다. 로이드에게 운동은, 야심은 크지만 멍청한 주인공이 선망하는 덩치 큰 남자의 이미지와 연관되지만, 키튼은 오로지 좋아하는 여자를 얻고 싶다는 더 현실적이자 더 낭만적인 목표를 갖고 있다. 로이드의 주인공은 철저히 무능력한 전형적 바보이지만, 키튼의 주인공은 사랑 앞에서만 바보이며, 운동장에서는 서투르기 짝이 없지만 그런 자신의 문제를 잘 알고 있는 책벌레다. 경주 트랙에 놓인 장애물이란 장애물에는 모두 걸려 넘어진 뒤 마지막 장애물만 성공적으로 넘었을 때 키튼은 그에 대한 만족을 표하는 대신 그조차 요행이 아니었는지 진지하게 되돌아보며 마지막 장애물도 다른 장애물들의 패턴에 순응시키는 게 낫다고 느낀 듯 밀어 넘어뜨린다. 요행에 대한 그와 같은 경멸은 요행을 통하지 않고서는 아무것도 이루지 못하는 로이드적 주인공에게는 상상조차 할 수 없는 것이다. 로이드와 달리 키튼은 자신이나 주변 상황에 대해 터무니없는 착각에 빠진 부류의 희극 캐릭터는 절대로 연기하지 않았다.

키튼은 보통 자신의 처지를 잘 파악하고 있다. 그의 그런 능력은 케너가 말한 것처럼 "토박이가 아닌 방문객"에게 기대할 수 있는 최고 수준의 것이다.[87] 그는 〈전문학교〉의 운동장에서도 방문객으로서 자신에게 승산이 없는 줄 알면서도 계속 노력한다. 좋아하는 여자를 얻으려면 다른 방법이 없음을 알기 때문이며, 운동선수만이 그녀의 완벽한 남자 친구가 될 수 있는 세계에 스스로 원해서 뛰어든 순응적 방문객이기 때문이다. 한 인간이 생전 처음 와 본 곳에 있는 것 같은 상황은 키튼의 영화에 반복해 등장한다. 〈스팀보트 빌 주니어〉에서 그는 보스턴 대학생 역을 맡아 오랫동안 떨어져 살았던 아버지를 찾아가는데, 남부에서 증기선 선장으로 살아가는 아버지는 대학에서 잘 지낸 것처럼 보이는 그가 남자답지 못하다고 여긴다. 〈스팀보트 빌 주니어〉에서 그의 곤경은 보스턴에서 사귄 여자 친구가 이 남부 강가의 마을에 우연히 출현하면서 더욱 심화된다. 남자 친구가 어떤 남자여야 하는가에 대한 그녀의 생각은 남자 친구의 아버지와 정확히 반대되는 것이다. 키튼에게는 마을을 휩쓸고 있는 사이클론으로 인해 발생한 긴급 임무를 완수하는 것이 아버지나 여자 친구의 요구에 직접 부응하는 것보다 쉽다. 사이클론 덕분에 그는 두 사람을 익사의 위험으로부터 구해 내고 그들의 눈앞에서 자신의 정당성을 입증하게 된다. 그러나 그가 정상적인 환경에서는 받지 못했던 그들의 인정을 받기 위해서는 거센 폭풍이 몰아치는 상황이 필요하다. 아마도 키튼의 다른 어떤 영화에서보다 〈스팀보트 빌 주니어〉에서 우리는 주변의 기대에 부응하는 일이 얼마나 어려운지 더 생생하게 실감하게 된다.

구조를 마치자마자 키튼은 아무 말없이 다시 강물에 뛰어드는데, 잠시 동안 아버지와 여자 친구는 그가 자신들과 인연을 끊고 싶어 하는 줄 알고 원통해한다. 그들의 반응을 보며 우리는 그가 그대로 그들을 두고 떠나 버리면 고소하겠다며 즐거워하게 된다. 비록 그는 곧바로 구조용 튜브를 가지고 성직자를 구해와 그 자리에서 결혼식을 올리지만, 우리는 이미 그가 왜 그토록 자신을 괴롭히는 여자 친구와 아버지 곁을 지켜야 하는지 의문을 갖고 있게 된다. 〈전문학교〉의 마지막 장면에서처럼 여기서도 키튼은 자신의 승리를 안착시키려 애쓰며 다른 가능성은 염두에도 두지 않는다. 하지만 우리는 다른 가능성을 생각해 보게 된다. 그리고 〈전문학교〉에서처럼 그런 마지막 순간은 사실 그전까지의 장면들에 계속 암시돼 온 어떤 의문을 제기할 따름이다. 왜 키튼은 타인들로부터 주어진 과도한 요구 사항에 고분고분 순응해야 하는가?

한 가지 대답은 〈전문학교〉에 나오는 총장에 의해 제공된다. 그는 유망한 젊은 학도에게 친절하고 키튼처럼 작은 체구를 지닌 인물로, 키튼이 학문에 전념했다면 그의 미래가 어땠을지 몸소 보여 주는 듯하다. 키튼이 학업을 소홀히 하고 있음에 실망했던 그는 이유를 들은 뒤 울먹이며 자신도 오래전 사랑했던 여자를 운동선수에게 뺏기고 말았다고 고백한다. 키튼은 총장처럼 혼자 늙느니 차라리 스포츠란 생소한 분야에 도전한다. 만일 모든 코미디언이 아웃사이더라면 그중에서도 키튼은 어딘가에 속하기를, 타인들과 관계 맺기를 포기하지 않는 아웃사이더다. 그와 정반대인 채플린의 떠돌이는 자족적인 편이며 로버트 워쇼가 말한 것처럼 "어려운 시절을 만난 귀족"에 가깝다.[88] 로이드의 안경 낀 민주주의자는 서투르고 제멋대로인 사업가로 자신의 이익을 위해 움직이며 같은 처지의 다른 남자들에 비해 확실히 열등하지만 기회의 땅에서 그들을 넘어서길 갈망한다. 키튼은 진정으로 참된 공존을 모색한다는 점에서 유일무이하다. 그가 모든 코미디언 중 가장 고독해 보인다면 그것은 그가 다른 어떤 코미디언보다 유대를 중시하기 때문이다.

키튼의 고독은 그가 거대하고 공허한 환경 속에 놓인 자그마한 형상으로 등장하는 키튼 특유의 원거리 롱 숏에서 반복적으로 드러난다.

그 작은 형상은 태풍이 몰아치는 강가의 마을을 떠돌 때도 있고, 대학교 경기장에서 홀로 연습을 할 때도 있으며, 〈북극*The Frozen North*〉(1922)에서처럼 지하철 출구로 나와 보니 북극의 황무지에 도착해 있을 때도 있다. 〈항해자〉에서는 어느 날 아침 일어나 보니 버려진 원양어선을 타고 바다 한가운데를 표류하는데, 그것은 키튼이 혼자서 정복해야 하는 생경한 세계의 축약본과 같다. 하지만 그가 결혼하고 싶어 하는 여자도 같은 배에 오르게 됨으로써 그는 혼자가 아니게 된다. 두 사람은 상대의 존재에 대해 알게 된 뒤 함께하기 위해 애를 쓰지만 커다란 배에서 계속 서로를 놓치고 만다. 이 비범한 시퀀스에 대한 제임스 에이지의 묘사는 인용할 가치가 있다.

> 처음에 두 사람은 각자 길고 휑한 우현 갑판 위를 걸어가다가 여자가 먼저, 그 다음에는 키튼이 서로를 놓칠 만큼만의 시간차를 두고 길모퉁이를 돈다. 그 다음에 두 사람은 각자 본격적으로 걸음걸이를 재촉하는데, 비슷한 속도로 걷고 있음에도 서로를 놓치게 된다. 그다음에는 둘 다 쏜살같이 지나간다. 그리고 또 서로를 놓친다. 이후 카메라는 모든 게 다 보이는 선미의 위치로 물러나 턱을 괸 채 배 전체의 복잡한 상부 구조를 지켜보는데, 그 안의 주인공들은 상하좌우로 걷거나 조심스레 움직이거나 허둥지둥 오가면서 황홀할 만큼 정교한 타이밍 속에서 늘 서로를 아슬아슬한 차이로 놓쳐 버리고 있다.[89]

두 남녀가 서로 만날 수 없도록 막는 거대한 시계 장치의 부품들처럼 느껴지는 이 "황홀할 만큼 정교한" 이 시퀀스는 동시에 만남이 금지된 세계에서 어떻게든 서로 하나가 되려는 욕구의 불안한 표현이다.

물론 머지않아 남자와 여자는 서로를 찾아낸다. 혹은 그들을 떨어트려 놓았던 바로 그 미스터리한 기제에 의해 서로 함께 있을 수 있게 된다. 앞에서 여자는 버스터의 구혼을 딱 잘라 거절했기 때문에, 어떤 면에서는 그들이 배 위에서 우연히 함께 있을 수 있게 된 상황이 그에게 다행스러운 전환이다. 하지만 그것은 아직 그들 관계의 시작에 불과하며, 여전히 그들은 두 사람용으로 만들어진 게 아닌 표류선에서 알아서 살아남아야 한다는 만만찮은 과제에 직면해 있다. 여자가 남자를 거절했던 이유는 그가 아무짝에도 쓸모없는 부잣집 아들이라고 생각했기 때문이었다. 그가 고작 길 반대편에 사는 그녀에게 구혼하러 갈 때 그의 운전기사가 차로 그를 데려다줬던 것이다. 〈전문학교〉의 책벌레처럼 〈항해자〉의 이 부잣집 아들도 자신에게 익숙치 않은 경기장, 이 경우에는 생존의 문제가 걸려 있는, 바다에 버려진 원양어선에서 자신의 가치를 증명해야 한다. 〈전문학교〉에서 버스터는 여자의 요구에 응답하지만, 〈항해자〉에서는 상황의 압박에 응답해야 한다. 그는 그러나 그 압박 아래, 〈스팀보트 빌 주니어〉의 사이클론 장면에서처럼, 처음에는 실패했지만 이제 그녀의 기대에 부응할 수 있게 된다. 〈제너럴〉에 나오는 여자는 〈항해자〉의 여자처럼 버스터를 거절한 뒤 그의 여정에 동참하게 된다. 두 경우 모두 선택이 아니라 필요에 의해서이긴 하지만 말이다. 그리고 버스터는 혼자서든 여자의 도움을 받아서든 (그녀가 큰 도움을 주진 못하지만) 어쨌든 둘이서 인생을 함께 보낼 수 있기 위해서는 그 일을 완수해야 한다. 그것이 그 여자가 버스터에게 요구한 것이든 상황에 의해 주어진 것이든 둘의 결합을 위한 것이든 간에 버스터는 이 세계에서 그가 원하는 자기 자리를 확보하기 위해 그 시험을 통과해야 한다.

　〈제너럴〉의 도입부에서 우리는 버스터의 인생에 두 개의 사랑이 있음을 알게 된다. 하나는 그가 사랑하는 여자이고 다른 하나는 기차다. 그는 남북 전쟁 시기에 남부 철도회사에서 일하는 기술자로서, 남부 연합군이 징집조차 하지 않을 정도로 남부에 꼭 필요한 인력이다. 하지만 그가 그런 경위를 밝히지 않아서, 그에게 군인이 되라고 권하던 여자는 그가 겁쟁이라고 생각하며 그를 받아 주지 않게 된다. 그래서 그는 자신

〈제너럴〉의 버스터 키튼.

의 기차로 돌아가는데, 그것은 그가 그녀보다 기차를 좋아하기 때문이 아니라(그렇게 보이도록 돼 있지만 그는 군대에 자원하라는 그녀의 권유가 있은 뒤 징병 사무소 앞의 줄 맨 앞에 서 있었다) 기차가 유일한 위안이기 때문이다. 휴 케너는 "한 영화에서 소에 대한 키튼의 사랑"은, "혹은 다른 영화에서 기차에 대한 그의 사랑은, 불가해한 구애 의식들rituals에 의해 축소된 채 여자로부터 추상으로 이전된 사랑으로, 그 의식들을 통해서만 사랑에 다가갈 수 있다. 기차에 관련된 의식들이라면 그도 완벽히 익힐 수 있을 테니까"라고 쓴 바 있다.[90] 그러나 그는 북부군 첩보원들에 의해 그 기차를 도난당할 위험에 처한다. 그는 그들을 쫓아가는 동안 눈앞의 과제에 너무 열중한 나머지 자신과 합류하려던 남부 연합군까지 따돌려 버리고 말았다는 사실도 눈치채지 못한다. 또다시 버스터는 혼자 일을 해결해야 한다. 결국 이것은 개인적인 문제다. 그의 기차가 도난당한 것이고, 그가 아직 모르는 상태이긴 하나, 그의 여자도 그 기차 안에 납치돼 있다. 그 둘의 운명은 철저히 함께 묶여 있기 때문에 그가 여자와 기계 중 무엇을 선택하느냐는 내가 보기에 잘못된 질문이다. 〈항해자〉에서처럼 그는 그 기계에 관련된 의식들을 숙달함으로써 여자를 얻게 된다. 그가 기차를 성공적으로 탈환하는 순간은 그가 여자를 되찾는 순간과 동시에 이루어진다. 그리고 그는 적군으로부터 그녀만 구출한 것이 아니라 남부 연합군이 북부군의 공격에 맞서 승리할 수 있도록 해 줄 정보도 갖고 오며, 빌린 유니폼을 입고 전장에 나가 싸운 뒤 남부 연합군에 중위 신분으로 입대함으로써 끝내 그녀가 바랐던 군인이 된다. 버스터는 그녀의 기대에 예상된 방식으로 부응하지는 않지만(그 세계의 토박이가 아니라 방문객인 그의 유니폼은 보통 빌려 입은 것이지만), 그녀를 얻기 위해 필요하다면 어떻게 해서든 부응한다.

가장 많은 찬사를 받아 온 키튼의 영화 〈항해자〉와 〈제너럴〉에서 그와 기계의 관계는 가장 끈질기게 나타난다. 엘리엇 루빈스타인Elliot Rubinstein이 지적했듯이 관객은 그 영화들을 보기에 앞서 두 제목이 선원이나 군인을 가리키는 것이라 짐작하게 되지만 실제로 그것들은 영화에서 대단히 핵심적으로 기능하는 배와 기차의 이름이다.[91] 실로 두 영화 다 휴먼 드라마보다는 기계적 드라마, 버스터가 주인공이긴 하지만 기계 또한 그의 행위가 벌어지는 주요 배경만이 아니라 그 일련의 과정을 작동시키는 주요 물리력으로서 존재하는 드라마를 상연한다. 〈항해자〉의 배는 승선한 두 인물을 위한 세계가 되고, 두 사람은 배의 작동 시스템에 맞춰 자신들의 삶을 영위해야 한다. 〈제너럴〉의 대부분을 차지하는 긴 열차 추격전은 단일 선로를 따라 처음에는 버스터가 적을 뒤쫓아 가는 방향으로, 다음에는 여자와 기차를 되찾은 버스터가 쫓기는 방향으로 진행되며, 그의 행동 경로는 마치 열차 노선에 의해 정해져 있었던 것처럼 열차 노선에 정확히 일치한다. 이 무생물적 세계의 작동은 키튼의 영화 어디에서나 드라마적 전개에 지배적 영향력을 행사한다. 그의 모든 영화는 기계학의 드라마투르기를 상연한다고 말할 수 있다. 열차 추격전의 기계학, 우산을 접었다 폈다 하기(《전문학교》의 고등학교 졸업식 장면에서 버스터는 부리지 못하는 재주이지만 그 옆에 앉아 있는 한 남자는 한 치의 실수도 없이 해 보여 버스터에게 경외심을 불러일으키는 동작)의 기계학, 무인 원양어선이나 〈셜록 주니어〉에서 버스터를 손잡이 위에 태운 채 운전자 없이 달리고 있는 오토바이의 기계학, 단지 기계의 기계학만이 아닌 스포츠와 물리적 작동의 기계학, 〈서부로 가다Go West〉(1925)에서 도시의 차들과 뒤섞인 소떼, 사이클론, 〈우리의 환대〉의 폭포, 〈일곱 번의 기회Seven Chances〉(1925)의 산사태 같은 자연 현상의 기계학 등등.

물리적 세계의 작동 방식은 무성 영화 코미디언이라면 누구나 일반적으로 다루었던 것이 아닌가? 그중 가장 위대한 이는 실수나 추격전에는 거의 의존하지 않고 한 인물에 최대한 의존하는 코미디를 보여 준, 가장 인간적인 코미디를 보여 준 채플린이 아닌가? 에드먼드 윌슨Edmund Wilson은 〈황금광 시대The Gold Rush〉(1925)가 처음 개봉됐을 때 쓴 어느 리뷰에서 채플린에 대해 "그는 자신의 경쟁자 중 최고인 이들조차 답습하고 있는, 그들의 트릭이 서로 바뀌어 있어도 아무도 그 차이를 눈치채지 못할 정도로 정형화된 유머 대신, 다소 투박하더라도 다른 이의 것으로 착각할 수 없는 그만의 개성이 담긴 농담을 선사한다"라고 썼다.[92] 코믹한 것이든 진지한 것이든 무성 영화에 나온 모든 캐릭터 중 채플린의 부랑자가 갖는 미묘함과 복합성을 따라갈 수 있는 캐릭터는 없다. 하지만 "다른 이의 것으로 착각할 수 없는 그만의 개성"은 로렐과 하디 같은 몸을 낮춘 슬랩스틱 연기자들의 작품에서도 발견할 수 있다. 로렐과 하디는 그들 자신과 그들이 보는 이 물리적 세계와의 관계를 인간이 다스릴 수 없는 무질서(실은 그들이 면밀히 조직한 무질서)의 토대로 설정하고, 거기에 맞서 싸우는 것은 소용없는 일이라 결론 내린 듯 보인다. 반면 키튼에게는 이 물리적 세계야말로 가장 엄격한 질서를 구현하고 있는 것이다. 그는 로렐과 하디나 맥 세넷Mack Sennett이나 막스 브라더스와 같은 이들이 보여 준, 영화 속 사물들이 완전히 통제 불능 상태가 되어 버리는 난리법석 버라이어티와는 정반대에 해당하는 슬랩스틱의 기하학자다. 키튼의 영화 속 사물들은 하나의 체계, 열차 선로만큼 꼼짝달싹할 수 없는 패턴에 엄밀히 따른다. 휴 케너의 공식을 따르자면, 키튼의 우주는 뉴턴의 역학 법칙의 완강한 질서에 지배당하고 있고, 로렐과 하디의 우주는 그만큼 완강한 무체계에, 열역학 제2법칙에서처럼 오로지 상승만 하는 엔트로피에 의해 지배당하고 있다.[93] 모든 슬랩스틱이 서로 바꿔치기가 가능한 트릭만 들어 있는 한 주머니에서 나온 것이라 가정하는 것은 잘못이다. 수많은 세계관이 육체적 코미디라는 매체를 통해 각기 달리 표현될 수 있다.

1960년대에 거의 소실된 것으로 여겨졌던 키튼의 영화들이 재상영되기 시작하면서 키튼의 재발견이 이루어지기 전까지는 영화사의 코미디언 중에서 채플린이 가장 우월하다는 데 이견이 없었다. 확실히 채플린은 그를 처음으로 영화에 출연시킨 맥 세넷의 너저분한 소극들이 그의 캐릭터를 제대로 살리지 못했다고 생각할 만한 자격이 있다. 그가 배우로서 자신이 지닌 재능을 완벽히 다듬고 최적의 카메라 위치에 대한 정확한 감각을 발달시켜 누구도 넘어설 수 없는 정교함의 절정에 있는 팬터마임 코미디를 보여 준 것도, 세넷의 키스톤 스튜디오를 떠나 스스로의 감독이 되었을 때다. 앙드레 바쟁이 말한 것처럼 채플린은 영화 매체를 사용해 서커스와 뮤직 홀의 저속한 코미디를 고급 예술로 변화시켰다. 영화에서 가까이 보기를 가능하게 하는 카메라는 그로 하여금 무대에서는 피해 갈 수 없는 과장된 표현으로부터 자유로워질 수 있게 해 주었다. 나아가 그는 특정한 제스처, 특정한 타이밍을 제대로 포착하기 위해 한 씬을 필요한 만큼 계속 재촬영할 수 있었다. 채플린이 해 낸 것은 실은 연극 무대보다 무성 영화 스크린에 더 적합한 연극적 표현 양식을 영화에 도입한 것이다. 그가 이미 친숙해져 있던 표현 양식을 통해 광대극의 오랜 전통이 스크린에서 풍성한 결실을 맺도록 했다는 점은, 내 생각에 채플린의 위대함이 즉각적으로 인정된 이유(그는 처음 등장한 지 얼마 안 됐을 때부터 엄청난 인기를 얻었을 뿐 아니라 비평가들과 지성인들에 의해 천재로 추앙됐다)를 설명해 준다. 키튼의 위대함이 인정되는 데는 훨씬 오랜 시간이 걸렸으며 오늘날에도, 비록 많은 이들이 그를 채플린과 동급으로 생각하고 어떤 이들은 그가 채플린보다 우월하다고 여김에도 불구하고, 채플린의 위대함에 비해서는 덜 알려져 있다. 익살꾼 키튼을 좋아하는 것은 쉽지만 그의 예술성을 제대로 파악하는 것은 어려운 일이다. "키튼은 오로지 웃기기 위해 작업했"지만 "그의 작품은 호기심 많고 창의적인 정신 속 깊숙한 곳에서 나온 것이었기에 그의 성취는 위대했다."[94] 내가 생각하기에 그의 성취는 20세기 최고의 작품들과 같은 반열에 놓을 만한 일군의 영화들을 만든 것이다. 그가 그동안 충분한 인정을 받지 못했다면 아마도 저 "호기심 많고 창의적인 정신"이 연극이나 다른 어떤 전통적인 매체에서는 그에 대응할 만한 것을 찾아볼 수 없는 완전히 새로운 종류의 코미디를 만들어 냈기 때문일 것이다.

에드먼드 윌슨은 키튼을 배우로서 찬미하지만, 그가 할리우드에 의해 잘못 소비됐다고 생각했다. 그가 보기에 당시 채플린을 제외한 모두가 조립라인형 개그를 생산하고 있던 할리우드에서 키튼도 같은 것을 강요받았다. 실제로 할리우드(당시 할리우드는 사운드 시대를 맞았고, 키튼의 몰락과 사운드의 도래는 분명 연관이 있다)는 키튼의 경력을 망가뜨렸지만 그것은 키튼이 채플린과 비교할 수 있을 만큼 자유롭게 작업할 수 있었던 1920년대 호시절 이후의 일이다.[95] 키튼의 개그는 그만의 것으로서, 물론 팀의 도움을 통해 만들어지기는 했으나(그가 MGM에 합류할 무렵 무성 시대는 끝나가고 있었고, 키튼은 진짜 조립라인 위에 자신을 세웠다), 모든 곳에서 자기만의 고유한 코미디 감각, 삶에 대한 특유의 감각이 묻어났다. 윌슨은 키튼의 연기에 대해 채플린의 연기에 더 적합할 법한 기준을 적용해 버리며 "일류 팬터마임 광대"라고 상찬했다.[96] 윌슨은 키튼이 그렇기를 바랐겠지만, 키튼은 채플린과 달리 팬터마임 배우는 아니었다. 감정을 표현(그의 얼굴을 무표정한 가면으로 보는 일반적인 생각과는 반대로 그는 자주 감정을 표현한다)할 때 그의 연기는 자연주의적인 것에 가깝다. 행동하고 있을 때 그는 고도의 곡예 기술을 발휘하는데, 그 곡예 기술은 대역이나 기발한 편집을 통해 조작한 것이 아닌 그가 직접 수행한 것이었다는 점에서 자연주의적이라 할 수 있는 하나의 연기 양식이다. 주로 스튜디오 안에서 작업한 채플린과 달리 키튼은 영화의 자연주의적 가능성을, 영화 매체에 담긴 리얼리티의 인상이 주는 특유의 충격을 이용했다.

그렇다고 키튼을 자연주의의 범주에 포함시켜선 안 된다. 그는 움직이는 그림자의 매체가 갖는 환상성의 가능성도 함께 이용했다. 그의 영화는 현실의 인상과 함께 그만큼의 충격 효과를 지닌 비현실unreality의 인상, 환각 속에 거주하는 듯한 인상을 전달한다. 그것은 마치 지구라는 별에 떨어져 이 세계가 현실인지 확신하지 못하는 한 방문객이 실제 지구상의 장소에서 벌어지는 기이한 현상을 기록하면서 이 세계가 진짜라고 스스로를 납득시키려 애쓰고 있는 것 같다. 키튼의 영화가 지닌 환기의 힘은 상당 부분 그가 실제와 허깨비를, 살아 있는 듯한 것과 꿈같이 기이한 것을 결합하는 방식에서 나온다. 초현실주의자들의 찬미를 안겨 주기도 한 키튼 특유의 초현실적 조합은 너무도 강인하게 실재화되어 있어 더욱 떨쳐 버리기 힘든 꿈과도 같다. 키튼은 이 세계를 현실적이면서도 비현실적인 장소로서 보았으며, 영화 또한 현실적이면서도 비현실적인 매체, 물질적 유령으로 보았다.

자신을 사로잡고 있는 유령성을 떨쳐 버릴 방법을 찾기라도 하듯 키튼은 코미디언 치고는 특이하게도 핍진성에 집착했다. 특히 장편 영화

(그의 단편들은 좀 더 바보 같다)에서 그는 빈틈없는 논리를 갖고서 플롯을 전개했으며, 모든 사건이 그것이 아무리 희한한 일이라고 해도 실제로 일어날 수 있는 일의 범위를 넘지 않도록 주도면밀하게 만들었으며, 설정의 정확성에 대해서도 엄청난 주의를 기울여 〈제너럴〉의 남북 전쟁 재현이 〈국가의 탄생*The Birth of a Nation*〉이나 〈바람과 함께 사라지다*Gone with the Wind*〉의 남북 전쟁 재현에 비해 훨씬 낫다고 평가받았을 정도였다. 그가 묘사하는 물리적 세계는 개그의 명분에 불과한 것이 아니라 살아 있는 환경으로서, 믿기 힘든 것이 되어 가고 있을 때조차 거기서 눈을 뗄 수 없을 만큼 믿을 만한 것, 당황스럽지만 반박할 수 없는 현실이 되어 버린 꿈과 같은 것이다. 그것은 우리가 현실 세계라고 부르며 거주 중인 이곳에 존재하는 앞서 말한 역학 법칙을 완벽히 준수한다.

〈우리의 환대〉의 한 장면에서 버스터는 자기보다 위에 있는 다른 남자의 밧줄에 의지한 채 절벽에 매달려 있는데, 그 남자가 발을 헛디뎌 강물 속으로 추락한다. 곧이어 자신도 강물 속으로 빨려 들어갈 것이라는, 중력에 의한 피할 수 없는 귀결을 인지한 순간, 버스터의 얼굴에 떠오르는 표정은 물리적 우주를 대하는 그의 자세를 인상적으로 요약한다. 그 표정은 우주에는 우주의 법칙이 있음을 인정한다. 지금 이 순간 중력이라는 인력에 저항할 방법은 아무것도 없는 것이다. 하지만 다른 경우들에서는 중력의 당김이 유리하게 작용하기도 한다. 이 영화의 클라이맥스에서 버스터는 같은 밧줄을 추처럼, 스스로를 용수철처럼 사용한다. 그는 절벽의 돌출부에서 뛰어올라 밧줄로 스윙을 하며 가파른 절벽의 폭포수 너머로 떨어지고 있던 여자를 붙잡고, 추의 원리 덕분에 절벽의 돌출부로 다시 안전히 돌아오게 되는데, 이는 중력을 이용해 중력을 극복하는 방식이다. 이전에는 키튼이 물리적 우주를 그의 적으로 여긴다고 생각되었다. 하지만 최근의 일부 논평자들은 그가 우주를 동맹으로 여긴다고 강조하고 있다. 실제로 우주의 힘은 종종 그에게 유리하게 작용하는

〈우리의 환대〉. 폭포 위에 매달린 버스터.

데, 그것은 때로는 그가 그 힘을 잘 이용한 결과이고 때로는 그 힘이 알아서 작용한 결과다. 하지만 월터 커의 말처럼 키튼이 우주를 "신뢰했다"라고 보는 것은 지나친 해석이다.[97] 키튼은 우주는 우주일 수밖에 없으며, 자신에게 우호적이지도 적대적이지도 않고, 단순히 그리고 단호히 거기에 있을 뿐이라고 믿었다. 〈항해자〉의 배가 예시하는 것처럼, 우주란 장치는 그에게 협조하기 위해 만들어진 것이 아니다. 〈우리의 환대〉의 클라이맥스가 예시하는 것처럼, 그가 극도로 위태로운 작전을 통해서만 승리자가 될 수 있는 경쟁에서 자연의 법칙은 그의 적군도 아군도 아니다.

그는 추의 운동을 응용해 자신을 그 운동의 일부로 만드는 기계의 방법으로 폭포의 자연적 힘에 맞선다. 총명한 지략으로 빚어낸 장치를 통해 여자의 경로와 정확한 순간에 교차하도록 계산된 존재인 키튼 자신은, 중력과 밧줄의 함께 당기는 힘 앞에선 모든 게 그렇듯, 흔들리는 하나의 추일 수밖에 없다. 무생물적 세계에 맞서 승리하기 위해 그는 자신을 그 일부가 되도록 하는 가장 효과적인 방법을 고안해 낸다. 일반적으로 그것이 키튼의 정교한 곡예를 설명해 주는 방법이다. 그의 육체를 기계의 일부처럼, 곡예사가 필요한 만큼 정밀하게 휘두를 수 있는 도구처럼 전략적으로 사용함으로써 기계적 우주와 관계를 맺는 것이다.

키튼의 동역학적 코미디는 앙리 베르그송Henri Bergson이 웃음에 관해 쓴 유명한 글에서 발전시킨 문제, 즉 인간의 육체가 기계적인 방식으로 행동하는 한 코믹한 것이 될 수밖에 없음의 문제를 시각적으로 보여 준다.[98] 그러나 베르그송이 생각했던 것은 물질의 법칙에 종속돼 있으나 더 높이 오르려 하는 인간의 노력에 방해가 되는 짐짝과도 같은 몸이었다. 실제로 대부분의 코미디언에게 몸은 다른 사물들에 걸려 넘어지는 어떤 것일 수도 있다. 하지만 키튼에게는 아니었다. 비록 그도 남들만큼 많이 넘어졌지만, 그에게 육체는 상승의 수단, 자기 방식대로 장애물을 극복하고 목적을 달성하기 위한 수단이기도 했다. 곡예사의 궤적은 위험천만한 것이었지만, 버스터에게 그것은 그가 추구하는 것을 좇음에 있어 가장 믿을 만한 행동 방침으로 판명된 것이었다. 그는 항상 어떤 물리적 기술을 통해 자신에게 허락되지 않았던 어떤 것을 쟁취할 수 있었다.

이런 기량은 코미디언에게는 부적절한 것처럼 보일 수도 있다. "모든 키튼의 이야기"에서 "액션은 다섯 번째 릴에서 왕창 쏟아져 나와 광대 버스터 키튼이 모든 승리를 거머쥔 낭만적 미스터 키튼으로 변할 수 있게 한다. …… 광대들은 이 세계 속의 무능력자들이다. 그들은 무능력의 굴레에 묶여 있어야 하며 그렇지 않으면 광대이길 멈추게 된다"라고 존 그리어슨John Grierson은 못마땅하다는 듯 말한 바 있다.[99] 내 생각에는 키튼이 클라이맥스에서 보여 주는 위업과 그에 선행하는 그의 캐릭터화 사이에 어떤 비일관성이 있는 것 같지 않다. 처음부터 그의 가장 두드러지는 특징은 무능력이 아니라 인내심이었으며, 그의 최종적인 성공은 기적이 아니라 노력해 얻은 승리다. 그가 목표를 달성하기 전까지 얼마나 불안정해 보이는가와 상관없이 그는 그것을 좇음에 있어 외골수적인, 그리고 그의 웃지 않는 얼굴이 가리키듯 진지한 사람이며, 그리어슨이 원하는 것처럼 철저히 무능력해서 웃기는 인물은 아니다.

그렇다면 아마도 키튼은 어딜 봐도 진정한 광대라 할 만하지 않다. 키튼을 특징짓는 것은, 그가 대단한 기예를 갖고 있긴 하지만, 배우로서의 육체적 기예는 아니다. 광대들은 보통 기예가 뛰어나기 때문이며, 끊임없는 헛발질을 우아한 몸짓으로 만들어 내는 것이 그들의 상습적인 기술이기 때문이다. 버스터는 그의 기예를 그러나 실용적인 과제, 그가 완수하려는 일에 사용하는 반면, 우리가 보통 광대에게 기대하는 기예란 통제 불가능한 상황, 구제 불능의 비실용적인 상황, 어떤 일을 완수하는 데 그것이 전혀 쓸모없는 상황에서 즐거움을 추출하는 기예인 것이다. 로렐과 하디가 난장판을 창출하는 모습이나 〈모던 타임스*Modern Times*〉(1936)에서 채플린이 기계 옆에서 요정처럼 발레를 추는 모습을 예로 들 수 있다. 광대는 무능력자로 분장함으로써 단순한 부적응을 모종의 행위 원칙, 즉 유능한 세계의 표준에 대한 저항적인 대안으로 변형한다. 〈모던 타임스〉나 여타 영화들의 결말에서 길을 떠나는 채플린의 모습은 광대의 성향을 요약한다. 못마땅한 세계의 제도화된 절차를 준수하느니 자기 맘대로 유랑하며 되는대로 사는 게 낫다는 것이다. 버스터의 성향은 그렇지 않다. 그를 지배하는 욕망은 이 세계에 참여하는 것, 이 세계의 계획에 부합하는 것이며 다른 대안은 꿈도 꾸지 않는다.

역학 법칙은 다른 대안을 허락하지 않는다. 뉴턴적 체계 속에서 한번 초기 조건이 설정되면 이후의 배치는 불가피한 경로로 진화한다. 곡예사 키튼은 그 체계의 작동 속에서 그것이 이상적인 배치, 이를테면 여자와 자신을 정해진 절벽 돌출부에 데려다 놓는 배치에 도달할 수 있도록, 끈질기게 작전을 벌인다. 그로 하여금 감정적인 상호 작용보다 기계적인 상호 작용을 통해 여자를 얻을 수 있도록 해 주는, 비인격성과 육욕성을 동시에 지닌 그 기이한 접근 방식은 그가 속해 있는 이 세계가, 즉 인간관계가 천체처럼 체계화돼 있는 이 세계가 요청하는 방식이다. 키튼의 여자들도 다른 대안을 허락하지 않기는 마찬가지다. 키튼이 여인들과 어떤 관계라도 맺길 원한다면 운동을 배우거나 남부 연합군에 입대하는 것(혹은 〈싸움왕 버틀러Battling Butler〉[1926]에서처럼 세계 권투 챔피언을 상대로 싸우는 것)은 필수적이다. 〈제너럴〉에서 여자와 기차 사이의 등식, 그가 둘 다를 사랑하고, 둘 다 잃어버린 뒤, 하나의 행위로 둘 다 구출하게 된다는 사실은 키튼의 근본적 정체성이 인간과 무생물적 세계 사이에, 인간 간의 상호 작용을 지배하는 완고한 관습과 뉴턴의 불변 법칙 사이에 놓여 있음을 보여 준다. 뉴턴의 우주에서처럼 키튼의 우주에서도 초기 조건은 뒤에 이어지는 행동을 결정짓는데, 키튼의 경우에 그것은 원양어선의 배치도나 열차 선로의 경로와 같은 물리적인 조건에 머무르지 않고 약혼자가 어떤 자질을 갖고 있어야 하는지 마음을 정한 어떤 여자라는 조건으로 확장된다.

그녀가 제시하는 조건은 융통성은 없지만 변덕스럽지는 않다. 남자 친구가 군인이어야 한다거나 운동선수여야 한다는 것은 그녀 혼자만의 취향이 아니라 소속 공동체 내의 일반적인 기준이 반영된 것이며 남부 연합 시절의 남부인들이나 미국 대학의 학생들 사이에 널리 공유되고 있는 생각의 한 사례인 것이다. 그녀를 상대로 구애를 벌임과 동시에 버스터는 그녀가 대표하는 그 공동체에 진입하기 위해서도 애쓴다. 그녀가 그를 거부할 때 그것은 그를 싫어하거나 개인적인 취향 때문이 아니라, 괜찮은 여자라면 누구나 자신의 구혼자에게 적용해야 한다고 배운 기준에 따라 그를 심사했을 때 일반적인 합의에 의해 승인된 자질들을 결여한다고 보기 때문이다. 그녀와의 관계에서 버스터가 지닌 문제는 사적인 문제가 아니다. 그녀를 쟁취한다는 것은 모두의 동의를 얻는다는 것이며 마침내 인간적 유대 속에 자리하게 되는 것이다. 그는 방문객이며, 원주민인 그녀는 남자가 자기 부족의 규범을 만족시킬 때만 일종의 귀화증명서인 호의를 제공한다.

키튼의 첫 장편 영화 〈우리의 환대〉(그가 단지 배우로만 출연한 다른 감독의 장편 〈바보*The Saphead*〉[1920]와 세 개의 단편을 연결해 만든 장편 〈세 가지 시대*The Three Ages*〉[1923]는 제외했다)는 흥미로운 방식으로 대부분의 다른 영화들과 차이를 갖는다. 그것은 남북 전쟁이 있기 30년 전쯤 옛 남부의 시골 세계, 기계화가 이제 막 출현하기 시작한 시대가 배경을 이룬다. 남부의 유산을 물려받기 위해 버스터는 뉴욕에서 기차를 타고 남부로 향하는데, 이 기차는 개가 옆에서 보조를 맞출 수 있을 정도로 느리고, 말 안 듣는 당나귀가 길을 막으면 이 동물을 우회하기 위해 선로를 옮겨야 할 정도로 원시적인 수준이다. 이 선로는 〈제너럴〉의 선로처럼 행동 경로를 결정할 만한 것이 못 된다. 〈제너럴〉과는 대조적으로 〈우리의 환대〉 속 기계들(기차, 발사되지 않는 총)은 상당히 비효율적이다. 폭포수에서의 구조용 추조차 자연의 완력으로부터 여자를 낚아채는 것만 겨우 할 수 있게 해 주는, 임시방편으로 만든 장치다. 버스터와 여자 사이의 관계도 〈우리의 환대〉에는 다른 방식으로 묘사돼 있다. 월터 커가 주장한 것처럼 어쩌면 그녀를 연기한 배우가 키튼의 실제 아내 내털리 탈매지였기 때문인지도 모르겠다. 그녀는 어떤 경우에도 버스터에게 곤경을 일으키지 않는다. 그녀는 기차에서 그를 처음 만날 때부터 적극적이다. 목적지에 도착해서도 자기 집에서의 저녁 식사에 그를 초대한다. 그리고 자신의 아버지와 오빠들이 저녁 식사에 온 버스터를 죽이려고 했던 것을 알게 된 후에 버스터의 편에서 그들에 맞서 싸운다.

그들이 버스터를 죽이려는 이유는 개인적인 것이 아니다. 그들은 버스터가 마을에 도착하기 전까지 그가 누군지도 몰랐다. 하지만 그가 그들 가문과 오랫동안 갈등 관계였던 다른 남부 가문의 상속자임을 알게 되었고, 이제 그가 나타났으니 갈등을 재개해야 한다고 생각한다. 갈등의 규칙에 정해져 있는 것이기 때문에, 그들은 컨벤션에 따라 그를 공격한다. 그러나 그가 손님으로 와 있는 동안 그들은 다른 컨벤션에 의해 그를 죽일 수 없도록 돼 있다. 남부의 접대 법칙에 따라 그를 환영해야 하고, 최상의 예의로 그를 대해야 하고, 그에게 푸짐한 식사를 제공해야 한다. 심지어 밤에 폭풍우가 몰아치자 하룻밤 재워 주기까지 한다. 그런 상황에 놓인 버스터는 그들의 지붕 아래 있는 한 자신이 안전할 것임을 눈치채고 날씨를 핑계로 더 오래 머무르려 한다. (대부분의 코미디언들이 그런 상황에서의 무지를 더 많이 이용하려 하지만, 키튼은 특이하게도 자기 캐릭터가 곧 그 상황을 인식하도록 하고 그 인식이 제공하는 전략을 구사한다.) 그가 집 밖으로 나오는 순간, 잘 대접받고 있던 손님은 불구대천의 원수가 되고, 환대는 중단되며, 컨벤션의 자동적인 지시에 따라 갈등 관계가 상황을 관할하게 된다. 버스터의 편에 서서 자기 아버지와 오빠들에게 항변하는 그녀의 그를 향한 사랑은 아버지와 오빠들의 공식화된 행동에 어떤 변화도 일으키지 못한다. 그들은 심지어 버스터가 그녀를 구한 뒤에도 그를 죽이려 들고, 그녀와 버스터가 방금 결혼한 것을 알게 된 후에야 그러기를 멈춘다. 이 시점에서 갈등의 컨벤션은 마음을 따뜻하게 하는 감상이 아니라 결혼을 통한 가문 입성이란 또 다른 컨벤션에 의해 대체된다. 〈우리의 환대〉의 목가적인 산업화 이전 옛 남부에서 버스터는 정교한 기계와 갈등하는 것도 아니고 사랑을 주저하는 여자와 갈등하는 것도 아니다. 하지만 거기에서도 완강한 자연적 힘들과 엄격한 사회적 관습의 연합이 〈항해자〉의 배보다 훨씬 가차 없는 거대한 비인격적인 장치를 형성한다.

〈우리의 환대〉의 남부를 〈말 없는 사나이*The Quiet Man*〉(1952)에서 존 포드가 그린 아일랜드와 비교하는 것이 유익할 수도 있겠다. 〈말 없는 사나이〉도 전통적인 공동체에서 외부인이 겪는 어려움에 관한 코미디다. 포드의 주인공(존 웨인)이자 아일랜드 마을에 살러 간 한 미국인은 가문 간의 갈등처럼 엄청난 위협을 받고 있지는 않지만, 그의 상황은 남부에 간 뉴요커 키튼의 그것과 어느 정도 닮은 점이 있다. 각각의 경우에 주인공은 그가 태어난 시골에, 어릴 적 이후로 가본 적이 없는 곳으로 되돌아온다. 그곳에 정착하려는 마음을 갖고, 그곳이 전원적일 것이라 기대하면서 말이다. 두 영화 모두에서 자연적인 아름다움으로 생생히 빛나는 그곳의 겉모습은 처음 보기에는 그 기대에 부응하는 것 같지만, 외부인들은 곧 실망하게 된다. 버스터처럼 존 웨인이 연기하는 인물도 그 지방 여자(모린 오하라)와 사랑에 빠지는데, 그녀도 그를 사랑하긴 하지만 그녀의 가족은 그가 싸워야 하는 상대다. 그녀의 큰오빠는 그를 혐오하며, 아일랜드 전통에 따르면 이 오빠의 허락 없이는 그녀는 결혼할 수 없다. 곤경은 그 커플이 결혼한 뒤에도 지속된다. 큰오빠는 자신이 그들의 속임수에 넘어가 결혼을 허락했다는 것을 알고 신부의 지참금을 주지 않는 방법으로 보복하는데, 그 지참금은 미국인에게는 아무것도 아니지만 아일랜드 여자에게는 그것 없이는 정식 아내가 될 수 없다고 여겨지는 어떤 것이다. 나아가 그녀는 그가 정식 남편이 되기 위해서는 자기 오빠에게 맞서 싸워 자기에게 지불되기로 돼 있던 지참금을 얻어 냄으로써 자신과 마을 전체에 그가 가진 패기를 증명해야 한다고 생각해서, 그가 이를 완수할 때까지 남편에게 자신을 허락하지 않는다. 요약하자면, 아내가 컨벤션의 패러다임을 요구한다는 측면에서 〈우리의 환대〉의 여성보다는 보통 키튼의 영화 속 여주인공들과 비슷하게 행동하는 〈말 없는 사나이〉의 플롯은 키튼 영화의 플롯과 비슷하게 보인다. 그러나 이런 소재에 대한 포드의 관점은 키튼이 이런 소재를 다루는 방식과는 현저히 차이가 난다. 〈말 없는 사나이〉는 훌륭한 전통적 코미디, 즉 사회적 질서를 우리 모두가 그것과 충돌한다고 해도 그런대로 괜찮은 것으로 보여 주는 부류의 코미디다. 〈우리의 환대〉는 그와는 다른 어떤 것이다.

〈말 없는 사나이〉의 남편은 나름대로 타당한 이유에서 여자의 오빠와 싸우지 않으려고 한다. 그는 미국에서 프로 권투선수였으며 링에서 상대 선수를 죽게 한 일이 있어 다시는 누구와도 싸우지 않겠다고 스스로에게 다짐했던 것이다. 그는 아일랜드가 자신이 말 없는 사나이로서 살아갈 수 있는 평온한 안식처가 되어 주리라 생각했다. 하지만 그의 아내는 사적이라고만은 할 수 없는 이유에서 이런 상황에서는 그가 싸워야 한다고 생각한다. 더군다나 거기에는 그녀의 자존감, 이웃들의 존중, 그들의 공적 평판이 걸려 있다. 결국 그가 마음을 바꿔 그녀의 오빠와 싸울 때, 포드는 이 긴 싸움 시퀀스를 마을 사람 모두가 참여한 축제에서의 춤처럼, 아일랜드의 공동체에 들어간 미국인의 신고식처럼 다룬다. 포드의 관점에서는 사적인 이유보다 공적인 이유가, 아일랜드에 대한 미국인의 낭만적 관념보다 그곳에서 그가 이웃과 더불어 살아간다는 현실이 더 중요한 것이다. 그가 공동체적 전통, 인간적 상호 작용의 기존 형식을 받아들인 뒤에야 영화는 우리에게 그 아름다운 곳에서의 그의 삶이 행복할 것이라 확언한다. 그렇게 포드는 공동체적 의식을 개인의 개성 위로 승격시킨다. 이는 남부적인 환대 의식과 가문 간 반목을 부조리한 관습으로 제시하는 키튼과는 상반되는 것이다.

하지만 키튼은 자기 캐릭터에게 그런 부조리한 의식에 적응하는 것 외에 다른 선택지를 주지 않는다. 포드의 아일랜드만큼이나 아름다운 그곳에서의 삶은 그곳에 사는 사람들의 전통에 대한 순응을 필요로 한다. 이런 전통은 앙숙 가문의 일원에게는 살인적인 것일 수도 있지만, 그런 경우를 제외하면 충분히 관용적인 것이며 결혼 뒤 화해가 이루어지고 나서는 잘 알려져 있는 남부에서의 전통적인 삶이 주는 편안함과 쾌적함까지 누리게 해 주는 것이다. 어떤 경우에든 그것은 완고한 주민들에 의해 엄격히 시행되고 있는 그 땅의 법칙이며 그곳에 정착하려는 자는 누구든 그것을 따르지 않을 수 없다. 〈우리의 환대〉에서든 다른 어떤 영화에서든 키튼은 공동체를 선망한다고 말할 수 있다. 그가 보기에 공동체의 관습은 기계적 결정주의의 사회적 등가물, 복잡하고 임의적이지만 그런데도 모두가 아무런 이의 없이 수용하는 불가사의한 법칙과도 같다. 그러나 버스터에게 저항이나 도피에의 시도는 생각조차 할 수 없는 것이다. 누가 그의 저항을 알아주기라도 할 것인가? 어디서 그보다 더 마음에 드는, 그가 도망할 만한 곳을 발견할 수 있단 말인가? 그는 주어진 상황 속에서 최선을 다해야 하며, 그러지 않는다면 치유할 수 없는 고독이란 끔찍한 앞날을 마주해야 한다. 그래서 비록 키튼은 결코 공동체를 개인 위에 두진 않지만 여전히 포드처럼 그 개인의 유일한 은신처로서 제시한다.

키튼이 세운 기계적 체계와 인간의 행동 사이의 등식은 두 가지 개그에 의해 명료하게 묘사된다. 하나는 〈제너럴〉에서 철도 차량과 관계된 개그이고, 다른 하나는 〈스팀보드 빌 주니어〉에서 여자와 관계된 개그인데, 둘 다 같은 아이디어를 이용한 것이다. 〈제너럴〉에서 북부군을 뒤쫓는 버스터의 추격전 내내 그의 길에는 다양한 장애물들이 놓여 있으며 그중에는 도난당한 기차에서 떨어져 나온 화물 차량도 있다. 버스터는 선로를 바꾸어 그 차량을 대피 선로로 옮기며 자신이 문제를 해결했다고 생각하고는 다른 일로 주의를 돌리는데, 그러다 보니 그 차량이 놓인 대피 선로가 곧 주 선로와 다시 합쳐진다는 것은 알아채지 못한다. 다시 고개를 돌렸을 때 그는 대피 선로로 옮겨놨다고 생각했던 그 차량이 다시 자기 앞에 와 있음을 발견하게 된다. 하지만 여력이 없고 다른 긴급한 문제들도 많아 그 차량을 다시 외면하는데, 이번에는 북부군

이 장애물로 선로에 놓아둔 통나무 때문에 그 차량이 탈선하는 바람에 그 문제가 해결됐음을 보지 못한다. 그가 다시 고개를 돌렸을 때, 불가사의하게 되돌아와 있던 차량과 마주할 준비가 돼 있었던 그는 그것이 역시 불가사의하게 사라져 버렸음을 확인하게 된다.

〈스팀보트 빌 주니어〉의 개그도 비슷하게 나타남과 사라짐을 이용하지만, 이번에는 물리적 운동 법칙을 따르는 사물에 의해서가 아니라, 인간적 감정을 따르는 여인에 의한 것이다. 이는 버스터가 보스턴행 기차를 타러 가는 길에 그녀를 마주칠 때 일어난다. 아버지와 그녀 모두와 소원해진 그는 그 강가의 마을에 그가 남아 있어야 할 이유는 전혀 없다고 결론을 내린 상태다. 하지만 그녀를 만나게 된 그는 잠시 멈춰 그녀가 자기 말을 들어 줄 거라 생각하며 자신 없는 표정으로 눈을 내리깐 채 그녀에게 설명하기 시작한다. 그래서 그는 그녀가 자신을 무시하기로 작정하고 그를 지나쳐 어떤 건물로 들어가 버린 걸 보지 못한다. 그가 앞을 봤을 때 거기에는 그녀의 어떤 흔적도 남아 있지 않다. 어리둥절해진 그는 자기 갈 길을 가고, 이번에는 건물에서 나온 그녀가 더 이상 그를 무시할 생각은 없지만 그를 부르기는 망설이면서 어느 정도 거리를 둔 채 자기 등 뒤에서 자신을 따라오고 있음을 보지 못한다. 그는 그녀가 뒤에 있음을 모르고, 그의 앞에는 심지어 그녀를 더 이상 생각하지 못하게 할 만큼 예기치 못한 어떤 일이 벌어진다. 그의 아버지가 감옥에 갇힌 것이다. 그런 상황에서 마을을 떠날 수 없으며 그곳에 남아 아버지를 도와야겠다고 결심한 버스터는 뒤로 돌아 집으로 향하는데, 이에 그의 뒤에 있던 그녀도 어쩔 줄 몰라 하며 뒤로 돈다. 이것은 그의 눈에는 그녀가 그에게 등을 돌린 모습으로 갑자기 다시 나타나 황급히 멀어지고 있는 것처럼 보인다. 그녀의 심리는 철도 차량의 물리학만큼이나 우리에게 자명해 보인다. 하지만 두 경우 모두에서 그 장면을 작동시키는 기제는 버스터에게는 보이지 않으며, 눈에 보이는 겉으로 드러난 것만을

〈제너럴〉과 〈스팀보트 빌 주니어〉의 동일한 시각적 개그: 철로로 되돌아오는 열차 차량, 버스터를 따라가는 소녀.

마주했을 때 그가 느끼는 당혹감을 우리는 짐작할 수 있다. 그런 느낌은 어떤 것들이 우리 눈앞에 특정한 방식으로 나타나게 하는, 일반적으로 보이지 않는 당혹스러운 경로를 통해 전달된다.

감독으로서의 키튼 특유의 시각적 전략에 따라, 대피 선로로 옮겨진 차량의 전체 작동 경로, 즉 그 차량이 주 선로와 평행하게 달리다 합쳐지게 되는 과정은 계속되는 트래블링 숏의 후경에 보이게 되고, 전경에서는 그동안 내내 엔진에 연료를 넣느라 다른 데 신경 쓸 겨를이 없는 버스터가 보인다. 이런 딥 포커스의 사용은 차량의 궤적과 버스터의 부주의의 근거를 동시에 모두 드러내고 있는 와중에 우리 또한 우리 주변에 무엇이 중요한지 놓치기 일쑤라는 느낌을 전달한다. 차량은 바로 거기에, 그의 뒤에 우리에게 보이도록 놓여 있으며, 만일 그가 고개만 돌렸더라도 돌아가는 상황을 충분히 알 수 있었을 것이다. 그 차량은 분명히 보이도록 돼 있긴 하지만, 우리 시야에 겨우 들어올 정도로만 후경의 상당히 먼 곳, 거의 스크린 끝에 놓여 있다. 우리는 카메라 각도가 조금만 달랐더라면 우리도 그 결정적 세부를 쉽게 놓쳤을지 모른다고 생각하게 된다. 〈스팀보트 빌 주니어〉에서도 비슷한 딥 포커스 사용에 의해 숏의 후경에는 버스터를 몰래 따라가고 있던 여자가, 전경에는 역시나 다른 데 정신이 팔린 버스터가 보인다. 두 경우 모두에서 키튼은 자신이 연기하는 캐릭터에게 보이지 않는 것을 우리에게 보여 주기 위한 컷을 쓰지는 않는다. 대신 그는 그것이 같은 숏 안에서 드러나게, 마치 카메라가 우연히 포착한 것처럼 보이게 한다. 차량이든 여자든 그것을 더 가까이에서 보는 시점으로 전환하는 컷은 우리에게 이것이 극 중 인물들은 어둠 속에 남겨져 있는 동안 구경꾼인 우리에게만 특별히 주어진 중요한 정보라고 귀띔하는 것과도 같다. 그런 컷은 전지적 시점이 주는 안온함, 우리가 버스터는 모르는 모든 관련 사실에도 접근할 수 있다는 우월감에서 나오는 편안한 느낌을 불러일으켰을 것이다. 키튼의 영화에서,

〈제너럴〉. 북군이 행군하고 있을 때 나무를 자르는 버스터.

우리는 키튼보다 많은 것을 보긴 하지만, 어디를 봐야 하는지 또 무엇을 봐야 하는지의 어려움에 대한 인식을 계속 그와 공유하게 된다.

아마도 〈제너럴〉에서 가장 유명하며 그동안 받은 찬사에 걸맞게 세월이 지나도 아름다운, 이 영화의 또 다른 개그 역시 중요한 일이 벌어지고 있는 후경과 버스터가 다른 데 신경 쓸 수 없을 만큼 바빠 보이는 전경 간의 대위법에 의지하고 있다. 이번에 버스터가 알아차리지 못하는 것은 중요한 세부 이상의 것이다. 그의 뒤로 처음에는 후퇴하는 남부군 전체가, 다음에는 진격하는 북부군 전체가 왔다 갔다 하고 있는데, 그동안 버스터는 도난당한 열차를 추격하는 가운데 그들과 반대로 움직이면서 연료로 쓰기 위해 패고 있는 장작에만 눈을 두고 있다. 인정컨대 자기 주변에서 군대가 왔다 갔다 하는 걸 놓치기란 쉽지 않은 일이며, E. 루빈스타인도 이 영화에 관한 귀중한 논문에서 이를 버스터의 "노동에의 근시안적 몰두"를 보여 주는 사례로 부르고 있다.[100] 하지만 북부군 침입자들로부터 자신의 기차를 되찾기 위해 혼자 애쓰는 버스터의 노동은 헤라클레스의 그것만큼이나 엄청난 것이다. 그가 해야 하는 모든 일들로 미루어 볼 때 나는 그가 주변의 시골 풍경을 자세히 둘러볼 시간이 없다는 점에서 '근시안적'인 것은 아니라고 생각한다. 그가 결국 하던 일을 잠시 멈추고 고개를 들어 주변의 적군 부대를 보게 됐을 때, 그는 우리가 군대의 움직임을 주시하던 그의 뒤쪽을 먼저 보지 않는다. 대신 그는 자기 앞을 응시하며, 거기에도, 그의 시점 숏이 이제 보여 주듯, 군대가 있다. 그가 언젠가는 발견하게 되리라고 우리가 예상했던 것은 그의 뒤에 있는 군인들의 존재였다. 그의 앞에 있는 군인들의 존재에 대해서는 우리도 이제야 발견하고 놀라게 된다. 물론 그가 더 많이 놀라기는 하지만 그의 발견은 우리의 발견 순간과 동시에 일어나며, 그는 우리가 이미 알고 있던 게 아닌 어떤 것을 찾아낸다. 그의 시점이 제한적이라면 우리의 시점도 마찬가지임을 보여 주는 이 대목은 잊기 힘들다.

이 장면에서 다른 감독이라면 그러지 않았겠지만, 키튼은 우리에게 다른 쪽을 보여 주기 위해 컷을 한다. 영화에서 표준적인 양식은 카메라를 최대한 행위가 벌어지는 쪽에 두는 것이다. 드라마의 설명을 위해 반드시 필요한 것이 아닌 이상, 카메라의 방향을 바꾸는 것은 쓸데없는 혼란을 낳는다고 여겨진다. 이 장면에서 버스터 앞에 있는 군대는 우리가 예상치 못한 순간에 나타나지만 플롯상의 변화를 가져오지 않는다. 이를테면 그들은 버스터를 도와주러 온 남부군이 아니다. 그러므로 대부분의 감독들은 정면의 군대 숏을 생략했을 것이고 키튼이 뒤를 돌아봄으로써 우리가 이미 알고 있는 사실을 그도 발견하도록 만들었을 것이다. 키튼의 컷은 어떤 드라마적 목적에도 도움이 되지 않는다. 그것은 차라리 이 세계가 우리가 볼 수 있는 만큼보다 항상 더 큰 것임을 상기하는 역할을 한다. 키튼이 더 자주 하는 일은, 대피 선로의 차량이나 그의 뒤를 밟는 여자를 보여 줄 때처럼, 대부분의 감독들이 컷을 할 법한 곳에서는 컷을 하지 않는 것이다. 어느 경우든 그의 방법은 같은 원칙에 따른다. 그는 카메라의 통상적인 역할, 카메라가 어디를 봐야 할지 정확히 알고 있는 관찰자이며, 영화의 매 순간 가장 중요한 부분이 어디이고 이 순간 이 세계에서 우리가 봐야 하는 부분이 어딘지 우리 대신 선별해 줄 수 있는 초차연적인 능력을 타고났다고 보는 관습적인 생각을 거부한다. 카메라를 행위가 일어나는 쪽에 두는 것은 우리에게 반대편의 의미를 무시하고 카메라의 뒤에 숨겨져 있을지 모를 군대의 또 다른 절반 같은 것은 전혀 중요하지 않다고 확신하도록 만든다. 중요한 세부를 더 가까이에서 보여 주기 위한 컷도 카메라는 중요한 것이라면 놓치지 않을 것임을 암시하며 우리를 안심시킨다.

히치콕 같은 감독이 극 중 인물 중 누군가의 시점 숏만으로 카메라의 시야를 제한할 때는 우리 시각의 한계가 우리의 한계라는 느낌을 받지 않는다. 그 한계는 극 중 인물의 한계에 귀속되기 때문이다. 숨겨진 정보는 우리 아닌 다른 누군가의 앎의 구멍일 뿐이며, 우리에게 그 정보가 어떤 시점까지 드러나지 않은 것은 드라마적 효과를 위해 우리가 수용해야 하는 전제다. 히치콕의 영화에서 카메라는 전지적이지는 않더라도 여전히 다 알고 있는 관찰자의 지위를 부여받은 것이며, 그 관찰자가 의도적으로 채택한 한 인물의 시점은 플롯 전개에 꼭 필요한 것으로 받아들여진다. 키튼의 영화에서 우리에게 그의 캐릭터보다 더 많은 것을 아는 것이 허용되긴 하지만, 동시에 우리 시각의 한계를 의식하도록 돼 있다. 그래서 우리는 그것을 다른 누군가의 탓으로 돌릴 수 없고, 우리가 벗어날 수 없는 인간적 유한성을 탓할 수밖에 없다. 만일 버스터가 자기 뒤통수를 보지 못한다면 우리도 우리 뒤통수를 볼 수 없다. 영화관에서 우리는 카메라의 움직이는 기계적 눈을 통해 볼 수 있지만, 키튼의 카메라의 눈은 이 세계 속에서 우리의 존재가 갖는 유한성을 함께 짊어지고 있는 것처럼 보인다.

키튼처럼 히치콕도 종종 아주 위험한 환경에서 스스로 살아남아야 하는 인물들을 다룬다. 결과의 차이(코미디적 요소들이 담긴 서스펜스와 반대로 서스펜스의 요소들이 담긴 코미디)는, 히치콕의 카메라는 우리에게 인물과의 동일시를 부추기는 방식의 일종인 반면 키튼의 카메라는 우리가 언제든 웃을 수 있도록 준비된 마음 상태에서도 인물과 거리를 두도록 한다는 점에 부분적으로 기인한다. 하지만 키튼의 카메라는 히치콕의 카메라보다 심오한 방식으로 이 세계 속 캐릭터의 자리를 공유한다. 캐릭터의 시점을 취하지 않을 수도 있고 캐릭터가 지닌 한계의 세부가 명시되지 않을 수도 있지만, 키튼의 카메라는 그의 한계 조건을 공유한다.● 히치콕은 캐릭터가 어려움을 겪는 내내 카메라를 통해 누가 더 많이 아는가 하는 게임을 벌인다. 캐릭터는 허둥지둥할 수 있지만, 감독은 한순간도 망설이지 않고 영악하게 움직이며, 우리에게 그가 원하는 반응을 불러일으키는 것이다. 키튼의 영화 테크닉 구사력은 히치콕만큼이나 능숙하지만, 그의 카메라는 히치콕의 카메라가 지닌 권능을 거부한다. 그는 카메라를 다 아는 관찰자로서 다루기보다 알 수 없는 차원에 있는 미지의 영역에 당도한, 그곳의 모든 것을 볼 수는 없으며 어떤 중요한 것을 놓칠 수밖에 없는 탐험가로서 다룬다. 처음 보는 풍경에 어리둥절해하면서도

●   스탠리 카벨은 이렇게 쓴다. "나는 버스터 키튼이, 가령 〈제너럴〉에서처럼," "인간의 한계에 대한 이런 엄청난 각성의 수용을 예시한다고 본다. 언제라도 우리의 평면도 속에 심연이 열릴 수 있다는 사실도 부정하지 않으면서, 동시에 그런 열린 가능성에도 불구하고, 체념한 영혼이라면 선을 통해서, 그렇지 않다면 영원한 희망을 안은 채, 의연하게 살아갈 수 있다는 가능성도 부정하지 않으면서 말이다. 사랑에 대한 그의 능력은 이런 앎을 회피하지 않고 정면으로 바라본다. 그는 훨씬 소중한 무언가다. 그는 쉽게 내동댕이칠 수 없는 것이다. 그는 이 불확실한 세계에서 경계심의 필요성과 인간 의식에 필수적인 한계 모두를 포함하고 있다. 우리가 아무리 열심히 응시한들 우리 등 뒤에는 무언가가, 의심의 여지가 있기 마련인 것이다." Stanley Cavell, "What Becomes of Things on Film?" in *Themes out of School: Effects and Causes* (San Francisco: North Point, 1984), 175.

그 안에서 자신의 장소를 찾으려 분투하는 방문자. 키튼의 카메라는 그 방문자와 동등한 자리에 놓인다.

그렇다고 키튼의 카메라 작동이 서투르거나 두서없다고 여겨져서는 안 된다. 나는 그것의 독보적인 우아함, 기하학적 정교함을 강조하고 싶다. 이를테면 〈셜록 주니어〉에서 순진한 형사 지망생 버스터가 용의자를 한 발짝 뒤에서 쫓아가다 그에게 걸려 넘어질 뻔할 정도로 열심히 추격할 때, 카메라 또한 그 캐릭터의 외골수적인 심성을 완벽히 반영하면서 코믹함을 배가시키는, 민첩하고도 매끄러운 트래블링 숏을 통해 그를 착실히 따라간다. 또 하나의 유려한 트래블링 숏인 앞서 말한 〈제너럴〉의 초반에 나오는 숏 중 하나를 떠올려 봐도 좋다. 버스터는 후경의 군인들을 눈치채지 못한 채 장작을 패는 데 여념이 없다. 이 숏들에서 카메라는 버스터와 같은 방향으로, 군인들과는 반대 방향으로 움직인다. 첫 번째 숏에서는 그러나 카메라가 그와 보조를 맞추지 못해 그가 카메라를 추월하는 것처럼 보인다. 그는 프레임 안으로 들어와 숏을 가로질러 그 너머로 사라지면서, 카메라는 애초에 카메라가 예기한 것보다 더 빨리 적군의 영토 속에 뛰어들게 된 그의 의도치 않은 대담함을 보여 주게 되는 것이다.

키튼은 직관적이라고밖에 할 수 없는 방식으로 자신의 목적에 아름답게 부합하는 독창적인 영화적 스타일을 만들어 낸다. 그의 딥 포커스와 롱 테이크에 대한 애호와 클로즈업의 기피, 컷의 축소는 그리피스의 편집과 에이젠시테인의 몽타주를 공부한 그의 동시대 감독들이 선호하지 않은 방식이었지만, 앙드레 바쟁의 반몽타주 주장이 막대한 영향력을 발휘했던 1960년대에 영화 비평가들이 그의 영화들을 재발견하도록 이끌었다. 실로 키튼의 작품은 르느와르나 안토니오니 같은 후대의 감독들의 작품과 유사한 기법들을 사용했다는 것 이상으로 유사한 면을 지니고 있다. 르느와르와 안토니오니도 대답을 끌어내기 위해서가 아니라 이 세계를 탐사하기 위해 카메라를 이용했다. 그러나 키튼의 영화는 감독의 영화인 만큼 배우의 영화이기도 하다는 점에서 다른 두 사람의 영화와 다르다. 키튼의 탐사는 합동 작전, 즉 그의 캐릭터와 카메라가 함께 벌이는 모험이라고 말할 수 있다. 키튼이라는 배우가 능수능란하게 곡예를 부리듯 키튼이라는 감독도 능수능란하게 숏들을 만들어 내지만, 어느 쪽이나 불확실한 상황에 대처해야 하는 불안한 상태에 있는 것처럼 보인다.

키튼과 채플린은 모두 위대한 배우이자 감독이며, 그들의 작품에서 배우와 감독은 한 몸이다. 두 사람 다 아주 어린 나이(키튼은 세 살 때부터 양친의 보드빌 공연에 섰다)에 연극, 그것도 대중 연극을 시작했다. 영화에서 연기를 중단시키는 컷과 같은 것이 절대 허락되지 않는, 완결적 공간인 연극 무대에서 연기 경험을 쌓은 뒤 영화로 넘어온 그들은 배우의 연속성에 대한 존중과, 편집자의 가위에 대한 경계심을 갖고 있었다. 영화감독으로서 자신이 가진 재능을 통해 그들은 배우의 온전한 공간을 스크린 위에서도 보존하기 위해 노력했다.

편집에 의한 단절 때문에 영화배우가 느끼게 되는 불편함은 〈셜록 주니어〉의 한 멋진 시퀀스에 잘 나타나 있다. 극장 영사 기사로 일하던 중 잠에 든 버스터가 스크린을 향해 다가가다가 상영 중인 영화 속으로까지 들어가게 되는 꿈 장면이다. 그것은 마치 키튼이 D. W. 그리피스가 감독한 영화 속으로 들어갔지만 그걸 무척이나 싫어하는 장면처럼 보인다. 무대는 갑작스러운 컷에 의해 계속 바뀌고, 그는 컷들이 자신을 한 숏에서 다음 숏으로 막무가내로 실어 나르는 가운데 스크린상에선 같은 자리에 같은 모습으로 계속 남아 있다. 그가 자신을 도심 차량들 사이에서 발견할 때도, 혹은 산속이나 파도가 거친 바다에서, 혹은 정글

속 맹수들에 둘러싸인 채로 발견할 때도 그의 연기는 이어지고 있다. 이 시퀀스는 키튼의 영화에서 반복적으로 나타나는 방문객의 특수한 상황을 보여 준다. 여기에서 그는 지구상의 어떤 곳이 아니라 다른 사람의 영화, 그와 이질적이며 그의 연기에 통일적인 공간을 허락하지 않는 스타일의 영화 속에 도착한 방문객이다.

스크린 위에 배우를 위한 통일된 공간을 확립한 점에 있어서는 채플린이나 키튼이나 비슷했다. 채플린의 독보적인 팬터마임은, 예를 들면 〈순례자 *The Pilgrim*〉(1923)에서 다윗과 골리앗에 대해 가짜 설교를 늘어놓을 때나 〈황금광 시대〉에서 빵을 들고 짧은 춤을 선보일 때에 볼 수 있듯, 통일된 공간 속에서 펼쳐지며, 카메라는 그를 편집의 단절 없이 바라본다. 키튼 역시 통일된 공간에서 복잡한 곡예를 선보임으로써 그것이 편집실에서 만들어진 속임수가 아니라 실제의 기예임을 우리에게 설득시킨다. 그러나 채플린의 통일된 공간과 키튼의 통일된 공간은 서로 다른 종류의 것이다. 채플린의 공간은 온전성을 지니고 있다는 점에서만이 아니라 그 외곽의 경계가 구획된 것으로 지각되는 닫힌 공간이라는 점에서도 연극 무대를 연상시키는 것이다. 거짓 설교가 벌어지고 있는 연단이나 빵들이 춤추고 있는 식탁처럼 말이다. 그 영역의 크기는 매번 달라질 수 있지만 그것의 경계는 늘 확실히 표시돼 있으며 인물의 행위는 그 씬의 지속 시간 동안 그 경계를 거의 넘어서지 않는다. 그와 달리 키튼의 행위는 대개 그 크기가 한정돼 있지 않은 장 전체에 걸쳐 펼쳐진다.

스튜디오나 적어도 약간은 양식화된 세트에서 촬영을 하는 채플린의 방식은 이런 닫힌 공간의 느낌에 부분적으로 기여하고 있다. 물론 스튜디오에서도 훨씬 더 큰 영역의 환영을 만들어 낼 수 있지만, 채플린의 세트는 연극 무대의 세트만큼이나 제한된 공간으로 느껴진다. 실제 로케이션의 사용도 키튼의 영화에서 우리가 보는 열린 공간의 느낌을 제공하진 않는다. 실제 로케이션도 연극 무대의 배경막처럼 다루어질 수 있으며 사실 채플린은 때때로 그렇게 한다. 하지만 키튼은 주변 환경을 제대로 활용하고 우리에게 스크린이 실제 공간의 차원을 포괄하기란 거의 불가능함을 지각하게 하는 몇 안 되는 감독 중 하나다. 무대 장치 외에도 채플린과 키튼은 그들이 거주하는 공간의 기본적 속성에서도 다르다. 채플린의 영화에서 그 공간에 상응하는 것은 연극 무대이며 키튼의 영화에서 그 공간에 상응하는 것은 이 세계다.

두 경우 모두에서 배우의 공간은 그가 연기하는 캐릭터에 부합한다. 로버트 워쇼는 이렇게 썼다.

채플린의 부랑자는 비정하고 천박한 사회 속에서 살아가는 심성이 바르고 교양이 있는 개인을 재현한다. 그 사회는 오로지 이익의 추구와 이익을 가져다주는 추하고 비인격적인 기구의 보존 이외에는 별 관심이 없다. 반면 그 부랑자의 관심은 인간적인 관계 맺음과 사회적 은총을 실천하는 것이다. 무엇보다 그 부랑자는, 자신의 행동을 통해 품위와 인간성의 어떤 기준을 유지하려 한다는 점, 삶의 위엄를 유지하고 삶이 정서적으로나 미학적으로 만족스럽도록 만들려 한다는 점에서 불운에 처한 귀족과도 같다.[101]

그렇다면 그 부랑자는 남다른 사람, 그가 속한 사회로부터 오해되고 거절당한 예외적 개인, 그 사회에서의 부적격성이 그의 개인적 우월성과 고매한 관심을 강조해 줄 뿐인 더 나은 인간인 것이다. 비록 채플린의 영화가 사회적 저항과 변화에의 호소를 담고 있긴 하지만, 그는 그의 캐릭터를 혁명적인 인물로 제시하지 않는다. 부랑자는 사회의 제약 속에서 활동하는 캐릭터이기에 그 사회에 반하는 어떤 행동을 취하기 힘들기 때문이다. 나아가 그는 가난한 자들과 연대하기에는 너무 배타적이며 그들의 전형으로 인식되기에는 너무 단독적이다. 우리는 부랑자가 자신을 뛰어넘어 할 수도 있는 것 혹은 그가 상징하는 무언가 때문이 아니라, 그에게 내재한 인간적 자질 즉 그 인물 자체 때문에 그와 같은 편에 서게 될 것이다. 그가 가장 강력한 유대를 이루고 있는 상대는 영화 속의 다른 어떤 인물들보다도 우리 관객이다. 그는 우리에게 자신의 훌륭한 자질들과 그것을 알아보지 못하는 사회의 불의를 알아봐 달라고 암묵적으로 간청하면서 (루이즈 브룩스Louise Brooks의 표현을 빌리면) "일종의 극심한 고립 속에서" 우리와 소통하고 있는 것이다.● 가끔 그는 여자를 얻을 때도 있지만 그가 관습적인 구애를 벌여서 얻게 된 결과는 절대 아니다. 그가 그녀를 얻게 된 이유는 그녀가 우리와 마찬가지로 그의 개인적 가치를 알아보았기 때문이다. (부랑자가 끝내 백만장자가 되어 성공하는 유일한 영화인 〈황금광 시대〉에서도 이 같은 인물의 논리는 유지된다. 그는 스스로의 노력을 통해서가 아니라 우연히 그런 돈을 얻는다. 여인은 배에 오를 때 마주친 그를 벼락부자가 아닌 부랑자로 오인하며, 이 가난한 밀항자를 위해 그녀는 그의 표 값을 내주려고 한다.)

채플린이 자신의 캐릭터를 구현할 때 자기 외부의 공간은 전혀 필요로 하지 않는다고 말한다면 과장일 것이다. 텅 빈 무대 같은 것은 이 부랑자에게 어울리지 않는데, 그것은 이 인물이 채플린의 무대 장치가 함축적으로 환기시키는 외부 환경과의 관계 속에서 존재하기 때문이다. 그러나 채플린의 제한된 공간에서, 무대 설정은 그의 캐릭터에 엄격히 종속된 것이 되고, 사회 주변부에서 근근이 살아가는 그 조그만 남자는 스크린 위에서만큼은 모든 것의 중심에 있어야 마땅한 자신의 정당한 위치를 취득하게 된다. 고결한 인간성을 지닌 그에게 주어져야 하지만 그런 인간성을 위한 자리가 없는 사회에 의해 거절된 그 정당한 위치는, 이 조그만

● "영화라는 위대한 예술은 얼굴과 몸의 묘사적 운동으로 이루어져 있는 것이 아니라 일종의 극심한 고립을 통해 전달되는 생각과 영혼의 운동 속에 있는 것이다"(루이즈 브룩스. Kenneth Tynan, *Profiles*, ed. Kathleen Tynan and Ernie Eban [New York: HarperCollins, 1989], 436에서 인용).

남자에게 유리하도록 조성된 별세계, 즉 이 세계와 분리된 스크린 위에서 만큼은 그에게 허락돼야 한다고 채플린은 암시한다. 채플린이 보기에 저 천박한 세상에 오염되지 않은 그는 그의 특별한 자질을 제대로 보여 줄 수 있는 별도의 공간을 누릴 자격이 있다. 채플린의 부랑자와 달리 키튼 의 캐릭터는 이 세계 속의 한 장소를 원한다. 그것은 우리 마음속의 장소 가 아니며 특별한 장소라고 할 수도 없다. 다른 모든 이들의 장소와 같은 곳이다. 그렇게 버스터는 이 세계만큼 커 보이는 공간에서 거주하는데, 그는 주변 세상에 대해 조금도 우월한 위치에 있지 않다.

만일 이 사회가 자신의 부랑자를 수용하지 않는다면 채플린에게 그 것은 이 사회를 규탄하기에 충분한 이유가 된다. 채플린은 그의 캐릭터 의 개인적 자질들에 우리의 주의를 집중시키며, 그것을 냉담하게 폄하 하는 질서에 맞서 그 자질들을 옹호한다. 키튼이 그리는 이 세계는 비록 그의 캐릭터에 그렇게 적대적인 것은 아니라 해도 훨씬 비인격적이며 개 인의 고유성에 훨씬 무관심하다. 때때로 채플린의 부랑자는 유별난 존 재와 마주치게 된다. 〈이민자*The Immigrant*〉(1917)에서 그의 친구가 되려는 예술가와 같은 남자들, 아이, 여자나 〈시티 라이트*City Lights*〉(1931)에서 술 에 취해 있지 않을 때는 그를 내치지만 간헐적으로나마 그와 가깝게 지 내는 알코올 중독 백만장자처럼 말이다. 키튼의 세계에서는 누구도 정 해져 있는 행동 패턴을 벗어나지 않는다. 이런 개인이든 저런 개인이든 예외가 될 수 없으며 품성이 좋다고 해서 구애의 규칙에서 벗어나지도 않는다. 그리고 버스터는 상황이 달라질 것이라고 기대하는 법이 없다. 개별적 인격에 대한 배려는, 사과가 나무에서 떨어지는 것에 대해서만 큼이나 세상 사람들의 행동에 대해서 아무런 영향을 끼치지 못한다는 것을 알기에, 그는 이 세계의 자연화된 공식들을 받아들이고 자신을 그 공식들에 적응시키려 한다.

채플린의 부랑자는 영화 속 모든 이들로부터 거절당하고 혼자 있을 때조차 자신의 개인적인 호소의 수신자인 우리를 갖고 있다. 우리를 향한 그의 호소는 당연하게도 그가 속한 세상으로부터의 자신의 소외를 강조하지만, 자신의 호소가 주목받을 것이라는 채플린의 확신과 그에 따라 기존의 질서가 변화될 것이라는 그의 희망도 드러낸다. 버스터는 우리에게 아무런 관심도 없으며 늘 그렇듯 당장 해결해야 하는 어려운 과제에 정신이 팔려 있다. 그리고 추측건대, 우리를 포함한 누군가의 동정심을 얻는다고 해서 변할 것은 아무것도 없다고 확신하는 듯하다. (키튼이 독립성을 상실한 뒤 MGM에서 만든 첫 영화인 〈카메라맨*The Cameramean*〉[1928]에서 여자가 그가 불쌍하다는 이유로 그를 좋아하게 되는 순간 우리는 이 거대 스튜디오의 개그맨들이 키튼의 세계관을 변질시켰음을 알 수 있다.) 키튼의 우주는 규탄도 호소도 넘어서 있다. 만일 그의 우주가 개성을 수용하지 않는다 해도, 이의를 제기하는 것은 아무런 의미가 없다. 채플린의 부랑자는 무엇보다 자신의 개성을 전시하지만, 반대로 버스터는 자신의 개성이 일이 돌아가는 상황에 들어맞지 않는다고 여기며 최대한 억제하려고 한다. 그럼에도 불구하고 버스터도 개인적 감정을 갖고 있는데, 그건 갖지 않는 것이 나았을 것이며, 그래서 그도 그걸 드러내지 않으려고 한다. 그리하여 저 유명한 키튼의 얼굴, 결코 무표정한 것이 아니라 자신의 의지와 상반된 표정이 드러나고 마는 얼굴이 출현하는 것이다.

버스터는 호손이 〈웨이크필드〉에서 가차 없이 맞물려 움직이는 시스템이라고 묘사한 어떤 세계 속에서 스스로를 발견하고는 그렇게 돌아가는 상황 속에서 자기 자리를 찾으려 하며 결코 비켜서려 하지 않는다. 한 번의 한눈팔기로도 그를 둘러싼 세계와 더 이상 가망이 없을 만큼 어긋나 버릴 수 있다. 다른 사람들은 그 세계에 잘 적응하고 있다. 스포츠를 즐기고, 갈등을 빚고, 반복을 일으키고, 일상적인 일을 이제까지

해온 대로 침착하고 익숙하게 계속 이어 나간다. 그들이 이 세계에 속해 있는 것처럼 버스터도 이 세계에 속하기를 갈망한다. 하지만 그들은 이곳의 토박이들이며, 그들의 방법은 그에게는 굉장한 몰두를 요구하지만 아무리 노력해도 결코 그들처럼 유창하게 구사할 수는 없는 어렵고 복잡한 외국어와 같은 것이다. 키튼의 세계에 해당하는 그 거대한 기계에 진정으로 속하기 위해서는 생각 없는 기계의 효율성을 가져야 하는데, 그건 키튼이 잘할 수 있는 일이 아니다. 돌아가는 상황에 대처하려 할 때 그가 가진 최고의 무기인 곡예사의 비인격적 기술이 있지만, 그러나 그는 그것을 온전히 비인격적인 것으로 만드는 데 실패한다. 그의 육체적 움직임은 익스트림 롱 숏에서조차 알아볼 수밖에 없는 그만의 고유한 것이다. 그리고 그의 얼굴에서도 그의 생각과 감정은 마찬가지로 알아볼 수밖에 없는데, 텅 비어 있으려 하는 얼굴 위로 집요하게 나타나는 것이다.

배우로서의 키튼의 천재성은 자신의 얼굴을 거의 완전히 무표정하게 유지하면서도 미묘한 굴곡을 통해 자신의 내면을 생생히 표현하게 만들었다는 데 있다. 그의 커다랗고 깊은 두 눈은 그의 이목구비 중 가장 표현력이 빼어난 부위다. 그는 단순한 응시만으로도 갈망에서 불신에 이르는, 또한 어리둥절함에서 비애에 이르는 넓은 폭의 감정을 전달할 수 있다. 적절한 사례로, 〈셜록 주니어〉에서 버스터가 좋아하는 여자를 방문하는 장면이 있다. 그는 그녀에게 사탕 한 상자라는 관습적인 선물을 건네고, 그녀는 둘이 함께 앉아 있는 소파의 중간에 자기 손을 내려놓는 관습적인 몸짓으로 화답한다. 그런데 그녀의 화답에 마음이 두근거리긴 하지만 그녀의 손을 잡을 엄두는 못 내는 그는 쑥스러운 황홀감에 젖어 눈을 감는다. 그녀는 이를 보지 못하고, 카메라도 그것을 더 가까이에서 강조하지 않는다. 그것은 내밀한 순간이며 아주 짧게 그의 눈은 억눌린 격정을 무심코 드러낸다.

키튼은 자신의 환경으로부터 고립되지 않으려고 열심히 노력하는 인물을 묘사할 때, 당연하게도 클로즈업을 피한다. 하지만 다른 방법들을 통해 자기 캐릭터의 얼굴을 강조한다. 그가 종종 사용하며 그의 발명에 속하는 한 전략은, 화면의 중심에 버스터를 두고 거의 똑바로 카메라를 바라보고 있는 그의 얼굴을 부각시키는 롱 숏 혹은 미디엄 숏이다. 〈제너럴〉에는 그런 숏들이 많다. 버스터가 고개를 들어 주변의 군인들을 발견할 때, 혹은 그가 앞에 놓은 선로를 살피면서 다시 나타났던 차량이 사라진 것에 놀라 눈을 깜박일 때, 혹은 그가 남부 연합군에 입대하려는 원래 목표를 포기하고 자신을 거부한 징병관을 향해 상처받은 마음이 담긴 한마디, "전쟁에 지더라도 내 탓하지 마쇼"를 말할 때 등이 그러하다. 〈셜록 주니어〉의 마지막에 이르러 버스터와 여자는 그가 영화를 영사하는 업무 공간인 영사실에서 화해하게 되는데, 그녀에게 어떻게 다가가야 할지 모르는 그는 영화 속 연인들로부터 가르침을 얻으려 주기적으로 스크린을 보며 다음에 무엇을 해야 하는지 익힌다. 여기서도 영사실에 있는 키튼이 영사실 유리창을 사이에 두고 정면에서 찍혀 있으며, 화면은 그의 호기심 어린 응시를, 그리고 그가 도움을 얻으려고 보고 있던 영화가 키스와 결혼 생활의 중간 과정을 건너뛰어 버리자 그의 당혹스러워진 눈빛을 강조해 보여 준다.

이런 정면 숏들 중 가장 놀라울 만한 사례는 아마도 〈스팀보트 빌 주니어〉에서 버스터가 모자를 바꿔 쓰는 장면일 것이다. 그의 베레모를 못마땅히 여기며 그에게 제대로 된 모자를 사주고 싶어 하는 아버지에게 이끌려 양장점에 온 그는 거울 앞에 서서 다양한 종류의 모자를 연이어 써 보는데 각각의 모자에 따라 완전히 달라 보인다. 그것은 마치 여러 개의 정체성을 재빨리 썼다 벗었다 하고 있는 것처럼 보인다. 그 정체성들은 모두 외부로부터 그에게 주어진 것이며, 그중에 우리가 그의 쓸쓸한 눈동자를 통해 알 수 있는 그의 내면과 일치하는 것은 하나도

〈스팀보트 빌 주니어〉. 거울 앞에서 모자를 바꿔 쓰고 있는 버스터.

없다. 그가 보고 있는 무언가를 보여 주는 컷이 없어도 되기에, 그의 눈동자는 그의 영화에서 가장 긴 시간 동안 카메라에 고정돼 있다. 카메라는 거울의 자리를 차지하고, 버스터는 거기에 비친 자신의 모습을 바라본다. 그런데 이 각각의 정면 숏에서, 버스터의 응시 대상이 그를 둘러싼 세상에 존재하는 특정한 무언가이며 그의 눈동자도 카메라 자체가 아니라 그 너머에 그의 주의를 끄는 특정 지점을 향하고 있음을 강조할 필요가 있다. 우리는 그가 우리를 보고 있다는 느낌을 전혀 받지 못한다. 대신 우리가 그를 들여다보고 있다는 느낌을 받는다.

〈스팀보트 빌 주니어〉의 거울 앞에서 그의 주의를 끄는 대상은 자신의 이미지이며, 그 숏은 자기성찰적인 독백, 자신이 처한 조건에 대한 근심 어린 숙고의 성격을 띠고 있다. 말 그대로 자신에 대한 자신의 시점인 이 숏은 키튼이 자신을 바라보는 방식, 이 세계와 이질적인 존재, 영원히 남으로부터 이 세계에 맞는 옷을 빌려 입어야 하며 어떤 옷을 입어도 불편할 운명인 방문객으로 바라보고 있음을 요약해 보여 준다. 이 영화의 초반부에 그가 걸치고 있는 대학생 차림은 보스턴에서는 유행하고 있는 옷이지만, 남부 강가 마을에 사는 그의 아버지는 콧수염에 베레모를 쓰고 우쿨렐레를 치면서 거기에 맞춰 노래하고 춤추는 아들을 보고서 기겁한다. (버스터는 실수로 울린 아기를 달래기 위해 노력하는 것이지만, 그의 아버지는 아기의 존재에 대해 알지 못하며 아들에게 갑자기 길에서 노래를 부르고 춤을 추는 습관이 있다고 여긴다.) 증기선 선장 아버지는 자신이 보기에 비위 상하도록 여성스러운 복장을 벗기려고 한다. 베레모도 바꿔 버리고, 콧수염도 이발사에게 깎게 하고, 우쿨렐레도 발로 밟아 부숴 버린다. 이런 몇 가지 특정 목록들뿐만 아니라 버스터가 이제까지 자기 삶의 원칙으로 여겨 온 것들도 문제시된다. 양장점에서 과장된 보스턴 대학생 차림을 벗게 된 그는 거울 속에서 처음으로 자신의 내면세계와 자신이 외부 세계를 헤쳐 나가기 위해 짊어져야 역할들 사이에 존재하는 절망적인 간극을 확인하게 된다.

이런 자의식을 통한 깨달음은 보통 키튼의 영화에서 초반부에 일어난다. 〈항해자〉에서 부잣집 아들이 배에 오른 첫날 아침 옷을 잘 차려입고는 아무도 차려 주지 않을 아침 식사를 기다리다가 그 원양어선이 버려진 것임을 깨달을 때처럼 말이다. 〈셜록 주니어〉에서 영화 속 영화라는 형식은 그런 깨달음을 마지막 순간 영사 기사가 영사실 창밖을 바라보며 자기 머리를 긁적일 때까지 지연시킨다. 어떤 경우에건 그런 깨달음의 순간, 버스터는 그가 두려워하는 재시험에 든다. 항상 누군가가 자기 일을 대신해 줄 거라 여기는 부잣집 아들의 시험에 든 적 없는 삶, 혹은 허구 속 형사의 삶을 동경하는 영사 기사의 삶, 혹은 보스턴 패션을 따라 했던 대학생 청년의 삶은 더 이상 지속될 수 없다. 버스터는 그전까지 당연하게 여겨 왔던 것들을 버리고 새롭게 출발해야 함을 깨달으며, 이 세계 속에 자신의 거처를 마련하기 위해 생각했던 것보다 훨씬 험난한 과정을 거치는 가운데 아무것도 당연시하지 않으려고 한다. 그 뒤로 그는 끊임없이 의심의 눈초리로 삶을 바라본다. 자신에게는 주변에 대한 경계와 탐사를 늦출 만한 여유가 없음을 알기 때문이다. 긴급 대처에 나설 때나 경이로운 기술을 보여 줄 때도 그는 자신의 자의식을 입증하는, 당황한 듯한, 생각에 잠긴 듯한 눈빛을 유지한다.

무표정한 얼굴을 키튼과는 다른 방식으로, 그러나 삶은 개성의 문제가 아니라고 봤다는 점에서는 비슷한 감각을 가지고 다루었던 또 하나의 영화감독 로베르 브레송은 언젠가 독창성을 어떤 것을 다른 사람들과 똑같이 하려고 시도했다가 실패한 것으로 정의한 바 있다. 그 정의는 버스터에게 정확히 들어맞는다. 그는 다른 이들과 더불어 살아가기 위해 그 모든 노력을 들이고 외부의 힘에 맞서 결국에는 승리를 거두긴 하지만, 내면에선 그의 단독성을 떨쳐 버릴 수가 없다. 그래서 그는 행위의 체계 외에는 어떤 타인도 이해할 수 없는 이 세계에서 혼자일 수밖에 없다고 생각한다. 궁극적으로 그는 채플린의 부랑자보다 훨씬 고립돼 있다. 다른 사람들과 구별되는 그의 개인적 특성이 아니라(그의 개인적 특성이 다른 이들과의 교류에 방해가 되는 경우는 거의 드물다), 그의 개별성 그 자체, 공식이 지배하는 세계에서 그가 자아의 내면적 차원을 지니고 있다는 사실자체가 그를 단독자로 만들고 있기 때문이다.

그렇다면 버스터는 그리어슨이 말한 "모든 것을 이룬 낭만적 성취자"가 아니라 자신의 육체가 이룬 성취에 상반되는 정신을 지닌 어리둥절한 곡예사다. 물리적 장애물에 걸려 넘어지는 일은 별로 없지만 말하자면 자기 생각에 계속 걸려 넘어지는 새로운 종류의 광대인 것이다. 전통적인 광대는 무능함이 매력이라는 생각은 기벽에 더 관대했던 구시대의 것으로, 이 인정사정없는 세기에는 점점 기대하기 힘들어졌다. 그때도 세상은 그리 호락호락하지 않았겠지만(사실 세상이 호락호락했던 적은 없지만), 적어도 광대가 이 세상을 비웃을 수 있었고, 그런 자신을 이 세상이 내버려두

길 바랄 수 있었다. 그는 육체의 가치를, 우리 모두 피와 살을 지닌 존재로서 이 생을 더듬거리며 헤쳐 나간다는 사실을 상기시킴으로써 우리의 고매한 가식에 구멍을 낼 수도 있었을 것이다. 그런 관념은 여전히 어느 정도 유효하며, 채플린은 〈어깨 총*Shoulder Arms*〉(1918)의 보병이나 〈모던 타임스〉의 공장 노동자를 묘사하는 데 그런 관념을 사용한다. 하지만 〈위대한 독재자*The Great Dictator*〉(1940)에서 나치 체제 아래 살아가는 유대인을 묘사하는 데 실패했을 때 그는 빅토리아 시대의 휴머니즘에 머물러 있었다. 키튼은 그런 관념을 뒤집는다. 점점 더 정신성을 잃어가는 이 시대에 그는 정신의 코미디comedy of mind를 제시한다. 비록 그는 채플린처럼 동시대적인 의제를 다룬 적은 없었지만 거대한 비인간적 조직 속에서 우리 시대의 풍경을 정확히 그려 낸다. 그는 기계적 질서에 상반되는 의식의 가치를, 우리가 능숙하게 해내는 일들과 겉으로 보이는 성취가 우리의 내면 세계를 배려하고 있는 것은 아니라는 사실을 상기시킨다. 옛 광대들은 우리의 기벽에 대한 우리의 권리를 주장하는 반면, 키튼은 우리의 개인성을 인정하는 공동체 속에서 다른 이들과 함께 살아가고자 하는 우리의 욕구를 강조한다. 〈전문학교〉의 마지막 장면에 배어 있는 슬픔은 키튼의 모든 해피 엔딩의 바탕을 이룬다. 그것은 벗어날 수 없는 고독에서 오는 슬픔, 하나의 컨벤션으로서만 행복이 가능한 세계에 자신이 처음에 속하지 못했듯 마지막까지도 속할 수 없음을 아는 데서 오는 슬픔이다. 하지만 버스터는 최선을 다했다. 그리고 즉각적인 결단력과 초연함을 지닌 채 용감무쌍하게 불가능에 도전하는 엄숙하고 고독한 인간의 이미지를 떨쳐 버릴 수 없도록 우리에게 남겨주었다.

4장

죽음의 사이 공간

무르나우, 혹은
스크린 외부의 심연

정상적인 본성으로부터 그에게 이르기 위해선 "죽음의 사이 공간"을 넘어야만 한다.

— 허먼 멜빌Herman Melville, 《빌리 버드Billy Budd》

고전주의적인 사고방식에 따르면 자연의 가장 발달된 단계가 문화이며, 도시의 건설자인 인간의 본성은 도시 속에서 만개한다. 그러나 낭만주의자들이 보는 자연 혹은 인간의 본성은 그렇지 않다. 낭만주의적인 사고방식에서 자연은 도시의 장벽 너머에 존재하며 인간의 본성도 문화적 관습으로 포섭될 수 없는 개별적 자아 속에 존재한다. 고전주의가 외양과 내면, 자연과 개인적 자아 모두를 경시한다고 본 낭만주의는 양자를 똑같이 운동 중인 것으로 되돌려 놓음으로써 자아를 자연과 대면시키고자 한다. 그 결과는 경탄할 만한 것이기도 하고 두려워할 만한 것이기도 하다. 표현주의에서, 예컨대 에드바르 뭉크Edvard Munch의 〈절규Scream〉나 영화 〈칼리가리 박사의 밀실The Cabinet of Dr. Caligari〉에서, 낭만주의는 공포의 극단으로까지 나아간다. 표현주의는 더 이상 자연을 정면으로 마주할 수 없어 자아의 불안이 가공해 낸 세계 속으로 도피해 버린 낭만주의다.

이 세계를 금방이라도 쓰러질 것처럼 보이는 편집증적인 그림들로 옮겨낸 듯한 〈칼리가리 박사의 밀실〉의 삐딱하고 유령적인 세트에는 자연이 끼어들 틈이 없다. 1차 세계 대전 직후에 만들어진 〈칼리가리 박사의 밀실〉은 한 청년을 몽유병적 살인으로 몰아가는 광기 어린 권력에 관한 이야기를 통해 전쟁을 알레고리화한다. 이 호러 판타지는 불안과 우울을 담은 바이마르 독일 스튜디오 영화들의 효시가 됐다. 1차 세계 대전에 대한 또 다른 반응을 담은 영화로는 F. W. 무르나우F. W. Murnau

의 〈노스페라투*Nosferatu*〉(1922)도 있는데, 아마도 바이마르 시대에 나온 가장 위대한 영화일 이 작품은 전쟁을 불러일으킨 광기 어린 권력이 아니라 그로 인한 죽음에 대한 응답이다. 무르나우의 이 영화는 누구도 피해 갈 수 없는 죽음에 대한 응답으로서, 예술의 영역에서 만들어진 것들 중 가장 깊은 울림과 동요를 안기는 작품 중 하나로 남아 있다.

《드라큘라*Dracula*》의 첫 번째 영화 버전인 〈노스페라투〉는 공포에 관한 이야기를 상연하면서 주로 (특정 부분이 강조된) 자연적인 배경을 사용했다는 점에서 바이마르 영화 중에서도 특이한 작품이다. 어스름한 하늘과 들썩이는 바다, 수많은 손발톱을 달고 있는 것마냥 가지가 풍성한 나무들, 험준한 카르파티아산맥의 지형을 이루는 숲들과 산들과 그 속에 자리 잡고 있는 성들, 발트해 지역 마을의 좁은 자갈길들과 빽빽이 들어서 있는 박공지붕의 집들이 〈노스페라투〉의 질감을 형성한다. 이 영화의 논평자들은 이 영화가 주는 풍경 및 야외 공간에 대한 느낌과 관련해 초기 스웨덴 영화의 영향을 지적해 왔다. 하지만 신비로운 자연 풍경 속에 인간의 존재를 그저 위태로운 흔적으로 나타내곤 했던 카스파르 다비트 프리드리히●나 E. T. A. 호프만E. T. A. Hoffmann의 독일 낭만주의가 미친 깊은 영향은 별로 언급되지 않았다. 낭만주의 시기를 배경으로 한 〈노스페라투〉는 오늘날 보면 (영화에서 그림자 형상에게 전달되는 병 속의 원고처럼) 신기하게도 있는 그대로 보존돼 있는 그 시기의 일부를 보는 것 같은 기괴한uncanny 인상을 준다. 표현주의의 낭만주의적 뿌리를 이 비범한 영화보다 더 자명하게 보여 주는 영화는 없다.

〈노스페라투〉 이후 만들어진 많은 흡혈귀 영화 중 그에 비교당하는 짐을 홀로 떠안고 있는 드레이어의 〈뱀파이어〉(1932)도 자연적인 배경을

● 독일 낭만주의 운동에서 가장 뛰어난 풍경화가로, 그의 풍경화는 가족들의 죽음과 같은 비극적 사건의 영향으로 우울한 성향과 짙은 종교색을 띠고 있다. ─ 옮긴이

표현주의적으로 사용한다. 하지만 〈뱀파이어〉에서 자연은 유리를 통해 어둡게 비쳐지며, 자연적인 것들은 초자연적인 것들의 공기 속에 녹아 없어져 버리고, 모든 것은 삶과 죽음 사이에 놓인 무인 지대 속에서 으스스하고 흐릿하게 나타난다. 이런 〈뱀파이어〉는 적당히 안개를 깐 스튜디오 세트에서 만들었더라도 비슷한 효과를 낼 수 있었으리라 상상할 수 있다. 하지만 〈노스페라투〉는 자연적인 배경이 아닌 다른 곳에서 만든 영화로 상상하기가 어렵다. 이 영화에서 자연의 외양은 장식이 아니라 핵심이다. 〈노스페라투〉와 〈뱀파이어〉는 비현실적인 것을 생생한 현실의 요소와 결합시킨 점에서는 비슷하다. 하지만 〈뱀파이어〉의 현실은 기본적으로 인간의 얼굴 속에, 즉 다른 영화에서와 마찬가지로 이 영화에서도 드레이어가 기이한 강렬함이 담긴 영혼의 거울로서 포착하고 있는 인간의 벌거벗은 얼굴 속에 존재하는 것이다. 영화의 리얼리티 혹은 자신의 무게 중심을 찾기 위해 〈뱀파이어〉가 안으로 향한다면 〈노스페라투〉는 밖으로 향한다. 무르나우의 카메라는 자아의 창 너머로, 자아를 두려움에 떨게 하는 무자비하고 불길하고 음험해 보이는 저 바깥 세계를 향해 불안한 시선을 던진다.

거의 늘 아득히 멀리 있는 모습으로 등장하며, 자연 세계에 깊숙이 개입해 있는 초자연적 형상인 흡혈귀 노스페라투는 캐릭터라기보다 무서운 저 바깥 세계의 상징적 의인화에 가깝다. 이 흡혈귀는 브램 스토커 Bram Stoker의 원조 흡혈귀나 다른 연극이나 영화 버전에서 봤을 법한, 우리에게 익숙한 사악하고 유혹적인 귀족형 흡혈귀와는 태생이 다르다. 무엇보다 이 흡혈귀는 성적인 흡혈귀가 아니다. 비록 많은 해설자들이 그에 대한 성적 해석을 내놓긴 했지만 말이다. 형체가 흐릿하게 보일 정도로 마른 몸매, 포식자 특유의 긴 팔과 그 말미의 손발톱, 설치류의 그것마냥 돌출된 두 앞니, 뾰족한 두 귀와 그사이에 위치한 해골마냥 창백한 대머리를 지닌 노스페라투는 그 기괴한 모습을 통해 인간 해골과 쥐

사이의 이종 교배를 연상시킨다. 그의 골격의 면모, 보는 이로 하여금 해골과 피부 속의 뼈를 떠올리도록 하는 형상의 작용으로 말미암아 이 흡혈귀는 확실히 죽음의 망령처럼 보인다. 쥐와의 유사성 또한 그와 역병의 관련성을 더 분명히 한다. 그가 데리고 다니는 쥐들, 낮 동안의 휴식을 위해 그가 필요로 하는 트란실바니아 지방의 흙으로 가득 찬 관 속에도 들어 있는 쥐들은 그가 가는 곳마다 역병을 퍼뜨린다. 보균자이자 죽음의 망령이며, 언젠가는 우리 모두의 목숨을 앗아갈 저승사자의 모습을 하고 있는 쥐와 같은 노스페라투는 삶에 깊숙이 배어 있는 죽음의 그림자, 자연의 깊숙한 곳에서 그 모습을 드러내곤 하는 죽음이다.

《칼리가리에서 히틀러로*From Caligari to Hitler*》에서 지크프리트 크라카우어는 이 흡혈귀에 관해 적절한 질문을 던진다. 노스페라투가 역병의 화신, 파괴적인 자연의 상징인 것인가, 아니면 반대로 역병의 이미지가 그를 파멸을 불러오는 자로 캐릭터화하는 것인가? 다시 말해 그가 은유적으로 죽음을 나타내는 것인가, 아니면 죽음이 환유적으로 그의 뒤를 따르는 것인가? 크라카우어는 전자에 반대하고 후자의 관점을 옹호하는데, 이는 강한 주제 의식에 바탕을 둔 그의 책의 논지와도 잘 들어맞는다. 크라카우어에게 노스페라투는 칼리가리나 마부제처럼 바이마르 영화에 등장한 "일련의 폭군들" 중 하나이며, 역병도 아틸라왕의 말이 지나간 자리에 풀이 다시 자라지 않는 것처럼 이 "폭군적인 인물"에 수반되는 특징 중 하나다.[102] 그러나 폭군이란 정치적인 인물이다. 노스페라투가 재현하는 죽음의 세계는 변화시킬 수 없으며 오로지 직면할 수 있을 뿐이라는 점에서 정치적 체제가 아니다. 살아 있는 모든 것이 맞닥뜨리게 될 죽음은 그것이 피할 수 없는 어떤 것이란 점에서 정치적인 것의 바깥에 속한다. 불가피하지 않은 고통의 비유로서의 불가피한 죽음에 대한 근심 어린 강조는 확실히 정치적 의미를 지닐 수 있다. 하지만 노스페라투에게서는 어떤 정치적 신념이나 성향도, 정치권력을 획득하고 휘두르기 위한 어떤 계획도 찾아볼 수 없다. 정치권력에는 저항하는 것이 가능하다. 반면 노스페라투가 행사하는 권력은 죽음에 대한 공포를 떨쳐 버리듯 떨쳐 버릴 수 있을지는 몰라도 거기에 저항할 수는 없다. 그는 정치적인 인물이 아니며, 억압적인 정치권력을 재현하는 악마적인 칼리가리 박사처럼 알레고리적인 방식으로 정치적인 것도 아니다. 차라리 그는 죽음의 대리인이자 죽음의 도상이며, 자연적인 원인이자 초자연적인 상징이고, 은유와 결합한 환유이며, 근원적이자 초월적인 존재다.

이 흡혈귀는 배회하는 동안 자신을 둘러싼 모든 공간을 지배하여 무덤의 냄새가 공기 중에 스며들게 하고 있는 것처럼 보인다. 그는 군주의 느긋함을 지닌 채 누구도 피해 갈 수 없는 오싹하고 불길한 발걸음으로 먹잇감에 다가간다. 그의 성에서 우리는 그가 깊은 어둠에 잠긴 아치 사이로 나오는 모습을 볼 수 있는데, 그 아치는 처음부터 지하 묘지를 떠올리게 하며 영화 중 어떤 중요한 순간에는 관처럼 보이기도 한다. 그를 트란실바니아에서 발트해로 실어 나르는 배에서 그와 그가 몰고 다니는 역병은 전 승무원을 몰살한다. 배의 키에 자신을 묶고 있는 마지막 생존자인 선장에게 그가 접근할 때, 우리는 그를 선장의 시점으로 보는 것이 아니라 갑판 아래에서 위로 올려다보는 카메라 앵글로, 곧 죽게 될 마지막 생존자를 향해 열린 관 모양의 출입구를 통해 올려다보게 된다. 직사각형 스크린 속에 다소 기울어진 이중 프레임을 만들어 내는 출입구 프레임 안에서 돛대와 로프가 만들어 내는 선들은 한 점으로 수렴되는 원근선들처럼 보이며 여느 때보다 큰 흡혈귀 형상으로 인해 스크린 속 공간이 더욱 작아 보이게 한다. 공간조차 노스페라투의 지배에 굴복한 것처럼 보이는 것이다. 그가 프레임을 빠져나가기 전 출입구의 윤곽을 따라 화면 가장자리를 서성이고 있을 때, 아래에서 올려다본 그의 손발톱은 스크린 측면을 기어오르고 있는 것처럼 보인다. 그리고 그가 불쌍한 선장에게 다가가기 위해 프레임을 벗어난 뒤에도 그의 그림자는 우리가 보고 있는 무덤 시점 화면 속에 계속 어른거린다. 이처럼 시선을 장악하는 화면 구성에 의해 죽음을 암시하는 인물의 권능이 프레임 안팎의 전방위에서 느껴지게 된다.

흡혈귀 설화와 관련해 관객이 기대하기 마련인 것들, 이를테면 십자가로 흡혈귀를 물리칠 수 있다거나 흡혈귀에게 물린 희생자들도 흡혈귀가 된다는 사실 등을 무르나우와 각본가 헨리크 갈린Henrik Galeen은 무시했다. 〈노스페라투〉에 나오는 십자가는 단지 죽음의 표지일 뿐이다. 철저한 생자필멸의 세계를 그린 이 영화에서 죽음에 대한 위안을 제공하는 종교, 즉 내세에의 기약은 별 역할을 하지 못한다. 노스페라투의 희생자들도 시체가 될 뿐이다. 그들을 흡혈귀로 만들어 죽음을 면하게 해 주는 것은 흡혈귀를 절대적 최후인 죽음의 화신으로 보는 이 영화의 관점과 어울리지 않는다.

소설에서 드라큘라 백작의 주된 적대자는 과학자 반 헬싱 교수다. 일반적으로 호러 장르에서 과학은 중요한 역할을 맡는다. 때로는 기대치에 못 미치며 위험을 감지하는 데 실패하기도 하고 때로는 광기와 살의 속에서 위험을 생산하기도 하지만, 때로는 소설 속에서 반 헬싱이 그렇게 한 것처럼 용기와 명민함으로 위험에 맞서기도 한다. 믿음직스러운 교수와 사악한 백작 간의 싸움은 경험주의적 과학에 기반을 둔 지배적인 부르주아적 질서와 매장되길 거부하고 계속 부활을 시도하는 부패한 귀족적 질서 간의 갈등으로도 볼 수 있다. 과학을 그것의 한계까지 밀어붙이고 이해 가능한 범위 밖에 존재하는 힘들과 겨루게 함으로써 호러 장르는 우리의 문화적, 사회적 체계의 근간인 과학에의 도전을 상연한다. 하지만 〈노스페라투〉에서 교수의 역할은 대단히 축소돼 있다. 그가 주요 인물로 등장하는 한 장면에서 그는 학생들에게 자연의 흡혈귀주의를 가르친다. 영화는 그의 과학자적 초연함을 노스페라투의 영향 아래 흡혈귀주의에 즐거이 동참하는 부동산 중개업자의 광기와 병치하

〈노스페라투〉. 선장에게 다가오는 뱀파이어: 죽음의 시선.

는데, 과학자적 초연함은 죽음에 대해 거의 쓸모없는 응답으로 제시된
다. 임시방편적인 것만 연구하거나 기민하지 못한 과학, 우리 모두가 맞
닥뜨리게 될 죽음 앞에서 궁극적으로는 무력한 치유책 밖에 내놓지 못
하는 과학은 결코 치유할 수 없는 죽음을 다루는 이 영화에서 사소한
역할밖에 맡지 못한다.

　"죽음은 우리 앞에 놓여 있는 어떤 것, 임박한 어떤 것이다"라고 마
르틴 하이데거Martin Heidegger는 《존재와 시간Sein und Zeit》에서 쓴 바 있
다.[103] 우리가 존재하고 있는 자연 세계 한가운데 군림하는 죽음의 형상
인 흡혈귀 노스페라투는 우리의 세계-내-존재를 대면하고 결정하는
본질적인 어떤 것으로서의 죽음의 실존주의적 관념을 의인화한다. 많은
피조물 중 죽음에 대한 의식을 갖고 있다는 점에서 유일한 우리 인간은,
독일 실존주의의 관점에서 봤을 때 언젠가 다가올 자신의 종말을 인지

함으로써 원초적 앎과 지향성을 가진다. 인간의 특수한 존재 형태인 현존재dasein는 하이데거가 보기에 "죽음으로 향하는 존재"의 조건을 자발적으로 받아들일 때만 진정으로 존재 가능한 것이다. 비록 〈노스페라투〉가 나온 지 5년 뒤인 1927년에 《존재와 시간》이 처음 나오긴 했지만, 분명 이 영화의 공기에는 독일 실존주의의 관념이 배어 있다.[104] 〈노스페라투〉는 죽음이 임박한 세계에 던져진 자아에 대한 알레고리다.

흡혈귀가 임박한 죽음을 재현한다면, 표현주의적인 터치를 통해 양식화되고 보편화돼 있는 다른 캐릭터들은 죽음에 대한 다른 반응, 죽음이 다가올 때 자아가 삶에 대해 접근하는 다른 방식들을 재현한다. 과학적 객관성이 주는 안전한 거리에서 죽음을 개인적인 문제가 아닌 생물학적 문제로 다루는 교수는 죽음의 의미를 상실하고 그리하여 삶의 의미도 상실하게 된다. 다른 한편, 죽음을 대단히 개인적인 문제로 여기다 못해 죽음에 자신을 동일시하는 부동산 중개업자는 죽음을 극복하지 못하고 미쳐 버린다. 배에서 일등항해사는 갑자기 자기 앞에 흡혈귀가 등장하자 도망치다가 겁에 질려 온몸이 마비된 것마냥 바닷속으로 떨어진다. 그와 대조적으로 선장은 체념과 당혹감이 담긴 복종적 태도로 자신에게 접근하는 흡혈귀를 바라본다. 물론 이 영화에서 죽음에 대한 자아의 반응을 대변하는 주요 인물은 젊은 남편과 아내다.

영화는 꽃들에 둘러싸인 남편과 아내의 모습으로 시작한다. 꽃은 고양이와 놀고 있는 아내의 주변에도 있고, 햇살 가득한 정원에서 그녀를 위해 꽃을 꺾고 있는 남편 주변에도 있고, 포옹과 키스를 나누는 부부의 뒤로 보이는 벽지에도 있다. 꽃은 이 젊은 부부의 사랑의 절정과 동시에 덧없음을 상징한다. 역사학자의 말처럼 보이는 자막이 곧 다가올 시련을 알린다. 무엇보다 무르나우가 만든 이미지들의 유령적 아우라가 그렇게 말한다. 모든 사진적 이미지에 내재해 있으며 무르나우의 이미지에서 더욱 강력하게 나타나는 성질, 즉 눈에 보이는 것이 스스로의 허깨비, 자신의 유령이 되어 버린 것 같은 느낌, 필름 위에서 생생히 빛나고 있는 이 순간들이 현실에서 곧 사라져 버릴 것 같다는 느낌 말이다.

곧 남편은 그의 고용주인 부동산 중개업자에 의해 유령의 나라, 잘 길들여진 자연인 애완동물들과 정원의 식물들을 죽음의 자연이 대체한 곳, 트란실바니아로 떠나게 된다. 발트해 마을에 집을 사고 싶어 하는 노스페라투와 거래를 하기 위해 그곳에 간 남편은 현지 사람들의 잇따른 경고도, 해 질 녘이 되면 두려움에 떠는 말들이 내다보이는 숙소 창밖의 풍경도, 숙소에서 발견한 흡혈귀 관련 책의 계시도 대수롭지 않게 여긴다. 유한한 생명의 세계를 천진난만하게 헤쳐 나가는 이 남편은 죽음에 대해 잊고 살아가는 인간 유형을 대변한다.

〈노스페라투〉의 초반 3분의 1가량 동안 우리는 이 남편의 행적을 따라간다. 그런 점에서 그는 영화 속 우리의 여정을 이끄는 제임스주의적인 의식의 중심이다. 그는 우리를 공포의 세계로 이끄는 또 다른 청년, 드레이어의 〈뱀파이어〉의 주인공과 흥미로운 대조를 이룬다. 〈노스페라투〉의 남편은 처음에는 공포를 부인하지만 나중에 죽을 위험에 처하게 된다. 〈뱀파이어〉의 청년은 처음부터 이미 겁에 질린 상태이지만 영화 내내 우리처럼 객석에서 위험을 관망할 뿐인 구경꾼이다. 유별나게 수동적인 주인공이자 영화 속을 배회하는 우리의 분신이나 다름없는 이 청년은 언제나 우리 자신의 것일 수밖에 없는 죽음에 대한 공포의 자기 성찰적인 추상이다. 〈노스페라투〉의 남편은 하이데거가 비난한 죽음에 대한 어떤 태도, 죽음을 타자에게만 일어나게 될 어떤 것, 걱정하기에 너무 먼 어떤 것처럼 여기는 태도를 체현하고 있다. 그리하여 남편은 아득히 먼 곳에 이르러 죽음을 마주하게 되는데, 바로 그 순간 영화는 놀랍게도 남편에게서 아내에게로 시점을 전환한다.

남편은 노스페라투의 성에서 하룻밤을 보낸 뒤 목 어딘가에 물린 자국 두 개가 나 있는 것을 발견하고는 애써 웃어넘긴다. 다음 날 저녁,

이 부부의 집 맞은 편에 위치한 다 쓰러져 가는 오래된 대저택의 매입을 마무리하던 중 노스페라투는 부동산 서류에서 중개인 남자의 아내의 사진을 발견하고선 한 장의 사진과 사랑에 빠진 낭만적 영웅마냥 그 사진을 감탄하며 들여다본다. 이것이 흡혈귀와 남자의 아내 사이의 기이한 유대를 보여 주는 첫 장면이다. 자기 방으로 돌아온 남편은 아내의 사진에 키스를 한다. 그리고 자정을 알리는 시계 소리를 듣고 아치형 방문을 연 그는 어두운 공간 속에서 노스페라투가 처음으로 모자 없이 해골처럼 생긴 대머리를 훤히 드러낸 채 먹잇감을 노리는 섬뜩한 짐승 태세를 취하고 있는 것을 발견한다. 천진난만했던 남편은 기겁하며 쓰러진다. 그리고 더 이상 피할 수 없는 죽음 앞에서 어쩔 줄 모르는 아이처럼 문을 닫은 뒤 침대로 가 머리끝까지 이불을 덮어쓴다. 하지만 문은 저절로 다시 열리고, 고딕풍의 아치형 프레임에 담긴 검은 심연은 금방이라도 어둠 속에서 튀어나올 것 같은 흡혈귀보다도 더 무섭게 보인다. 흡혈귀가 방문을 통과할 때 문의 아치는 관 모양으로 그를 에워싼다. 여기서 이 영화는 두 개의 중심 모티프인 아치와 관을 명확하게 결부시킨다. 물론 아치는 삶의 경로를, 관은 최후의 종착지를 의미하며, 양자의 결부는 삶의 경로가 곧 죽음의 경로임을 의미하는 것이다.● 그리고 죽음을 프레임한 이 장면, 흡혈귀가 문턱에 서 있고 그를 둘러싼 아치가 관 모양으로 나타나는 이 순간, 영화는 남편으로부터 발트해 마을의 집 안 침대에서 몸을 일으키고 있는 아내에게로 넘어간다.

아내는 남편과 멀리 떨어져 있음에도 불구하고 그가 중대한 위험에

● 무르나우에 관한 글들(*Film Comment* 7, no. 2 [1971], *Film Comment* 12, no. 3 [1976])에서 로빈 우드는 〈노스페라투〉의 아치 모티프를 뱀파이어와 연관시키지만, 그것을 문명에 의해 억압된 인간의 동물적 측면인 이드id라는 존재와 연관시킨다. 우드에게 어둠의 아치에서 등장하는 뱀파이어는 억압된 것의 귀환을 상징하는 것이다.

〈노스페라투〉. 남편 방의 문에 서 있는 뱀파이어: 이 아치는 관이 된다.

처해 있음을 감지한다. 그녀는 최면에 빠진 것 같은 상태에서 남편의 이름을 부르짖으며 앞으로 길게 뻗은 두 팔로 그를 붙잡으려는 듯한 절박한 몸짓을 취한다. 하지만 쓰러진 남편은 그녀의 부르짖음에 답할 처지가 못 된다. 그녀가 붙들게 되는 것은 오히려 노스페라투다. 흡혈귀는 남편 위로 죽음의 그림자를 드리우다 멈추고 마치 뒤에서 그녀가 부르는 소리를 듣기라도 한 것처럼 어깨 너머로 뒤를 돌아본다. 흡혈귀와 아내 사이를 오가는 화면은 그들이 서로를 바라보고 있는 것처럼 보여 주고, 편집도 그들을 그들 사이의 먼 거리를 넘어 서로에 대한 응시를 주고받는 것처럼 번갈아 보여 준다. 흡혈귀는 남편으로부터 물러나 아치 모양의 어둠 속으로 돌아간다. 아내는 어떻게 누구도 피해 갈 수 없는 죽음의 형상을 제압한 것일까? 이 질문에 대한 답은 영화의 마지막까지 보류돼야 한다.

남편과 함께 영화는 일상적인 것에서부터 이국적인 것에 이르는 여러 가지 호러 서사의 길을 넘나든다. 우리는 그를 따라 발트해 마을의 행복한 가정에서부터 현세와 내세의 경계에 있는 트란실바니아까지 나아간다. 분명 실제적이지만 일상적인 경험과는 거리가 먼, 카르파티아산맥을 넘는 여정 동안 자연은 경탄할 만한 카메라 앞에서 위태롭게 흔들리며 유령적인 것으로 변한다. 카메라는 발작적으로 숨 가쁘게 달려 나가던 마차가 다음 순간 네거티브 화면에 비치는 유령적인 숲속으로 돌진하는 모습을 바라본다. 이런 적극적인 카메라 기교는 투박한 것으로 여겨져 왔으며 환영주의의 기준에 따르면 분명히 그러하다. 하지만 이 카메라의 의도는 환영을 만들어 내기 위한 것이 아니라 리얼리티를 교란하기 위한 것이다. 그것은 스크린 위에 재현된 나무들과 언덕들의 명멸하는 이미지가 실체 없는 것임을 분명히 드러냄으로써 자연적 배경, 나무들과 언덕들의 외견상 견고함을 무너뜨린다. 나무들과 언덕들과 발밑 땅의 견고함은 갑자기 부서지며 그것들로 구성된 얄팍한 이미지로 전환된다. 이 카르파티아산맥에 깔린 어둠의 심장부에 놓여 있는 것도, 지나가 버린 것들의 그림자로서의 스크린 위 이미지들이 주는 환영적인 느낌, 사라진 것들 뒤에 남아 있는 희미한 빛, 부서지기 쉬운 이 세계의 각인이다. 왜냐하면 카메라는 피사체와의 유사성의 각인을 통해 그것을 재현하기 때문이다. 앙드레 바쟁은 사진 이미지를 데스마스크death mask●에 비유했다. 무르나우의 이미지들은 사라지고 있는 것들의 자국에 씌워진 데스마스크와도 같은 기이한 느낌을 불러일으킨다.●●

● 사람이 죽은 직후에 밀랍이나 석고로 얼굴의 본을 떠서 만든 안면상을 말한다. — 옮긴이
●● 더들리 앤드루는 바쟁(그리고 롤랑 바르트)의 사진론과 죽음론을 불러 오슨 웰스와 연관시킨다(다음을 보라. Andrew, *Film in the Aura of Art* [Princeton: Princeton University Press, 1984], 152~171). 하지만 웰스는 죽음보다는 과거에 집착한다. 웰스는 향수에 빠져 뒤돌아보지만, 무르나우는 불안에 빠져 앞을 바라본다. 웰스는 시작의 감독, 시작을 향한 갈망의 감독이다.

자아를 향한 여정이기도 한 이상한 나라로의 여행을 거쳐 이르게 되는 카르파티아산맥의 암흑의 심장은, 조지프 콘래드Joseph Conrad의 소설에서와는 달리, 이야기의 종착지가 아니다. 아내의 초자연적인 개입이 있은 뒤, 더 이상 남편을 중심으로 진행되지 않고 평행하는 여러 갈래를 따라 펼쳐지는 내러티브는 발트해 마을로 돌아오면서 이국적인 것에서 일상적인 것으로 복귀한다. 우리는 성의 꼭대기에 달린 창문에서 남편의 눈을 통해 성 밖 아래의 노스페라투를 현기증 나는 시선으로 내려다보게 되는데, 가속 화면 속의 그는 마차에 흙으로 가득한 관들을 싣더니 그중 하나에 들어가 눕고는 관 뚜껑을 덮어쓰자마자 길을 떠난다. 흡혈귀는 그렇게 마차를 타고 떠나 뗏목으로 물길이 거센 강을 통과한 뒤 발트해 마을까지의 먼 길은 배로 이동한다. 그동안 집으로 돌아가려 하는 남편은 육로를 통해 같은 목적지로 나아간다. 이 두 개의 동시적 여정은 학생들을 가르치는 교수, 정신병원에 수감된 부동산 중개인, 그리고 남편이 돌아오길 기다리는 아내의 모습과 함께 점진적으로 불안감을 고조시키는 교차 편집의 연속을 통해 대위법적으로 배열된다. 아내는 바람에 나부끼는 갈대가 우거진 모래 언덕 위에 마련된, 물에 빠져 죽은 자들을 위한 묘지 옆 해변에서 남편을 기다리는데, 희미하게 빛나는 유령적인 분위기의 바다는 그녀에게 남편 대신 노스페라투와 그의 관들을 데려온다.

교차 편집은, D. W. 그리피스가 발전시킨 바에 따르면, 봉합을 고대하게 하는 균열, 궁극적 결합을 예기하도록 만들어진 분리다. 일찍이 그리피스는 1909년작 〈외로운 저택The Lonely Villa〉에서 위험에 빠진 가정이란 중심 주제와 그런 주제를 다루는 데 그가 사용한 특유의 방법, 점점

〈시민 케인Citizen Kane〉과 〈위대한 앰버슨가The Magnificent Ambersons〉는 회복 불가능한 상실한 유년기, 지나가 버린 시절, 사라져가는 어머니의 망령을 향한 오이디푸스적 욕망의 서사다.

〈노스페라투〉. 바닷가에서 기다리는 아내.

커져 가는 위험과 점점 가까워지는 구원 사이를 넘나드는 편집을 보여 주었다. 위대한 혁신가이자 야심적 전통주의자였던 그리피스는 전통을 구원하기 위해 자신의 혁신적 기법들을 제어했다. 이를테면 영화의 무대인 집의 통일성과 연속성을 갑자기 와해시켜 버리는 편집은 궁극적인 회복과 통합에 대한 안심을 제공하기도 한다. 한편 에이젠시테인과 프세볼로트 푸도프킨Vsevolod Pudovkin의 영화에서 교차 편집과 평행 몽타주가 만들어 내는 균열은 혁명이라는 거대한 균열을 향해 더욱 깊어지고 넓어진다. 그들의 손길을 거쳐 만들어진 형식은 구원의 성격은 가지지 않지만, 봉합이 아니라 전복이라는, 그들 관점으로는 바람직한 결과로 이어질 것이란 점에서 여전히 안심을 제공한다. 서스펜스를 불러일으키기 위한 교차 편집조차 둘 혹은 그 이상의 장소에서 펼쳐지는 상황이 우월한 시선으로 장악되어 있다는, 그래서 다 알고 있다는 느낌으로 인해 보

죽음의 사이 공간

는 이를 안심시킨다. 하지만 교차 편집의 형식은 무르나우나 프리츠 랑Fritz Lang 같은 바이마르 영화감독들의 손을 통해 다른 의미를 획득하고 다른 느낌을 전달하게 된다. 에이젠시테인의 〈10월October〉(1928)에서 교차 편집은 성공적인 혁명을 위해 전지적 지도자 블라디미르 레닌Vladimir Lenin을 중심으로 모든 요소와 상황을 조직하면서 복잡한 이미지를 형성해 나간다. 하지만 같은 해에 만들어진 랑의 〈스파이Spies〉에서 볼 수 있는 그와 유사한 평행 몽타주는 복잡하게 얽혀 있는 음모의 네트워크와 그것이 자본주의(은행 운영자)와 공산주의(레닌 닮은 꼴) 모두를 대변하는 극악무도한 전지적 범죄자에 의해 조종당하고 있음을 폭로한다. 〈도박사, 마부제 박사Dr. Mabuse the Gambler〉(1922)에서와 마찬가지로 〈스파이〉에서도 랑은 다 안다는 것을 악행과 연결시키고, 영화의 플롯의 지배력과 복잡성을 이 세계를 지배하고 싶어 하는 권력에의 의지를 지닌 범죄자의 플롯과 연결시킨다. 이 영화에서 다 안다는 것은 안심을 제공하는 것이 아니라 편집증을 확인시켜 주는 것일 뿐이다. 〈노스페라투〉에서도 다 안다는 것은 안심을 제공하지 못하는데, 그것은 곧 다가올 죽음에 대한 앎이기 때문이다.

편집의 감독들인 그리피스와 에이젠시테인과는 반대로 무르나우는 움직이는 카메라의 감독으로 간주돼 왔다. 초기의 영화사는 그를 〈마지막 웃음Der letzte Mann〉(1924)의 감독으로서만 논하곤 했다. 이 영화는 중간자막의 기피와 뛰어난 카메라 움직임으로 당대의 찬사를 받긴 했지만, 무르나우가 두 가지 요소를 혁신시키기보다 능숙하게 다루었다는 점에서만 그러했다. 그러다 1950년대에 이르러 한 프랑스인이 그를 재발견했다. 그는 몽타주를 강조했던 초기 영화 이론에 반대하고 딥 포커스와 롱 테이크의 영화를 옹호하며 무르나우를 그런 방법론의 주창자로 보았다. 그 프랑스인 바쟁이 보기에 무르나우는 스트로하임과 함께 이미 무성 영화 시대에 몽타주의 파편화와 이접離接 없이도 영화가 가능하다는 것을 보여 준 선구자였다. 하지만 바쟁은 스트로하임과 무르나우가 다른 이들처럼 돌발적 편집은 아니더라도 그들만의 방식으로 분명하고 정확하게 편집을 사용한 영화감독들이었다는 점은 보지 못했다. 무르나우의 〈선라이즈*Sunrise*〉(1927) 중 놀랍도록 매끄럽게 만들어져 있는 시골에서 도시까지의 전차 장면에서조차 편집이 사용되고 있으며, 그 장면의 정교한 편집은 극 중 인물들이 겪고 있는 내적 혼란 위로 차분히 흐르던 시간의 흐름을 가속화한다.

그의 유작이 되어 버린 〈타부*Tabu*〉(1931)에서 무르나우는 리얼리즘이 아니라 자연에의 낭만주의적 몰입을 갈망해 다큐멘터리 감독 로버트 플래허티를 조력자로 끌어들이고 멀리 남태평양의 태양 아래서 독일 표현주의의 그림자에 사로잡혀 있는 영화를 완성했다. 〈타부〉는 도주하는 불행한 연인의 이야기를 들려준다. 무르나우는 두 연인의 위태로운 결속과 임박한 이별을 교차 편집을 통해 보여 준다. 두 사람의 다정한 결합이 계속해 분리의 위협 아래 놓이는 상황을 그들의 행동과 시점을 번갈아 제시함으로써 표현하는 것이다. 수렴과 이산을 오가는 교차 편집은 달빛 아래서 비극적 절정에 이른다. 그 달빛은 실은 필터를 거쳐 어둑해진 햇빛으로, 비할 바 없이 아름다운 데이 포 나이트day for night●의 초현실적 달빛이다. 화사한 낮이 유령처럼 반짝이는 밤인 것이다. 젊은 여인을 넓은 바다의 암흑 속으로 데려가고 있는 희미한 형체의 돛단배를 절박하게 뒤쫓던 젊은 남자는 배에 달린 밧줄을 움켜잡지만, 그 밧줄은 다른 누군가의 손에 의해, 또한 단호한 교차 편집에 의해 단칼에 잘려지며 더 이상 돌이킬 수 없는 최종적 분리에 이른다.

〈스파이〉나 〈도박사, 마부제 박사〉에서 랑의 평행 몽타주에 의해 밝혀지는 위험천만한 계략이 모든 곳으로 확산되는 것처럼 보일 뿐이라

●　낮에 찍는 밤 장면을 말한다. — 옮긴이

면, 〈노스페라투〉에서 무르나우의 평행 몽타주에 의해 밝혀지는 위험천만한 계략, 즉 죽음의 계략은 진정으로 모든 곳으로 확산되며 모든 것을 흡수한다. 부동산 중개업자가 뚫어져라 관찰하는 거미줄처럼, 혹은 교수가 설명하는 여러 개의 촉수가 달린 해양 고착 생물 폴립처럼 유령적이면서도 자연적인 계략은 〈노스페라투〉에서 상당 부분 교차 편집을 통해 묘사되며 물과 공기의 유동적 편재성 속에 내재해 있는 것처럼 보인다. 보는 이에게 불길함을 안기는 전지적 위치에서 영화는 물과 물 사이를, 즉 흡혈귀가 타고 있는 배가 지나간 길과 남편이 건너는 강물 사이를, 전진하는 뱃머리와 해안가의 부서지는 파도 사이를 컷하며 넘나든다. 그리고 공기와 공기 사이, 즉 중간 자막의 묘사대로 발트해 마을을 향해 유령선을 이끄는 "흡혈귀의 치명적인 숨결"처럼 배의 돛을 부풀리는 바람과, 남편을 기다리는 아내 곁의 불안정한 화분들을 건드리는 바람, 남편의 귀갓길 위에 서 있는 큰 나무의 잎사귀들을 흔드는 바람, 침실 창가의 커튼을 부풀리는 바람 사이를 컷하며 넘나든다. 건물들은 후경에만 있고 전경과 중간에는 주로 물과 공기로 채워져 있는 마을 항구 이미지 속으로 유령선은 느리면서도 거침없고 위압적인 모습으로 진입한다. 이 죽음의 배는 마을의 중심을 장악할 것처럼 보인다.●

"그가 오고 있어요. 그를 만나러 가야만 해요." 아내가 가리키는 이는 남편일 수도 있고 흡혈귀일 수도 있고, 동시에 마을에 도착한 남편과

● 이것이 베르너 헤어초크Werner Herzog가 자신의 〈노스페라투〉 리메이크작에서 복제한 몇 장면 가운데 하나다. 헤어초크 영화에서 이 숏은, 그 자체로는 충분히 잘 베껴져 있지만, 무르나우 영화가 제공한 감흥과는 무관한데, 거기에는 무르나우의 편집이라는 컨텍스트가 없기 때문이다. 무르나우의 편집이 지닌 빠른 리듬은 매혹적인 융합의 숏으로 축조되는 반면, 헤어초크 영화에서 해당 숏은 바다 위의 배 주변을 한가하게 맴도는 헬리콥터 장면으로 이어져 추동력 혹은 기대감을 거의 만들어 내지 않는다. 반면 무르나우 영화에서 프레임에 진입하며 마을 항구에 도착하는 배는 그때까지 일어난 모든 것이 축적되어 있는 고도의 긴장을 수반한다.

⟨노스페라투⟩. 프레임에 진입하며 마을 항구에 도착하는 유령선.

흡혈귀 둘 다일 수도 있다. 아치와 관의 모티프는 흡혈귀가 관을 안아 든 채 (후경의 배를 프레이밍하고 있는) 부두의 고딕 아치를 통과해 마을로 들어 오는 장면에서 다시 한 번 결합되고 그가 고딕 교회 앞을 지나갈 때 또 한 번 결합된다. 동이 트기 전, 마을은 잠들어 있고 텅 빈 거리에는 집을 향해 발걸음을 재촉하는 남편과 조용히 짐을 옮기는 흡혈귀가 나란히 도착한다. 남편과 아내가 현관문 앞에서 포옹을 나눈 뒤 집으로 들어가 감격스러운 모습을 키스를 나누는 달콤한 재결합의 장면(그리피스적인 방식 에서라면 교차 편집 시퀀스의 마지막으로 썼을 법한 장면) 뒤에도 무르나우는 교차 편 집을 계속하며 부부와 흡혈귀 사이를, 즉 포옹하는 부부의 시들지 않는 사랑과 관을 안아 든 채 다 허물어져 가는 저택으로 향하던 중 부부의 집 밖을 어슬렁거리는 흡혈귀의 모습 사이를 오가며 그 재결합의 합일 을 파괴한다. 이 교차 편집은 그들이 처한 위험을 해소하기보다 심화한

〈노스페라투〉. 마을에 진입하는 노스페라투: 아치와 관이 다시 이어진다.

다. 그것은 행복한 합일이 아니라 발트해 마을 내 역병의 확산, 죽음에 의한 일상적 공간의 파괴란 결과를 낳는다.

　한 롱 숏에서 회색빛이 감도는 이른 아침에 마을에 도착한 흡혈귀는 마을 환경에 순응하려는 것처럼 보인다. 배의 돛에 바람이 불게 하거나 마차를 놀라운 속도로 달리게 할 줄 아는 이 괴물 같은 존재가 지금은 잠든 마을을 깨우지 않기 위해 트란실바니아풍의 과장된 동작들을 자제하며 까치발을 하고서 조용한 거리와 텅 빈 광장을 가로지르고 있는 것이다. 대머리에 긴 팔다리를 지녔으며 특수한 수면 조건 때문에 자기 관을 챙겨 다니는 이 괴물의 모습은 발트해 마을의 일상적 현실에 잘 배어든다. 운하 위에 다 무너져 갈 듯한 모습으로 서 있는 거대한 구조물인 그의 새집 앞에서 그는 높은 박공과 아치형 창문을 올려다본 뒤 디졸브 기법을 통해 집 입면立面 속으로 사라진다. 그리고 그는 이 시점 이후로 마을 곳곳에 역병이 창궐하는 영화의 결말 전까지 다시 등장하지 않기 때문에 그것은 마치 그가 이 밋밋한 마을의 입면들, 벽돌과 자갈들, 창문과 아치들, 공기의 입자들 속으로 녹아 없어진 것처럼 느껴진다. 으스스한 카르파티아산맥의 아득함에서 출발해 영화는 평범성에 내재한 공포로, 다시 말해 일상적인 것과 기괴한 것이 도저히 구분되지 않을 만큼 뒤범벅된 공포로 옮겨간다.

《예술에서의 시점에 대해On Point of View in the Arts》에서 호세 오르테가 이 가세트José Ortega y Gasset는 근거리와 원거리 시야는 두 개의 서로 다른 보기의 방법을 지닌다고 주장한다. 그는 "근거리 시야는 촉각의 질"을 지니는 반면 원거리 시야는 유령의 질을 지닌다고 쓴다.

> 하나의 사물, 예컨대 흙 단지를 들어서 눈 가까이에 바싹 가져온다면 두 눈은 이 사물에 수렴되어, 그것을 껴안으려는 혹은 소유하려는 모양이 되며 그것의 원형에 주목할 것이다. 따라서 근거리에서 관찰된 사물은 쉽게 설명되지 않는 물질성corporeality과 두툼한 고형성을 획득한다. 우리는 그것을 "큰 덩어리로in bulk" 그리고 볼록한 것으로 보는 것이다. 하지만 같은 사물을 먼 곳에 두면 이런 물질성과 고형성과 풍성함이 사라진다. 이제 그것은, 돌출부와 굴곡진 측면을 지닌 것으로, 더 이상 조밀한 덩어리도 명료한 원형도 아니다. 그것은 중량감bulk을 잃고, 비실체적 표면, 또는 빛으로만 구성된 비신체적인 유령이 되는 것이다.[105]

근거리에서 우리는 단순히 보기만 하는 것이 아니다. 우리는 우리의 눈으로 대상을 포획하며 흐릿한 배경과 대조되는 촉각적 원형의 실체로 대상을 붙드는 것이다. 원거리에서는 어떤 사물도 도드라지지 않고 우리의 응시는 시야 전체로 퍼져 나가며, 따라서 주의를 끄는 중심 대상은 사물들 간의 공간이 된다. 사물들이 뒤로 물러남에 따라 이 움푹한 공간이 우리의 시선에 도착하는 것이며, 그 공간은 모든 것이 그 안에서 신기루처럼 떠도는 공기와도 같은 것이다. 오르테가는 서양 회화의 진화를 보기의 방법이란 면에서 근거리에서 원거리로의 이행이라고 요약한다. 예컨대, 지오토Giotto의 중량적 대상의 회화에서 디에고 벨라스케스Diego Velazquez의 오목한 공간의 회화로의 이행이라는 것이다. 지오토와 르네상스 초기의 그의 이탈리아 및 플랑드르 계승자들은 견고한 대상을 그린다. 그들의 회화에서는 가까이 있건 멀리 있건 모든 것은 근거리에 있는 것처럼 보인다. 벨라스케스와 이후의 인상파들은 공기를 그린다. 그들의 그림에서는 모든 것이 멀리 있는 것처럼 보이며 또렷하지 않다. 그것은 그림에 다가설수록 그 안으로 사라지는 일렁이는 빛의 향연이다. 특히 만년에 그린 〈시녀들Las Meninas〉과 덜 유명하지만 그만큼 특별한 〈실 잣는 여인들Las Hilanderas〉에서 벨라스케스는 주로 강렬하게 채색된 빈 공간과 사이 공간으로 작품을 구성한다.

영화는 회화와 마찬가지로 견고한 대상을 포획할 수 있고, 각각의 대상은 특정한 중요성을 지니며, 특정한 시점에 의해 지각된다. 다른 한편, 영화와 회화는 뒤로 물러나 주로 사이 공간을 지각하는 원거리 시점으로 사물들을 바라볼 수도 있다. 스트로하임, 에이젠시테인, 도브젠코, 드레이어 그리고 베리만은 견고함을 좋아했고, 실체성을 지닌 개별자들의 영화를 만들었다. 반면 무르나우, 버스터 키튼, 막스 오퓔스, 미조구치 겐지 그리고 안토니오니는 공백의 영화, 엷은 공기의 영화, 사이와 이행과 간격의 영화에 이끌린다. 클로즈업은 견고한 대상의 영화에 적합한 방법이며, 롱 숏은 빈 공간의 영화에 어울리는 방법이다. 드레이어는 집요하게 인간의 얼굴에 초점을 맞춘다. 물론 클로즈업으로 일관하는 영화는 〈잔 다르크의 수난La Passion de Jeanne d'Arc〉(1928)밖에 없긴 하지만 말이다. 무르나우도 클로즈업을 곧잘 사용한다. 〈타부〉에서 한 경관이 연인의 오두막으로 다가오자 젊은 여인이 청년 뒤로 물러나는 장면이 그러하다. 하지만 무르나우의 클로즈업은 주변 환경이라는 맥락에서 분리될 수 없는 세부를 향한 것이다. 클로즈업 말고도 얼굴의 중량감 혹은 대상의 신체를 개별적으로 강조하기 위한 다른 방법들도 있다. 또한 롱 숏 말고도 사건과 사물이 발생하는 주변 환경을 그리는 다른 방법들이 있다.

견고한 대상의 영화의 위대한 사례는 도브젠코의 〈대지Earth〉(1930)다. 만져질 듯 선명한 클로즈업의 영화인 〈대지〉는 뿌리 깊고 뜨거운 시정詩情으로 견고한 실제 삶의 에너지를 포착한다. 하지만 이 삶의 영화는 〈노스페라투〉와 마찬가지로 죽음에 관한 영화이기도 하다. 영화는 자신이 평생 경작했던 풍요로운 대지 한가운데 누워 있는 한 늙은 농부의 죽음으로 시작된다. 그리고 새로운 질서의 지도자이며 왕성한 활동의 절정기에 살해당한 젊은이의 죽음으로 끝난다. 하지만 〈대지〉에는 깊은 슬픔이 있으되 죽음에 대한 두려움은 없다. 왜냐하면 자아의 주관적인 지평에만 조명을 가할 때 죽음은 두려운 것이지만, 이 영화에서 죽음은 각자가 홀로 맞이해야 하는 종말이 아니라, 지속되는 생명의 아늑한 순환에 동화될 수 있는 사건이기 때문이다. 〈대지〉의 자연은 자아와 그것의 소멸을 모두 껴안는 풍요로움이다. 반면 〈노스페라투〉의 자연은 자아가 그 가장자리에서 무너질 듯 비틀거리는 공허로 드러난다.

영화라는 운동하는 이미지의 매체에서 도브젠코는 부동성의 시인이다. 그는 덧없는 일시적인 것으로부터 본질적인 속성, 영원성의 체현을 추출한다. 그의 이미지들은 그 자체로 완결적으로 느껴지며, 조화와 통일의 상태가 명료하게 포착돼, "장미의 열린 얼굴처럼"(에이드리언 스톡스

Adrian Stokes가 말한 것처럼)[106] 드러난다. 반면 무르나우의 이미지는 불완전하며 보이지 않는 것에 의해 위협당하고 있는 것처럼 느껴지고, 이행기 혹은 침범이 예기된 과도기의 상태인 것처럼 보인다. 알렉상드르 아스트뤽Alexandre Astruc은 이렇게 썼다. "무르나우에게는 각 이미지가 다른 이미지에 의한 절멸을 요구한다. 모든 시퀀스가 자신의 종말을 선언한다." 덧없는 그림자의 매체인 영화에서 무르나우는 장앙드레 피에시Jean-André Fieschi의 표현처럼 죽음의 시인이다.[107]

회화는 우리의 시선 앞에 가시적인 것을 가져온다. 영화는 가시적인 것의 연쇄된 파편들을 시선 앞으로 끌어오지만 또한 보이는 것과 보이지 않는 것의 경계(회화라면 넘을 수 없을)를 오가며 연속적 상호 작용을 작동시킨다. 회화는 자신의 프레임 안에 존재한다. 영화 이미지는 프레임 밖에 있는 것들, 당장은 보이지 않는 것들, 우리의 시선을 떠난 것들, 그리고 어느 순간에 등장할지도 모를 것들과 함께 존재하며 그들과 교류한다. 영화 매체에서 재현은 프레임 외부에 의존한다. 스크린 외부 공간과의 관계 속에서 스크린에 펼쳐지는 이미지들이 함께 영화의 의미를 만들어간다. 하지만 프레임 외부는 사실이 아니라 하나의 컨벤션이다. 그것은 영화 테크닉이 창안한 것으로, 카메라가 찍고 있는 영역 밖에 실제로 존재하는 것이 아니라, 스크린 외부 공간에 무언가 존재한다고 우리가 받아들이는 것이다. 자크 데리다Jacques Derrida는 "텍스트의 밖에는 아무것도 없다"라고 썼다. 영화에서 프레임 외부는 텍스트의 외부가 아니라 텍스트의 구축물이다.

영화감독들은 프레임을 구축하면서 그리고 프레임 밖을 인지하면서 서로 다른 길들을 걸어왔다. 도브젠코에게 프레임 외부는 스크린 위의 만져질 듯 견고한 그리고 우리의 전적인 주목을 요청하는 대상의 이면에 있는 흐릿한 배경이다. 무르나우의 경우, 우리의 주의를 끄는 빈 공간이 프레임 외부에서도 유동적으로 지속된다. 사이 공간 그리고 임박한 무언가로 채워진 공기는 스크린 외부를 거느린 공간이다. 그것은 얼마간의 가시적인 것들이 잠시 나타났다 사라지는 가없는 바다와도 같은 것이다. 〈선라이즈〉에서 부부가 보트를 타고 출발한 뒤 아내가 남편의 살의를 깨닫는 장면을 떠올려 보자. 아내를 뒤로하고 부서지는 물살은 보이지 않는 모종의 위협, 즉 남편이 아내를 익사시키려 한다는 위협을 내재한 이미지다. 영화 후반부, 부부가 화해하고 배를 타고 귀가하던 중 폭풍우로 배가 뒤집히는 장면에서 우리가 한참 동안 보는 것은 어둠 속에서 부서지는 물살뿐이다. 그런 다음 갈대에 막혀 수면 위로 떠오르지 못하던 아내가 스크린 오른쪽 위에 등장해 가시적인 것의 직사각형 스크린 위에서 대각선 방향으로 움직이다 왼쪽 아래의 광대한 비가시적인 세상으로 돌아간다.

D. W. 그리피스는 편집과 프레임 안으로의 진입 및 퇴장의 장면들을 통해 연극의 공간적 울타리를 허물었고, 영화적 공간을 스크린의 경계 너머로 확장시켰다. 하지만 그리피스는 여전히 공간을 연극 무대와 같은 프레임으로 다루며, 한 시점의 공간은 그다음 시점에서 바뀔 수 있지만, 각 시점에서 공간은, 장면 전체는 아닐지라도, 드라마의 중요한 요소를 내포한다. 그리피스 영화에서 개별 숏은 연극 무대와 마찬가지로, 행위와 퍼포먼스 공간으로서 유의미한 기호들을 품고 있으며, 스크린 외부 공간은 단순한 배경을 크게 벗어나지 않는다. 17세기 네덜란드 미술에 대한 연구인 《묘사의 기술The Art of Describing》에서 스베틀라나 앨퍼스Svetlana Alpers는 관람자에게 우선권을 주는 그림(알베르티적 양식)과 보여지는 세계에 우선권을 주는 그림(북부 양식)을 구분했다.[108] 그리피스와 이후의 주류 감독들은 관객에게 우선권을 준다. 반면 연극의 요소들을 환기시킨 뒤 전복하기를 좋아하는 장 르누와르는 보여지는 세계에 우선권을 준다. 물론 그의 영화에서 이 우선권은 직접 드러나지 않고 우리 눈에 쉽게 보이지도 않으며, 우리의 시야를 구획하고 재구획하는 카메라로부터 독립적

으로 자신의 길을 간다. 그리피스 영화에서 플롯을 진전시키는 진입과 퇴장이 르느와르 영화에서는 생략된 것에 유의하도록 이끈다. 주변적인 것, 멀리 있는 것 그리고 프레임 외부가 당장의 가시적인 것만큼이나 중요성을 지니는 것이다. 무르나우는 그리피스보다는 르느와르에 가깝고 알베르티적 양식보다 북부 양식에 가깝다.

르느와르 영화에서처럼 무르나우 영화에서도 의도된 비완결성이 프레임 너머의 세계를 암시하는 이미지를 구성한다. 하지만 르느와르가 외부 세계를 인간의 공고한 사회적 환경이자 물질적 상호연관성으로 정립한 반면, 무르나우는 외부 세계를 불안한 자아를 침식해 오는 사악한 영역으로 간주했다. 르느와르의 이미지들은 좀처럼 카메라를 위해 구성되지 않는다. 이미지들은 오히려 프레임의 열린 사면을 넘나들며, 배회하는 카메라는 담아내기 힘든 유동적 대상들의 일부만 포착할 뿐이다. 무르나우의 이미지들은 정성껏 배열된 것처럼 느껴진다. 하지만 이미지들의 구축물은 (아스트뤽이 말했듯) "불안정한 균형"[109]이다. 임박한 불길한 유동성에 직면해 자신의 파멸을 예기하는 도피적 시도라는 것이다. 무르나우 영화에서 이미지들의 구축물은 세계의 구조를 찾아내고 파열과 조우하는 적극적 의식의 총명한 주관성을 표현한다. 보이지 않는 것 그리고 스크린 외부와 심연과 틈새와 이미지들의 그림자에 숨은 것에 대한 기이한 감각은 무르나우의 구성과 색채를 불길한 예감으로 감싸고 있다. 르느와르 영화에선 너무도 쉽게 일어나는 입장과 퇴장이 무르나우 영화에서는 긴장된 외부 세계의 교란, 사이 공간에서 조용히 퍼져나가는 파란을 예기한다.

〈타부〉에서 키 큰 야자나무 꼭대기에 있는 청년의 눈에 비친, 수평선에 진입하고 있는 배는 에덴의 폭포수 밑에서 평온을 누리던 주인공 커플에게 낙원 상실의 전조다. 화환 하나가 관능적 자연이 준 선물처럼 폭포 아래로 내려온다. 하지만 배는 젊은 여인을 부족의 신에게 바쳐야 하고 인간의 사랑은 금지된다는 혹독한 법을 가지고 온다. 햇살이 내리쬐는 선착장에 애처로운 그림자로 등장한 청년은 여인이 거절한 화환을 주워 드는데, 외롭게 뻗은 그의 손이 프레임에 진입한다. 〈노스페라투〉가 범상한 목가에서 시작해 장대한 공포로 이행한다면, 〈타부〉는 장대한 목가에서 시작하는데 그것은 초자연이 아닌 자연의 장대함이다. 〈노스페라투〉가 일상으로 돌아와 공포스러워진다면, 〈타부〉는 장대한 자연이 공포스럽고 유령적인 것으로 변하는 과정을 지켜본다. 〈노스페라투〉의 배처럼 〈타부〉의 배도 죽음의 화물선이고 치유불가능성의 운반체다. 젊은 연인들이 바다를 건너 부족의 율법이 닿지 않는 먼 섬으로 도망한 뒤 자축의 춤을 추기 시작하는데, 바로 그 순간 한 척의 배가 그들을 포착한다. 그들의 춤을 훼방하는 배는 프레임에 급작스럽고도 완강하게 진입한다. 이 불안한 이미지는 〈노스페라투〉에서 마을의 항구에 유령선이 도착하는 장면을 어쩔 수 없이 떠올리게 한다. 연인들은 오두막으로 숨는데, 무르나우는 이 오두막을 달콤한 공기에 개방된 장소가 아니라 적대적인 위협으로 변한 환경에 둘러싸여 부서질 듯한 피난처로 그린다. 그들의 공간은 더 이상 자연에 속하지 않고 외부 세계의 공격을 일시적으로 피하는 참호에 불과하다. 프레임 내부의 공간은 무르나우에게 늘 그런 공격의 위협 아래 놓여 있다.

어느 모로 봐도 〈노스페라투〉의 절정은 자연의 재난이다. 페스트가 발트해 마을에 퍼질 때 쥐를 몰고 와 세균을 퍼뜨린 뱀파이어는 어디에도 보이지 않는다. 환한 대낮의 빛 아래 표현주의적 왜곡이나 장식 없이 선명하게 로케이션 촬영된 이 마을 장면들은 충격적이고도 매혹적인 생동감이 있다. 흡혈 괴물이나 초자연적 현상은 물론 희생자의 목에 물린 자국 하나 보이지 않는다. 여기서 흡혈귀에 물린 희생자나 페스트의 희생자 사이에는 아무런 차이가 없다. 페스트의 무시무시한 활동으로 우리는 흡혈귀의 존재와 그의 작용을 추론할 뿐이다. 그의 현존은 공기로 느껴진다. 그의 작용은 흡혈을 멀리 넘어서며 심지어 역병도 넘어선다. 그것은 우리의 죽음의 운명이라는 불가피한 작용의 상징이다.

일찍이 마을에 막 도착한 노스페라투가 마을의 고요한 분위기와 환경에 순응했지만, 이젠 마을이 노스페라투의 도착을 목격한 어스름한 새벽에 반향하듯 일상적 공포에 잠겨 드는 것이다. 그를 담아왔던 관은 이제 마을 거리의 일상적 풍경이 된 끝없는 관들의 행렬의 전조였다. 거리와 집들은 그가 이곳에 잠입했을 때와 마찬가지로 여전히 고요하고 정적이다. 이 고요는 잠의 고요가 아니라 죽음의 고요이며, 그 부동성은 밤의 휴식의 부동성이 아니라 영원성의 부동성이다. 뱀파이어가 잠자는 관은 이제 마을 전체가 영원히 잠들 무덤의 전조였다. 마치, 이른 아침의 평온한 잠이 이음새도 없이 죽음으로 전환된 것처럼 말이다.

한 마을 관리가 죽은 사람들의 집 문에 십자가 표시를 하며 거리를 걷는다. 아치형의 높은 문들은 각각이 하나의 관처럼 느껴지며, 이 문들은 마치 관습인 것처럼 아치형 통로를 통해 무덤에 옮겨질 관들이 나올 때 비로소 열린다. 마을 사람들 일부는 극도로 흥분해 미친 부동산 중개업자를 희생양으로 삼는다. 반면 대부분의 마을 사람들은 뱀파이어가 그들 사이에 잠입해 있음을 모른 채 품위 있는 체념으로 죽음을 받아들이고 엄숙한 태도로 죽은 자를 묻는다. 더 이상 무고하다고 할 수 없지만 아직 마을을 삼킨 공포에 직면할 준비가 되어 있지 않은 남편은 평정심을 유지하기 위해 뱀파이어의 활동을 알고 있으면서도 애써 무시한다. 남편의 무고한 미소는 무기력한 응답으로 전환되어 버렸다.

오직 두 사람만 뱀파이어의 활동을 직시한다. 말하자면 두 사람만이 현실을 인식하고 뱀파이어의 거대한 작동 그리고 죽음의 공포에 맞선다. 이 두 사람은 부동산 중개업자와 아내다. 두 개의 충격적인 시점

〈노스페라투〉. 죽음의 문들.

숏에서 우리는 이들의 시야를 공유한다. 정신병원에서 탈출한 뒤 군중의 추적을 피해 가파르게 경사진 지붕에 오른 부동산 중개업자는 지붕 아래 좁은 골목에서 사람들이 허둥대는 모습을 바라본다. 그의 눈에 이 존재들은 거미줄에 모여드는 벌레들처럼 보인다. 아내는 집 안에서 창문을 통해 죽은 자들의 긴 행렬을 바라보는데, 그 운구 행렬은 주변 집들이 드리운 들쭉날쭉한 그림자를 따라 자갈이 깔린 거리 중앙을 질서정연하지만 침울한 모습으로 걷고 있다. 창문 틀이 유난히 강조된 이 장면에서 아내의 눈을 통해 우리는 지금 살아 있는 우리들이 곧 되어 갈 그 무엇이 다가오는 모습을 본다. 바라보는 자아의 자리로 마련된 창문틀을 느리지만 완강하게 침식해 오는 피할 길 없는 시체들의 행진을.

　이미지의 깊은 곳에서부터 어두운 수직선을 이루며 멀리서부터 점차 다가오는 죽은 자들의 행렬, 그리고 아래에 수평선을 이루며 이미지

〈노스페라투〉. 아내가 창문에서 바라본 시선: 다가오는 죽은 자들의 행렬.

를 가로지르는 클로즈업된 창문 틀. 그 둘 사이에 공간이 열려 있다. 창
문 틀과 이미지의 프레임을 넘어 지속되고 있다고 우리가 느끼는 빈 공
간, 우리 눈에 도착해 그곳으로 이끄는 빈 공간. 이것은 실제로부터 분
리되어 우리의 응시에 맞게 인위적으로 조정된 알베르티적 창문이 아니
다. 벨라스케스의 〈시녀들〉처럼, 이것은 빈 공간으로 구성된 이미지다.
그 빈 공간은 그림의 경계를 넘어 그림과 우리 사이로까지 확장된 사이
공간이다. 우리가 서 있는 공간이 그곳일 것이다. 〈시녀들〉에서 우리 관
람자가 서 있는 그림 앞의 공간에 왕과 왕비가 서 있다. 미셸 푸코Michel
Foucault가 지적했듯, 이들은 알베르티 양식의 회화에선 침묵하는 관람
자, 문자 그대로의 뜻에서 동시에 역설적인 의미에서 군주적 관람자다.
영화에서 시점 숏은 카메라의 시선을 특정 인물의 것으로 귀속시키는
흔한 장치다. 〈노스페라투〉의 아내가 창문에서 바라보는 장면은 희귀한

긴장과 은연중의 공명을 불러일으키는 시점 숏이다. 〈시녀들〉의 왕과 왕비처럼, 그 아내도 이미지 외부에 있지만 공간 구성에 중심적인 존재다. 공백이 입을 벌리고 있는 모양새로 사이 공간이 자신을 채워 줄 누군가를 호출하고 있는 것처럼 보이는 위치에 그녀가 서 있다. 보통의 시점 숏에서라면 우리는 아내의 위치에서 그녀의 주관점 시점을 우리의 것으로 취하겠지만, 이 장면에서 우리는 아내가 우리의 위치에서 이 이미지가 표현하는 원초적 불안의 주관성을 체현하고 있다고 느낀다. 죽음에 직면한 자아의 주관성, 다시 말해 죽음의 사이 공간의 중압에 응답하는 자아의 주관성 말이다.

윌리엄 해즐릿William Hazlitt은 이 의제에 관한 에세이에서 이렇게 썼다.

원거리 대상들은 즐겁다. 먼저 그 대상들은 우리에게 공간과 넓이를 알려주기 때문이다. 또한 눈에 바짝 붙어 시선을 방해하지 않으며 그것의 불명료성에 기대 우리가 우리의 기호에 따라 색깔과 분위기를 더할 수 있기 때문이다. 지평선에 놓인 안개 낀 산꼭대기를 바라볼 때, 그것은 우리 머릿속에 떠오르는 모든 대상 그리고 그사이에 놓인 모든 관심사를 품고 있는 것처럼 느껴진다. …… 우리는 우리 앞의 공기를 마시고 무의 가장자리를 맴도는 대상들에게서 보다 정련된 실존의 감각을 얻는다. 풍경의 윤곽이 점차 사라져 가는 그곳에서 우리는 대상들이 모습을 지워 가는 그 희박한 공간을 미지의 선good의 형상들로 채우며, 희미한 시야에 희망과 소망과 보다 매혹적인 두려움을 가미한다.[110]

똑같은 이유들로 〈노스페라투〉에서 원거리 대상들은 심원하게 교란적이다. 우리가 희박하고 흐릿한 공간을 우리의 주관성으로 채우기 때문이며, 뚜렷한 윤곽이 부재한 대상들에 우리가 불명료하고 희미한 색채를 지닌 우리의 감정을 투사하기 때문이다.

뱀파이어가 등장하는 장면에서 흔히 그렇듯 노스페라투는 멀리서 천천히 등장해 허공의 가장자리를 배회한다. 그의 서성거림은 우리 머리에 떠오르는 모든 대상 그리고 그사이에 놓인 모든 관심사를 압도하는 존재감을 지닌다. 실존주의적 사유에서라면 삶의 지평선 위에서 죽음을 분간할 수 있는 우리 인간에게 죽음은 사이 공간을 거쳐 우리가 택할 수 있는 모든 길을 알려줄 것이다. 역병 장면들에서 뱀파이어는 어디에도 보이지 않고 마을의 거리와 집들은 원거리에서 보여진다. 롱 숏으로만 찍혀진 이 장면들은 얼핏 모든 것이 드러나 있는 것처럼 보이지만 실은 모든 것이 불명료하며 무의 가장자리를 맴돌고 있다. 하이데거가 말한 "죽음의 무규정적indefinite 확실성"이 거기에 유령처럼 어른거리고 있는 것이다. 분석될 수 있는 특정한 세부를 결코 앞세우지 않으면서, 원거리 카메라는 우리의 주의를 분산시킴으로써, 우리는 우리 시야 밖에 놓인 전체 즉 우리의 최악의 두려움을 투사할 수 있는 전체에 접속한다. 한결같은 자연주의 다큐멘터리의 방식으로 만들어진 이 장면들은 동시에 어지러울 만큼 주관적이기도 하다. 특정 인물의 시선을 채용해서가 아니라 카메라 자신의, 말하자면 우리 자신의 시점으로 찍혀 있기 때문이다. 눈에 띄게 우리의 시선을 붙드는 대상이 없기에, 즉 우리의 눈이 쉬거나 정박할 어떤 견고한 대상을 찾을 수 없기에, 우리는 우리 자신의 주관성에 그리고 우리 자신의 죽음에 대한 공포로 되돌아간다. 죽음은 일상의 심장에 거주한다. 익숙한 것에 대한 그릇된 안도가 눈앞에서 산산조각나고 하이데거에게라면 세계-내-존재에 내재하는 불안으로 이끌려 간다.

〈선라이즈〉의 달빛 어린 습지에서, 카메라는 도시에서 온 여인을 몰래 만나러 가는 남편과 보조를 맞춘다. 그러다 카메라는 돌연 움직이며 남편을 카메라 앞으로 보내고 방향을 바꿔 자신의 길을 간다. 마치 또 다른 인물이 남편과 다른 길을 따라 도시 여인이 기다리고 있는 곳으로 가는 것처럼 보인다. 이 장면의 카메라 움직임은 널리 알려져 있다. 마르셀 카르네Marcel Carné는 이 카메라를 찬미하며 "카메라, 드라마의 한 캐릭터The Camera, a Character in the Drama"라는 제목의 글을 썼다.[111] 하지만 무르나우의 카메라는 이 드라마의 보이지 않는 캐릭터라기보다 시각적 내레이터로서, 그것의 시점 숏은 여타 캐릭터들과는 다른 성질의 의식으로 느껴지게 만든다. 그 의식은, 우리 눈앞으로 다가온 다음 자신의 행로로 우리를 이끌면서, 사이 공간의 함축적 주관성을 거쳐 우리 자신의 의식과 연계된다. 〈선라이즈〉의 카메라가 남편을 따를 때, 우리의 시야를 채우는 주의와 동일시의 대상은 남편이다. 카메라가 남편을 떠나 달빛 아래 안개 낀 습지를 지나갈 때, 그 공간을 채우는 것은 우리 자신이다. 우리와 욕망의 모호한 대상 사이에서, 즉 우리와 음험하고도 매혹적인 도시 여인 사이에서, 유혹적이며 위험한 섹슈얼리티가 여기 감돌고 있다.

크리스티앙 메츠와 여타 이론가들에 따르면 우리가 영화를 볼 때 동일시하는 것은 특정 캐릭터가 아니라 카메라다. 이 주장이 일반적으로 옳건 그르건, 적어도 무르나우 영화에는 적용될 수 있다. 무르나우의 이미지를 마주할 때 우리가 경험하는 것은 주로 사이 공간이다. 〈선라이즈〉에 나오는 습지 공간 혹은 트롤리 위의 공간, 〈타부〉에 나오는 연인들의 오두막 주변 공간 혹은 〈마지막 웃음〉에 나오는 회전문 주변 공간, 제대로 평가되지 않은 〈타르튀프Tartuffe〉(1925)에 나오는 로코코식 계단, 〈노스페라투〉에 나오는 뱀파이어가 부재한 역병 장면의 공간이 그러하다. 우리 의식이 채우지 않으면 온전하지 않을 그 빈 공간에서 우리는 카메라가 우리의 것으로 만드는 시점을, 우리의 고양된 앎을 거쳐 수용한다. 그 시점은 이미지 밖에서 우리가 점유하는 별도의 시점으로, 그 원근법적 공간의 기하학과 경사를 알려준다. 우리가 때로 캐릭터들과도 공유하지만 항상 카메라와 공유하는 그 시점이 무르나우 영화에서 특유의 몰입 방식을 관장한다.

무르나우만큼 큰 영향을 미친 감독은 거의 없다. 특히 공간과 시점 숏을 다루는 방식에서 무르나우는 영화라는 매체의 시각적 형식과 내러티브 형식의 중대한 구축자였다. 미조구치 겐지는 무르나우로부터 롱 숏의 구성을 배웠고, 존 포드는 편집에서 진입과 퇴장의 상호 작용을 조율하는 방법을 배웠으며, 막스 오퓔스는 카메라 무빙을 배웠고, 히치콕은 시점 숏을 다루는 방법을 배웠다.● 히치콕은 자신의 개인적 애호작으로 꼽은 〈의혹의 그림자〉(1943)에서 〈노스페라투〉의 구조와 움직임과 주제를 되살린다. 〈의혹의 그림자〉의 사악한 삼촌 찰스와 영민한 조카 찰

●　무르나우의 명성은 그의 시대에는 높았지만, 갑작스러운 죽음(〈타부〉 개봉 직전 캘리포니아에서 자동차 사고로) 이후 부당하게 하락했다. 20년 후 프랑스에서 로테 아이스너Lotte Eisner와 〈카이에 뒤 시네마〉 그룹이 그를 역대 최고의 영화감독 중 한 명으로 만들기 전까지는 회복되지 않았다. 수년 동안 영어권 영화 역사를 논하는 데 주류였던 폴 로사Paul Rotha, 존 그리어슨, 리처드 그리피스Richard Griffith, 지크프리트 크라카우어는 무르나우에 반감이 있었다. 무르나우가 할리우드에 갔다는 사실이 그에게 불리하게 작용했다. 로사는 《지금까지의 영화The Film till Now》에서 〈선라이즈〉에서 시작해 무르나우가 할리우드에서 만든 영화가 상업적이라며 이를 유감스러운 투항으로 여겼다. 더 은밀하게는 무르나우의 동성애, 즉 할리우드에서 숨겨진 스캔들이 있었던 것이 그에게 불리하게 작용했을 수도 있다. 그리어슨의 무르나우에 대한 비하(〈타부〉에 대한 리뷰에서)는 무르나우를 철저한 스튜디오 감독으로 오인하고 있다는 점과 그리어슨 자신의 명백한 동성애 혐오증을 암시한다. "무르나우는 스튜디오의 산물이었고, 인공 효과를 조작하는 사람이었으며, 과장된 관리자, 내성적이고 뒤틀린 사람이었다. 그는 일생 동안 정직한 적이 없는 예술가였다"(Grierson on the Movies, ed. Forsyth Hardy [London: Faber & Faber, 1981], 73). 크라카우어는 《칼리가리에서 히틀러로》에서 〈마지막 웃음〉을 가장 높이 평가하지만 그는 이 영화를 무르나우의 작품이라기보다는 작가 칼 마이어Carl Mayer의 작품으로 다루고 있다. 크라카우어는 〈노스페라투〉를 "카메라 속임수"라고 무시했다. 이는 용서하기 힘든 판정이다. 그가 열린 눈과 마음으로 바라보았더라면, 이 영화가 자신의 《영화의 이론》에 희귀한 지지를 제공하는 작품임을 깨달았을 것이다. 갖가지 조작에 적합한 매체로서가 아니라 물리적 현실의 드러냄에 가장 가장 적합한 매체인 영화로서 말이다.

리는 〈노스페라투〉에서의 뱀파이어와 아내의 유대를 상기시키는 기이한 친밀성을 갖고 있다. 〈노스페라투〉에서와 마찬가지로 〈의혹의 그림자〉에서도 공포는 환한 대낮의 익숙한 세계, 세속적 인간 세계에 다가온다. 완벽하게 평균적인 미국 마을에 사는 완벽하게 평균적인 가족을 방문한 삼촌이 바로 공포의 존재인 것이다. 그리고 〈노스페라투〉의 아내와 마찬가지로 〈의혹의 그림자〉의 조카도 일상의 이면을 꿰뚫어 보고, 아찔한 두려움의 대상과 대면한다.

무르나우처럼 그리고 미조구치처럼, 안토니오니는 종종 대상을 유령이 어른거리는 듯한 아득하고 기이한 롱 숏으로 담아내, 관객들이 불안한 상태로 그 이미지에 체현되어 있지 않은 무언가를 채워 넣도록 이끈다. 무르나우가 독일 표현주의를 밖으로 가져 나왔다면, 다시 말해 스튜디오의 불안한 인위성을 벗어나 자연의 얼굴 앞의 원초적 불안으로 돌아왔다면, 안토니오니는 이탈리아 네오리얼리즘을 안으로 가지고 들어왔다. 즉 외부 세계의 관찰이라는 네오리얼리즘의 일반적 태도를 벗어나 눈의 자명성을 질문하고 관찰자의 시점이 지닌 주관성을 성찰하려 한 것이다. 안토니오니는 무르나우보다 더 깊이 사이 공간을 우리의 주관적 투사에 열어둔다. 하지만 안토니오니의 사이 공간은 불길한 자연 앞에서의 자아가 아니라 사회에서 소외된 자아의 사이 공간이다. 안토니오니는 차라리 유물론적 무르나우라고 말할 수 있다. 다시 말해 원초적인 것보다는 구체적 관계와 인간 사회의 환경에 더 깊은 관심을 가진 무르나우라고 할 수 있다. 안토니오니의 〈일식 L'Eclisse〉(1962)에 나오는 어딘가 아늑하지 않은 여름날의 로마 근교에서 모니카 비티는 일상적 죽음처럼 붙잡긴 힘들지만 만연한 무언가에 직면한다. 그것은 〈노스페라투〉에서 아내가 창문 밖으로 바라보던 죽음, 즉 사회적 현실로서 더 명료하게 목격될 수 있다는 이유로 결코 덜 신비하거나 덜 불길하지 않은 일상적 죽음과 같은 것이다. 무르나우 영화에서처럼 안토니오니 영화에서도 외양은 의심의 대상으로 간주된다. 이는 외양이 거짓이어서가 아니라 그것이 우리의 시계를 초월하는 전체의 불완전하고 불투명하고 모호한 파편들이기 때문이다.

외양의 면에서 〈노스페라투〉는 상이한 시야들을 제공한다. 남편의 무고한 웃음과 부동산 중개업자의 광기, 교수의 과학자적 초연함과 선장의 의무감 깃든 체념, 마을 사람들의 한편으로는 희생양을 찾는 광기와 다른 한편으로는 제의에 충실한 전통성, 그리고 무엇보다 확연하고 중요한 의미를 지닌 아내의 용감하고 지혜로운 시야 등등. 또한 이 영화는 상이한 문자 텍스트들을 제공한다. 역병과 그 환경에 관한 역사가적 설명이 닮긴 중간 자막, 남편이 뱀파이어의 성에서 보낸 그리고 아내가 요동치는 바닷가에서 받아보는 편지, 배의 항로를 따라 퍼지는 역병에 관한 신문 기사, 유령선의 객실에서 발견되어 시의회에서 경악 속에 읽혀지는 선장의 항해 일지, 남편이 카르파티아 여관에서 집으로 가져와 아내에게 펼쳐보라고 요청하는 뱀파이어 서적 등등. 〈노스페라투〉는 갖가지 연관된 외양들을 전시하고 비교한다. 이들은 죽음을 내장한 세계에 대한 궁극적인 그리고 상이한 독해로 이끈다.

단지 브램 스토커의 《드라큘라》뿐만 아니라 대부분의 뱀파이어 이야기를 떠올려 보면, 또한 뱀파이어 이야기에서뿐만 아니라 죽음과 죽음의 운명을 다룬 전통적 그림과 관념을 떠올려 보면, 〈노스페라투〉에서 현저히 결여된 것은 종교다. 이 영화에서 드러난 과학의 경시와 종교의 추방, 그리고 세계관의 중요한 측면들은 하이데거의 실존주의적 세계관과 연관된다. 여기서 뱀파이어 책은 경전과 유사하다. 펼쳐 보려는 충동을 이길 수 없는 아내는 이 책에서 뱀파이어가 역병의 원인이라는 것을, 그리고 다음의 사실을 알게 된다. "오직 여인만이, 순수한 영혼의 여인만이, 이 공포의 저주를 부술 수 있다. 여인은 자신의 피를 노스페라투에게 바치고 닭이 울 때까지 뱀파이어 곁에 머물러야 한다." 이것은 신들을 달래고 역병을 멈추기 위한 속죄의 희생양을 요구하는 신탁처럼 들린다. 하지만 이 영화는 달래야 할 신성한 힘도, 역병을 불러오고 속죄를 요구하는 어떤 악덕과 죄도 알지 못한다. 죽은 자의 행렬을 창문 밖으로 지켜본 뒤 아내는 뱀파이어와 그의 무서운 저주를 종식시킬 희생양이 바로 자신이라고 느낀다. 그러나 여기 있는 것은 속죄의 희생양이나 제물이 아니라 자신을 기다리는 죽음에 기꺼이 자신을 내던지는 용감한 인간이다.

뱀파이어는 길 건너 창가에서 애타게 그녀를 기다린다. 마을을 파멸시켰고 다른 누구에게도 접근할 수 있는 그는 이 여인에게만큼은 그녀가 창을 열고 접근을 허락하길 기다려야 한다. 결말 시퀀스에서 다시 등장한 뱀파이어는 이제 더 이상 전능한 악령처럼 보이지 않는다. 오히려 상처받기 쉽고 아파하는 존재로 느껴지며, 그 죽음의 얼굴은 이제 자기 자신의 임박한 종말의 신호처럼 보인다.

영화가 전개됨에 따라 뱀파이어의 존재는 의미심장하게 바뀐다. 처음에 그는 죽음의 트란실바니아의 괴물 영주이고, 온전히 죽음의 공포를 대변한다. 그 공포는 죽음이라는 사실이 아니라 죽음이라는 관념에서 비롯된 공포이며, 천진한 남자에게 낯설고 섬뜩하게 다가와 깊은 고뇌를 유발하는 공포다. 그런 다음, 남편과 함께 발트해 마을로의 여정에 오르자 그 뱀파이어는 자연을 지배하는 공포를 대변하게 된다. 그다음, 죽음이 더 이상 낯설지 않고 매일의 일상에 내재하는 역병 장면에서 뱀파이어는 자연 재앙의 유령적 다큐멘터리 안에서 용해된다. 그리고 최종적으로 무섭기보다 나약한 존재로 재등장한다. 섬뜩하게 의식에 다가오는 죽음이라는 관념의 존재, 혹은 자연에 내재한 죽음의 지배자가 아니라 개별적 죽음을 맞이해야 하는 존재, 아내가 대면해야 하는 죽음의 표상이 된 것이다. 아내가 그를 대면할 용기를 지녔기에 뱀파이어는 그렇게 나약해진 것이다.

⟨노스페라투⟩. 불안의 용기: 뱀파이어를 위해 창문을 여는 아내. 자신의 죽음을 자신의 것으로 만드는 결단.

여인은 브램 스토커의 《드라큘라》에서도 중심적이다.* 드라큘라는 혼자 사는 노스페라투와 달리 자신의 트란실바니아성에서 역시 뱀파이어인 세 신부와 함께 살고 있다. 이 사악한 백작이 영국에 도착한 뒤, 주요 희생자 두 사람은 젊은 여인이며 이들은 뱀파이어가 되거나 되도록

● 《여성과 악마*Woman and the Demon*》(Cambridge: Harvard University Press, 1982, 7~34) 에서 니나 아우어바흐Nina Auerbach는 《드라큘라》의 여성들이 백작보다 더 중요하다고 주장한다. 그녀는 이 소설을 "새롭게 힘을 얻은 여성에 대한 세기말 신화"로 읽는다. 《어둠 속의 드라큘라*Dracula in the Twilight*》에서 저자 주디스 메인은 《드라큘라》와 ⟨노스페라투⟩를 비교하는 글에서 소설을 여성의 몸이라는 경합의 영토를 둘러싼 투쟁으로 읽는다. 그녀는 "선한 가부장적 인물"인 반 헬싱 교수가 악한 성욕의 상징인 드라큘라로부터 여성의 몸을 구해 내어 "결혼과 출산의 정상적인 기능"으로 되돌리려고 시도한다고 주장한다. 메인의 글은 ⟨노스페라투⟩가 《드라큘라》의 양극성을 해체하고 사이 공간의 "어둠 속"에서 일어나는 작품으로 보는 것이 흥미롭다.

〈노스페라투〉. 아내의 침실에 다가서는 죽음의 그림자.

위협받는다. 뱀파이어의 공포는 《드라큘라》에서 섹슈얼리티의 공포 특히 여성 섹슈얼리티의 공포를 표현한다. 〈노스페라투〉의 단독자 뱀파이어는 섹슈얼리티의 위협이 아니라 죽음의 위협을 상징한다. 여성 뱀파이어가 없는 〈노스페라투〉에서 한 여인이 뱀파이어의 주적이며, 마침내 뱀파이어의 파괴자가 된다. 아내가 마침내 자신의 피를 제공할 때까지 이 영화의 뱀파이어에 의한 희생자(희생자로 암시되지 않을뿐더러 아예 등장하지 않긴 하지만) 중 누구도 여성이 아니다. 뱀파이어가 그녀의 침실에 다가가고 그녀가 새벽까지 그를 곁에 머물게 하는 장면은 이 영화의 주된 요소가 아닌 섹슈얼리티에 뱀파이어가 연관되는 유일한 장면이다. 《드라큘라》에서 흡혈귀주의가 섹슈얼리티의 은유라면, 〈노스페라투〉의 마지막 장면은 "죽음을 향한 존재"라는 인간 조건을 두려움 속에서도 자유롭게 수용하는 자의 은유다. 한 여인이 〈노스페라투〉에서 중심적이지만 그것은 성적인 존재가 아니라 실존적인 결단을 내린 인간으로서 그러하다.

뱀파이어인 노스페라투가 죽음의 화신이듯, 그를 정면으로 마주하고 그 대면을 통해 자신을 한 개별자로 정의한 이 여인은 진정한 현존재 Dasein의 화신으로 보일 수 있다. 〈노스페라투〉의 아내는 실존적 관점에서 보면 인간을 정의해야 하는 중대한 국면, 즉 임박한 죽음의 시점에, 인간의 최상의 길이 무엇인가를 대변하는 존재다. 뱀파이어를 파괴하긴 하지만 그녀가 죽음을 정복하는 것은 아니다. 그녀는 일련의 과정을 거치면서 자신도 죽을 것임을 알고 있다. 여행 도정의 남편과는 달리, 그녀는 아예 죽음을 생각하지 않는 명랑한 부류가 아니다. 또한 남편과 달리 그리고 마을 사람 대부분과 달리, 고요한 장례 의식의 관습 아래 죽음을 대하는 엄숙한 부류도 아니다. 교수처럼 초연하지도, 일등항해사처럼 두려움에 떨지도 않고, 또한 의무에 충실한 선장처럼 체념적이지도, 미친 부동산 중개업자처럼 죽음을 환대하지도 않는 아내는 두려움과 동요 속에서도 자신의 자유 의지로 죽음을 대면한다. 그녀는 하이데거가 종말에 직면한 이의 '불안의 용기courage of anxiety'라고 부른 것을 갖고 있다. 그녀의 뱀파이어와의 특별한 유대 그리고 그 죽음의 존재를 능가하는 그녀의 힘은 인간만이 지닌 죽음을 향한 지향성을 그리고 자신의 죽음을 자신의 것으로 만듦으로써 획득하는 힘을 알레고리화한다.

노스페라투가 죽음을 표상한다면, 이렇게 물을 수 있을 것이다. 결국에는 그도 죽는다는 것을 어떻게 설명할 것인가? 이것은 죽음 그 자체도 죽는다는 것을 의미하지 않는가? 죽음은 이 영화 곳곳에서 다른 외양으로 즉 저승에서 온 괴물, 자연의 계략, 죽음의 사이 공간으로 드러난다. 죽음이 일상의 환경 곳곳에 스며든 다음, 마지막에 재등장하는 뱀파이어에 의해 체현된 죽음은 죽음 일반이 아니라 각각의 인간이 개별적으로 마주해야 하는 죽음이다. 자신의 희생을 통해 아내는 역병이 휩쓴 마을을 구한다. 하지만 그녀가 직면하는 것은 타인의 죽음이 아니라 그녀를 기다리는 죽음이다. 그녀의 대결 상대는 자신의 죽음, 즉 죽음은 정복될 수 없다는 사실이 아니라, 자신의 임박한 죽음이라는 관념, 의식을 사로잡고 있는 유령으로서의 죽음, 그것을 자신의 것으로 만듦으로써 용감하게 그리고 성공적으로 포용된 유령이다. 역병이 매일의 일상에 내재한 죽음을 눈앞에 등장시키자, 아내는 죽음의 운명 앞에 나서는 것이다.

독일 표현주의의 그림자는 무르나우의 이미지에서 가장 매혹적으로 현현한다. 그 자체가 그림자인 영화 이미지에 무르나우는 특별한 느낌을 부여한다. 필름이 영사기를 거쳐 스크린에 투사하는 그림자인 이미지에 정서적 색채가 충전되고, 우리가 스크린에서 보는 것이 세계의 유령이라는 통렬하고도 불안한 지각이 더해지는 것이다. 뱀파이어가 아내의 침실에 다가갈 때, 계단을 오르고 긴 손톱의 팔이 문을 향해 뻗는 모습은 그림자다. 그녀의 품 안에서 자신의 두근거리는 심장을 부여잡는 모습 역시 그림자다. 영화 이미지에서 육체가 유령에 자리를 내주자, 그녀의 육신은 죽음의 유령에 자리를 내준다. 육체적 교류 없이 유령의 밤이 지나자 새벽의 밝아오는 빛이 창문에 스며든다. 그녀가 죽음의 그림자를 들여놓았던 창문이며 뱀파이어를 죽이는 창문이다. 적절하게도 뱀파이어를 파괴하고 그의 그림자를 해체하는 것은 빛이다. 하지만 잊지 말아야 할 점은, 이 빛은 그림자의 매체가 만든 빛이라는 것이다.

5장

혁명의 의미

에이젠시테인의 수사학,
도브젠코의 시학

장 르느와르가 1932년에 만든 당시 무대 희극의 영화 버전(전복적 버전이기도 한) 〈익사 직전에 구조된 부뒤〉의 시작 부분에서 부랑자 부뒤는 공원에서 잃어버린 개를 찾고 있다. 르느와르 특유의 개방된 프레임의 숏에서 부뒤를 포함한 많은 이들이 서성이며 프레임 안팎을 오가고 있다. 부뒤는 이 숏에서 눈에 띄는 존재가 아니며, 주로 후경에 머물다 프레임 밖을 빠져나간다. 그는 주요 인물이지만 카메라는 행인들 무리에서 그를 특별히 부각시키지 않는다. 한 경찰관이 오히려 특권적 위치를 차지한 것처럼 보인다. 경찰관은 카메라를 향해 걸어오더니 전경에 이르러 카메라를 등지고 선다. 부뒤가 다가와서 잃어버린 개에 대해 묻자 이 경찰은 그의 말을 무시하며 도리어 부뒤를 감옥에 보내겠다고 위협한다. 하지만 잘 차려입은 여인이 비싼 개가 실종됐다고 알리자, 지체 없이 수색을 시작한다. 이 경찰은 우리가 의문을 제기하려는 공권력을 체현한다. 대부분 영화에서 카메라는 관객이 보아야 할 것을 프레임으로 구획하는 일종의 공권력이라 할 수 있는데, 르느와르는 지금 카메라와 경찰관을 등치시키며 카메라의 권능을 질문에 부치려 한다. 르느와르 영화를 볼 때 우리는 우리에게 주어진 시각적 대상만을 수용해선 안 된다. 그것은 이 세계가 제공하는 광대한 가능성 중에 선택된 하나의 부분에 불과하다는 사실을 인식해야 한다.

영화의 주류 전통은 연극에서부터 비롯되었다. 초창기에 영화 카메라는 부동의 관객과 마찬가지였고, 영화의 스펙터클은 연극 무대처럼 그 부동의 관객 앞에 제시된 대상이었다. 영화감독들이 카메라 위치를 바꾸고 편집을 시작한 뒤로 시야는 더 이상 고정된 것이 아니었지만 여전히 매 순간 조율된 연극 무대와 비슷했고, 스펙터클은 관객 앞에 한 번에 한 조각씩 제시되었다. 그것은 적절한 시간에 요구되는 적절한 조각들이었다. 장 르느와르는 이 전통을 버렸다. 카메라와 경찰의 아이러니한 등치(등치를 부정하기 위한 등치라는 점에서 아이러니하다)는 지배적 시선

〈익사 직전에 구조된 부뒤〉. 카메라와 경찰의 아이러니한 등치.

으로서 그리고 관객의 눈으로서 카메라의 지위를 거부한다는 선언이었
다. 매 장면은 연극 무대처럼 더 이상 관객의 눈앞에서 연출되어 제시되
는 대상이 아니었다. 1930년대 르느와르 영화의 세계는 우리의 응시를
위해 조율되지 않는다. 관객의 시선에 맞춰진 스펙터클이 아닌 것이다.
세르게이 에이젠시테인이 만든 한 영화에서, 세계는 치밀하게 조율된다.
관객을 선동하기 위해 구상된, 정확히 관객의 응시를 겨냥한 스펙터클
이 거기 있다.

　에이젠시테인은 연극에서 시작했다. 그는 대중문화의 요소를 포용
하는 아방가르드적 실험을 추구하는 극단에서 일했다. 프세볼로트 메이
예르홀트Vsevolod Meyerhold가 그의 사수였다. 그는 모스크바 예술극장의
콘스탄틴 스타니슬랍스키Konstantin Stanislavsky가 주도한 환영주의 리얼리
즘에 도전한 대안적 방법론으로 유명한 감독이었다. 아방가르드 예술은

대개 심미안을 가진 소수의 엘리트를 겨냥했지만, 1917년 혁명 이후 수년간 소비에트 러시아에서는 대중적인 요소와 실험적 요소를 결합해 민중 속에서 토대와 관객을 찾으려 한 또 다른 아방가르드가 번성했다. 새로운 사회의 건설은 소수가 아닌 모두를 끌어안는 새로운 예술을 요청하는 것처럼 보였다. 무대 디자이너이자 연출가인 에이젠시테인은 대중적 연극의 형식과 효과를 추구했다. 서커스나 버라이어티쇼에서처럼 '견인attraction'이 그에게 연극적 건축의 벽돌이었다. 예컨대 그는 배우를 외줄 위에 올려놓음으로써 극적인 긴장의 장면을 만들었다. 그는 이렇게 적었다. "'줄 위의 배우' 같은 장면이 주는 긴장은 연기의 관습적 긴장을 확장해, 실제적 육체적 긴장의 새로운 단계로 이행시킨다."[112] 에이젠시테인에겐 각각이 "무대의 공격적 순간"인 그런 '견인들'이 조합된 하나의 '몽타주'가 한 편의 연극을 이뤘다. 연출자가 다루는 연극의 기본적 질료는 그에겐 드라마나 퍼포먼스(이건 관객을 다루기 위한 수단일 뿐이었다)가 아니라 관객이었다. 그에게 연극 연출은 "필요한 방향으로 관객을 주조하는 것"[113]이었다.

에이젠시테인의 마지막 연극은 연극 매체의 영역을 확장하려는 시도로, 실제 공장에 관객을 불러놓고 근무 시간 동안 공장 노동자들이 등장하는 실험적 연극이었다. 네 번의 공연으로 끝난 이 연극의 실패 이후에 에이젠시테인은 실제적인 것을 보다 자유롭게 다룰 수 있는 영화라는 매체로 이행했다. 실제 공장은 에이젠시테인의 첫 영화 〈파업 Strike〉(1925)에서 중요한 무대가 되었다. 여기서 공장은 카메라와 편집의 통제 아래 놓이게 된다. 연극에서 실제 공장은 관객을 혼란스럽게 했지만, 영화에서의 실제 공장은 의도된 방향에 맞춰 관객을 움직이는 데 효과를 발휘했다. 영화가 시작되면 비대한 자본가의 웃는 얼굴의 클로즈업에서 공장 내부를 비추는 트래블링 숏으로 컷한다. 이 공간은 자본가에 속한 곳이며 그의 억압적 지배 아래 놓인 곳임이 드러나는 것이다.

여기서도 에이젠시테인은 의미 작용이 보다 적확하게 통제되는 클로즈
업을 롱 숏에 우선한다. 에이젠시테인은 이후 D. W. 그리피스와 미국 감
독들이 클로즈업을 주로 "보여 주거나 제시하기" 위해 사용한 반면, 자
신과 여타 소비에트 감독들은 클로즈업을 주로 "의미화하고, 의미를 제
공하고, 지시하기" 위해 사용한다고 말했다.[114]

　　노동의 공간은 노동자의 것이 아니다. 노동자는 고전 마르크스주의
에 따르면 소외되어 있다. 그들의 회합과 조직화 시도는 공장의 주변부
인 화장실 혹은 창고와 같은 후미진 곳과 구석에서 은밀하게 일어나야
하며, 비딱하게 혹은 뭔가에 가려진 상태로, 즉 다소 혼란스럽게 찍혀짐
으로써 이 불안정한 변방성이 강조된다. 한 노동자의 자살이 파업을 촉
발한다. 비싼 장비를 훔쳤다는 억울한 혐의를 받은 이 노동자는 도둑 누
명을 쓰고 넋이 빠진 얼굴로 공장장 사무실을 떠난다. 그다음, 자본가의
억압적 손길이 드리워진 공장의 트래블링 숏으로 컷하는데, 여기서는
공장 기계의 벨트가 두드러져 보인다. 노동자는 바지에서 자신의 벨트를
풀어 천장의 파이프에 묶은 다음 목을 맨다. 다시 공장의 벨트로 컷한
다. 이 노동자가 바로 그 공장의 벨트, 즉 착취와 예속의 자본가 기계에
의해 교살당했음이 암시되는 것이다.

　　〈파업〉의 벨트는 의미화한다. 이것은 피사체가 의미 작용의 도구로,
다시 말해 비유와 상징 혹은 은유와 환유의 도구로, 즉 관객에게 발화
하는 시각적 수사로 전환되는 에이젠시테인의 영화적 방법론의 한 사
례다. 연극이 관객을 앞에 두고 일련의 의미를 담아 우리에게 말을 건네
는 조율된 세계라면, 에이젠시테인의 영화는 영화라는 매체의 능력으
로 무대의 자리에 더 큰 세계를 올려놓는 또 다른 연극이다.[115●] 르느와

● 피터 울렌Peter Wollen도 에이젠시테인의 연극성을 지적하는데, 다만 보다 연극적인 작품들
（그가 더 좋아하는 〈파업〉, 〈10월〉, 〈폭군 이반〉）을 보다 영화적인 에이젠시테인 작품과 분명히

르의 영화가 연극을 전복한다면, 에이젠시테인의 영화는 연극을 확장한다. 스탈린주의가 전제적 지배력을 얻기 전에 만들어진 에이젠시테인의 1920년대 무성 영화는 혁명의 요청에 응답하기 위해 관객에게 제시된 혁명적 연극이었다. 소비에트 혁명이 먼 역사가 되고 소비에트연방이 과거지사가 된 지금, 그 영화의 의미는 무엇인가?

뉴스릴을 영화 만들기의 주요 요소로 발전시킨 선구적 소비에트 다큐멘터리스트 지가 베르토프는 영화가 혹은 초창기 사회주의 영화가 연극과 무관하다고 확고하게 믿었다. "영화-드라마는 인민의 아편"이라고 그는 선언했다. 그의 견해로는 허구를 상연하는 극영화는 의식의 착종화이고 "마취와 암시"로 관객을 홀리는 사술詐術의 형식이며, "실제 현상 탐구라는 카메라의 진정한 목적"을 배반한다. 이런 사술의 전횡(그는 에이젠시테인도 이런 전횡자로 간주했다)에 맞서 베르토프는 다큐멘터리 의식의 눈이라 할 수 있는 '키노-아이kino-eye'를 주창했다. 환영으로 관객을 기만하는 게 아니라, "신중하게 선택되고 기록되며 조직된 사실들"을 제시하는 것이다.[116] 이에 대해 에이젠시테인은 "우리에게 필요한 것은 '키노-아이'가 아니라 '키노-주먹kino-fist'"이라고 응답했다.[117]

〈파업〉은 패배와 유혈의 억압으로 끝난다. 경찰 기동대가 노동자의 영역에 침범한다. 말을 탄 그들은 발코니로 올라가 노동자용 다층 연립 주택들 사이의 인도교들을 점거한다. 야수적인 켄타우로스와도 같은 그들은 곳곳에서 노동자들의 거주 공간을 접수해 학살을 감행한다. 후에 만들어진 〈전함 포템킨〉(1925)의 오데사 계단 장면에서처럼 이 시퀀스에

구분한다. 나는 연극적인 작품과 영화적인 작품 사이의 구분에는 이견이 없다. 다만 나는 모든 에이젠시테인 영화가 관객을 불러낸다는 점에서 연극적이라고 본다. 보드웰은 《에이젠시테인의 영화The Cinema of Eisenstein》(Cambridge: Harvard University Press, 1993)에서 에이젠시테인의 연극적 뿌리와 그의 영화와 연극의 특별한 연계를 연구한다.

서 에이젠시테인은 유혈 연극 무대를 실제 공간에서 정교하게 연출해, 관객에게 잊을 수 없는 충격을 안긴다. 오데사 계단 시퀀스의 끝부분에 선 한 기동대가 정확히 우리를 향해 칼을 휘두른다. 이 동작은 연쇄적인 클로즈업들의 돌발적 몽타주로 두 번 반복됨으로써 보다 충격적인데, 피 흘리는 한 여인의 클로즈업이 뒤따른다. 〈파업〉에서는 노동자 학살과 도살자의 소 도축이 교차되는 유명한 몽타주 장면으로 컷한다. 이 학살은 그것의 유혈성과 탈개인적이고 무미건조한 리얼리티란 면에서 도축장과 등치된다. 이 병치가 뜻하는 바, 이러한 폭력은 매일 벌어진다.

브레히트는 에이젠시테인의 동시대인이었고(둘 다 1898년에 태어났다), 에이젠시테인과 마찬가지로 예술의 변화가 세상의 변화에 봉사할 수 있다고 믿고 실행한 마르크스주의 예술가였다. 그들은 모두 주류 연극과 영화의 조작된 리얼리티에 반대했고 인위성을 노출하는 예술을 옹호했다. 브레히트는 배우가 연기하고 있음을 관객들이 알기를 원했다. 에이젠시테인은 관객이 편집을 인지하기를 원했고, 관습적 편집의 유연한 진행을 기대하는 우리의 지각을 부수고 싶어 했다. 하지만 둘 다 주류를 이탈했음에도 불구하고 가는 길은 달랐다. 브레히트는 배우가 연기하고 있음을 우리가 알게 함으로써 드라마의 열기를 냉각시키려 했다. 우리가 감정 작용 자체가 아니라, 즉각적 느낌에 의해 휘둘리는 것을 차단하려 한 것이었다. 반면 에이젠시테인은 편집을 우리가 의식하게 함으로써 응축된 반응으로서의 경악을 불러일으키고 그의 '키노-주먹'으로 우리에게 충격을 가하려 했다. 〈파업〉의 도살장 은유는 브레히트적 드라마 교란이 아니라 드라마의 확장으로, 비판적 거리 두기가 아닌 열정적인 반응을 요청한다. 주류 연극과 영화는 우리의 눈과 귀를 겨냥해 하나의 세계, 하나의 스펙터클을 조율하지만 조율 자체를 감춤으로써 또 다른 세계의 환영을 생산한다. 브레히트와 에이젠시테인은 공히 조율 자체를 드러내지만 이유는 다르다. 브레히트는 우리가 환영으로부터 거리를 두도록 하기 위해서, 에이젠시테인은 스펙터클이 관객에게 말을 건네고 있음을 노골화해 우리에게 더 큰 충격을 주기 위해서 그렇게 한다.

브레히트와 마찬가지로 에이젠시테인도 자기의 예술 이론에 입각해 창작을 수행하는 예술가다. 브레히트의 소격 효과에 해당하는 것이 에이젠시테인에겐 몽타주다. 1920년대의 젊은 에이젠시테인에게 몽타주는 병치되는 사진적 리얼리티 조각들의 '충돌collision'을 의미하는 편집 방식이었다. (후기의 에이젠시테인 이론은 보다 모호하고 광범해지며, 덜 양극적이고 보다 다층적인데, 이는 스탈린주의 '사회주의 리얼리즘'●의 불편한 미학에 적용하려는 시도의 결과였다.) 파열은 충격을 낳고 연계는 의미를 낳는다. 에이젠시테인은 몽타주를 일본의 표의 문자에 비유했다. 그가 보기에 일본의 표의 문자 역시 병치를 통해 의미를 낳는 문자 체계다. 예컨대 '칼'과 '마음'을 의미하는 문자가 한데 모여 '슬픔'을 의미한다.●● 두 객체의 접속으로부터 하나의 개념이 발생한다. 두 숏의 접속으로부터 하나의 감정이 발생한다. 에이젠시테인에게 몽타주는 '영화의 신경'이었다. 그의 손에서 몽타주는 감정의 잠재적 지휘자가 되었고, "사유의 전 과정 지휘"[118]를 향한 분투가 되었다.

에이젠시테인은 자신이 "지적인 몽타주"라 부른 것의 사례로 1917년 혁명에 관한 영화 〈10월〉의 한 장면을 인용했다. 볼셰비키가 반대한 임시 정부의 수장 알렉산드르 케렌스키Aleksandr Kerenskii는 겨울궁전에서 같은 계단을 오르고 또 오른다. 그의 반복되는 상승의 동작 사이에 중

● 제이 레다Jay Leyda와 데이비드 보드웰 같은 학자들은 후기 에이젠시테인이 자신이 원치 않던 미학을 채택했다는 것에 동의하지 않으며, 초기 에이젠시테인과 후기 에이젠시테인의 연속성을 강조한다. 특히 보드웰은 에이젠시테인의 미학적 위상이 유기적으로 진화해 갔다고 주장한다. 하지만 나는 여전히 동의하기 힘들다.

●● "영화 기법의 원리와 표의문자"라는 에이젠시테인의 유명한 글에서 인용된 이 구절에는 두 가지 오류가 있다. 하나는 이 표의 문자가 일본에서도 사용되지만 엄연히 중국의 한자라는 점, 다른 하나는 칼과 마음이 합쳐진 글자는 '참을 인忍'이라는 점이다. ― 옮긴이

간 자막이 삽입되는데("독재자," "육군참모총장," "해군참모총장," "국무총리," "등등등"), 이는 1917년 7월 봉기를 탄압한 다음 그가 얻은 권력을 지시한다. 계단 오름은 물리적으로 케렌스키의 권력 장악을 상징한다. 겨울궁전은 케렌스키의 권력이 차르의 권력과 같은 것임을 말해 준다. 반복되는 상승 운동과 중간 자막들은 그 권력을 허황되고 얄팍한 것이라고 조롱한다. 모든 풍자가 지적이란 의미에서 이것은 훌륭한 정치적 연극이지만, 사유를 촉발하는 데까지 이르지는 않는다. 그러나 이 대목 다음에 지적인 몽타주의 더 복합적이고 더 울림이 큰 사례가 등장한다.

케렌스키가 궁전의 방문 앞에 서 있는 장면에서, 영화는 케렌스키와 주변 공간에서 분리된 채 보여지는 황금 공작 사이를 오간다. 공간적 연계가 직접 제시되지 않은 상태에서, 케렌스키와 공작 사이에서 우리가 처음 지각하게 되는 연계는 순전히 은유적이며, 양자는 은유적으로 등치된다. 케렌스키는 공작처럼 헛된 존재다. 〈파업〉의 도살장처럼, 또한 은유적 몽타주의 다른 많은 대목들처럼, 이것은 육체화된 발화의 표상으로서, 등장하는 피사체는 물질적이지만 비유적인 것으로 지각되는 것이다. 다시 말해 이것은 문자 그대로의 은유가 아니라 은유의 연극적 과장이다. 장식용 기계 장치인 공작은 회전하면서 활짝 펼친 깃털을 전시한다. 그 움직임은 파편화되어 있고, 움직임의 조각들이 반복적으로 등장한다. 이것은 에이젠시테인 특유의 표현 방식인데, 움직이는 피사체의 쪼개진 숏들이 각기 다른 각도에서 보여지면서 그 움직임을 고조시키고, 스크린에서의 지속 시간을 늘이는 것이다. 그런 다음, 공간적 연계가 직접 제시된다. 궁전 방문의 열림이 공작의 회전을 촉발시키는 것처럼 보이는 것이다. 케렌스키가 방에 들어온 뒤, 이 연계는 그의 뒤에서 문이 닫히는 움직임과 공작이 그 반대 방향으로 회전하는 움직임에 의해 강조된다. 문의 윗부분에 있는 공작은 문이 열리고 닫힘에 따라 회전한다고 우리는 짐작하게 된다. 스크린에 결코 함께 등장하지 않으며 겨울궁전의 공간에서 물리적으로 묶여 있지 않지만, 공작과 문은 몽타주에 의해 구축된 허구적 환유로 연계되어 있는 것이다. 케렌스키와 공작의 은유에 더해진 이 환유는 케렌스키를 낡은 권력에 의해 기계적으로 작동되는 공작으로 간주하도록 이끈다. 허황된 환영에 사로잡힌 그는 착취 기계에 의해 움직이는 인형에 불과한 것이다. 영화는 공작에서 새의 발톱으로 컷하는데, 이는 잠시 공작의 발톱처럼 보이지만 실은 볼셰비키가 수감된 감옥 문의 걸쇠다. 헛된 기계적 새는 이제 억압의 발톱에 자리를 내준다.

세계를 조각낸 다음 그들을 재배열함으로써 에이젠시테인은 관객에게 말을 건네고 의미를 전달한다. 모든 측면과 세부의 의미화를 통해 세계를 해석하고 그것을 우리에게 제시하는 데 그토록 열중한 감독은 없었다. 로버트 워쇼는 소비에트 영화에 대한 비판적 견해를 밝힌 글에서 이렇게 적었다. "내가 이 영화들에서 마주친 것은 미학적 실패가 아니며, 그보다 더 나쁜 것이었다. 그것은 휴머니티에 대한 예술의 승리다." 혹은 리얼리티에 대한 의미화의 승리다. "우리가 가장 원하는 것은, 영화가 우리에게 좀처럼 주지 않는 것인데, 영화가 다루는 사건들의 온전한 리얼리티에 대한 모종의 암시다."[119] (아마도 워쇼는 에이젠시테인보다 그가 보지 않은 베르토프의 영화를 더 좋아했을지도 모르겠다. 하지만 많이 좋아했을 것 같진 않다. 1955년, 그가 죽기 전에 남긴 이 미완성 원고는 냉전기의 반공주의에 많이 기울어 있다. 하지만 이 편향 때문에 폄하될 수는 없다. 소비에트 영화의 미학적 평가에만 몰두하는 논의에 반기를 든 그의 도전은 여전히 유효하다.) 에이젠시테인에게 리얼리티 자체는 현 상태의 긍정이었을 것이며, 지배권력에 대한 묵인이었을 것이다. "의미 없는 죽음은 없다"라고 워쇼는 반박했다. "〈전함 포템킨〉에서 아기를 실은 유모차가 오데사 계단 아래로 흔들리며 굴러떨어지는 대목조차 거대한 계획의 일부이고, 이 스펙터클은 슬프기보다 짜릿하다."[120] 이 스펙터클은 슬프지 않다. 혹은 슬프기만 한 것은 아니다. 유모차 장면과 경찰기동대의 공격이 공격적 몽타주에 의해 대비를 이루는데, 이 몽타주는 유혈을 한탄하고 있다기보다 행동에의 요구로 들리기 때문이다. 끔찍하지만 이 스펙터클은 짜릿하다. 우리가 이해할 수 있는 의미를 지니기 때문이고, 우리가 행동에 나서도록 고취된다고 느끼게 하기 때문이다.

〈익사 직전에 구조된 부뒤〉는 원래 부르주아의 보편적 관용을 찬미하는 연극이었다. 르느와르는 연극의 결말을 뒤집고 의미도 뒤집었다. 연극의 부뒤도 부르주아 서적상에 의해 구조된 떠돌이지만, 결국 부르주아의 방식에 동화된다. 르느와르 영화의 부뒤는 동화되지 않는다. 연극의 결말에서 부뒤는 행복하게 길들여지고 하녀와 결혼한다. 영화의 결말에서 부뒤는 결혼식 하객을 태운 보트를 뒤집어 버리고 홀로 강물을 따라 흘러가며, 이제 구조는 필요 없다. 이 부랑자가 부르주아 사회의 관습에 포섭될 수 없듯 이 영화도 부르주아 코미디의 관습에 포섭될 수 없다. 르느와르의 카메라는 프레임 너머의 세계를 끊임없는 환기시킴으로써, 또한 플롯 너머의 세계를 작동시킴으로써 부르주아로부터의 부뒤의 탈출을 예비한다. 이 카메라와 이 부랑자가 향하는 저 밖의 드넓은 세계가 부르주아 연극과 부르주아 사회의 틀을 부숴 버린다. 〈익사 직전에 구조된 부뒤〉에서 르느와르는 그보다 이후 작품인 〈게임의 규칙〉에서처럼 코미디 연극의 형식을 아이러니하게 사용한다. 그의 형식은 내용을 포섭하는 데 의도적으로 실패하는 형식이다. 리얼리즘과 모더니즘을 분리하는 논자들은 이를 이해하지 못한다. 하지만 르느와르는 에이젠시테인보다 브레히트에 가깝다. 브레히트와 르느와르는 자신의 예술 형식을, 동시에 자신이 속한 사회 형식에 의문을 제기하는 예술가이기 때문이다. 반면 젊은 에이젠시테인은 승리한 사회주의 사회에서 일했고, 아이러니와 거리 두기보다는 확신과 연대의 분위기 속에서 작업했다.

　에이젠시테인 영화의 무대는 이 세계 전체를 담는다. 그것은 리얼리티를 배경막이 아닌 중심적 요소로서, 행동의 질료로서 채용한다. 그것은 인민을 자신의 배우로, 즉 엑스트라가 아니라 중심인물로 기용한다. 워쇼는 "이 영화들의 진정한 영웅은 역사"라고 간파하며 덧붙인다. "하지만 우리가 역사에서, 무엇보다 러시아 역사에서 배웠어야 할 한 가지가 있다면 역사는 누구의 영웅이어서도 안 된다는 것이다."[121] 반박하기 어려운 말이다. 승리한 사회주의는 자신이 실현해야 할 희망과 영감을 잔인하게 배반했다. 에이젠시테인의 무성 영화에서 감동적으로 표현된 확신, 즉 우리가 세계를 이해하고 변화시킬 수 있다는 확신, 역사는 의미가 있으며 민중이 역사를 만들 수 있다는 확신은 혁명적 폭력에 정당성을 부여했고, 폭력은 배반의 폭력에서도 유예 없이 지속되었다. 그의 마지막 영화 〈폭군 이반〉(1944~1946)은 다른 종류의 연극을 작동시킨다. 폐소공포증적이고 편집증적이며, 여전히 유혈낭자하지만 훨씬 어두운 연극을. 기예르모 카브레라 인판테는 이 영화를 "위대한 스탈린주의 영화, 공포와 전제 권력의 완벽한 본보기"[122]라고 썼다.

　전함 '포템킨'은 어디로 가는가? 결말에서 반란군이 된 전함은 반란 진압을 위해 동원된 차르 함대를 만나는데, 진압군 역시 반란군 편으로 돌아선다. 마지막 숏에서 앙각으로 찍힌 전함 뱃머리는 스크린을 뚫고 나와 관객을 덮치려는 듯 보인다. 이것이 '포템킨'이 상징적으로 가려는 곳이다. 하지만 여전히 많은 관객들은 이 배가 실제로 어디로 가려는지 알기 힘들다. 에이젠시테인은 자신의 영화가 생략한 역사적 대답을 제공하는 한 에세이에서 이에 대해 말한 바 있다. 흑해의 루마니아 항구인 콘스탄차가 전함 포템킨이 갔던 곳이며, 반란군 병사들은 차르를 거부한 뒤 그곳에서 피난처를 찾았다고 한다.[123]

　1905년 러시아에서 일어난 실제 사건인 포템킨의 반란으로부터 에이

〈전함 포템킨〉의 결말: 포템킨은 어디로 가는가?

젠시테인은 융기하는 혁명의 신화를 만들었다. 콘스탄차는 좌절의 장소가 될 수도 있었다. 에이젠시테인의 설명에 따르면, 1905년의 실패한 시도가 1917년의 승리를 예기하는 지점에서 영화를 끝낸 것이다.

1917년 혁명이 오늘의 시점에서 결국 실패했다면, 포템킨은 어디로 가는가? 진압군 함대를 마주하기 위해 배를 움직이는 선원들의 격렬한 리듬의 몽타주는 자신의 운명을 스스로 책임지고 생을 영위하는 인민의 열렬한 이미지로 지속된다. 1925년의 에이젠시테인에게 이것은 도래했어야 할 이미지다. 이것이 우리가 즐겨 '유토피아적'이라 부르는 것이다. 우리가 뜨겁게 소망할 수는 있지만 결코 획득될 수 없을 거라고 생각하는 이미지인 것이다.

스페인어와 프랑스어에서 그리고 이탈리아어와 러시아어에서 무성 영화는 '무언mute'이라 불린다. 오늘의 관객에게 대부분의 무성 영화는 무언의 느낌, 말을 할 수 없어 다른 수단으로 표현하기 위해 애쓴다는 느낌을 전해 준다. 오늘의 우리는 물론 사운드에 익숙해져 있지만 이것이 무성 영화에서 우리가 사운드의 부재를 체험하는 방식을 설명해 주지는 않는다. 우리는 컬러에 익숙해져 있지만 흑백 영화를 볼 때 그와 같은 결여의 느낌을 갖진 않는다. 영화는 대개 시각 매체로 받아들여지지만, 컬러만큼이나 사운드를 필요로 하는 것처럼 보인다. 스크린에서 움직이는 사람을 볼 때, 우리는 그들의 말소리를 듣고 싶어 한다. 그들이 상대방에게 반응할 때, 우리는 그들이 상대방에게 하는 말을 듣고 싶어 한다. 우리는 무성의 컨벤션을 받아들이기 어려운 것이다. 영화는 시각 매체일 뿐만 아니라 본원적으로 드라마의 매체다. 거기에선 인물들이 말할 수 없을 때도 인간들 사이의 상호 작용 그리고 그 상호 작용과 연관된 특정한 사건이 일어난다. 신체 코미디는 무성 시대에 번성한 드라마 양식의 하나다. 찰리 채플린과 버스터 키튼의 영화는 여전히 낡지 않았으며, 우리는 무성에 적응하기 위해 특별히 애쓰지 않고도 그들을 즐길 수 있다. 희극인들은 무성 속에서 편안해 보인다. 아마도 무성의 광대의 전통이 그들 이전에 오랫동안 무대에 존재했기 때문이리라. 또한 무성의 연기가 지니게 마련인 비현실성이 희극 양식의 인위성에 보다 적합하기 때문일 수도 있다.

반면 D. W. 그리피스와 에리히 폰 스트로하임의 영화들은 적응하는 데 노력이 필요하다. 그리피스의 영화들은 고대 드라마 양식에 가까우며, 빅토리아 시대의 멜로드라마가 일종의 무성 오페라로 이행하는 과도기에 놓여 있다. 여기에선 이미지들이 음악을 만들면서 종종 우스꽝스러움과 숭고함의 차이를 만들어 낸다(멜로드라마가 원래 음악이 있는 드라마를 뜻했음을 기억하자). 스트로하임의 영화는 그리피스보다 훨씬 더 모던해 보이는데, 이는 강화된 물리적 리얼리즘뿐만 아니라 카메라 테크닉에서 기인한다. 리버스 앵글과 시점 숏 그리고 유연한 콘티뉴이티 안에 하나의 장면을 여러 숏으로 쪼개 결합하는 방식(프랑스인들이 데쿠파주 클래식이라 부른 숏 구성) 등이 포함된 그 테크닉은 당대의 어떤 무성 영화보다 풍부하게 유성 영화의 테크닉을 예기한다. (앙드레 바쟁이 스트로하임의 영화를 편집에 별로 의존하지 않는 사례로 든 것은 틀렸다. 오히려 스트로하임의 영화는 에이젠시테인만큼이나 빠른 커팅이 두드러진다.[124] 다른 점은 스트로하임의 컷이 워낙 부드러워 바쟁 같은 예민한 관찰자도 편집점을 알아차리지 못할 정도였다는 것이다.) 하지만 스트로하임의 배우들은 공간의 리얼리즘과 능란한 카메라 테크닉을 모르는 듯 오페라 스타일의 연기를 유지함으로써, 우리의 눈에는 진지한 무성 드라마의 과도한 양식처럼 느껴진다. 현실성과 비현실성의 결합은 F. W. 무르나우의 몇몇 영화들, 예컨대 〈노스페라투〉, 〈선라이즈〉, 〈타부〉에서 보다 성공적으로 이뤄진다. 이 영화들에서 그 결합은 무성 스크린에 딱 들어맞도록 알레고리 양식을 보편화한 계획적 스타일이 된다.

영화의 모든 시각적 도구, 카메라와 편집의 모든 테크닉이 드라마의 도구로서의 발화되는 말을 대신할 수는 없을까? 오페라에서 음악은 분명 연기를 대체할 수 있다. 하지만 영화는, 〈칼리가리 박사의 밀실〉 같은 몇몇 예외를 제외한다면, 현실 세계를 직접 지칭한다는 점에서 오페라보다는 훨씬 사실적인 매체다. 영화 카메라는 움직이는 인간의 실제 외양을 재생하며, 영화의 시각적 도구는 드라마의 도구만큼이나 효과적이다. 화합하든 충돌하든 양자가 협주하며 상호 작용하는 인간의 모습을 담는 한 그러하다.

진지한 무성 드라마의 양식화 혹은 과장은 무성 시대의 끝 무렵, 칼 드레이어의 〈잔다르크의 수난〉(1928)에서 대담하게 채택된다. 이 영화는 무성 드라마를 전개하면서 주로 강렬한 클로즈업을 통해 하얀 평면을 배경으로 일그러진 얼굴을 제시한다. 또한 멜로드라마를 뼛속까지 발가

벗겨 모든 긴박한 액션과 과장된 상황을 제거하며, 열정적인 영적 엄숙성을 전경화한다. 그리피스의 클로즈업이 오페라 아리아와 같아서 액션을 그 순간의 감정 안에 착지시킨다면, 〈잔다르크의 수난〉에서 드레이어의 클로즈업은 그 자체가 온통 감정인 액션이며, 이는 장중한 음악에 의해 강조된다. 이 영화가 "얼굴의 푸가fugue of faces"라 불리는 이유다.[125] 드레이어 영화의 과장된 연기는, 스트로하임 영화에서와 달리, 이 카메라 테크닉과 협업해 자신의 과장을 수행한다. 연기와 카메라가 함께 작용하며, 증류된 멜로드라마의 독창적인 음조를 무성 영화에 부여하는 것이다.

한 편의 영화는 추상적인 형상들로 이루어진 게 아니라면 이미지들의 단순한 배열에 머무르지 않는다. 그것은 이미지들이 재현하는 구체적 리얼리티의 배열이며, 그러한 리얼리티의 요구에 부응하는 형식이 주어져야 한다. 움직이는 벽지의 형식이라 할 수 있는 순수한 시각적 구성물이라면 그렇지 않을 것이다. 하지만 영화에서 드라마의 구성이 항상 요구되는 것은 아니다. 드라마는 영화라는 매체의 대중적 잠재력에 중심적인 요소를 차지하긴 하지만 유일한 잠재력은 아니다. 〈북극의 나누크〉는 북극으로 우리를 데려가고 〈안달루시아의 개〉는 꿈속의 정신 속으로 이끈다. 두 영화는 판이하지만 드라마적 동기화와 무관하다는 공통점이 있다. 전자는 인간과 자연의 갈등을 다루고, 후자는 마음에 거주하는 힘들의 갈등을 다루지만 어느 쪽도 인물들의 극적인 갈등을 다루지 않는다. 드라마를 다루지 않는 영화들은 드라마 플롯의 대안적인 형식을, 즉 구체적 이미지의 요구에 적합한 구조, 움직임과 통일성을 부여할 수 있는 구조를 고안해야 한다. 무성 영화는 이런 형식상의 문제를 해결할 수 있었다. 비드라마 형식을 채택한 일군의 무성 영화들은 오늘의 코미디만큼이나 활력이 넘친다.

스토리가 아니라 세계에 대한 우리의 호기심에 의해 추동되는 다큐멘터리들도 그런 부류의 영화다. 플래허티는 이누이트족과의 수년간의 친교를 나눈 뒤 〈북극의 나누크〉(1922)를 만들었고, 이 영화는 고전적 다큐멘터리 형식을 제시한 다큐멘터리 고전이 되었다. 이후의 플래허티는 이 첫 영화를 뛰어넘지 못했다. 〈북극의 나누크〉는 모든 다큐멘터리가 기대고 있는 우리의 호기심을 구성의 원칙으로 삼는다. 이 영화의 구조는 발견의 과정이며, 에스키모의 생존 방식에 관해 더 많이 알아가는 과정이다. 베르토프는 다른 종류의 호기심, 즉 이국적인 것이 아니라 현재에 대한 그리고 현재가 암시하는 미래에 대한 호기심을 작동시키며 다른 구성을 제시한다. 그의 다큐멘터리에서 카메라는 인간의 눈을 모방하는 것이 아니라 기계의 눈이라는 위상을 과시한다. 〈카메라를 든 사나이〉는 편재하는 시선 기계인 카메라에 의해 관찰된 도시를 거대 기계로 시각화한다. 기계의 눈이 볼 수 있는 수많은 대상의 조각을 통합하는 베르토프 영화의 구조는 새로운 소비에트 사회에서 엔지니어의 건설을 자랑스럽게 제시한다.

〈카메라를 든 사나이〉와 같은 해인 1929년, 국적과 예술적 기후가 다른 곳에서 루이스 부뉴엘은 자신과 동료 살바도르 달리Salvador Dalí가 꿈에서 영감을 얻은 대본으로 〈안달루시아의 개〉를 만들었다. 〈안달루시아의 개〉는 초현실주의적 꿈 영화의 정수로서, 눈을 도려내는 유명한 장면처럼 격렬한 육체적 이미지들이 우리 앞에 돌발적으로 등장한다. 이미지들은 어떤 논리적 연관도 없으며, 구조는 오직 감각적인 연계에만 토대를 둔다. 돌발적이지만 유연한 이 영화는 꿈처럼 운동한다. 불가능한 이행과 시공간의 당혹스러운 자유로움이라는 면에서뿐만 아니라, 그러한 이행과 자유가 펼쳐지는 흐름의 놀라운 유연성이라는 면에서 그러하다. 〈안달루시아의 개〉는 꿈의 불연속성을 지니며, 꿈에서처럼 혹은 광인의 정신에서처럼 비논리적인 외양에도 불구하고 이미지들이 강렬한 감각적 힘으로 육박해 온다. 부뉴엘의 초현실주의는 무성 영화의 수단과 방식을 마음껏 활용한다. 그보다 몇 년 전 페르낭 레제Fernand Léger 가 그의 단편 영화 〈발레 메카닉*Ballet mécanique*〉(1924)에서 시도한 큐비즘 역시 그러했으며, 이는 인간과 기계의 결합에 대한 축복이라는 점에서 다소 추상적이긴 해도 베르토프 영화와 유사한 점이 있다. 〈안달루시아의 개〉는 아방가르드 그룹(마야 데렌Maya Deren, 스탠 브래키지Stan Brakhage) 혹은 여타 감독들(장 비고, 페데리코 펠리니, 데이비드 린치David Lynch)의 작품과 비교해도 초현실주의 영화의 가장 높은 곳에 있다. 〈발레 메카닉〉은 이른바 기하학적 아방가르드 영화(마이클 스노Michael Snow, 어니 기어Ernie Gehr)의 선구다.

에이젠시테인은 개별적 캐릭터에 관심을 두지 않았기 때문에 진지한 무성 영화의 문제들을 피해 갈 수 있었다. 그의 무성 영화에서 민중은 개별자들이 아니라 군중의 일원이고, 계급의 상징이며 역사적 힘의 표상이다. 어떤 복합적 연기도 요청되지 않으며, 지배 계급의 캐리커처 혹은 노동 계급의 집단성을 드러내는 포괄적인 표현으로 충분하다. 그의 무성 영화에서 중대한 발화는 드라마적 캐릭터들의 목소리가 아니라 수사적 언명으로 이뤄진다. 드라마라기보다 수사학의 연극이 그의 영화다.

개별적 차이가 있다 해도 무성 시대의 소비에트 영화감독들은 공히 그들이 '몽타주'라 부른 구축적이고 확신에 찬 편집에 우선권을 부여했다. 몽타주는 수사학에, 달리 말해 설득의 목적에 봉사하며 베르토프 다큐멘터리의 수사학은 에이젠시테인의 연극적 수사학 못지않다. 반면 V. I. 푸도프킨 특유의 몽타주는 주류 영화에 가깝다. 그의 이론적 에세이들은 할리우드에서 오랫동안 교범으로 읽혀졌다. 푸도프킨의 영화는 개인을 보다 중시하며, 그의 수사학은 드라마의 형식을 보다 많이 취한다. 그의 영화가 상연하는 드라마는 정치적 설득의 드라마이며, 관객이 혁명적 의식을 향해 각성해 가는 주인공에 동화되는, 인물의 영화다. 드레이어가 멜로드라마를 정화해 영적인 것으로 만들었다면, 푸도프킨은 멜로

드라마를 정치화해 전투적인 것으로 만들었다. 그는 진지한 무성 연기의 면에서 최고의 감독 가운데 하나였다.

모더니즘은 확연한 주관성의 예술일 수 있으며(표현주의, 초현실주의, 의식의 흐름), 단호한 비개별성impersonality의 예술일 수도 있다(큐비즘, 미래파, 바우하우스). 소비에트 무성 영화의 몽타주는 모더니즘 예술의 비개별성학파에 속한다. 베르토프와 에이젠시테인은 미래파 및 큐비즘과 분명한 친연성이 있다. 체계적인 것에 열광하고 주관성을 배격하는 이들의 모더니즘은 혁명 후 수년간 러시아를 지배했던 확신에 찬 공산주의와 카를 마르크스Karl Marx 그리고 기계에 대한 열광에 적합했다.

 내 부모는 문맹이었다. 할머니와 증조할머니 역시 문맹이었다. 할아버지는 읽을 줄 알았지만 아버지는 자신의 문맹 때문에 할아버지를 결코 용서하지 않았다. 내 부모는 열네 명의 자식을 낳았지만 나와 의사인 여동생 폴리나만 살아남았다. 다른 형제들은 각기 다른 나이에 죽었는데, 대부분 근로 연령 전에 생을 마감했다. 나는 어린 시절을 생각할 때마다 울음과 장례식을 떠올린다. 우리 집에 처음 배달된 첫 전보는 로스토프에서 화물 노동자로 일하던 형의 죽음을 알리는 소식이었다. 나는 지금도 장례식을 견디기 힘들지만, 장례식은 내 모든 시나리오와 영화에 걸쳐 있다. 내가 아직 아이였을 때 삶과 죽음의 문제가 내 상상력에 영향을 끼쳐 내 모든 작품에 그 흔적을 남겼기 때문일 것이다.

— 알렉산드르 도브젠코[126]

우크라이나 출신의 알렉산드르 도브젠코는 영화가 미래의 예술이며 그가 추구해야 할 분야라고 마음먹기 전까지 교사였고 외교관이었으며 만화가이자 일러스트레이터였고 야심만만한 화가였다. 그는 다른 주요 소비에트 영화인들보다 약간 늦게 출발했고 보다 천천히 나아갔다. 그의 작품에는 선배 영화인들의 영향이 확연히 감지된다. 하지만 그는 곧 무성 영화라는 매체에서 자신의 목소리를 찾았고, 이미지와 몽타주의 언어에서 자신만의 경구를 발견했다. 그것은 드라마의 경구가 아니었다. 베르토프와 에이젠시테인처럼 그도 개인의 우선권을 거부하고 보다 넓은 패턴, 즉 집단적 분투를 추구하며 드라마를 부차화했다. 두 선배처럼 그도 주관성보다는 마르크스주의와 객관성을 앞세우는 예술에 몰입했다. 하지만 그들의 작품과 달리 도브젠코의 영화는 개인의 체계적 배제를 통해 객관성을 도출하는 도식적인 예술이 아니었다. 달리 말해 베르토프의 키노-아이라는 기술적인 양식 혹은 에이젠시테인의 키노-주먹이라는 연극적 양식처럼 선명한 윤곽과 정돈된 배열의 예술이 아니었다. 그의 영화는 민중을 추상화하지 않으며, 개인을 냉정한 기계적 패턴 혹은 수사학의 일반화에 종속시키지 않는다.

어떤 소비에트 감독들도 도브젠코만큼 대담하게 혁명의 고통과 그에 뒤따르는 아픔과 죽음을 재현하지 않았다. 고통과 죽음은 에이젠시테인에겐 적의 일이었고, 억압자들이 자행한 분노였으며, 해방자들을 행동으로 이끈 촉발제였다. 소비에트의 스크린에 투사된 모든 혁명 영화들 중에서 도브젠코의 〈병기고*Arsenal*〉(1929)만이 비극을 그린다. 그것은 희망찬 비극이며 보다 나은 미래를 예기하는 비극이지만 그런데도 비통한 희생과 절절한 고통이 담긴 비극이다. 죽어 가는 혁명군 병사는 고향에 묻히기를 원한다. 그럴 시간이 별로 없는 동지들과 기병들은 전투가 벌어지는 겨울 들판을 가로질러 병사를 싣고 그를 고향 땅에 묻기 위한 행군을 재촉한다. 그들은 눈보라를 뚫고 마침내 목적지에 이른다. 흰눈이 쌓인 들판 가운데 검은 흙더미의 열린 무덤이 나타나고 그 곁에는 한 여인이 꼼짝도 하지 않은 채 고향에 돌아올 남자를 기다리며 서 있다. "혁명"이라고 마침내 병사의 영원한 안식처에 도착한 말들이 말한다

(《병기고》의 말들은 때로 중간 자막으로 말한다). "우리는 그 기운을 느낀다……. 우리는 24개의 다리를 가진 자의 속도로 날고 있다." 무덤을 향한 쇄도로 표현되는 혁명의 쇄도, 비탄과 피할 수 없이 결부된 혁명의 충동과 에너지. 이 시퀀스는 격정만큼이나 슬픔에 잠겨 있다. 여기에는 용맹한 격정 혹은 비통한 슬픔이 어느 것도 희석되지 않은 채 남겨진다.

〈병기고〉에서 말하는 말들horses은 민담을 연상시킨다. "세 아들을 둔 한 어머니가 있었다"라고 첫 장면의 중간 자막이 말한다. 우리는 한 농민 여인이 집 안에서 좌절과 실의에 빠져 꼼짝도 하지 않는 모습을 본다. "전쟁이 있었다." 우리는 병사들을 실은 기차를 본다. 우리는 여인들이 마을의 길에서 굳은 채 서 있는 적막한 모습을 본다. 아이를 데리고 목발을 짚은 외다리 남자가 등장하자 여인들이 움직이기 시작한다. "그 어머니는 아들이 없다." 우리는 한 여인이 혼자서 밭을 가는 모습을 본다. 예상과는 달리 그녀는 우리가 처음 본 여인이 아니며, 고립된 또 다른 개인이지만 두 여인은 고난을 공유한다. 내러티브는 최근의 역사적 사건 즉 우크라이나 민중에게 깊은 상처를 가한 1차 세계 대전과 연관되어 있지만, 이 내레이션 양식(중간 자막이 풍기는 '옛날옛적에'의 톤, 경건하고도 기념비적인 부동성의 시각적 형상)은 전설 혹은 민담의 양식으로 제시된다. 초기작 〈즈베니고라Zvenigora〉(1928)에서 도브젠코는 이미 전설 양식과 동시대 양식의 "경이로운 융합"(에이젠시테인이 말한 대로)을 선보였다. 현대 세계에 포획된 농민의 이야기인 르느와르의 〈토니Toni〉(1934) 역시 농민들이 스스로에게 말하는 이야기 방식인 발라드의 요소와 현대 세계가 더 선호하는 방식인 리얼리즘의 요소를 혼합한다.

모더니즘은 현대 대도시에서 태어난 예술이다. 레이먼드 윌리엄스가 강조했듯 모더니즘은 산업 자본이 건설한 모던한 메트로폴리스의 문화와 조건에 속해 있다. 모더니즘 예술의 실험성, 새로운 것과 낯선 것에 대한 애호, 자신의 인위성과 자기 매체에 대한 자의식적 강조는 윌리엄스가 보기에 대도시에서 자신을 이방인으로 느끼는 예술가들의 작업 방식이며, 자신들의 인위성과 자신들이 공유한 표현 매체가 유일한 커뮤니티인 예술가들의 작업 방식이다.[127] 소비에트 무성 영화의 몽타주 역시, 비록 사회주의 도시가 자본주의 대도시의 소외를 극복했다고 주장되기는 하지만, 그러한 도시의 예술이다. 공동체에 대한 베르토프의 비전이야말로 인위성의 공동체이며, 사회주의 아래 모든 인위성과 현대 생활의 기계 장치를 연계시킨 영화의 인위성이다. 에이젠시테인에겐 만연한 기계 장치의 질서에 대한 베르토프의 믿음이 없었으며, 그의 인위성에 대한 강조는 보다 수사학적이고 보다 미학적인데 누군가는 보다 소격적alienated이라고 말할 수도 있다. 에이젠시테인이 묘사한 공동체는 대중의 혹은 탈개인화한 집단의 공동체이기 때문이다.● 도브젠코는 시골 출신이며 자신의 땅과 자신의 인민에 관한 영화를 만드는 토박이 우크라이나인으로 살았다. 그의 영화가 그린 공동체는 기계적이라기보다 유기적이며, 익명의 대중이라는 추상적 대상으로서가 아니라 개별적 인간들과 그들의 상호 관계를 통해 구현된다. 그는 미래를 예기하느라 과거에 등 돌리는 일을 하지 않았다. 대신 그는 위대한 변화가 발생할, 동시에 그가 소중히 여겨 온 과거 역시 생명력을 이어갈, 활기찬 미래를 시각화했다. 그는 도시의 이방인이 아니었지만 그런 미래에서라면 이 토착민 역시 이방인이었다. 그의 예술은 새롭게 만들고 낯설게 만든다. 도브젠

● "개인주의와의 투쟁은 개인의 제거로 귀결되었다"라고 소련 비평가 이반 아니시모프Ivan Anisimov는 1931년 출간된 에이젠시테인에 관한 글에서 썼다. 아니시모프는 에이젠시테인이 특수와 일반, 개인과 집단을 변증법적으로 사유하는 데 실패했다는 이유로 그를 비난했다. 아니시모프는 에이젠시테인이 프티부르주아로서 프롤레타리아 혁명에 참여하는 과정에서 부르주아 개인주의를 극복하느라 개별성을 극단적으로 부인하여 마침내 프롤레타리아의 개별성마저 부인하게 되었다고 지적했다. 그의 지적은 예리하다. 그의 글은 다음에서 옮겨왔다. Marie Seton, *Sergei M. Eisenstein* (New York: Wyn, 1952), 494~503.

코에겐 전통과 이행과 민중의 삶의 열망이 담긴 복합적 작품을 위한 수단을 제공한 것이 모더니즘이었다.

〈즈베니고라〉와 〈병기고〉 다음에 도브젠코는 〈대지〉(1930)를 만든다. 소비에트 무성 시대의 마지막 영화들 중 한 편이며 가장 위대한 무성 영화들 중 한 편이다. 당시 소련에서 시급하고 골치 아픈 의제였던 집단 농장을 다룬 〈대지〉는 이를테면 트랙터 영화다. 도브젠코는 이 트랙터 영화를 위대한 시적 영화로 빚어낸다.

도브젠코는 종종 시인으로 불려 왔고 어떤 다른 감독보다 그렇게 불릴 자격이 있다. 하지만 혹자는 그에 반대한다. P. 애덤스 시트니P. Adams Sitney는 시를 단지 아름다운 이미지로 간주하는 사람들을 설득력 있게 비판한다.[128] 도브젠코는 스크린이라는 화폭을 아름답게 구성할 줄 아는 놀라운 화가의 눈을 가지긴 했지만 그의 시는 그것과 무관하다. 이미지들의 연속성과 배열을 통한 표현 능력, 시각적 조각들을 몽타주 앙상블로 전화하는 그의 방식에 그의 시가 놓여 있다. 도브젠코 영화의 시적 자질을 의심하는 밴스 케플리Vance Kepley에게 시는 사회적·역사적 시야를 잃어버린 개인에 대한 초점화를 의미한다. 하지만 개인을 사회적인 것과 역사적인 것으로부터 분리하는 것은 도브젠코가 결코 저지르지 않은 실수다.[129]● 영화적 시가 무엇인가는 정의하기 쉽지 않다. 마야 데렌

● 밴스 케플리의 책은 제목에서 드러나듯 도브젠코의 영화가 개인적 창의성이 아니라 사회적 역사적 요인들의 산물임을 보여 주려는 시도다. 그의 영화들이 지닌 대담성은 여전히 놀랍지만 강력한 국가 통제 아래 제작되었다는 것이다. 케플리는 개인적 창의성과 사회적·역사적 요인들의 대립을 설정한다. 이것은 개인과 사회, 상상력과 역사 사이에 어떤 상호 작용도 인정하지 않는 단순하고 엄격한 도식이다. 하지만 예술은 그러한 상호 작용에서 태어난다. 도브젠코는 케플리가 회의적으로 다룬, 자신의 영화가 지닌 사적인 원천을 공언한 바 있다. "도브젠코는 자신의 영화가 사적인 비전의 직접적 전사라고 주장했는데(도브젠코는 종교 회합의 느낌을 풍기는 '비전의 직접적 전사'라는 표현을 쓰지 않았다), 이는 그의 작품의 허구적 세계가 사적이고 신화적이며 상상적인 목가의 영역이고, 포크너의 요크나파토파 지역Yoknapatawpha County처럼 온전히 한 개인의

은 이 주제에 관한 1953년의 학술회의에서 그 정의를 위한 멋진 시도를 했다. 비록 다른 참석자들(아서 밀러Arthur Miller, 딜런 토머스Dylan Thomas, 파커 타일러Parker Tyler는 성차별적 시선으로 데렌을 대했다) 때문에 어려움을 겪긴 했지만, 마야 데렌은 드라마의 "수평적" 진전과 시의 "수직적" 강화를 유용하게 구분했다.[130] 도브젠코의 영화는 그런 강화의 적절한 사례다. 경험을 다면적 순간으로, 즉 풍성하고 비옥한 매듭으로 농축하는 것이다. 시적 영화가 무엇을 뜻하건 도브젠코의 영화가 바로 그러하다.

죽음보다 더 사적인 것이 있을까? 하지만 에이젠시테인의 영화에서 죽음은 그것의 사적인 차원이 거세되고 역사의 진보라는 차원에 편입된다. 도브젠코 역시 보다 넓은 질서 안에 놓인 죽음을 바라본다. 하지만 〈대지〉의 시작 장면에서 늙은 농부가 여러 세대의 가족들의 입회와 풍요로운 대지 안에서, 즉 자연과 순환과 평화로운 조화 속에서 죽음을 맞이할 때조차 그의 죽음에는 경이롭고 침범될 수 없는 사적인 영역이 존재한다는 감각이 전해진다. "아직 어린 아이였을 때, 삶과 죽음의 문제는 내 상상력에 영향을 미쳤고, 내 작품에 흔적을 남겼다." 1956년에 도브젠코가 영면한 뒤 쓴 글에서 아이버 몬터규Ivor Montagu는 그를 "영원한 삶의 일부로서의 죽음의 시인"이라 불렀다. "범신론pantheism? 아니다. 자연 숭배? 전혀 아니다. 마르크스주의적 변증법으로 들리겠지만 그건 대립항들의 통합이다."[131] 〈대지〉는 죽음의 사적인, 사회적인, 그리고 역사적인 의미에 관한 영화다. 죽음의 의미, 그리고 죽음만큼 심원하며 되돌릴 수 없는 변화의 의미에 관한 영화다. 케네스 버크Kenneth Burke는 죽음이 예

영혼에 속한 영토와 같다는 인상을 남긴다." 케플리의 도식은 오즈Oz의 땅과 역사가 지배하는 엄혹한 대지의 사이에 어떤 것도 허용하지 않는다. 도브젠코의 우크라이나 혹은 포크너의 남부가, 양쪽 모두에 창작자의 날인이 있다 해도, 오직 "사적이고 상상적이며 목가적인" 곳일 뿐이라고 누가 생각한다는 말인가?

술에서 변형의 이미지로 기능한다고 주장한 바 있다.[132] 〈대지〉에서의 죽음(시작 장면에서의 노인의 죽음, 뒤이은 그의 손자의 죽음)은 광대한 변형이 복합적으로 구현된 이미지, 고통스러운 동시에 희망찬 이미지다. 집단화, 더 넓게는 세계의 혁명적 재생이 대지와 민중에게 가져온 변형 말이다.

〈대지〉는 개인을 경시하지 않고서 공동선을 강조하는 변증법적 방식으로 자연의 존재에 대한 오랜 믿음을 고스란히 지닌 채 새로운 사회질서에 대한 믿음을 제시한다. 정치적인 것을 다루면서 여전히 개인적인 것 및 자연적인 것과의 연계를 유지하는 것이다. 이 영화가 충분히 전투적이지 않다고 여긴 소련 공산당(그들은 시가 아니라 팸플릿을 원했다)은 이 영화를 못마땅해했고, 계급 투쟁을 모호하게 만든 자연에 대한 서정적 시선을 비판했다. 이 영화가 충분히 형식미를 갖추지 못했다고 여긴 에이젠시테인 역시 못마땅해했다. 그는 이 영화가 너무 구체적이어서 보다 상징적인 경지에 이르지 못했다고 판단했다. 〈대지〉는 에이젠시테인에게 너무 다면적이고 모호했다. 공산당은 이 영화의 정치학이 과도한 목가성과 결부되어 있고, 인간의 약점에 지나치게 긍정적이며, 특정한 경험에 주목함으로써 과도하게 복잡한 일반화를 제시한다고 보았다.

인간과 기계 앞에서 도브젠코의 카메라는 종종 인간을 택하고 기계를 뒷전으로 밀어낸다. 거대한 시스템은 개별자를 초월하지만 개별적 인간 자체는 여전히 존재감을 지닌다. 에이젠시테인의 집단 농장에 관한 영화 〈낡은 것과 새로운 것*Old and New*〉(1929, "The General Line"이라는 제목으로도 알려진)에서, 트랙터는 진보의 상징이며, 낡은 것을 쓸어내는 새로운 것의 상징이다. 반면 〈대지〉에서 트랙터는 이 기계가 몰고 온 변화에 영향받는 사람들에게 각기 다른 의미를 지닌다. 〈낡은 것과 새로운 것〉은 버스비 버클리Busby Berkeley를 떠올리게 하는 트랙터들의 광대한 군무의 추상에서 절정에 이른다. 〈대지〉에서 인간 얼굴의 진중한 클로즈업들은 드레이어를 떠올리게 한다. 하지만 드레이어와 달리 이 클로즈업들은 이 드라마의 중심인물들인 몇몇 개인들에게 집중하게 하기 위해 사용된 것이 아니다. 그보다는 〈대지〉의 무대인 우크라이나 마을의 모든 이들을 한 사람씩 비추기 위해 사용된 것이다. 〈대지〉는 비드라마적인데, 개인들에 관심을 두지 않기 때문이 아니라 많은 개인에 관심을 두기 때문이다. 평등하게 주목해야 마땅한 모든 개인을 전경화하는 것이다.

일반적으로 드라마의 운동은 다른 이들을 부차화하는 몇몇 중심인물들 사이의 상호 작용에 의해 촉발된다. 〈대지〉의 운동은 다른 방식으로, 즉 보통의 드라마에서보다 훨씬 넓은 범위의 주의를 요청하는 구조에 의해 이뤄진다. 그것은 특수한 것과 일반적인 것 사이의 상호 작용, 고유한 개별성과 그들의 공통성(모든 이들에 우선하며 그들을 포함하는 상위의 시스템) 사이의 상호 작용에 토대를 둔 구조다. 〈대지〉의 운동은 다양한 개별성들을 세계의 객관적 질서로 동화하고 통합한다.

〈대지〉는 바람 부는 밀밭의 숏들로 시작된다. 화면에는 하늘과 밀뿐이다. 밀밭은 바람에 일렁이는 대양과도 같다. 영화는 조용히 서 있는 젊은 여인의 클로즈업으로 컷한 다음 바람에 흔들리는 거대한 해바라기로 옮겨 간다. 여인의 부동성은 수동성으로 보이지 않는다. 여인의 꼿꼿한 모습은 그를 둘러싼 에너지와 강인한 자연 앞에서 흔들리지 않으려는 저항이며, 자신의 내재적 에너지와 강인함의 표출이다.

다음 숏에서 흔들리는 해바라기가 스크린을 가득 메운다. 해바라기 역시 자신의 강인함을 지닌다. 손을 뻗으면 닿을 듯한 클로즈업으로 부드럽게 연결된 나무에 달린 사과와 배 역시 그러하다. 도브젠코의 카메라는 사과와 배를 하나씩 주의 깊게 보여 주며, 이 과일들은 주변 세계에서 분리된 사물로서, 달리 말해 온전히 그 자체로 충만한 존재로서 드러난다. 이 숏들을 보는 우리는 인접 공간에 무엇이 있는지 거의 감지

〈대지〉. 젊은 여인과 바람에 흔들리는 해바라기.

하지 못한다. 뒤이은 시퀀스의 사람들의 숏들도 마찬가지다. 우리가 보는 사람들은 죽음을 준비하며 땅에 누워 있는 늙은 농민을 둘러싸고 한데 모여 있지만, 각자가 서 있는 위치를 정확히 알아차리기 힘들다. 그들은 움직이지 않으며 각자가 개별자의 모습으로 스크린을 채운다. 그들은 모두 각자의 강인함을 지니고 있다.

〈대지〉는 대지가 끝없이 펼쳐진 거대 공간의 영화다. 스크린을 가득 채운 하늘 아래 모든 것이 작은 점처럼 보이는 익스트림 롱 숏을 우리는 만난다. 하지만 광대한 하늘과 땅에 맞서 개별자들은 모두 자신의 존재감을 지닌다. 그들은 흘끗 보여지는데 그치지 않고, 바싹 다가선 카메라에 의해, 오르테가 이 가세트가 근접의 시선proximate vision[133]에 속한다고 주장한 촉각성을 지닌 채 손에 잡힐 듯 등장한다. 우리의 눈이 마치 손가락이 된 듯 그들의 육체에 닿는 것이다. 도브젠코의 클로즈업은 개별적인 대상들의 견고하고 고유한 존재감을 부각시킨다. 대상들은 자신을 둘러싼 공간의 맥락으로부터 분리되어 포착된다. 그들이 그 자체로 무엇인가 하는 것이 그들이 광대한 공간 안에서 어디에 위치하는가보다 더 중요한 것이다. 공간은 쪼개지고 숏과 숏 사이의 연결이 이루어진다는 느낌은 거의 없다. 아주 가끔 카메라가 움직일 때조차 주변 공간을 탐사하기보다는 대상을 숙고하려는 듯 바짝 다가서 뒤따른다. 공간의 파편화는 〈대지〉에 고유한 것은 아니며 소련 무성 영화의 일반적 특징이다. 공간을 분할하는 클로즈업과 공간적 맥락으로부터 대상을 분리해 병치하는 컷은 도브젠코가 에이젠시테인과 몽타주학파로부터 배운 것이다. 하지만 에이젠시테인에게 파편화는 리얼리티를 복속시키는 하나의 방법으로, 자신의 기예에 맞도록 리얼리티의 여러 측면과 외양을 순치하는 것이다. 에이젠시테인의 클로즈업은 대상에 리얼리티를 부여하는 것이 아니라 그것의 특정한 면을 과장해 리얼리티에 모종의 의미를 부과하려는 것이다. 도브젠코는 다르다. 그에게 공간의 파편화는 대상의 육체와 개별성을 전경화하는 데 기여한다. 그의 클로즈업은 대상을 단순히 전시하거나 의미화하려는 것이 아니다. 묘사되는 대상의 내재적 리얼리티, 즉 대상의 독립적 감각을 강화하려는 것이다.

에리히 아우어바흐Erich Auerbach는 호메로스의 서사시에 나타난 리얼리티의 재현에 대해 이렇게 썼다. "사람들도 사물들도 윤곽이 또렷하고 한결같이 밝게 조명이 비춰져 모든 것이 선명하게 눈길을 끈다." 《미메시스》의 첫 장인 '오디세우스의 흉터'에서 아우어바흐는 호메로스의 재현 스타일을 '전경화'에서 찾는다. 그가 주장하기를, 호메로스는 "배경이라는 것을 알지 못한다. 그가 서술하는 것은 그때그때 유일한 현재이고 그것이 무대와 독자의 마음을 완전히 채우고 있다." 오디세우스의 흉터의 내력에 관한 이야기는 과거에 일어난 모종의 이야기이며, 중심 서사에서 일어나고 있는 현재를 중단하고 삽입되는 이야기다. 하지만 그것

역시 서술되는 동안 "유일한 현재"가 되어 우리의 주의를 완전히 포획한다. 낯선 여행자로 변장한 오디세우스의 발을 씻기던 늙은 하인이 그의 흉터를 발견하고 옛 주인을 알아보는 대목에서 우리는 오디세우스의 소년 시절, 그가 흉터를 갖게 되는 멧돼지 사냥의 시점으로 거슬러 올라간다. 이러한 중심 서사의 유예가 서스펜스를 낳는 것은 아니라고 아우어바흐는 주장한다.

> 우아하고 자기충족적이며 목가적인 또한 개괄적으로 이야기되고 매력적이고 정교하게 다듬어진 사냥 이야기는 독자가 그것을 듣고 있는 동안 독자의 마음을 전적으로 사로잡으며, 발을 씻겨 주는 동안 일어났던 일을 잊게 만든다. 그러나 극의 진행을 늦춤으로써 서스펜스를 증가시키려는 에피소드는 이야기의 현재를 완전히 채워 버려서는 안 된다. 그 해결이 기다려지고 있는 위기를 완전히 독자의 마음에서 벗어나게 해서 서스펜스 자체를 파괴하도록 해서는 안 된다. 위기와 서스펜스는 계속되어야 하며 배경에서 줄곧 손에 땀을 쥐게 하고 있어야 하는 것이다. 그러나 호메로스는…… 배경이라는 것을 알지 못한다.[134]

우리가 과거의 사건으로 인도되어 그것이 온전한 현재성으로 우리의 감각을 장악하면, 조금 전까지 이야기를 채우고 있던 현재를 잊어버린다. 호메로스의 서사시에서 우리는 지금 펼쳐지고 있는 명료하고 충만하게 연관된 것들 외에는 어떤 것도 마음에 담지 않게 된다. 모든 것은 전경에 있다. 그것이 거기에 있는 한 거기 있는 것이 전부다.

도브젠코의 스타일 역시 전경화라고 말할 수 있다. 문자 그대로, 그는 모든 것을 전경에 배치한다. 수많은 클로즈업을 사용하는 것이다. 하지만 클로즈업은 항상 전경뿐만 아니라 배경도 만들어 내기 마련이다. 우리가 강조된 대상의 세부를 주시하는 동안 클로즈업은 또 다른 무언가를 떠올리게 만든다. 도브젠코 영화의 전경화 스타일을 빚어내는 것은 클로즈업의 빈번한 사용 자체가 아니라 그것을 사용하는 특별한 방식이다. 그의 카메라가 우리의 오롯한 주의를 이끄는 세부를 포착하는 방식에 있는 것이다. 도브젠코의 클로즈업은 우리를 그 대상에 완전히 몰두하도록 이끈다. 그 순간 제시된 세계의 한 조각이 스크린을 장악해, 그것을 보는 동안 우리는 다른 모든 것을 잠시 잊게 된다. 어떤 다른 감독도 그처럼 보여지고 있지 않은 모든 것을 지워 버리지는 않으며, 그처럼 각 이미지들의 세부 자체에 몰입하도록 이끌지 않는다. 어느 영화나 사과의 클로즈업을 보여 줄 수 있지만, 예컨대 등장인물 중 하나가 사과를 먹고 싶을 때 보여 주기 마련이다. 도브젠코에게 사과는 유일한 현재다. 스크린에 그것이 머무는 동안 우리의 온전한 주의를 끄는 유일한 대상인 것이다.

클로즈업은 한 부분으로 전체를 가리키는 제유synecdoche로 간주되어 왔다. 많은 클로즈업은 제유이며 대부분 그러할 것이다. 회전하는 손잡이는 열리는 문을 가리킨다. 꽁초가 가득한 재떨이는 고뇌의 시간을 의미한다. 분명 에이젠시테인의 많은 클로즈업은 제유다. 〈전함 포템킨〉의 유명한 클로즈업 장면인 로프에 매달린 함선 의사의 코안경은 반란 선원들에 의해 내던져진 그 의사의 운명을 가리킨다. 〈10월〉에서 포위된 겨울궁전의 흔들리는 샹들리에는 위태로운 임시 정부를, 나아가 혁명의 화염 아래 동요하며 붕괴 직전에 이른 특권층의 세계 전체를 가리킨다. 회전하는 손잡이, 꽉 찬 재떨이, 매달린 코안경, 흔들리는 샹들리에는 그 자체로는 중요한 게 아니며, 모종의 의미를 전달하고 뒤로 물러난다. 이것이 클로즈업의 전경화 작업의 역할이다. 중요한 것은 거기에 무엇이 있는가보다 그것이 무엇을 가리키는가다. 하지만 도브젠코의 클로즈업은 그 자체로 온전히 존재하는 대상의 한 부분이다. 그것은 전체의 한 부분이지만 부분과 전체 그리고 특수와 일반의 관계는 단순한 상징의 관계가 아닌 것이다.

　한 영화에서 클로즈업뿐만 아니라 모든 숏이 프레임 외부의 더 넓은 상위 영역의 한 세부이자 부분이다. 하나의 회화는 전체이며, 하나의 무대는 전체다. 하지만 우리가 스크린에서 보는 것은 항상 전체의 한 부분이다. 우리가 우리의 눈앞에 제시된 대상을 바라볼 때, 도브젠코는 어떤 감독들보다 스크린 외부의 공간을 더 깊이 잊도록 만든다. 클로즈업뿐만 아니라 도브젠코의 모든 숏은 우리의 온전한 주의를 요청하는 세부이며, 오직 그 자체를 의미하는 부분이다. 죽어 가는 늙은 농부가 대지에 앉아 마지막으로 복숭아를 한 입 깨문다. 그는 지금 그가 작별을 고하는 세계의 과실을 만끽하고 있는 것이다. 이 이미지는 우리를 완전히 사로잡으며 그것의 풍요로움과 감동은 온전히 우리 눈앞의 전경에 있다.

　오디세우스의 흉터 이야기가 배경의 정보이거나 《오디세이Odyssey》의 중심 서사의 부속물이 아니라 그 자체로 온전한 중요성을 지닌 무언가인 것처럼, 〈대지〉의 사과와 밀도 단지 행동을 위한 무대 장치는 아니며, 이 우크라이나 마을 주민들은 몇몇 중심인물의 부차적 존재가 아니다. 보여지는 모든 것은 그 자체로 오롯한 중요성을 지닌다. 아우어바흐가 논했듯이 괴테와 실러는, 두 사람에겐 서사시 양식●의 정의가 된 호메로스와 비극 시인의 드라마 양식을 대비시킨다. (이 대비가 드라마 양식에 맞선 브레히트의 '서사극' 개념의 근저에 있다.) 모든 것을 전경화하는 것, 대상들을 밝은 조명으로 온전히 드러나는 전경에 두는 것은 사실상 드라마를 제거하는 것이다. 모든 것이 가시화된 영역에서 극적인 것이란 없다. 호메

●　괴테와 실러에겐 그러하지만 아우어바흐에겐 그렇지 않다. 아우어바흐는 호메로스의 양식과 그가 역시 서사시적이라고 여기는 다른 서사 양식인 성경의 양식을 대비시킨다. 성경의 양식에서는 특정한 대상들에 조명이 가해지고 나머지 것들은 모호하게 남겨진 채 해석을 요청한다.

로스는, 도브젠코도 마찬가지인데, 어떤 것도 어둠 속에 혹은 불완전한 상태로 남겨두지 않는다. 여기에는 주관적 의미화의 영역으로 남겨지는 것들을 위한 공간은 없다. 그가 묘사하는 것은 절대적 현재에 발생하고, 원근법 없이 온전히 그 자체로 보여진다. 드라마는 원근법을 요청한다. 드라마는 사물들이 인물들에게 보여지는 정도만큼만 드러나기를, 그리고 또한 현재의 원근법적 전망 속에서 일어난 사건들 및 일어날 사건들과 연관되는 정도만큼만 드러나기를 요청한다. 극적인 긴장이라는 것은 객관적으로 거기에 있는 것을 넘어선 다른 무언가를 마음에 지니고 있을 때 작동한다. 이런 일은 우리가 호메로스를 읽을 때 그리고 도브젠코 영화를 볼 때는 일어나지 않는다.

호메로스의 서사시에서 선명하게 제시되는 것은 개별적인 대상들만은 아니다. 아우어바흐가 강조했듯, 대상들 사이의 연계와 연계들 간의 관계 또한 "완전한 빛 속으로 들어와 현상의 연속적인 리드미컬한 진전이 이뤄지고, 파편 혹은 반쯤 조명된 것, 틈이나 구멍, 깊이를 알 수 없는 심연 같은 것들은 결코 존재하지 않는다."[135] 호메로스의 전경은 도브젠코의 전경보다 훨씬 넓다. 호메로스는 우리 앞에 그 장면의 모든 것을 제시하는 반면, 도브젠코는 그의 카메라가 스크린의 이미지에 담을 수 있는 정도의 부분과 세부만 제시할 뿐이다. 도브젠코는 한 이미지에서 다음 이미지로 나아간다. 한 번에 하나의 이미지만 제시하는 것이다. 그가 각 부분에 부여하는 온전한 명료함은 부분들과의 연계 그리고 부분들과 전체의 관계에까지 확장되지 않는다. 그의 스타일은 공간 분할에 기대고 있어, 스토리텔링의 연속적 흐름이라는 면에서 호메로스의 서사시와 공통점이 거의 없다. 양자의 작품은 공히 전경화 스타일이지만 도브젠코의 전경은 전체가 아닌 부분의 전경이며, 장면의 전경이 아닌 숏의 전경이고, 스토리의 전경이 아닌 이미지의 전경이다. 혹자는 이미지와 재현되는 대상과 재현 방식의 면에서 〈대지〉가 서사시라고 말할 수도 있을 것이다. 하지만 이미지 연쇄의 면에서 그리고 사물들 사이의 연계를 만들고 그를 배열하는 방식에선 서정시이기도 하다. 이는 드라마의 추동력이 없고 내러티브 흐름이 미미한 〈대지〉가 어떻게 자신의 운동을 성취하는지의 문제를 제기한다.

워쇼는 모든 소련 영화 중에서 〈대지〉를 가장 좋아했다. 하지만 그는 이 영화의 두 죽음에 비판적이었다. 첫 시퀀스에서 노인의 죽음은 이 영화의 목가성과 연관된 감상성의 가장 도드라진 사례라고 보았고, 마지막에 젊은이의 장례식은 이 영화의 혁명적 측면과 연관된 비인간성 inhumanity의 가장 도드라진 사례로 본 것이다. 워쇼는 이렇게 말한다.

> 도브젠코의 미덕은 모두 모종의 수동성과 연관되어 있다. 농민의 삶을 피할 수 없이 '주어진' 무언가로 받아들이고 그것의 의미심장한 외양을 기록하는 데 몰두할 때 그의 영화는 가장 성공적이다. 그의 감상성조차, 비록 모든 감상성이 지닌 부정직한 일면이 있다 해도, 질료의 적극적 조작이라기보다 그것에 대한 기꺼운 투항에 가깝다. 그가 더 적극적인 태도를 취할 때마다, 말하자면 소비에트 영화감독들이 이해하는 의미에서 '예술가'가 되려 할 때마다, 그의 작품은 에이젠시테인 영화만큼이나 건조하고 비인간적인 광택을 발한다.[136]

'수동성'은 자신의 피사체에 대한 도브젠코의 열렬한 존중에 적절한 단어가 아니다. 외양의 수동적 기록이 존재의 에너지에 관한, 달리 말해 인간과 사물이 지닌 내재적 힘에 관한 그의 영화에서 우리가 얻는 강렬한 감각을 전달하지는 않는 것이다. '감상성'은 보다 문제적 단어다. 이 단어는 그릇된 감상의 거부를 넘어 종종 강렬한 감상의 회피까지 은연중에 요구한다. 그러한 회피는 '감상적'이라는 단어를 종종 경멸적으

〈대지〉. 죽음을 준비하는 노인.

로 사용해 온 문화에 뿌리 깊은 것이다. 〈대지〉의 첫 장면에서 죽어 가
는 할아버지는 도브젠코 자신의 할아버지 이야기에서 비롯되었다. 도브
젠코의 말을 직접 들어 보자.

화창한 여름날이었다고 기억한다. 나를 둘러싼 모든 것이 아름다웠다. 과수
원, 작은 채소밭, 해바라기와 양귀비, 들판에서 익어 가는 곡식들. 과수원 안
에서 우리가 지하 저장고로 사용했던 작은 굴 근방에, 사과나무 아래 떨어진
사과들 사이에서, 아주 오래된 하얀 리넨 시트 위에, 하얀 상의를 입고서, 친
절함과 나이 탓인지 그 자신도 희고 반투명해 보이는, 소달구지를 끌던 나의
할아버지 시멘이 누워 있었다. 그는 백 살이었다. 아마 그보다는 적었을지 모
르지만 나는 그가 백 살이었다고 생각하고 싶다. 아마도 너무 오래전이고 아
름다웠기 때문이다. 그는 빛났다. 그가 웃고 있었고 그날이 일요일이며 휴일

이었기 때문에 내가 받았던 인상일 것이다.[137]

의심의 여지 없이 감상적이다. 이건 그릇된 것인가?

도브젠코는 아마도 어떤 다른 감독보다 순간의 외양에, 달리 말해 카메라가 담게 되는 우연적 특수성에 관심을 덜 가진 감독일 것이다. 그는 사물의 본질적 형상을 찍으려 하고, 그래서 구체적 대상의 지속적인 측면을 드러내려 한다. 그의 이미지는 모호한 인상, 흘낏 보기, 곁눈질과 거의 무관하다. 명료하게 관찰된 대상들이 그들의 온전한 얼굴을 보여주고, 우리의 눈이 단순한 외양을 뛰어넘어 그 본질을 파악할 만큼 길게 스크린 위에 지속된다. 지크프리트 크라카우어가 썼듯이, 그의 이미지에서 순간은 때로 정지에 이르고, "움직이는 생명을 살아 있는 부동성으로 변형"한다.[138] 주변의 모든 움직임에 맞서 동상처럼 하나의 제스처로 고정된 그의 인물들은 무기력이 아니라 돌의 영원성과 견고함을 환기시킨다. 그들의 부동성은 프리즈 프레임 즉 운동의 연속성에서 추출된 인위적 정지의 순간이 아니다. 그것은 시간의 가시적인 흐름 속에서 살아 있는 에너지에 의해 지속되는 존재의 본질적인 상태의 구현이다.

도브젠코는 르네상스 화가들처럼 특정한 시점과 특정한 조명에 의해 대상이 보여지는 방식 그래서 '미장센'에 대상이 용해되는 방식이 아니라, 버나드 베런슨Bernard Berenson이 "대상의 육체적 의미"[139]라고 부른 것에 집중한다. 지오토처럼 그리고 그의 이탈리아 계승자들 및 북부 르네상스 화가들처럼, 도브젠코는 이미지의 촉감, 즉 충만함과 자족성 그리고 견실한 윤곽의 형태를 명료하게 제공하는 이미지에 깊이 몰두한다. 도브젠코의 이미지가 지닌 안정성과 견고함은, 종종 영원히 지속될 것처럼 보이기도 하는 바, 많은 차이에도 불구하고 바로크적 자질을 공유한 에이젠시테인과 무르나우의 이미지에서 발견되는 불안정성과 대조를 이룬다. 에이드리언 스톡스가 피에로 델라 프란체스카Piero della

Francesca에 대해 말했던 것이 도브젠코에게도 적용될 수 있을 것이다. 다른 감독들의 이미지가 바다라면 도브젠코의 이미지는 대지다.[140]

지오토와 피에로는 전경의 화가라 부를 수 있을 것이다. 오르테가의 말대로 그들의 그림에서 모든 것은 멀든 가깝든 손에 잡힐 듯 견고한 모습으로 그려져 있다. 피에로는 지오토의 기법을 15세기 원근법과 결합해, 호메로스처럼 개별적인 사물들과 사물들의 관계 모두에 밝고 온전한 조명을 비췄다. 피에로는 주관적 전망을 표현하거나 특정 대상을 도드라지게 하고 다른 것들을 부차화하기 위해 기하학적 원근법을 사용하지 않았다. 회화의 평면에 존재하는 모든 것을 피에로는 동등하게 강조했다.

카메라는 공간 내의 한 특정한 시점으로부터 관찰되는 대상들을 자동적으로 재생한다. 카메라에 가까운 혹은 더 뚜렷하게 초점화된 대상들을 자동적으로 더 강조하게 되는 것이다. 따라서 카메라가 재생하는 것은 회화와는 달리 스크린 외부의 더 넓은 공간으로부터 추출된 하나의 불완전한 세부라는 느낌을 준다. 카메라는 불균등한 강조점을 갖기 마련이며 특정한 대상을 찍는 것만으로도 전경과 배경을 만들어 내고, 우리는 강조된 대상들 외의 것들이 배제됨을 알고 있다. 피에로 같은 화가는 동등하게 명료한 윤곽, 동등하게 선명한 색채로 전경에 있든 배경에 있든 한 회화의 단일 공간에 있는 모든 것을 평등하게 묘사한다. 균등한 강조를 위해 그리고 모두 전경에 있는 것으로 보이도록 하기 위해, 도브젠코 같은 영화감독은 공간 분할에 의존할 수밖에 없다. 그는 종종 대상들을 하나씩 보여 준다. 그들은 클로즈업에 의한 동등한 명료함을 지니고 있으며, 보다 많은 정보가 주어진다면 그들과 연관된 배경으로 지각될 수 있는 상위 공간의 컨텍스트로부터 분리되어 있다. 스톡스는 피에로의 회화 혹은 아고스티노 디 두치오Agostino di Duccio의 조각에서 "모든 부분은 다른 부분들과 동등하다"[141]라고 썼는데, 이는 도브젠코의 영화에도 적용될 수 있는 말이다. 도브젠코의 모든 숏은 모든 다른 숏과 동등하다. 말하자면 다른 숏들에 담겨 있는 것들이 동등한 평면 위에 놓여 있는 것이다.

에이젠시테인 역시 공간 분할을 통해 카메라가 대상에 부여하기 마련인 불균등한 강조에 맞서지만, 그의 경우에는 이 방식이 감독 자신이 선택한 대상들에 대한 보다 공격적인 불균등한 강조를 가능케 한다. 도브젠코의 각 숏은 얼마간 자기충족적인 세부들이며, 가시화된 대상은 내적인 균형과 무게 중심을 지닌다. 에이젠시테인은 공간의 온전성과 대상의 온전성 모두를 존중하지 않는다. 그가 분할하는 조각들과 그의 카메라 앵글이 우리 눈에 부과하는 대상의 특정한 측면들은 파편화되어 있고 불균형하며, 거기 존재하지 않는 전체를 갈망하는 부분들이다. 에이젠시테인의 숏들은 다른 숏들에 의해 균형이 맞춰져야 한다. 에이젠시테인의 숏들 간의 관계는 균등이 아닌 대조의 관계다. 그의 스타일은 자신이 말한 대로 대조와 '충돌collision'이며, 돌발적으로 이화하는 대상들을 엮는 것이다. 도브젠코는 피에로처럼 대상들 간의 상호 작용과 연계를 빚어내고, 내재적 동질성을 지닌 요소들을 병치하려 한다. 에이젠시테인과 달리 도브젠코는 동일한 구도의 장면들을 컷으로 연결하는데, 이는 피에로가 다른 피사체를 같은 방식으로 그렸듯 다른 대상들을 같은 방식으로 보기를 요청하는 것이다. 〈대지〉의 한 장면에서 나이 든 농부와 진보적인 아들이 서로 등을 돌린 채 논쟁하고 있을 때, 우리는 한 사람의 등을 본 다음 다른 사람의 등을 본다. 같은 구도로 찍혀 있어 두 사람의 등은 거의 같아 보이는데, 이는 대립보다 더 깊은 둘의 친연성을 암시하고 있다.

〈병기고〉의 한 시퀀스는 집에 있는 한 농민 여인과 밭에 있는 외팔이 남자를 번갈아 보여 준다. 여인은 작고 굶주린 아이들이 딸린 전쟁 과부이며 남자는 말을 가지고 있으며 밭에서 일하기에는 힘들어 보이는 상이군인이다. 여자와 남자는 좌절감에 사로잡혀 꼿꼿이 서 있다가 각기 격렬한 분노를 터뜨리며 가까이 있는 대상으로 몸을 돌린다. 교차 편집이 계속되며 두 사람이 각각 무언가를 가격하는 동작 다음에 가격 대상을 보여 주는 숏들에서 우리는 여자가 아이들을, 남자가 말을 때리고 있음을 알게 된다. 여자가 멈추고, 남자는 쓰러지며, 아이들은 울고, 말은 말한다. "이봐 늙은이, 당신은 쓸데없이 나를 치고 있어. 나는 당신이 때릴 필요가 있는 상대가 아니야." 극적인 효과보다는 주제 전달을 목적으로 이뤄지는 이 평행 편집은 분리된 대상들을 하나의 계획된 행동으로 합치하는 게 아니라 양자를 비교하기 위한 것으로, 그 연원은 그리피스의 1909년 영화 〈밀의 독점〉까지 거슬러 올라간다. 도브젠코는 모든 소비에트 감독과 마찬가지로 아니 세상의 모든 감독과 마찬가지로 그리피스에게 많은 것을 배웠다. 도브젠코의 특별한 점은 두 개인을 분리하고 그들의 공통점을 절합하면서 분리를 유지하는 동시에 그들의 친연성을 강조하는 정확한 방식에 있다. 도브젠코의 스타일은 분리 속에 정립되는 동일성에 놓여 있다. 그가 각 숏에서 분리되어 있고 완결적인 단위로 다루는 프레임의 공간은 각기 다른 장소에 놓인 대상들이 점유하는 항구적이고 공통된 바탕이 된다. 다른 대상들이 공통적으로 지닌 것이 이렇게 도출된다. 마치 하나하나씩 같은 공간으로 불려 나오는 것처럼 보이는 것이다.

〈병기고〉의 도시에서 이제 전투가 막 시작되려는 참이다. 거리는 어둡고 텅 비어 있으며 사람들은 실내에 머물고 있다. 긴장된 기다림의 적막 속에서 다른 공간과 집단에 속한 사람들이 한 사람씩 연이어 등장한다. 앞치마를 두른 대장장이, 뜨개질하는 여인, 병기고에서 바리케이드를 친 일군의 노동자들, 책상에 앉은 늙은 남자 등등. 하지만 그들은 모두 같은 상황 속에 놓여 있고, 동일한 불안의 공기에 감싸여 있으며, 이제 곧 시작될 내전의 신호음을 듣기 위해 신경을 곤두세우고 있다. 프레임의 아래를 따라 지체장애인이 홀로 길을 건너고 있다. 전투가 시작되자 후방으로 길게 뻗어 있는 병기고의 벽을 따라 전투원들의 그림자가 비스듬하게 프레임 안으로 진입한다. 대기의 서스펜스를 제시한 다음, 도브젠코는 실제 다툼을 암시하는 데 그친다. 평행 편집은 극적인 서스펜스를 위한 일반적 도구다. 그러나 도브젠코의 서스펜스는 드라마적이 아니라 서사시적이다. 그 시야가 다음에 오는 것을 향해 있는 것이 아니라 지금 존재하는 것들, 즉 내전에 휘말린 도시와 주민들의 상태를 향해 있다는 점에서 그러하다. 또한 그의 서스펜스는 극적이 아니라 서정적이다. 수평적으로 행동의 분출을 향해 뻗어 가는 것이 아니라, 행동의 분출 직전의 순간이 매혹적으로 구성된 이미지를 제공하기 때문이며, 그것이 상황의 감정을 수직적으로 강화하기 때문이다. 도브젠코의 평행 편집은 하나의 순간을 분리된 상태에서 맞는, 하지만 같은 상황을 공유하는 여러 다른 사람들을 연계시키고 모으는 것이다.

〈대지〉에서 트랙터가 우크라이나 마을에 다가오고 있다. 공동체의 모두가 관심을 가진 또 다른 기다림의 상황이다. 그런데 마을 사람들은 집 안에 있지 않으며, 이 상황을 분리된 채 맞지 않는다. 그들은 한데 모여 낡은 방식을 바꾸게 될 이 새로운 기계를 기다리고 있다. 하지만 도브젠코는 여전히 그들을 분리해 제시한다. 한 사람씩 전경으로 불러오고, 각각은 다른 사람들 그리고 주변 환경으로 분리된 채 스크린을 점유한다. 한 공간에서 진행되는 상황의 경우, 보통이라면 공간의 연결선을 따라 편집되어, 각 부분은 전체에 속하는 것으로 보여졌을 것이다. 하지만 도브젠코는 공간의 연속성을 깨트리고 각 개인을 그 자체로 온전히 존재하는 부분으로 그린다. 쫓는 자와 쫓기는 자를 오가는 편집의 추격 장면에서처럼 여느 평행 편집은 공간적으로 분리된 숏들을 서로 연결시킨다. 평행 편집에 의해 공간적 불연속성을 연결시키는 것 자체는 전혀 이례적인 게 아니다. 하지만 하나의 영역에서 벌어지는 장면이 평행 편집의 방식으로 다뤄지는 것은 이례적이다. 마을 사람들은 한 공간에 함께 있다. 그들은 도브젠코의 숏으로 분리된다. 공유하는 공간적 컨텍스트에서 이탈되었다가 도브젠코의 편집에 의해 다시 엮인다. 공동체는 개인으로 분리될 수 있고, 다리의 기능을 맡는 일종의 평행 구축을 통해 다시 모일 수 있을 것이다.

마을 사람들이 한 프레임에 담긴 롱 숏도 있지만 대개 우리는 둘 혹은 셋이 뭉쳐 있는 그들을 한 사람씩 보게 되며, 이 자기충족적인 도브젠코의 스크린 공간에서 그들은 다른 이들과 분리되어 있다. 의심스러운 눈길의 늙은 농민은 두 황소 곁에 서 있다. 또 다른 이도 못 미더운 얼굴로 바라본다. 집단화에 위협을 느끼는 부농들은 비웃거나 초조해하며 적대적 태도를 보인다. 아이들은 트랙터를 보기 위해 달려간다. 말들과 소들의 숏들도 있는데 사람들처럼 흥분한 상태로 기다리고 있다. 많은 클로즈업에는 흥분된 기대로 웃고 있는 마을의 젊은 남녀들이 보인다. 자신의 고유한 자리에 존재하며 개별적으로 보여지긴 하지만 마을 주민들은 그들이 공유한 것을 기준으로 우리 눈앞에 등장한다. 이어지는 각 숏은 이전 숏과 평등한데, 같은 앵글로 찍혔고, 스크린에서의 비중도 거의 유사하다. 도브젠코의 다른 장면들에서도 그러하듯 여기서도 사람들의 온전한 존재감은 프레임 내에서 그들이 공간을 점유하는 방식에 의해 상호 작용하게 된다. 여기서 사람들을 한데 모으는 것은 물론 그들이 기다리는 트랙터다. 그들은 모두 한 방향을 바라보며, 트랙터가 도착할 지평선에 시선을 모으고 있다. 하지만 우리는 방향을 잡기 힘든데, 도브젠코의 이미지들에서는 스크린 외부의 존재에 대해선 명료한 감각을 가질 수 없기 때문이다. 마을 사람들은 모두 하나의 방향을 기대에 부풀어 바라보지만 우리는 그들을 바라볼 뿐이다.

마을 사람들이 트랙터 때문에 모이긴 했지만 도브젠코는 이것만으로는 그들이 하나의 공동체로 합일하는 데 충분하다고 여기지 않는다.

트랙터는 저기 어딘가에 있고, 우리는 몇 개의 숏에서 트랙터를 보지만, 우리가 주로 주시하는 대상은 트랙터를 주시하는 사람들이다. 그들이 새로운 것의 도입자이자 상징으로 간주하는 기계에 관한 관심은 동일하지만 그것에 대해 그들이 보여 주는 감상은 제각각이다. 비연속적인 공간의 숏들은, 아직 특정되지 않은 프레임 외부의 대상에 대한 그들의 관계가 아니라, 내적인 배열에 의해 연계된다. 여기에 담긴 사람들의 감정은 모종의 외적인 환경이 아니라 그들이 다른 사람에 대해 가진 내적 연계성, 즉 그들 사이의 내재적 친연성으로 소집되는 것이다. 영화의 끝 무렵, 한 연설자가 마을 사람들을 향해 말하며 그들 위를 나는 비행기를 가리키자, 모두 고개를 들어 하늘을 본다. 그들이 바라보는 것은 중요하지 않으며, 비행기는 프레임에 등장하지 않는다.

"그가 보다 적극적인 자세를 취할 때마다 그의 영화는 에이젠시테인만큼이나 건조하고 비인간적인 광택을 발한다." 워쇼가 도브젠코 영화에서 "보다 적극적인"이라 말하는 것은 의미화의 시도 혹은 대상을 결집하는 통합의 시도를 뜻한다. 편집실에서 이접의 몽타주를 통해 혹은 분리된 부분들을 하나의 전체로 구축하는 배열을 통해 그런 시도를 할 때 도브젠코는 진정으로 에이젠시테인의 방식을 연상시킨다. 하지만 도브젠코의 몽타주에서 이접의 숏들은 에이젠시테인 영화에선 찾아볼 수 없는 독립적인 중량을 지닌다. 도브젠코에게 부분들은 전체의 질서 안에서 자신들의 자율성을 보유한다. 그에게 의미화와 통합은 편집실에서 추상적으로 조작될 수 있는 게 아니라, 숏들과 조각들에서 묘사되는 촉각적인 구체적 리얼리티를 통해 획득되는 것이다. 부분들이 상위의 질서에 따라 배열되는 때조차 거기에는 부분들의 위축되지 않은 자기만의 생명력이 있다. 의미화와 통합은 일종의 구축이다. 말하자면 대상에 내재한 무언가이거나 대상 안에서 발견되는 것이 아니라, 결집시키고 발명되어야 하는 무언가다. 하지만 도브젠코에게 의미화와 통합은 구체적 사물들의 생동감 넘치는 상호 작용 속에서 이뤄지는 특별한 구축이다. 워쇼는 특수자를 초월하는 의미를 믿지 않는다. 하지만 의미란 본래 그런 것이다. 워쇼는 개별자를 넘어선 통합을 수긍하지 않는다. 하지만 사회 질서 혹은 철학 체계 혹은 정치 체제 혹은 미적 구성이란 본래 그런 것이다. 의미는 특수자를, 통합은 개별자를 초월할 수 있다. 도브젠코에게도 의미와 통합은 그러하다. 하지만 상위의 질서를 향한, 즉 특수자를 넘어선 일반과 개별자를 초월하는 시스템을 향한 분투는 개별적이고 특수한 사람과 사물에 대한 열렬한 존중과 병행할 수 없는 게 아니다. 워쇼는 그가 적극적인 태도와 수동적인 태도라고 부른 것들의 사이에 경계선을 그린다. 하지만 도브젠코에게 양자는 합치된다.

워쇼가 도브젠코를 '비인간성' 즉 독재적으로 구축된 질서 때문에 비판한다면, 밴스 케플리는 그를 '자연화naturalization' 때문에, 달리 말해 자기만의 구축 대신 자연 자체에서 비롯된 것처럼 보이도록 만드는 질서 때문에 비판한다. 워쇼에게 너무나 단호하게 보인 〈대지〉가 케플리에겐 과도하게 겸허해 보인다. 부분들과 전체의 변증법적 상호 작용이 포착되지 않는다는 것이다. 오늘에는 '자연화'가 그릇된 의식을 조장하는 이데올로기적 작동으로 비판받는 것이 일반적이다. 이데올로기가 종종 일종의 자연으로 수용되기를 지향한다는 것은 사실이다. 하지만 자신을 둘러싼 사물들과의 조화를 확신하는 질서 역시 자연과의 유대를 강조한다는 것 또한 사실이다. 아리스토텔레스는 도시를 자연적인 것이라고 생각했는데, 도시가 인간적 본성의 산물이라고 믿었기 때문이다. 오늘의 세계에서 그런 믿음은 드물다. 누가 현대 대도시를 자연적인 것이라 생각할까? 시골에 뿌리를 둔 모더니스트 혹은 사회주의적 미래라는 도시 건설에 참여하는 농민으로서 도브젠코는 그런 확신을 품었다. 그에게 자연은 전체가 아니라 세부와 부분들에 있었다. 그는 전체로 여겨지는 혹은 하나의 체계로 여겨지는 자연을 여타 체계들과 마찬가지로 하나의 구축으로 간주했다. 하지만 자연의 사물들, 그 구체적 특수자들을 그는 체계의 하위의 것으로 경시하지 않았다. 오히려 부분들을 전체와의 변증법적 작용 속에서 바라보았다. 부분들은 단연코 자연이며, 전체는 단연코 구축물construction인 것이다.

부분들과 그들의 자율성을 존중할 때 도브젠코는 브레히트 그리고 르느와르에 가까워진다. 에이젠시테인은 〈낡은 것과 새로운 것〉에서 그가 '배음의overtonal' 몽타주라고 부른, 즉 지배적 요소가 아니라 숏의 부대적 요소들overtones로 컷하는 방식을 채택했다. 그는 이것이 숏의 모든 요소에 동등한 권리를 부여하기 때문에 '민주적'인 방식이라 여겼다. 하지만 그의 작업에서 '배음의 몽타주'는 민주주의가 아니라 보다 복잡한 전제적 통제를 의미했다. 에이젠시테인은 르느와르가 의문을 제기하는 권위를 한순간도 포기하지 않는다. 르느와르는 도브젠코와는 매우 다른 방식이긴 하지만, 어쩌면 반대의 방식이긴 하지만, 전경과 후경의 서열화를 거부한다. 모든 것을 전경화하는 것이 아니라 배경(숏들의 실제 배경, 그리고 암시되는 스크린 외부의 더 큰 배경)을 전경만큼 중시함으로써 그렇게 한다. 도브젠코와 르느와르의 영화에선 부분들의 진정한 평등, 전체로부터 부분들의 진정한 독립이 이뤄진다.

〈대지〉에서 각 이미지는 하나의 섬이며, 존재의 집중적 포착이고, 자기충족적이며 필연적으로 정적이다. 하지만 도브젠코는 그것을 섬으로만 남겨 두지 않으며, 서로를 엮고 결집한다. 주로 몽타주의 방법, 즉 이접의 단절을 통해 분리되어 등장한 부분들로부터 그는 전체를 형성하고 배열한다. 자기충족적인 부분들로부터 하나의 질서를 도출하는 것이다. 조각들을 결집시키는 노력을 통해 이 영화는 비로소 앞으로 움직인다. 이것은 음악 작곡에서처럼 순수 패턴의 운동이 아니라, 구체적 사물들의 무게와 긴장하며 패턴을 확립하는, 그래서 개별자들이 지닌 각각의 에너지를 더 큰 용기에 통합하는 운동이다.

〈대지〉는 대칭적인 두 부분으로 나누어져 있다. 두 개의 주요한 운동이 각각 느리게 시작하고 어떤 시점에 멈춰 서기도 하면서 절정부의 통합으로 나아간다. 밀밭과 과일의 클로즈업에 이어진 첫 파트는 노인의 죽음으로 시작해 트랙터의 도착과 이어진 빠른 컷의 시퀀스에서 절정을 이룬다. 이 시퀀스에서 남자들과 트랙터, 수확기와 탈곡기와 곡식다발을 묶는 여자들이 모두 대지의 노동에 참여해 땅을 갈고 수확하고 빵을 만드는데, 도브젠코는 이 모든 과정을 상징적인 하루의 노동으로 압축한다. 땅과 트랙터, 인간과 기계는 영혼의 짝이 된다. 하지만 이 짝맺음 혹은 통합은 '기계의 발레'가 아니다. 그것은 기계의 리듬이 아니라 육체의 리듬에 따라 춤춘다. 달리 말해 기계가 만들긴 하지만 지휘하지는 않은 간결한 리듬, 유기적이고 에로틱한 리듬, 노동하는 남자와 여자가 한 기계의 부속이 아니라 기계와 조화를 이루는 원기 왕성한 개인으로 존재하는, 진정한 결혼에 어울리는 리듬에 따라 춤춘다. 낡은 것은 뒷전으로 물러나는 것이 아니라 새로운 것의 유기적 리듬에 동화된다.

영화의 두 번째 파트는 그날의 저녁에 시작된다. 인간과 기계의 노동의 이 몽타주 앙상블에서 하루는 아직 대지가 과일을 낳는 느린 활동으로 접어들지 않았다. 낮의 알레그로 다음의 아다지오인 저녁은 결실의 주제, 즉 대지의 다산성과 인간의 섹슈얼리티라는 주제를 머금는다. 낮은 '기계의 발레'가 아니었고, 저녁은 정확히 목가가 아니다. 낮은 기계에 종속된 인간을 그리지 않았고, 저녁은 자연에 종속된 인간을 그리지 않는다. 사물의 질서로서의 자연은 기계만큼이나 구축적이고, 목가는 전통적으로 그 구축에 바쳐진 장르, 즉 도시인의 관점으로는 시골의 이상화다. 도브젠코가 그리는 시골은 자연이 아니라 문화다. 문화가 항상 그러하듯 자연의 질료로부터 생성된 문화인 것이다. 할아버지는 자연과 조화를 이루며 죽는다. 그 자신과 그를 둘러싼 주민들이 그러한 방식으로 바라보기 때문이다. 그의 죽음은 이 공동체 사람들의 눈에 아름

〈대지〉. 달빛 아래의 연인들.

답게 보인다. 다산성의 주제에 관한 도브젠코의 아다지오는 마찬가지로 인간 공동체와 그 속의 개인들에 초점을 맞춘다.

하루의 노동은 끝났고 이제 달빛 아래 사랑이 싹틀 시간이다. 우리는 완벽한 정적 속에 서 있는 한 농민 부부 그리고 또 다른 부부를 본다. 각 남자의 손은 에로틱한 자세로 여자의 가슴을 잡고 있다. 처음에는 오른손으로 왼쪽 가슴을, 다음에는 왼손으로 오른쪽 가슴을 잡는다. 두 커플의 동작은 죽어 가는 할아버지가 마지막 복숭아를 먹으며 죽음을 준비하는 제의적 자세로 자신의 손으로 가슴을 쓰다듬는 동작의 반복처럼 보일 수도 있다. 개별자로서의 자신을 더 큰 존재의 질서에 의탁한다는 의미에서 사랑은 죽음만큼 엄숙하다. 더 근접한 장면에서 우리는 두 커플을 역순으로 다시 보게 되는데, 나이 든 커플은 침대에서 자고 있고, 젊은 커플은 살아 있는 동상처럼 고정된 모습으로 등장한다. 이 시퀀스의 두 커플의 관능적 부동성을 통해 도브젠코는 사랑과 죽음의 연계를 그려 낸다. 하지만 이것은 우리의 전통적 사고와는 다른 연계다. 청교도적이고 낭만적이며 부르주아적인 우리의 전통은 사랑과 죽음을, 사회적 질서를 초월하는 체험, 따라서 공동체로부터 개인이 이탈하는 극한의 체험으로 그린다. 하지만 농민의 문화를 그리는 도브젠코에게 사랑과 죽음은 사회적 구조에 필수적인 체험이다. 대지와 공동체에 깊이 뿌리 내린 이행적인 동시에 불변의 현상인 것이다. 그들의 환경으로부터 분리되어 사적인 사랑의 영역에서 한번 등장한 농민 커플들은 자신을 둘러싼 세계와 연계되어 다시 등장하는 것이다.

도브젠코 영화에서 부동성은 비활성inanimate의 반대말이다. 그것은 영원성의 충만함을 지닌, 증류된 생명의 한순간인 것이다. 우크라이나의 여름밤, 연인들의 부동성은 모든 생명을 활성화하는 에너지의 죽음과 황홀하게 접면한 순간의 증류다. 이들의 경건한 자세는 이 시퀀스에, 노인의 죽음 장면에서 그러하듯, 제의적이고 성스러운 자질을 부여한다.

〈대지〉. 바실의 연인이 놀라고, 함께 웃는다.

노인의 죽음 장면이 생명 순환의 한 과정으로서의 죽음을 축복하듯 제의화한다면, 이 장면은 죽음이라는 망각에 접면한 생명을 희열에 들뜬 듯 제의화한다.

연인들 중에 노인의 손자이며, 집단 농장을 위해 일하는 젊은 농민들의 지도자 바실이 있다. 그는 눈을 감고 서 있으며 팔은 여자 친구를 감싸고 있고, 여인의 머리는 남자의 가슴과 단호한 거리를 유지하고 있다. 그녀는 눈을 크게 뜨고 당황스러워한다. 겁을 먹은 것이다. 이 순간의 강렬함 즉 그녀가 아직 준비되지 않은 곳으로 강력하게 이끄는 감정이, 혹은 생명을 생명과 죽음과의 경계로 밀고 가는 모종의 물결이 그녀를 겁에 질리게 한 것이다. 사랑과 죽음의 경계에 서 있다는 그러한 두려움은 공포 영화의 것이다. 하지만 공포 영화에서 사랑과 죽음은 사회적 질서의 위협이고 위반이기 때문에 공포가 된다. 반면 도브젠코 영화에서 사랑과 죽음은 그런 것과 완전히 무관하다. 〈대지〉는 자아의 주관적 두려움을 악화시키기는 것이 아니라, 두려움이 장악하지 못하도록 하면서 두려움을 그 자체로 인지한다. 바실은 눈을 뜨고 여자 친구의 눈을 들여다본다. 조금도 서두르지 않고 남자는 그들의 사랑이 결실을 맺을 시간이 다가올 것이라고 여자를 확신케 한다. 비로소 그들은 다정한 미소를 나눈다.

바실은 밤길을 따라 홀로 집으로 간다. 그를 둘러싼 모든 것은 잠들어 있고 윤곽이 흐릿하며, 달빛만이 짙은 어둠 속에서 희미하게 반짝인다. 먼지가 이는 길을 따라 걸어가며 그는 춤을 추기 시작한다. 생명의 환희의 춤이고, 지나간 하루와 다가올 미래를 축복하는 춤이다. 이제 그의 주관성이 전면에 나선다. 달빛을 받은 부동의 연인들은 여름밤의 은은한 풍성함 그리고 그들을 둘러싼 잠든 생명과 한 몸이었다. 춤추는 바실은 이제 혼자다. 그를 둘러싼 세계는 그의 춤에 합류하지 않는다. 연인과 함께 있을 때와는 달리, 그는 롱 숏으로 촬영되어 그의 환경과 분리

〈대지〉. 밤에 홀로 춤추는 바실.

된 존재로 보이지 않는다. 눈을 감은 채 그는 자기만의 리듬에 맞춰 혹은 자신을 사로잡은 비전 혹은 미래의 결실의 리듬에 맞춰 점점 더 빨리 춤춘다. 일련의 점프 컷을 경유하며, 주변 환경은 계속 바뀌지만 그는 스크린 안에 계속 머문다. 이 테크닉은 그의 춤을 외부 세계를 잊고 자기만의 흥에 취해 멈추지 않는 춤, 즉 온전히 자기 안에 침잠한 존재의 춤으로 감지하게 만든다. 공포 영화에서 우리는 주변을 잊고 생각에 빠진 채 밤길을 홀로 걸어가는 인물을 보고 두려움을 느낀다. 하지만 여기에선 모든 것이 전경에 등장하며, 모든 것이 춤에 속하고, 춤추는 존재 외에는 아무것도 없다. 도브젠코는 다음에 무슨 일이 일어날지를 암시하는 서스펜스를 제공하지 않는다. 하지만 그의 춤과 그의 존재 상태 사이에는 환희의 운동과 수동적인 환경 사이의 긴장 그리고 열망의 음악을 따라 요동하는 육체와 그 열망이 아직 구현되지 않은 세계 사이의 긴

혁명의 의미

장이 있다. 또한 아직 현실화되지 않은 대상에 닿으려는 이 열렬한 몸짓 속에는 내장된 서스펜스가 있다. 춤 다음에 벌어지는 사건은 바실이 갑자기 쓰러지는 것이다. 나중에 알게 되지만 그는 복수심에 불타는 만취한 부농이 쏜 총에 죽는다. 바실은 이날 낮에 트랙터로 그 부농의 땅(이제 더 이상 그의 것이 아닌)을 가로질러 마을에 도착했던 것이다.

필름 느와르에서 사랑은 공포 영화에서처럼 죽음을 초래하는 일종의 위반이다. 여인femme은 치명적인fatale 것이다. 〈과거로부터Out of the Past〉(자크 투르뇌르Jacques Tourneur가 1947년에 만든 걸작 필름 느와르)에서 멕시코 해변의 달빛 아래, 제인 그리어를 팔로 감싸고 있는 로버트 미첨은 자신을 장악한 그리고 결국 파괴할 욕망에 투항하고 있다. 반면 도브젠코가 그리고 있듯 자아를 공여하는 사랑은 자기 파괴가 아니라 자기 갱신이다. 〈대지〉에서는 어떤 연인도 투항하지 않는다. 남자는 여자에게 그리고 여자는 남자에게 투항하지 않는 것이다. 이 부동의 연인들은 그들 자신을 초월하는 더 큰 무언가에 투항하는 게 아니라, 무언가를 구현하는 것이다. 바실의 사랑은 복합적인 방식으로 보여지는데, 이것은 사적인 것(여인에 대한 사랑)일 뿐만 아니라 사회적이고 정치적인 것(대지와 인민에 대한 사랑, 싹트는 새로운 질서에 대한 사랑)이다. 죽음이 동반되는 방식도 복합적이다. 달빛이 흐르는 밤의 황홀 속에서, 어둠 속에 숨은 새로운 질서의 적이 쏜 총탄 속에서 죽음이 초래되는 것이다. 사랑의 몽롱이 삶을 갱신하듯, 노인의 죽음도 삶을 갱신한다. 육신이 공여되어 토양을 풍요롭게 하거나 이 종족을 영구화하듯, 자아는 공여되어 대지의 결실을 초래한다. 하지만 바실의 죽음은 어떤가. 그는 할아버지의 죽음처럼 자신의 사적인 사랑이 새로운 삶의 결실을 찾기 전에 죽는다. 또한 그의 사회적, 정치적 사랑이 대지와 인민을 위한 새로운 삶의 결실을 찾기 전에 죽는다.

바실은 관에 누워 있고 침통한 아버지와 슬픔으로 얼어붙은 어머니가 곁에 서 있다. 여자 친구는 방으로 들어와 그의 시신을 보더니 그의

〈대지〉. 관 속의 바실.

이름을 고통스럽게 부르는데, 이 장면은 이 영화에서 유일한 시점 숏으로 찍혀 있다. 시점 숏은 스크린 이미지를 스크린 외부 관찰자에게 귀속시키는 것이기 때문에 이 주관적 순간은 전경화 스타일로부터의 이탈이다. 여기서 우리는 그녀의 넋을 잃은 눈을 통해 남자 친구의 시신을 본다. 바실의 아버지는 마을 성직자가 주관하는 전통 장례식을 거부하고 아들이 살아서 보지 못한 새로운 질서의 노래를 들려주며 마을 젊은이들에 의해 묻히도록 결정한다. 장례식이 중심인 이 시퀀스에서 영화의 두 번째 파트는 절정에 이른다.

　트랙터의 도래와 마찬가지로 바실의 죽음은 마을 전체가 연관된 사건, 즉 마을의 모든 이에게 모종의 반응을 불러일으키며 특정한 태도를 요청하는 사건이다. 하지만 이 사건을 수용하고 그것에 명확한 의미를 부여하는 것은 더 어려운 일이다. 생의 절정에서 살해당한 바실은 노인의 죽음처럼 자연의 순환에 동화될 수 있는 사건이 아니다. 관 속에 누운 이 젊은 망자는 노인이 죽은 광대하고 풍요로운 평야를 거쳐 무덤으로 옮겨진다. 나무의 사과들은 그 아래를 지나가는 젊은이의 얼굴을 스친다. 죽어 가는 노인은 그 과실을 먹으며 세상과 작별을 고했다. 이제 대지의 과실이 그의 죽은 손자에게 작별을 고한다. 성직자는 교회에 홀로 남겨지며 종교는 이 장례식에서 배제된다. 하지만 종교가 인민들의 마음에서 쉽게 지워지는 것은 아니다. 한 늙은 농민 여인, 또 다른 늙은 농민 여인, 그 다음에는 늙은 부농 여인 그리고 곧 태어날 아이를 가진 바실의 어머니 등 모든 이가 장례 행렬이 지나가자 성호를 긋는다. 바실의 아버지가 행렬 안으로 걸어오지만 그는 성호를 긋지 않는다. 자신만의 슬픔에 잠긴 그는 젊은이들과 분리되어 있으며, 미래를 향한 기도로 자신을 위무할 수가 없다. 바실의 여자 친구 역시 슬픔을 주체할 수 없어 보인다. 그녀는 옷을 벗은 채 집안에 홀로 남아 죽은 남자 친구의 이름을 고통스럽게 외치며 자신을 내동댕이친다. 바실을 죽인 젊은 부농 역시 자책감으로 거의 미칠 지경이 된다. 그는 들판을 가로질러 장례식의 주민들을 향해 달려간 뒤 모두가 듣도록 자신의 죄를 고한다. 우스꽝스러우면서도 경건한 자세로 그는 머리를 땅에 부딪히며 외친다. 광대한 하늘 아래, 묘지의 십자가 옆에 선 그 외로운 존재는 바실이 죽은 밤에 바실이 춘 춤을 미친 듯 재연한다. 하지만 그의 고백은 마을 묘지에 모인 사람들의 주목을 끌지 못한다. 주민들은 바실을 새로운 질서를 위해 생을 바친 영웅으로 찬미하는 젊은 볼셰비키의 연설에 귀를 기울이고 있다.

이 시퀀스에 묘사된 어떤 행동도 타인을 침범하지 않는다. 매장된 육신과 그것이 불러일으키는 갖가지 반응들은 편집으로 엮이지만 각각은 그 자체로 완결적이며 온전하게 자기충족적이다. 바실의 육신이 과수원과 해바라기를 거쳐 갈 때, 젊은 남녀는 미래를 위한 노래를 부르고, 상심한 여자 친구는 자신의 집에, 외면당한 성직자는 자신의 교회에, 임

〈대지〉. 자신의 집에서 슬픔을 이기지 못해 몸부림치는 벌거벗은 여자 친구.

혁명의 의미

신한 어머니는 산통을 느낀 후 집에 머물러 있다. 죄지은 부농은 고해를 한 뒤 홀로 남았으며 침울한 아버지는 장례 행렬의 와중에서도 전적으로 혼자다. 차례로 온전히 우리의 지각을 점유하는 이러한 자기충족적인 숏들 사이에서, 도브젠코의 평행 편집은 다양한 연계를 제시하는데, 어느 것도 드라마적 상호 작용과 무관하다. 이 숏들은 상호 작용하지 않는다. 차라리 이렇게 말할 수 있다. 이 숏들은 도브젠코의 병치와 연쇄의 정교한 편집에 의해 전경화된 그들의 원천적 공통성에 의해 내적으로 연계되어 있다. 여러 가닥들이 서로를 침해하지 않고 하나의 섬세하고 강인한 태피스트리로 엮여 가는 것이다. 이것이야말로 숨 가쁜 서스펜스의 몽타주가 아닌 진정한 몽타주, 평행성을 이끌어 내는 몽타주인 것이다.

그리피스의 가장 야심적인 평행 구성은 기념비적인 〈인톨러런스 *Intolerance*〉(1916)에서 등장했다. 여기서는 네 가지 다른 역사적 시대의 네 가지 이야기가 평행 편집으로 교차되어 진술된다. 〈인톨러런스〉는 소비에트 감독들이 가장 열렬히 찬미하고 많이 학습한 그리피스 영화다. 찰스 디킨스Charles Dickens와 그리피스와 소비에트 영화에 대한 유명한 에세이에서 에이젠시테인은 〈인톨러런스〉에 존경을 표하면서도, 이 영화의 평행선들이 합쳐지지 않는다는 점에서 비판했다. 그는 이 점에 대해 가진 자와 못 가진 자는 부르주아 사회에서 결코 합쳐지지 않는다는 이론적 근거를 제시했다. 대개 그리피스의 평행선들(예컨대 위험에 처한 집단과 구출을 위해 다가오는 집단 사이의 평행선들)은 극적인 해결 과정(최후의 구출)에서 대개 합쳐진다. 〈인톨러런스〉와 〈밀의 독점〉은 예외적이다. 평행하는 이야기들이 분리된 채 남은 〈인톨러런스〉에서는 각 이야기의 평행선들이 드라마적으로 합쳐지지 않는다. 이런 점에서 이야기들이 주제적인 응집성을 결여했다는 에이젠시테인의 비판은 옳았다.

〈대지〉의 평행선들은 드라마상으로는 분리된 상태로 남지만 주제적으로 합쳐진다. 드라마는 세상사의 질서 안에서 작동한다. 처음에는 암시되고 끝에선 확증되는 플롯의 질서는 세상사가 진행되는 길을 정확히 알고 있고, 모든 것이 이 과정의 어떤 지점에서 적절히 배치되는지를 정확히 알고 있다. 이로써 전개되는 전체 안에서 중요도에 따라 자신의 자리에 정확히 배정받는, 드라마 구성의 위계라는 것이 성립한다. 〈대지〉는 그러한 위계를 거부하며, 전체를 구축해 가면서도 각 부분을 존중한다. 드라마 형식을 거절하고 또 다른 종류의 구조를 추구하는 것이다. 〈대지〉는 세상사의 질서 안에서 작동하는 게 아니라, 그것을 향해 작동하는 것이다. 전체로부터 부분들로 나아가는 것이 아니라, 부분들로부터 전체로 나아가는 것이다. 하나의 전체상이 계획에 따라 전개되는 것이 아니라 개별자들이 모여들어 하나의 전체상을 만들어 가는 것, 이것이 이 영화의 운동이다.

이 영화의 첫 통합에 해당하는 낮의 노동의 몽타주 앙상블은 주로 빠른 편집의 압도적 리듬을 통해 효과적으로 이뤄진다. 리듬은 몽타주의 응집력에 결정적인 역할을 한다. 바실의 장례식의 앙상블이 등장하는 두 번째 통합에서 이 영화는 분리된 숏들이 한데 어울리도록 하기 위해 리드미컬한 편집을 적극적으로 사용한다. 하지만 이것은 보다 무겁고 달성하기 어려운, 더 큰 통합이다. 한데 모아진 다양한 숏들에 더 큰 감정적 무게와 더 깊고 넓은 중요성이 담겨 있기 때문이다. 개별자가 지닌, 의미화하기 힘든 육중한 존재감 때문에 쉽게 어우러지지 않는 것이다. 통합은 그러므로 여기서는 보다 복합적이고 까다로운데, 개별적 부분들을 평행 편집으로 엮는 방식과 리듬감만으로는 달성되기 어려운 것이다.

편집은 도브젠코에게도 연계를 위한 도구다. 그의 원칙은 연관성이 잠재된 요소들을 분리한 다음 병치를 통해 연관성을 부여하는 것이다. 한 시퀀스를 구성하는 하나의 인물과 다른 인물, 하나의 행동과 다른 행동의 다양한 병치를 통해 도브젠코는 분리된 조각들을 연결시킨다. 장

〈대지〉. 빗속의 사과. 새로운 연인을 찾은 바실의 여자 친구.

레식에서 노래를 부르는 젊은 남녀의 숏들이 동일한 앙각 클로즈업으로 연쇄된다. 그런 다음 배제된 성직자와 비통한 아버지가 등장하는데 젊은이들의 숏과 다르게 부감으로 찍혀 있어, 우리는 두 사람의 차이에도 불구하고 뭔가 공통점이 있다고 감지하게 된다. 우리는 출산하는 어머니와 벌거벗은 여자 친구 사이의 친연성을, 즉 두 여인이 고통과 아름다운 육체로 구현된 생명이라는 공통성을 지니고 있음을 알게 된다. 또한 상실한 사랑의 공간에서 울부짖는 여자 친구와 상실의 땅이라는 공간에서 미쳐 가는 부농 사이의 친연성, 자식이 생명을 얻는 과정을 바라보는 어머니와 자식이 무덤으로 옮겨지는 과정을 바라보는 아버지 사이의 친연성, 홀로 남겨진 여자 친구와 행렬 속에서 미래의 노래를 부르는 젊은 여인과의 친연성 또한 알게 된다. 심지어 부농과 죽은 바실 사이의 친연성도 드러난다. 자신에 의해 죽은 자와, 사자의 부동성에 직면한 하지만 곧 망자의 춤을 자신이 반복하게 되는 자와의 기묘한 친연성이다. 복합적인 연계의 패턴들이 집중화되고 다채로운 함축을 지닌 위대한 시처럼 드러난다. 영화는 시작 장면에서 그러했던 것처럼 사과와 호박의 클로즈업으로 끝맺는다. 이 대지의 결실들 위로 비가 떨어진다. 비는 사물들을 씻고 새롭게 하며 다시 채운다. 이것은 자연의 정화와 갱신의 상징이며, 시간의 흐름을 동반한 급작스러운 변화의 순간이다. 마지막 장면에서 비는 멈추고, 우리는 새로운 연인과 함께 있는 바실의 여자 친구를 보게 된다.

"망자를 위한 진혼곡이라기보다는 삶을 위한 송가"라고 존 하워드 로슨John Howard Lawson은 바실의 장례식을 표현했다.[142] 하지만 이 시퀀스는 송가이면서도 동시에 진혼곡이다. 희망과 애도가 복합적인 대위법을 이룬다. 희망의 선율이 보다 강할 수는 있지만 애도의 소리는 결코 멈추지 않는다. 로슨은 공산주의자였고 할리우드 블랙리스트 10인 중 하나였다. 반공주의자였던 워쇼는 이 시퀀스의 생에 대한 송가가 너무 작위적("하나가 죽고 다른 하나가 태어난다")이며, 과도한 프로파간다이고 지나치게 몰개인적("그들은 바실의 육신을 마치 깃발처럼 들고 간다…… 살인자는 민중의 모든 적과 마찬가지로 단순히 존재하는 게 아니다. 오웰의 표현을 빌리면 그는 하나의 '비개인unperson'이 된다")이라고 보았다.[143] 하지만 워쇼는 이 영화를 소련 당국이 검열한 판본으로 보았고, 그 판본에는 성직자와 벌거벗은 여인 장면이 삭제되어 있다. 그가 온전한 판본을 볼 수 있었다면 아마도 이 영화의 미묘함과 대립 항들의 복합적인 얽힘을 알아차릴 수 있었을 것이다.

벌거벗은 여인 장면에 대해선 에이젠시테인도 검열 당국과 같은 견해였던 것 같다. 〈인톨러런스〉를 비판하면서 그는 〈대지〉의 벌거벗은 여인을 비판하는데, 이 장면이 은유적 몽타주에 의한 일반화에 실패했다는 것이다.

건강하고 아름다운 여인의 육체는 아마도 생을 긍정하는 원초적 이미지로 고양될 수 있었을 것이다. 이것이 도브젠코가 〈대지〉의 장례식 몽타주와 충돌시키면서 획득해야 하는 이미지였다.

클로즈업이 담긴 능숙한 주도적 몽타주, 자연주의와는 무관한, 즉 필수적인 추상이 개입된 '루벤스 양식'의 몽타주야말로 이 '관능적으로 촉각적인' 이미지에 딱 들어맞았을 것이다.

하지만 〈대지〉의 모든 구조는 실패로 치닫는다. 그러한 몽타주가 들어서야 할 자리에 감독이 농민의 오두막 내부를 롱 숏으로 찍은 장례식 장면, 그리고 자신을 내던지는 벌거벗은 여인의 장면으로 컷하기 때문이다. 관객으로서는 이 구체적이고 생동하는 여인으로부터, 감독이 전달하기를 바랬던, 창대한 비옥함과 생의 관능적인 긍정을 분별해 낼 수가 없다. 이 비옥함과 긍정이야말로 죽음과 장례식의 주제에 맞선 범신론적 대당이다!

화로와 주전자와 수건과 벤치와 테이블보가 이를 가로막는다. 이 모든 것은 일상생활의 세부들이며, 여인의 육신은 그로부터 해방된 프레임에 담길 수도 있었을 것이다. 그리하여 재현적 자연주의가 은유적 과업의 실현을 간섭하지 않을 수도 있었을 것이다.[144]

에이젠시테인은 망자를 위한 진혼곡이 아니라 생의 송가를 원했다. 에이젠시테인이라면 이 여인의 구체성과 현 상황을 완전히 무시하고, 여인의 육체를 '생을 긍정하는 원초'의 은유로 전환했을 것이다. 도브젠코의 이미지도 은유이지만 구체적인 여인이 먼저이며, 풍성한 은유가 부여되는 것은 그다음이다. 그렇다. 생을 긍정하는 원초라는 은유 말이다. 하지만 그런 원초에는 인간의 희생이 뒤따르며, 그런 긍정에는 고통이 동반된다. 수사학과 시학 사이의 경계를 짓는 것은 불가능하겠지만 둘의 차이는 분명 있다. 에이젠시테인이 이 벌거벗은 여인으로부터 이끌어 냈을 무언가와, 구체적 고통과 추상적 잠재력을, 그러니까 개별성과 일반성을 모두 품은 여인의 육체에 대한 도브젠코의 시적 재현의 차이만큼 그 차이를 잘 드러내는 사례는 없을 것이다.

〈대지〉는 1930년 이른 봄, 소비에트 정부의 농업 정책의 중대한 변화, 즉 사실상 개악에 가까운 변화가 진행되던 시점에 개봉되었다. 1928년까지 유효했던 레닌의 신경제 경책은 주로 개인 농장들에 의존했고, 집단화는 점진적으로 수행될 터였다. 레닌의 사후, 치열한 권력 투쟁 게임에서 농업 정책은 주요 카드 가운데 하나였다. 승리자로 부상한 스탈린은 이 카드를 이중적으로 사용했고, 강력력으로 집단화를 밀어붙이기 시작한 1929~1930년 겨울까지 그 카드는 모호하게 보였다. 〈대지〉는 1929년 겨울, 즉 스탈린이 부농the kulaks을 "하나의 계급으로 간주하고 청산하겠다"[145]라고 발표한 시점에 편집이 진행되고 있었다. 그 청산의 결과는 끔찍하고 재난적인 것이었다. 〈대지〉의 작업을 마칠 무렵, 이 영화의 주 무대인 농촌 마을들에 가해지기 시작한 그 광범한 고통을 도브 젠코로서는 몰랐을 수도 있다. 하지만 집단 농장에 관한 영화들 중에서 오직 〈대지〉만이 고통을 알고 있다고 말할 수도 있다. 이 영화는 패배주의적이자 반혁명주의적이라고 비난받았다.

〈대지〉는 죽음의 의미에 관한 영화다. 반혁명주의가 아니라, 죽음의 의미 속에서 혁명의 의미를 탐색하려는 것이다. 죽음은 보편적이지만, 죽음의 의미는 그렇지 않다. 죽음은 우리에게 부여되고, 우리는 죽음에 의미를 부여한다. 할아버지는 죽음을 자연과 일체화하는 전통적 농민 문화의 품 안에서 죽는다. 손자는 투쟁의 와중에 그리고 혁명의 음악에 맞춰 춤추던 와중에 죽는다. 장례식에서 젊은이들이 부르는 새로운 삶의 노래는 멋지지만, 또 다른 반응 장면들이 명시하듯, 청년의 죽음에 의미를 부여할 만큼 충분하지는 않으며 할아버지의 죽음에 동반된 충만한 감각에는 이르지 못한다. 바실의 장례식 시퀀스는 그의 죽음의 의미를 구축하려는, 또한 대지와 인민을 위한 혁명의 의미를 구축하려는 열렬한 분투다.

〈즈베니고라〉에서 도브젠코는 늙은 할아버지를 우크라이나 전통의 상징으로 묘사한다. 그에겐 혁명가 손자와 반동적인 손자가 있다. 문자 그대로 형제는 아니지만 〈대지〉의 바실과 살인자 부농 역시, 마르코 카리니크Marco Carynnyk가 지적했듯,[146] 적대적이지만 서로의 형제다. 둘은 모두 자신들이 사랑하는 대지의 아이들이다. 또한 하나는 혁명적 음악에 다른 하나는 반동적 음악에 춤춘다. 달빛이 비치는 골육상잔의 밤에 모두 홀로 자신의 꿈에 취해 있다는 점에서도 동일하다. 〈낡은 것과 새로운 것〉에서 부농과 그의 아내는 자신의 특권에 파묻힌 채 뒤룩뒤룩 살찐 모습으로 등장해 다른 계급에 속할 뿐만 아니라 아예 다른 행성에 속한 존재로 보인다. 〈대지〉의 부농은 농민들과 아주 먼 거리에 있지는 않다. 이것은 역사적 사실이었지만 이 계급을 적으로 간주하고 절멸시키려는 통치자의 눈으로 보면 그렇게 보이지 않을 수도 있었을 것이다. 부농이 한 소비에트 행동가를 살해한 실제 사건에 토대를 둔 〈대지〉의 폭력은 부농의 폭력이다. 실제로 발생한 폭력은 압도적으로 부농을 향해 행해진 것이었고, 농민들에 대한 폭력도 있었지만 부농들이 저지른 경우는 거의 없었다. 폭력을 형제 살해로 다루고 또한 그것을 혁명에 수반된 것으로 애도함으로써 〈대지〉는, 집단화가 실제로 초래한 폭력을 묘사한 것은 아니지만, 혁명의 비극을 다룰 수 있었다. 〈낡은 것과 새로운 것〉은 일종의 목가적 희극이다(윌리엄 엠슨William Empson이《목가의 어떤 비전 *Some Visions of Pastoral*》에서 그렇게 지적했다).[147] 반면 〈대지〉는, 〈병기고〉가 그러하듯 더 나은 내일을 기대하긴 하지만, 비극에 가깝다. 〈대지〉의 목가성은 비극성을 뛰어넘지 않는데, 그것의 목가성은 구축의 과정에 있는 것으로 등장하기 때문이다.

장례식의 몽타주 앙상블에서 바실의 여자 친구 장면이 삭제된 것은 소비에트 검열 당국의 청교도적일 뿐만 아니라 정치적이기도 한 판단의 소산이다. 그녀가 마지막 장면을 장식하는 데서 알 수 있듯(엔딩에서도 삭제되었다), 이 영화의 의미의 핵심에 그녀가 놓여 있기 때문이다. 바실의 장례식 장면에서 비참여파라고 부를 수 있는 존재들(이들은 이런저런 이유로 노래를 함께 부르지 않지만 도브젠코의 앙상블에는 포함된다) 중에서, 부농과 성직자는 반동 진영으로 분류될 수 있을 것이며, 어머니와 아버지는 너무 고령이어서 장례식에 계속 참여하기 힘들었다고 볼 수 있다. 여자 친구의 비참여는 어떠한가. 반동적이지도 늙지도 않은 그녀는 비극의 슬픔과 미래의 가능성을 동시에 품고 있는 존재다. 남자 친구가 죽던 그 달빛의 밤에 성적 결합 직전에 멈춘 처녀인 그녀는 사적으로 정치적으로 그리고 사회적으로 상실한 사랑의 고통과 사랑의 예기적 결실을 모두 재현하는 존재다.

하나의 예술 작품은 특정한 시간과 공간의 산물이다. 그 시간과 공간에 속하지 않은 우리에게 그 작품이 어떻게 말할 수 있는가. 인간의 사회적 존재가 의식을 결정한다고 믿는 유물론자로서 마르크스는 《정치경제학비판 요강*Grundrisse*》에서 이 문제를 고대 그리스 예술과 연관시켜 논한 바 있다. 그는 이렇게 쓴다.

> 그리스 미술과 서사시가 사회적 발전의 특정한 형식과 연관돼 있다는 것을 포착하는 데 어려움이 있는 게 아니다. 어려움은 오히려 그리스 미술과 서사시가 왜 우리에게 여전히 미학적 희열을 제공하고 어떤 측면에서 당대의 성취를 넘어서 아직까지 표준과 모델로 작동하고 있는지를 이해하는 데 있다.
>
> 사람은 유치해지지 않는 한 다시 아이가 될 수 없다. 하지만 아이의 무구함을 누릴 수는 없는가? 더 높은 차원에서 아이의 무구함을 되살리려 분투해서는 안 되는가? …… 하나의 시대는 다시 돌아오지 않을진대, 인간 사회의 가장 아름다운 단계였던 유년기가 왜 영원한 매혹을 발해선 안 되는가?[148]

영원한? 마르크스는 그리스 예술이 식민지 확장 시대에 유럽 문명의 우월한 선조로서 유럽 세계의 우월성을 확신케 하는 이해관계에 봉사해 왔음을 잠시 잊었음이 분명하다. 마르크스주의자들이 흔히 말하듯, 엘긴 대리석 조각군Elgin Marbles●의 거처가 결국 영국 박물관이 된 것은 우연이 아니다. 하지만 마르크스가 그리스 예술에 희열을 느끼고, 그것의 신선함과 에너지에 감화되는 일은 잘못된 것인가? 그 예술은 그에게 말을 건넸다. 고대 그리스인에게 했던 것과 같은 말을 건넨 게 아니라면(어떻게 그럴 수 있겠는가?), 그의 시대의 제국주의자들에게 건넨 것과 같은

● 고대 그리스의 대리석 조각들로, 원래 파르테논 신전이나 아테네 아크로폴리스의 건물에 있던 것들을 1799~1803년 오스만 제국 주재 영국 대사였던 제7대 엘긴 백작 토머스 브루스가 영국으로 반출했다. — 옮긴이

말을 그에게 건네진 않았을 것이다. 형식주의의 오류가 하나의 형식이 어느 시대에게 같은 말을 한다고 가정하는 것이라면, 역사주의의 오류는 역사적 환경만이 하나의 예술 작품이 특정한 시대에 말하는 방식을 결정한다고 전제한다는 것이다.

〈대지〉는 거대한 희망이 숨 쉬었고 거대한 잔인성이 뒤따른 한 시대 그리고 한 장소의 산물이다. 1960년대에 이 영화를 처음 보았을 때, 사적인 동시에 정치적인 열망이, 그리고 개인을 희생시키지 않고 조화를 불러오는 질서의 추구가, 또한 슬픔을 알지만 그 때문에 좌절하지 않는 강인함이 내게 충격을 주었다. 나는 온전히 이해하진 못했지만 무언가를 들을 수 있었다. 지금은 더 잘 이해할 수 있을 것이고 더 잘 들을 수 있을 것이다. 그리스 예술에 대한 마르크스의 찬미에는 노스탤지어가 있다. 개인의 시대가 낳은 소외로 병든 현대인으로서 더 단순하고 더 통일된 시대를 향한 노스탤지어 말이다. 〈대지〉에 대한 나의 찬미에도 분명 동일한 노스탤지어가 있을 것이다. 하지만 〈대지〉가 그 자체로 노스탤지어적인 것은 아니다. 이 영화는 농민의 감수성을 손에 닿을 듯 가깝고 섬세하게 전한다. 이것은 이상화된 자연에 대한 목가적 접근이 아니라 자연과 문화의 구체적인 상호 침투이며, 물질적 세계에 뿌리내린 인간의 상호 연계성에 대한 생생한 직조다. 정치적으로도 예술적으로도 이 농민들에게 퇴행적인 것이라고는 전혀 없다. 〈대지〉는 이 마을의 시간을 멈출 생각이 없다. 대신 마을의 삶의 살아 있는 전통과, 그들이 건설하려는 사회주의 도시 즉 마을의 공동체적 자질이 더욱 폭넓게 실현될 새로운 도시에서의 더 나은 삶의 비전을 그린다. 〈대지〉와 같은 예술 작품이 우리 세기에 존재한다는 사실만으로도 경탄스럽다.

6장

풍경과 픽션

장 르느와르, 혹은
자유와 이상의 열린 공간

"나는 오직 아내를 스타로 만들기 위해 영화 세상에 발을 들였다"라고 장 르느와르는 자서전에 썼다.

데데는 무척 아름다웠다. 모두 그녀에게 그렇게 얘기했고, 데데로서는 그것을 무시하기 힘들었다. 우리는 거의 매일 영화관에 갔고, 미국 영화라는 비현실적 세계에 살게 되는 지경에 이르렀다. 데데는 외모에서 우리가 스크린에서 만났던 스타와 같은 계급에 속했다는 사실을 덧붙여야겠다. 그녀는 그들의 행동을 따라 했고 옷도 비슷하게 입었다. 사람들은 데데를 멈춰 세우고, 혹시 자신들이 본 미국 영화에 그녀가 나오지 않았는지 물었다. 우리는 프랑스 영화에 대해선 전혀 생각하지 않았다. 그러니 데데가 자신이 또 다른 글로리아 스완슨 혹은 매 머레이 혹은 메리 픽포드로 보이도록 해야 한다고 믿은 것은 이상하지 않은 일이었다.[149]

데데는 장 르느와르의 아버지인 저명한 인상파 화가 오귀스트 르느와르Auguste Renoir의 모델이었다. 그전에 앙리 마티스Henri Matisse의 모델을 지원했는데, 마티스는 그녀를 보더니 "당신은 르느와르요"라고 말했다. 그녀는 빨간 머리와 둥근 얼굴을 지닌, 르느와르가 좋아하는 유형의 미인이었다. 데데 자신과 르느와르는 이런 아름다움이 스크린에서도 빛날 것이라고 생각했다. 영화계에 입문하면서 그녀는 카트린 에슬링이라는 이름을 사용했다. 하지만 아름다운 아내가 스타가 되도록 돕는 것 외에는 생각하지 않았던 부유한(아버지의 그림이 잘 팔렸기 때문에) 남편이 결국 영화 세상에서 우뚝 솟은 사람이 되었다.

영화감독으로서 장 르느와르의 이력은 1924년부터 1969년까지 45년에 걸쳐 있다. 그의 이력은 로널드 버건Ronald Bergan이 르느와르의 전기에서 제시했듯 그의 세 동반자 여인에 조응하는 세 시기로 나눌 수 있다.[150] 첫 번째 시기에 프랑스 아방가르드주의와 할리우드 무성 영화의 비현실성이 결합된 기묘한 무성 영화들이 있다. 그 비현실성의 한가운데 자신의 고유한 연기 스타일이라는 가면을 쓴 것처럼 보이는 배우 에슬링이 있다. 르느와르는 이런 영화들에 자신의 돈을 쏟아부었고 큰 손해를 봤다. 사운드의 도래 직후인 1931년에 만들어진 〈암캐*La Chienne*〉를 계기로 르느와르는 카트린 에슬링과 결별하고 상업적 영화 산업으로 진입한다(에슬링이 주연을 맡기로 되었지만 제작자들은 다른 배우를 고집했다. 르느와르는 이에 동의했고 에슬링은 배신감을 느꼈다. 이것이 두 사람 관계의 끝이었다). 이 영화는 또한 르느와르의 첫 번째 걸작이었다. 이것은 그의 비현실적인 초기작들과 달리 사회적·물질적 리얼리티에 기반을 둔 리얼리즘 영화였다. 〈암캐〉는 사회적 리얼리즘의 빛나는 시대를 열었고, 르느와르의 이력을 관통하는 혁신을 향한 탐색의 시작이었다. 형식의 혁신을 요청하는 리얼리즘, 구체적 현실에 조응하는 혁신이 시작된 것이다.

1930년대의 10년에 걸친 이 시기에 르느와르 자신이 자서전에서 "나의 친구이자 영화 편집자"라고 불렀으며 결혼 후에 마르그리트 르느와르가 된 마르그리트 울레Marguerite Houllé와의 사적인 그리고 직업적인 인연이 지속되었다. 마르그리트는 노동 계급 출신이며(재단사였던 아버지 오귀스트 르느와르가 그랬듯), 그의 가족들은 노동조합주의자이자 좌파 활동가였다. 그녀 역시 여성 참정권을 위한 활동가였고(프랑스에서는 1944년까지 여성에게 투표권이 없었다), 공산당 당원이었다. 카트린 에슬링에 대한 열정이 르느와르에게 영화를 만들도록 이끌었다면 마르그리트 울레와의 결합은 르느와르의 영화에 사회적, 정치적 숙고를 불어넣었다. 그 자신은 공산당에 가입한 적이 없지만, 마르그리트와 동반한 기간에 그는 프랑스 좌파의 지도적 영화감독이 되었다. 르느와르가 그녀에게 빠졌기 때문에 정치에도 빠졌다고 말하기는 쉽다. 그가 정치적, 사회적 관심사에 이끌렸기 때문에 마르그리트 같은 사람에게 매혹되었다고 말할 수도 있다. 르느와르가 1920년대의 미학주의에서 1930년대의 정치화로 이행한 유일한 인물은 아니다. 하지만 르느와르의 경우, 그 이행이 삶과 창작에 모두에서 동반자였던 한 여인에게서 다른 여인에로의 이행과 엮여 있다는 사실은 흥미롭다.

장 르느와르는 세상을 발견했을 때, 예술가로서의 자신을 발견했다. 그의 예술은 거리로, 있는 그대로의 세상으로 나왔다. 그리고 구체적인 복합성 속에서 세계의 상황을 전하고 해석하는 방법을 발전시켰다. 그리피스의 기술적 혁신이 영화적 공간을 드라마화했고, 무르나우가 그 공간을 주관화했으며, 에이젠시테인이 그 공간을 수사화했다면, 르느와르의 혁신은 영화적 공간을 사회화했다고 말할 수 있다. 에릭 로드는 이렇게 썼다. "그의 딥 포커스 숏들, 트래킹 카메라와 한 이미지 안에서의 다중 행동은 공간의 사회화라는 효과를 지닌다."《장 르느와르의 사회적 영화》에서 크리스토퍼 포크너는 특히 〈토니〉(1934)에 관해 쓰면서 이 적절한 구절을 인용하며 자신의 해석으로 그 의미를 발전시킨다.[151] 르느와르 영화에서 다중 행동은 이미지 안에서뿐만 아니라 스크린 외부에서도 전개된다고 말할 수 있다. 그에게 스크린 외부 공간은 단순히 암시된 배경이 아니라 스크린 위의 이미지만큼 중요한 행동이 이뤄지는 영역이다.

〈암캐〉의 퇴직한 프티 부르주아인 주인공 르그랑은 자신의 정부 룰루가 사는 아파트에 갔다가 그녀가 다른 남자와 침대에 있는 광경을 목격한다. 그 남자는 룰루를 노예처럼 부리는 포주다. 이 장면을 다른 감독이 찍었다면 이 극적인 대면의 순간에 카메라를 가까이 들이밀었을 것이다. 르느와르는 르그랑이 침실 문을 열고 들어가는 장면을 아파트 문밖에서 거리를 두고 촬영했고, 룰루와 포주는 먼 후경에 잠시 비칠 뿐이다. 여기서 침실 창문으로 컷해 카메라가 호기심 가득한 이웃이 훔쳐보는 것처럼 그들을 지켜본다. 카메라는 가장자리의 꽃병과 투명한 자수 커튼을 지나 침대 위의 남녀를 다시 흘끗 바라보고, 충격을 받은 르그랑의 희뿌

연 모습이 담긴 프레임으로 이동한다. 어떤 스타일의 과시도 없는 이 카메라 테크닉은 내부와 외부의 관계를 탐사한다. 침실 내부에서 폭발 직전에 이른 드라마와 그것을 지배하는 물리적 환경의 관계, 캐릭터들 내부에서 들끓는 감정과 그들의 의식을 형성하는 사회적 존재의 관계. 1930년대 르느와르 영화의 개인은 항상 사회의 한 기능으로 드러난다. 내부의 공간, 즉 하나의 방 혹은 한 사람의 마음, 한 영화 이미지의 프레임 안에서 벌어지는 일은 외부 세계와의 관계 속에서 벌어지는 것이다.

예민하지만 부드러운 어조를 지닌 〈암캐〉의 르그랑은 외적인 삶보다는 내적인 삶을 영위하는 부류의 인물이다. 그의 비극은 내적인 삶이 외적인 삶에 의해 결정된다는 것이다. 외부 세계로부터의 피난처인 그의 내적인 삶은 처음부터 외부 세계에 의해 완전히 침윤된다. 크리스토퍼 포크너의 관찰대로 그의 비극은 프티 부르주아의 비극이다.[152] 그는 자신이 부르주아라고 잘못 생각하는 그런 프티 부르주아이며, 그릇된 자기 인식으로 인해 세계 안에서의 진정한 자기 상황을 깨닫지 못하기 때문이다. 그가 그 상황을 깨닫게 되자 살인을 저지른다. 내적인 삶을 영위하던 이 과묵한 남자는 자기 안에 살인 충동을 지니고 있다. 룰루와 포주가 한 침대에 있음을 발견한 뒤 그의 로맨틱하고 사적인 환영은 깨지고, 살인자가 되는 것이다. 이 과정에서 외부와 내부의 관계 그리고 침실과 거리의 관계가 노정된다. 르느와르는 여기서 내적인 삶의 공간을 사회화하고 그것을 외부 세계와의 관계 속에서 바라보는 것이다.●

● 망명한 지 10년이 지난 후 르느와르는 〈암캐〉의 미국판 리메이크 제작을 고려했다. 케리 그랜트가 관심을 보였기 때문에 한 프로듀서가 그러한 제안을 한 것이다. 할리우드에서 그와 가장 가까운 친구 가운데 하나였던 더들리 니콜스Dudley Nichols에게 보낸 편지에서 르느와르는 이 영화의 몇몇 세부 사항을 설명하며 보통의 경우라면 리메이크를 반대하지 않지만 〈암캐〉의 경우는 좀 특별하다고 말했다. 이 영화의 자연주의적 스타일이 프랑스에서 많이 모방된 까닭에 미국 버전이 만들어진다면 미국에서도 같은 영향을 미치지 않을까를 염려한 것이다(다음을 보라. Jean

〈암캐〉도 그의 다른 1930년대 걸작인 〈교차로의 밤*La nuit du carrefour*〉, 〈익사 직전에 구조된 부뒤〉, 〈토니〉도 르느와르에게 영화 산업 안에서 안정된 지위를 제공하지는 않았다. 이 중 어느 영화도 상업적 성공을 거두지 못했다(오랫동안 이 영화들은 미국에 배급되지 않았고, 〈교차로의 밤〉은 아직도 미배급 상태다). 르느와르는 성취에도 불구하고, 어쩌면 바로 그 성취 때문에, 아마추어로 간주되었는데, 그가 전문가들의 규칙을 깨면서 새로운 무언가를 성취했기 때문이다. 하지만 이 컨벤션의 파괴자는 또한 일반 관객에게 다가가기를 원했다. 1930년대에 그는 이렇게 썼다.

> 영화감독들은 부르주아의 아이들이다. 그들은 이 퇴폐적 계급의 약점을 그대로 지닌 채 영화를 만든다. 종종 처음부터 영화의 성공을 결정하는 고급 개봉관들의 관객 또한 부르주아 대중이다. 그들이 한 편의 영화를 승인한 다음에야 가난한 극장들은 그 영화의 필름을 얻기 위해 서두른다…… 더 늦기 전에 프랑스 영화는 프랑스 민중을 위해 복원되어야 한다.[153]

1935년 코민테른이 기존 강경 노선을 수정한 뒤, 공산주의자들은 사회주의자들 및 다른 좌파 정당들과 손잡고 반파시스트 연대인 인민전선을 구성해 프랑스와 스페인의 선거에서 승리한다. 이 해에 르느와르는 〈랑주 씨의 범죄*Le Crime de Monsieur Lange*〉를 만드는데, 이는 그의 첫 정

Renoir, *Letters*, ed. David Thompson and Lorraine LoBianco, trans. Craig Carlson, Natasha Arnoldi, Michael Wells, and Anneliese Varaldiev [London: Faber & Faber, 1994], 122~125). 리메이크는 추진되었고, 결국 니콜스가 각본을 쓰고 프리츠 랑이 감독한 영화 〈주홍의 거리*Scarlet Street*〉가 태어났다. 〈주홍의 거리〉는 1930년대 프랑스 필름 느와르에 막대한 영향을 미친 〈암캐〉가 1940년대 미국 필름 느와르에까지 영향력이 확장된 결과로 간주되었다. 이것이 르느와르가 자연주의적 스타일의 영향을 말할 때 의미한 것인 듯하다. 하지만 〈암캐〉는 필름 느와르라는 운명론적 장르에 속한 영화는 아니다. 이 영화가 그리는 세계는 추악하고 슬프지만 파멸의 무드에 봉인되지 않는다. 〈암캐〉는 명백히 열린 영화다. 모순과 가능성에 열린 영화인 것이다.

치적 영화이며 이야기와 재현 스타일에서 인민전선에 깊이 연루된 영화다.[154] 하지만 이 영화 역시 대중적 성공을 거두지 못했다. 성공은 〈거대한 환상*La grande illusion*〉(1937)에 가서야 이뤄진다.

자본가의 종속으로부터 자유를 얻어 밝은 미래의 협동조합을 구성한다는 이야기인 〈랑주 씨의 범죄〉는 사회주의를 축복한다. 노동자 커뮤니티와 동일시된 시골 마을 풍경이 중심인 시각적 스타일을 통해 이 영화는 그 공간을 인민 연대의 정신이 담긴 곳으로 사회화한다. 랑주 씨가 범죄를 저지르는 것도 이런 정신과 연관된다. 부도덕한 기업가이자 노동자와 여성의 착취자 그리고 협동조합의 적인 바탈라를 죽이는 그의 결정적 행위가 이뤄지는 장면이 전원 풍경을 선회하는 놀라운 카메라 움직임에 의해 강조되는 것이다. 랑주는 몽상가이며 협동조합이 출판해 큰 성공을 거두는 미국 서부 이야기의 창작자다. 랑주는 마치 픽션 속 주인공 애리조나 짐이 악당을 죽이듯 바탈라를 죽이는 것이다.

랑주는 일종의 예술가인데, 〈프렌치 캉캉*French Cancan*〉(1955)의 무대 연출자 등 르느와르의 다른 몇몇 등장인물들과 마찬가지로 고급 예술가 아니라 대중 예술가다. 이 역시 인민전선에 동조적인 면인데, 정치적 그리고 문화적 연대를 확장하는 것이며, 이를 통해 종종 조롱받는 대중 예술 형식을 끌어안는 것이다. 〈랑주 씨의 범죄〉는 대중 예술을 포용하는 고급 예술이라 말할 수 있는데, 여기에는 모종의 아이러니가 있지만 겸양의 과시는 없다. 아이러니는 물론 랑주가 출판한 이야기들이 지닌 판타지에서 비롯되며, 또한 노동 계급이 들고 일어나 자치를 획득한다는 이 영화 자체의 판타지에서 비롯된다. 과시적 겸양이 아니라 연대가 몽상가 랑주의 픽션이 지향하는 태도이며, 영화가 자신을 사회주의의 열매와 빛의 꿈을 담은 픽션이라고 공언하는 것이다. 영화는 이를 실현한 성취라기보다 현실에 대한 반응으로 제시하는 것이다. 협동조합이 랑주의 스토리를 출판해 성공을 거둠에 따라, 사회주의의 대의도 이 영화의 행복한 판타지, 속지 않고 속이지 않으며 있음직하지 않지만 제거될 수 없는 판타지라는 응원군을 얻는 것이다. 〈랑주 씨의 범죄〉는 현실로부터의 도피가 아니라 현실을 바꾸려는 노력의 일환이다.

급진적이지만 달콤한 〈랑주 씨의 범죄〉에 이어 르느와르는 상업 영화 시스템 밖에서 더욱 강인한 두 편의 영화를 만든다. 하나는 공산당이 선거 캠페인을 위해 후원한 〈그것이 우리의 인생*La vie est à nous*〉(1936)이며 다른 하나는 좌파 노동자 연대인 C.G.T.가 후원하고 대중 모금으로 제작비를 마련한 〈라 마르세예즈*La Marseillaise*〉(1938)다. 후자에 대해 르느와르는 "민중을 위해 그리고 민중에 의해 만들어진 첫 번째 영화"라고 말했다.[155] 〈그것이 우리의 인생〉은 픽션과 다큐멘터리를 변증법적 방식으로 결합한다. 거의 알려지지 않았으며 종종 프로파간다 영화(폄하의 뜻이 아니라면 맞다)라고 경시되는 이 영화는 르느와르가 에이젠시테인처럼 되기를 원하는 소수의 사람들에게 극찬받아 왔다. 하지만 에이젠시테인이 리얼리티를 정치적 극장 안으로 끌어들였다면, 르느와르는 극장을 정치적 현실로 끌고 나왔다. 〈라 마르세예즈〉는 〈거대한 환상〉이 1차 세계대전을 돌아보듯 프랑스 혁명 시대를 돌아본다. 이를 통해 관객의 역사의식을 고취시키고 과거와 현재를 비교하도록 이끈다. 당시의 현재는 인민전선과 호전적인 파시즘의 시대이며, 재앙의 문턱에 선 희망의 시대였다. 위대한 꿈은 거대한 환상이기도 했던 것이다.

〈거대한 환상〉은 1938년 나치가 비엔나에 진입했을 때 상영이 중단되었다. 인민전선은 그해 봄 붕괴되고 있었고, 그해 가을 뮌헨 조약 이후 완전히 무너졌다. 프랑스인들은 대부분 나치 독일의 유화 정책에 환호했다. 르느와르는 그에 반대해 목소리를 높인 소수의 사람 중 하나였다. 그는 〈인간 야수*La bête humaine*〉를 만들고 있었고, 이 영화는 12월에 개봉해 흥행했으며 르느와르의 두 번째 상업적 성공이었다. 그는 에밀 졸라 Émile Zola의 1869년 소설에 담긴 노동 계급의 우울한 초상을 톤의 큰 변화 없이 1938년에 맞게 각색했다. 다음 영화에서 르느와르는 상류 계급의 코미디로 돌아가면서 같은 배우들인 장 가뱅, 시몬 시몽, 페르낭 르두를 기용하고 싶어 했다. 하지만 이들은 출연이 불가능했다. 유명한 배우이자 르느와르의 형인 피에르를 주인공으로 기용하려 했지만 실패했고, 결국 르느와르가 직접 주인공을 연기한다. 1930년대의 마지막 르느와르 영화이자 20세기의 걸작 가운데 하나인 〈게임의 규칙〉은 계획대로 된 것은 아무것도 없었다. 그해의 다른 프랑스 영화들보다 훨씬 더 많은 제작비를 들여 독립적인 방식으로 제작된 〈게임의 규칙〉은 1939년 7월에 개봉되었고, 르느와르가 자서전에서 술회한 바에 따르면 "대부분의 사람들을 잘못된 방향으로 혼란스럽게 만들었다." 그는 이렇게 덧붙였다. "이 영화는 엄청난 실패였고, 사람들의 반응은 혐오에 가까웠다."[156]

그토록 생기 넘치고 쾌활한 영화가, 혹은 피에르 드 마리보Pierre de Marivaux와 보마르셰를 떠올리게 하는, 또한 보마르셰 작품을 오페라로 옮긴 모차르트를 상기시키는 코미디가 대중의 그토록 적대적 반응을 만났다는 사실은 놀라운 일처럼 보인다. 하지만 〈게임의 규칙〉은 코미디 형식에 실린 비극이다. 〈랑주 씨의 범죄〉의 노동 계급 초상이 선량하고 희망적인 아이러니가 담긴 대중적 형식을 채택했다면, 〈게임의 규칙〉의 상류 계급 초상은 고전적 희극 형식을 택했지만 거기에는 병적이고 황폐하며 절망적인 아이러니가 감돌고 있다. 전통적으로 비극은 단독자의 형식이며, 희극은 공동체의 형식이다. 〈게임의 규칙〉은 공동체의 비극이다. 이 영화에서 치명성은 비극적 결함을 지닌 영웅으로서의 단독적 개인이 아니라, 자연과 인간에게 폭력을 행하는 사회 혹은 자신의 성원들을 공동체에 안착시키는 데 실패한 사회 질서에 놓여 있다. 캐릭터들의 결함은 인간 공통의 결함이며, 곧 희극의 결함이기도 하다. 〈랑주 씨의 범죄〉가 희극이며 인민전선의 로맨스이고 공동체적 비전의 축복이라면, 〈게임의 규칙〉은 희극을 비극으로 전환한다. 대중적 성공을 거둔 〈인간

야수〉처럼 비극적 이야기를 말하는 것과, 전통적으로 행복한 결말이 기대되는 희극의 방식을 통해 비극으로 전환되는 희극적 이야기를 말하는 것은 완전히 다른 일이다. 〈게임의 규칙〉은 희극의 능력을 상실해 버린 사회의 비극을 상연한다.●

여기서 예술가 캐릭터는 르느와르 자신이 연기하는 옥타브로서, 고급 예술에 속한 고전 음악 연주자이지만 실패한 예술가이기도 하다. 르느와르 역시 〈게임의 규칙〉의 실패 이후 자신을 실패한 예술가로 느꼈다. 〈거대한 환상〉과 〈인간 야수〉로 마침내 대중으로부터 환대를 받기가 무섭게 너무도 훌륭한 다음 영화로 매몰차게 거부당한 것이다. "길이를 줄여서 이 영화를 구해 보려 했다"라고 그는 회고했다. "차가운 반응을 보고, 먼저 스크린에 등장한 내 모습을 부끄러워하듯, 내가 연기한 장면들을 잘라냈다. 하지만 아무런 소용이 없었다."[157] 8월 중순, 이 영화가 개봉된 지 한 달도 되지 않은 시점에 르느와르는 마르그리트를 두고 이탈리아로 떠났다. 2년 전 〈거대한 환상〉이 베니스에서 상을 받았을 때 파시스트 치하의 이탈리아행을 거절했지만, 이제 로마에서의 〈라 토스카La Tosca〉 촬영을 위한 초대는 받아들인 것이다. 그의 좌파 친구들은 격분했다. 그러나 그들은 로마에서 또 다른 좌파 친구가 르느와르를 기다리고 있음을 알지 못했다. 바로 루키노 비스콘티Luchino Visconti다. 비스콘

● 스파이크 리Spike Lee의 〈똑바로 살아라Do the Right Thing〉(1989)는 희극에서 비극으로 전환되는 형식을 채택한 또 다른 영화다. 이 영화가 그린 사회가, 즉 우리의 미국 현대 사회가 희극의 방법을 다루거나 희극의 감수성을 소집할 수 없기 때문이다. 희극의 능력이 있는 사회는 유머와 태연함으로 인간의 약점을 인지할 능력, 공동체의 웃음을 통해 인간 고유의 결함과 협상할 능력을 갖고 있다. 〈똑바로 살아라〉에서 코미디의 제재로서의 결함이 되어야 하는 중심적인 인간적 약점은 인종주의다. 하지만 우리 사회는 우리가 공유한 인종주의를 부인하고 싶어 하며, 그러니 우리의 인종주의를 비극적인 것으로 만들 수 있을 뿐이다. 〈똑바로 살아라〉는 희극과 비극 사이에서 동요하며, 코미디가 되기를 소망한다. 우리가 인종주의를 희극의 주제이며 공통된 인간의 약점으로 취급할 수 있기 위해서는, 꽤 오랜 시간이 걸릴 것임을 이 영화가 알고 있기 때문이다.

티는 프랑스에서 르느와르의 조감독을 한 적이 있었고 이탈리아 영화계로 복귀한 상태였다. 하지만 르느와르가 어딘가로 이탈하고 있다는 좌파 친구들의 생각은 틀린 게 아니었다.

그의 이탈리아행에 새로운 여인 디도 프레르Dido Freire가 동행했다. 정치적 참여 시기에 노동 계급 출신인 마르그리트가 그의 동료였다면 이제 유복한 브라질 가문 출신이며 외교관의 딸인 디도가 정치로부터 퇴각하는 르느와르의 동반자가 되었다. 이 퇴각은 그의 인생 내내 지속될 것이었다. 비스콘티의 안내로 르느와르와 디도가 로마를 돌아보고 있을 때, 나치-소비에트 조약이 체결되었는데 이 갑작스러운 조약은 르느와르를 놀라게 했고 파시스트 국가 체류를 승인하지 않았던 공산당의 방침을 무색하게 만들었다. 하지만 이것은 두 국가의 화해를 향한 조치가 아니었다. 9월 초 2차 세계 대전이 발발했고 르느와르는 급히 프랑스로 돌아왔다. 하지만 〈게임의 규칙〉이 도덕적 해이를 초래한다는 이유로 상영 금지한 프랑스 정부는 그를 이탈리아로 돌려보냈고, 르느와르는 〈라 토스카〉 작업을 재개했다. 하지만 촬영은 첫 시퀀스 이상 나아가지 못했다. 1940년 6월, 프랑스는 항복했고 6개월 뒤 새해 전야에 르느와르와 디도는 미국에 도착했다.

사적인 것과 정치적인 것이 뒤얽힌, 그리고 예술과 그것의 부침 및 역사와 그것의 우여곡절이 뒤얽힌 단계를 지나자, 이제 장 르느와르에겐 어느 것도 이전 같지 않았다. 전쟁 난민이 영구적 실향민이 된 것이다. 르느와르는 디도 프레르와 결혼해 베벌리힐스에 정착했다. 그렇다고 그가 할리우드에 안착했다고 말할 수는 없는데, 할리우드는 그의 작업 방식에 우호적이지 않았으며, 여기서 만든 몇 편의 영화는 주목받을 가치가 있지만 어느 것도 1930년대의 작품들을 능가하진 않았다. 그는 수년간 프랑스로 돌아갈 수 없었는데, 캘리포니아에서의 카트린 에슬링과의 이혼이 승인되지 않아 이중 결혼으로 체포될지도 모른다는 두려움이 있었기 때문이다. 하지만 귀향이 가능해진 뒤에도 프랑스에 살기 위해 돌아가진 않았다. 그의 탈주는 르느와르를 배신자로 생각한 프랑스 좌파의 적대감을 북돋웠다. 에릭 로메르Eric Rohmer와 프랑수아 트뤼포François Truffaut 등 작가 정책의 주창자이자 정치적 보수파들은 르느와르가 결코 정치적이었던 적이 없는, 투쟁을 넘어선 휴머니스트 예술가로 간주했고, 어느 한쪽을 택하기에는 너무도 다정한 사람이라고 생각했다. 르느와르는 1952년 이렇게 말했다.

> 전쟁 전에 내가 보편적 가치 실현에 참여한 방식은 저항의 목소리를 높이는 것이었다. 나는 나의 풍자가 그렇게 독했다고 생각하지는 않는다. 나는 휴머니티를 너무 사랑하는 편이어서 나의 풍자에는 얼마간의 다정함이 뒤섞여 있었다. 오늘의 새로운 존재인 나로서는 지금이 풍자의 시대가 아니라는 것, 내가 이 비논리적이고 무책임하며 잔인한 세계에 불러올 수 있는 유일한 것은 나의 '사랑'임을 깨닫는다.[158]

"오늘의 새로운 존재인 나"는 미국으로의 이주뿐만 아니라 인도와의 조우를 통해서도 태어났다. 그는 인도에 가서 〈강The River〉(1951)을 만들었는데 프랑스 탈주 뒤의 첫 메이저 규모 작품인 이 영화는 죽음과 부활에 관한 겸허하고 심오한 작품이다. 〈그것이 우리의 인생〉과 마찬가지로 〈강〉은 픽션과 다큐멘터리를 비관습적으로 결합한다. 하지만 〈그것이 우리의 인생〉은 프로파간다 영화였고, 〈강〉은 홈 무비에 가깝다. 이것은 인도에 사는 영국인 가족을 그린다는 점, 달리 말해 르느와르의 처지처럼 외국에 집이 있다는 점을 제외하면 집에 관한 영화다. 그런데 이 홈 무비는 또한 여행기이며, 방문객의 시선을 제외하면 어떤 의미도 강제하려는 제스처가 없는 아름다운 영화다. 〈그것이 우리의 인생〉에서 우리가 재발명해야 할 세계에 대한 개입으로 제시되었던 픽션은 이제 〈강〉에서 우리가 만들지 않은 세계에 대한 명상이 된다. 〈강〉은 이 세계에서 우리가 이방인이라고 말하는, 우리의 외래성과 일상성에 관한 영화다. 이 영화는 신비주의적인 영화로 그리고 자연에 대한 경배로 간주되어 왔다. 하지만 이 영화의 강이 자연이라면, 그것은 인간적으로 굴절된 자연, 즉 우리가 문화라고 부르는 것에 가까운 자연이다. 이곳에서 사람들은 일하며 기도하고 꿈꾸며 때로 불행을 느낀다. 이 영화 속 인물들은 우주의 질서에 순종하는 게 아니라 이 세계에서 일상의 영위를 위해 자신을 재조정하는 사람들이다.

〈강〉은 정치적 도피라고 비난받아 왔다. 개봉 당시 르느와르에게 최고의 비평가라 할 수 있는 앙드레 바쟁은 그러한 비난에 맞서 이 영화를 옹호했다.

> 〈게임의 규칙〉의 부드럽고도 신랄한 비관주의 그리고 사회적 풍자에 무슨 일이 벌어진 것인가? 〈강〉은 벵갈에 사는 두 영국 가족의 삶을 그린다. 그들은 부유하고 물질적 걱정 없이 살고 있다. 르느와르는 이 식민지 부르주아에게 어떤 적대감도 보이지 않으며 최소한의 비판적 아이러니도 제시하지 않는다. 물론 〈게임의 규칙〉의 인물들에게도 르느와르는 모종의 공감을 드러냈다. 하지만 그들을 향한 그의 다정함은 그들에 대한 르느와르의 냉정하고도 명료한 판단을 조금도 누그러뜨리지 않았다.[159]

〈강〉은 제국주의 질서 안에서 특권을 누리고 사는 인물들의 사회적 상황을 숨기지 않는다. 하지만 숨기지 않으면서 또한 비난하지도 않는다. 한 장면에서 한쪽 다리를 잃은 캡틴 존이 그에게 반한 젊은 혼혈 여인에게 묻는다. "멜라니, 우리는 무얼 하지?" 여인은 혼란스러운 듯 잠시 망설이다 "동의"라고 말한다. 그것은 우리의 한계에 대한 동의다. 〈강〉의 위대성은, 뒤이은 세 메이저 작품인 〈황금 마차Le Carrosse d'or〉(1953), 〈프렌치 캉캉〉(1955), 〈탈주한 하사Le caporal épinglé〉(1962) 역시 그러하듯, 겸허함과 휴머니티 그리고 한계에 대한 동의와 분리할 수 없다. 이 영화는 자신을 정치의 상위가 아니라 하위에, 즉 일상의 수준에 둔다. 〈황금 마차〉와 〈프렌치 캉캉〉은 우리의 곤경과 슬픔을 해결할 수 있는 척하지 않는 예술, 자신을 즐거운 한때보다 더 근사한 것이라고 과장하지 않는 예술에 대한 찬미다. (크리스토퍼 포크너는 르느와르의 후기 영화들이 그가 "미학주의 이데올로기"[160]라고 부른 예술 지상주의를 옹호한다고 생각한다. 나는 동의하지 않는다. 르느와르의 후기 영화들은 비록 사회 질서에 맞서지 않는다 해도 여전히 사회의식을 지니고 있다. 이 영화들은 예술을 사회의 상위에 두지 않으며 사회의 조건 안에서 자신의 역할을 하는 것으로 간주한다. 예술을 찬미하지만 여기에는 어떤 허세도 없다. 포크너는 알튀세르주의자이며, 그의 이데올로기는 특정한 사회적 상황을 옹호하지도 초월하지도 않는 예술, 즉 사회적 상황과 평화를 유지하는 예술을 배척한다.)

2차 세계 대전 후의 르느와르 영화에서 혹자는 1930년대와 같은 르느와르를 보고, 또 어떤 이들은 다른 르느와르를 본다. 같은 르느와르를 보는 사람들은 휴머니티의 옹호자를 본다. 다른 르느와르를 보는 사람들은 사회에 대한 비판을 그리워한다. 사회 비판은 결코 휴머니즘보다 더 중요한 적이 없었다고 또 다른 혹자는 말한다. 〈게임의 규칙〉의 후작을 보자. 이 남자는 퇴폐적 사교계의 주도적 인물이며 매력적이고 선의를 지닌, 이 영화에서 가장 호감이 가는 인물이다. 하지만 그의 개인적인 자질이 그가 비호감의 역할을 수행하는 사회적 상황과 거의 무관하기 때문에 한 개인으로서 호감을 줄 수 있다. 영화의 끝 무렵 장군의 제안에도 불구하고 그는 아내의 정부를 살해하려는 계획을 시도하지 않았다. 하지만 그의 사회적 지위로 말미암아 살해는 효과적으로 실행되었다. 개인의 문제 혹은 도덕의 문제로 한정 짓지 않으면서, 비판은 부드러워지기는커녕 더욱 예리해지며 사회적 상황이라는 표적에 정확히 도달한다. 르느와르는 인간적인 사람이지만, 흔히 생각하는 보통의 휴머니스트에 부합하지 않는다. 일반적 휴머니즘과 달리 그는 개인에게 우선권을 주지 않기 때문이다. 그는 개인들을 공감과 애정으로 다루지만 그들이 세상사에서 큰 변화를 만들 것이라고 보지 않는다. 윌리엄 펙터는 이렇게 물었다. "르느와르 영화에는 사악한 존재가 없는데도 왜 거의 항상 결말은 슬픈가?"[161] 르느와르 영화에는 악당이 없을지 모른다. 하지만 그것이 세상을 더 좋게 만들지는 못한다. 그의 1930년대 영화들은 세계의 폭력성에 주목하면서도 변화에의 희망을 정초했다. 그의 후기 영화들은 보다 부드러워지고 보다 편안해졌지만 아마도 바로 그런 이유로 더 슬퍼졌다.

아버지에 관한 책 서두에서 르느와르는 역사란 주관적이라고 말한다. 우리가 르느와르에게서 얻는 그의 예술과 이력에 관한 성찰들은 대개 그의 만년에 나왔다. 평론가들, 특히 작가주의 평론가들은 만년의 르느와르를 젊은 르느와르의 평가 기준으로 삼았다. 버건이 말한 대로, 자서전과 인터뷰와 기타 발언들에서 만년의 르느와르가 마르그리트 울레에 대해 거의 언급하지 않은 것은 이상한 일이다. 혹자의 추측대로 디도의 질투가 두려워서였는지도 모른다. 하지만 마르그리트와의 관계는 개인적일 뿐만 아니라 예술적이고 정치적이기도 했다. 르느와르가 떠난 뒤, 마르그리트는 결혼했는데, 결혼 생활은 불행했고 정당방위로 남편을 죽이는 사건까지 벌어졌다. 그녀는 한 달간 구금되었지만 기소는 취하됐다. 마르그리트는 영화 편집 일을 다시 시작했고, 특히 르느와르의 조감독이자 오랜 친구인 자크 베케르와 작업했다.

〈강〉에서 전쟁 중 다리를 잃은 캡틴 존은 1차 세계 대전 때 부상으로 평생 다리를 전 르느와르를 연상케 한다. 캡틴 존에게 빠지는 세 여인을 르느와르의 삶에 등장한 세 여인으로 보고 싶은 충동이 든다. 멜라니는 마르고 어두우며 (버건의 표현에 따르면) 영적인 디도이고, 아름다운 붉은 머리의 발레리는 카트린 에슬링이며, 내레이터이자 섬세한 예술가 캐릭터인 해리어트는 마르그리트로 볼 수 있는 것이다. 어쩌면 이것이 마르그리트가 자신의 예술적 동지였음을 그녀에게 그리고 세상에 전하려는 르느와르의 비밀스러운 방법인지도 모른다.

1936년 여름, 〈그것이 우리의 인생〉 제작과 인민전선 정권 수립 직후에 르느와르는 시골로 가서 과거로 회귀했다. 기 드 모파상Guy de Maupassant의 단편 소설을 각색한 〈시골에서의 하루Partie de campagne〉를 만든 것이다. 인상파 시대에 태어난 이 단편 소설의 무대는 인상파 화가들이 종종 화폭에 담았던 파리 근교 시골이었다. 1936년 르느와르는 인상파의 장소를 찾아 파리에서 더 멀리 떨어진 곳으로 갔다. 촬영 장소는 퐁텐블로 숲 옆의 마를로트 마을 근처에 있는 루앙 강변이었다. 이곳은 인상파 시대 초기에 클로드 모네Claude Monet와 오귀스트 르느와르가 체류하기 이전에도 장바티스트카미유 코로Jean-Baptiste-Camille Corot와 바르비종학파들이 즐겨 풍경을 그리던 장소였다(에두아르 마네Édouard Manet가 〈풀밭 위의 점심 식사Le déjeuner sur l'herbe〉를 그린 뒤 1860년대 중반 모네가 같은 주제로 그렸던 장소가 퐁텐블로 숲이었다). 이곳은 장 르느와르가 잘 알고 있던 풍경이었다. 자신의 집이 있었고 카트린 에슬링과 첫 영화를 찍은 곳도 이곳이었다. 〈랑주 씨의 범죄〉에 출연했던 실비아 바타유가 〈시골에서의 하루〉의 주인공을 맡았다. 촬영 장소를 둘러싼 구체적 세계에 대해 그러했던 것처럼 이 배우의 특별한 자질에 예민하게 감응한 르느와르는 이 배우에게는 시대극 의상이 적합하며, 그녀의 목소리가 이 영화에 적합할 것이라고 느꼈다.[162]

● 당시 실비아 바타유는 조르주 바타유Georges Bataille와 결혼한 상태였고, 후에 자크 라캉과

〈시골에서의 하루〉는 원래 화창한 날에 촬영하기로 계획되었지만 촬영 기간에 비가 많이 내렸다. 르느와르는 촬영 현장의 조건에 따라 대본을 수정해 왔는데, 이번에도 마찬가지였다. 하지만 궂은 날씨는 일정을 지체시켰고, 감독이 또 다른 프로젝트를 위해 떠나야 하는 바람에 촬영이 중단되었다. 마르그리트는 완성 직전의 필름을 편집했는데, 보통의 극영화보다 짧았고 프로듀서는 더 긴 영화를 원했다. 공개는 보류되었다. 독일 점령기에 프로듀서 피에르 브롱베르제Pierre Braunberger는 나치를 피해 섬에 숨어 있는 동안 마르그리트가 편집한 〈시골에서의 하루〉를 생생히 떠올리며, 그 상태대로 공개하기로 다시 마음먹었다.[163] 마르그리트의 편집본은 소실된 상태였지만 네거티브 필름은 살아남았고, 그녀의 손으로 다시 편집되었다. 그리고 1946년 드디어 개봉되었다.

전 세대들이라면 조르조네Giorgione나 클로드 로랭Claude Lorrain을 떠올리겠지만● 우리의 뇌리에 새겨진 목가적 풍경은 인상파 화가들이 그린 것이다. 물론 인상파 판본은 100년도 더 지난 오래된 것이지만, 누구도 우리의 문화적 상상력 안에 그것을 대체할 새 판본의 풍경을 그리지 못했다. 우리가 전원 풍경을 목가 지향의 도시인의 눈으로 보며 이상

결혼했다. 그녀는 15세 때 르느와르의 〈성냥팔이 소녀*Little Match Girl*〉(1928)를 본 직후 "거리에서 장 르느와르를 마주치자 그를 멈춰 세우고, 영화에 출연하고 싶다고 말했다"(Bertin, *Jean Renoir*, 73). 결국 그녀는 10월그룹October Group에 들어갔는데 이 좌파 극단은 〈랑주 씨의 범죄〉의 각본을 르느와르와 공동으로 쓴 자크 프레베르 중심으로 1930년대 초에 결성되었다. 〈시골에서의 하루〉에서 실비아 바타유의 연기는 훌륭하지만 촬영 기간에 르느와르와 언쟁을 벌였고, 르느와르가 미완성 상태로 영화 현장을 떠난 뒤로 두 사람은 다시 작업하지 않았다.
● 조르조네는 16세기 베네치아 회화의 창시자로 불리며, 시적이고 암시적인 풍경화로 당대 미술에 혁신을 가져왔다. 클로드 로랭은 17세기 프랑스 회화를 대표하는 화가로 로마 유적을 담은 풍경화가 많다. ─ 옮긴이

화된 다정함과 평화를 느낄 때, 그것은 여전히 인상파 회화의 자장 안에 머물러 있다. 목가는 항상 허구이고 전원의 판타지다. 하지만 인상파들은 자신들의(그리고 우리의) 시대정신에 맞춰 목가를 보다 실재적인 허구로 만들었고, 그 허구는 신화적 아르카디아Arcadia●가 아니라 우리가 아는 이 세계의 흐르는 실제 외양(인상)으로부터 구축된 것이었다. 그것은 또한, 물의 파문과 화초의 동요를 바라보는 사람이면 누구나 얻는 경험과 연관된, 보다 민주적인 허구였다. 모네와 르느와르가 퐁텐블로 숲으로 캔버스를 들고간 지 50여 년이 지난 뒤, 〈시골에서의 하루〉는 인상파의 시대를 돌아보고, 인상파의 목가가 지닌 여전한 생명력을 환기한다. 하지만 이 회고에는 노스탤지어가 아닌 성찰의 태도가 있다. 목가의 매혹에 투항하기보다 그것을 숙고하도록 이끄는 것이다.

"풍경을 그릴 때, 나는 그 안에서 방랑하고 싶게 만드는 그림을 좋아한다"라고 오귀스트 르느와르는 말했다. R. H. 윌렌스키R. H. Wilenski는 이렇게 덧붙인다.

> 풍경을 그릴 때 그(르느와르)는 초점화의 방식을 택한 적이 없다. 고전 회화 전통은 전경이 놓인 프레임 아래에 그림을 종결시키고 관람자가 선 자세로 조망할 수 있는 지점을 제공하지만, 그는 명료하게 정돈된 전경을 그린 적이 없다…… 그의 그림에서 풍경의 입구는 항상 사면으로 열려 있다. 관람자는 그러므로 풍경에 진입한 뒤 그 안에서 방랑자가 되고픈 유혹에 빠지는 것이다.[164]

일반적으로 인상파 회화는 프레임 안에서 완결되지 않고, 우리가 프레임의 안과 밖을 드나들며 거닌다고 상상할 수 있는 열린 공간의 느낌을 부여한다. 장 르느와르 영화에서도 우리는 같은 느낌을 가진다. 인상

● 수많은 회화 작품에서 서구의 목가적 이상향으로 제시되었다. ― 옮긴이

파 회화가 그러하듯 가시 영역의 경계를 표시해 온 프레임이 더 이상 비가시와 가시 영역의 구획선으로 보이지 않는다. 스크린 외부 공간은 항상 암시되며, 우리가 보고 있는 것은 무한하게 큰 영역의 일부에 불과한 것이다. 대부분 영화는 그 일부가 우리가 그 순간 볼 필요가 있는 전부이며 따라서 프레임은 전체는 아니지만 중요한 부분을 추출해 보여 주는 구획의 경계로 기능한다. 카메라와 피사체들은 이리저리 움직였지만 1930년대 르느와르 영화의 열린 공간은 그의 이력 내내 지속되었다. 르느와르는 아버지와 동료 인상파 화가들이 회화에서 이룩한 관습적 구획으로부터의 해방을 자신의 매체에서 성취했다. 바쟁이 쓰기를, 르느와르 영화에서 "액션은 스크린 내부에 한정되는 게 아니라 스크린을 통과하며 지나간다."[165] 장 르느와르도 비교에서 자유로울 수는 없다. 그는 종종 오귀스트 르느와르와 비교되어 왔는데, 이 부자의 예술적 혈연은 경시될 수 없다. 〈시골에서의 하루〉는 명시적으로 아버지의 작업으로 회귀해 그 비교를 고무한다.●

● 혹자는 오귀스트 르느와르를 위대한 예술가로 인정하지 않는다. 가장 인기 있는 미술학파인 인상파 내에서도 가장 인기 있는 화가인 그는 인상파의 비대중적인 작품을 좋아하는 평자들에 의해 종종 폄하되며, 장식적이고 자족적이며 대중 영합적이고 표피적이며 감상적인 화가로 간주된다. 그의 최악의 작품에 대해서라면 이런 평가가 틀리진 않을 것이다. 하지만 그의 최고작들은 그를 위대한 예술가로 보게 만든다. 클레멘트 그린버그에 따르면 르느와르는 "기예의 면에서 그리고 장인 정신이 선사하는 희열이라는 면에서 진정으로 대가"라고 부를 수 있는 유일한 화가다. 르느와르에 대한 평가절하는 즐거움에 대한 불신과 연관되어 있다. 그린버그는 자신의 글 말미에 이렇게 경탄한다. "(전시된 르느와르 회화에 대해) 얼마나 풍성한 즐거움이 넘쳐나는가. 그것을 트집 잡는 것은 얼마나 배은망덕한 일인가. 이처럼 샘솟고 쏟아지고 빛을 발하는 그림은 어디에도 없다. 부드럽고 은은한 색채에 의해 포착되고 빚어진 이 그림들은 꽃다발처럼 보인다. 공간이 액체처럼 모든 피사체를 수면 위로 부상시키는 그림들, 즉 우리의 눈이 물감과 함께 헤엄치고 붓질과 함께 춤추는 그림들이다."(Clement Greenberg, *The Collected Essays and Criticism*, ed. John O'Brian, vol. 3, *Affirmations and Refusals, 1950~1956* [Chicago: The University of Chicago Press, 1993], 22~26).

하지만 두 르느와르 사이에는 유사성만큼이나 차별성도 있다. 이 영화의 시대극 설정은 인상파 시대의 회고뿐만 아니라 현재 시점에 그 인상파 미술을 불러들여, 한 발 떨어진 곳에서 그들의 비전을 애정과 비판의 정신으로 탐사하기 위한 선택이다. 모파상의 단편은 의심할 바 없이 인상파의 전원을 비판적 정신으로 주시한다. 장 르느와르는 아버지와 모파상에 대해 이렇게 썼다. "두 사람은 무척 가까웠지만 공통점이 없다는 것도 사실이었다." 부연 설명이 있다. "아버지는 '모파상이 항상 사물의 어두운 면을 본다'고 말했다. 모파상은 '르느와르가 항상 사물의 밝은 면을 본다'고 말했다."[166] 〈시골에서의 하루〉는 대개 화가의 빛으로 작가의 어둠을 밝히는 것으로 여겨진다. 하지만 동시에 작가의 어둠으로 화가의 밝음에 그늘을 드리우는 것으로 여겨질 수도 있다. 냉정한 사회의식으로 인상파의 목가에 대답하듯 말이다. 이 영화는 자연의 아름다움과 사회의 조건 사이의 대화를 불러일으킨다. 정확히 말하면 이것은 목가 영화가 아니라 목가에 관한 영화다.

모파상의 단편은 한 파리 가족에 관한 이야기로 시작한다. 뒤푸르 부부와 그들의 딸과 노모, 그리고 그들의 집에서 도제 수업을 하며 딸과의 결혼을 기대하는 노랑머리 청년은 하루 동안 임대한 마차를 타고 도시 근처에 있는 시골 식당으로 가는 중이다. "드디어 시골에 도착했군!"이라며 뒤푸르 씨가 말한다. 그들이 멀리 보이는 풍경을 예찬하는 대목에서 모파상은 풍경 주변의 황무지에 늘어선 공장 굴뚝들과 거기서 풍겨 나오는 불쾌한 냄새를 묘사한다. 모네가 1870년대에 살았고 마네와 르느와르가 캔버스를 들고 찾아갔던 마을인 아르장퇴유가 멀리 보인다. 뒤푸르 가족들은 고무 공장 지대를 가까스로 통과한다. 다리를 건너 강 건너편에 이르자, 그곳의 공기는 더 깨끗하고 그들이 원하던 시골 식당이 나타난다. 진짜 시골이 아니라 그것의 환영에 가까운 곳으로 나들이 나온 프티 부르주아의 모습. 모파상은 19세기 후반에 일반화된 시골 소풍을 그런 방식으로 묘사한다. 그는 그 시기에 빈번히 채택된 성찰적 거리를 둔 관찰자의 시점으로 바라보고 있다. 인상파 화가들은 매혹적 풍경을 그릴 때 스스로 매혹에 함몰돼 있었던 것은 아니다. 마네와 그의 후예들에 관한 책에서 T. J. 클라크T. J. Clark는 이렇게 썼다. "1870년대에 풍광을 찾아 혹은 근대적 야외 파티Fête champêtre를 찾아 파리 근교 전원으로 나가는 화가들은 자신들이 선택한 혹은 수용한 장소가 얼마간 부조리한 곳이라고 누구나 쉽사리 눈치챌 수 있음을 알고 있었을 것이다."[167] 인상파 화가들은 전원 나들이의 목가를 제공했다. 그들은 소풍객들의 도시 근교 전원을 선택하고 수용했으며, 그들의 그림은 일시적이고 유동적이며 일상적인 것을, 즉 영원성이 아닌 인상을 표현했다. 이는 방문객이 바라보는 방식이며, 그 풍경의 매혹이 찰나의 마법으로 느끼게 만들었다. (특히 모네는 자신의 그림이 즉흥적인 것으로 보이고 싶어 했고, 자신의 작업 손길이 보이지 않도록 작업했다.) 인상파 화가들은 상류층이 아니라 보통 사람들의 여가를 그렸다. 존 버거John Berger는 이렇게 썼다. "휴일, 시골 여행, 배, 햇살 아래 미소 짓는 여인들, 깃발, 꽃과 나무 등 인상파 이미지의 목록은 대중적 꿈의 목록이며, 기다림과 애호의 대상인 세속적 일요일의 목록이다."[168] 버거나 클라크와 같은 좌파 비평가들이 인상파 회화가 르네상스 회화의 고형성을 더 많이 갖길 바란다면 그 이유는 무엇일까. 르네상스의 만질 수 있는 물질에 대한 관심은 세계를 자신의 손아귀에 넣었다고 느꼈던 발흥하는 부르주아의 세계관을 표현했다. 인상파의 지나가는 순간과 환희로 채색된 빛에 대한 관심은 자신이 소유한 쾌락이 생각보다 안전하지 않다고 느꼈던 발흥하는 프티 부르주아의 세계관을 표현했다.

1937년 한 에세이에서 메이어 샤피로Meyer Schapiro는 이렇게 썼다.

초기 인상파 시대에 얼마나 많은 그림들이 비공식적이고 자연 발생적인 사교 모임을 그리고 아침 식사, 소풍, 산책, 배 타기, 휴일과 휴가 여행을 그렸는지 알게 되면 놀라울 정도다. 이 도시의 목가파들은 1860년대와 1870년대의 부르주아 여가의 객관적 형식들을 제시한다. 뿐만 아니라 주제의 선택과 새로운 미학적 장치들을 통해 이상과 대의로부터 자유로운 개인적 유희로서의 예술 개념을 제시한다. 이들은 이 즐거움의 개척을 자기 계급의 공식적 신념 체계에 개의치 않는 계몽된 부르주아적 자유의 최상 영역으로 여겼다……

부르주아 사교가 공동체로부터 가족으로, 교회로부터 보다 상업적이고 즉흥적인 장소인 거리와 카페와 휴양 시설로 옮겨 가면서, 개인적 자유의 의식은 전통적 유대 관계로부터 점점 더 멀어졌다. 한편 자유의 규범은 수용했지만 자유를 획득할 경제적 수단은 없었던 창의적인 중간 계급 성원들은 익명의 무관심한 대중 속에서 고립무원의 느낌을 가지며 정신적으로 황폐화해 갔다. 1880년 무렵 인상파 미술에서 무언가를 즐기는 개인은 드물어진다. 자연의 사적인 스펙터클만 남는다.[169]

저서의 서두에서 클라크는 이 문단을 통째로 인용하며 찬사를 보낸다. 하지만 "마네의 〈풀밭 위의 점심 식사〉 혹은 같은 주제의 모네 그림에서 묘사된 사교 모임이 얼마나 일상적이고 자연 발생적인 것인지"[170]에 대해서는 의문스러워한다. 일상적이고 자연 발생적인 사교 모임에 관해서라면 그는 르느와르를 찾아봐야 했다. 마네의 사교 모임은 항상 불편한 데가 있다. 모네의 그림에서는 본다는 것, 무언가를 투명하게 응시하는 것, 혹은 관람자가 통상의 응시로부터 한발 물러나 본다는 것이 중요하다. 르느와르는 우리를 그림 안으로 끌어들인다. 아들 르느와르가 영화의 공간을 사회화했듯 아버지 르느와르가 인상파 회화의 공간을 사회화했다고 말할 수 있을지도 모르겠다.

하지만 일상적이고 자연 발생적인 사교 모임은 아들의 작업에선 드물다. 오직 유토피아적인 〈랑주 씨의 범죄〉에서만 유독 두드러진다. 물론 〈시골에서의 하루〉에서는 그렇지 않다. 센이 아니라 루앙 강변으로 가면서 즉 전원으로 더 깊이 진입하면서도, 이곳을 공동체의 장소라기보다는 개인이 사적으로 자연과 만나는 장소로 제시하는 것이다. 뒤푸르의 딸이나 앙리에트 같은 개인은 샤피로가 묘사한 중간 계급의 창의적인 성원이다. 자유를 향해 손을 뻗지만 그를 획득할 경제적 수단은 없는 존재 말이다.

〈시골에서의 하루〉는 뒤푸르 일행이 쾌적한 전원으로 이어진 다리를 건너는 장면으로 시작한다. 공장 굴뚝도 보이지 않으며, 뒤푸르 일행 말고는 도시의 흔적은 없다. (파리에서 출발하는 이들의 모습이 담긴 스틸이 시네마테크 프랑세즈의 전시 목록에 있지만, 마르그리트가 잘라내 최종본에는 없다.) 이 영화의 전원이 다소 부조리하다면, 그것은 이곳에 부조리를 이끌고 온 뒤푸르 일행이다. 다리의 건너편에는 훼손되지 않은 사랑스러운 자연이 있다. 르느와르의 영화와 모파상의 원작을 가르는 가장 큰 차이는 자연의 현존(그리고 앙리에트를 맡은 실비아 바타유의 현존)이다.

영화는 다리 숏에서 이들 파리 나들이객 시점의 트래블링 숏으로 컷한다. 그들이 풀밭 위의 점심을 즐길 장소인 시골 여관을 향해 다가서면 그들을 둘러싼 나무들이 상냥하게 몸짓한다. (장 르느와르와 함께 단역을 맡은 마르그리트가 여관 문을 나오는 장면이 스쳐 지나가듯 보인다.) 이 장소의 첫인상은 말 그대로 인상파 회화처럼 느껴진다. 이 영화가 세계의 외양에 대한 움직이는 카메라의 관능적 응답이란 점에서 그러하고(화사한 인상파의 팔레트에 흑백 필름이 놓인 형국이다), 세계의 유동성과 유한성의 감각을 전한다는 점에서도 그러하다. 그의 아버지가 캔버스 위에서 그러했듯, 르느와르는 자연이 우리를 포옹하듯 다가오는 이 유예의 순간을 음미한다. 프티 부르주아 방문객들의 시선에 포착된 풍경이라 해도 그 아름다움은 의연하다. 하지만 동시에 르느와르는 아름다움이 이 장소의 일면일 뿐임을 잊지 않는다.

동일시는 많이 논의되었지만 여전히 불충분하게 이해되고 있는 문제다. 한 인물의 눈을 통해 보는 시점 숏에서처럼 이 트래블링 숏에서도 우리는 뒤푸르 가족의 시점을 공유한다. 하지만 우리가 이들과 동일시한다고 말할 수 있는가? 우리는 그들을 막 만났고, 그들은 아직 개별자들로 인지되지 않는다. 우리는 하나의 집단으로서의 그들의 시점을 공유한다. 아직 그들은 특정한 개별자들이 아닌 하나의 집단일 뿐이다. 르느와르가 잘 쓰지 않는 관습적인 시점 숏과는 다르게 이 트래블링 숏은 한 개인이 대상을 보고 그에 반응하는 삽입 숏들 없이 진행된다. 이 시점은 개인들로서의 혹은 특정한 가족 성원들로서의 뒤푸르 일행에 속하지 않는다. 이 시점은 한 사회 계급에 속한 성원으로서의 뒤푸르 일행에 속하는 것이다. 이는 하루 동안의 즐거움을 찾으려는 도시 중간 계급의 것이며, 우리가 동일시하는 것도 바로 그 계급이다. 시골 여관을 향한 이 가족의 시선은 여느 휴일 소풍객의 시선이 될 수 있었고, 우리가 '풀밭 위의 점심'을 위해 그 전원에 도착했다면 그것은 우리의 시선도 될 수 있었을 것이다. 르느와르는 나들이객의 시점에 자신을 그리고 우리를 연루시킨다. 하지만 그는 그것이 하나의 시점일 뿐이며 사물을 바라보는 특정한 하나의 방법일 뿐이라는 것, 즉 보편적인 인간의 반응이 아니라 하나의 편향된 시선임을 우리가 알기를 원한다.

이어지는 장면에서 이 점은 더 명확해진다. 파리의 소풍객들을 담은 근접 숏 없이 영화는 여관 안쪽에서 문을 통해 바깥을 바라보는 시선으로 컷한다. 이를 시골 사람들의 리버스 앵글이라고 말할 수도 있겠지만 이 역시 앞 장면의 시점 숏처럼 특정 개인에 속하지 않는 집단적인 시선이다. 방문객의 시선으로부터 내부자의 시선으로, 사물의 한 측면으로부터 확연히 다른 측면으로 이동하는 것이다. 내부는 물론 시골 사람들

〈시골에서의 하루〉. 로돌프가 창을 열고 바깥을 바라본다.

이 밥을 먹는 장소다. 두 시골 젊은이(인상파 회화에 종종 등장하는 뱃사공)는 파리 사람들의 풀밭 위의 식사에 대한 애호를 비웃듯 말한다.

　모파상의 원작에서 맨몸의 두 뱃사공은 서로 뚜렷이 구별되지 않는다. 르느와르 영화에서 이들은 개별자로 묘사된 첫 인물들인데, 로돌프는 좀 경박한 인물로, 앙리는 좀 진지한 인물로 보인다. 둘이 테이블에 앉은 뒤 로돌프가 창문을 열자 돌연 빛이 쏟아져 들어온다. 이 역시 인상파 회화의 아름다움을 떠올리게 한다. 이 남자들이 파리인들의 목가 취향을 조롱한다 해도, 그네에 오른 모녀가 보이는 창문을 통해 쇄도하는 빛과 공기의 매혹을 거부하기는 불가능하다고 우리는 느낀다. 두 남자의 반응도 같지는 않다. 로돌프는 창 쪽에 기대 바깥을 바라보지만 앙리는 창밖에 거의 눈길을 주지 않는다. 창틀은 이 매혹적인 풍경을 창의 프레임에 가둠으로써 이것이 하나의 그림임을 상기시킨다. 그 풍경은 관

풍경과 픽션

〈시골에서의 하루〉. 그네 위의 앙리에트.

객인 우리와도 두 남자와도 실제적 결속을 갖지 않는 하나의 스펙터클에 불과한 것이다.

　방문객 중 한 사람에 대한 근접 숏에서 르느와르는 딸인 앙리에트를 부각시킨다. 그녀는 야외에서 들뜬 얼굴로 그네를 타고 있다. 카메라는 그녀의 감정에 동조하듯 로 앵글로 그녀를 따라가며, 우리가 비상의 감각을 공유하도록 이끈다. 카메라는 그녀의 동작에 딱 맞춰 움직이지는 않는데, 이 카메라 움직임은 앙리에트의 흥분에 참여하면서, 그녀가 스크린에 안정된 피사체로 포획되어 있지 않다는 느낌을 전한다. 그녀의 흥분은 이미지의 경계선을 넘나드는 것처럼 보이는 것이다. 인상파 회화의 거친 붓놀림처럼, 또한 르느와르 영화의 다른 테크닉들처럼, 이 불균질한 카메라 움직임과 불안정한 프레이밍은 세련미라는 점에선 서투르거나 조악한 것으로 그리고 이 예술가의 꼴사나운 과시처럼 여겨질 수도 있을 것이다. 하지만 이는 직접적인 표현뿐만 아니라 미묘한 뉘앙스와 우아함을 담을 수 있는 대안의 테크닉이다.

그네 위의 앙리에트는 보는 이에게 오귀스트 르느와르의 그림 〈그네La balançoire〉(1876)를 떠올리게 한다. 이 그림에서도 젊은 여인이 그네에 올라 있지만 아직 흔들고 있지는 않으며, 그녀 바로 곁에는 나무 사이로 스며드는 햇살을 받으며 두 남자와 한 아이가 있다(또 다른 일행은 그녀의 얼굴과 팔 옆의 후경에 보인다). 앙리에트는 가족과 함께 있고, 그네를 타면서 로돌프와 짚단 너머의 소년들과 지나가던 성직자 등 주변 사람들의 눈길을 끈다. 하지만 공기를 가르며 그네를 탈 때 그녀는 정확히 혼자다. 탁 트인 야외의 목가에 몸을 내맡긴 그녀는 홀로 자연에의 사적 몰입이라는 경험을 즐기고 있다.

그네 위의 여인은 18세기 미술에서 성적인 대상으로 종종 등장한다.[171] 예컨대 장오노레 프라고나르Jean-Honoré Fragonard의 그림 〈그네 L'escarpolette〉(1767)는 그네 위의 여인과 수풀에 누워 그녀의 치마를 올려다보는 한 젊은 남자를 묘사하는데, 여인이 남자에게 자신을 성적으로 드러내고 있음이 분명하다(그림을 보는 우리에게도 그러하다. 하지만 뒤에서 그녀를 당기는 노인에게는 그녀의 성적 함의가 감춰져 있다). 이것은 귀족적 연애 놀음이 아니라 중간 계급의 자족적 유흥인 오귀스트 르느와르의 그네와 다르다. 〈시골에서의 하루〉의 앙리에트의 그네 역시 프라고나르의 그네의 외설성과 무관하지만, 성적 에너지와 즐거운 각성의 느낌, 그리고 자족이 아니라 해방의 느낌을 분명 전달한다(사트야지트 레이의 〈차룰라타Charulata〉[1964]에서 남편의 매력적인 동생이 온 뒤에 외로운 아내가 정원의 그네를 타는 장면도 이와 비슷하게 즐거운 각성을 표현한다).

〈시골에서의 하루〉와 모파상의 원작을 비교하는 글에서 시모어 채트먼Seymour Chatman은 문제 하나를 발견하고 영화가 이를 어떻게 해결하는지 관찰한다. 그 문제는 "앙리에트가 지닌 매력의 순수하지만 유혹적인 자질을 어떻게 봐야 하는가"[172]에 관한 것이다. 혹자는 이 문제가 이 인물의 순수함과 돌연한 섹슈얼리티를 멋지게 전달하는 실비아 바타유의 퍼포먼스로 해결되었다고 생각할 수도 있다. 하지만 채트먼은 이를 카메라의 문제로 여긴다. 그네 위의 앙리에트는 모파상 원작에 이렇게 묘사되어 있다.

> 뒤푸르 양은 서서 그네를 흔들려 하고 있지만, 제대로 움직여지지 않았다. 그녀는 열여덟 살쯤 된 아름다운 소녀이고, 당신이 거리에서 만난다면 당신의 욕망을 갑자기 자극하는, 그래서 당신에게 뭔가 불편함과 흥분된 관능의 모호한 느낌을 남길 그런 여인 중 하나다. 키가 컸고 잘록한 허리와 큰 엉덩이를 지녔으며 까무잡잡한 피부와 매우 큰 눈 그리고 짙은 흑발의 여인이었다. 그녀의 드레스는 몸의 굴곡을 선명하게 드러냈으며, 그네를 흔들 때마다 엉덩이의 움직임 때문에 몸의 굴곡은 더 두드러졌다. 한 차례 바람을 맞은 그녀의 모자는 뒤로 젖혀져 있었고, 그녀가 점점 높이 올라갈수록 그녀는 연약한 다리를 무릎까지 보여 줬으며, 나부끼는 치마가 일으킨 미풍은 와인 향기보다 더욱 자극적으로 두 남자의 얼굴에 불어와 남자들은 그녀를 바라보며 미소 짓고 있었다.[173]●

남성의 응시에 관한 이야기다. 이 화자는 앙리에트를 욕망의 시선으로 바라본다. 그녀는 순수하지만 이 묘사 안에서는 유혹적이다. 채트먼은 무릎까지 드러난 다리를 "보여 주는 것"의 모호성에 관해 말한다. 그녀가 무심결에 보여 주는 건지 아니면 의도적으로 보여 주는 건지 알 수 없다는 것이다. 채트먼은 카메라로는 이 모호성을 전할 수 없다고 생각한다. 따라서 그가 주장하기를, 카메라는 앙리에트를 욕망의 눈으로 바

● 두 남자는 아직 이야기에 등장하지 않은 뱃사공이 아니라 아버지와 노랑머리의 도제다.

라보는 한 인물의 시점을 채택해야 하며 그것이 로돌프의 시선이다. 그의 시선을 통해 우리가 순수한 여인을 유혹적인 존재로 바라보게 된다는 것이다.

하지만 사실을 따져보면 이 시퀀스에 포함된 대부분의 숏에서 르느와르의 카메라는 로돌프의 시점을 채택하지 않는다. 로돌프는 창문을 열고 밖을 바라본다. 그러나 카메라는 그의 뒤에서 약간 떨어져 있다가 맞은편의 앙리를 프레임에 담는다. 그런 다음 영화는 로돌프의 시선과는 동떨어진 앵글로 컷해 점심을 주문하는 뒤푸르 가족, 그네에 앉는 어머니, 그네에 앉는 딸의 모습을 차례로 담는다. 앙리에트가 즐겁게 그네를 타는 근접 숏에 이를 때쯤이면 로돌프의 시선은 우리 지각에 거의 남지 않는다. "우리는 돌연 앙리에트의 감정에 깊이 동일시한다. 로돌프의 관음은 잊혀진다"라고 채트먼은 말한다. 하지만 로돌프의 관음이 잊혀진다면 채트먼의 주장에 문제가 생긴다. 근접 장면에서 앙리에트가 프레임을 장악한다. 그녀는 다른 이들과 분리돼 공기를 가르며 움직인다. 여기서는 오직 그녀만 즉 그녀의 감정과 의식만 문제가 되며, 로돌프든 누구든 끼어들 수 없다. 채트먼은 그녀의 섹슈얼리티가 오직 남성 응시자의 시선 안에만 거주한다고 생각하는 것 같다. 하지만 르느와르는 또렷하게 섹슈얼리티를 그녀의 고유한 것으로 제시한다.●

이 시퀀스에서 그네를 타는 앙리에트의 근접 숏은 두 번 등장한다.

● 채트먼은 한 학회에서 이 논문을 읽었을 때 그에 대한 반응을 각주에 적었다. 몇몇 참가자들은 채트먼이 제시한 로돌프라는 관음자와의 동일시가 섹스중심주의라고 비판했다. 자신은 로돌프를 승인한 것이 아니며 그와의 동일시는 픽션의 목적을 향한 것일 뿐이라고 방어한 다음, 채트먼은 이렇게 말했다. 그네를 타는 앙리에트의 근접 숏은 "성적 쾌감과 같은 무언가를…… 전한다." 그녀의 쾌감에 대한 강조가 적절하고 자연에 대한 그녀의 감정에 성적인 것이 스며든다 해도, "성적 쾌감"은 이제 막 섹슈얼리티에 눈뜬 앙리에트에겐 너무 강한 표현이다. 다음을 보라. Chatman, "What Novels Can Do That Films Can't (and Vice Versa)," 418~419.

〈시골에서의 하루〉. 앙리에트를 바라보는 로돌프: 연극적 관람.

하지만 어떤 단일 시점도 우리의 지각을 지배하지 않는다. 로돌프의 시점도, 그녀 자신의 시점도 아니다. 그녀는 이 시퀀스의 중심이며 우리는 그녀와 함께 느끼지만 그녀 주위의 여러 지점에서 그녀를 한 발 떨어져 바라보는 것이다. 우리는 그녀를 아래에서 보고 눈높이에서 보고 위에서 본다. 또한 가까이서 그리고 여러 방향의 롱 숏으로 그녀를 본다. 공기를 가르며 그녀와 함께 움직이기도 하고, 앞과 뒤를 빠르게 오가는 그녀를 가만히 서서 보기도 한다. 여기에는 지나가는 수도사 무리의 시선도 있고 물론 가장 집요하게 욕망의 눈으로 바라보는 로돌프의 시선도 있다. 앙리에트의 마지막 근접 숏 다음에 영화는 창가의 로돌프로 컷한다. 앞선 숏에서는 로돌프가 창을 열고 그림 혹은 공연을 감상하는 관람객처럼 프레임에 담긴 앙리에트를 보았지만, 이 숏에서는 로돌프가 공연자처럼 창문의 프레임에 담겨 있는 모습이다. 윌리엄 로스먼은 〈강〉과 연관시켜, 이를 르느와르가 지닌 "연극적 관람theatricality of viewing"[174]의 감각이라 불렀다. 로돌프는 마치 앙리에트가 무대에서 마치 자신을 위해 공연하는 것처럼 그녀를 보며, 그 자신도 유혹자의 역할로 공연에 끼어들려 한다. 하지만 우리에게 충격을 주는 것은 그녀의 그네 타기가 아니라 연극적이고 관습화된 연기로서 로돌프의 응시다. 프레임은 제한한다. 로돌프는 하나의 역할로 제한된다. 반면 그네 위의 앙리에트는 그 제한으로부터의 자유를 만끽한다. 하지만 또한 그녀가 자신의 움직임을 자연스럽고 자연 발생적인 것으로 느낀다 해도, 로돌프의 시점으로 관찰될 때 그녀는 연극적으로 혹은 연극성에 쉽게 물드는 것으로 여겨질 수도 있다. 그녀의 자유는 얼마나 리얼한가? 우리는 스스로에게 물어볼 수 있다. 그녀의 자연스러움은 얼마나 유의미한가? 로돌프의 시점은 앙리에트의 섹슈얼리티를 전하기 위해서가 아니라 그것을 제한하기 위해 도입된다. 그녀의 그네 타기의 모호성은 순수성과 유혹 사이에 있다기보다, 자유와 관습 그리고 자연스러움과 연극성 사이에 있다.

"멋진 발명품이군, 그네는!" 로돌프는 자신의 시점으로 앙리에트와 어머니를 보며 이렇게 말한다. "하지만 자넨 한 가지를 보지 못해!"라고 앙리는 대꾸한다. "그녀가 서 있기 때문이지"라며 로돌프는 수긍한다. "앉아 있었다면 더 짜릿했을 텐데." 그러자 곧 앙리에트는 앉고 영화는 앙각의 근접 숏으로 컷해, 우리는 그네 위에서 우리를 향해 쇄도하는 그녀의 치마를 올려다보게 된다. 이것은 프라고나르의 그림에서 젊은 남자와 같은 위치다. 다시 창틀로 프레임된 로돌프의 근접 숏으로 컷하면, 그는 마치 자신이 무대 위의 유혹자인 것처럼 음흉한 시선을 던지며 콧수염을 쓰다듬는데, 자신을 이 쇼의 감독이라고 생각하는 듯하다. 연극을 만드는 것은 그 여인이 아니라 이 남자다. 남자는 여인으로부터 연극을 만들어 낸다. 이 관음자의 눈 속에 담긴 연극 말이다. 두 남자는 성적인 대화를 시작하지 않으며, 앙리는 순간의 쾌락에는 관심이 없다고 말한

〈시골에서의 하루〉. 그네 위의 앙리에트: 자연의 감각과 분리될 수 없는 자유의 감각.

다. "저 귀여운 것이 너에게 빠져들면 어떻게 될까?"라며 앙리는 로돌프
에게 경고한다. "넌 금방 떠날 테고…… 여자 인생을 망치게 되겠지." 바
람에 흔들리는 나무의 숏으로 컷하면 곧 프레임 위쪽에서 그네를 타는
앙리에트가 들어온다. 그녀의 치마를 올려다보는 앵글이지만, 이젠 그녀
가 상처받기 십상인 상황을 떠올리지 않고는 볼 수 없다. "이제 그만, 앙
리에트, 내려와!" 어머니가 부르는 소리가 들린다. 그녀가 그네에서 내려
오자 이 시퀀스의 첫 숏에서처럼 창틀에 두 여인이 담긴 숏으로 컷한다.

　(이 영화의 다른 대목들도 그렇지만 이 시퀀스의 편집은 특출하다. 르느와르가 마르그리트
를 편집자로 맞은 것은 행운이었다. 그녀가 르느와르 없이 마친 〈시골에서의 하루〉 편집은 르느
와르의 1930년대 영화에 마르그리트가 얼마나 중대한 예술적 공헌자인지를 증언한다. 르느와르
가 롱 테이크를 선호하고 관습적 숏을 피한다는 점 때문에 평자들은 그의 영화에서 편집의 중요
성을 간과한다. 이것은 잘못이다. 그의 스타일은 특별한 숙련이 요구되는 다른 종류의 편집을 필

요로 했다. 마르그리트는 그런 숙련의 소유자였다. 그녀의 재능과 성취가 평가받아야 할 때가 되었다.)

그네 위의 앙리에트는 자연의 감각과 분리될 수 없는 자유의 감각을 실행한다. 낭만파들에게 물려받은 사고방식에 따른다면, 자유는 자연으로부터 발생한다. 자연에서 우리는 자유롭게 태어나고, 자연에서 우리는 사회의 구속과 관습으로부터의 자유를 얻는다. 휴일의 나들이에서 우리는 자연의 향기와 자유의 향기를 맡고, 새로워진 상태로 도시에 돌아간다. 클라크가 부른 대로 이 '재생re-creation 신화'는 잠깐의 자연의 세례로 우리가 재생의 에너지를 채울 수 있다고 상정한다.[175] 앙리에트는 젊고 순진하며 자연 및 자유와의 조우를 진지하게 받아들인다. 이 경험 이후로 다시 돌아가지 못하거나 아니면 돌아가더라도 중대한 변화를 맞을 것이라는 듯 말이다. 이 각성의 감각은 섹슈얼리티와 연관되지만 무언가 더 큰 것이 개입되어 있다. 악당이라기보다 흔한 유형의 인물인 로돌프처럼 그녀의 감정을 단지 성적인 것으로 축소하는 것은 그녀가 체현하는 더 큰 약속과 충동을 위협하는 일이다. 따라서 로돌프의 연극은 앙리에트의 자연성을 위험으로 몰고 간다. 하지만 그녀가 두려워해야 하는 것은 그의 연극만이 아니다.

바쟁이 간파했듯, 〈랑주 씨의 범죄〉에서 쥘 베리는 양식화된 매너로 교활한 파탈라를 연기해, 여타의 연기자들과 맞서려는 것처럼 보인다.[176] 착취하는 자본가의 연극성이 노동자들의 자연성을 위협하는 것이다. 에이젠시테인도 캐리커처화된 자본가들과 뉴스릴에서 뽑아낸 노동자들을 대비시킨 적이 있다. 연기 스타일의 혼합이 무대에서도 스크린에서도 드문 것은 아니다. 예컨대 프레드 아스테어와 진저 로저스의 뮤지컬에서, 프레드와 진저는 다른 배우들에 비해 덜 희극적으로 양식화되어 있어, 우리에게 주변의 보통 사람들과 같은 박진감으로 다가오며, 그들 서로에게도 그러하다. 〈익사 직전에 구조된 부뒤〉에서 부랑자 부뒤를 맡은 미셸 시몽은 공격적인 육체적 퍼포먼스를 수행함으로써, 부르주아 캐릭터들의 관습화된 정중함과 대조를 이룬다. 이 부랑자가 부르주아 가정에 순치된다는 것이 불가능한 일임을 연기 방식의 차이만으로 생생하게 드러내는 것이다. 프레드와 진저는 서로에게 속하지만 다른 캐릭터들과 함께 하나의 세상에 안온하게 거주한다. 부뒤는 그렇지 않다. 부르주아의 세상에서 그는 결코 동화될 수 없는 외래의 존재다.

〈익사 직전에 구조된 부뒤〉에서처럼 〈시골에서의 하루〉에서도, 르느와르는 이례적인 불화의 연기 스타일들을 혼합한다. 아버지와 도제 즉 프티 부르주아 가부장과 그의 후계자는 익살극의 전형적인 좌충우돌 캐릭터다. 도제는 창백하고 야위었으며 아버지는 투실투실하다. 인상파의 전원에 온 로렐과 하디 같은 것이다. 그러나 이런 아버지의 딸이며 이런 도제의 정혼자인 앙리에트는 희극에 어울리는 캐릭터가 전혀 아니다. 그녀는 너무도 자연주의적인 스타일로 묘사되고 있어서, 이 프랑스판 로렐과 하디와는 다른 세계에 속한 것처럼 보인다. 어머니는 아버지와 딸의 중간 어디엔가 있어 코믹하게 양식화되지만 아버지처럼 전형적이지는 않으며, 어느 정도의 공감은 불러일으키지만 딸만큼 진지하진 않은 캐릭터다. 로돌프가 묘사되는 방식도 어머니와 비슷하다. 이 두 사람은 그들의 유희성과 관습성의 면에서 같은 세계에 속해 있다. 이름에 암시되어 있지만, 앙리에 대한 묘사는 앙리에트와 유사하다. 이 두 사람은 그들의 진지함과 감수성(혹자는 감상성感傷性이라고 말해 왔다)에서 같은 세계에 속해 있다.

창가에 앉아 그네를 타는 어머니와 딸을 보며, 앙리는 로돌프가 딸을 유혹하려는 것은 무책임하다고 여기긴 하지만, 상대가 어머니라면 괜찮은 게임이라고 생각하고 친구와 함께 두 도시 여인에게 접근하러

나선다. 사태는 로돌프와 어머니, 그리고 앙리와 앙리에트의 짝짓기로 전개된다. 파리 나들이객들이 '풀밭 위의 점심 식사'를 즐긴 뒤(영화는 이 점심 식사를 서정적으로 묘사하지 않고 희화화한다. 사교는 폭식으로 대체되고 아버지와 도제는 취해 드러눕는다), 로돌프와 앙리는 어머니와 딸에게 다가간다. 두 여인이 강에 배 타러 가자는 말에 솔깃해하자, 두 청년은 낚싯대를 빌려 아버지와 도제에게 주면서 낚시에만 정신을 팔도록 만든다. 심도 화면의 한 숏이 앙리에트와 네 남자를 담는다. 여자를 향한 책략을 품은 두 뱃사공 남자, 그리고 빌린 낚싯대를 지닌 어리바리한 두 도시 남자. 스크린에서 익살극과 로맨스가 티격태격하고 있다. 두 도시 남자는 후경의 강 쪽을 향해 어슬렁거리며 걷고, 두 뱃사공과 앙리에트가 뒤를 따르는데, 두 남자는 교대로 그녀의 손을 잡는다. 전경에는 텅 빈 두 개의 그네가 반대 방향으로 서로 엇갈리며 부드럽게 흔들리다가 서서히 멈춘다. 그네와 그 흔들림의 모양새는 두 구애자와 그들이 서로 반대 방향으로 젊은 여인을 끌어당기는 행위를 은유한다고 볼 수도 있다. 하지만 그네는 공기를 가르는 비상을 상기시키는 앙리에트 자신이기도 하다. 잦아드는 그네의 동요는 현실로의 임박한 귀환을 가리킬 것이다. 자연의 법칙에 의해 그네가 서서히 멈추는 것처럼, 희망과 희열의 창공은 이제 땅의 현실과 어쩔 수 없이 만나야 한다.

시골 여관에의 도착은 아름답고, 풀밭 위의 점심 식사는 추하다. 자연은 사랑스럽고, 아버지와 도제는 터무니없다. 〈시골에서의 하루〉에는 단일한 무드 혹은 단일한 재현 양식이 없다. 풍경과 그 속의 인간을 바라보는 정돈된 방법도 없다. 로돌프와 어머니가 한 보트에, 앙리와 앙리에트가 다른 보트에 타고 강을 따라가다가 섬에 내린다. 그곳에서 매우 다른 방식의 유혹이 펼쳐진다. 딸이 중심이고 어머니가 후경으로 물러서는 원작과는 달리 영화는 두 커플 사이를 오가며 전개된다. 앙리와 앙리에트가 다소 진지하고 로맨틱한 반면에 로돌프와 어머니는 숲에서 고전적인 목가의 유혹을 패러디한다. 비유컨대, 로돌프가 사티로스●라면 어머니는 나이 지긋한 요정이다.

두 커플은 판이하다. 하지만 서로를 물들인다. 딸은 진지하고 어머니는 유희적이다. 하지만 앙리에트의 설레는 관능의 노래는 어머니의 경쾌한 재잘거림에 비유될 수 있지 않은가. 앙리는 감상적이고 로돌프는 교활하다. 하지만 로돌프가 할 것이라고 앙리가 생각했던 무책임한 사랑 놀이를 지금 하는 것은 앙리 자신이 아닌가. 순수한 젊은 여인이 혹한 것은 로돌프의 적극성이 아니라 앙리의 소극성이 아닌가. 한 커플은 자연스럽게 다른 한 커플은 인위적으로 행동하지만 두 커플은 모두 자연의 현실이 아니라 판타지에 이끌리고 있지 않은가. 두 계열은 단순한 대조를 이루지 않으며, 신중한 비교를 요청하고 있다.

브레히트는 영화 담론에서 자주 논의되어 왔지만, 르느와르에 관한 논의에서는 거의 거론되지 않았다. 하지만 두 사람이 친구였다는 사실을 논외로 해도, 소격 효과로 유명한 브레히트의 희곡과 인간적 공감으로 이름난 르느와르는 중대한 예술적 관심사를 공유했다. 각자의 매체에서 그리고 각자의 관점에서 두 사람은 모두 브레히트가 "복합적 보기 complex seeing"라고 부른 것을 지향하며 작업했다. 피동적 수용을 기대하는 단일 초점이 아니라, 관객의 능동적 성찰을 요청하는 복합적 전망을 제시한 것이다. 여러 양식들의 융합, 다양한 재현 방식의 혼용은 두 예술가가 사용하는 복합적 보기의 주요한 수단이며, 이를 통해 어울릴 것 같지 않은 것을 한데 소집한다. 그들은 스타일 혹은 톤의 일관성을 깨트리면서 우리에게 행위와 사고의 다채로운 방식을 숙고하도록 요청하는 것이다. 이러한 혼합은 실행하기 어렵다. 다양한 것을 다루기보다는 단일

●　고대 그리스 신화에서 숲의 신으로 남자의 얼굴과 몸에 염소의 다리와 뿔을 가진 모습을 지녔다. ― 옮긴이

성을 유지하는 일이 쉬울 것이다. 〈시골에서의 하루〉는 별로 힘들이지 않고 이를 해치우는 바람에 부주의한 관객이라면 이 영화가 르느와르와 배우들이 하루의 소풍을 즐기듯 가볍게 만든 소품으로 보일 것이다. 이 영화는 플롯이 단순하고 러닝타임이 짧은 작은 영화다. 이 영화의 복합성은 이야기가 아니라 이야기하기에 있다. 보기의 방식에 있는 것이다.

앙리가 예견했듯, 예민한 앙리에트는 유혹자와 사랑에 빠지는데 그 대상이 바로 자신이 된다. 또한 그가 예견했듯, 그녀의 사랑은 시골의 이 하루가 끝나면 무로 돌아간다. 그녀는 도시로 돌아가 도제와 결혼한다. 말하자면 그들은 로렐과 하디에 의해 좌절된 로미오와 줄리엣이다. 이야기는 단순하지만 해석은 천차만별이었다. 레오 브로디Leo Braudy에 따르면 앙리와 앙리에트는 너무 진지하다. 그들은 "감상적 자연관sentimental view of nature" 그리고 "감정의 우울증적 방종melancolic self-indulgence in emotion"으로 힘들어한다. 반면 "이교도적 활력pagan exuberance"으로 가득한 로돌프와 어머니는 쾌락의 방법을 알고 있다.[177] 알렉산더 세손스케 Alexander Sesonske의 논의에 따르면, 뒤푸르 씨는 가정적인 남자로 칭송받아야 하고 로돌프는 앙리에트처럼 순수하다. 반면 앙리는 그가 친구를 비난하던 바로 그 의미의 악당이다. 어떤 감정도 없이 애정 행각을 벌이는 어설픈 작자지만 앙리에트에게 자기 연민을 감염시키는 음침한 남자인 것이다.[178] 태그 갤러거Tag Gallagher에 따르면, 앙리는 영웅이며 그것도 비극적 영웅이다. 어느 일요일 오후 사랑을 가져다준 뒤 그를 버리고 다른 남자에게 가버린 아름다운 여인 때문에 실의에 빠진 침울한 젊은이라는 것이다.[179] 이는 모두 오독한 것이다. 하지만 이 오독들에는 저마다의 근거가 영화 안에 있다. 복합적 보기의 여러 길에서 하나만을 취한 오독들인 것이다.

자연주의와 익살극, 패러디와 비극 사이에서 능숙한 균형을 잡는 이 영화는 어떤 정돈된 반응도 허락하지 않는다. 희극적 위안을 품은 진지

〈시골에서의 하루〉. 평행하는 두 가지 유혹: 진지한 유혹과 우스꽝스러운 유혹의 교차 편집.

한 드라마도, 진지한 면을 가진 희극도 아니며, 다만 우리가 진지함과 희극성을 같은 조건으로 즐기기를 그리고 양자 사이의 거듭되는 주고받기와 조우하도록 요청한다. 병행하는 두 유혹에 관해 마르크스를 빌려 이렇게 말할 수도 있을 것이다. 먼저 젊은 딸에 관한 비극이 상연되고, 그다음 중년의 어머니에 관한 익살극이 상연된다. 르느와르는 익살극과 비극을 나란히 늘어놓으며 우리가 양자를 모두 마음속에 지니고 있다고 얘기한다. 그것이 후에 희극과 비극이 똑같이 불안정한 방식으로 뒤섞인 〈게임의 규칙〉에서 그가 보여 준 주고받기다. 〈시골에서의 하루〉에서는 상이한 양식들이 혼합되기보다는 분리된 채 병치된다. 앙리에트가 온전히 진지한 캐릭터이고 도제인 아나톨이 광대라는 점은 이 영화에서 가장 비균질적인 병치를 보여 준다. 이 비상한 병치의 진정한 효과는, 두 사람이 결혼하고 남자의 익살극이 여자의 비극이라는 충격적 사실을 알아차리는 마지막 장면에서 비로소 드러난다.

영화에서 장소는 대개 허구가 상연되는 배경에 지나지 않는다. 에이젠시테인이 극적 행동을 연출하는 오데사의 계단이나 차 추격 장면을 위해 채택되는 도시의 거리처럼 때로 장소가 두드러질 때가 있다. 이때 장소는 배경이 아니라 스펙터클이 된다. 1930년대 르느와르 영화에서 장소는 배경도 스펙터클도 아니다.

자연 풍경은 하나의 연기자다. 러브 스토리의 예쁜 정경과 고딕 스토리의 오싹한 기운, 서부극의 광대한 평원과 절벽의 아찔한 시야로 우리의 시선을 자극한다. 하지만 이런 풍경은 실제 장소 혹은 우리가 사는 세계의 연장으로 다가오는 것은 아니다. 배경으로 물러나 있건 스펙터클로 육박해 오건, 이런 자연 풍경은 허구의 한 부분이며, 허구에 종속되어 있다. 돌출할 수는 있으되 오직 허구의 요청 안에서만 그러한 것이다. 〈시골에서의 하루〉는 풍경에 우선권을 부여하는 드문 영화이며, 풍경은 여기서 독자적인 생명력을 지닌다. 허구가 할당한 역할에 머무르지 않으며, 허구에 의해 온전히 의미화되지 않는 것이다. 풍경은 오히려 스스로를 규정하며, 풍경이라는 캐릭터는 허구 속 캐릭터들의 반대편에 놓인다.

한 편의 영화는 일반적으로 하나의 이야기에서 시작하며, 그런 다음 스튜디오에서건 로케이션에서건 그 이야기를 위한 무대를 조성한다. 르느와르도 모파상의 이야기에서 시작할 수도 있었다. 하지만 그는 촬영 현지로 바로 갔고, 그에겐 그 장소가 가장 중요했다. 그곳은 회화의 역사를 지닌 풍경으로서 르느와르 자신의 삶 일부였다. 그렇게 만들어진 영화에서 우리는 이 장소의 우선성을 체감한다. 다양한 형식을 지닌 불확실성의 허구인 〈시골에서의 하루〉에서 풍경은 특권적 존재다. 여기서는 어떤 종류의 허구가 실행되면 좋을지를 이 영화는 여러 양식의 혼합을 통해 스스로에게 묻는다. 아버지와 도제가 등장하는 익살극을 상연하고 그를 통해 프티 부르주아와 그들의 시골 나들이를 풍자할 것인가. 아니면 어머니와 로돌프의 이야기로 가벼운 즐거움을 상연할 것인가. 아니면 앙리에트와 앙리의 이야기로 진지하고 감상적이 될 것인가. 여기서는 어떤 허구 양식도 지배적이지 않으며, 풍경이 중심을 차지한다. 각 허구 양식들은 각기 다른 방식으로 풍경을 바라보며, 풍경은 어떤 방식으로 보여지든 자신의 독립성을 유지한다. 허구를 위한 배경에 그치지 않는 이 풍경은 허구가 불확실성의 캐릭터들을 묘사하는 지속적 바탕이 된다. 이 영화의 허구는 풍경에 특정한 의미를 부여하지 않으며, 저 스스로 의미 탐구의 여정이 된다. 배경은 대부분 영화에서 허구에 봉사하지만 〈시골에서의 하루〉의 풍경은 허구의 여정을 시험에 들게 한다. 르느와르는 허구를 자연을 향한 인간의 갖가지 시도들의 비유로 만들어 낸다. 자연과 교류하려 하고, 그것에 의미를 부여하려 하며, 그 안에서 편안함을 느끼거나 적어도 우리의 나들이가 자연의 환대를 받는다고 느끼려는 인간의 갖가지 시도 말이다.

특권적 존재이자 또한 부재. 소설과 회화와 영화라는 허구의 작업에서 풍경은 허구를 통해서만 포착될 수 있다. 하지만 〈시골에서의 하루〉의 허구는 풍경에 대한 어떤 안정된 관념도 없는 것처럼 보인다. 자연은 스크린에 등장할 수 없으며, 우리가 스크린에서 보는 것은 그것의 축소된 재현 이미지일 뿐이다. 하지만 영화는 대개 이미지가 완벽한 정확성으로 자연을 포획해 재현한다는 인상을 고취시킨다. 〈시골에서의 하루〉는 그런 인상을 거부하며 대신 자연을 어떤 각도에서 보더라도 이것이 허구임을 알게 한다. 이 영화의 자연은 풍성하고 선명하게 재현되지만 그 재현은 항상 과잉이라고 느껴진다. 자연은 거기에서 우선적이지만, 거기에 존재하지 않는다.

로돌프가 창문을 열 때 그네 위의 앙리에트는 그에게 하나의 그림일 뿐이다. 하지만 우리가 공기를 가르는 그녀와 함께 움직일 때, 우리는 그녀의 자유 감각을 공유하며 로돌프라는 연극적 관음자의 시선을 잊어버린다. 그러나 그네 타기의 끝 무렵 그녀를 바라보는 우리의 시선은 창문 프레임에 의해 다시 가둬진다. 이것은 앙리에트를 그 유혹자의 그림에 의해 위협받는 존재로서 보여 줄 뿐만 아니라, 그녀의 자유 감각과 그녀의 자연과의 교류가 그 자체로 하나의 그림이자 환영이자 허구일 뿐임을 암시한다. 우리가 보고 있는 것이 사면의 경계를 지닌 그림임을 상기시키는 창문이 그네 시퀀스를 처음부터 끝까지 액자화하고 있는 것으로 보여질 수 있으며, 따라서 모든 다양한 시야와 앙리에트가 중심이 된 시점 장면들이 이것이 허구라는 사실에 대한 우리의 인지에 의해 소급적으로 경계 지어지는 것이다. 앙리에트는 특별히 섬약하게 보인다. 그녀가 자신을 자연 속의 존재로 시각화하는 것이 그녀의 발명이 아니라 사회적 구축의 결과라 해도, 그녀는 이 그림 속에서 오롯이 혼자이기 때문이다.

일행이 배를 타고 물놀이를 떠날 때 앙리에트는 앙리와 함께 있다.

우리는 오버헤드 숏으로 물 위를 미끄러져 가는 그들의 모습을 본다. 여기서 컷하면 강을 따라 늘어선 풀밭과 나무들을 보여 주는 트래블링 숏으로 이어진다. 이것은 특정한 캐릭터에 귀속되는 시점 숏이 아니다. 두 인물은 뱃머리를 등진 채 선미를 향해 앉아 있으며 카메라는 앞을 향해 움직인다. 그런데도 보트에 탄 누군가의 눈으로 강변을 보는 것처럼 찍혀 있는 것이다. 이 느낌은 이어지는 트래블링 숏에서 더욱 강화된다. 우리는 강가에 선 나무들과 물 위에 비친 그들의 그림자를 움직이는 시선으로 보게 되는 것이다. 이것은 부드럽게 흔들리면서 느리게 움직이는 보트의 시선이다. 원작 소설에서 시선은 앙리에트의 것이며, 강과 나무의 관능성은 그녀의 주관적 시선의 산물이다.

> 소녀는 뱃머리에 앉아 물 위를 흘러가는 즐거움에 몸을 내맡겼다. 그녀는 생각하기 싫었으며, 사지는 노곤했고 몸 전체가 무력감을 느꼈다. 마치 중독이 된 듯했고, 얼굴은 달아올랐으며 호흡은 가빠졌다. 와인을 마신 데다 맹렬한 더위가 더해져, 지나쳐 가는 모든 나무가 그녀에게 인사하는 것처럼 보였다.[180]

영화에서도 보트 위의 시선에 비친 강의 풍경을 우리는 주관적 시선이라 느낀다. 하지만 앙리에트(와인에 취한 상태는 아니다)는 뱃머리에 앉아 있지 않고, 전방을 향해 머리를 돌릴 수 있었다 해도, 카메라는 그녀의 시선을 지시하는 삽입 숏 없이 전진한다(앙리 역시 그녀에게서 눈을 돌리면 강변을 볼 수 있었지만, 앙리의 시선을 지시하는 삽입 숏도 없다). 시골 여관에 도착하는 앞선 장면에서도 르느와르의 카메라는 마차 위 누군가의 시선으로 풍경을 바라보는 숏이 있었지만 특정 인물의 응시나 리액션의 숏을 삽입하지 않았다. 이런 카메라의 주관적 숏은 인물들과 연관되어 있긴 하지만 정확히 특정 인물의 시선에 종속되진 않는 것이다. 응시와 리액션의 삽입 숏은 여기서 채택될 수 있었으며 그럼으로써 소설의 설정을 재현할 수 있었던 하나의 수단이다. 말하자면 영화에서도 소설에서처럼 캐릭터들이 바라보도록, 또한 풍경이 캐릭터들 및 그들의 상황과 연관되도록 할 수 있었을 것이다. 하지만 르느와르는 원작 소설에 그런 우선권을 부여하지 않는다.

르느와르는 풍경을 허구의 지배로부터 해방시킨다. 동시에 카메라를 그 지배의 대행자라는 관습적인 역할로부터 해방시킨다. 캐릭터들 중심에 둔 그리고 플롯에 우선권을 부과하는 시선의 제공자라는 역할 말이다. 대부분 영화에서 카메라는 드라마화된 허구로부터 자신의 역할을 취하지만 르느와르는 이 영화에서 또 다른 영화에서도 카메라를 그 스스로 세계와 조우하는 자율적인 내러티브 기재로 설정한다. 캐릭터의 허구적 시선에 종속된 통상적인 시점 숏을 피하는 것이다. 하지만 르느와르는 느슨한 시점 숏이라 불릴 수 있는 것을 종종 채용한다. 카메라의 시야와 한 캐릭터의 시야 사이의 다양한 상응 방식을 제시하는 것이다. 르느와르를 공감의 작가로 부르는 것은 합당하다. 드라마의 요구로부터 벗어난 그의 자율적인 카메라는 여전히 인물을 주시하며, 인물의 지각 및 감정과 조응한다. 하지만 그의 공감은 초연함과 결합되어 있다. 르느와르는 우리가 보트 위의 앙리에트에 공감하기를 원한다. 그녀의 것은 아니라 해도 위에서 말한 시점 숏은 그녀의 시점과 동떨어진 것 또한 아니다. 하지만 르느와르는 동시에 우리가 거리를 두고 그녀를 보기를, 그래서 사물을 우리의 눈으로 보기를 요청한다. 카메라가 자신의 길을 걷듯, 관객인 우리 역시 드라마화된 허구로부터 대리 체험을 이끌어 내는 대신 우리 스스로의 응답을 숙고하도록 고무하는 것이다. 또한 우리가 인물들과 함께 그 보트에 있지만 동시에 있지 않음을 의식하며, 강변의 풍경 나아가 자연 그 자체와 조우하도록 이끄는 것이다.

모파상의 원작에서 우리는 취기 오른 젊은 보트 위의 여인과 동일시한다. 이 동일시에서 우리 자신의 자리는 전혀 위험하지 않다. 이 모든 것은 그녀의 느낌이며, 우리는 그 느낌에 연관될 수 있으되 우리의 것은 아니다. 르느와르 영화에서 앙리에트와의 동일시는 좀 다른 종류의 것이다. 앞선 장면은 우리가 직접 동일시할 수 있는 그녀의 시선으로 제시되지 않지만 그녀와 인접한 시선, 즉 그 보트 위에 오른 우리의 상상적 시선이라고 느끼는 것이다. 우리는 모파상의 원작에서보다 그녀와 더 거리를 두고 있는 셈이며, 다른 방식으로 그녀에게 더욱 동일시하는 것이다. 우리는 그녀의 눈을 꿰뚫어 볼 수 없지만, 우리 자신의 자리로 인지하는 지점으로부터 그녀가 아름다움에 대해 그리고 여름 자연의 관능성에 대해 느끼는 것과 똑같은 반응을 갖게 된다.

앞서 말했듯, 시골 여관에 접근하는 트래블링 숏에서 우리는 특정 개인이 아니라 파리의 소풍객들과 동일시한다. 보트 위에서 우리는 단독적 개인으로서의 앙리에트가 아니라, 그녀가 속한 사회에 의해 조건 지어진 개인으로서의 앙리에트와 동일시한다. 그 사회는 자연을 인지하는 특정한 방식을 지닌 사회다. 자연을 체험할 때 사회로부터 동떨어진 개인을 상정하는 그 특정한 방식에 좌우되는 이 개인이 바로 우리가 동일시하는 존재인 것이다. 강 위의 트래블링 숏에서 관객인 우리는, 와인처럼 적셔 드는 자연의 공기를 함께 마시는, 온전한 우리다. 자연에의 이런 몰입은 매혹적이다. 그 매혹은 또한 고립을 품고 있다. 우리는 앙리에트의 자리에 우리를 두며, 그녀의 자리가 우리의 자리가 될 수도 있음을 알게 된다. 그 자리는 자연을 이렇게 단독적 경험으로 바라보는 우리 사회에 의해 조건 지어진 개별자들의 자리다. 앙리에트와 앙리는 함께 강 위에 있으므로, 앙리는 그녀와 경험을 공유할 수도 있다. 하지만 두 사람이 공유하는 경험이라고 해서 덜 사적이라고 말하기는 힘들다. 두 사람이 공유하는 경험은 시골에서의 하루를 넘길 수 없다. 그런 공유의 경험은 오직 사회 안에서만 지속될 수 있다. 앙리에트를 유혹했다고 앙리를 비난하는 것, 또 앙리를 버렸다고 앙리에트를 비난하는 것은 잘못이다. 르느와르는 도덕을 말하고 있거나 특정 개인에게 책임을 묻고 있는 게 아니다. 그가 인물들을 너무 사랑해서가 아니라, 그들에 대한 비난으로 가려질 수 있는 사회의 진짜 모습을 보기 때문이다. 르느와르는 지금 개인들의 이야기를 결정짓는 사회의 이야기를 하고 있다. 앙리에트와 앙리의 로맨스가 한순간의 경계를 넘지 못하는 것은 사회가 카드를 쥐고 있기 때문이다.

"너무 아름다워! 이렇게 아름다운 것은 본 적이 없어요"라고 앙리에트는 앙리와 함께 섬에 내리면서 말한다. 실비아 바타유의 달콤한 떨림이 담긴 목소리는 그들이 숲에서 듣는 나이팅게일 새의 지저귐과 어우러진다. 새의 부름에 응답하듯 그리고 인물들을 그저 따르기보다 그들을 숲으로 인도하듯 카메라가 움직이기 시작한다. 앙리에트는 주변을 감싼 신록을 보며 "온통 에워싸고 있어…… 집 같아요"라고 말한다. 윗부분에 사각형 모양의 구부러진 나뭇가지가 표시처럼 등장한다. "난 여기 종종 와요"라고 앙리가 말한다. "은신처라고 부르지요." 둘은 풀밭에 앉아 나무 위에 앉은 나이팅게일의 지저귐을 듣는다. 남자의 손이 여자의 허리를 감싸려 하자 여자는 살짝 뿌리친다. 어머니와 로돌프의 장면으로 컷하면 이번에는 이 로맨스의 패러디가 펼쳐진다. 그리고 앙리에트와 앙리로 다시 컷백한다. 앙리에트는 로맨틱한 새를 올려다보며 뺨 위의 눈물을 닦는다. 다시 로돌프와 어머니 장면으로의 컷, 그리고 사티로스와 요정의 이야기. 컷백하면 앙리가 앙리에트가 바짝 다가가 있다. 남자는 키스하려 하고 여자는 저지하다 한순간 허락한다. 이 장면을 두고 폴린 케일은 "포획된 새처럼 떨고 있는"이라고 썼다.[181] 앙리에트의 클로즈업으로 컷하면 앙리의 손은 그녀의 뺨 위에 있고 그녀는 그의 아래 누워 있다. 그녀의 얼굴은 프레임 윗부분에 걸쳐 있어, 그녀가 우리 쪽으로 얼굴을 돌릴 때 우리는 눈물이 번진 그녀의 눈을 볼 수 있을 뿐이다. 이 장면의 앙리에트는 정말로 포획된 새처럼 보인다. 혹자의 주장대로 강요당한 섹스를 했기 때문은 아니다. 앙리에트는 남자의 성적 행동뿐만 아니라 자신의 감정에 포획되어 있다. 앙리에트는 처녀성을 상실한 처녀의 울음을 운다. 그 눈

〈시골에서의 하루〉. 포획된 새와 같은 앙리에트.

물은 또한 자신이 원한 이 로맨스가 지속될 수 없음을 알고 있는 여자의 눈물이기도 하다. 하지만 우리를 바라보는 그녀의 눈물 젖은 시선은 이 로맨스에서 자신이 혼자라고 느끼고 있음을 의미한다.

앙리에트가 앙리에게 자신을 내맡긴 직후 영화는 인물들을 벗어난다. 뒤따르는 이미지는 인간이 부재한 자연이다. 바람에 흔들리는 나무들과 풀들 그리고 정적인 일련의 숏들에 담긴 어두운 비구름 이미지가 이어지고 강물과 나무 위로 빗방울이 떨어지며 카메라는 뒤로 물러나며 이 풍경을 담는다. 이것은 앙리에트의 감정이 이 사물들에 투사된 의인화의 사례로 보일 수도 있다. 혹은 세손스케의 그럴듯한 해석에 따르면 이것은 '성적인 은유'다. 폭풍우 직전의 긴장 그리고 마침내 비가 내릴 때의 해방감이, 앙리에트가 처음에 저항하다 결국 성적인 열정에 투항하면서 경험한 감정들을 상징한다는 것이다.[182] 앙리에트의 꽉 찬 클로즈업에서 곧바로 자연으로 컷했다면, 혹은 자연의 숏 다음에 그녀에게로 컷백했다면, 이 해석은 더욱 설득력을 가졌을 것이다. 하지만 앙리에트의 클로즈업 숏은 정사를 나눈 직후의 남녀의 롱 숏과 디졸브된다. 그들은 서로 눈길을 피하는데, 이때 열정은 이미 지나간 다음이다. 그런 다음 수풀과 구름과 비로 컷하는 것이다. 여기서 자연은 정사와 연관된 앙리에트의 감정과의 어떤 명확한 조응 관계도 제시하지 않는다. 앙리에트뿐 아니라 다른 세 인물들도, 무시될 수 없는 각자의 감정을 지닌 채, 동시에 성적 관계에 연루된다. 이 영화에서 풍경은 허구의 의미 작용에 어떤 도구적 역할도 맡지 않는다.● 처음에는, 영화가 풍경에 잠시 한눈을 판 다음 금방 인물들에게로 돌아오게 될 것이라고 우리는 예상한다. 하지만 점차 앙리에트와 앙리, 어머니와 로돌프, 아버지와 아나톨은 서로 분리된다. 비가 쏟아지고 카메라가 강 쪽으로 물러난 상태로 계속되고 이 시퀀스는 사람 없이 끝난다. 인물의 자취조차 없이 흐르는 이 시간은 그들의 감정과 자연 사이에 있으리라고 우리가 소망하는 어떤 직접적 연관성도 기각한다. 그렇다고 이 대목이 인간의 관심사에는 눈도 깜짝하지 않는 거대한 존재로서 자연(베르너 헤어초크의 아마존 영화에서처럼)을 제시하는 것도 아니다. 자연을 무심한 존재로 간주하는 것은 의인화의 또 다른 형태인데, 자연이 무의미하다고 적시함으로써 자연에 부정적으로 정확한 의미의 자리를 할당하는 방식이기 때문이다. 이 영화에서 자연은 인물들과 밀접하게 엮여 있진 않지만 그렇다고 인물들이 대변하는 인간적 관점과 완전히 무관한 것도 아니다.

● 〈풀밭 위의 오찬Le déjeuner sur l'herbe〉(1959)의 한 시퀀스에서 르느와르는 무인의 자연 풍경을 성교의 은유로 사용한다. 하지만 여기서 그가 다루는 자연 풍경(프랑스 남부 레콜레트 지역의 농장이며 오귀스트 르느와르가 말년을 보낸 곳이다)은 연극적 스펙터클일 뿐이며, 〈시골에서의 하루〉의 풍경과 같은 독립적 존재감을 갖지 않는다.

하지만 이 영화 그리고 그의 다른 영화에서 르느와르가 상기시키는 인간적 관점은 보편적인 것도 영원한 것도 아니다. 인간적 관점은 개인의 상황, 계급의 전망 및 전제와 조건, 그리고 문화와 사회의 구축에 따라, 또한 시간과 공간의 감각과 환경에 따라 바뀐다. 그것은 외부에 위치한 관객 혹은 독자와 작품이 구성하는 세계 내부에 위치한 캐릭터 사이에서 항상 달라진다. 동일시는 그 차이를 숨기지만, 르느와르는 이 차이를 전경화해 우리를 캐릭터들로부터 분리시키며, 캐릭터들도 서로 분리해 그들의 차이를 드러낸다. 앙리에트와 앙리는 사랑의 순간을 공유하지만, 두 사람의 감정은 결코 하나가 아니다. 그들은 조우한 다음 멀어지며, 수년의 세월이 그들의 상호적 고립과 앙리에트의 불행한 결혼을 봉인한 시점까지 만나지 못한다. 어머니와 로돌프는 어쩌면 보다 잘 어울리는지도 모른다. 하지만 그것은 그 두 사람 중 누구도 상대방에 대해 일체감을 갖지 않기 때문이다. 그 여름 오후에 섬에서 사랑을 나눈 네 사람의 감정과 태도는 뿔뿔이 흩어진다.

느긋하게 여름 자연의 외관을 음미한 다음 〈시골에서의 하루〉는 강과 섬으로 이동해 인물들과 자연과의 교감의 순간을 담는다. 하지만 교감이 절정에 도달하자마자 이 영화에서 가장 강렬한 시각적 기예가 담긴 이어진 세 숏에서 빨라진 속도로 카메라는 트래블링하며 인물들로부터 멀어지고, 나들이는 갑작스러운 비로 마무리된다. 탐사하듯 완만한 곡류의 흐름으로 전개되던 영화가 돌연 중단되는 것이다. 세손스케가 썼듯, 극의 흐름이 "강물의 흐름을 거스르며 빠르게 후진하는" 이 단호한 트래블링에 의해 역전되며, "무수한 빗줄기에 의해 찢겨진다."[183] 상실과 고립의 감각을 불러일으키는 무인 이미지들, 순식간에 도달했으나 마치 일생을 구성하는 것처럼 보이는 몇 가지 계기를 지난 다음 곧바로 내팽개쳐진 단란함과 일체감. 여기서는 속도와 방향뿐만 아니라, 시간의 척도도 대담한 방식으로 바뀐다. 미적거림 혹은 유예된 관능으로 채워진 하루 혹은 몇 시간의 기간으로부터 수년의 시간이 숨 가쁘게 흘렀음을 보여 주는 순간들로 이동하는 것이다.

"쏜살같은swiftly 세월이여, 돌아볼 새도 없이./이 봄날 아침의 엄숙한 정적stillness이여."《애매성의 일곱 가지 유형Seven Types of Ambiguity》에서 윌리엄 엠슨은 중국 시에 가져온 두 행을 논하며 두 가지 시간 척도의 병치를 논한다. 하나는 "인간의 일생만 한 길이를 한 단위로 취한" 거대한 척도이며, 다른 하나는 "극히 짧은 한순간을 한 단위로 취한" 작은 척도다.

> 두 가지 시간 척도와 그들의 대조가, '쏜살같은swift'과 '정적still'이라는 단어에 힘입어 하나의 염려하는 행위를 표현하는 두 행에 담겨 있다. 이 대조를 통해 두 척도는 다른 방식으로 지각되기를 요청한다. 한편으로 우리는 안정된 자기 인식을 지닌 채 열린 하늘을 만날 수 있다. 다른 한편으로 인생의 덧없음을 아이러니의 감각으로 만날 수 있다. 아침이면서 봄이라는, 또한 겨울이 오기 전에는 온통 여름이며, 밤이 오기 전에는 온통 낮이라는 그런 아이러니의 감각 말이다.[184]

이 중국 시는 수년에서 하루로 이동한다. 〈시골에서의 하루〉는 하루에서 수년으로 혹은 순간에서 평생으로 이동한다. 시에서처럼 영화에서도 두 가지 시간 척도는 우리에게 함께 지각된다. 엠슨은 이렇게 쓴다. "한 인간의 평생의 시간은 작은 척도에서도 쏜살같다. 그 아침은 거대한 척도에서도 정적이다."[185] 하루의 척도로는 어리둥절할 만큼 빠르게 강물을 거슬러 움직이는 카메라는 수년의 기간을 환기하며, 그 긴 시간의 척도에서도 쏜살같다. 정반대로 그네 위의 희열, 보트에서의 자연의 음미, 섬을 감싼 신록의 사적인 안온은 평생의 척도에서도 멈춘 것처럼 보이는 순간들이다. 하지만 순간에서 평생으로의 이행은 약속에서 상실로의, 일체감에서 소외감으로의 이행이다. 중국 시가 병치를 통해 전하는 적막함과는 다른 것이다.

자율적이지만 신의 전지성을 지니진 않으며 어떤 특권적 지점도 점유하지 않는 르느와르의 카메라는 항상 인지 가능한 구체적 지점, 달리 말해 인간의 평면에서 세계를 만난다. 카메라가 보트를 타고 강 상류로 올라갔다면, 하류로 내려와야 한다(두 경우 다 우리가 카메라의 위치를 인지하기 때문에 중요하다). 물론 내려올 때의 속도는 19세기 인물들은 경험해 보지 못했을 모터보트의 속도다. 카메라가 실린 배는 보이지 않지만, 후진할 때의 시야로, 추측건대 올라갈 때 탔던 작고 흔들리는 작은 배에서의 시야가 분명하다. 그것은 우리 자신이 즐겁게 올라탔다 비가 내리자 서둘러 빠져나온다고 상상하는 보트, 하지만 후진할 때의 맹렬한 속도는 영화 속 인물들에겐 경험될 수 없는 그런 보트다. 올라갈 때의 느긋한 속도에 비교하면 더 두드러진 이 급속한 움직임은 노젓기를 넘어선 속도를 체감케 한다. 그 카메라는 모터보트와 유동하는 카메라(인상파 화가들이 활동하던 무렵 막 태어난 새로운 한 시대의 유동성에 조응하는)의 도래 이후에야 가능했던 인간 경험의 평면에 있다. 등장인물들의 나들이가 끝나자, 우리의 나들이도 끝난다. 르느와르의 카메라는 등장인물들과 작별할 뿐만 아니라 이 허구가 놓인 시대 전체와 작별한다. 그 떠남의 속도는 분명 우리 세기에 속하는 것이다. 후진의 움직임 속에 압축된 세월의 흐름에 대한 감각은 등장인물들의 삶에서부터 우리 모두의 삶에까지 확장된다. 인상파의 풀밭 나들이와 망설이다 유혹에 투항한 순결한 딸들의 시간으로부터 숱한 세월이 흐른 것이다. 어쩌면 그 하루는 19세기에 시작했다 20세기에 끝난 것 같기도 하다. 우리가 떠나온 그 강이 마치 우리의 20세기 모터보트에서 바라본 목가의 마지막 판본인 것처럼 말이다. 르느와르는 이 시각적 수사에서 등장인물들을 삭제한다. 그 수사는 단순히 이야기에 덧붙인 장식이 아니라 이 영화의 결정적 시퀀스다. 극 중 등장인물들과 복합적 연관을 지니긴 하지만 무엇보다 관객인 우리를 향해 말을 건네며, 우리를 이 허구 밖에서 성찰적으로 사물을 바라보도록 해 주는 시퀀스인 것이다.

영화 카메라는 자신 앞에서 상연되는 허구의 드라마를 담을 뿐만 아니라, 그 스스로 지각하는 눈, 달리 말해 파악하는 의식apprehending consciousness이라는 허구를 상연한다. 허구의 드라마는 행동을 흉내 낸다. 카메라는 응시와 시점을 그리고 지각과 의식의 행위를 흉내 낸다. 영화는 세계의 재현이면서 세계 파악의 재현이다. 그러나 대개 카메라는 드라마에 종속되며 플롯, 등장인물들의 행동과 지각, 주변 환경을 펼치는 역할 이상은 거의 하지 않는다. 우리 역시 플롯의 운동에 포획되어 카메라의 시점을 거의 의식하지 않는다. 하지만 이때의 카메라도 의식의 어떤 지향적 행위로서 그리고 정신의 어떤 운동으로서 보기의 특정한 방식을 선택한다. 적절한 각도와 거리로 무언가를 의미심장한 것으로 제시하는 관습적인 숏 하나를 떠올려 보자. 그리고 그 숏을 드라마가 요구하는 것보다 더 오래 머릿속에 붙들고 있어 보자. 그러면 보통은 우리에게 허락되지 않는 그런 잉여의 순간이 플롯의 운동을 저지해, 우리 스스로가 카메라 뒤에서 파악의 주체가 된다고 느껴질 것이다. 르느와르는 자신이 특권적 주시의 대상으로 제시하지 않는, 그러나 드라마상으로는 중요한 대상의 앞 혹은 뒤에 그런 잉여의 순간들을 우리에게 제공한다. 확연한 자율성을 지닌 그의 카메라는 모든 곳에서 의식의 명백한 운동을 활성화한다.

일반적인 방식의 시점 및 의미화와 절연한 〈시골에서의 하루〉의 드라마적 허구는 카메라의 다른 선택과 더불어 다른 방식의 보기를 제시한다. 이 다르게 보기는 풍경에 대한 복합적 이해를 청한다. 여기서 목가의 초대는 보다 넓게 확장되지만 안정된 보기나 의미 부여의 방식은 존재하지 않는다. 이 영화에서 의식의 운동은 시골에 놀러 온 프티 부르주아라는 평범한 방문객의 시선에서 시작된다. 그런 다음 시점의 불일치가 확연해지기 시작한다. 불일치는 방문객과 지역민 사이에서뿐만 아니라 다양한 개인들 사이에서 생성되는 서로 다른 행동 양식에 의해 강화된다. 또한 등장인물들과 자율적 카메라 사이의 불일치도 생성된다. 일체화라는 것은 여기에 없다. 시점들의 불일치는 목가가 약속하는 자연과의 조화가 거짓임을 보여 준다. 우리는 자연과 자연을 파악하고 그것에 의미를 부여하려는 의식의 불일치를 알게 된다. 다양한 시선들이 바라보는 풍경과 그 풍경을 바라보는 다양한 시선들 사이의 불일치도 알게 된다. 〈시골에서의 하루〉에서 선명하게 재현되는, 그러나 늘 과잉 재현되는 자연은 우리의 의식의 과잉 안에 있다. 적절하게 정돈된 의미로 자연을 파악하려는 정신 능력 위에 있는 것이다. 폭풍우가 목가의 기대를 충격적으로 좌절시킨다. 이 좌절은 그날 하루뿐만 아니라 쏜살같은 세월에 걸쳐 있으며, 등장인물들뿐만 아니라 화창한 날에 그들과 함께 도착했지만 이제 더 이상 그들과 동일시할 수 없는 상태에서 그곳을 떠나는 한 방문객의 시점으로 사나운 자연을 바라보는 우리에게도 해당된다. 우리는 이미 등장인물들의 물리적 환경뿐만 아니라 그들의 세기에서조차 벗어나 있는 것이다. 기이하게 빠른 속도로 떠나는 카메라의 움직임은, 우리가 단순히 방문객일 뿐인 이 과거의 세계를 통과하는 속도라고도 말할 수 있는 그 움직임은 나무들과 강과 비 사이에서 자신이 외재적 존재임을 깨닫는, 또한 자연의 사물들 사이에서 자신이 분리되어 있음을 깨닫는 의식의 운동을 환기한다.

라캉주의자라면 풍부한 상상력을 발휘해 이렇게 말할지도 모르겠다. 뒤로 물러나 우리는 비로소 상실을 즉 이미 완료된 상실, 항상 잃어버린 상태의 상실을 인지한다. 스크린에 결코 존재하지 않는 나무들과 강, 달리 말해 한때 어머니의 가슴 안에서 느꼈던 그리고 이후로 찾아 헤맸으나 결코 결코 획득될 수 없었던 일체감의 상실 말이다. 영화는 우리를 허구로부터 끌어내, 허구를 보고 있는 관객이라는 우리 자신의 자리로 돌려놓는다. 하지만 라캉주의적 독해는 처음부터 거기에는 아무것도 없었으며 있을 수 없다고 가정한다. 문자 그대로 받아들인다면 이는 명백한 사실이다. 하지만 우리는 나무와 강이 스크린에 실제로 존재한다고 생각한 적이 없다. 함축적 의미로 받아들인다면, 이는 우리가 우리를 둘러싼 물질적 세계와 결코 실제적 연계를 맺을 수 없으며 오직 상상적 연계만 가능하다고 말하는 것이다. 앙리에트(하필이면 라캉이 결혼한 여인이 연기하는)는 처음부터 기만당했다. 우리가 스크린에서 보는 자연이 단지 환영인 것처럼, 그녀에게 자유와 온유를 주는 것처럼 보였던 자연도 그녀의 머릿속에만 존재했다. 우리가 이 세계에서 자유와 온유를 추구한다면, 우리 역시 애초부터 기만당한다. 이런 시각에서 소외는 불변하는 그리고 거의 형이상학적인 무언가이며, 사회적 조건이 아니라 인간 조건의 소여다.

라캉주의자와 여타 이론가들이 메울 수 없는 단절의 관계로 주장하는 의식과 자연, 환영과 실재 사이에서 르느와르는 복합적 상호 작용을 본다. 〈거대한 환상〉의 유명한 엔딩을 떠올려 보자. 스위스 국경을 넘어가는 두 프랑스 탈주병이 독일군의 총탄을 피할 수 있었던 것은 눈으로 뒤덮어 분간할 수 없는 경계(한 인물의 대사에 따르면 "자연이 주지 않는, 인간의 발명품"), 하지만 그런데도 분명히 실재하는 경계 덕이었다. 스탠리 카벨은 이렇게 말한다.

> 설원을 꿈틀거리듯 통과하며 우리로부터 멀어지는 두 인물. 그 백색의 평원 아래 어딘가에 수학적인 선, 즉 사람들이 국경이라고 부르는 하나의 허구가 있다. 그것은 땅 위에도 하늘에도 존재하지 않는다. 하지만 당신이 건넜다고 알게 되는 선은 생사가 걸린 문제다. 이 영화는 경계에 관한, 삶과 죽음을 가르는 선에 관한 영화다. 독일군과 프랑스군 사이의, 부자와 빈자 사이의, 부자와 귀족 사이의, 장교와 사병 사이의, 정박과 부재 사이의, 비유대인과 유대인

사이의 경계. 이 영화는 특히 경계의 환상에 관한 영화다. 그것이 실재한다는 환영, 그리고 그것이 환영이 아니라는 거대한 환영에 관한 영화다.[186]

자연에 대한 앙리에트의 관점은 국경만큼이나 허구이며 또한 그만큼 생사의 문제이기도 하다. 국경을 건너는 두 남자에게 그러하듯, 그녀에게 자유는 그 허구에 걸려 있다. 국경은 실제 국가들이 만들어 국가 작동의 토대로 삼는 하나의 허구다. 두 탈주자가 결국 자유를 얻는 것은 독일 경비경이 이 허구를 존중해 그들을 놓아준 까닭이다. 앙리에트가 자유를 얻는 데 실패한다면 그것은 그녀가 허구를 좇았기 때문이 아니라, 그 허구 위에서 홀로 행동하기 때문이며, 그 허구를 구축한 사회가 실제로는 대개 그 허구 위에서 작동하지 않기 때문이다.

100년 전에 인상파 화가들이 여전히 우리의 것이기도 한 목가를 그렸고, 낭만파들은 여전히 우리의 것이기도 한 자유의 개념을 프레임에 담았다. 그것은 자연적인 것으로서의 자유, 자연의 재획득으로서의 자유다. 관습화된 목가가 아닌 인상파의 자연주의적 목가 판본은 자유의 자연주의적 개념에 대한 그리고 프티 부르주아에게까지 민주주의적으로 확장된 자유의 개념에 대한 응답이었다. 우리의 문화적 상상력으로 더 새로운 그리하여 인상파를 대체할 만한 목가 판본을 아직 아무도 그리지 않았다면, 그것은 분명 우리의 정치적 상상력으로 낭만파를 대체할 수 있는 더 새로운 자유의 개념을 프레임화하지 못했기 때문이다. 〈시골에서의 하루〉에서 자연으로부터 물러서는 카메라, 자연과의 유리를 인지하는 그 의식은 인상파가 그린 목가와 낭만파가 지각한 자연적 자유를 질문에 부친다.

〈대지〉에서 도브젠코는 마르크스주의가 수정하되 폐기하지 못한 이 낭만파의 개념을 자연 속에서 농민의 공동체적 감수성과 결합했다. 〈대지〉의 공동체는 순결한 여인을 위한 뿌리 깊은 온유함을 지니고 있지만, 순결한 앙리에트는 공동체 밖에서만 온유함의 순간을 경험할 수 있을 뿐이다. 〈대지〉에서 표현된 자연관은 앙리에트의 그것만큼이나 허구이며 소비에트가 노골적으로 무시한 허구다. 하지만 도브젠코가 보기에 이 허구는 그 토대 위에서 작동하는 사회가 승인한 허구다. 인민전선 시절의 르느와르에게 우리가 자연에서 얻는 자유는 아직 실현되지 않은 허구다. 그는 아직 이 관념을 버릴 준비가 되어 있지 않다. 앙리에트와의 동일시, 시골에서의 하루가 주는 달콤함과 온유함은 그 때문이다. 하지만 그는 그 관념을 질문할 준비가 되어 있다. 앙리에트와 거리 두기, 그 시공간으로부터 물러남과 그녀의 비극은 거기서 비롯된다.

〈랑주 씨의 범죄〉가 제시하는 사회주의는 판타지만은 아니지만 아직은 현실도 아닌, 우리가 그 위에서 행동하도록 초대된 하나의 허구다. 이 영화에는 자크 프레베르Jacques Prévert가 공동 각본가로 참여했다. 더들리 앤드루Dudley Andrew 같은 평자는 이 영화의 "멋지게 황당한wonderfully farfetched" 자질은 많은 부분 프레베르의 것이라고 간주했다. 하지만 이 영화의 천재성은, 프레베르가 쓰고 마르셀 카르네가 감독한 그리고 역시 멋지게 황당한 〈이상한 드라마Drôle de drame〉(1937)와 달리, 그 황당함이 실제 세계를 개입시키는 방식에 있다. 앤드루가 말하듯 〈랑주 씨의 범죄〉는 "판타지와 리얼리티 사이에, 사회적 삶의 가능태에 대한 진정으로 상상적인 재현으로서의 자신을 확연하게 삽입한다."[187] 그것의 황당함은 우리가 공유할 수 있는 꿈, 그리고 우리가 참여할 수 있는 분투를 표현한다. 동시에 그 분투의 지난함, 꿈과 있는 그대로의 세상 사이의 괴리를 표현한다. 근사하게 희망적이지만 〈랑주 씨의 범죄〉는 그 희망 앞에 닥쳐올 장벽 또한 잘 알고 있다. 랑주의 바탈라 살인은(혹자의 생각처럼 냉혈한의 살인이 아니라 혁명적 폭력이 알레고리화된) 그가 구하려 한 협동조합을 위험에 몰아넣는다. 랑주와 그의 애리조나 짐 스토리가 협동조합의 성공의 열쇠였기 때문이다. 그래서 그는 달아나야 한다. 자신의 총으로 선을 위해 악을 행한 뒤 멀리 떠나가는 이 카우보이 영웅은 현실과 일치하지 않는 판타지다. 호의를 불러일으키는 협동조합 역시 있음직하지 않고 불안정한 존재라는 것을 우리는 알게 된다. 사회주의 공동체를 향한 소중한 꿈은 획득되기 어려울 것임을 그리고 그를 지속시키는 것이 더욱 어려울 것임을 이 영화는 알고 있다. 공동체를 상징하는 이 시골의 작은 집단은 변경에 새겨진 발자국 자취에 의해 결국 무너진다.

르느와르의 가장 희망적인 1930년대 영화조차 단일한 전망이 아니라 복합적 시야를 제시한다. 가장 침울한 영화 또한 마찬가지다. 〈암캐〉의 강조되지 않았으나 숨 막히는 한 시퀀스에서 중년의 르그랑은 자신의 아파트에 있다. 전원을 향해 열린 창문 옆에서 면도를 위해 얼굴에 비누칠을 하고 있으며, 젊은 정부를 위해 위압적 아내의 돈을 훔치려는 찰나다. 근처 어딘가에서 피아노 소리가 들린다. 이것은 관습적이지 않은, 탈육체화된 배경 음악이다. 유성 영화 초기에 아직 사운드의 컨벤션은 확립되지 않았으며, 특히 로케이션을 선호했던 르느와르의 영화에서는 더욱 그러했다. 그는 후시 녹음이 아닌 현장에서의 동시 녹음을 고집했다. 〈암캐〉의 사운드는 항상 영화 속 음원으로부터 나온다. 피아노도 연주자도 보이지 않지만 이 피아노 소리는 초보자가 연습하는 것임을 우리는 알 수 있다. 범상해 보이지만 매우 정확한 롱 테이크 숏에서, 카메라는 르그랑이 소리를 죽인 채 아내의 돈이 보관된 캐비닛을 향해 살금살금 움직이는 모습, 그리고 절도를 완수한 뒤 다시 창가로 돌아와 흐뭇한 표정으로 면도를 재개하는 모습을 쫓는다. 창가로 돌아온 카메라는 바깥을 바라본다. 이 앵글은 처음과는 다소 달라져 우리는 들판 저편의 작은 창문을 볼 수 있게 된다. 약간의 초점 조정을 거쳐 우리가 보게 되는 것은 피아노 소리의 주인공인 어린 소녀다. 르그랑은 지금 거울을 보며 면도를 하고 있기 때문에 이 시선은 그와 무관하다. 영화의 드라마에서 어떤 실제적 역할도 맡지 않은, 그리고 르그랑이 아무런 관심도 보이지 않았고 우리 눈에 막 들어온 이 어린 소녀를 보는 일은 기묘하게 뭉클하고 즐거운 체험이다.

대위법으로 진행되다 화음으로 끝맺는 이 시퀀스는 사운드와 이미지의 상호 작용을 보여 준다. 여기에는 르느와르가 적극 수용한, 당시로선 새로운 사운드 테크닉의 실행이 주는 흥분이 담겨 있다. 무성 영화 시대에 이미지와는 분리돼 연주되던 사운드를 영화 속으로 통합시킨 이 테크닉은 르느와르에게 한 사람의 예술가로서의 완숙을 가능케 한 것이었다. 무성 시대의 피아노 연주자와 같은 이 어린 소녀는 르그랑의 무성 절도 행위의 음악적 동반자인 셈이다. 하지만 우리는 소녀의 존재감을 우리가 아닌 르그랑의 인접 공간에서 느낀다. 르그랑을 따르던 카메라는 소녀를 발견한 지점에서 멈춰, 소녀의 피아노 소리와 연주하는 그녀의 이미지를 통합한다. 사운드가 증언하듯 소녀는 거기에 있다. 소녀가 플롯과 무관하다 해도 이제 우리는 그녀를 염려해야 한다. 형식의 면에서 이 시퀀스는 이미지와 사운드의 미결된 분리에서 최종적 합체로 이동한다. 주제의 면에서 이 시퀀스는 르그랑과 어린 소녀처럼 분리된 두 개별자의 상호연관성과 잠정적 합일 및 조화를 시사한다. 두 개별자는 현대 도시에 사는 우리와 이웃의 이방인일 수도 있다.

르그랑과 어린 소녀는 각자의 세계에 속해 있는 것처럼 보인다. 하지만 동시에 같은 세계에 살고 있는 것처럼 보이기도 혹은 들리기도 한다. 그들의 분리된 사생활은 섬세한 기예로 합치한다. 르그랑이 면도하고 훔치는 그리고 소녀가 피아노를 치는 곳의 내부는 외부에 열려 있는 것으로 즉 가능태의 다른 공동체와 존재에 열려 있는 것으로 관찰된다. 르그랑을 따라가고 소녀를 발견하는 카메라는 두 사람을 모두 쫓아온 것이다. 형식을 통한 그들의 엮임(자신이 알지 못하는 사이에 소녀는 르그랑을 위해 음악을 제공하고, 카메라 움직임은 하나의 연속적 응시 속에 두 사람을 이으며 이미지를 그녀의 실존 증거였던 사운드와 결합한다)은 연계의 관점 그리고 둘의 공통점이라는 관점에서 두 사람을 보도록 이끈다. 어린 소녀가 피아노 초심자이듯, 르그랑 역시 초심자이며 외도를 저지르고 아내의 돈을 훔치지만 여전히 순진무구하다. 어린 소녀가 초보적 음악가이듯(그녀의 연주곡은 레오폴드 모차르트가 아들 볼프강을 위해 작곡한 곡이다), 르그랑은 감정의 인간이며 회계원이지만 재능 있는 아마추어 화가이기도 하다. 어린 소녀가 프티 부르주아 허세가 반영된 소품인 피아노를 배우고 있듯이, 르그랑은 경제적으로 쪼들리면서도 정부에게 자신이 성공한 화가라고 허세를 부린다. 기타 등등. 불일치하지만 상호 연계되는, 상호 소외되어 있지만 유사성을 지닌, 엇갈린 목적을 지니지만 한 지점에서 만나는 캐릭터들. 이것이 1930년대 르느와르 영화의 인물들이다. 〈암캐〉에서 그러하듯 불일치와 엇갈린 목적이 결국 이길 수도 있지만, 이 시퀀스에 담긴 합일의 감각, 소외에도 불구하고 잔존하는 유대와 연계의 느낌은 또 다른 가능성으로 남겨진다.

돈을 만지고 그림을 그리던 또 다른 중년 남자는 어느 날 타히티로 떠났다.● 르그랑의 타히티는 룰루, 그러니까 르그랑이 아내를 떠나 찾아갔지만 포주와 침대에 누워 있던 정부다. 이 포주는 미술 시장에서 르그랑의 그림을 팔아 왔다. 룰루를 르그랑에게 팔았듯 그림을 팔아 왔던 그는 사실상 르그랑의 삶에 있던 모든 사랑과 아름다움을 판 셈이다. 룰루를 죽이고 포주를 단두대로 보낸 뒤 르그랑은 부랑자가 되지만, 폴 고갱Paul Gauguin과 같은 부랑자 예술가가 되진 못한다. 자신의 타히티를 죽였기 때문이며, 자신이 사랑한 아름다움이 판매대 위에 놓인 걸 볼 때 그마저 죽였기 때문이다. 르그랑에겐 자신이 사랑했던 예술에 대한 어떤 미련도 남지 않는다. 르그랑은 프티 부르주아적인 아름다움 애호가

● 증식 중개인 출신의 인상파 화가 고갱을 말한다. — 옮긴이

와 같은 인물이다. 〈시골에서의 하루〉의 앙리에트는 예술가가 아니지만 역시 아름다움의 애호가다. 자연에로의 나들이 경험은 미적인 경험이며, 여름날 자연의 아름다움은 그녀에게 그 자체로 세계 전부였다. 그곳에서 자신이 무엇으로부터 탈출했는지 알아차리기에는 너무 젊은 그녀는 도피처로서의 또 다른 타히티를 꿈꾸지 않으며, 그 아름다움을 일상으로 가져오기를 꿈꾼다. 앙리에트와 르그랑은 공히 그릇되게도 자신들의 열망에 대한 사적이고 감상적인 응답을 소망하는, 감수성 예민한 프티 부르주아의 아이들이다.

모파상의 원작에는 시골에서의 하루로부터 두 달이 지난 뒤의 짧은 파리 장면이 등장한다. 도시에 온 앙리는 뒤푸르의 가게를 방문하고, 그곳에서 앙리에트가 도제와 결혼했다는 소식을 어머니로부터 듣는다. 르느와르는 그 장면을 찍을 계획이었지만 실행하지 못했고, 대신 영화는 자막을 사용한다. 카메라가 빗속에서 강물을 거스르며 물러나는 장면이 페이드아웃되자 자막이 떠오른다. "수년의 세월이 흘렀다. 앙리에트는 아나톨과 결혼했다. 일요일들은 이제 월요일들만큼 슬프다. 그리고 일요일인 오늘……" 이 일요일에 앙리는 혼자 배를 타고 섬에 도착한다. 그는 그곳에 새겨진 감상적인 기억에 이끌리며, 앙리에트의 흔적을 찾는다.

노스탤지어는 아마도 연약하고 어리석은 감정일 것이다. 하지만 이 대목에서 앙리와 앙리에트가 느낄 만한 감정이 그 외에 뭐가 있겠는가. 이 일요일의 무드는 여름보다는 가을에 가깝다. 카메라는 오래전 나이팅게일의 울음을 들으며 앙리에트와 함께 걷던 길을 홀로 걸어가는 앙리를 뒤따른다. 꺾여진 나뭇가지가 표시된 지점에서 앙리는 멈추고 카메라도 그와 함께 잠시 멈춘다. 곧이어 카메라가 다시 앞으로 움직이더니 앙리에트를 찾아낸다. 낮잠을 자는 아나톨 곁에 앉아 있는 앙리에트를 앙리가 발견한다. 이 롱 테이크는 앙리에트가 앙리를 발견하고 일어나 그에게 걸어올 때까지 지속되며, 이제 카메라는 앙리에트의 뒤에서 앙리를 바라본

〈시골에서의 하루〉. 결말 장면의 강가에 있는 앙리.

다. 처음에는 남자의 시선에 의한, 나중에는 여자의 시선에 의한 찾기와 발견의 중첩이라 말할 수 있는 이 연속적인 응시의 경로는 하지만, 한순간이나마 존재했을지 모르는 공유된 욕망 외에는, 어떤 합일에도 이르지 못한다. 카메라는 감상적 공감의 제스처로 합일의 형식을 취하지만, 이제 그 형식은 두 인물의 삶에서 사라진 일체감을 강조할 뿐이다. 그들이 감상적이라고 눈살을 찌푸리는 사람이라면 르느와르에게도 찌푸릴 것이다. 하지만 앙리와 앙리에트에게 눈살을 찌푸리는 우리는 누구인가. 온유함과 자유를 향한 그들의 갈망을 초월했다고 누가 자부할 수 있는가. 르느와르는 자부하지 않는다.

아나톨이 부르자 앙리에트는 돌아서 간다. 카메라는 앙리 곁에 있고, 그는 앙리에트와 남편이 떠나는 모습을 거리를 두고 지켜보는데, 이 광대 같은 남편은 아내를 다루는 방법이라고 믿는 약간은 폭군 같은 매너로 자신의 어리석음을 전시한다. 그런 다음, 앙리는 강가의 나무에 기대 회한의 표정으로 담배를 핀다. 그가 담배를 던지자 카메라는 담배가 떨어진 왼쪽으로 패닝해 그의 시선과 거의 일치가 된다. 여기서 급작스럽게 컷(부드러운 편집이라는 컨벤션을 어기는 컷)하면, 그가 기댄 나무에서 시작해 이번에는 오른쪽으로 패닝하고 고요한 강물이 보이는 강가에서 끝난다. 패닝은 고개를 돌리는 동작과 비슷하다. 여기서는 카메라가 앙리의 마음에 동조해 왼쪽으로 고개를 돌렸다가, 컷한 뒤에는 앙리의 시선과 반대 방향인 오른쪽으로 고개를 돌리며 그로부터 멀어진다. 오른쪽으로의 패닝 숏에서 카메라는 앙리에트가 남편을 태우고 보트를 젓는 모습(그녀가 노를 젓는다)을 지켜본 다음 앙리의 보트 쪽으로 시선을 천천히 떨군다. 고요한 잔물결이 빈 보트를 감싸고 있다. 짝지어진 두 패닝 숏이 이 영화의 결말을 이룬다. 의연히 서 있는 나무를 기준으로 이뤄지는 두 숏 사이의 컷은 일종의 반향처럼 느껴진다. 앙리의 우울한 상념, 즉 자연에 투사된 납득되지만 무용한 노스탤지어에, 자연의 영속적인 모습을 망설이듯 바라보는 열린 시선이 반향하는 것이다.

7장

미국의 비극

존 포드와 스코세이지,
신화의 이중 운동과 종언

미국 영화의 가장 성공적인 창작품은 갱스터와 서부 사나이다. 총을 든 사내들.
— 로버트 워쇼

서부극의 정치학. 첫번째 서부극인 에드윈 포터의 1903년작 〈대열차 강도〉에서는 한 이미지가 다른 모든 이미지를 압도한다. 그것은 이야기에서 분리된 이미지이며, 당시의 극장주들은 재량껏 그것을 영화의 처음에 보여 주거나 마지막에 보여 주었다. 서곡으로서든 피날레로서든 그것은 영화 체험 전체의 응축으로 간주되었다. 그것은 초기 영화에서 보편적으로 지켜지던 카메라와 피사체의 거리를 넘어선 클로즈업이었다. 또한 그것은 충격적인 폭력 이미지였다. 그 이미지는 이러하다. 총을 든 서부의 강도가 우리를 마주 본다. 이 장면의 충격은 우리가 강도의 폭력 타깃에 위치한다는 공포에서 오는 것이다. 공포는 금방 희박해진다. 이미지가 총의 연기로 뿌옇게 변하면서, 영화 속 강도가 우리에게 해를 끼칠 수 없음을 다시 알게 되는 것이다. 카메라는 우리를 안심시킨다. 이렇게 말할 수 있다. 강도를 찍은 숏(카메라)은 강도가 행한 숏(총)에 대응한다.

서부극은 폭력의 드라마다. 무대를 피로 물들이는 이 장르는 우리 문화에서 오랫동안 늘 비판받으면서도 중심적인 위치를 점유했다. 포터의 강도가 우리를 향해 총을 쏠 때, 유일한 이슈는 그것이 우리에게 정말 해를 끼치는가, 혹은 해를 끼치지 않는다고 우리가 정말 안심할 수 있는가다. 보다 발전된 서부극은 폭력을, 상해를 끼치는 어떤 것으로뿐만 아니라 도덕과 사회적 이슈와의 연관 속에서, 또한 야만과 문명 모두에 포함된 요소로서 다룬다.

폭력의 고통과 흥분(쾌락)은 샘 페킨파Sam Peckinpah가 1969년에 만들었으며 최후의 성공적인 메이저 서부극인 〈와일드 번치The Wild Bunch〉의

〈대열차 강도〉. 우리를 향해 총을 쏘는 강도.

이례적인 오프닝 시퀀스에서 전경화한다. 이 시퀀스의 섬뜩한 폭력이 지
속되는 동안 서부극이 전통적으로 설정해 온 도덕적 지향은 사라지고
우리는 선인과 악인의 유대라는 사태에 직면한다. 윌리엄 펙터가 당시에
평했듯 "유혈은 도덕적 혼란 속에서 목격된다."[188] 그러나 그것이 경악한
방관자의 수동성 속에서 목격된다고만 말할 수는 없다. 오히려 그것은
에이젠시테인 방식의 카메라와 편집을 정교하게 작동하는 감독의 전적
인 확신 아래 조율된다.

　〈전함 포템킨〉의 오데사 계단 장면의 폭력과 마찬가지로, 〈와일드
번치〉의 막을 여는 폭력은 충격적이면서 짜릿하다. 하지만 오데사 계단
에서의 유혈은 코사크족에 속한 것으로, 관습적 서부극만큼이나 선명
한 선악의 구도 아래 펼쳐지며, 따라서 이 폭력의 흥분은 에이젠시테인
의 정교한 연출 솜씨에서 비롯된다. 포터의 카메라가 우리를 육체적으

로 안심시킨다면, 에이젠시테인의 카메라는 우리를 정치적으로 안심시킨다. 후자의 대담한 앵글과 강렬한 편집은 우리가 역사의 힘을 이해하고 우리 눈앞에 펼쳐지고 있는 야만적 억압에 대항해 행동하는 능력이 있음을 확신시킨다. 페킨파의 카메라는 에이젠시테인만큼 강렬하지만 우리를 안심시키지 않는다. 그것은 우리를 유혈 안으로 연루시킨다. 전면에 등장한 그의 카메라는 폭력을 단순히 관찰하는 것이 아니라 역동적으로 지휘한다. 그리하여 우리가 결코 무고한 구경꾼이 될 수 없음을 깨닫도록 만든다. 도덕적 혹은 정치적 구도를 판단할 틈도 없이 맹렬하게 펼쳐지는 폭력의 스펙터클 앞에서 우리는 고통과 쾌락, 무력감과 우월감, 공포와 희열을 동시에 느낀다.

서부극의 전성기인 1954년, 로버트 워쇼는 한 에세이에서 서부극이 우리의 상상력을 사로잡는 특별한 장르라고 주장했다.

그 이유는 서부극이 우리 문화의 어느 곳에서도 찾을 수 없는 폭력의 문제에 대한 진지한 방향 감각을 제공해 주기 때문이다. 현대 문명의 특징 가운데 하나가 폭력의 가치에 대한 거부라는 잘 알려진 견해가 있다. 이 거부는 미덕으로 간주되지만, 다른 미덕들과 마찬가지로 의도된 맹목성을 포함하며, 위선을 부추긴다.

워쇼는 또한 이렇게 주장한다.

우리가 서부극에서 찾는 가치는 허리에 총을 멘 단독자의 이미지에 있다. 그 총은 그가 폭력 세계에서 살며, 심지어 그가 폭력을 믿는다고 말해 준다. 그러나 서부극은 자기 규제의 드라마다. 폭력이 발휘되어야 하는 폭력의 시간은 따로 있으며 그것은 또한 특별한 규칙에 따라야 한다. 그렇지 않다면 폭력은 무가치하다.

서부극의 영웅은 말하자면 책임을 동반한 '문명화된' 폭력의 이미지와 스타일을 제공한다는 것이다.

그는 스타일 자체가 어떤 의미도 없다고 믿는 것처럼 말해야 하는 시대에 스타일의 가능성을 상기시키기 위해 거기 존재한다. 또한 폭력의 문제에 대한 염려에 짓눌린 우리들에게, 죽이거나 죽임을 당하는 행위에서조차 우리가 만족스러운 행위 양식을 수립해야 한다고 제안하기 위해 거기 존재한다.[189]

서부극 영웅의 스타일은 의미를 지닌다. 그것은 그의 폭력의 적절함과 정당성과 필요성을 의미한다.

문명화된 폭력의 이미지는 정치학의 이미지, 힘의 관리 이미지다. 서부극은, 제대로 인지되진 않았다 해도, 오랫동안 미국의 가장 대중적인 정치 드라마였다. 워쇼는 이 점을 알지 못했다. 그는 사회적 이슈가 서부극에 속하지 않는다고 생각했다. 하지만 서부극은 사회적 리얼리즘의 방식이 아니라 로맨스나 알레고리의 방식을 취하긴 하지만, 사회적·정치적 이슈에 관한 영화다. 〈와일드 번치〉가 등장했을 때, 즉 베트남 전쟁 시기에, 서부극은 더 이상 미국의 폭력 이미지를 야만이 아닌 문명의 소산으로 자신만만하게 제시할 수 없었다. 페킨파 영화에서 문명화된 폭력은 이제 멕시코 혁명가의 손에 있는 것이다.

워쇼의 에세이는 오늘날 서부극 연구에서 거의 주목받지 못한다. 리처드 슬롯킨Richard Slotkin의 저서 《총잡이의 나라Gunfighter Nation》에서는 언급조차 되지 않는다.[190] 《모든 것의 서부West of Everything》에서 제인 톰킨스Jane Tompkins는 감사의 말에서 단 한 번 언급하는 데 "워쇼의 에세이가 나를 화나게 함으로써 자극을 주었다"[191]라고 말한다. 톰킨스가 서부극 전체를 폭력의 정당화로 간주하듯, 워쇼를 폭력의 옹호자로 간주하기 때문에 화를 낸 것이다. 톰킨스에게는 폭력의 어떤 정당화도 용납될 수 없다. 그런 정당화야말로 유혈을 부추기고 잔인성을 합리화하는 것이기 때문이다. 워쇼는 "현대의 문명화된 견해는 폭력의 가치를 거부한다. 이 거부는 미덕이지만 많은 미덕이 그러한 것처럼 어떤 의도된 맹목성을 포함하고 위선을 고취한다"라고 주장함으로써 비판받는다. 그의 주장을 달리 말하면, 오늘날에는 종종 정치적 올바름이라는 형태를 띠는 정의가 좌파에서든 우파에서든 정치학의 자리를 찬탈한다는 것이다.

서부극의 정치학은 제인 톰킨스에게 거의 배타적인 성정치학이다. 서부극은 "여성적인 모든 것을 추방하기 위해 싸우는" 전투적 남성 장르라는 것이다. 서부극이 사실은 "서부나 개척자에 관한 영화가 아니라 자신의 지배력, 나아가 자기 정체성 상실에 대한 남자들의 두려움에 관한 영화"[192]라는 것이다. 제인 톰킨스는 20세기 초 문학과 영화에서의 서부극의 발흥을 앤 더글러스Ann Douglas가 19세기 말의 "미국 문화의 여성화"[193]라고 부른 것에 대항하기 위한 남성 쪽의 반작용으로 간주한다. 문학사에 대한 톰킨스의 견해에 따르면, 남성적인 서부극이 부상해 강조점을 내부에서 외부로 또한 국지적이고 영적인 것에서 공공적이며 육체적인 것으로 이동시킬 때까지 여성적인 감상적 문학이 지배적이었다. 20세기가 서부극을 앞세워 폭력과 그것의 정당화 방법을 발명할 때까지 온화함meekness이 19세기를 지배했다고 톰킨스는 믿는 것처럼 보인다.

1902년, 오웬 위스터Owen Wister는 리 미첼Lee Mitchell이 썼듯이 "부드럽게 말하고 대담하게 쏘는 카우보이 영웅의 출현에 전적인 책임이 있는"[194] 베스트셀러 소설을 냈다. 영웅의 이름은 나오지 않지만(나중에 스크린에서 근사한 개리 쿠퍼가 연기하게 된다), 《버지니안The Virginian》은 이 장르의 고전적 특징이 되는 캐릭터와 상황을 정식화한다. 불안정한 친구, 동부에서 온 교사, 마을 대로에서 벌어지는 악당과의 결투 등이 모두 등장하는 것이다. 이 해에 헨리 제임스는 위스터에게 이 소설에 대한 찬사를 담은 편지를 보내면서 영웅의 묘사에 대해 한 가지 트집을 잡는다.

나는 그 모든 종류의 시적 정의가 이 사내에게 이루어지기를 소망하고 있는 자신을 발견합니다. 당신은 내게 묻지 않았지만 이렇게 말하고 싶습니다. 이 남자가 그 소박한 버몬트 주민들에게 동화되는 것, 그리고 혈통 보존과 번영과 성숙에 헌신하는 것에 나는 결코 설득되지 않습니다. 그것은 눈살을 찌푸리게 하는 따분한 정의일 뿐입니다. 나는 그의 피를 갈망합니다. 나는 그가 생존하거나 행복하기를 원치 않습니다. 나라면 그가 영광 속에서 그리고 찬란한 우울 속에서 소멸하도록 했을 것입니다.[195]

제임스는 레더스타킹●처럼 소설의 버지니아 사내가 문명에 동화되지 않는 야성의 인물이기를 원했던 것 같다. 그러나 위스터의 작품에서 그는 버몬트에서 온 여인과 결혼한 뒤 혈통 보존과 마을 번영에 기여한다. 서부와 동부의 결합이라는 결실을 통해, 존 카웰티John Cawelti가 지적했듯, 서부라는 안티테제(제임스 페니모어 쿠퍼James Fenimore Cooper의 작품에서도 제시되긴 했지만 만족스럽게 해소되지 않는) 혹은 서부와 동부의 대립이라는 당대의 의제를 해결한다.[196] 레더스타킹은 고상한 시골뜨기지만 버지니안은 타고난 귀족이고 신사이며 평상복 차림의 기사다. 페니모어 쿠퍼가 야생과 조우 순간에조차 기성의 사회 위계에 얽매여 있는 반면, 위스터는 야생과의 조우로부터 더 진실한 위계가 출현한다고 믿었고, 그 새로운 위계는 버지니안의 타고난 우월성으로 구현되고 카우보이와 교사의 결합을 신성화한다.

위스터는 《버지니안》을 친구 시어도어 루스벨트Theodore Roosevelt에게 헌정했다. 루스벨트는 동부 해안에 밀려드는 이민자들로 인해 미국적 정신의 희석화를 많은 사람이 두려워하던 때에 서부가 미국적 정신의 갱

●　제임스 페니모어 쿠퍼의 소설 《레더스타킹 이야기Leatherstocking Tales》의 주인공이다. ― 옮긴이

신을 실현할 수 있는 장소라고 기대했던 사람들 중 하나였다. 위스터는 서부 개척지에서 타고난 지배 계급이 확신을 얻고 나머지에 대한 지배를 획득한다는 비전을 제시한 것이다. 또한 버지니아인과 버몬트인(소설의 표현을 빌리면 "평등equality"이 아닌 "질quality"의 사람들)의 결합으로 앵글로색슨의 우월성이 도입될 수 있다고 확신한 것이다.

이는 또한 남성의 우월성을 전시하는 것이기도 하다. 교사에 대한 카우보이의 구애는 카우보이가 결국 우승하는 일종의 경연으로 진행된다. 그녀는 그에게 악당과 싸우지 말라고 호소하지만, 그는 그녀를 잃는 한이 있더라도 결투에서 이겨야 한다고 느낀다. 그녀가 결투를 끝낸 버지니안이 결국 옳았음을 수긍하고 둘이 재결합할 때, 최종 우승자가 정해지는 것이다. 이 과정은 이후의 서부극에서 정형화한다. 그녀에 대한 그의 승리는 톰킨스가 생각했듯 단순히 언어에 대한 폭력의 승리 혹은 예민하고 섬세한 여성에 대한 거칠고 과묵한 남성의 승리가 아니다. 리 미첼이 지적했듯, 버지니안은 총의 달인일 뿐만 아니라 자신만의 언어 세계에서 살아온 교사를 압도하는 말의 달인이기도 하다. 우리는 서부극 영웅이 강인하고 과묵한 유형이라고 생각할 수도 있지만, 그는 대개 능숙한 설득자이기도 하다.

서부극에서 영웅과 악당의 고전적 결투가 마을의 대로에서 펼쳐지는 이유는, 이 대결에 걸려 있는 것이 사적인 문제가 아니라 공적이고 사회적 문제이기 때문이다. 대부분의 서부극에서 선과 악은 형이상학적으로 주어져 있거나 사적인 영역이 아니라 사회적으로 구축된 것이거나 구축의 과정에 있다. 선악을 구축하는 사회적 조건은 서부극의 정치적 편향에 따라 다양하지만, 대개 선으로 간주되는 것은 움튼 사회적 선을 양육하는 일이며, 반대로 악으로 간주되는 것은 그것을 위협하는 일이다. 서부극의 형이상학적 정수를 지향하는 〈셰인*Shane*〉(조지 스티븐스George Stevens, 1953)에서조차 정착민과 목장주의 사회적 갈등이 선인과 악인을 규정한다. 서부극 영웅은 단호한 개인주의자이긴 하지만 고립된 자족적 개인이라고 말할 수는 없다. 그가 개인적 자유를 대변한다 해도, 그의 자유는 공동체의 요구에 연루되어 있는 개별성이라고 봐야 한다. 그는 황야를 누비고 다니지만, 주고받기의 사회 교환에도 참여하고 있는 것이다.

소설 《버지니안》의 대단원의 결투는 영화의 컷처럼 한 캐릭터에서 다른 캐릭터로의 급작스러운 이동이라는 테크닉을 통해 묘사된다. 여교사가 세 발의 총성을 멀리서 듣는 순간, 우리는 결투 직전 악당의 불안과 위스키와 긴장의 순간들로 되돌아간다. 악당이 총을 꺼내 들 때, 우리는 다시 버지니안의 결투 직전의 순간으로 되돌아간다. 영화에서 이런 테크닉은 이 매체에 고유한 것이고 또한 결투 장면에 어울리는 것이어서 서부극에서 효과적으로 사용된다. 결정적 액션의 순간에 등장하는 시간의 지체는 영화의 커팅이 서스펜스의 활력을 불러일으키는 장치다. 또한 한 캐릭터에서 다른 캐릭터로의 그리고 한 시선에서 다른 시선으로의 커팅 테크닉은 관객으로 하여금 각기 다른 인물들을 하나의 앙상블로 보도록 만들며, 시선에 따라 달라지는 액션의 다면성을 강조하는 효과를 발휘한다.

존 포드의 1939년작 〈역마차*Stagecoach*〉 마지막 시퀀스보다 더 뛰어난 결투 장면은 없다. 하지만 이 장면에서 포드의 장면 배열과 감정 조율은 다른 서부극에서 최후의 결투 장면과 초점이 다르다. 보통의 경우라면 영웅이 개척지 마을 대로를 걸어가는 장면은 두드러지게 강조된다. 링고 키드(존 웨인은 이 배역으로 스타가 되었다)도 그렇게 걸어가 이제 플러머 형제들과 대면하게 될 것이다. 하지만 보다 강렬하고 그만큼 중요한 장면이 있다. 자신이 결혼하고 싶은 여인이 창녀라는 사실을 알지 못했던 링고 키드가 그녀를 사창가로 데려다주는 장면(카메라는 그들을 묵묵히 따라가며

〈역마차〉. 댈러스와 함께 걷는 링고.

감정을 조금씩 고조시킨다)에서 훨씬 고요하며 점진적인 또 다른 대면이 이루어지는 것이다. 서부극이 배제해 온 것으로 여겨지는 떨리는 내적 감각의 세계가 여기서 전경화하며 외적 액션의 세계와 결합한다. 포드는 루크 플러머가 결투를 말리려는 술집 여인을 거칠게 밀쳐내는 장면에서, 링고가 자신이 사랑하는 술집 여인 댈러스(클레어 트레버)와 나란히 걷는 장면으로 커팅한다. 앞선 장면에서 댈러스는 링고에게 플러머 형제들과 싸우지 말라고 호소했다. 링고는 버지니안과 달리 그 호소에 설득된다. 그러나 댈러스의 동기는 폭력을 피하고 링고가 과거와 대면하지 않도록 하는 것뿐만 아니라, 그녀 자신의 과거와의 대면을 피하기 위한 것이었다. 하지만 두 대면 모두 피할 수 없는 것이었다. 포드의 구도 아래서는 남자와 여자가 동등한 평면 위에서 만난다. 출산은 〈역마차〉의 중심적 사건이며, 태어난 아기는 여자다. 오웬 위스터와 그 밖의 더 훌륭한 예술가들만큼 서부극의 형성에 크게 기여한 존 포드는 이 장르를 재사유했고 재활성화했으며, 여성화했다고까지 말할 수 있다.

포드의 서부극 여성화는 와이어트 업과 독 홀리데이와 클랜턴 일가와의 결투를 다룬 〈황야의 결투*My Darling Clementine*〉(1946)의 제목['마이 달링 클레멘타인']에서 적시된다. 워쇼는 이 영화를 "부드럽고 아름다운 영화"라고 부르며 포드가 여기서 서부극 장르를 사실상 벗어났다고 주장한다.[197] 포드의 사랑스러운 클레멘타인은 동부에서 온 교사의 변주이며 플롯의 중심은 아니지만(그녀는 클랜턴 일가 및 오케이 목장에서의 결투와 무관하다), 이 영화의 심장에 놓여 있다. 푸른 하늘을 배경으로 공사 중인 교회에서 와이어트 업이 그녀와 춤추는 장면에서 알 수 있듯, 그녀가 와이어트 업의 마음을 얻었다는 것은 서부의 심장을 얻었음을 의미한다. 결말을 향한 충동을 지닌 선형적 내러티브, 액션의 전진 운동과 클라이맥스를 향한 캐릭터와 상황의 질주는 많은 페미니스트들이 본능적으로 남성적인 것으로 간주하는 양식이다. 그 견해가 맞다면, 포드의 이완되고 산포적이며, 에피소드 중심적이고 액션보다는 캐릭터와 상황을 중시하는 내러티브 스타일은 여성적인 것으로 불릴 수 있을 것이다. 〈황야의 결투〉의 마지막 장면, 즉 예상된 클랜턴 일가와의 결투는 강하고 지속적인 인상을 남기지 않는다. 포드에게는 결투보다 춤이 중요하며, 춤이야말로 더 큰 공명을 남긴다.

선형적 플롯은 위계를 세운다. 플롯의 진행에 얼마나 기여하느냐에 따라 인물과 사건의 중요도가 정해진다. 산포적이고 에피소드 중심적인 포드의 서사는 그런 위계를 거스른다. 중심과 주변의 위계가 무너지는 것이다. 내러티브 형식뿐만 아니라 사회적 의미에서도 포드의 서부극은 반위계적이고 평등 지향적이다. 〈역마차〉는 관습적으로는 중요하지 않은 인물을 존중하며, 지배 계급은 거만하고 실은 도둑에 불과한 은행가의 모습으로 나타난다. 위스터가 묘사했던 타고난 귀족의 우월성과는 무관하게, 포드 서부극은 개척 마을에서 움트는 민주주의를 찬미한다. 황야와의 조우를 통해 포드 영화에서의 문명은 계급과 스노비즘의 붕괴 및 민주주의 정신의 재생을 겪는다.

개척지 마을을 미국 민주주의의 진전이 이뤄지는 장소로 묘사하며 강고한 평등주의적 지향을 보여 주는 포드는 프레드릭 잭슨 터너Frederick Jackson Turner와 그의 유명한 개척자 테제의 편에 선다. 터너는 1893년 개척의 완성으로 한 시대의 종언이 이루어졌다고 선언함으로써 그의 테제를 정립하기 시작했다.● 그가 주장하기를, 개방된 개척지에서 개척지란 유럽의 국경과는 완전히 다른 미국이라는 나라의 구축적 성격을 분명히 드러내는 장소라는 것이다. "미국의 사회 발전은 개척지에서 끊임없이 새롭게 시작되고 있다"라고 그는 말한다. "이러한 계속적인 갱생, 미국적 삶의 이러한 풍성함, 새로운 기회를 향한 서부에로의 이러한 확장, 원시 사회의 단순성과의 지속적 조우가 미국적 성격을 형성한다."[198] 황야라는 장소에서 이루어지는, 단순한 진전이 아니라 진전과 귀환이 반복되는 변증법 속에서 터너는 미국 문명의 형성을 목격했다. 천부적 불평등이 위스터의 개척지에서 승리했다면, 터너와 포드의 개척지에서는 천부적 자유와 평등의 새로운 출발이 이루어지고 있다.

〈역마차〉는 포드의 첫 번째 유성 서부극이며, 이 장르를 다시 메이저 장르의 자리에 올려놓았다. 《버지니안》이 위스터의 '질'의 서부극을 기념한다면, 〈역마차〉는 포드의 평등주의 서부극을 기념한다. 이것은 여행의 이야기다. 여행이 출발지와 중간 경로와 목적지를 지니듯, 이 이야기도 시

● "미국 역사에서 프런티어의 중요성The Significance of the Frontier in American History"은 원래 1893년 7월 12일 시카고에서 열린 아메리카 발견 기념 세계 축제의 한 행사였던 미국역사학협회 모임에서 위스콘신 출신의 젊은 사학자 터너가 발표한 글이었다. 이 글이 나중에 터너의 저서의 서두에 실렸다. Frederick Jackson Turner, *The Frontier in American History* (New York: Henry Holt, 1962), 1~38.

작과 중반과 종결이 있다. 출발지를 떠나는 것에는 이유가 있다. 역마차는 문명이 점점 더 억압적이고 불관용적으로 변해 가는 마을을 떠나는 것이다. 여정의 경로에는 대면해야 할 곤경이 있는데, 그것은 황야를 가로질러 마침내 역마차를 습격하는 아파치다. 여기까지는 고전 여행기처럼 들린다. 그런데 그다음 이 영화는 비판을 초래해 온 무언가 범상치 않은 것을 보여 준다. 인디언이 습격하고 기병대의 도착으로 위기를 벗어나는 극적인 클라이맥스 다음 곧바로 결말에 이르는 것이 아니라, 악당과의 결투라는 두 번째 클라이맥스로 나아가는 것이다. 차례로 등장하는 두 번의 클라이맥스는 엉성하고 과도한 드라마투르기로 간주되었다. 분명히 이것은 고전 플롯의 구조는 아니다. 하지만 관객 아닌 잔소리꾼만 여기에 대해 불평을 늘어놓았다. 이 영화의 두 클라이맥스는 또 다른 종류의 구조의 논리와 기대를 만족시켰으며, 이것은 결말의 고전적 개념이 아니라 열린 개척지의 변증법에서 비롯된 것이기 때문이다.

〈역마차〉의 내러티브 전개는 터너가 말한 "야만과 문명의 접점이라는 물결의 가장자리"에서 이루어지는 "영속적 재생perennial rebirth"[199]에 상응한다. 물결은 한 클라이맥스 혹은 한 정점에서 다른 클라이맥스 혹은 다른 정점으로 쉼 없이 움직인다. 어떤 클라이맥스도 영구적으로 안착되지 않는다. 고전 여행기에서 목적지는 말썽이 해결되고 조화가 되찾아진 정착지다. 〈역마차〉에는 그런 것이 없다. 여행의 끝에 있는 마을은 사악하고 타락한, 살고 싶지 않은 장소다. 링고가 플러머 형제를 죽이고 댈러스와 결혼 뒤에도 그들은 다른 곳으로 다시 이동해야 한다. 황야로 말을 달리는 외로운 카우보이와는 달리, 이 커플은 정착지를 찾아 지평선을 향해 달린다. 그들은 문명을 뒤로 남기고 새로운 문명을 향해 나아간다. 〈역마차〉는 새로운 시작에서 끝난다.

그를 찬미하든 싫어하든 많은 이들은 존 포드를 복고적 보수주의자로 간주한다. 많은 이들은 또한 서부극을 보수적 장르로 간주한다. 하지만 서부극은 모든 종류의 정치학을 망라한다. 정치적 지향에서 포드는 멸종 위기 부류인 자유주의적 포퓰리스트에 속했다. 그의 노스탤지어는 언젠가 어느 곳에 존재했던 혹은 존재했다고 상상되는 무언가를 갈망하는 게 아니었다. 그가 돌아보았던 과거는 어떤 미래를 고대했던 과거였다. 그는 전망과 염원과 분투를 보존했다. 그는 와이어트 업이 클레멘타인과 영원히 춤추게 될 장소인 교회와도 같이, 열려 있고 완결되지 않은 무언가를 축복했다.

터너의 개척정신론은 토지 중심적으로 간주되는데, 실제로 토머스 제퍼슨Thomas Jefferson을 비롯해 미국의 전통에 충실한 이들이 옹호한 자작농 민주주의 개념에 깊은 영향을 받았다. 그러나 대지, 광대한 황야는 터너의 개척 변증법의 한 측면일 뿐이다. 터너의 변증법에서 민주주의는 대지에서 단순히 성장하는 것이라기보다 황야와 문명의 조우와 교환을 통해 생성되는 것이다. 헨리 내시 스미스Henry Nash Smith와 같은 터너의 비판자들은 그런 변증법적 성격을 놓친다. 그래서 터너가 역동적으로 상호 작용하는 것으로 파악했던 자연과 문명을 정태적 개념으로 추상화해 버리는 것이다.[200] 터너가 개척지에서 목격한 것은 자연으로의 회귀가 아니라 문명의 중단 없는 재생이었다. 문명은 자연을 길들이고, 자연은 문명의 경직된 위계화를 저지한다.

개척지의 풍경은 우리가 쉽게 떠올리듯 남서부의 사막이다. 미국의 모든 지역이 한때 개척지였다 해도, 개척지라는 단어에서 우리가 떠올리는 것은 대니얼 분 혹은 페니모어 쿠퍼의 숲이 아니라, 서부로 뻗어나간 광대한 황야다. 그 사막은 미국의 마지막 개척지로서, 국민적 상상력에 지속적인 인상을 남겼다. 그것이 서부극이라는 영화의 무대를 특징짓는다. 녹색의 세계는 아니지만 생명 없는 세계도 아닌 남서부의 사

〈황야의 결투〉. 개척자 정신의 구체화된 풍경으로서 모뉴먼트 밸리.

막은 기원의 풍경이며 녹색 지대가 시작되는 세계이기 때문에 개척 신화의 소재가 된다. 대양 혹은 하늘과 마찬가지로, 보는 이를 왜소화하고 그것을 소유하려는 시도를 무력화한다는 점에서 그것은 숭고한 풍경이다. 또한 그것은 대양 혹은 하늘과 다르게, 인간이 거주하고 가꿀 수 있는 숭고이며, 인간화의 가능성과 성장의 잠재력의 영토를 제공하는 숭고다. 이것이 열린 개척지의 이미지다. 남서부의 언덕들과 구릉들은 구름의 형상만큼이나 보는 이에게 많은 상상을 불러일으킨다. 그것은 대지의 흙으로 빚어진 구름이며, 견고한 바위들에 구현된 상상적 이미지의 형상화이기도 하다. 남서부의 풍경은 하늘을 대지로 초대하고, 대지를 하늘로 이끈다. 관념과 물질, 현재적인 것과 잠재적인 것이 한데 뒤섞인다.

　개척지 이미지로서의 남서부의 풍경은 존 포드 서부극의 모뉴먼트

〈황야의 결투〉. 건축 중인 교회에서 추는 춤.

밸리에서 전형을 찾아낸다. 미국의 아이콘이며 풍경에 구현된 개척 정신으로서의 모뉴먼트 밸리는 〈역마차〉에서 처음 등장한 포드의 발명품으로서 이후 〈황야의 결투〉, 〈아파치 요새*Fort Apache*〉(1948), 〈웨건 마스터 *Wagon Master*〉(1950), 〈수색자*The Searchers*〉(1956) 등에서 다시 출현한다. 하지만 포드는 부족 시인tribal poet이라고 말할 수 있는 대중적이며 사회적인 예술가였다.● 그는 사적인 상상력이 아닌 집단적 상상력에 호소하는 이미지,

● 제임스 에이지는 그리피스가 1948년 죽었을 때 경의를 바치며 그를 '부족 시인'이라 불렀다 (*Agee on Film*, vol. 1 [New York: McDowell Obolensky, 1958], 313~318). "그는 위대한 원시적 시인이었다. 오직 위대하면서도 원시적인 예술가들에게만 허락된 능력으로, 그는 모든 사람의 기억과 상상력의 기저에 놓인 마술적 이미지를 직관적으로 파악하고 완성할 수 있었다"라고 에이지는 썼다. 에이지에게는 그 점이 그리피스의 천재성의 가장 명석하고 심오한 면이었다. 에이지의 말은 이렇게 이어진다. "음유시인이자 예언자가 결합된 위대한 부족 시인으로서, 그는 도브젠코

'나'가 아닌 '우리'라고 말할 수 있는 이미지를 창안하는 능력을 지닌 사람이었다. 그의 모뉴먼트 밸리는 그의 것이 아닌 우리의 것이다. 그것의 자연적 형상은 인간이 만들어 낸 교회나 사찰과 같은 신성한 구조물을 연상시키는 건축적 자질을 갖고 있다. 그 신성함은 〈황야의 결투〉에서처럼 건축 중인 교회에서 벌어지는 인간적인 축하연과 만나기도 하지만 여전히 아름답고도 낯선 대지처럼 초월적인 것으로 남아 있는 신성함이다.

토지적 상상력은 목가적 풍경, 풍요롭고 의연한 대지를 시각화한다. 개척자적 상상력은 숭고한 것, 제한되지 않은 가능성의 세계, 도래할 세상을 시각화한다. 터너와 포드의 개척자적 상상력은 아방가르드 예술의 이상과 동질의 것이다. 새로운 영역을 향한 끝없는 모험을 통해 활력과 성과를 얻는다는 개념에서 일치하는 것이다. 아방가르드와 마찬가지로 개척자 정신은 오늘에는 낡은 것이 되었다.

개척자 신화 3부작 중 마지막 책인 《총잡이의 나라》에서, 리처드 슬롯킨은 터너의 또 다른 개척자 테제를 시어도어 루스벨트의 테제와 나란히 놓지만, 그 둘의 차이를 경시한다. 정치적 이력의 과정에서 그리고 그의 두꺼운 역사서 《서부의 승리 *The Winning of the West*》에서 표현된 루스벨트의 개척론은 터너와는 다르게 폭력의 신화에 몰두했다. 그것은 "폭력을 통한 재생"을 강조하는 슬롯킨의 개척론에 가까운 것이다. 루스벨트는 인종주의자이고 제국주의자였지만 터너는 그렇지 않았다. 슬롯킨은 이 차이를 알고 있지만, 루스벨트가 슬롯킨에 의거해 개척자 정신 그 자체라고 정의한 것에 대한 반감으로 그 차이를 모호하게 만든다. "야만의 전쟁"과 "보난자 bonanza● 경제학"은 슬롯킨에게 개척 신화의 지배

조차 능가하며, 영화 세상에서 그와 같은 인물은 이제껏 없었다." 에이지는 그와 같은 또 다른 인물이 아주 가까이 있다는 사실을 알지는 못했다.

● 번영, 대박, 또는 광맥이라는 뜻이며, 골드러시 시대의 미국 서부를 상징한다. ─ 옮긴이

적 원칙이다. 하지만 이것은 터너의 개척자 정신과 무관하다. 미국의 건국 신화로서의 개척 정신은 다양한 목적과 지향을 가져왔다. 미국의 인종주의와 제국주의의 명분을 제공하기도 했지만, 동시에 미국의 자유와 평등의 출발점이 되기도 한 것이다.

개척 신화에 관한 첫 저서이며 카를 구스타프 융Carl Gustav Jung의 이론을 명시적으로 채용한《폭력을 통한 재생Regeneration through Violence》에서, 슬롯킨은 사냥의 폭력과 먹잇감의 피로부터 활력과 힘을 얻는 사냥꾼 신화의 변주로서의 개척 신화를 전경화한다.[201] 폭력에 대한 이런 접근은 신화적이며 탈정치적이다. 살해를 제의적이며 신성한 것으로, 또한 주로 고양과 구원의 경험에 의해 동기화된 것으로 간주한다. (《와일드 번치》는 폭력의 고양과 그에 대한 비판을 동시에 행한다. 페킨파의 1971년작 〈스트로 독Straw Dog〉도 마찬가지인데, 윌리엄 펙터의 잘 알려진 예외적 논의[202]를 제외하면, 거의 모든 사람이 이 영화가 남성다움에 이르는 제의적 과정으로서의 폭력을 찬미한다고 오해했다.) 폭력에 대한 이런 관점은 폭력이 결과적으로 이루는 것 혹은 폭력의 목적, 즉 동물을 죽여 배고픈 자를 먹이는 것, 외적을 물리쳐 약자를 방어하는 것, 좋은 질서를 지지하거나 나쁜 질서를 반대하는 것과 같은 목적에 의해 정당화되지 않는다. 오히려 폭력은 그 피투성이 행위 자체가 목적으로 행해짐으로써 정당화된다. 슬롯킨은 자신이 정당하게 비판한 폭력의 신화에 자기도 모르게 가담한다. 폭력을 피의 신화와 제의로 간주하는 것은, 그것을 지지하든 비난하든 간에, 실용적이고 정치적인 동기, 그리고 사회적이고 경제적인 목적을 지닌 모든 폭력을 신비화하는 일이다.

《총잡이의 나라》는 서부극을 개척 신화의 20세기적 표현의 정점으로 간주한다. 이 책은 20세기 미국의 역사를 서부극의 역사에 연계시킨다. 그러나 동시에 서부극을 미국 서부의 하늘에서 뚝 떨어진 것처럼 다룬다. 다른 장르들과의 연관성에 주목하지 않으며 그것의 외래적 기원을 무시하는 것이다. 즉 호메로스와 중세의 서사시[203] 혹은 소비에트의 혁명 영화 등 폭력의 신화를 다루는 다른 장르들을 논의에서 배제하는 것이다. 또한 미국의 역사와 다른 나라의 역사와의 연관성에도 주의를 기울이지 않는다. 이 책의 논의가 바탕으로 한 미국의 예외성은 미국이 특별한 우월성을 가졌다고 믿어서가 아니라, 미국의 역사와 미국의 신화의 단독성을 상정하기 때문이다.

페킨파 영화의 제목을 원용한 '킬러 엘리트' 장에서, 슬롯킨은 서부의 총잡이 영웅을 폭력 신화의 대변자로 다룬다. 흥미롭고 논쟁적인 논의도 이루어지는데, 서부극은 지배 계급의 폭력을 묘사하고 그것을 긍정적으로 바라보는 반면, 갱스터 영화는 주로 이민자인 하층 계급의 폭력을 묘사하고 그것을 부정적으로 바라본다는 것이다. 어느 경우든, 서부극에는 선을 행하는 폭력의 영웅이 있고 갱스터 영화에는 악을 행하는 폭력의 영웅이 있다. 단순히 총을 잘 다루는 남자와는 다른 직업적 총잡이는 1950년대 초반 〈총잡이*The Gunfighter*〉(헨리 킹Henry King, 1950), 〈하이 눈 *High Noon*〉(프레드 진네만Fred Zinnemann, 1952), 〈셰인〉과 같은 영화에서 비로소 등장했다.● 서부극 영웅이 종종 단독자이긴 하지만, 총잡이는 소외된 자로서의 단독자이며 특별한 정당화를 필요로 하는 폭력의 전문가다.

슬롯킨의 관점에서 총잡이에게 폭력의 권한을 부여하는 것은 사회적 헌신성이 아닌 개인적 우월성이다. 〈셰인〉은 《버지니안》과 마찬가지로 존슨 카운티 전쟁●●을 다루지만 다른 면이 있다. 셰인은 정착민 편에

●　서부극에서 총잡이의 직업화는 냉전 시기에, 정치 체제의 수호가 더 이상 시민이 아니라 FBI나 CIA와 같은 직업적 요원에게 맡겨져 있다는 사실이 알려지면서 이루어졌다. 예컨대 레오 매커리의 악명 높은 반공 영화 〈내 아들 존*My Son John*〉(1952)에서 애국자인 아버지는 바보로 묘사되며(이 영화가 지지하는 가치를 대변하는 바보이긴 하지만), 그 때문에 이 상황을 해결하고 민주주의 수호의 임무를 맡은 주인공 역할은 FBI 요원에게 주어진다. 하지만 서부극의 총잡이는 FBI 요원과 매우 다르다. 총잡이는 오직 자신에게만 충실한 철저한 개인으로 남기 때문이다. 따라서 총잡이는 개인주의와 직업 정신의 경계에 서 있는 인물이다.

●●　〈천국의 문*Heaven's Gate*〉(1980)도 그 이야기를 다루면서, 자본가의 지배 계급을 비판하는

선 기사이지만 버지니안은 목장주 편에서 선 기사인 것이다. 하지만 슬롯킨에게 셰인의 폭력을 정당화하는 것은 정착민의 대의가 아니라, 셰인 자신의 기사도 정신과 탁월한 총잡이 기술이다. "셰인은 결코 공동체의 일원이 아니며, 그의 우월한 가치는 공동체에 속해 있는 것으로 간주될 수 없다. 그는 폭력의 귀족이며 더 빛나는 세계에서 온 외부자다. 그의 희생으로 혜택받는 사람들보다 우월하며 그들에게 그는 결코 설명될 수 없는 사람인 것이다." 셰인이 공동체에 속하지 않으며 총잡이로서 우월하다는 사실이 그를 공동체보다 우월한 존재로 만들지는 않는다. 그의 적도 같은 의미로 "폭력의 귀족"이다. 그렇다면 그가 마주하는 악당 총잡이와 그의 차이는 무엇인가. 슬롯킨에 따르면 차이가 거의 없다. 그것이 문제다. 힘이, 우아함과 정확함을 지닌 우월자의 숙련된 힘이 정의를 만드는 것이다. 이런 독법은 〈셰인〉과 같은 영화에서 정의가 힘을 만들고 영웅이 천사의 편에 서 있기 때문에 승리한다는 견고한 일반론을 거스르는 것이다. 셰인은 정착민들보다 더욱 천사처럼 보이지만, 그를 천사로 만드는 것, 그에게 소중한 대리 폭력의 자격을 부여하는 것은 바로 정착민들이다. 노조 조직가가 외부인이듯 그도 공동체의 외부인이다. 선한 이들이 이기도록 돕는 갈등 해결의 전문가인 것이다.●

쪽으로 방향을 튼다. 이는 이제 막 출범한 레이건 시대가 원한 이야기는 아니었을 것이다. 〈디어 헌터The Deer Hunter〉의 성공으로 마이클 치미노Michael Cimino는 이 야심적 영화를 만들 수 있었고, 널리 알려진 이 영화의 참담한 실패는 영화 산업에서 작가적 감독의 짧은 번성기에 종지부를 찍었다.

● 아돌포 아리스타라인Adolfo Aristarain이 만든 훌륭한 아르헨티나 영화 〈플레이스 인 더 월드A Place in the World〉는 땅을 둘러싼 갈등을 다룬다는 점에서 〈셰인〉을 연상시킨다. 여기에도 시점 숏으로 어른들의 갈등을 관찰하는 소년, 강력한 대지주에 맞선 소농들, 대지주가 고용했지만 소농들 편에 서는 멋진 이방인, 이방인에게 매혹되지만 아버지에게 충실한 어머니 등이 등장한다. 하지만 이 영화의 뿌리 없는 이방인은 다국적 기업을 위해 일해 오면서 더욱 냉소적으로 변해 버린다. 오히려 적극적으로 소농 조합을 조직하는 사람은 이 마을의 이방인이었지만 이제 뿌

슬롯킨은 시어도어 루스벨트에게 개척 정신뿐만 아니라 진보progress도 부여한다. 루스벨트는 그의 시대의 정치적 지형 안에서 통용되던 용법에 따르면 '진보주의자'였다. 그가 진보의 이름으로 옹호했던 것은 자본주의와 제국주의의 진전이며, 부자의 규칙이었다. 이런 의미에서 '진보주의자'는 '포퓰리스트'의 반대말이다. 이 맥락에서 포퓰리스트는 도래할 산업자본주의의 지배에 대한 민주주의적 신념 및 토지 중심적인 복고적 성향의 저항이라는 의미를 지닌다. 1900년 무렵 미국 정치학에서 통용되던 '진보주의자'와 '포퓰리스트'의 이분법을 슬롯킨은 자신의 모든 연구 분야에 도식적으로 적용한다. 그에게 '진보주의'는 지배적 자본가 계급의 이해 증진을 의미하며 귀환될 수 없는 농업적 과거에 대한 포퓰리스트적 노스탤지어에 대항하는 것이다. 터너는 이 이분법을 벗어난다. 그는 '진보주의자'도 '포퓰리스트'도 아니었으며, 동시에 진보주의자이자 포퓰리스트였다. 이것은 〈셰인〉에도 적용된다. 이 영화의 포퓰리즘은 잃어버린 대의를 한탄하며 뒤돌아보기보다 미래 지향적인 태도를 취하며 효율적인 행동을 통해 승리하기 때문에 슬롯킨을 혼란스럽게 만드는 것 같다. 이것은 또한 존 포드에게도 적용된다.

〈역마차〉가 개봉된 1939년에 또 다른 서부극인 마이클 커티스Michael Curtiz의 〈닷지 시티Dodge City〉와 헨리 킹의 〈제시 제임스Jesse James〉가 만들어졌다. 슬롯킨에게 두 영화는 서부극의 두 가지 변주인 '공동체 조련사town-tamer' 서부극과 '무법자outlaw' 서부극에 전형적으로 등장하는 '진보주의자'와 '포퓰리스트'를 예시하는 것이었다. 그는 이렇게 쓴다. "'공동체 조련사' 서부극은 '진보적' 대답을 제시한다. 사회적 불의가 강력한 범죄자들에 의해 자행되고 영웅은 그들을 패퇴시켜 개척지에 진보를 가져오는 '품위 있는 주민들'에게 힘을 실어 주는 것이다. '무법자' 서부극

리를 내려가는 아버지다. 이 영화에서는 선한 자가 패배한다.

은 불의의 원천을 '진보'의 매체인 강력한 기구(철도)에 둠으로써 이 모델을 비판한다."[204] 슬롯킨의 말대로라면, 마을을 정화하는 보안관은 "품위 있는 주민들"을 위해서라기보다는 자본주의의 거대한 탐욕적 이해관계를 위해 일하는 것이다. 무법자는 그 이해관계에 맞서지만 결코 승리할 수 없는 인민의 반역을 대변한다. 그는 갱스터 영웅의 개척자 판본이며, 귀족적이면서도 그만큼 비극적 존재다. 이런 구도에서라면 승자는 악하고 패자는 선하다. 포드의 서부극 〈역마차〉, 〈황야의 결투〉 그리고 소박하고도 위대한 〈웨건 마스터〉에서와 마찬가지로 〈셰인〉에서는, 승자가 선을 취하지만 그들이 획득한 것은 미래의 희망이라는 출발점일 뿐이다.

〈황야의 결투〉는 '공동체 조련사' 서부극이지만 영웅의 이중성 때문에 무법자 서부극이기도 하다. 이 영화에서 공동체 조련사인 보안관 와이어트 업(헨리 폰다)과 도박꾼이며 술집 주인인 독 홀리데이(빅터 마추어)는 적이 아니며 좋은 친구다. 둘은 모두 이 이야기의 영웅이며 다만 한 사람은 행복한 영웅, 다른 사람은 비극적 영웅일 뿐이다. 짝을 이루는 중요한 두 장면에서 두 사람은 거울을 통해 자신의 이미지를 보고 달라진 남자가 거기 있음을 발견한다. 와이어트 업은 문명을 수용한 서부 사나이이며, 독 홀리데이는 야만을 품고 있는 문명인이다. 각각은 상대방의 거울 이미지다. 그들은 지킬과 하이드처럼 한 존재의 두 얼굴이다. 다만 그들은 분리된 선과 악 사이의 투쟁을 표상하는 것이 아니라, 세속적 세계에서의 문명과 야성 사이의 상호 작용을 표상하는 것이다. 그들이 포드와 터너의 세계에서 미국이라는 나라를 구축하는 개척 변증법을 작동케 한다. 이런 변증법이 독 홀리데이에 깃든 비극적 영웅의 묘사와, 와이어트 업에 깃든 행복을 추구하는 영웅의 묘사가 동반되도록 이끈다. 클레멘타인은 독 홀리데이가 버렸으며 와이어트 업이 사랑하는 동부의 여인이다. 그녀는 독 홀리데이를 따라 서부로 와서 와이어트 업과 춤추고, 서부에 머문

〈황야의 결투〉에서의 춤: 동부와 서부는 달콤한 통합에 도달한다.

다. 〈황야의 결투〉는 비극(적절하게도 주정뱅이 배우가 잊어버린《햄릿Hamlet》의 대사를 독 홀리데이가 암송하는 장면이 등장한다)과 형성 중인 서사시가 함께 운동한다.

개척 정신은 동부와 서부, 과거와 미래, 여성성과 남성성, 유럽인과 인디언, 질서와 자유, 정원과 황야, 문화와 자연의 이중성을 지닌다. 이 이중성은 내티 범포와 칭가치국,● 버지니안과 나쁜 친구 스티브, 셰인과 악당 총잡이 등 대비되는 두 인물을 통해 드라마화된다. 그런 개척 정신의 이중성과 이중적 캐릭터를 통한 그들의 표상을, 포드의 웨스턴은 역동적인 변증법으로 발전시킨다.[205] 〈황야의 결투〉에서 클레멘타인과 와이어트 업이 신비한 모뉴먼트 밸리를 배경으로 빛나는 아침 햇살 아래

● 페니모어 쿠퍼의《레더스타킹 이야기》에 등장하는 두 주인공이다. ― 옮긴이

건축 중인 교회에서 마을 사람들에 둘러싸여 함께 춤출 때 동부와 서부는 달콤한 결합에 이른다. 물론 이것은 어떤 성취가 아니라 단지 전망일 뿐이지만, 그러나 용솟음치는 전망이다.●

포드의 이채로운 다음 서부극 〈아파치 요새〉에서는 동부와 서부의 변증법이 행복한 합일에 이르지 못한다. 양자의 긴장은 오히려 파열 지점에까지 이르고, 그 지점을 슬쩍 지나친 다음, 서부는 동부를 최종적으로 지지한다. 하지만 이는 진정한 문제를 감춘 외견상의 위장된 결말에 불과하며, 영화는 열린 질문으로 끝맺는다. 미국 민주주의의 요람으로서의 개척 정신 찬미(로빈 우드Robin Wood는 이렇게 썼다. "아파치 요새의 삶은 포드의 가장 풍성한 성취 중 하나다. 이것은 기병대 전통에 대한 존중과 야생과의 접촉에서 형성된 유연하고 인간적인 태도가 공존하는 문명의 축소판이다."[206])는 미국 제국주의에 대한 신랄한 비판에 의해 유보된다. 이 영화는 미국 제국주의의 전성기에 한때 미국에게 국민적 서사시를 선사했던 서부극에서 일어난 중대한 전환이다.

〈아파치 요새〉에서 포드는 동부를 대변하는 서스데이 중령(헨리 폰다)과 서부 개척지를 대변하는 커비 요크 대령(존 웨인)의 두 인물을 통해 다시 영웅을 이중화한다. 부대장인 서스데이 중령은 규율주의자이자 출세주의자이며, 위선자이고 노골적인 인종주의자이기도 하다. 요크 대위

● 〈황야의 결투〉의 춤 장면은 배타성 때문에 비판받아 왔다. 이 장면에 마을 사람들 모두가 모여 있지 않은 것은 사실이다. 독 홀리데이도, 그의 여자 친구 치와와도, 멕시코인도, 인디언도 여기에 없다. 하지만 그 비판은 와이어트 업과 클레멘타인을 내부자이며 기성 질서의 일원으로 상정하는 것 같다. 하지만 이 두 사람은 사실 외부자이며 아직 마을의 질서에 편입되지 않았다. 이 장면의 운동은 각각 미개척의 황야와 문명화된 동부에서 온 두 외부자의 내부로의 편입을 향해 이뤄진다. 포드는 배제하지 않고 포용한다. 우리가 만일 그가 그리는 공동체보다 다양성이 더 존중되는 공동체를 세우길 원한다면, 그의 포용적 성향은 기꺼이 우리를 지지할 것이다.

는 훌륭한 군인이고 인디언의 친구다. 서부극이 인디언에 대한 동정을 보여 주는 경우는 드물지 않지만, 〈아파치 요새〉는 진심을 다한 공감을 보여 준다. 〈아파치 요새〉의 용감하고 현명하며 강인한 인디언은 그 대지에 대한 정당한 소유자임을 주장한다. 게다가 그들은 승리한다. 그것은 그들의 승리이며 또한 그들이 장악한 태고의 모래바람이 창백한 침입자를 삼켜 버리는 대지의 승리이기도 하다. 인디언이 어리석으며 쉽게 정복할 수 있는 손쉬운 적이라고 생각한 서스데이는 어리석게도 자신의 병사들을 몰살로 이끌 구덩이로 몰아넣는다. 서스데이는 병사들과 함께 죽는다. 요크는 공격 명령에 반대해 후방 배치되는 바람에 살아남는다. 후일담이 이어진다. 실제 인물인 조지 암스트롱 커스터George Amstrong Custer 장군을 모델로 삼은 서스데이는 인디언에 맞서 용맹하게 싸우다 전사한 위대한 영웅으로 신격화된다.

에필로그의 한 뛰어난 장면에서 〈아파치 요새〉의 부대장이 된 요크는 서스데이의 초상화 앞에서 기자들에게 그를 칭송한다. 하지만 여기서 포드가 분명히 표현하는 것은, 그의 말이 아니라 그의 행동이다. 다음 장면에서 요크는 서스데이의 모자를 쓰고 병사들과 함께 서스데이가 강변한 인디언 토벌 작전에 나선다. 이 에필로그는 모순된 두 가지 독법을 가능케 한다. 하나는 요크의 서스데이 지위 승계를 더 나은 서스데이의 등장을 통한 서부와 동부의 합일이라고 보는 것이며, 유럽 문명의 개선되고 증진된 미국화라고 보는 것이다. 그와 반대로 요크를 더 악한 서스데이라고 볼 수도 있다. 그는 전임자의 적대적 정책을 실행할 수 있는 더 좋은 무기를 지니고 있기 때문이다.

이 에필로그는 그것이 의도된 혼란임을 알아차리지 못한 많은 사람을 혼란에 빠트려 왔다. 로빈 우드에게 이것은 이전까지의 모든 것을 갑자기 뒤엎는 혼란스러운 전도였다. "이 영화는 그 신화의 허구성을 그 철저히 폭로해 오다 결말에서 긍정한다."[207] 그러나 이 영화가 긍정하는 것은 거짓임이 이미 드러난 신화가 아니라, 그 신화가 통합에 기여하는 공동체다. 이 에필로그의 심층적인 혼란은 신화가 창출하는 이득과 손실을 영화가 투명하게 인지하고 있다는 사실이다.

슬롯킨에게 이 에필로그는 "그것이 거짓임을 알면서도 우리의 신화를 믿음"으로써 "역사의 정교하고 합의된 조작"[208]으로 우리를 이끈다. 그러나 신화들은 때로 진실한 것으로 제시된다 해도(이 경우에도 결국 거짓이 되지만) 그런 방식으로 믿음을 조성하진 않는다. 확신은 신화들의 사실적 진실성이 아니라 해석학적, 수사학적, 시적 힘과 민중의 상상력을 포획하고 구조화할 수 있는 능력에 의해 주어진다. 신화들은 참과 거짓의 문제가 아니라, 유용성과 해악의 문제다. 〈아파치 요새〉는 진실을 제쳐 두면 신화를 수용할 수 있다고 말하는 것이 아니다. 오히려 신화와 진실을 나란히 놓고 신화와 역사와 정치의 정체를 열린 눈으로 탐색하라고 말하는 것이다. 포드의 영화들은 아마도 미국에서 만들어진 예술 작품 중 가장 세련된 정치적 성취일 것이다. 그 작품은 냉소와 훈계 없는 명석함으로 신화와 수사학, 이미지와 이데올로기가 사회와 정치에서 작동하는 방식을 이해하고 있기 때문이다. 공동체는 응집을 위해 신화를 필요로 한다는 사실, 그리고 민주주의는 신화를 비판적 이성의 빛으로 성찰해야 한다는 사실을 동시에 이해하고 있는 것이다. 〈아파치 요새〉의 에필로그는 양자의 갈등이 점화되는 지점을 통해 두 가지 필요성을 드라마화한다.

포드의 개척지에서의 진보는, 터너의 그것과 마찬가지로, 단순한 일원적 전진이 아니라 자연과 문화를 향한 이중적 운동이며, 자유와 질서를 향한 이중적 운동이다. 또한 매 단계에서 새롭게 민중이 힘을 획득하는 새로운 시작들의 연쇄다. 개척의 변증법은 자연과 문화의 종합, 질서와 자유의 종합, 진보의 미는 힘과 포퓰리즘의 당기는 힘의 종합을 수반하는 서부와 동부의 종합에 이른다. 만일 〈아파치 요새〉에서 그 변증법이 곤경에 처했다면, 그것은 미는 힘과 당기는 힘이 어떤 만족스러운 해결에도 이르지 못했기 때문일 것이다. 요크 대위는 포퓰리스트이자 진보주의자, 즉 개척 민주주의의 모범으로 출발한다. 그 덕목들은 서스데이가 도착하기 전까지 아파치 요새 주민들이 공유한 것이기도 하다. 아파치 요새는 이민자 공동체이며 역사적으로 미국 기병대에 복무했고 포드가 그 민족적 정체성을 재현하려 했던 아일랜드인이 주축이다. 인종주의자이자 권위주의자인 서스데이는 인디언만큼이나 이 이민자들을 경멸한다. 문제는 서스데이가 지역적인 요새 공동체와도 요새가 지키려하는 미국적 공동체의 표상과도 내적 연관이 없다는 것이다. 〈황야의 결투〉의 결속된 마을은 스스로 싹 틔운 국민적 공동체의 전망을 갖고 있지만, 〈아파치 요새〉의 공동체는 그 자신의 것이 아닌 원칙에 따라 국가에 복무한다.

요크는 그가 유대를 맺어 온 아파치 추장 코치스의 정신적 쌍둥이다.● 한 뭉클한 장면에서, 두 사람은 풍경의 심장부에서 만나 서스데이가 결국 파괴할 평화 협정을 맺는다. 인디언에 대한 요크의 유대감은 그의 포퓰리즘과 연관되어 있다. 〈아파치 요새〉의 인디언들은 적이라기보

● 〈황야의 결투〉에서 와이어트 업은 또 다른 분신을 가지고 있는데, 클래턴가의 아버지다. 혹은 여자 없는 황야의 가족으로서의 업 형제는 클래턴 일가의 분신이며, 후자는 전자의 야만적 거울 이미지다. 〈리버티 밸런스를 쏜 사나이*The Man Who Shot Liberty Valance*〉(1962)에서도 포드는 각각 서부와 동부를 대변하는 두 인물을 분신처럼 등장시킨다. 여기서 서부를 대변하는 영웅은 한편으로 교양을 대변하는 대체 자아(여기서도 둘은 한 여인을 사이에 둔 경쟁자다. 다만 이 영화의 여인은 동부인이 아니라 서부인이며 책상물림으로 체현된 동부인의 아내가 된다)와 맞짝이 될 뿐만 아니라 다른 한편으로 서부의 야만성을 대변하는 대체 자아(리버티 밸런스)와도 맞짝이 된다. 〈아파치 요새〉처럼 〈리버티 밸런스를 쏜 사나이〉도 진실과 신화라는 문제를 다루며, 언론의 역할 나아가 공공 영역에서 진실과 신화의 대변자들을 다룬다. "이곳은 서부입니다"라고 신문 발행인은 말한다. 종종 인용되며 포드 자신의 견해로 간주되는 말이 이어진다. "전설이 사실이 될 때, 그 전설을 인쇄합니다." 하지만 태그 갤러거가 지적했듯이 포드는 그 전설이 행세하게 두지 않으며 그 곁에 진실을 인쇄한다. 갤러거의 견해는 다음 책을 참조하라. *John Ford: The Man and His Films* (Berkeley: University of California Press, 1986), 409.

다 이민자들의 일족처럼 보인다. 인디언과 이민자들은 미국의 지배 계급 및 공식적 '진보'의 주창자들과 인종적·사회적 차이를 확연히 드러내는 존재들이다. 요크가 인디언의 친구에서 학살자로 바뀔 때, 그는 자신의 포퓰리즘을 사실상 부인하며(혹은 오직 향수의 대상으로만 간직하며), 시어도어 루스벨트식의 '진보주의자'가 된다. 〈아파치 요새〉는 비극이다. 개인의 비극이 아니라 공동체의 비극, 정확히 말하면 요새와 인디언이라는 두 공동체의 비극이다.

〈아파치 요새〉는 '정치적' 비극이다. 요크를 선한 사람으로 만든 요새 공동체에 대한 충성심은 요크를 제국주의적 침략의 하수인으로 만드는 국가 공동체에 대한 충성심과 병행한다. 장마리 스트라우브는 이렇게 말한다. "포드는 가장 브레히트적 영화감독이다. 그는 자신을 벌거벗은 모순으로 제시한다."[209] 〈아파치 요새〉에서 그는 개척의 변증법을 끝까지 밀어붙여, 그 한계를 노정시킨다. 그것은 더 좋은 서스데이를 낳았지만, 그것은 더 좋은 인디언 학살자라는 뜻이기도 하다. 포드는 요크가 그 상황에서 할 수밖에 없는 행동을 슬픔의 시선으로 지켜본다. 이 시선을 하나의 이슈로 삼을 수도 있다. 하지만 누구도 이 시선을 심판할 수 없다. 정의로움은 이런 정치적 비극 앞에서 무력하다.

제인 톰킨스는 서부극의 기묘한 성격화를 거론하며 이렇게 주장한다. "서부극은 절대적으로 리얼한 것과 접속하려는 갈증을 만족시킨다." 톰킨스에 따르면 이것이 자신을 육체적으로 건드리고 또한 "육체적 감흥으로까지 느껴지는 짜릿한 예리함을 지닌 책을 읽을 때의 흥분과 같은 것"[210]을 전해 준다. 그러나 톰킨스는 서부극에서 받은 순전히 육체적인 감각은 서부극의 사회적·정치적 세계, 또한 역사의 환경과 가능성에 대해 거의 아무것도 해명해 주지 못한다. 〈와일드 번치〉의 교훈은 폭력 체험에 대한 우리의 놀라울 정도로 육체적인 반응을 성찰하도록 하며, 동시에 역사의 과정(불가피하게 폭력적이지만 전적으로 야만적이지만은 않은)에서 우리의 야만적 충동이 차지하는 역할을 고려하도록 한다는 것이다. 슬롯킨과 톰킨스는 생각보다 멀리 있지 않다. 슬롯킨은 서부극을 전적인 육체성의 신화로 받아들인다. 톰킨스를 짜릿하게 만드는 것을 슬롯킨은 신화화하는 것이다. 톰킨스에게 자극을 준 것이 슬롯킨에게는 도덕적 비판의 토대를 제공하는 것이다. 동전의 양면이며, 그 동전은 서부극의 정치학을 놓치고 있다.

갱스터의 기업. 워쇼는 갱스터 영화에 대해 이렇게 썼다. "영화와 관객의 최초 계약은 인간의 삶에 대해 동의된 개념이다. 인간은 성공 혹은 실패의 가능성과 함께 존재한다는 것이다." "비극적 영웅으로서의 갱스터"는 1948년 〈파르티잔 리뷰*Partisan Review*〉에서 처음 등장했다. 그로부터 반세기가 지났지만 인간의 삶에 대한 동의된 개념은 여전히 유효하다(워쇼의 주장이 삶 자체보다는 삶에 대해 우리가 작성한 가정을 토대로 제시된 것이기 때문에 이 점은 다소 놀랍다). 그리고 갱스터 영화는 여전히 인기 있고 워쇼가 분석했던 고전적 형식에서 크게 바뀌지 않았다. "갱스터의 이력의 의미 전부는 성공을 향한 충동이다"라고 그는 주장했다. "근본적으로 갱스터는 파멸이 예정되어 있는데, 그것은 그가 성공의 의무에 예속되어 있기 때문이지, 그가 사용한 수단이 불법적이기 때문이 아니다. 근대적 의식의 더 깊은 층위에서는 '모든' 수단이 불법적이며, 성공하려는 모든 시도는 공격 행위다."[211] 갱스터는 비극적 영웅인데, 그것은 그에게 유일하게 의미 있는 성공이 그를 파멸시키는 원인이기 때문이다.

〈스카페이스*Scarface*〉의 오프닝 장면에서 우리는 성공적인 사내를 본다. 그는 지금 막 성대한 연회를 열었기 때문이며, 또한 그가 '빅 루이'라고 불리기 때문이다. 매우 부주의하게도, 그는 얼마 동안 혼자 있게 된다. 우리는 그가 곧 살해당할 것임을 즉각 알게 된다. 갱스터 영화의 어떤 컨벤션도 이 장면보다 강력하게 제시된 적이 없다. 혼자 남으면 위험에 빠진다는 컨벤션 말이다. 그런데 성공의 조건 자체가 혼자 있지 않으면 불가능하다는 것이다. 타인들에 대한 한 '개인'의 압도(이것은 자동적으로 그에 대한 증오를 불러온다)의 확립이 바로 성공이기 때문이다. 그런고로 성공한 자는 무법자다. 갱스터의 전 생애는 군중으로부터 자신을 단독자로 내세우려는 시도이며, 그는 단독자이기 때문에 항상 죽는다.[212]

사업을 살인으로 그리고 성공한 자를 킬러로 재현한 채플린의 〈살인광 시대Monsieur Verdoux〉는 앞서 말한 워쇼의 에세이가 나오기 얼마 전에 공개되었다. 이 영화가 워쇼의 갱스터론에 모종의 영향을 미쳤음이 분명하다. 베르두 씨가 갱스터이기 때문이 아니다. 그는 다른 남자들처럼 집에서는 자상한 가장이지만 밖에서는 잔혹한 사업가라는 두 얼굴의 소유자다. 하지만 갱스터와 마찬가지로, 베르두 씨는 살인으로 사업을 운영하며 성공한 자의 문자 그대로의 킬러 본능을 지니고 있다. 아내와 아이들은 안전한 교외에서 보호하는 그는 부유한 여인들과 결혼한 뒤 돈을 위해 그들을 죽인다. 아리스토텔레스에 따르면 비극은 우리보다 나은 인물을 재현하지만, 희극은 우리보다 못한 인물을 재현한다. 베르두 씨는 채플린의 방랑자와 같은 작은 남자이자 희극적 영웅인데 성공한 자(물론 킬러로서)가 된다. 왜냐하면 그는 어떤 다른 방법으로도 생존할 수 없기 때문이다. 갱스터는 비극적 영웅인데 그것은 그가 성공을 위해 모든 시도를 하기 때문이다. 갱스터는 사회적 지위에서는 우리보다 낮을지 모르지만 야망에서는 우리보다 높다. 워쇼는 이렇게 썼다. "그는 우리가 되고 싶어 하는 존재이며, 동시에 우리가 그렇게 될까 봐 두려워하는 존재다."[213]

〈리틀 시저Little Caesar〉, 〈공공의 적The Public Enemy〉, 〈스카페이스〉와 같

은 1930년대 초의 고전적 갱스터 영화들이 이 장르를 확립했다면, 가장 인기 있고 가장 유명한 갱스터 영화는 이 장르에 새로운 지향을 제시한 〈대부The Godfather〉(1972)다. 〈대부〉에서 제시된 '이중적' 지향은, 주로 1940년대를 배경으로 하는데, 한 눈은 과거에 즉 전통적 가족으로 향하고, 다른 눈은 미래에 즉 기업적 자본주의 세계로 향하는 것이다. 이러한 이중적 지향은 이민자 비토 콜레오네의 과거와 그의 아들이자 후계자인 마이클의 현재를 오가는 〈대부 2The Godfather, Part II〉의 대안적 서사 구조에서 분명히 드러난다. 하지만 이것은 비토와 마이클이 각각 가족적 과거와 기업적 미래를 대변하는(일류 학교에서 교육받았고, 파워 엘리트로 키워진) 두 영웅으로 그려진 〈대부〉에서 이미 등장한 것이다. 어느 쪽도 고전적 갱스터는 아니다. 여기서 고전적 갱스터와 유사한 인물은 잠시 패밀리를 이끌지만 그런 영웅의 길을 선택하지 않으려는 것처럼 보이는 충동적인 사내 소니다. '스카페이스'를 떠올리게 하는 그는 이야기의 중간쯤에 죽음을 맞는다. 고전적 갱스터 영화는 개인적 기업 혹은 자수성가한 남자의 이야기이며, 필연적인 잔혹한 결말을 맞고 비극으로 끝맺는 기업 자본주의의 성공담이기도 하다. 〈대부〉는 개인이라기보다는 집단의 이야기다. 이 집단은 패밀리와 기업으로 규정될 수 있지만 성공의 의무라는 부담으로부터 개인을 해방시켜 주는 집단이기도 하다. 기 드보르Guy Debord는 계몽과 진보의 시대에 낡은 존재로 보였던 전산업적 배경의 마피아가 조직화된 거짓과 비밀의 근대적 세계를 전형적으로 보여 주는 집단이 되는 기묘한 사태에 대해 언급했다.[214] 마피아의 퇴행성, 즉 사라진 가족적 세계에 대한 노스탤지어와 야수적인 기업적 모더니티를 결합한 점에 〈대부〉의 천재성이 있다.

갱스터 영화에서 가족이라는 주제는 처음부터 존재했다. '스카페이스'가 여동생에게 집착하는 장면을 떠올리면 될 것이다(이것은 〈대부〉의 소니도 마찬가지이며, 이것이 그의 몰락을 초래한다). 초기 갱스터 영화 중에서 가장 풍부한 사회적 함의를 지니고 있으며 갱스터를 거리의 아이로 선명하게 묘사한 〈공공의 적〉(윌리엄 웰먼William Wellman이 감독했고, 제임스 캐그니를 스타로 만든) 또한 그러한 사례다. 톰 파워스에게는 헌신적인 어머니, 경쟁자이자 모범적인 형 그리고 자신을 구타하는 경찰관 아버지가 있다. 그는 거리의 친구들에게서 진정한 형제를, 갱의 두목에게서 진정한 아버지를 발견한다. 한 갱 두목은 거짓된 아버지로 밝혀지며, 그가 찾는 진정한 아버지는 결국 톰이 시체가 되어 집으로 돌아오는 것을 막지 못한다. 〈공공의 적〉은 〈스카페이스〉나 〈리틀 시저〉에 비해 워쇼의 테제가 잘 적용되지 않는다. 그것은 성공한 남자의 비극이라기보다 가족을 찾으려는 소년의 비극이기 때문이다. 〈대부〉에서 일어나는 일은 가족을 향한 거리 아이의 꿈이 실현되는 것이다.

자본주의는 가족에게 달콤한 말을 속삭이지만 가족을 훼손하기도 한다. 베르두 씨는 그 모순의 체현이다. 그는 자신이 가족을 위해 사업을 한다고 말하지만, 잔혹한 사업에서 삶의 진정한 쾌락을 얻는 그에게 가족은 합리화의 수단이고 교외의 안식처에 머물기 위한 핑계다. 그러나 윌리엄 펙터가 리뷰에서 지적했듯이 〈대부〉의 비토 콜레오네는 베르두와 같은 위선자가 아니라 진정한 가족주의자다.[215] 그는 잔혹한 사업가이지만 결코 이중적 인간이 아니다. 사업에 대한 그의 열의는 가족애와 떼놓을 수 없다. 그에게 사업과 가족은 일체이며, 흔히 둘을 갈라놓는 우리의 세계에서 그건 드문 일이다. 또한 가족은 일체인데, 가족을 해체시키는 이 세계에서 그 또한 드문 일이다.

존 포드의 서부극에서 가족은 여자에게 집중한다. 포드의 주된 관심사는 가족이 아니라 상위의 공동체, 정체政體polity다. 그는 여자를 친절하고 흔들림 없으며 계몽되고 평등주의적인 문명 전파자, 자유주의적이고 민주적인 정체에 열려 있는 가족의 중심으로 간주한다. 대부분의 갱스터 영화들과 마찬가지로 〈대부〉에서도 가족은 엄격한 위계 조직이다.

확장된 형태의 가족이긴 하지만 상위의 공동체, 특히 민주적 정체에 열려 있지 않은 공격적이고 권위주의적인 조직인 것이다. 그것은 근대 세계의 봉건적 요새와도 같은 곳이다. 강력한 연대감의 호소력을 발휘하지만 독재의 결함을 고스란히 지닌 것이다. 하지만 그 봉건적 요새는 자본주의 세계에서 번성할 뿐만 아니라 새로운 기업 자본주의 형태를 이끌어 내기도 한다.

비토 콜레오네는 비극적 영웅이 아니며, 아들 소니를 잃는 슬픔을 겪지만 성공한 남자다. 펙터는 이렇게 썼다. "〈대부〉가 여타 갱스터 영화들과 가장 뚜렷하게 다른 점은 돈 콜레오네가 과도한 성공 끝에 파멸에 이르는 존재가 아니라, 침대에서 평화롭게 죽는 존재라는 것이다."[216] 고전적 갱스터는 기회의 땅에 사는 개인이라는 이데올로기를 신봉하지만 그의 이야기는 그것의 허위를 폭로한다. 그는 과도한 성공 끝에 파멸하는 존재인데, 그것은 그가 하층민의 야망을, 말하자면 성공과는 인연이 없는 하층민의(즉 우리 대부분의) 성공을 향한 열망을 대변하기 때문이다. 비토 콜레오네는 개인이 아니라 가족을 믿는다. 이것은 마이클 콜레오네도 마찬가지인데, 다른 점은 그가 두목이 되면서 가족이 바로 기업이 된다는 점이다. 그 이행은 너무나 유연해 놀라울 정도다. 〈대부 2〉는 가족과 기업의 대조를 강조하고 싶어 하는데, 보다 혼란스러운 점은 둘의 연속성이다. 〈대부 2〉와 훨씬 뒤에 나온 범작 〈대부 3 *The Godfather, Part III*〉는 마이클을 분열된 인물, 혹은 기업화된 베르두 씨로 만들어 낸다. 하지만 봉건적 질서와 자본주의적 질서가 갈등을 일으킨다는 설정은 그들의 사악한 연대에 비하면 별로 흥미롭지 않다.

세 번째 〈대부〉는 기업화된 갱스터가 연관된 주택 담보 대출 스캔들이 뉴스의 주요 면을 장식하던 1990년에 공개되었는데, 마틴 스코세이지는 같은 해에 갱스터 장르를 재검토하는 〈좋은 친구들GoodFellas〉을 만들었다. 실화에 바탕을 둔 〈좋은 친구들〉은 다른 갱스터 영화에 비해 보다 현실적이었고 범죄자의 삶에 보다 가까웠다. 스코세이지는 한 인터뷰에서 "〈대부〉는 《아서왕의 죽음La Morte d'Arthur》과 같은 서사시이지만, 내 영화는 다큐멘터리의 성격이 더 강하다. 16mm 카메라로 이들을 20년, 25년 동안 찍은 것처럼 말이다"[217]라고 말했다. 〈좋은 친구들〉은 갱스터를 특별한 층위, 즉 비극이나 서사시의 층위로부터 일상적 탐욕을 선한 것으로 간주하는 미국의 교외 거주자들 삶의 층위로, 즉 선한 탐욕자로서의 '거리의 아이' 버전으로 격하시켰다. 〈공공의 적〉의 톰 파워스와 마찬가지로 〈좋은 친구들〉의 헨리 힐(레이 리오타)은 아버지에게 구타당하고 거리 반대편 갱스터들의 삶에서 대안 가족을 찾는 청년이다. 그러나 그가 찾던 대안 가족은 진정한 유대가 아니라 돈의 유대를, 진정한 소속감이 아니라 물질적 소속감을 제공한다. 여기서 성공의 욕망은 정확히 돈의 추구다. 또한 힘에의 의지는 정확히 고급 식당에서 줄 서서 기다리지 않아도 되는 얄팍한 우월감이다. 이것은 희극적 영웅으로서의 갱스터다.

공격적인 토미 드 비토(조 페시)는 한 대목에서 이렇게 묻는다. "웃긴다고? 뭐가 웃긴다는 말이지? 광대처럼 웃겨서 즐겁다는 말이야? 내가 웃기니까 즐겁다는 거야?" 토미는 동료들과 바에 앉아서 재미있는 이야기를 하고 있는 중이다. 헨리가 큰 소리로 웃음을 터뜨리며 "넌 재미있는 친구야"라고 말하자, 토미는 갑자기 정색을 한다. 웃음소리는 뚝 그치고 갑자기 폭력의 기운이 감돈다. 〈좋은 친구들〉은 일종의 코미디이지만 심각한 폭력이 결코 떠나지 않는다. "웃긴다고? 뭐가 웃긴다는 말이지?"는 이 코미디에 은밀히 동반되는 질문이다. 〈좋은 친구들〉은 코미디이지만 여기에는 일상을 잊게 만드는 희극적 과장이 없다. 여기에는 보이스오버 내레이션이 주된 기능을 담당한다. 주로 헨리의 일인칭 목소리지만 가끔 그의 아내 카렌(로레인 브라코)의 일인칭 목소리가 주인공인

이 내레이션은 그 자체로는 액션보다 희극적이지는 않다. 하지만 액션과 내레이션의 상호 작용이 이 영화에 불편한 희극적 효과를 유발하는 것이다.

보이스오버 내레이션과 카메라 및 편집의 시각적 내레이션이 동반하는 〈좋은 친구들〉의 내레이션은 이 영화의 특출한 점이다. 여기에는 상연되는 장면과 설명적 내레이션의 관습적 구분, 온전히 드라마적인 부분과 보이스오버 내레이션으로 설명되는 부분의 확연한 분리가 없는 것이다. 〈좋은 친구들〉은 액션 장면과 내레이션을 능수능란하게 뒤섞는다. 《와이즈가이Wiseguy》의 저자인 니콜라스 필레지Nicholas Pileggi에 따르면 이 영화는 평생 갱스터였지만 경찰과 거래한 뒤 동료들을 밀고한 헨리 힐Henry Hill의 실제 경험에 바탕을 두고 있다. 필레지는 스코세이지와 공동 각본을 썼는데, 《와이즈가이》의 드라마화된 일기 형식, 그와 연관된 헨리 힐의 일인칭 시점은 〈좋은 친구들〉의 내러티브 스타일에 깊은 영향을 미쳤다. 그러나 영화는 문자가 아니며, 스크린 위의 내러티브는 종이 위의 그것과는 다른 문제점과 가능성을 지닌다. 〈좋은 친구들〉의 내러티브는 비범한 형식적 성취다. 대중 예술의 체계 안에서 만들어졌지만, 이것은 혁신적인 아방가르드적 실험으로 찬미될 가치가 있다. 내레이션으로 헨리가 말하는 것이, 스크린에 등장하기도 하고 등장하지 않기도 한다. 이야기가 진행되고 헨리가 사건에 대한 통제력을 잃어가면서, 시각적인 서술은 종종 헨리의 말을 앞서 나가고 때로 그의 말을 거짓말로 만든다. 마침내 경찰 쪽 목격자로 나서면서 통제력을 재획득하는 듯 하지만 이것은 사실 통제력을 포기하는 것이며, 보이스오버 내레이션으로 진행되던 영화가 이제 헨리가 스크린 위에서 우리에게 직접 말하는 방식으로 바뀐다. 이것은 그의 지위가 내레이터 역할에서 단순한 연기자 역할로 축소됐음을 의미한다.

〈카지노Casino〉(1995)에서 스코세이지는 〈좋은 친구들〉의 내러티브 실험을 더 밀고 나간다. 〈카지노〉도 실화에 바탕을 둔 필레지의 책을 스크린에 옮긴 갱스터 영화이며, 이번에도 필레지는 스코세이지와 공동으로 각본을 썼다. 하지만 그 책은 우리가 영화에서 보고 듣게 되는 것과 거의 무관하다. 〈좋은 친구들〉에서는 카렌 힐이 헨리 대신 내레이터로 간혹 나설 뿐이지만, 〈카지노〉에서는 처음부터 두 사람의 내레이션으로 진행된다(한 장면에서는 제3의 내레이터가 등장한다). 갱스터 니키 산토로(조 페시)가 어릴 적 친구이자 에이스(로버트 드 니로)로 불리는 샘 로트스타인을 만나기 위해 라스베이거스에 도착할 때, 레이 찰스와 베티 카터가 부르며 내레이션의 중요한 역할을 맡는 음악 "둘이라야 탱고를 추지It takes two to tango"●가 흘러나온다. 에이스와 니키가 번갈아가며 스토리를 말한다. "그땐 천국이었지"라며 에이스는 라스베이거스에서 대형 카지노를 운영하던 시절을 얘기한다. 이어서 니키가 말한다. "하지만 그게 우리 같은 건달이 염병하게 값비싼 걸 가질 수 있었던 마지막 시절이 됐지."

에이스와 니키는 다른 관점을 가지고 있다. 그들의 일인칭 술회는 서로 보충하기도 하지만 때로는 서로 충돌한다. 보다 다혈질인 니키는 에이스의 술회에 곧잘 끼어드는데, 마치 두 사람이 나란히 앉아 함께 영화를 보며 코멘트하고 있는 듯한 모양새다. 이것은 우리가 극영화에서 기대하는 보이스오버와 스크린의 이미지의 관계가 아니다. 관습적인 방식은 보이스오버가 스크린의 이미지를 직접 언급해서는 안 되며, 보이스오버와 이미지가 함께 이야기를 들려줌으로써 우리를 이야기의 세계로 끌어들여야 한다는 것이다. 캔자스시의 식료품점 뒷마당에 모여든 갱단 보스들이 화면에 등장하면 니키는 이렇게 말한다. "이 늙은 남부 유럽 출신 자식들은, 그렇게 보이지 않겠지만, 라스베이거스를 비밀리에 장악하고 있는 자들이지." 니키의 보이스오버는 우리가 보고 있는 이미지에

● 손바닥도 마주쳐야 소리가 난다는 뜻의 관용구다. ― 옮긴이

대해 마치 그도 함께 그 이미지를 보고 있는 것처럼 말하는데, 이것은 극영화 내레이터가 아닌 다큐멘터리 내레이터가 우리 눈앞의 이미지에 대해 말하는 방식이다. "여긴 라스베이거스 스트립이야. 매일 행운을 얻기도 하고 잃기도 하는 곳이지." 액션과 내레이션 사이를 오가면서, 〈카지노〉는 스토리의 세계와 그로부터 독립된 진술 사이를 민첩하고 자유롭게 오간다. 결말에 이르면 뒤로 물러나 있던 니키는 갑자기 잔인한 복수의 사건 안으로 불려 나오고, 종종 다른 내레이터의 말을 중단시키던 니키의 진술은 이제 다른 내레이션이 아니라 액션에 의해 중단된다. 그의 보이스오버 진술이 그의 부하에게 가해진 일격으로 저지되는 것이다. 그 일격은 그와 그의 형제들을 향한 갱들의 잔혹한 살육의 시작이며 갱들은 옥수수밭에서 니키 일당을 살해한다.

이런 허구의 목소리들이 다큐멘터리 내레이션의 자유로운 방식으로 스토리를 말함으로써, 〈카지노〉의 스토리는 일종의 다큐멘터리로 이행하는 자유를 지니게 된다. 워쇼가 지적한 것처럼, 전통적 갱스터 영화는 범죄를 강조하는 반면 갱스터의 실제적 사업, 혹은 그에게 이윤을 가져다주는 기업에 대해선 거의 보여 주지 않는다. 〈대부〉도 예외가 아니어서, 가족을 전면에 내세우고 사업은 뒤에 숨는다. 〈좋은 친구들〉은 갱스터의 일상적 사업을 다큐멘터리의 감각으로 기록함으로써 이 컨벤션을 변화시킨다. 〈카지노〉는 이 변화를 밀고 나가, 사건에서 설명으로 또한 스토리에서 스토리 이면의 역학으로 자유롭게 이동하는 내레이션을 통해, 카지노 사업의 안팎을 생생하게 묘사한다. 에이스는 내레이션으로 자신도 금고실 출입이 허용되지 않는다고 말하지만, 카메라는 금고실 안으로 태연하게 들어가 돈 무더기를 쳐다보다 캔자스시의 보스에게 전할 돈 가방을 채워 든 남자와 함께 밖으로 나온다. 우리는 카지노의 일과를 통해 갱들의 사업을 보며, 또한 에이스의 사업을 본다. 세세한 곳까지 감시하고, 크게 딴 고객을 거리에서 붙들어 돌아오게 한 다음 다시 잃게 만들며, 고객의 속임수를 적발하는 과정(여기서 영화는 다큐멘터리처럼 멈춰 도해를 보여 준다), 그리고 다시 속임수를 쓰지 않도록 벌주는 과정까지 우리는 목격한다. 에이스는 자신의 일을 즐기고 능숙하며 돈을 무척 많이 버는 남자다. 그 와중에 그는 매혹적인 여인 진저 매케나(놀라운 연기를 보여 주는 샤론 스톤)를 만나 사랑에 빠지고 결혼한다. 천국이라는 표현은 과장이 아닌 것이다.

에이스 로트스테인은 복 받은 남자다. 그의 직업적 능력이 성공을 보장해 왔으므로 우리가 그의 일하는 모습을 지켜봐야 하는 것은 당연한 일이다. 니키는 에이스가 붉은 주사위에 조심스레 눈금을 새기는 숏에서 "에이스는 열다섯 살에 첫 베팅을 했고, 그 뒤로 항상 돈을 벌었다"라고 말한다. 도박은 그에게 확률이 아니라 계산의 문제이며, 수련과 지능의 문제다. 그는 갱 보스에게 엄청난 돈을 벌어다 줬고, 보스는 그에게 천국을 선사했다. 니키는 에이스에게 어떤 일도 일어나지 않도록 그를 경호하는 임무를 맡았다. 에이스는 폭력적 인물이 아니다. 둘이라야 탱고를 춘다. 에이스는 두뇌이고 니키는 근육이다. 〈카지노〉의 니키는 총을 가진 고전적 갱스터이며, 과도한 성공에 이른 거리의 아이다. 그는 〈스카페이스〉와 〈리틀 시저〉의 주인공처럼 비극적 영웅이 될 수도 있었을 것이다. 에이스는 지능을 가진, 그리고 역시 과도한 성공에 이른 남자다. 천국에서 굴러떨어지더라도, 그 역시 비극적 영웅이 되지는 않는다. 일인칭 내레이터에게는 비극이 있을 수 없고, 그 내레이터가 주인공이라도 마찬가지다. 자신의 시종에게 영웅으로 보이는 사람은 없으며, 자신의 비극을 스스로 설명하는 비극적 영웅이란 있을 수 없다.●

● 앨버트 휴즈Albert Hughes와 앨런 휴즈Allen Hughes가 감독하고 타이거 윌리엄스Tyger Williams가 각본을 쓴 〈사회에의 위협Menace II Society〉(1992)은 이 규칙의 예외이며, 어쩌면 그 규칙을 입증하는 예외다. 이 영화는 비극이며, 고전 갱스터처럼 마지막에 죽음을 맞는 젊은 흑인

카지노 사업에 대한 다큐멘터리적 묘사는 에이스와 니키의 개인적 흥망의 배경에 그치지 않고 갱단과 미국의 기업이라는 더 큰 이야기에 포괄되는 그들 이야기의 뼈대를 이룬다. 고전 갱스터 영화가 개인의 이야기라면, 〈대부〉는 패밀리의 이야기이고 〈카지노〉는 우리의 영웅들인 도박사와 갱스터가 그 안에서 하나의 몫을 할 뿐인 거대 기업의 이야기다. 이론가들은 내러티브가 인과성에 기대고 있다고 말할지 모르지만, 〈카지노〉의 구술적 시각적 내레이션은 단순한 원인과 결과와는 다른 행로를 따른다. 유능하며 세세한 일에까지 까다로운 에이스는 지방 정부에 연줄이 있는 무능한 직원을 해고하며, 이로 인해 곤경에 처한다. 자부심 강한 엘리트의 이야기처럼 보이지만 다른 점은 이 곤경이 그의 몰락의 원인이 아니라는 것이다. FBI는 다른 이유로 캔자스시의 식료품점에 도청 장치를 설치한 뒤 갱단과 그가 일하는 라스베이거스 카지노의 연계를 발견한다. 에이스는 자신의 능력으로 성공할 수도 있었으나 갱단이 그의 능력으로 막대한 이윤을 챙겨 왔던 게 문제였다. 그의 성공도 갱단 탓이지만 몰락도 갱단 탓이다. 이 유능한 남자는 자신의 능력으로 성공했다고 생각할지 모르지만, 기존 권력의 손아귀 아래서만 성공할 수 있는 것이다.

〈카지노〉의 갱 보스들은 원격 통치를 하고 있어, 갱들의 유대감은 별로 없으며 〈좋은 친구들〉에 있었던 돈의 유대도 없다. 라스베이거스의 에이스는 오랜 친구인 니키와도 그다지 친밀하지 않다. 그는 갱단이 거기 없는 것처럼, 두뇌가 근육 없이 움직이며, 자신이 거기 존재하는 권력 없이도 혼자 해 낼 수 있는 것처럼 보이기를 원한다. 에이스는 자신

이 주인공으로 등장해 그의 일인칭 내레이션으로 진행된다. 드물게 나오던 그리고 스토리를 말한다기보다 일종의 구두점 노릇을 해오던 그의 보이스오버 내레이션은 결말에서 그의 죽음 직전에 연극의 독백처럼 우리에게 말을 건넨다. 행동의 내레이션이라기보다 자신의 운명을 알고 있는 비극적 영웅의 독백이다. 이 대목에 이르면 이 영화의 일인칭 보이스오버 내레이션은 이야기 내내 예감되고 곳곳에서 감지되는 죽음이 마침내 찾아온 순간에 발화되는 독백으로 이해할 수 있다.

〈카지노〉에서의 샤론 스톤: 주인공의 꿈의 여인.

의 패밀리를 원하는 것이다. 그는 진저가 남자의 칩을 허공에 던지는, 꿈처럼 반복되는 장면을 바라보며 그녀에게 빠져든다. 하지만 그의 결혼은 돈의 결혼이었다. 이것은 진저가 '기회주의적 파티 걸'(한 평론가가 그렇게 불렀다)이기 때문이 아니다. 그녀는 에이스에 비해 차라리 더 비극적일 뿐 결코 기회주의적이지 않으며, 스코세이지는 두 사람을 똑같은 유보적 연민의 시선으로 다룬다. 그들의 관계는 어느 쪽도 계약일 뿐이며, 그들이 사는 곳 자체가 바로 계약의 세계다. 에이스는 자신의 패밀리를 원하지만, 그것은 돈의 패밀리일 수밖에 없다.

　워쇼가 말했듯이 갱스터 영화는 실제 갱스터에 관한 영화가 아니라 상상적 인물, "우리가 쉽게 그리고 기꺼이 규정할 수 없는 방식으로 우리를 대변하는"[218] 신화적 갱스터에 관한 영화다. 그 갱스터는 미국에서의 성공의 은유이며, 범죄의 은유다. 〈좋은 친구들〉과 〈카지노〉의 갱스터들이 실제 갱스터에 더 가깝다면 그것은 다큐멘터리의 관점이라기보다 신화를 재상상하는 방식, 신화를 재사유하는 방식에서 비롯된다. 스코세이지는 갱스터의 이야기를 한 개인 즉 성공한 건달의 행위, 다시 말해 인과관계로 그 행동 경로를 우리가 짚어 갈 수 있는 한 주인공의 행위로 더 이상 볼 수 없다고 믿는 것 같다. 기업의 나라 미국에서는 이제 성공과 실패의 상상 속에서조차 누구도 우리를 위해 말하지 않고 우리를 대변하지 않는다. 〈카지노〉의 갱단 보스들은 늙었고 FBI가 그들을 법정에 세울 때쯤이면 그들은 이미 죽음 직전에 있다. 하지만 그들이 이끌던 조직은 하나의 기업이며, 그들이 사라진다 해도 모종의 거대한 힘으로 그것은 유지될 것이다. 다만 이제 거리의 아이들에게는 더 이상 기회가 주어지지 않을 것이다.

8장

역사 수업

키아로스타미와 스트라우브 – 위예, 혹은
모더니즘이 자연주의와 역사를 만났을 때

시는 그런고로 역사보다 더 철학적이고 더 상위의 것이다. 시는 보편적인 것을 표현하고, 역사는 특수한 것을 표현하기 때문이다.
— 아리스토텔레스, 《시학》

나는 인물이 진흙 길을 걸을 때 진흙이 달라붙는다는 느낌을, 안개 속을 걸을 때 안개가 시야가 가린다는 인상을 주고 싶었다.
— 장 르느와르, 〈교차로의 밤〉에 관해 말하면서

모더니즘은 리얼리즘의 반의어로 간주되어 왔다. 한때 영향력이 있던 모더니즘의 수호자 클레멘트 그린버그는 이렇게 말했다. "리얼리즘적, 자연주의적 예술은 예술을 감추기 위한 예술을 사용함으로써 그 매체는 보이지 않도록 한다. 모더니즘은 예술 그 자체에 주목하도록 예술을 사용한다."[219] 비슷한 견해가 페터 뷔르거Peter Bürger의 영향력 있는 최근 저작 《아방가르드의 이론Theory of the Avant-Garde》에도 등장하는데, 그는 모더니즘이 예술을 위한 예술의 동의어라는 이론을 제시한다.[220] 예술의 자율성에 토대를 둔 부르주아 사회의 예술 제도는, 뷔르거에 따르면 그 논리적 귀결로 순수 미학이라는 지점에 이르는데, 뷔르거에게 순수 미학은 모더니즘과 동의어다. 모더니즘과 아방가르드에 관한 논의에서는, 두 용어가 얼마간 대체 가능한 것으로 보는 그린버그와 달리, 뷔르거는 모더니즘을 아방가르드(그의 용어를 따르자면 '역사적 아방가르드')와 확연하게 구분한다. 아방가르드는 부르주아 예술 제도, 특히 모던 아트에서 그 정점을 이루는 예술의 자율성에 대한 반역이라는 것이다. 그린버그는 오랫동안 잊혀지다시피 했고, 그의 취향은 낡은 것으로 치부되어 왔지만, 그의 모더니즘론은 여전히 유효하다. 포스트모더니즘의 옹호자들은 뷔르거의 역사적 아방가르드(1920년대의 다다이즘과 초현실주의 그리고 소비에트와 바이마르의 채 10년도 안 되는 기간에 지속된)를 모던에 대한 포스트모던의 반역과 연관시킨다. 이 논의에 따르면 모던은 형식주의적인 반면 포스트모던은 정치적이다. 또한 모던은 자신만의 관심사와 자신만의 미학적 영역에 갇혀 있는 반면, 포스트모던은 사회적 관심사와 역사의 영역으로 확장된다. 이 견해에 따르면, 그린버그의 견해와 마찬가지로, 모더니즘은 리얼리티의 재현에 등을 돌린 예술이다.

모더니즘의 여명기에 시인 스테판 말라르메는 다른 견해를 제시했다. 1876년에 쓴 글 "인상파 화가들과 에두아르 모네"에서 그는 이렇게 말한다. "진실의 추구는, 특히 모던 예술가들에게…… 자연을 알게 하고 재생할 수 있도록 해 준다. 공정하고 순수한 눈에 드러나는 자연으로서 말이다." 말라르메는 자신에 찬 어조로 강조한다. "마네와 그의 추종자들의 전망과 목적은 회화가 자연과의 관계 속에서 다시 자신의 소명cause에 이르는 것이다."[221] T. J. 클라크는 마네와 인상파에 관한 저서에서 이 문장을 인용하며, '소명'이라는 단어에 주목한다. 클라크는 이 소명을 그린버그가 말한 매체에 대한 강조로 받아들이면서, "자연과의 관계 속에서"라는 대목은 버린다.[222] 그러나 매체에 대한 즉 예술의 수단에 대한 강조는 말라르메의 말의 절반일 뿐이며 나머지 절반도 그만큼 중요하다. 자연에 대한 강조 즉 리얼리티의 재현이라는 목적을 향한 예술적 수단의 사용에 대한 강조 말이다.

수단에 대한 강조는 목적 성취의 어려움에서 비롯된다. 특히 모던 예술가들에게 진실의 추구는 리얼리티를 바라볼 수 있는 높은 전망대, 진실의 열쇠를 지닌 신학적 체계 혹은 구상 없이 수행된다. 자신의 수단을 감추는 예술은 자신이 진실에 이르기에 완벽한 적합성을 갖고 있음을 우리가 받아들이기를 원한다. 자신의 수단에 주목하도록 하는 예술은 자신을 하나의 구축물로서, 즉 필연이 아닌 일종의 선택의 문제로 제시하며, 더 상위의 질서가 아닌 인간이 만든 질서로 자신을 드러낸다. 상위의 질서는 흔히 대답을 제공한다. 하지만 인간이 만든 질서는 사태와 사물을 질문하고 자신을 질문으로 제시한다. 모던 아트가 자신의 수단을 강조하는 이유는 그것이 유일한 주제이기 때문이 아니라, 그 수단을 질문의 자리에 두려 하기 때문이며, 진실의 추구에서 어떤 전제도 주어진 것으로 받아들일 수 없다고 느끼기 때문이다.

마네와 인상파 화가들은 자연주의자이면서 형식주의자였다. 그들은 한 번도 그려진 적이 없는 사물의 실제적 외양을 자신들의 눈에 비친 그대로 캔버스에 그려내기 위해 노력했다. 동시에 같은 의도로 그들은 표현의 도구들 즉 사용한 물감, 채색 기법 등이 보는 이에게 감지되도록 만들었다.

19세기 문학은 실제 경험의 단독성을 묘사하려는 시도에서 시각 예술을 앞섰다. 새로운 문학 양식인 소설은 바로 그런 목적에 의해 태어났으며, 같은 목적에 의해 발명된 시각 양식인 사진이 겨우 발걸음을 뗄 무렵에 이미 만개한 상태였다. 소설이 문학적 전통의 중심을 차지하고, 우리가 '고전적 리얼리즘' 소설이라는 말을 종종 쓰긴 하지만, 성장 중이던 당시 소설의 리얼리즘은 고전주의적 관습들과의 혁명적 결별이었음을 염두에 두어야 한다. 비평가들은 흔히 리얼리즘과 자연주의를 구분 짓지만, 자연주의는 진실을 향한 모더니즘의 추구가 더 진전된 것이며, 실제 경험이라는 새로운 영역으로의 확장이다. 자연주의는 이언 와트Ian Watt가 소설의 "형식적 리얼리즘," "삶에 대한 상황적 관점circumstantial view of life"이라 부른 것, 즉 일반성 불신과 단독성 존중, 고전주의적 이상화와 보편에로의 상승이 아니라 특수성에로 하강하려는 태도 등을 강조할 뿐이다.[223] 리얼리즘과 자연주의의 대비를 고집하는 이들(죄르지 루카치 Georg Lukács가 대표적이다)은 리얼리즘이 원초적 충동을 거스른다는 고전주의적 관념을 고수한다. 모더니즘 소설은 자연주의에 등을 돌리거나 진실 추구를 포기하지 않았다. 귀스타브 플로베르Gustave Flaubert와 콘래드는 한 발은 리얼리즘에 다른 한 발은 모더니즘에 담갔다. 또한 제임스 조이스James Joyce와 윌리엄 포크너William Faulkner의 만개한 모더니즘은 자연주의와 굳건히 연대했다. 이 모더니스트 소설가들은 소설의 리얼리즘 형식을 부정한 게 아니라 오히려 리얼리즘의 형식을 전경화했다. 마네 및 인상파 화가들과 마찬가지로 이들의 작품은 자연주의적이면서 형식주의적이다.

사진에 움직임을 부여해 대상의 실제적 외양을 탐구하는 영화는, 19세기의 소설이 그러했던 것처럼, 20세기의 가장 두드러진 예술 형식이 되었다. 그러나 영화의 지배적 형식은 리얼리즘도 모더니즘도 아니었으며, 자기 매체의 자연주의적 가능성을 오히려 억누르는 일종의 고전주의다. 예술의 고전 스타일이 규범과 자신의 인위적 형식 안에 안착하는 스타일이고, 표현되어야 할 모든 것이 컨벤션들로 적절하게 표현될 수 있다는 확신 아래 컨벤션에 순응하는 스타일이라면, 유성 영화 도래 이후의 할리우드 영화의 스타일을 고전 스타일이라고 부르는 일은 합당할 것이다.[224]

하지만 영화의 자연주의적 가능성은 억누를 수 없는 것이다. 뤼미에르 형제가 카메라를 들고 거리에 나섰을 때부터, 자연주의는 영화의 형식 안으로 돌아오기를 멈추지 않았다. 자연주의가 등장한 곳에서 모더니즘은 멀지 않은 곳에 있다. 인상파 회화에서처럼, 또 베르토프, 에이젠시테인, 도브젠코 등 20세기 소비에트 영화에서도, 자연주의적 지향은 완강한 형식주의와 결합해 모더니스트 스타일로 향한다. 1930년대 프랑스에서, 부뉴엘과 비고의 초현실주의, 장 르느와르의 탐사적 리얼리즘 역시 열렬한 자연주의적 충동과 형식 혁신 및 관습 도전을 향한 그만큼 열렬한 충동을 결합시켰다. 1940년대의 영화 중 가장 두드러진 자연주의적 스타일은 이탈리아의 네오리얼리즘이었다. 이 자연주의가 긴

휴지기 없이 안토니오니, 펠리니, 프란체스코 로시Francesco Rosi, 피에르 파올로 파졸리니Pier Paolo Pasolini 그리고 마르코 벨로키오Marco Bellocchio 의 모더니즘으로 전환되는 데는 오래 걸리지 않았다. 같은 일이 1960년 대의 프랑스 누벨바그에서, 그리고 넬슨 페레이라 도스 산토스와 글라우버 로샤Glauber Rocha의 브라질 시네마노보에서도 일어났다. 그리고 오늘날 같은 일이 이란 감독 아바스 키아로스타미의 영화에서도 일어나고 있다.

키아로스타미의 〈클로즈업Close-Up〉(1990)은 한 기자와 두 경관이 택시를 타고 범행 현장으로 가는 장면으로 시작한다. 기자가 택시 기사에게 설명하는 범행은 기묘한 종류의 사기다. 누군가가 저명한 영화감독(모흐센 마흐말바프Mohsen Makhmalbaf)을 사칭하며, 영화를 만든다는 명목으로 한 상류층 가족의 집에 들락거려 왔다는 것이다. 이란 영화계에서 감독들은 스타이며 배우들은 네오리얼리즘의 방식으로 종종 일반인들 중에서 뽑힌다. 〈클로즈업〉은 실제 이야기를 재구성하며 실제 사건 관계자들이 자신을 연기한다. 이 가족은 마흐말바프의 영화에는 등장할 수 없었지만, 키아로스타미 영화에서 바로 자신을 연기하고 있다. 기자는 이것이 큰 기사의 스토리가 될 것이라고 믿고 있으며, 우리는 그가 이 영화의 스토리텔러가 될 것이라고 가정하게 된다. 택시가 그 가족 집에 도착하면 우리는 기자와 함께 안으로 들어갈 것이라고 기대한다. 하지만 우리의 기대는 좌절된다. 우리는 기사와 두 경관과 밖에 남아 있어야 하며, 두 경관이 용의자를 체포하기 위해 집 안으로 불려 들어간 뒤에도 우리가 부차적 인물이라고 생각한, 그리고 우리가 이 이야기에 입장할 수 있도록 해 줄 것이라고 생각한 기자의 보조자일 뿐인 택시 기사와 함께 여전히 밖에 남아 있게 된다. 모든 집의 대문이 굳게 닫혀 있는 주택가에 우리를 머물게 함으로써, 이 영화는 이 상류층 주택에 들어갈 특권이 우리에게 주어지지 않은 것처럼 실제 세계가 우리에게 더 이상 진행 중인 이야기에 입장할 수 있는 특권을 부여하지 않는다는 사실을 알게 된다. 이것이 자연주의가 모더니즘으로 이행하는 과정이다. 우리에게 진행 중인 이야기에 접근할 특권이 없고 벌어지는 사건을 조망할 수 있는 이상적 장소도 주어지지 않는 실제 세계에서, 우리는 우리의 접근을 실제로 가능하게 하는 수단들을 인식해야 하며, 세계를 재현하기 위해 예술이 사용하는 수단들을 질문에 부쳐야 한다.

기다리던 기사는 그 가족이 사는 거리의 막다른 골목으로 차를 돌린다. 그리고 차에서 나와 파란 하늘에 하얀 궤적을 남기는 비행기를 쳐다본다. 골목길의 나뭇잎 더미에서 꽃을 집어 든 그는 깡통을 툭 찬 다음 비탈길을 굴러서 맞은편 연석에서 멈추는 그 깡통을 바라본다. 깡통은 자연주의적 접근의 재치 있는 사례라고 볼 수 있을 것이다. 말하자면 그것은 자연주의가 착목하는 일상생활의 세부를 재현한 것이다. 우리는 큰 이야기를 쫓아왔다고 생각했지만, 아무것도 아닌 거리의 깡통을 지켜보고 있는 자신을 발견한다. 그 깡통의 행로는 자연주의학파의 내러티브에서 나타나는 인과율의 철칙을 재현하는 것으로 보일 수도 있다. 그 깡통이 마침내 멈출 때까지 우리는 보고 또 본다. 한 가지 원인의 불가피한 결과를, 기사가 꽃을 집어 들고 깡통을 찬 행위의 사소하지만 불가항력적인 결과를 보는 것이다. 키아로스타미는 자신이 채택한 형식적 리얼리즘에서 그 형식에 유의하기를, 즉 인과의 세부와 전개 양상에 유의하기를 요청하고 있다.

기사가 꽃을 들고 차로 오자, 기자와 두 경관은 그 가족의 집에서 나와 영화감독을 사칭한 남자와 함께 택시에 오른다. 우리는 충분히 오래 기다렸고, 이제 이야기에 접근할 수 있을 것이라고 느낀다. 그러나 기자에게는 녹음기가 필요할 뿐이다. 그는 밖으로 나와 택시비를 지불하고 차를 보낸다. 이웃집의 초인종을 누르고 빌릴 만한 녹음기가 있는지 물어보는 기자 곁에 우리는 머문다. 애초에 우리는 기자와 함께 그 가족의 집에 들어갈 것이라고 기대했지만 기사와 함께 집 밖에서 대기했다. 우리는 또한 기사와 경관과 이야기의 주인공인 사기꾼 남자와 함께 택시를 탈 것이라고 기대했지만, 지금 기자와 함께 남겨졌다. 우리의 기대는 내러티브가 중심적인 인물과 사건이 벌어지는 단계를 따라가는 것이었지만, 이 내러티브는 사건의 변두리에 머물기를 원하는 것처럼 보이며, 이야기에 보다 가까운 인물로부터 매번 벗어난다. 우리는 유예suspension 상태에 머물러 있지만 그것을 서스펜스라고 말할 수는 없다. 여기서 요점은 우리에게 단지 스토리를 말하는 것이 아니라, 우리에게 스토리에 이르는 경로를 인지시키는 것이다.

원인과 결과: 우리는 골목길을 굴러가는 깡통을 바라보는 것과 같은 방향으로 기자가 녹음기를 찾아 골목길을 걸어가는 모습을 본다. 하지만 기자는 멈추지 않고 녹음기를 얻자 더 빨리 움직이기 시작한다. 기사와 다르게 그가 깡통을 힘껏 차자 깡통은 이전보다 훨씬 빠르게 구르기 시작한다. 이번에는 우리가 구르는 깡통과도 함께 있지 못하며, 영화는 그 기자의 기사가 실린 신문을 쏟아내는 윤전기(깡통 소리와 인쇄 소리는 운율을 이룬다)로 컷한다. 깡통과 윤전기는 인과가 아니라 은유로 연관된다. 깡통 차기의 행위라는 일상의 사소한 세부와 간행물의 회전 사이의 은유가 성립하는 것이다. 여기에 예술의 공명이라는 문제가 있다. 키아로스타미의 손에서 깡통은 의미심장한 것으로 바뀐다. 그것은 이야기 안에서 의미심장하다기보다, 이야기하기에 대해 이야기한다는 점에서, 그리고 재현의 수단을 재현한다는 점에서 의미심장하다. 요컨대 모더니즘의 특징적 양식으로 표현된다는 점에서 의미심장한 것이다. 자연주의적 세부가 모더니즘의 자의식으로 다뤄지며, 이것은 예술의 수단에 대한 은유로 전환된다.

자연주의와 모더니즘은 유럽 예술의 형식이며, 이의가 있겠지만, 그렇다면 이란과 같은 나라의 예술에는 적용될 수 없다고 말할 수 있다. 그러나 삶에 대한 상황론적 관점과 리얼리즘의 형식을 지닌 소설은 전 세계에 전파되어 뿌리 내린 유럽 예술이다. 영화에도 같은 일이 일어났다고 할 수 있다. 인도의 사트야지트 레이와 브라질의 넬슨 페레이라 도스 산토스와 마찬가지로 키아로스타미는 자신이 이탈리아 네오리얼리즘에 빚지고 있음을 알고 있다. 모더니즘은 보다 문제적 주제이며, 유럽 예술의 영역에서도 그 정의가 명확하지 않다. 하지만 그것의 세계적 영향력은 단순히 유럽 모델을 모방하는 예술뿐만 아니라, 가브리엘 가르시아 마르케스Gabriel Garcia Marquez의 소설이나 멕시코 벽화 화가들의 작품처럼 지역성이 두드러진 예술에서도 분명히 드러난다. 모더니즘은 유럽 중심적이라고 생각되고 있지만, 그것에 영감을 받은 예술은 엄청난 다양성과 지역적 특수성을 지닌다. 대조적으로 포스트모더니즘의 이름으로 공개되는 예술 작품들은 놀라울 만큼 유사하다. 모더니즘과 포스트모더니즘은 향후에 반드시 재검토되어야 할 용어다. 아울러 이론가와 비평가는 무시했지만 예술 작품에는 여전히 약동하고 있는 영역인 자연주의와 모더니즘의 연대를 검토해야 한다. 키아로스타미의 영화가 생동하는 영역이 바로 그곳이다.

모더니즘 예술은 난해한 예술로 받아들여진다. 호세 오르테가 이 가세트는 유명한 에세이 "예술의 비인간화The Dehumanization of Art"에서, 모더니즘 예술은 난해성을 의도한 예술이며 감상자를 감식력 있는 소수와 감식력 없는 다수로 분리하는 예술, 따라서 취향의 위계화를 추구하는 예술이라고 주장했다.[225] 베르토프의 〈카메라를 든 사나이〉처럼 다수의 감상자를 염두에 두며 혁명적 사회주의를 지향하는 작품조차 여전히 소수의 사람들, 다수의 선을 추구하고 다수의 합류를 소망하는 영웅적 소수에게만 호소력을 발휘한다. 한때 모던 아트에의 취향은 단순한 구분의 징표였지만 오늘날 사람들은 그것을 엘리트주의의 징표로 간주한다. 멕시코 벽화 화가들과 같은 예술가들의 포퓰리스트 모더니즘은 바로 포퓰리즘이라는 이유로 그린버그와 테오도르 아도르노Theodor Adorno와 같은 엘리트주의적 모더니즘의 대변자들과 포스트모던 포퓰리즘의 대변자들에게 공히 모더니즘으로 인식되지 않고 있다.

키아로스타미 영화에는 과시적이거나 난해한 면이 전혀 없다. 자연스럽고 단순하며 관객을 아는 사람과 모르는 사람으로 나누지도 않는다. 그의 모더니즘은 아이들도 이해할 수 있는 종류의 것이다. 사실 아이들은 그의 빈번한 주제이기도 하고, 그가 원하는 관객이기도 하다. 키아로스타미는 왕조 시절의 이란에서 국가가 지원하는 아동청소년지식개발센터 설립에 관여했는데, 그는 자신의 영화 경력 대부분을 거기에서 쌓았다. 〈규칙 혹은 불규칙Regular or Irregular〉(1981)은 초등학교 교재용으로 만들어진 단편 영화다. 이 영화는 질서정연한 것과 무질서한 것을 보여 줌으로써(예컨대 줄 서서 버스에 오르는 아이들과 먼저 타려고 난리법석인 아이들) 질서가 더 빠르고 좋은 것임을 알게 해 준다. 사운드트랙에서 우리는 이미지에 대한 감독의 코멘트를 듣는데, 그는 내용뿐만 아니라 형식에 대해서도 언급한다. 거리 맞은편에서 학교 버스를 찍은 한 장면에서 아이들은 먼저 타기 위해 아우성치고 있는데 감독의 코멘트는 이것이 정말 먼 롱 숏이며, 이렇게 멀리서 찍으면 무엇이 벌어지는지 정확히 알 수 없다고 말한다. 그리고 화면은 클로즈업으로 바뀌어 버스 문 앞에서 다투는 아이들을 가까이서 담는다. 이 수업은 버스를 타는 최선의 방법뿐만 아니라 영화 만드는 방법도 다루고 있는 것이다.

수업 이상의 것도 있다. 〈규칙 혹은 불규칙〉은 질서에 대한 성찰이고, 삶의 질서와 예술의 질서에 대한 성찰이며, 예술과 삶의 질서의 조율에 관한 성찰이다. 질서와 무질서의 마지막 사례는 보행자들이 마구잡이로 길을 건너다 교통 혼잡이 빚어지는 교차로 장면이다. 교차로의 무질서한 상태를 보여 주는 것은 어렵지 않은 일일 것이다. 그러나 질서란 매우 어려운 일이어서, 혼잡을 일으킨 당사자 즉 이 다큐멘터리를 만든 이들이 질서를 복원하기 위해 우왕좌왕하다 결국 실패하고 마침내 교통경찰이 등장해 사태를 정리함으로써 겨우 교차로의 혼란이 질서로 전환된다. 이것은 질서의 미덕 수업에 대한 훌륭한 유머이며 멋진 자기 훼손적 결론이다. 어떻게 질서를 잡을 것인가. 우리는 즉각 질문하도록 요청받는다. 혼란스러운 삶이 어떤 방식으로 또한 어떤 매개로 질서정연해지는가. 조너선 로즌바움Jonathan Rosenbaum은 〈시카고 리더Chicago Reader〉에 실린 키아로스타미 비평에서 정당하게도 이 영화를 철학적으로 가장 심오한 단편 영화라고 부른다. 하지만 로즌바움은 이 영화가 예술의 거짓을 폭로하고 있음을 강조하며 "혼란에 대한 활기 넘치는 비판적 코멘트를 통해 잘라 붙임의 편집 단계가 아닌 준비 단계에서부터 일상적 기만이 일반 다큐멘터리 작업에 개입되어 있음을 분명히 하고 있다"[226]라고 지적한다. 나는 키아로스타미가 다큐멘터리에서 관행화된 조작된 질서 (혹은 무질서)의 폭로보다는 더 큰 게임을 추구하고 있다고 생각한다.

키아로스타미의 가장 뛰어난 다큐멘터리는 〈숙제Homework〉(1990)다. 〈북극의 나누크〉, 〈카메라를 든 사나이〉, 〈빵 없는 대지〉 등 다른 모든 위대한 다큐멘터리와 마찬가지로 〈숙제〉는 자신의 인위성, 픽션의 틈입을 인지한다. 키아로스타미가 노동 계급 아이들을 학교에서 인터뷰하는 동안 카메라는 감독 자신, 장비, 기술 스태프들을 보여 준다. 또한 아이들이 제시된 질문에 답할 때, 마치 교장 선생님처럼 아이들을 지켜보는 카메라 그 자체를 보여 준다. 키아로스타미는 별다른 호들갑 없이 평이하게 재현의 수단들을 보여 준다. 이 수단들은 재현되는 리얼리티의 일부로 등장하며, 여기서 자연주의는 자연스럽게 모더니즘으로 이어진다. 아이들은 카메라에 반응하며, 그들의 반응을 이해하려면 우리는 아이들이 보는 카메라를 보아야 한다. 예를 하나 들어 보자. 아이들은 모두 만화나

텔레비전 보기보다 숙제하기를 좋아하고 매일 많은 숙제를 내주어도 좋다고 말한다. 아이들은 지금 겁을 먹고 있는데, 키아로스타미가 특별히 겁나서가 아니라 노동 계급 아이들은 이미 권력에 의해 겁을 먹은 상태이기 때문이며, 그들은 권력이 바라는 대답을 하는 것이다. 카메라의 까다로운 눈은 거짓말을 식별해 낸다.

그러니 이 카메라는 또한 진실의 도구이기도 하다. 예술의 거짓말, 진실의 매체라고 알려진 다큐멘터리 영화의 거짓말에 대한 일방적 강조는, 그것의 작위성과 조작성에도 불구하고 예술이 지닌 진실의 능력을 무시한다. "우리는 거짓을 통하지 않고서는 진실에 다가갈 수 없다"라고 키아로스타미는 말한다. 로즌바움은 이 문장을 인용하며 키아로스타미의 단편을 거짓 폭로의 시도로만 받아들였다. 하지만 키아로스타미는 거짓을 드러낸다는 점에 머무르지 않는다. 물론 그는 거짓을 폭로하고 예술의 인위성을 노정한다. 하지만 키아로스타미는 또한 진실의 추구를 위해 거짓을 채용한다. 그가 거짓을 날 것으로 드러낸다면 그것이 진실의 추구에 더 유용하다고 믿기 때문이다.

⟨숙제⟩의 아이들은 거짓을 말한다. 하지만 그들의 거짓말은 그들의 진실의 일부다. 아이들은 그들의 생활을 지배하는 권력 앞에서 겁먹듯, 카메라의 권력 앞에서 겁먹는다. 그들의 얼굴에서 우리는 작은 상처들을 본다. 불평을 늘어놓지는 않지만 거의 알아들을 수 없는 소리로 수줍게 속삭이며, 그들은 교사들, 부모들, 형제들로부터 받는 벌에 대해 말한다. 이때는 이란이 이라크와 전쟁 중이었는데(사담 후세인Saddam Hussein은 조지 부시George Bush의 걸프전 기간에도 그랬듯 이란에서 공식적으로 악마로 간주되었다), 우리는 아이들이 학교 운동장에 모여 성전가를 부르는 모습을 볼 수 있다. 어떤 대목에 이르자 키아로스타미는, 표면적으로는 성전가 제창이 적합한 의식에 따라 이루지지 않았다고 주장하면서, 실은 우리는 성전가 없이도 살아갈 수 있음을 암시하면서 사운드를 끈다. 다큐멘터리는 직접적인 양

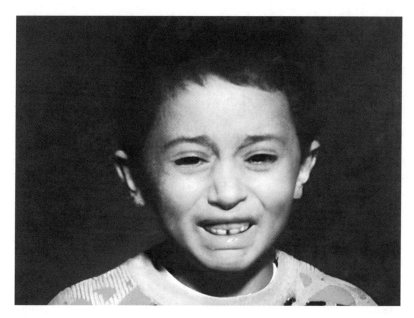

〈숙제〉. 우는 소년.

식이라고 이야기된다. 하지만 〈숙제〉는 구불구불하게 심지어 은유적으로 진행된다. 전체주의적 체제가 아이들뿐 아니라 영화 만들기 또한 통제하는 환경에서 일하기 위해 그런 방식이 요청되었을 것이다. 아이들이 하나의 권력으로 인지하는 카메라 그 자체도 아이들이 두려워하는 권력 아래 놓여 있음을 우리는 알게 된다. 키아로스타미는 카메라가 아이들에게 행하는 작용뿐만 아니라 외적 상황이 카메라에게 행하는 작용도 인식한다. 이 인식은 〈숙제〉의 경우에만 한정되지 않으며, 모든 다큐멘터리의 상황에 적용될 수 있다. 카메라는 언제 어디서든 그것의 피사체에게 무언가를 행하며, 외적 상황 역시 언제 어디서든 카메라에게 무언가를 행하기 때문이다. 이란이 아이들에게 행하는 것은 우리 모두가 아이들에게 행하는 것이기도 하며, 이것은 키아로스타미의 카메라가 그 앞에 선 아이들에게 무언가를 행하는 과정을 통해 제시된다.

이란의 학생들과 숙제 그리고 교육 제도에 관한 다큐멘터리 형식을 통해 〈숙제〉는 아이들을 위협하는 사회를 감동적이고도 함축적으로 묘사한다. 인터뷰를 하는 한 아이는 카메라를 무서워하고 권력의 처벌을 두려워한 나머지 제대로 대답도 못한 채 울음을 터뜨리며 한 친구에게 옆에 있어 달라고 계속 도움을 청한다. 친구 곁에서도 그 아이는 눈물을 흘리며 인터뷰어에게 자신을 보내 달라고 호소하다가, 마침내 창조주이자 안식과 기쁨의 신을 향한 기도문을 암송한 후에야 안정을 찾게 된다. 키아로스타미는 스스로 기도문을 읊조리며 이 영화를 끝맺는다. 마지막 장면은 친구 곁에서 눈물을 멈출 줄 모르는 아이의 포획된, 그리고 우리의 시선을 포획하는 정지 프레임이다.

허구가 항상 다큐멘터리에 개입한다면, 카메라가 실제 외양을 기록하는 다큐멘터리는 항상 영화의 허구 세계에 개입한다. 영화가 허구와 다큐멘터리를 조합하는 방식을 적시하려는 듯, 키아로스타미는 다큐멘터리에선 그것의 허구성에 이르고, 허구의 영화에선 네오리얼리즘의 혈통을 잇는 다큐멘터리적 성격을 도입한다. 네오리얼리즘적인 피카레스크 방식의 첫 장편 극영화 〈여행자*The Traveller*〉(1972)는 중요한 축구 경기를 보러 테헤란에 가려는 한 소년의 분투를 담는다. 또 다른 피카레스크식 영화 〈내 친구의 집은 어디인가?*Where Is the Friend's House?*〉(1987)는 북부 이란의 한 마을에 사는 소년이 친구에게 공책을 돌려주기 위해 친구의 집을 찾는 과정을 담는다. 희귀한 초연함으로, 또한 절망이나 영어 제목 "그리고 삶은 계속된다And Life Goes On"가 암시하는 손쉬운 체념 없이 재난을 바라보는 이례적인 영화의 원제 〈삶, 그 외에는 없다*Life and Nothing More…*〉(1992, 이후 〈그리고 삶은 계속된다〉로 표기)는 1990년의 끔찍한 지진 이후의 북부 이란으로 되돌아온다. 이 영화 역시 일종의 네오리얼리즘적 피카레스크이지만, 주요 인물은 키아로스타미의 분신에 해당하는 영화감독이며 그는 아이를 옆자리에 태우고, 〈내 친구의 집은 어디인가?〉의 주인공을 맡았던 소년을 찾아 차를 몰고 다닌다. 마지막에 친구 역을 맡았던 소년을 발견한다. 인간의 보잘것없음과 위대함을 동시에 환기시키는 익스트림 롱 숏으로 촬영된 이 장면에서 그의 차가 또 다른 친구의 마을로 향하는 가파른 언덕길을 오르느라 안간힘을 쓰는 모습을 우리는 본다. 키아로스타미의 다음 영화 〈올리브 나무 사이로Through the Olive Trees〉에는 또 다른 분신인 영화감독이 등장한다. 〈그리고 삶은 계속된다〉의 한 장면 촬영이 이 영화의 중심 소재인데, 이 장면에 등장하는 신혼부부 역으로 그 지역에서 캐스팅된 젊은 남녀가 영화를 찍으면서 사랑에 빠지는 과정이 펼쳐진다. 키아로스타미는 네오리얼리즘을 변주하면서, 영화 안으로 감독 자신이 불려들어가는 과정, 즉 재현되는 리얼리티에 감독이 연루되는 과정을 그린다. 이것은 이탈리아 네오리얼리즘 영화와 그들을 계승한 모더니스트들의 영화도 거의 하지 않은 것이다. 키아로스타미는 놀라우리만큼 자연스럽게 자연주의에서 모더니즘에로의 이행을, 리얼리티의 재현에서 리얼리티 일부로서 재현 수단의 재현으로의 이행을 다룬다.

〈그리고 삶은 계속된다〉와 〈올리브 나무 사이로〉에서는 다른 두 배우가 영화감독 역을 맡는다. 〈클로즈업〉의 주인공인 실직한 인쇄 기사 후세인 사브지안이라는 범죄자는 체포되어 재판정에 선다. 일부는 사브지안 재판의 다큐멘터리이고 또 다른 일부는 그가 체포되기까지의 사건을 재구축한 허구인 〈클로즈업〉은 다큐멘터리에서의 구축이라는 문제와 재구축의 다큐멘터리라는 문제로 우리를 이끈다. 이 영화는 리얼리티와 재현의 문제에 관한 키아로스타미의 가장 복합적인 성찰이다. 로즌 바움에게 이 영화는 그릇된 재현misrepresentation에 관한 키아로스타미의 가장 비타협적인 폭로다.

사브지안이 자신을 연기한다는 하나의 거짓에서 시작해, 키아로스타미는 모든 사람이 스스로를 연기하도록 함으로써 또 다른 몇 가지 거짓을 만들어 내는데, 이것은 기껏해야 절반만 진실이다…… 기자와 사브지안과 키아로스타미는 한 가지 게임의 세 가지 다른 판본을 연기하고 있는데, 각각은 보통 사람들이 영화에 대해 가진 경외감과 두려움을 활용한다. 영화가 끝날 무렵, 가족과 판사와 마흐말바프와 관객을 포함한 모든 참여자는 이 헛소동에서 적극적 역할을 했음에 동의하게 된다.[227]

로즌바움에게 가장impersonation은 여기 있는 모든 사람에게 해당하는 죄다. 비록 키아로스타미가 유죄를 인정함으로써 방면되긴 하지만 말이다. 이것은 포스트모던의 관점이다. 모든 사람, 즉 예술가와 정치가와 제도와 개인 모두가 거짓을 말한다는 관점, 진실 같은 것은 없으며 있다 해도 그것에 이를 수 없다는 관점인 것이다. 할 수 있는 유일한 것은 비평이며 그 비평을 하는 당신은 속지 않고 있다는 주장이기도 하다. 이것은 우리의 스펙터클 사회에서 우리가 지닌 일반적 관점일지도 모른다. 하지만 이것이 키아로스타미가 자신의 영화에서 표현하는 관점은 아니다.

(이런 만연한 포스트모던한 회의주의를 진실의 탐색자이자 인문적 비평가인 조너선 로즌바움에게 귀속시키는 것은 정당하지 않을 것이다. 하지만 이런 회의주의는 오늘날 워낙 지배적이어서 그가 이것에 동의하지 않는다 해도 그의 글에 스며든다. 회의주의와 냉소주의가 기성 질서에 대한 저항이 될 수 있던 시대가 있었다. 이제 회의주의와 냉소주의는 사실상 후기 자본주의의 공식 철학이 되었다.)

키아로스타미가 사브지안을 처음 인터뷰하는 장면에서, 제목과 함께 클로즈업으로 등장한 사브지안은 마흐말바프에게 메시지를 보낸다. "그의 마지막 영화가 나의 인생이라고 말해 주세요." 사브지안은 경외감으로, 달리 말해 예술에 대한 사랑 특히 삶의 진실에 대해 말하는 예술에 대한 사랑으로 마흐말바프 행세를 했다. 가족이 그 행세에 속아 이방인을 자신의 집에 들인 것도 따지고 보면 마찬가지로 예술에 대한 사랑에서 비롯된 것이다. 기자가 기사에서 자신들을 그렇게 묘사한 것을 싫어하긴 하지만, 이 가족은 순진한 사람들일 것이다. 사브지안 역시 순진한 예술 애호가다. 그게 아니라면, 예술에 예민한 부유한 가족의 마음을 얻기 위해 마흐말바프 시늉을 내는 것만큼이나, 예술에 예민한 가난한 남자 시늉을 내는 것도 거짓일 것이다. 앞서 말한 클로즈업이 반드시 진실은 아니며, 키아로스타미는 우리가 그것을 인지하기를 원한다. 하지만 동시에 그것을 반드시 거짓으로 치부하기를 원하는 것도 아니다. 키아로스타미와 그가 속한 사회에서 예술은 중요하지만, 기존 예술에 대한 비평의 예술로서 중요한 것은 아니다. 예술은 구축이며, 그렇게 인지되어야 한다. 하지만 이것이 예술에 대해 할 수 있는 유일한 일이 탈구축(해체)이라는 것을 의미하지는 않는다.

〈클로즈업〉은 롱 숏의 시퀀스로 끝맺는다. 교도소를 나온 사브지안은 키아로스타미의 주선으로 진짜 마흐말바프를 만나서 그의 오토바이를 타고 자신이 마흐말바프라고 속였던 가족에게 간다. 앞선 법정 장면에서 가족의 아들 중 하나는 사브지안이 어떻게 자신에게 상당한 액수의 돈을 뜯어냈는지를 설명한다. 자신의 오토바이를 함께 타고 가며 영화감독 행세를 하던 사브지안은 지갑을 잃어버린 척했으며 영화의 한 장면에 대한 아이디어가 있다고 말했다는 것이다. 그 아이디어는 두 사람이 오토바이를 타고 가다 한 사람이 지갑을 잃어버리고, 다른 한 사람이 그에게 돈을 빌려 준 뒤에 두 사람이 친구가 된다는 것이다. 이제 사브지안은 진짜 영화감독과 오토바이를 타고 가며 그에게 돈을 빌려 자신이 사기를 친 가족에게 갖다줄 꽃을 산다. 두 사람이 친구가 될지, 두 사람과 가족이 친구가 될지(가난한 남자와 부유한 가족 그리고 양자를 이어 주는 예술가)는 적어도 하나의 가능성으로 남겨진다. 키아로스타미는 이 시퀀스를 네오리얼리즘의 재구축이 아니라 다큐멘터리 스타일로 찍는다. 하지만 이제껏 유지해 온 클로즈업을 버리고, 롱 숏의 카메라와 원거리 마

〈클로즈업〉. 감독, 사기꾼 그리고 꽃.

이크로 거리의 풍경과 소음을 함께 담는다. 키아로스타미는 자신과 촬영팀이 마치 엿보는 듯한 방식으로, 두 사람의 만남을 보여 준다. 밴을 타고 멀찍이 두 사람을 쫓아가는 카메라와 거리의 소음 때문에 간헐적으로만 둘의 대화가 들리는 녹음 방식을 통해, 연습되지 않은 실제라는 환영을 창조함으로써, 요컨대 예술의 역설을 통해, 키아로스타미는 이 장면에 꼭 들어맞는 미학적 거리, 달리 말해 우리의 상상력이 비상을 위해 필요로 하는 여지를 창조한 것이다.

사브지안과 마흐말바프가 가족을 위해 구입한 꽃은 오프닝 시퀀스에서 택시 기사가 대문 밖에서 꺾어 든 꽃을 연상시킨다. 그가 꽃을 꺾은 뒤 찬 깡통이 정지 상태에서 풀려나 자신의 길을 따라 구르기 시작했음을 우리는 기억한다. 깡통이 진실을 즉 자연주의가 일상생활에서 찾으려는 진실을 표상한다면, 꽃은 아름다움을 표상한다. 깡통이 자연주의적 예술의 도구에 대한 은유로 간주될 수 있듯이, 꽃은 예술이 행할 수 있는 것, 예술 체험이 우리에게 행할 수 있는 것, 예술이 불러일으킬 수 있는 것에 대한 은유로 간주될 수 있을 것이다. 아름다움을 좇는 택시 기사가 진실이 자신의 길을 따라 구를 수 있게 한다면, 진실을 좇는 키아로스타미는 아름다움이 우리의 마음속에서 자유롭게 비상하도록 만든다. 밴에서 트래킹으로 그들을 좇는 카메라의 초점은 사브지안과 마흐말바프가 산 꽃에 맞춰지며, 사운드트랙에서는 소음이 방해하던 그들의 불완전한 대화가 이제 음악에 자리를 내준다. 두 사람의 불완전한 관계, 우리와 그들의 불완전한 관계는 이제 스탕달Stendhal이 아름다움이라고 정의한 행복의 약속에 자리를 내준다. 이것은 행복한 끝이 아니라 행복한 시작을 의미한다. 이것은 완결된 조화가 아니라 도달될 수 있는 조화의 가능성이다. 예술은 우리를 행복하게 만들 수 없고 타인과 행복한 관계 속에서 살아가도록 만들 수 없다. 하지만 그것이 어떤 것인지를 맛보게 해 줄 수는 있다. 키아로스타미는 진실을 믿듯 아름다움을 믿는다. 결론이 아니라 약속undertaking으로서의 진실과 아름다움을 믿는 것이다.

뷔르거의 저서와 제목은 같지만 다른 관점을 지닌 책으로 레나토 포지올리Renato Poggioli의 《아방가르드의 이론Theory of the Avant-Garde》이 있다. 1960년대에 출간된 이 책에서 포지올리는 아방가르드 예술이 낭만주의 시대의 끝 무렵에 시작되어 현재도 지속되고 있고 예측 가능한 미래까지 걸친 한 세기 이상의 역사를 지니고 있다고 말한다. 포지올리가 아방가르드라 부르는 것은 다른 이들이 모더니즘이라 부르는 것이며, 또한 뷔르거가 모더니즘과의 결별이라고 간주하고 다른 이들이 포스트모더니즘과 연관시키는 역사적 아방가르드까지 포함한다. 뷔르거의 역사적 아방가르드는 다다이즘과 초현실주의가 기성 부르주아 예술에 가한 짧은 수명의 실패한 공격이었지만, 포지올리의 관점에서 아방가르드 예술은 소격alienation의 예술이며 부르주아 사회가 계속되는 한 지속될 예술이다. 뷔르거가 말한 "예술에 대한 역사적 아방가르드의 반역"은 포지올리에게는 공식적 문화(그에 따르면 "부르주아 사회의 진정한 예술은 반부르주아적인 것일 뿐이다"[228])에 대한 기나긴 아방가르드의 반역의 역사에선 한낱 에피소드일 뿐이며, 이 반역은 귀족 문화의 고전적 규범에 대항한 낭만주의의 반항까지 거슬러 올라가는 것이다.

포지올리가 이론화한 아방가르드의 소격은 공식적 문화로부터의 소격만이 아니라 대중문화로부터의 소격이다. 그는 이 점에서 낭만주의 운동의 대중적 경향으로부터 아방가르드를 분리한다. 포지올리 외에도 많은 이들에게 대중적인 것으로부터의 소격은 멸시뿐만 아니라 전투적 대립을 포함하는 것으로, 아방가르드적 동력의 중핵을 이룬다. 예컨대 미국의 아방가르드 영화는 할리우드의 대립 항으로 규정된다. 할리우드 영화는 대중적 유사 문화 혹은 키치의 전형으로 간주된다. 그린버그는 자신의 지적 이력의 출발점인 1939년 에세이 "아방가르드와 키치Avant-Garde and Kitsch"에서 키치를 "지금 우리가 지닌 유일한 문화"인 아방가르드 문화의 반명제로 보았다. 그린버그는 이렇게 썼다.

> 아방가르드의 도래와 함께 두 번째의 새로운 문화적 현상이 산업화된 서구에 등장했다. 독일인들이 키치라는 멋진 이름을 부여한 바로 그것이다. 번들거리는 외양의 잡지 표지, 일러스트레이션, 광고, 펄프 픽션, 만화, 틴 팬 앨리 Tin Pan Alley● 음악, 탭 댄스, 할리우드 영화 등등 대중적이고 상업적인 예술

● 19세기 후반에서 20세기 초까지 미국 대중 음악을 지배하던 음악 출판업자와 작곡가 집단을 지칭하는 용어였다. 미국 뉴욕의 한 지명에서 온 말로, 특정 거리를 지칭하는 데서 유래를 찾으며, 이후 미국 음악 산업 전체를 지칭했다. ― 옮긴이

과 문학이 여기에 해당한다.

프롤레타리아와 프티 부르주아로 도시에 정착한 농민들은 도시의 전통적 문화의 향유에 필요한 여가와 안식을 얻지 못했다. 시골에 뿌리내린 민중 문화에 대한 취향을 잃어버린 뒤 지루함이라는 새로운 능력을 발견하면서, 이 새로운 도시 대중은 자신의 소비 성향에 적합한 종류의 문화를 제공하도록 사회에 압력을 가했다. 이 요구를 충족하기 위해 새로운 상품이 고안되었다. 진정한 문화의 가치에 둔감하지만 문화만이 제공할 수 있는 기분 전환 diversion에 굶주린 사람들을 위한 대용의 문화, 키치가 그렇게 태어났다.

진정한 문화의 저속화한 모조로서의 키치는 이런 둔감함을 환대하고 북돋운다…… 키치는 기계적이며, 공식에 의해 작동된다. 키치는 대리적 경험이며 조작된 감각이다.[229]

그린버그의 에세이를 언급하면서 포지올리는 파생성, 정형성, 대용성이 열등한 예술로 향한다는 키치라는 개념에서 모더니티를 이끌어 낸다. 고전 예술은 미의 규범과 모델을 모방하고 반복하는 것을 긍정했다. 새로움과 독창성을 찬미하고 그것에 미학적 우선권을 부여한 것이 낭만주의 운동이었고 뒤이은 아방가르드 역시 그러했다. 할리우드 영화는 낭만주의의 또 다른 후예다. 하지만 모방과 반복 그리고 규범의 준수를 긍정하는 후예다. 아방가르드와 키치의 이항 대립에서, 할리우드는 키치일 뿐이다. 하지만 '고전적'이라는 표현 역시 할리우드에 어울리는 용어다. 낭만적으로 고전적인, 그리고 귀족적으로 고전적이라기보다 대중적으로 고전적인 것이다.

그린버그는 "아방가르드와 키치"라는 에세이와 이듬해 쓴 "더 새로운 라오콘을 향하여Towards a Newer Laocoon"에서 아방가르드라고 부른 것을 후에 '모더니즘'이라 고쳐 부른다. 용어의 변화는 취향의 변화가 아니라(그사이에도 그린버그는 자신이 좋아한 부류의 예술을 변함없이 지지했다) 정치적인 입장의 변화를 반영한다. 아방가르드는 원래 정치적 용어였고 예술에 적용된 뒤에도 전투적이고 전복적인 함의를 유지했다. 그가 아방가르드를 혁명적이라고 보았다기보다는, 초기의 그린버그는 마르크스주의자여서 부르주아 문화를 퇴폐적이라고 보았고 아방가르드를 퇴폐적 문화에 대한 활기찬 응답으로 보았던 것이다. 그가 키치에 맞서 아방가르드를 옹호한 것은, 스탈린주의와 인민전선의 문화정치학에 반대한 트로츠키의 관점을 수용한 것인데, 혁명적 열정의 컨텍스트에 속한 것이었다. 후기의 그린버그는 냉전기의 반공주의라는 다른 컨텍스트에 속하게 되면서, 자신이 찬미한 예술에서 전투적이고 전복적인 함의를 최대한 경시하려 했다. 초기의 그린버그는 후기의 그린버그만큼이나 미학적 순수주의자였고, 자율적 예술의 신봉자였으며, 예술이 무엇보다 자신의 수단과 매체에 관여해야 한다는 '모더니스트' 원칙의 주창자였다. 그린버그는 초기에도 후기만큼 예술에서 추상성을 옹호했지만, 후기에는 초기와 달리 예술을 사회로부터 추출된 추상이라는 관점으로 보았다.[230]

영화의 영역에서 혹자들은 후기의 그린버그를 따라 '모더니즘'이라는 용어를, 재현을 포기하고 매체의 형식이라는 문제에 전념하는 아방가르드 영화에 적용하려고 시도해 왔다.[231] 그렇다면 아마도 아방가르드라는 용어는 보다 정치적인 부류의 대안 영화를 지칭하기 위해 남겨둬야 할 것이다. 하지만 영화에 적용된 아방가르드라는 용어는 이와는 다른 의미로 사용되어 왔으며 형식 실험 및 추상성에의 지향과 연관되어 왔다. 후기의 그린버그는 '모더니즘'이라는 용어를 더 선호했을지 모르지만, 여전히 아방가르드를 모더니즘과 같은 의미로 사용했다. 영화에서도 다른 예술 분야에서도 두 용어 사이에는 명료하고 안정된 구분이 존재하지 않는다.

뷔르거의 《아방가르드의 이론》은 그런 구분을 시도한다. 모더니즘을 논하면서 뷔르거는 그린버그가 아니라 그린버그의 논의와 평행을 이루는 아도르노를 환기한다. (아도르노는 근대 음악에서 시작하고 그린버그는 근대 미술에서 시작해 모더니즘에 관한 같은 결론에 이른다. 둘이 어떤 영향을 주고받았는지, 아니면 독립적으로 생각을 발전시켰는지는 불분명하다.) 뷔르거에 따르면 기존의 모더니즘과 역사적 아방가르드를 구분 짓는 것은 모더니즘을 배양한 예술 제도를 파괴하려는 아방가르드의 시도다. 그런데 예술 제도란 정확히 무엇을 뜻하는가? 뷔르거는 행정부 혹은 미술관, 학계 혹은 미술 시장의 세부로 들어가지 않는다. 예술 제도는 부르주아 사회에서 예술의 자율성(자치체)the autonomy of art이라는 것 외에 그는 더 이상의 자세한 설명을 하지 않는다.

시와 회화, 음악과 건축을 아우르는 포괄적 용어인 예술은 부르주아의 발명이었다. 18세기 후반에 이러한 예술 개념이 도입되자, 교회와 국가 그리고 생활의 모든 실용적 목적으로부터의 예술의 자율성이라는 관념도 함께 도입되었다. 이마누엘 칸트Immanuel Kant는 우리가 미적 경험에서 '목적 없는 합목적성'을 찾는다고 말했다. 우리의 신체적 정신적 능력을 연루시킨다는 의미에서 합목적적이지만 목적의 결여로 그 능력들이 자유롭게 유희한다는 것이다. 칸트는 미적 경험이 무관심이라고 주장하는데, 이 말은 그 경험의 목적의 존재 유무에 대한 무관심을 뜻한다. 뷔르거는 부르주아 예술 제도를 구성한 이러한 자율성이 19세기 후반의 예술지상주의에 이르러 완성 단계에 이르렀다고 주장한다. 바로 이것이 모더니즘이라는 것이며 역사적 아방가르드는 이러한 예술지상주의에 대한 반작용으로 등장해 그것의 자율성으로 벗어나 삶의 관심과 목적으로 진입하는 길을 모색했다는 것이다.

뷔르거에게 부르주아 예술은 예술지상주의에서 정점을 이룬다. 하지만 탐미주의자가 부르주아 유형이라면 교화와 정신적 고양의 예술을 지향하는 도덕가 역시 그러하다. 게다가 도덕가는 부르주아 사회에서 예술이 재현해 온 것에 보다 잘 어울린다. "예술의 비인간화"에서 오르테가 이 가세트는 20세기 초의 예술을 지난 몇백 년간 지배적이었던 교화적 부르주아 예술로부터의 탈출이라는 점에서 찬미했다. 뷔르거가 말한 역사적 아방가르드의 시기였던 1920년대에 오르테가는 뷔르거와는 정반대의 관점에서 새로운 예술을 보았다. 삶으로부터 유리된 예술에 대한 반작용이 아니라 삶에 너무 깊이 연루된 예술에 대한 반작용으로 본 것이다. 오르테가가 보기에 드라마틱한 사회적·정치적 운동과의 연계 혹은 심오한 철학적·종교적 논의와의 연계를 요청받은 것은 오히려 19세기 예술이었다. 그는 뷔르거가 이론화한 것의 정확히 정반대의 이유 때문에 새로운 예술을 찬미한 것이다. 오르테가는 이렇게 썼다.

> 젊은 세대에게 예술은 중대한 것이 아니다. …… 예술가가 자신의 작업과 직업을 가벼이 여긴다는 뜻이 아니다. 예술이 초월적 중요성을 지닌 것이 아니라는 바로 그 이유가 그들의 흥미를 유발한다는 뜻이다. 지금 일어나고 있는 일들을 정확히 이해하기 위해, 오늘날 예술이 하고 있는 역할과 30년 전 그리고 지난 세기를 통틀어 예술이 했던 역할을 비교해 보자. 시와 음악은 그때 엄청난 무게의 활동이었다. 인간의 구원과 동등한 수준의 무게가 기대되었다. …… 위대한 시인 혹은 음악의 천재가 대중 앞에 등장할 때 그들의 엄숙한 태도는 일대 장관이었다. 그것은 예언자 혹은 종교 창시자 혹은 세계의 운명을 책임진 정치인의 근엄한 모습과도 같은 것이었다.
>
> 짐작건대 오늘의 예술가에게 그런 임무가 주어진다면 그리고 그런 중차대한 문제를 자신의 작업이 다뤄야 한다면 그는 공포에 떨 것이다. 예술가가 세상의 공기에서 심각함이 사라지고 세상사가 모든 형식으로부터 벗어나 경쾌하게 약동하기 시작하고 있음을 알아차리는 바로 그때, 예술의 풍미를 지닌 무언가가 그에게 느껴지기 시작한다……. 예술이 인간을 구원한다고 말해질 수 있다면, 그것은 오직 예술이 인간을 삶의 심각함으로부터 구원하기 때문이다.[232]

오르테가가 새로운 예술의 '비인간화' 즉 삶의 관심사에 대한 예술의 초연함을 강조하느라 너무 과장한 것인지도 모르겠다. 하지만 그는 19세기 예술과 삶의 깊은 연루를 정확하게 포착하고 있다. 뷔르거의 역사적 아방가르드는 사실상 어떤 특권적 미학 영역도 인정하지 않았다. 예컨대 초현실주의자조차 예술과 삶의 새로운 상호 침투의 길을 발견하려 했다고 보는 것이다. 하지만 초현실주의자야말로 낭만주의자들 그리고 그들의 전복과 구원을 향한 열망의 상속자다. 칸트에서 유래한 예술의 자율성이라는 관념은 예술이 외부의 이해관계나 지시에 의해 통제되어선 안 된다는 뜻이다. 이를 예술이 삶과 무관하다는 뜻으로 받아들이는 것은 잘못이다.

뷔르거가 역사적 아방가르드를 모더니즘과 구분 짓는 특징이라고 간주한 예술의 자율성에 대한 거부는 실은 많은 이들에게 포스트모더니즘의 징표다.[233] 하지만 모더니즘이 끊임없이 자기 자신과 결별한다는 점, 달리 말해 해롤드 로젠버그Harold Rosenberg가 "새로움의 전통"이라 부른, 자기 자신을 포함한 기성의 관습에 지속해서 저항한다는 점 외에는 역사적 아방가르드는 모더니즘과의 결별이 아니다. 결별이라기보다 역사적 아방가르드는 유럽 모더니즘의 마지막 단계라고 부르는 것이 나을 것이다. 게다가 포스트모더니즘은 특별한 미국적 현상이다. 미국은 모더니즘 시대에 열강 대열에 올랐고, 예술을 불신하고 주변화한 역사를 거친 이후 그 영향력이 정점에 오른 제도화된 고급 예술이 바로 미국의 모더니즘 예술이었다. T. S. 엘리엇T. S. Eliot의 시, 파블로 피카소Pablo Picasso의 회화, 루트비히 미스 판 데어 로에Ludwig Mies van der Rohe의 건축, 뉴욕학파의 자생적 모더니즘(비평가인 그린버그와 함께)이 그것이다. 이러한 모더니즘 예술은 2차 세계 대전과 베트남 전쟁 사이의 시기에, 루이 14세 시대 프랑스의 장바티스트 라신Jean-Baptiste Racine과 니콜라 푸생Nicolas Poussin과 베르사유의 미국적 등가물이었다. 포스트모더니즘은 미국 모더니즘이라는 제도에 대한 반작용이었다. 그러나 그것이 반제도적이라고 볼 수는 없다. 태동기부터 포스트모더니즘은, 학계와 미디어, 미술관과 시장, 문화 에이전시와 기부자들이라는 제도에 의해 육성되었다.

어떤 포스트모더니스트들은 모더니즘이 지나치게 부정적이고 비판적이며 너무 신랄하고 배타적이라고 간주한다. 적은 것은 적은 것일 뿐이라고 말하는 그들은 더 많은 것, 더 많은 즐거움을 원한다. 자신이 급진적이라고 생각하는 또 다른 포스트모더니스트들은 모더니즘이 충분히 부정적이거나 충분히 비판적이지도 저항적이지도 않다고 간주한다. 그들은 어떤 즐거움도 원하지 않으며 오직 청교도의 희열 즉 일체의 쾌락을 배제하는 데서 오는 쾌락만을 원한다. 대항의 예술로서 모더니즘은 하나의 모순 아래 활동해 왔다. 부르주아 문화에 대한 대항이 부르주아의 후견에 의존하고 있을 뿐 아니라 종종 일찍감치 그들이 반대했던 부르주아 문화에 포섭되어 기성 질서에 봉사해 왔다는 것이다. 정당한 포스트모더니스트들은 이런 이유로 모더니즘의 저항은 허위이며 처음부터 날조된 것이라고 결론 내린다. 이런 질문이 가능할 것이다. 그렇다면 그들의 포스트모더니즘은 어떠한가? 이들은 부르주아의 후견에의 의존으로부터, 부르주아 문화의 복원력으로부터 벗어났는가?●

쾌락 지향적인 포스트모더니스트들은 록 음악에 맞춰 춤추고 라스베이거스로부터 배우며, 모더니즘과 무관하다고 그들이 생각하는 대중문화의 에너지를 흡수하고 싶어 한다. 흔히 말하길 포스트모더니즘의 뚜렷한 특징 가운데 하나가 대중적인 것에 대한 모더니즘의 적대를 제거한 것이라고 한다. 이 적대가 그린버그와 아도르노 이론의 특징임은

● 포스트모던이라는 용어는 예술뿐만 아니라 이론에도 적용되는데, 포스트구조주의 이론이 그러한 예다. 모더니즘은 그것이 뭘 의미하든 예술가의 창작품을 가리켰다. 하지만 포스트모더니즘은 주로 학문적 용어가 되었다.

분명하다. 하지만 실제 모더니즘 예술 작품들은 이와는 다른 이야기를 들려준다. 출발부터 다른 이야기였다. 토머스 크로Thomas Crow는 이렇게 썼다. "마네의 〈올랭피아Olympia〉는 중산층 대중에게 값싼 기호 혹은 축제의 휘장과도 같은 평면화된 회화의 경제, 티치아노의 〈우르비노의 비너스Venus of Urbino〉 위에 이중 인화된 동시대 포르노그래피의 포즈와 알레고리를 제공한다."[234] 출발에서부터 그리고 이후의 과정에서 줄곧 즉 대중적 여가에 어울리는 인상파의 목가성에서부터 민속적 그래픽을 조합한 입체파의 콜라주에 이르기까지,《보바리 부인Madame Bovary》과《율리시스Ulysses》에서《서푼짜리 오페라Die Dreigroschenoper》와《고도를 기다리며En attendant Godot》에 이르기까지, 모더니즘은 대중적인 것에 적극적으로 가담했다.

아도르노와 그린버그는 대중문화를 싸잡아 부정했다는 점에서 틀렸다. 재즈를 비판하는 아도르노의 에세이는 용서하기 힘들다. 실수 때문이 아니라 몽매한 분노 때문이다.[235] 그린버그가 "아방가르드와 키치"를 쓰고 있을 무렵, 할리우드는 키치로 폄하될 만한 많은 영화들과 함께, 〈스윙 타임Swimg Time〉, 〈역사는 밤에 이뤄진다History Is Made at Night〉, 〈역마차〉, 〈청년 링컨Young Mr. Lincoln〉, 〈스미스 씨 워싱턴에 가다〉, 〈여비서〉 등 대중 예술의 고전적 스타일이 그 정점에 이른 작품들 또한 내놓았다. 또한 아도르노와 그린버그는 그들이 왕좌에 올려놓은 모더니즘이 대중성의 부정으로부터 성립한다고 믿었다는 점에서도 틀렸다. 아도르노와 그린버그(적어도 초기의 그린버그)는 아방가르드를 부르주아 문화에 대한 저항이란 점에서 높이 평가했지만, 고급 예술의 이름으로 대중 예술을 거부한 것은 아방가르드가 자신이 대항한 부르주아 문화에 의해 고급 예술로 떠받들어진다는 모순을 간과한 것이었다.

대중 영화 역시 제도적 예술일 수 있으며, 때로 고급 예술일 수도 있다. 그러나 대중 영화가 학계와 박물관에 진입하는 경우에도, 제도적 고급 예술은 결코 아니다. 제도로서의 영화는 대중을 위한 기분 전환을, 달리 말해 진정제를 제공한다. 반면 제도로서의 고급 예술은 특권층에 겐 위신과 아첨을, 비특권층에겐 위협을 제공한다. 자신의 지위를 불안 해하는 많은 사람, 그리고 이런 문제들에 이해관계가 있는 우리 대다수 는 그런 아첨과 위협 사이를 애매한 자세로 걸어간다. 정당한 부류의 포 스트모더니스트들이라도 고급 예술의 미학적 원칙들을 거부함으로써 그런 아첨과 위협을 피할 수 있다고 생각한다면 오산이다. 그런 거부가 여전히 강력한 자기만의 아첨과 위협을 동반하기 때문이다. 문화산업의 기분 전환 그리고 고급 문화의 위신은 유사한 이데올로기적 효과를 작 동시키지만, 그 작동은 서로 다른 제도적 채널을 통해 이뤄진다. 할리우 드 영화와 (세르주 기보Serge Guibaut가 주장해 왔듯) 뉴욕학파의 고급 모더니즘 예술은 공히 냉전기 미국의 국가적 목적에 봉사했다. 하지만 양자는 서 로 다른 대중에게 도달했고, 서로 다른 방법으로 도달했다. 모든 논의와 사실 관계에도 불구하고 문화 당국자들은 몇 가지 이유로 예술로서의 영화를 제도화하는 것은 적절하지 않다고 생각해 왔다. 대중 매체는 영 화를 오로지 대중 오락으로서 구축하며, 학교에서 영화를 가르치는 사 람들도 대체로 그렇게 한다. 이것은 적어도 영화에 대한 애호가 아직은 귀족적 취향에 속하는 아첨이나 무소속의 두려움에 의해 크게 좌지우 지되지 않음을 뜻한다.

1917년 4월, 레닌은 이렇게 썼다. "혁명적인 모든 것을 파괴할 수 있 는 한 가지는 혁명적 민중에 아첨하는 이런 문구다." 이것은 메이어 샤 피로가 〈마르크시스트 쿼털리Marxist Quarterly〉 1937년 10~12월호에 디에 고 리베라Diego Rivera의 그림과 버트램 D. 울프Bertram D. Wolfe의 글을 논 하는 한 멕시코 관련 책의 리뷰에서 인용한 레닌의 말이다. 샤피로는 이 렇게 쓴다. "리베라의 벽화는 역사적 삶, 투쟁, 영웅, 축제, 노동 그리고 전 민중의 슬로건이 농축된 강렬한 인상을 만들어 낸다. 우리 시대의 어떤 화가도 삶과 역사에 대해 그토록 풍성하고 지치지 않는 작업을 하지 않는다. 모종의 한계에도 불구하고, 리베라의 미술은 모던한 서사시적 회화에 가장 가까이 있다." 하지만 이 벽화는 멕시코의 국가적 후원 아래 제작되었으며, 울프의 표현에 따르면 혁명적 사회주의의 시늉을 낼 뿐이라는 것이다. 샤피로는 묻는다. 사이비 혁명 정부의 위장 행각에 봉사해 왔을 뿐이라는 이유로 그 예술의 혁명적 내용이 정치적으로 반동적인 것으로 판정되어야 하는가? 그의 물음은 이어진다.

예술 작품의 정치적 성격이 예술가의 의도 혹은 그 작품에 돈을 지불한 집단에 의해 규정되어야 하는가? 작품 그 자체, 표현되고 전달되는 것, 혹은 작품을 대하는 이들에게 전달되는 즉각적 효과, 변화하는 환경에 따라 끊임없이 달라질 그 효과가 더 중요하지 않은가? 이런 효과가 강령과 규약에 의해 재단될 수 있는가?(리베라가 "혁명적" 폴 세잔Paul Cézanne에게 적용해 온 혁명적 감수성과 혁명적 "영양소"의 범주도 있다. "세잔이 한 조각의 빵을 그렸어도 거기에는 혁명적 예술가의 성격이 반영되어 있었다"라고 그는 1931년에 썼다) 사회주의 강령을 내세운 예술이 노동 계급에 위험한 태도를 지지할 가능성도 배제할 수 없을 것이다. 그런 예술이 파시즘에 친화적인 폭력과 리더십 혹은 민족적 전통을 이상화할 수도 있을 것이다. 또한 다가올 변화를 재확신케 하며 혁명적 안위의 쾌적한 기운을 창출하고, 행동의 의제들과 완강한 장애물들과 결함들을 승리의 질서정연한 이미지들로 변환시키며, 관람객을 달랠 수도 있을 것이다. 대성당에 새겨진 최후의 심판 조각들은 종종 지옥에 떨어진 주교들과 왕들을 보여 준다. 이것은 중세의 계급 질서에 불만을 지닌 신자들에게 교회가 그들의 불만을 경청하고 있으며 그들 편에 서 있다고 주장하기 위해서다. 파시스트들에 의해 사회주의 슬로건이 쉽사리 전용된다는 사실은 슬로건과 행동 사이, 보편적 주장들과 효과적 전술들 사이의 간극이 얼마나 큰가를 보여 준다. 혁명적 예술 작품이 슬로건들과 선동 문구들과 그에 상응하는 이미지들을 투사하는 한, 또한 혁명적 행동을 결행하기보다 스펙터클을 빚어내는 한, 상상력을 동요시키는 그것의 효과는 정반대 방향으로 조작될 수도 있다. 1917년 4월, 레닌은 "혁명적인 모든 것을 파괴할 수 있는 한 가지는 혁명적 민중에 아첨하는 이런 문구다"라고 썼다. 반면, 정치적 의도가 없는 예술은 정직성과 활력으로 사람들로 하여금 자신과 자신의 믿음을 회의하도록 이끌어왔다. 이런 예술이 봉건제와 부르주아의 가치를 파괴하고 혁명적 행동과 의지에 필요한 도덕적 용기를 창조하는 데 이바지해 왔다.[236]

예술이 정치적 효과에 의해 판정되어야 한다면 반예술도 그러해야 한다. 미학적 혁명주의의 아첨과 아방가르드의 자기 찬미보다 반미학적 혁명주의의 아첨과 정당한 좌파의 자기 찬미가 더 선호되지는 않을 것이다. 미학적 혁명주의가 부르주아 미학과 동행한다면, 반미학적 혁명주의는 부르주아 도덕과 동행한다.

예술을 정치적 효과로 판단하는 것의 문제점은 이런 기준이 너무 거친 데 있는 게 아니라, 반대로 예술이 너무 유동적이며 가능하기 힘든 것투성이라는 점에 있다. 이것이 바로 예술의 자율성이 의미하는 것이다. 예술이 정치를 초월하는 게 아니라 정치적 소속이 쉽사리 정해질 수 없다는 것이다. 아방가르드의 신봉자들은 자신들이 좋아하는 예술이 기성 질서에 대한 저항이라고 느낀다. 화끈한 액션 영화의 신봉자들도 역시 비슷하게 느낀다. 전자는 후자를 얼빠진 자들이라며 무시한다. 후자는 전자를 쓸모없는 자들이라며 무시한다. 양자는 모두 부르주아 사회에 불만족을 느끼며, 아방가르드 예술과 액션 영화가 그 불만에 대한 표현이라고 느낀다. 또한 그 불만을 표현함으로써, 그들은 자신이 변화를 향한 운동에 도움이 되리라 생각한다. 어쩌면 신봉자들에게 자신들이 체제에 저항한다고 느끼게 하고 그를 통해 자신에 대한 만족을 제공함으로써 두 상반된 예술은 현상을 영속화하는 데 기여할지도 모른다. 아도르노와 초기의 그린버그가 생각했던 것과는 반대로, 기성 질서에 대한 저항이라는 관점으로는 아방가르드가 대중문화보다 우위에 있다고 간주할 수 없다. 또한 오늘날 일군의 문화연구가들이 생각하는 것과는 반대로, 그 관점으로는 대중문화가 우위에 있다고 간주할 수도 없다.

오래된 예술 분야에서도 무엇이 아방가르드이고 무엇이 모더니즘인지 그다지 확연하지 않지만, 영화 예술에서는 더욱 불투명해진다. 아방가르드가 '새롭게 하기'를 위해 분투하는 것이라면, 또한 그것이 모더니즘 예술을 정의한다면, 영화 예술은 그 새로움 때문에 자동적으로 모던한 예술이 되기도 하지만, 처음에는 새로웠다 해도 새로움을 향한 지속적 분투의 일원이 될 수 없기 때문에 자동적으로 모더니즘 예술이 아니기도 하다. 일부 아방가르드 신봉자들에게 영화는 태생적으로 모더니즘 예술이었으나 할리우드의 배신으로 전통주의에 편입하게 된 것이다. 반면 할리우드 영화 신봉자들에게는 영화가 태생적으로 모던의 계율로부터 자유로웠고 그로 인해 마지막 전통 예술로서 꽃피울 수 있게 되었다. 또 어떤 이들에게는 영화가 새로워지기를 멈추었을 때 즉 고전기 영화의 형식과 관습이 활력과 적응력을 잃기 시작했을 때, 비로소 모던해지기 시작했다. 이 마지막 부류에게 영화 모더니즘의 발흥에 핵심적인 인물이 장뤽 고다르다. 그는 과거에 이뤄진 것에 대한 자의식적 지식과 집요한 탐색 의지로 영화를 만들기 시작했고, 영화를 구제하려는 목적으로 영화라는 매체의 다양한 장치를 누구보다 대담하고 광범하게 해부했다. 이런 시도는 그것이 구제 불능이라고 그가 마음먹은 것처럼 보이는 1968년경까지 지속되었다.

1960년대에 막 등장한 고다르의 영화를 본 일은, 감수성이 예민하던 나에게 모더니즘 예술의 첫 경험이었다. 그때까지 내가 읽은 모더니즘 문학, 내가 본 모더니즘 회화는 이미 공인된 것이거나 미술관에 걸려 있는 예술이었다. 나는 미술관에 가는 것을 늘 좋아했지만, 거트루드 스타인Gertrude Stein이 뉴욕 현대미술관에 대해 말했듯이, 우리는 미술관에 있으면서 모던해질 수는 없다. 모더니즘이 모던하기를 원하는 방식으로, 혹은 1960년대에 고다르의 영화가 나에게 충격을 주었던 방식으로 미술관에서 모더니즘을 체험할 수는 없다. 수전 손택은 1968년 2월, 이렇게 썼다. "고다르의 영화들은 아직 고전이나 걸작의 지위에 오르지 않았다. 그 영화들은 거슬리게 하고 '추한' 것처럼 보이며 경솔하고 젠체하며 공허해 보이는, 청년기의 힘을 보유하고 있다."[237] 1년에 한 편 혹은 두 편, 많을 때는 세 편까지 만나게 되는 그의 아름답고도 당혹스러운 영화들, 동시에 혹은 교대로 음울하고 발랄하며, 경박하고 감동적이며, 상스럽고도 정교한 그 영화들, 때로 어떻게 생각해야 할지 알 수 없으며 혼란을 거듭하다 판단을 바꾸게 되는 영화들, 그래서 보는 이에게 판단의 다양한 층위를 오가게 하며 고정된 반응을 거부하게 만드는 영화들. 이런 영화들을 당대에 꾸준히 만난다는 것이야말로, 내게는 말 그대로 내 발밑의 카펫을 빼가는 느낌, 즉 안정된 경험의 바탕을 허용하지 않는 최고의 모더니즘 예술 체험이었다.

고다르의 모더니즘은 대중문화를 난삽하게 포용했다. 그린버그의 키치 목록에 올라 있는 대중적이고 상업적인 예술과 문학의 모든 것, 즉 "잡지 표지, 일러스트레이션, 광고, 펄프 픽션, 만화, 틴 팬 앨리 음악, 탭댄스, 할리우드 영화 등등"이 고다르의 작품에서 자신의 자리를 찾았다. 무엇보다 '할리우드 영화'가 그러했다. 형식, 캐릭터, 대중 영화의 장르, 갱스터와 타락한 여인, 탐정과 무법자 커플, 필름 느와르와 SF, 뮤지컬과 전쟁 영화, 스릴러와 텔레비전 다큐멘터리 등이 모두 동원되었고 의문을 제기했다. 모더니즘 예술과 대중 예술의 상반성을 수용하던 사람들은 고다르의 대중문화 포용에서 포스트모던의 전조를 발견할지도 모른다. 하지만 우리가 모더니즘 예술과 대중문화의 오랜 교류를 인지한다면, 고다르의 1960년대 영화들이 인상파의 교리와 입체파적 콜라주의 모더니즘 계보에 놓여 있음을 알 수 있다. 대중문화에 연루된 이때의 고다르는 모더니스트였다. 포스트모던 고다르라고 부르기에 더 적합한 고다르 혹은 정당한 부류로서의 포스트모던 고다르는 1968년경 등장한 황량하게 정치화된 고다르, 대중문화와 대중이 연관된 거의 모든 것을 포기한 고다르다. 이때의 고다르는, 머릿속에서 정치 투쟁을 벌이는 이론적으로 개종한 포스트모더니스트들에 배타적으로 호소하는 비평 작업에 몰두했다. 하지만 또 다른 고다르가 1980년대에 등장한다. 그는 1960년대의 고다르만큼 대중문화에 연루되진 않았다 해도, 다시 모더니스트로 나타난 포스트-포스트모던 고다르였다.

모더니즘은 스타일이 아니다. 입체파와 인상파는 공히 모더니즘의 형식이었지만, 스타일상으로는 르네상스와 바로크만큼이나 멀리 떨어져 있다. 모더니즘은 스타일이 아닌 태도stance다. 그것은 리얼리즘이나 대중문화에 대항하는 태도가 아니며, 어떤 고착된 태도에도 대항하는 태도이고 끊임없이 질문하고 자문하는 태도다. 그렇다면 포스트모더니즘은 무엇이라고 할 수 있을까? 그것은 수용의 태도일 수 있으며 이것이 쾌락 지향적 부류의 포스트모더니즘이다. 혹은 확신의 태도일 수도 있는데 이것이 정당한 부류의 포스트모더니즘이다. 하지만 사태는 그보다 더 복잡하다. 한동안 모더니즘이 기성의 고급 예술이 된 미국에서, 포스트모더니즘은 많은 이들에게 갖가지 목적과 입장에 봉사할 수 있는 모호한 대항의 슬로건이었으며, 기성 질서에도 충분히 전용될 수 있는 것이었다. 유럽인들은 포스트모더니즘을 모더니즘과의 결별이 아닌 보다 모던한 것이라는 다른 판본을 제시해 왔다. 슬라보예 지젝Slavoj Zizek은 프란츠 카프카Franz Kafka와 히치콕 같은 예술가를 포스트모던하다고 간주한다. 장프랑수아 리오타르Jean-François Lyotard는 포스트모던을 모더니즘의 혁신이 수용된 이후 그리고 다음 단계가 시작되기 이전의 단계를 표시하는 용어로 간주한다. 이때 포스트모던은 모던과의 결별이 아니라 모더니즘의 휴지기에 발생한 틈의 시간을 일컫는다. 만일 모던이 이런 틈들의 연쇄라면, 어떤 틈이 포스트모던이 될 수 있는가? 전술했듯이, 우리는 머지않은 미래에 모더니즘과 포스트모더니즘에 대한 우리의 개념이 중대하게 바뀔 것이라고 확신할 수 있다.

장마리 스트라우브와 다니엘 위예가 1972년에 만든 〈역사 수업 History Lessons〉에서, 카메라는 젊은이가 로마 시내를 운전하는 차 안에 오랫동안 머물러 있다. 넓은 도로와 좁은 길을 지나고, 붐비는 길과 한적한 길을 거치면서, 이 작은 차가 속도를 내거나 늦추기도 하고 교통 체증으로 멈추거나 때로 후진하는 동안, 뒷좌석에 고정된 카메라는 정면의 풍경을 바라보고 있다. 컷도 팬도 없이 심지어 미세한 동요조차도 없이, 도시는 이 움직이는 차 안의 고정된 시점에 의해 찍혀진다. 프레임은 스크린의 좌우에 놓인 양 측면의 차창, 중앙의 앞창, 그리고 윗부분의 개방된 선루프에 등장하는 사면의 이미지가 만들어 내는 격자 모양이다. 직사각형의 프레임과 르네상스 이후 서양 회화의 관습이 된 개인적 시점의 원근법이 이 사진적 이미지를 구성한다. 여기서는 카메라에 의해 산출된 이 구도(멈춰 있건 움직이건 모든 화면의 바탕이 되는)가 우리의 주의를 요청한다. 여기서 카메라는 움직이면서도 동시에 멈춰 있다. 차와 함께 움직이지만, 차 안에선 멈춰 있는 것이다. 화면에 등장하는 것은 원하는 대로 움직이지만, 그것이 화면에 담기는 방식은 고정돼 있다. 카메라는 항상 똑같은 방식으로 작업하며, 이에 따라 우리는 카메라의 작업 방식을 인지할 수 있게 된다. 우리는 변하지 않는 프레임과 격자 형태로 분할된 우리의 시야를 의식함에 따라, 화면들이 뒷좌석에서의 단일 시점의 원근법이라는 것을 알 수 있게 되는 것이다. 이것은 르네상스 미술의 회화적 기법이 도시의 거리들과 거기서 마주치는 다양한 실재라는 대상에

〈역사 수업〉. 운전하는 젊은이.

적용된 것이라고 할 수 있다.

　여기서 우리는, 롤랑 바르트가 썼듯, 화가들이 "자신의 프레이밍과 알베르티적 원근법과 카메라 옵스큐라camera obscura의 광학을 물려 줌으로써" 사진을 발명했다고 혹자들이 주장하는 이유를 쉽게 이해할 수 있다.[238] 동시에 우리는 도시의 거리와 그 속의 사람들, 그 와중에 운전을 하는 젊은이에 대한 다큐멘터리적 이미지의 선명한 감각을 얻을 수 있다. 카메라가 그러한 구체성, 시간과 공간에 관한 온전한 특정성을 지닌 거리에 나서는 경우는 드물다. 카메라뿐만 아니라 마이크도 그러하다. 스트라우브와 위예는 다이렉트 사운드를 엄격하게 고수하는 사람들이며, 우리는 바로 그 자리에서 녹음된 실제 사운드를 듣는다. 우리는 여기서 또한 바르트가 사진을 발명한 것이 화가가 아니며 사물의 실제 모습(또한 사운드까지)을 직접 포착하는 것을 가능케 한 화학자라고 말한 이유를 쉽게 알 수 있다. "거기 있던 실제 육체로부터 생성된 빛이 여기 있는 나를 건드린다."

그린버그에게 사진은 모더니즘 예술이 될 수 없었다. 사진이 매체로서의 자기만의 질료를 거쳐 말하는 게 아니라 리얼리티 그 자체에 대해 말하기 때문이라는 것이다. 사진의 관심사가 '문학적'이라 해도, 그것은 사진에 외재적이라는 것이다. 하지만 재현된 리얼리티, 카메라 앞에 존재한 그 실제 육체는 외재적이지 않으며, 사진이라는 재현 매체에 내재적이다. 바르트에게도 사진의 관심사는 그것의 형식이 아니라 내용에 있다. 그 내용은 이미지의 형식을 뚫고 나오는 것으로, 돌출하는 세부, 조율될 수 없는 요소, 그가 푼크툼punctum이라고 부른 것이다. "어떤 사진의 푼크툼은 나를 찌르는 사건(동시에 나를 할퀴고 쏘는)이다."[239] 바르트는 푼크툼을 '문학적'이라고 생각하지 않았고, 반대로 이름 붙일 수 없으며 의미화할 수 없다고 생각했다. "내가 이름 붙일 수 있는 것은 나를 찌를 수 없다. 명명 불가능성이야말로 교란의 적절한 징후다."[240] 〈역사 수업〉에서 뒷좌석에서의 원근법적 시야, 앞 창과 옆 창과 선루프로 이뤄진 프레임은 형식이며 이는 사진이 서양 회화의 전통으로부터 물려받은 유산이다. 반면 내용은 거기서 우리가 보는 모든 것, 거리에서 우리의 시선에 들어오는 모든 것이며, 거름망을 빠져나가는 액체처럼 형식으로는 담아낼 수 없는 내용이다. 로마 거리에서 우리 시선에 잡히는 모든 것은 이미지의 형식을 뚫고 나오는 푼크툼이며, 의미화할 수도 명명할 수도 없는 세부이고, 조율을 거부하는 교란이다. 그토록 많은 것이 밖에서 벌어지고 있는데도 아무 일도 일어나지 않아 이 시퀀스가 지루하다고 말하는 사람은 액션이 없어서 지루한 게 아니라, 거리에서 일어나는 액션을 정돈하는 의미화 방책이 없어서 지루한 것이다. 모더니스트의 방식으로, 스트라우브와 위예는 사진적 재현의 조건을 수긍하고 있으며, 카메라의 우연적인 것과의 만남, 사진적 이미지에 담기는 인위와 리얼리티 양자를 수긍한다. 이 영화는 자연주의와 모더니즘의 연계의 또 다른 사례다. 하지만 이 연계는 사진적 이미지의 구성 내부에 존재한다. 화학자와 화가의 공동 발명, 즉 리얼리티의 직접적인 돌출과 르네상스로부터 계승된 이미지 구축 형식 사이에 그 연계가 존재하는 것이다.

사진 이미지가 리얼리티에 특별하게 근접한 까닭에 사진을 리얼리티를 대하는 투명한 창으로 간주하는 경향이 있다. 마치 카메라가 우리 눈앞에 세계의 사물 그 자체를 가져오는 것처럼 말이다. 사진에 담긴 나무는 카메라 앞에 있던 실제 나무이지만, 우리 눈앞에 놓인 것은 실제 나무가 아니라 프레임화되고 평면화된 하나의 이미지다. 그것이 다큐멘터리적 이미지다. 실제 나무가 아니지만 그 나무가 우리에게 남긴 흔적, 사진이라는 형식으로 보존된 나무의 그림자와 같은 것이며, 나무의 모종의 리얼리티가 담긴 구축물이다. 사진의 특별한 리얼리즘을 중시하는 사람이 그것의 인위성을 경시한다면, 이미지의 환영성을 중시하는 사람은 사진의 리얼리티의 물질성을 경시하는 경향이 있다. 〈역사 수업〉에서 인위성과 리얼리티는 동등한 중요성이 있다. 그것이 사진적 재현이라는 사실을 잊지 않는다면 우리는 리얼리티의 환영이라는 표현을 쉽게 쓸 수 없다. 그것이 리얼리티로부터 직접 전사된 이미지이고, 하나의 구축물이긴 하지만 순전한 조작이 아니며, 로마 거리의 직접적 체험이 아니지만 실재 자체와 분리된 자족적 기획도 아니라는 사실을 잊지 않는다면 말이다. 우리 앞의 이미지를 탈물질화하는 게 아니라, 마치 우리가 실제로 거기서 보고 있는 것처럼 또한 마치 이미지가 스스로 자기 영역을 구성하는 것처럼, 스트라우브와 위예는 회화적이기도 하고 다큐멘터리적이기도 한 이 매체 특유의 이미지와 리얼리티의 교류를 물질화하는 것이다. 〈역사 수업〉의 이미지는 인위성의 한 조각으로서의 이미지이며, 동시에 실재의 한 조각의 흔적으로서의 이미지 즉 다큐멘터리 이미지로 인지되어야 한다.

"영화의 위대성은 자신이 사진임을 받아들이는 겸허함에 있다"라고 스트라우브와 위예는 믿는다. 두 사람의 작품에 대한 책에서 바튼 바이그Barton Byg는 이 진술을 인용하고 이렇게 주장한다. "그들의 영화는 초기 영화의 사진적 직접성을 환기시킨다. 영화의 토대가 사진임을 수용하는 것이 스트라우브/위예를 아방가르드와 구분 짓게 한다."[241] 하지만 단지 몇몇 아방가르드 영화만이 사진적 재현을 부정한다. 주류 영화가 종종 드라마의 편에 서서 다큐멘터리에 다가간다면, 아방가르드 영화는 종종 추상적 혹은 시각적 표현의 편에 서서 다큐멘터리에 다가간다. 물론 초기 영화와의 비교는 적절하다. 스트라우브와 위예의 작품은, 마치 처음으로 세계가 카메라에 포착되어 등장하는 것처럼, 스크린에 투영된 세계를 직접 보는 듯한 시각적 감각을 전달한다. 하지만 "사진적 직접성"이라는 표현은 정확하지 않았다. 이것은 거기에 '있있던' 것이라고, 우리는 그들의 작품에서 느낀다. 그것은 우리 앞의 스크린에 존재하는 무언가가 아니라, 하나의 이미지 즉 이제 거기 존재하지 '않는' 무언가의 흔적remnant이다. 사진은 흔적의 예술이다. 영화는 매우 다른 무언가를 우리에게 제공한다고 생각한 바르트가 말하길, 사진은 존재한 적이 있는 것을 우리에게 제공한다. 그것은 사진적 이미지가 현재에 활성화시킨 과거라는 것이다. 하지만 영화는 그렇게 단순하지 않다. 스트라우브와 위예는 고집스럽게 진정으로 사진적 영화라 말할 수 있는 영화를 우리에게 보여 주지만, 이를 직접성의 영화라고 말할 수는 없다.

《시골과 도시The Country and the City》에서 레이먼드 윌리엄스는 버지니아 울프Virginia Woolf의 《올랜도Orlando》의 한 구절을 인용한다.

1928년 10월 11일 목요일, 올드 켄트 로드는 몹시 붐볐다. 사람들은 도로 양쪽 편으로 갈라졌다. 쇼핑백을 든 여인들이 있었다. 아이들은 달렸다. 포목점들은 할인 판매를 했다. 거리는 넓어졌다 좁아졌다. 길들이 점점 좁아져 하나로 오그라들었다. 거기는 시장이었다. 장례식도 열렸다. 한 무리의 행렬이 있었는데 그들이 든 현수막에는 '라 – 운Ra-Un'● 이라는 글자가 보였는데, 그 외에는 무엇이 적혀 있었을까? 고기는 붉었다. 정육점 주인들은 문간에 서 있었다. 여인들은 하마터면 구두 뒤축이 잘려 나갈 뻔했다. '아모르 빈Amor Vin'●● ― 현관에는 그런 문구가 보인다. 한 여인이 침실 창으로 바깥을 조용히 깊은 생각에 빠진 듯 바라봤다. 애플존과 애플베드 그리고 언더Under●●● ――. 처음부터 온전히 읽거나 볼 수 있는 것은 아무것도 없었다. 마치 서로 만나려고 길을 건너는 두 친구처럼 ― 처음만 보일 뿐 끝이 보이지 않았다. 20분 뒤에는 심신 모두 자루에서 흘러나오는 종잇조각처럼 되어, 런던에서 자동차로 재빨리 빠져나온다는 일은, 무의식과, 어쩌면 죽음보다도 앞서, 자기라는 존재를 토막 내는 것과 같은 것이어서, 지금 이 순간 올랜도가 어떤 의미에서 존재하고 있는지는 알 수 없는 문제였다.●●●●

윌리엄스는 "이 파편적 경험"을 이렇게 말한다.

'가속 페달을 밟는 것'에 의해 더욱 강화되는 이 파편적 경험은 이제 인간의 지각 조건이 되었다. 이 경험은 근대적 이미지의 몇 가지 특징적 형식들과 깊은 관련이 있는 것으로서, 회화에서 그리고 특히 파편적 경험의 본질적인 움직임을 담는 매체인 영화에서 가장 분명하게 드러난다. 영화, 특히 편집과 몽타주에서 발전을 이룬 영화와, 도시의 거리라는 밀집한 그리고 잡다한 환경

● '궐기 – 실업자Rally-Unemployed'의 첫 부분인 듯하다. ― 옮긴이
●● '사랑은 승리한다Amor Vincit Omnia'는 뜻이다. ― 옮긴이
●●● 장의사Undertaker를 뜻하는 듯하다. ― 옮긴이
●●●● 인용 부분의 번역과 역주는 한국어판 《시골과 도시》(이현석 옮김, 나남, 2013)를 참조하였다. ― 옮긴이

속에서 관찰자가 지닌 특징적인 움직임 사이에는 분명히 직접적인 관계가 존재한다.[242]

〈역사 수업〉에서 로마 거리를 돌아다니는 차의 운동은 이 특징적인 근대적 이미지와 특징적인 근대적 경험 즉 도시의 유동적이며 불투명한 표면, 누구도 전적으로 동화될 수도 안전하게 벗어날 수도 없는 잡다한 것들의 쇄도의 연장선에 있다. 그런데 이 시퀀스에는 몽타주가 없다. 이 경험을 형상화하거나 해석하려는 시도가 없으며 단지 뒷좌석에 고정된 카메라의 응시만 존재하는 것이다. 스트라우브와 위예는 이 다큐멘터리의 응시를 미화할 의도가 전혀 없다. 사진은 결국 근대적 삶의 세부들을 기록하려는 목적으로 발명되었다. 그 세부들의 의미가 불투명하고 모호하기 때문에 충실하고 정확한 기록이 중요해졌다. 이면의 의미가 불분명할수록 그 표면에 더욱 주의를 기울여야 하는 것이다.

뒷좌석에 있는 우리 시야에 남겨진 모든 것, 멀리서 그리고 부분적으로 보았던 그리고 더 선명하고 온전하게 볼 수도 있었을 모든 것이, 젊은이와 함께 로마 거리를 떠도는 우리의 지각에 도달한다. 컬러와 사운드, 특히 거리에서 직접 녹음된 사운드를 제외하면 이 시퀀스들(로마 거리 시퀀스는 세 개가 있으며, 각각 10분 정도의 길이다)은 초기 영화의 기술을 연상시킨다. 고정된 시야로부터 자유로운 카메라, 그리고 편집과 몽타주를 통해 우리는 더 많이 그리고 더 선명하게 볼 수 있을지도 모른다. 하지만 그렇다 해도 우리는 여전히 충분히 보지 못했을 것이며, 봐야 할 모든 것을 보진 못했을 것이다. 우리는 온전한 영상이라는 환영을 가질 수도 있지만 그것은 우리가 여전히 부재한 것 모두에 눈을 감는 데 동의하는 한 그러할 것이다. 뒷좌석에서 보이는 것들에 우리의 시야를 제한시킴으로써 스트라우브와 위예는 우리가 보지 않고 있는 것에 유의하도록 만들어 우리의 시선이 지닌 불가피한 한계를 인지하도록 이끈다. 이 영화에서 카메라는 이 카메라가 부착된 채 함께 움직이는 차라는 다른 기계와 등치된다. 차는 세계 속에 물질적으로 존재하며, 세계가 허락하고 제한하는 범위에서만 움직이며, 우리의 시선 또한 그러하다. 물론 카메라는 이 차가 거쳐 간 특정한 길에 물리적으로 한정될 필요는 없었을 것이다. 하지만 카메라가 따라갈 수 있었을 다른 경로 역시 부분적 시선의 제한된 시퀀스를 벗어날 수 없었을 것이다.

오랫동안 역사보다 상위에 있다고 생각되어 온 시는 19세기가 되자 역사에서 토대를 찾기 시작했다. 아리스토텔레스는 이렇게 말했다.

> 시는 시작과 중반과 끝을 지닌 단일 막으로, 하나의 온전한 전체다. 따라서 그것은 살아 있는 하나의 유기체를 모방하며, 그에 적합한 즐거움을 산출한다. 역사 서술은 현재의 필요에서 비롯되며 단일 막이 아닌 단일 기간과 연관된다. 그 기간에 한 사람에게 혹은 다수에게 발생한, 하지만 서로 긴밀한 연관성은 거의 없는 모든 것이 그 대상이다. 살라미스 해전과 시칠리아의 카르타고 해전은 같은 시기에 발생했지만, 하나의 결과를 산출하지 않았다. 한 사건이 때로 다른 사건에 뒤이어 일어나는 경우에도, 하나의 결과로 이어지지 않는다.[243]

아리스토텔레스는 역사의 비통일성에 대비되는 시의 통일성, 무언가를 전체로 보는 데서 오는 즐거움, 시작과 중간과 끝의 만족을 높이 평가했다. 하지만 근대의 거리에서는 어떤 것도 전체가 아니며, 버지니아 울프가 들려주듯, 시작처럼 보이는 것이 결코 끝을 맺지 않는다. 몇몇 포스트모더니스트들이 텔레비전과 함께 태어났다고 생각한 이 파편적 경험은 실은 1800년 전후의 윌리엄 블레이크William Blake와 윌리엄 워즈워스William Wordsworth의 시대까지 거슬러 올라간다.[244] 그것은 산업 자본주의 도시의 특징적 경험이며 모더니즘 예술의 특징적 이미지다. 아리스토텔레스 시절의 시인은 연관성이 보이지 않을 경우 그 해전을 제쳐

두면서 본질의 추구 과정에서 발생한 하나의 부수적 세부에 불과한 것으로 간주할 수 있었지만, 근대의 시인은 그 해전을 고려하지 않아도 된다는, 나아가 세계의 수많은 세부들이 자신의 주제와 결국 부합하지는 않아도 되는 고대의 확신을 더 이상 지닐 수 없게 되었다. 시는 고대의 통일된 세계를 더 이상 믿을 수 없고 역사의 유동하는 세부들의 단일한 토대를 더 이상 찾아낼 수 없게 되었다.

모든 것을 영화에 담아내야 한다고 고다르는 말한 적이 있다. 면책되어 남겨질 수 있는 것은 아무것도 없으며, 우리의 모더니티라는 복합적 세계 내부의 모든 것은 이야기와 그림과 영화에 연관될 수 있다는 것이다. 19세기에 시작해 20세기를 거쳐 오면서 더욱더 그러하지만, 세상의 모든 사건은 일상의 어떤 문제와도 잠재적 연관성을 가지는 것으로 생각되어야 한다. 하지만 물론 모든 것을 하나의 영화에 담을 수는 없다. 만든 사람은 제외된 모든 것을 인식할 수 있으며 관객으로 하여금 그 생략을 인지하도록 만들 수 있을 뿐이다. 또한 다른 방식이 아니라 이런 방식으로 찍은 선택을 인지하도록, 그리고 재현을 위해 선택된 방법과 매체, 그리고 그 과정에 반영된 자신의 편향을 인지하도록 만들 수 있을 뿐이다.

레온 바티스타 알베르티Leon Battista Alberti는 유명한 은유에서 르네상스 회화가 창이라고, 즉 관람자가 온전히 선명하게 광경을 볼 수 있는 이상적인 창이라 말하지만, 〈역사 수업〉의 창은 우리의 구체적 실존과 세계 내적 존재로서의 한계에 종속되어 있는 차의 물질적인 창이다. 차는 젊은이가 도시의 리얼리티에 다가설 수 있는 수단이지만 이상적인 게 아니라 시각적인 물질적 수단일 뿐이며, 특권적인 접근성도 온전한 선명성도 제공하지 않는 수단이다. 또한 우리가 그러하듯 세계에 고착되어 있는 수단이며, 우리가 진창을 걸을 때 진흙이 달라붙듯 세계가 달라붙어 있는 수단이다.

우리가 뒷좌석에서 원근법적 시야로 로마 거리를 둘러볼 때, 스크린 중앙에 백미러가 놓이는데, 우리는 그 거울을 통해 젊은이의 눈을 본다. 원근법은 사물들이 한 개인의 보이는 방식대로 묘사하는 재현 체계이며, 사물들의 외양은 화면에 드러나지 않은 관찰자 개인의 눈에 의해 제한된다. 이 영화는 원근법적 시선으로 구성되어 있지만, 화면의 정중앙에 명시적으로 드러난 개인의 눈을 우리는 마주하게 되는 것이다. 그 개인이 원근법을 작동시키는 카메라를 부착한 채 달리는 차의 운전자다.

하지만 이 영화에서 우리의 시야는 그 청년의 시야가 아니다. 청년은 왼쪽 앞좌석에서 운전대를 잡고 있고, 우리의 시점은 뒷좌석의 오른쪽이다. 양 측면의 창문과 선루프는 차가 도시의 거리를 운행하며 외부의 모든 것을 배치하는 원근법적 선들의 골조와 같은 것이다. 이 선들이 수렴되는 소실점은 바라보는 시점의 거울 이미지로서, 앞창의 오른쪽

〈역사 수업〉. 운전하는 젊은이: 도시 거리를 운행하는 차의 원근법 선들.

아랫부분에 놓인다. 만일 거울이 그 자리에 있었다면 그것을 통해 우리는 카메라의 눈을 볼 수 있었을 것이다. 우리가 거울을 볼 때 원근법의 선들은, 물에 비친 달빛의 선들이 움직이는 우리의 눈을 따라오듯, 항상 우리의 눈으로 수렴된다. 이것이 주관성subjectivity이다.[245] 이 영화에서의 주관성이 정확히 청년의 것이 아니라 해도, 중앙의 백미러에서 우리가 보는 것은 그의 눈이다. 그는 관찰하는 개인이고, 운행하는 차의 원근법 체계의 중심적 자리에 놓인 주관적 개인이라고 말할 수 있다.

화면과 원근법의 관계는, 내러티브와 시점視點의 관계와 같다. 그의 눈이 화면의 중심을 점유하는 젊은이는 내러티브 의식의 중심이다. 〈역사 수업〉은 브레히트의 《율리우스 카이사르 씨의 사업The Business Affairs of Mr. Julius Caesar》이라는 미완의 역사 소설에 토대를 두고 있다. 바이그는 이 소설을, "카이사르가 죽은 지 40여 년 뒤에 그의 전기를 쓰기 시작한," 그리고 "카이사르의 삶에 관해 모든 모순된 증거에 직면한" 청년의 내러티브라고 묘사한다.[246] 스트라우브와 위예는 카이사르를 알았던 몇몇 원로들과 대화를 나누는 브레히트 소설의 젊은 전기 작가를 현대의 로마 거리에서 차를 몰며 고대 로마에서 온 노인들을 태우고 그들과 대화하는 동시대의 청년으로 바꿔 놓았다. 물론 이것은 현실적으로 불가능한 대화다. 우리가 토가를 입은 고대 로마인 옆에 현대의 옷차림으로 앉은 청년을 볼 때, 우리는 결코 이 상황을 현실적인 것으로 믿어야 한다고 요청받지 않는다. 이것이 허구임은 명백하다. 이 고대 로마인들의 리얼리티라는 환영은 발붙일 곳이 없다. 이 내러티브는, 당신이 이 용어를 좋아한다면, 탈구축적이다. 하지만 바이그가 정확히 지적했듯이, 이 내러티브는 해체되어 있지 않으며, 여전히 하나의 내러티브이고 영화는 그것에 의존한다. 아무리 일정한 거리를 두고 우리에게 이야기를 들려준다 해도, 청년은 로마 거리에 우리를 이끌고 가듯, 이 이야기에 우리를 끌어들인다. 아무리 거리를 두고 있다 해도, 그는 여전히 내러티브 의식의 중심이다.

원근법과 내러티브는 아방가르드들 사이에서 또 컨벤션과 환영의 비판자들 사이에서 평판이 나쁜 단어들이다. 원근법은 관객에게 환영적 공간을 제공하고, 내러티브는 관객에게 환영적 시간과 환영적 이야기를 제공한다는 것이다. 원근법은 전통적 회화가 수행한 것으로, 깊이의 환영을 통해 이 매체의 평면성을 위장한다. 내러티브는 할리우드가 수행하는 것으로, 환영을 통해 리얼리티를 위장한다. 라캉-알튀세르주의 영화 이론에서 원근법과 내러티브는 '부르주아 이데올로기'라는 이름의 기만을 수행하는 데 봉사한다. 개인적 시선의 원근법과 개별적 캐릭터 묘사의 내러티브는 부르주아의 개인주의 이데올로기를 주입할 뿐만 아니라, 스크린 이미지와의 동일시를 통해 세계와 우리의 환영적 관계 즉 개별적 정체성의 환영적 감각을 제공하는데, 이 과정에서 세계의 진정한 작동 방식은 숨겨진다. 라캉-알튀세르주의 이론에 따르면 이미지의 통일성은 결국 부르주아 이데올로기에의 복속으로 귀결되는 지각 주체의 상상적 통일이라는 감각을 양육한다. 스티븐 히스Stephen Heath는 에세이 "내러티브 공간Narrative Space"에서 내러티브가 원근법을 통해 스크린에서 우리를 복속시키는 데 기여하는 통일성을 구축하는 과정을 이론화한다. 영화에서 원근법은 르네상스 회화의 지각적 통일성의 이미지를 제공함으로써 시작되지만, 그 이미지는 움직이고 그 움직임은 통일성을 교란시키며, 통일성을 복원하기 위해 내러티브가 화면에 개입해 흩어진 요소들을 재결속시킨다는 것이다.[247] 통일성이 나쁜 것이라는 라캉-알튀세르주의의 전제를 긍정할 때조차 영화가 이 같은 방식으로 통일성을 운용한다는 설명은 받아들이기 힘들다. 다른 이들처럼 히스도 내러티브가 르네상스 원근법의 심도 공간을 요청한다고 상정한다. 하지만 중세 회화의 더 평면적인 공간이 내러티브에 더욱 적합하다. 한 번에 하나의 상황을 묘사하고 순차적으로 또 다른 상황을 제시하는 내러티브 시퀸스의 배열 방식에는 평면적인 중세 회화가 더 용이하기 때문이다.

1970년대의 영화 이론이 브레히트를 찬미하며 내러티브를 폄훼한 것은 기묘한 일이다. 브레히트는 '서사시' 혹은 '내러티브' 연극의 작가였기 때문이다. 하지만 환영은 적으로 간주되었고, 브레히트는 환영의 적으로 간주되었다. 브레히트의 소격 효과는 예술이 지향해야 할 전범으로 추앙되었고, 환영은 박멸되어야 했다. 브레히트가 드라마적인 환영을 억제한 것이 일종의 내러티브 환영을 만들어 내기 위해서였다는 사실은 잘 알려져 있지 않았다. 그는 인물과 사건을 활성화하는 연극이라기보다 일종의 보고자로서의 연극, 더 이상 행위 형식이 아닌 내러티브 형식으로 스토리를 재현하는 연극을 만들려 했던 것이다. 게다가 소격 효과는 정치적 예술의 모델로 채택된 것이었다. 기성 질서가 환영에 의존하는 것으로 생각되었기 때문에, 환영의 파괴는 정치적 전복과 동의어로 받아들여졌다. 예술의 환영과 삶의 환영 사이에는 어떤 구분도 없었다. 예술이 관객에게 불러일으키는 환영은 이데올로기가 불러일으키는 환영과 같은 것, 즉 사회적·정치적 질서가 그 속의 주체들에게 산출하는 환영과 같은 것으로 간주되었다. 이 같은 예술의 정치화는 실은 정치의 미학화였다. 그 미학은 부정적 형식의 비평을 채택하는 미학, 정치적 효과와 미학적 효과의 천연덕스러운 등치를 통해 그 스스로 정치적이 된다고 믿는 미학적 비평이었다. 정치적으로뿐만 아니라 미학적으로도 브레히트는 그보다 훨씬 영리했다. 그는 무대를 무대라 불렀다. 예술의 공간과 삶의 공간 사이에 어떤 혼동도 용납하지 않았다. 그의 연극은 분명히 실제 삶의 공간을 채용했으며 그렇지 않았다면 정치적 연극이 될 수 없었을 것이다. 하지만 그것은 연극 공간이라고 선명하게 새겨진 공간으로부터 실제 삶의 공간을 도출한 것이다. 이것은 리얼리티가 아니라 환영의 장이며, 예술의 자율적 공간인 것이다. 아마도 예술의 자율성은 환영일 것이다. 하지만 이 환영은 그것이 놓인 자리로부터 떨어진 그리고 대안을 품은 공간을 허용한다. 그 공간에서 그저 하나의 판타지가 구축되는 데 그치지 않고 판타지가 이를 수 있는 현실의 가능태가 구축된다. 브레히트의 작품은 연극이며 대안을 품은 정치적 연극이다.

사람들은 브레히트 연극이 "그 의도에 불구하고" 감동적이라고 종종 말한다. 그들은 브레히트 연극이 반정서적이라고 간주하고 소격 효과는 정서를 소멸시키는 방법이라고 생각한다. 하지만 브레히트의 연극은 명백히 감동을 의도한 것이었으며, 소격 효과는 정서를 소멸시키는 게 아니라 정서를 조절하는 것이었고, 연극이 산출하는 격정을 진정시키는 것이었다. 브레히트의 연극은 의식의 연극이며, 관객의 의식을 고양하는 데 목적을 둔 연극이었다. 반정서적인 연극이 아니라 관객을 압도해 사유를 중단시키는 정서에 맞서는 연극이었고, 반환영적인 연극이 아니라 관객을 휘어잡아 성찰을 중단시키는 환영에 맞서는 연극이었다. 이전에는 환영과 정서의 전통적 연극 편에 선 사람들에게 맞서 브레히트를 옹호하기 위해 이런 점들을 분명히 말할 필요가 있었다. 요즘에는 소격 효과를 맹신하며 환영의 파괴와 정서의 소멸에 환호하는 사람들에 맞서 브레히트를 옹호하기 위해 이런 점을 말할 필요가 있다. 환영의 파괴자로서 그리고 정서의 종식자로서 소격 효과가 할 수 있는 일은, 무능력이 그러한 것처럼 아무것도 없다. 소격은 환영을 점검하고 정서를 제어하며 몰입을 중단한다는 점에서 유효할 뿐이다. 아무것도 우리를 끌어들이지 않는 곳에서 우리를 제어한다는 것은 별다른 의미가 없을 것이다.

연극 동료들에게 말을 건네는 시에서 브레히트는 이렇게 썼다.

뒤로 물러나 관객은
볼 것이네
자네가 그들을 위해 얼마나 교활하게 준비하는가를
볼 것이네

양철 달이 흔들리며 가라앉고

오두막 지붕이 불쑥 등장하는 것을.

너무 많이 드러내지 말되

어떤 것은 관객에게 보여 주기를.

친구들이여,

그들이 발견토록 하게나,

자네가 마술을 하는 게 아니라

단지 노동하고 있음을.[248]

브레히트는 관객에게 예술이 마술이 아니라 노동임을 보여 주라고 말한다. 동시에 예술의 환영이 완전히 부서질 정도로 너무 많이 보여 주지는 말라고 말한다. 얼마나 보여 주고 말지를 결정하는 것이 바로 소격 효과의 테크닉이다. 라캉-알튀세르주의 이론은 이를 포착하는 데 실패한다. 이 이론에 따르면 환영은 온전한 것이며 우리는 예술 혹은 이데올로기의 재현을 리얼리티로 받아들이고, 환영을 부수는 소격 효과 역시 그만큼 온전한 것이다. 이것은 욕조의 물을 아기와 함께 버리는 것과 같다. 에릭 벤틀리Eric Bentley는 반환영주의자에 맞서 브레히트를 옹호하며 이렇게 말했다. "환영은 정도의 문제다."[249] 소격 효과는 환영의 정도 문제이며, 그 갖가지 정도가 갖가지 방법이 될 수 있다.

〈역사 수업〉에서 뒷좌석에서의 시야는 우리에게 리얼리티의 환영으로부터 거리를 갖게 하고 이미지의 인위성, 달리 말해 사진적 이미지의 구축을 지배하는 원근법과 프레이밍의 인위성을 의식하게 만든다. 하지만 환영은 정도의 문제. 우리는 그 이미지와의 대면이 현실의 거리에서 그것을 보는 것과 같지 않다는 것을 뚜렷하게 의식하는 경우에도 거리의 리얼리티에 대한 선명한 감각을 갖게 된다. 반면, 청년이 고대 로마에서 온 노인들(은행가, 농부, 판사, 시인)을 만나 그들이 카이사르에 대해 말하는 것을 듣는다는 설정은, 우리가 허구를 보고 있다는 사실을 일깨워 주는 의심할 수 없는 소격 효과다. 시대를 건너뛰어 고대 로마인이 현대의 청년을 만난다는 것은 전혀 개연성이 없지만, 이 노인들은 특정한 계급과 직업을 지닌 개인으로서 확신의 태도를 갖고 있으며, 은행가와 농부와 법률가와 시인을 곧바로 떠올리게 하는 배우들의 외모와 제스처 그리고 화법은 우리가 실제로 그들과 만나고 있다고 상상하게 한다. 소격은 정도의 문제다. 우리는 이 허구를 믿지 않을 수도 있지만, 그 속의 무언가를 믿을 수도 있다. 그 허구의 무언가가, 우리를 몰입시키는 정도까지, 우리를 사로잡고 우리를 확신케 하는 것이다. 우리가 그 허구에 전혀 몰입되지 않는다면, 소격이라는 것도 존재하지 않을 것이다.

"너무 많이 드러내지 말되/어떤 것은 관객에게 보여 주기를." 카메라와 차를 등치시킴으로써, 〈역사 수업〉은 프레이밍과 원근법의 인위성을 통해 카메라의 기계적 작동을 노출시킨다. 하지만 카메라 자체는 노출되지 않는데, 그러지 않았다면 너무 많은 것이 노출됨으로써 우리는 화면 내부에서 시야를 잃어버렸을 것이다. 차는 거리의 리얼리티에 접근하는 보이는 도구이지만 카메라는 보이지 않는 것으로 남아 있다. 차의 행로에 동요 없이 결박된 이 카메라는 뒷좌석에 완전히 고정되어 있어서 우리가 화면에서 보는 어떤 것도 차가 운행하는 실제 세계 안에서 자신을 분리된 존재로 드러내지 않는다. 차는 세계에 대한 우리의 접근을 물질화하며, 차와 동행하는 카메라는 세계를 그 안에 담는 기계로서 그 자체는 탈물질화한다. 우리는 카메라의 이미지(차는 그것에 대한 메타포로 기능한다)에 담긴 인위성과 리얼리티 양자를 인식할 뿐 아니라, 스크린 위의 이미지 즉 영사기의 이미지가 지닌 기묘한 탈물질화 역시 인식하게 된다. 카메라는 스크린에서 우리가 만나는 세계를 이미지화하는 유일한 기계가 아니다. 영사기 또한 있다. 세계를 찍는 카메라는 거기에 있었지만 영사기는 거기에 없었다. 스크린에 필름이 영사될 때, 영사기가 카메라의 권능을 접수한다. 〈역사 수업〉에서 보이는 차가 거기 존재하는 카메라의 메타포로서 찍혀지는 세계에 물질적으로 연루되어 있다면, 보이지 않는 카메라(영사기가 투사하는 움직이는 이미지들에서는 분명히 탈물질화되어 시각적으로 보이지 않지만, 그 이미지들에서 카메라의 움직임은 차의 움직임과 정확히 동조한다)는 거기 없는 영상 기계인 영사기의 메타포다. 〈역사 수업〉에서 우리는 필름 이미지가 카메라의 것이며 동시에 영사기의 것임을 알 수 있다. 또한 물질적이며 동시에 탈물질적이라는 것도. 이것이 물질적 유령이다. 고대 로마에서 온 물질적 유령들과의 조우를 우리가 준비할 수 있는 것은 이 인지 덕분이다.

그늘이 드리운 공원 벤치에 젊은이가 고대 로마에서 온 은행가 옆에 앉아 있다. 우리는 벤치 뒤에서 비스듬한 오버헤드 앵글로 그들을 보며, 젊은이가 정면을 향한 은행가 쪽으로 몸을 돌리면 은행가는 옆모습으로, 젊은이는 뒷모습으로 보인다. 카메라가 토가를 걸친 이 유령 같은 존재가 궁금해 못 견디겠다는 듯, 앵글 변화 없는 컷으로 그에게 빠르게 다가선다. 그런 다음 우리는 벤치의 앞으로 이동해 은행가의 클로즈업을 만난다. 그는 여전히 비스듬한 오버헤드 앵글로 오랫동안 스크린을 차지한다. 다음 숏은 카메라가 더 정면으로 그리고 눈높이 가깝게 다가서서 은행가의 상반신을 보여 준다. 이것은 보다 관습적인 시점인데, 이제 카메라가 그를 편히 여기게 된 것처럼 느껴진다. 이 은행가 숏은 젊은이 숏의 관습적인 첫 리버스 숏이다. 하지만 은행가는 젊은이를 보고 있지 않으며, 더 이상의 리버스 숏 없이 숏이 지속된다. 하지만 이숏의 한 지점에 이르자, 은행가는 자신들의 부대가 주둔한 지역에서는 더 이상 풀이 나지 않는다고 뽐내는 장군들을 비난하면서("자네도 알다시피 빵은 이 풀들 중 하나에서 만들어진다네") 갑자기 그리고 처음으로 젊은이를 쳐다

〈역사 수업〉. 젊은이와 은행가가 처음 함께 나오는 장면.

본다. 젊은이가 앉아 있는 것으로 짐작되는 왼쪽 스크린 외부를 그가 바라보는 이 장면에서, 이제껏 수동적이었던 은행가의 얼굴에 생명의 섬광이 깃든다. 만일 소격 효과가 허구에의 몰입을 거스르며 작동한다면, 이 눈동자의 첫 조우 즉 젊은이와 은행가의 시선 교환의 반짝이는 이 순간은 반대로 소격 효과를 거슬러 작동하며 몰입involvement 효과라 불릴 만한 것을 제시한다. 이 순간 우리는 덜 초연해지며 고대 역사로부터 온 유령과의 불가능한 조우에 더 깊이 이끌리게 된다.

은행가의 이 응시 장면 다음에 젊은이의 리액션 숏이 이어졌다면, 즉 이 영화에 거의 등장하지 않았던 시선 교환이 여기서 이뤄졌다면 우리는 영화에 더욱 몰입했을 것이다. 하지만 은행가는 다시 시선을 돌려 정면을 바라보며 젊은이의 리액션 숏은 등장하지 않는다. 이 대목에서 우리는 질문할 수 있다. 왜 우리는 한마디도 하지 않는 젊은이가 이 시퀀

〈역사 수업〉. 은행가. 그가 젊은이를 바라보는 장면.

스의 첫 숏에서처럼 벤치의 한 켠에 앉아 은행가를 바라보고 있다고 가정하고 있는가. 즉 왜 우리는 숏의 컨벤션, 즉 극영화의 컨벤션을 수용하는가. 이 컨벤션은 이런 것이다. 우리는 스크린에 등장하는 공간을 보면서, 우리 눈에 보이지 않더라도 스크린 외부의 공간에 여전히 그 나머지가 존재한다고 가정하며, 그 순간에는 그 나머지를 굳이 볼 필요가 없다는 데 동의하는 것이다.

우리를 태우고 현대의 로마에서 운전하는 젊은이는 고대 로마와의 특별한 대화로 이끄는 안내자다. 그는 오래된 과거에게 말을 거는 인터뷰어, 혹은 역사에 직접 참여한 늙은 스승으로부터 로마 역사 수업을 듣는 젊은 학생과 같은 존재다. 그는 이러한 고대와의 조우에서 우리 시대 모더니티의 대변자이며, 우리는 그와 동일시한다. 물론 우리가 전적으로 그와 동일시하는 것은 아니다. 한 캐릭터와의 동일시는 결코 완전한 게 아니다. 동일시는 정도의 문제이며, 우리가 어느 정도 젊은이와 동일시하지 않는다면 〈역사 수업〉은 아무 효과가 없을 것이다. 스트라우브와 위예는 동일시를 타파하려는 게 아니라 성찰을 위해 필요한 만큼의 거리 두기를 요청하는 것이다. 우리는 처음에 젊은이와 은행가를 본 다음, 오랫동안 젊은이의 모습을 보지 못한다. 우리의 반응에 영향을 끼치게 될 그의 반응을 보지 못하는 것이다. 카메라가 은행가 주위를 돌며 다른 각도에서 연속적으로 그를 바라볼 때, 이 카메라는 야심적인 젊은 법률가 시절에 카이사르와 함께했던 기억을 떠올리는 이 로마 노인의 고요한 회상을 어떤 각도로 바라봐야 할지에 대해 관객인 우리보다 더 잘 알고 있는 것 같지는 않다. 따라서 우리가 취해야 할 태도는 전적으로 우리 스스로의 몫이 된다.

은행가의 오른쪽 옆얼굴에서 비스듬한 3/4 정면으로, 그리고 다시 거의 정면으로 옮겨가면서 카메라는 그의 주위를 세 번 더 돈다. 피사체에 점차 접근하면서 더 높은 각도의 숏과 더 측면의 숏이 번갈아 등장한다. 그리고 카메라는 은행가의 왼쪽 측면을 비추면서 대칭적인 연속 숏을 보여 준다. 젊은이는 그 옆에 비껴 나 있으며, 카메라 앵글들은 이제 그로부터 멀어져 우리는 그가 존재한다는 사실을 잊고 은행가에 집중하게 된다. 은행가 역시 특별한 대화 상대자를 의식하지 않는 듯 보이며, 그가 'C'라고 부르는 사람에 대해 얘기할 거리가 아직 많은 것처럼 보인다. 그의 옆에 앉은 현대의 인물을 점점 덜 의식하게 되고 율리우스 카이사르에 관해 고대의 인물이 해 주는 이야기에 점점 더 빠져들수록 우리와 고대의 인물 사이에 놓여 있던 소격의 거리는 점차 줄어든다. 현대에 온 고대인이라는 비현실적 캐릭터에 대한 불신이나 그가 하는 말의 신빙성에 대한 의심이 사라진다고 말할 수는 없지만, 은행가가 계속 말하는 동안 우리는 카이사르의 이력에 관한 내부자의 설명이 지닌 오묘한 매혹에 빠져들게 된다. 분명히 허구이고 우리가 그를 진짜 고대 로마인으로 받아들이지는 않지만, 그런데도 이 은행가는 당시의 로마인 그리고 당시의 은행가가 정말로 그러했을 것이라는 가능성에 대한 신뢰를 간헐적으로 전해 준다. 그를 연기하는 배우는 정말 노련한 은행가처럼 보인다. 그는 에이젠시테인 방식의 캐리커처가 아닌 실제 인간이다. 물론 이 몰입 역시 정도의 문제다. 카메라가 한 바퀴 돌아 은행가의 오른쪽 측면을 오버헤드 클로즈업하자, 젊은이의 손이 프레임 안에 갑자기 재등장하면서 고대의 인물 옆에 현대의 인물이 앉아 있는 상황의 비현실성을 우리에게 일깨워 준다. 그 젊은이는 여전히 거기에 있는 것이다. 카메라는 앵글 변화 없이 뒤로 물러서, 그늘진 벤치에 앉은 두 인물을 비스듬한 오버헤드 앵글로 보여 준다. 이것은 둘을 담은 첫 숏의 180도 대칭 숏이다.

젊은이는 처음으로 입을 연다. 은행가의 독백이 비로소 끝났음을 강조하려는 듯, 카메라는 이제까지 지속되어 온 부감이 아닌 앙각의 클로즈업으로 젊은이를 보여 준다. 젊은이는 은행가에게 젊은 카이사르에

〈역사 수업〉. 프레임에 재등장한 젊은이. 그가 첫 질문을 할 때의 클로즈업.

관해 그리고 그 시절의 민주적 당파와 카이사르의 관계에 대해 물어본다. 카메라는 젊은이 쪽으로 서서히 고개를 돌리는 은행가의 눈높이 클로즈업으로 컷백한다. 이것은 숏/리버스 숏이다. 하지만 젊은이의 숏은 5초에 불과한데, 은행가의 리버스 숏은 2분간 지속된다. 젊은이는 몇 가지 질문을 더 던지지만 더 이상의 젊은이 숏은 없다. 젊은이 숏에도 은행가 숏에도 눈에 띄는 빈 공간이 있다. 이것은 스크린의 한쪽 공간을 비워 둠으로써 맞은편 인물이 스크린 외부에 있음을 알려주는 관습적인 방식이 아니다. 여기서의 빈 공간은 맞은편 인물의 반대편 공간이다. 젊은이는 오른쪽 스크린 외부을 바라보는데, 이것은 은행가가 앉아 있는 방향이다. 하지만 스크린 왼쪽의 빈 공간은 은행가가 앉아 있는 방향과 반대쪽이다. 그릇된(컨벤션을 어긴다는 의미에서 그릇된) 방향의 빈 공간은 대화의 새로운 공간을 개방하는 효과를 발휘해, 이 두 사람 외에 우리가 보아야 할 또 다른 것이 무언지에 대해, 그리고 그들이 나누는 말 외에 알아야 할 또 다른 것이 무언지에 대해 우리는 궁금증을 가지게 된다. 학생의 순진함을 지닌 젊은이의 질문은 카이사르의 민주적 성향을 확인하고 싶어 하지만, 늙은 현자인 은행가는 카이사르의 돈에 대한 탐닉을 강조한다. 젊은이 뒤의, 대화의 반대편에 놓인 빈 공간에서, 우리가 보는 화려한 저택은 돈이 제공하는 보상 같은 것일지도 모른다.

젊은이의 짧은 숏과 은행가의 긴 리버스 숏 다음에, 두 사람이 정원을 거니는 장면에서 우리는 은행가의 리버스 숏이 전혀 없는 젊은이의 긴 숏을 만난다. 카메라는 젊은이를 천천히 뒤쫓는데 은행가는 스크린 외부에 머물러 있고 은행가의 반대편에 있는 빈 공간이 보여진다. 은행가가 보이지 않는 장면이 꽤 길어서, 젊은이가 교사의 질문에 답하는 학생처럼 카이사르가 해적에게 납치된 사건에 대한 역사서의 한 대목을 암송할 때, 은행가가 그곳에서 젊은이의 이야기를 듣고 있다고 생각하는 우리의 관습적 믿음은 은밀히 동요한다. 산책을 끝낸 뒤, 은행가는

〈역사 수업〉. 젊은이와 은행가의 첫 대화의 끝 무렵, 두 사람의 숏/리버스 숏.

벤치에 다시 앉는다. 하지만 젊은이는 프레임에 진입했다가 벗어나(이것은 바이그의 해석대로 그의 자유로움을 의미한다) 반대편에 앉는다. 이제 두 사람은 마주보며 앉아 있고 관습적인 숏/리버스 숏으로 보여진다. 젊은이는 스크린 왼쪽에서 오른쪽 스크린 외부로 바라보며, 은행가는 스크린 오른쪽에서 왼쪽 스크린 외부를 바라보는데, 이것은 두 인물이 스크린 안에 배정된 자신의 자리에 안착한 것처럼 보인다(스크린 왼쪽은 운전 시퀀스에서 젊은이의 자리다). 하지만 젊은이는 몇 초간 등장했다가 은행가가 이야기하는 동안 스크린에서 사라진다. 은행가는 젊은이가 늘어놨던 카이사르와 해적의 이야기를 바로잡는다. 해적은 실은 로마의 노예 상인들과 다투는 소아시아의 노예 상인들이었다는 것이다. 그의 이야기는 노예 사업과 고대 지중해 지역의 정치에까지 확장된다. 은행가가 말하는 동안 그의 시선은 스크린 외부의 젊은이를 향해 있다. 블랙아웃 화면(페이드아웃이 아니라 삽입된 검정 무지 화면)이 나타났다가 은행가 숏으로 돌아가기가 몇 차례 반복되는데, 이 과정에서 빛의 미세하지만 급작스러운 변화가 등장해 시간의 경과를 암시하며, 은행가의 표정이 미세하지만 급작스럽게 변하고 툭툭 끊기는 말이 등장해 우리가 듣거나 보지 못한 젊은이의 반응이 있음을 암시한다. 두 인물이 관습적인 숏/리버스 숏으로 보여지는 순간부터, 젊은이의 숏은 생략되거나 무지 화면이 대신 끼어들어도 상관없다는 듯이 말이다.

리버스 앵글은 주요 영화 테크닉이며, 대개 한 인물의 응시를 강조한다. 인물의 눈앞에 있던 공간, 달리 말해 이전 숏에서 우리의 시점 공간, 카메라를 향한 공간과 카메라가 놓여 있던 공간을 가시화한다. 리버스 앵글은 한 캐릭터의 시점을 제공하거나(이것이 시점 숏이라 불린다) 그 인물의 측면 혹은 후방 공간을 포착한다. 특정 캐릭터가 연루될 필요가 없는 경우도 있다. 예컨대 이런 장면 연결이다. 한 숏에서 우리는 어떤 집의 정면을 본다. 그리고 다음의 리버스 앵글에서는 집의 기둥을 앞에 두고 거리를 바라보는 것이다. 하지만 숏/리버스 숏에는 대개 두 인물이 연루된다. 화면은 서로를 바라보는 두 인물 사이를 오가며, 둘은 상대방의 눈앞 공간에 있는 것으로 간주된다. 따라서 각 숏은 서로 리버스 앵글인 셈이다. 각 숏은 상대 숏을 내포하며, 서로를 완성시킨다. 숏/리버스 숏은 서로 맞물린 리버스 앵글을 만들어 내며, 이것은 고전기 예술의 속성인 완벽한 균형을 지향한다.

스트라우브와 위예는 의도적으로 숏/리버스 숏의 균형과 교합을 무너뜨린다. 《모더니스트 몽타주*Modernist Montage*》에서 P. 애덤스 시트니는 리버스 앵글을 "영화 내러티브 연속성의 초석"으로 간주했다. 또한 그는 모더니즘을 내러티브와 연속성 양자에 대한 거부로 보았으므로, 리버스 앵글의 회피나 전복은 그에게 모더니스트 영화의 징표 같은 것이 된다. 리버스 앵글 그리고 숏/리버스 숏이 "카메라의 현존을 감추는 암시적 효과"를 가진다는 시트니의 주장은 타당하다. 리버스 앵글의 카메라는 이전 숏에서의 다른 사물 혹은 빈 공간에 놓이기 때문이다.[250] 그러나 카메라 위치가 바뀐 숏으로의 컷은 모두 이와 같을 것이다. 한 테이크 안에서라면 프레임에 걸리는 자리에 카메라를 두고 컷을 이용해 시간적 연속성을 가장하는 것이다. 일반적으로 영사기가 투사하는 이미지는 유령적 연속성을 통해 "카메라의 현존의 암시적 삭제 효과"를 지닌다. 리버스 앵글에서 회피라는 문제를 말하기 위해서는, 시트니가 말한 "영화 내러티브 연속성"의 창시자인 D. W. 그리피스를 살펴보는 것으로 충분하다.

그리피스는 극영화 테크닉의 창시자였다. 연극 무대가 하나의 완결적 행동이 펼쳐지는 전체적 공간이라면, 영화 스크린은 전체가 아니라 부분들의 연쇄를 보여 준다. 부분들의 연쇄, 즉 선택된 세부를 차례로 제시함으로써 하나의 완결적 행위가 제시된다. 회화는 하나의 프레임 안의 하나의 완결적 이미지다. 반면 영화 이미지들은 관객이 프레임 밖의 보이지 않는 대상들을 매 순간 염두에 둘 때만 그 이미지들을 더 넓은 영역의 한 부분으로 받아들임으로써(숏/리버스 숏은 이것의 분명한 사례다) 의미를 지니게 된다. 여기서 보이지 않는 대상이란 우리가 보려 했으나 실패한 대상이 아니다. 우리는 그것을 화면에 등장한 이미지의 화면 밖 배경으로 받아들인다. 달리 말해 화면 안의 가시적 이미지는, 그리피스가 창안한 숏의 컨벤션에 의해, 우리가 그 순간에 보아야 할 일부로 받아들이는 것이다. 숏/리버스 숏은 이 점에서도 좋은 사례다. 무언가를 말하고 있건 아니면 상대방의 말에 반응하고 있건 그 인물은 그 순간에 중요한 인물이며, 그의 말 혹은 표현이 의미 있게 행동을 진전시키는 인물로 간주되는 것이다.

추격 장면 혹은 구출의 마지막 순간에 그리피스는 액션이 펼쳐지는 다른 장소들로 컷한다. 하지만 액션이 한 장소, 한 무대에서 펼쳐질 때, 그리피스는 컷하지 않는 경우가 많으며, 세부를 보기 위해 오페라글라스를 사용하는 공연 관객의 시야와 유사한 근접 숏의 앵글을 유지하는 경향이 있다. 공연장에서 무대는 관객과 분리된 공간이며, 퍼포먼스를 위해 별도로 설정된 공간이다. 공연이 진행되는 동안 우리는 퍼포먼스 공간 내부로 초대되지 않는다. 그리피스의 카메라는 자신의 유동성을 자제하며 이런 무대 밖 관객의 시야를 종종 사용한다. 하지만 리버스 앵글은 관객을 내부로 초대한다. 즉 한 인물의 장소로 초대해 관객을 액션의 공간에 끌어들이는 것이다. 그리피스는 연극적 전통을 고수했으며, 리버스 앵글과 그에 따른 액션이 진행되는 무대 내부로 관객을 초대하지 않으려 했다.● 그러나 리버스 앵글은 그리피스의 연극적 테크닉보다

● 그리피스는 리버스 앵글을 때때로 사용한다. 모두가 그것을 사용하던 후기뿐만 아니라 〈주

덜 드라마적이라고 말할 수 없다. 리버스 앵글은 우리에게 초대장을 내밀면서, 숏의 컨벤션을 확장해 관객으로 하여금 캐릭터가 거주하는 공간에 대리 진입토록 하는 부류의 드라마 세계로 이끄는 것이다.

디에고 벨라스케스의 〈시녀들〉은 그 안에 자신의 리버스 앵글을 포함한 그림이다. 사진을 찍으려고 포즈를 취하는 사람처럼, 그림 속 인물들은 프레임 밖을 바라본다. 그런데 사실 그들은 대개 공연장에서 관객을 향한 배우의 태도로 프레임 밖을 바라본다. 하지만 〈시녀들〉의 인물들이 정면을 바라본다 해도, 관람자를 보고 있는 것은 아니다. 그들의 공간 내부의 다른 사람들, 즉 후면의 거울에 비치는 인물인 스페인 국왕과 왕비를 바라보는 것이다.● 이 거울을 이 그림의 리버스 앵글이라 말할 수 있을 것이다. 더 정확하게는, 이 그림이 그 거울의 리버스 앵글이라 말할 수 있을 것이다. 이 그림이 왕과 왕비의 시점이며 그들의 눈앞에 놓인 시야 공간을 보여 준다는 점에서 그러하다. 《말과 사물The Order of Things》의 서두에 실린 에세이에서 미셸 푸코는 〈시녀들〉을 고전적 재현 방식을 재현한 것이라고 말했다. 보기를 지배하는 관람자, 다시 말해 그림 앞에 우뚝 서 있는 존재, 그려진 모든 것이 그의 눈을 위해 존재하는 그 관람자의 시선에 의해 이 회화가 구축되었음을 가시화한다는 것

정뱅이의 변신A Drunkard's Reformation〉, 〈야수Brutality〉 같은 초기 바이오그래프 영화들에서 이미 사용하고 있는데, 객석의 관객 쪽에서 무대의 배우를 바라보던 숏 다음에 무대의 배우 쪽에서 관객을 바라보는 숏으로 이어진다. 그런데 흥미로운 점은, 이런 리버스 앵글에서 캐릭터들이 말 그대로 관객이자 공연자가 된다는 것이다. 이를 통해 리버스 앵글은 개별 행동의 공간을 우리 눈앞으로 가져올 뿐만 아니라, 무대의 액션과 객석의 리액션(이 영화에서 주요한 행동에 속한다)이라는 상이한 행동의 공간을 연계시킨다. 하지만 그리피스는 여전히 무대와 관객이 앉은 객석의 경계선을 분명히 긋고 있다.

● 물론 우리가 보는 반사 이미지는 왕과 왕비가 아니라 그들의 초상화로서, 그 그림 안에서 벨라스케스가 그리고 있는 캔버스다. 하지만 왕과 왕비는 여전히 전면의 공간에 존재하며, 그림 속 벨라스케스와 아이와 여러 인물들이 그들을 보고 있다.

이다.[251]

푸코의 〈시녀들〉 논의에 영감을 얻은 장피에르 우다르Jean-Pierre Oudart는 영화 이미지가 지배적 시선 앞에 놓인 시각장이며, 해당 이미지의 광경을 바라보는 것으로 가정된 관객의 리버스 앵글이라는 이론을 제시했다. 우다르에 따르면, 한 숏에서 이미지를 바라보는 관객이 다음 숏에서 특권적 응시를 수행하는 하나의 캐릭터로 등장(벨라스케스의 그림에서처럼)하지 않는 한, 영화 이미지는 열린 틈 혹은 불완전한 격차를 남기기 마련이다. 우다르에게 한 영화의 모든 숏은 그 앵글을 바라보는 관객의 존재를 가정하는 리버스 앵글이다. 모든 숏은 그것의 리버스 숏에 의한 완성을 요청한다. 다시 말해, 다음 숏에서 이전 숏의 시선 주체가 등장함으로써 비로소 사라질 틈의 해소를 요청한다는 것이다. 이것이 라캉–알튀세르주의자들이 "봉합suture"[252]이라고 부르는 것이다.

이 이론은 간단한 사례로 반박될 수 있다. 한 숏에서 한 인물이 방에 홀로 있다. 다음 숏에서 그 인물 뒤에 위치한 문손잡이가 돌아가더니 문이 열린다. 이 숏은 누구의 리버스 앵글도 아니다. 이 숏의 효과는 이 인물이 볼 수 없는 위치에 놓인 것을 우리에게 보여 준다는 데 있다. 이런 숏이 서스펜스 영화의 클리셰라는 것은 영화 속 인물이 볼 수 없는 것을 보여 주는 숏이 흔해 빠진 것임을 예시한다. 〈탐욕Greed〉(에리히 폰 스트로하임, 1924)에서 트리나가 맥티그에게 키스한다. 다음 숏에서 우리는 그의 발을 딛고 올라선 그녀의 발을 가까이 본다. 이것은 영화 속 누구의 시선도 아니지만, 관객인 우리에겐 중요한 세부다. 대부분 영화 숏들은 크든 작든 중요한 세부들이다. 어떤 세부들은 영화 속 인물이 바라보는 것으로 제시되며, 그 이유 때문에 특별한 의미를 지니게 된다.

〈시녀들〉이 명료화한 고전적 재현 체계는 외부에 있는 관객의 눈앞에 펼쳐지는 무대로서의 회화를 성립시킨다. 관객이 서 있는 그림 앞의 공간은 그림이 표현할 수 있는 경계 밖의 공간이다. 〈시녀들〉에서 그림의 공간은 그림 앞의 공간으로까지 확장되어 보여지며, 이 확장된 공간에 스페인 국왕 부부라는 특권적 관람자가 등장한다. 〈시녀들〉은 회화의 고전적 재현 공간을 전시하면서 그 공간을 파괴한다. 공간의 경계가 무너지고 우리 관람자 쪽으로 열리는 것이다. 뤼미에르의 다가오는 기차가 관객들을 비켜서게 한 바로 그 순간부터, 영화는 전통적인 회화 공간을 무너뜨리고 재현 공간을 관객 앞으로 열어젖혔다. 리버스 앵글은 이러한 위반의 한 가지 방법일 뿐이다. 우리는 그림 앞 공간이 그림의 공간에 전유되었다고 해서 비켜서지 않는다. 그것은 드라마의 허구와 마찬가지로, 우리의 세계가 아니라 허구적 인물들에 속하는 것이기 때문이다.

조망의 파편화라는 모더니티의 특징이, 레이먼드 윌리엄스가 말했듯, 영화의 특별한 속성이다. 영화는 파편의 예술이다. 회화는 하나의 전체이며, 무대극도 하나의 전체다. 그러나 스크린에서 우리는 하나의 부분, 우리의 조망을 넘어 끝없이 확장되는 광대한 영역의 일부를 본다. 라캉-알튀세르주의 이론은 이렇게 주장한다. 관객으로서의 우리는, 어머니 품의 아기처럼, 처음에는 영화 이미지를 하나의 전체로 본다. 그러나 그 이미지를 하나의 파편으로 인지하면서 놀라게 되고 우리의 불완전한 느낌을 봉합이라는 공정으로 꿰맬 필요에 직면한다. 이 이론은 틀렸지만, 모종의 봉합이 수행된다는 발상 자체가 틀린 것은 아니다. 어머니 품에 대한 향수는 모든 것이 하나의 전체일 수 있었던 시절에 대한 향수다. 영화는 우리가 경험을 통해 인지할 수 있는 파편들을 끌어들인 다음, 그것들을 재배열해 하나의 앙상블로 빚어낸다. 영화는 파편들의 예술이지만, 그 파편들이 모여 하나의 전체를 이루는 예술이기도 하다. 이 때문에 우리 시대의 영화는 모더니즘 예술이면서 동시에 고전 예술이다.

초기 그리피스 영화에서 문은 대개 스크린의 가장자리에 놓여 있어, 방에 들어오거나 나가는 인물은 프레임에 들어오거나 나가게 된다. 방의 경계와 우리 시야의 경계의 정확한 우연적 일치, 달리 말해 무대와 프레임의 정확한 우연적 일치는 오늘의 눈으로는 다소 우스꽝스러워 보인다. 하지만 대부분 영화에서 프레임을 하나의 무대로 취급하는 것은 오늘에까지 이어져 온 관행이다. 영화의 프레임은 회화와 달리 정적이지 않으며, 한 막의 연극 무대처럼 고착되어 있지도 않다. 그것은 파편들 즉 우리가 볼 수 있는 것보다 큰 광경에서 추출된 세부들이며 어느 시점에 한 장소에서 다른 장소로, 하나의 세부에서 다른 세부로, 하나의 시야에서 다른 시야로 변할 수 있는 무대다. 하지만 우리는 여전히 영화의 개별 프레임을 회화 혹은 연극 무대와 같은 것으로 수용한다. 우리가 보아야 하고 우리의 편의를 위해 전시되는, 다시 말해 우리의 시선을 위해 존재하는 것들을 포함한 공간으로 받아들이는 것이다. 각 파편들이 전체를 구성하는 데 필수적인 것들을 모두 포함하고 완전한 액션의 구성을 위해 적확하게 배열된다고 간주하도록 요청하는 것은 이런 숏의 컨벤션이다. 이를 통해 영화는 자신의 모더니티와 고전주의를 결합시키고, 파편적 이미지를 온전한 전체에 통합시키는 것이다.

파편과 전체의 결혼, 즉 우리의 체험을 조각내는 파편들과 그들이 통합된 것처럼 보이는 전체의 결합은 거짓 의식을 불러일으킨다. 학자들이 이데올로기의 작동을 탐문하는 것은 바로 이 지점이다. 우리의 경험은 실제로 조각나 있는데도, 통일성의 환영이 주어진다는 것이다. 하지만 이것은 통일성이 반드시 기성 질서와 이데올로기에 봉사하기 때문에 필연적으로 나쁜 것이라는 포스트모더니즘 이론의 명제와는 완전히 다른 차원의 논의다. 이 포스트모더니즘 명제의 귀결은 파편화되어 그것에 자족하는 자아로서의 '포스트모던 주체'의 긍정이다. 이런 포스트모던 주체야말로 우리의 삶을 파편화하는 지배 질서의 이익에 봉사하는 것이다. 통일성에 대한 이 전면적인 규탄과 함께, 포스트모더니즘 이론은 예술의 통일성과 삶의 통일성에 대한 우리의 감각을 등치시킨다. 이런 이론에 부합하는 포스트모던 예술은 파편화되어 그것에 자족하는 작품이다. 하지만 예술은 삶과 같은 것이 아니며, 삶의 대안이다. 예술 작품이 제시하는 통일성의 감각은 우리의 실제 삶에서 찾아질 수 있는 통일성과 반드시 일치하지는 않는다. 하나의 예술 작품이 부여하는 통일성의 감정은, 그것이 많은 경우에 환영이고 심지어 거짓이긴 하지만, 다른 차원에 놓인 것으로, 갈망aspiration이라고 부르는 것이 더 적합할 것이다.

　　스크린에 펼쳐지는 숏/리버스 숏의 교대는 실생활에서 두 인물 사이의 장소 교대를 모방한다. 말하자면 이것은 실생활에서 관찰자가 두 인물을 번갈아 관찰하는 시선을 모방하는 것이다. 데이비드 보드웰은 이렇게 쓴다. "관찰자의 시선 교대를 모방하는 이 편집 아이디어는 숏/리버스 숏을 우리에게 사건의 참여자로서의 감각을 고양시킨다." 보드웰은 이 오래된 '자연주의적 위상'을, 숏/리버스 숏이 단지 스타일화된 컨벤션이며 '자연적 지각과는 어떤 친연성도 없는 자의적 장치'라는, 오늘날의 영화 연구에서 지배적인 견해와 대비시킨다. 보드웰은 두 견해 사이에서 중립을 지키려 한다.[253] 숏/리버스 숏이 실생활에서 이상적인 위치의 관찰자가 갖는 자연적 지각과 같지 않지만, 동시에 이것이 자연적 지각과 완전히 무관한 영화적 장치도 아니라고 주장할 때, 보드웰은 옳다. 또한 소쉬르의 언어학에서 비롯된 기호의 자의성이라는 발상에 기반을 둔, 하나의 컨벤션은 언제나 자의적이라는 구조주의자와 포스트구조주의자의 견해를 논박할 때, 보드웰은 옳다. 하지만 보드웰은 역사의 특수한 사례들에 눈감는 보편성을 끌어들여 그 견해를 논박한다. 하나의 컨벤션은 종종 자의적이지만, 특정한 시간과 장소의 논리에 대해서라면, 즉 특정한 인간 집단과 그 환경, 특정한 문화와 사회의 모티브들에 대해서라면 컨벤션은 자의적인 게 아니라는 사실을 외면하는 것이다. 만일 하나의 컨벤션이 초역사적 보편성을 지닌다면, 그것은 컨벤션 즉 특정한 방식으로 사안들이 수행되게 하는 협약이 아니며, 그저 사안들이 수행되는 방식 자체일 것이다. 보드웰의 주장에 따르면 숏/리버스 숏은 "부수적 보편성contingent universals"(당위나 의무와 무관하게 대부분의 인간 사회가 그런 방식을 지니고 있기 때문에)의 표현이다. 두 사람이 대면할 때 그들은 흔히 번갈아 말하고 들으며, 인간의 응시는 주의 기울이기의 중심적 요소라는 것이다. 이 모든 것은 숏/리버스 숏의 조건들이다. 이 조건들이 숏/리버스 숏을 시작하게 하고 작동하게 한다. 하지만 보드웰이 생각하듯 이 조건들이 보편적이든 아니든, 이들이 숏/리버스 숏을 컨벤션으로 만드는 것은 아니다.

숏/리버스 숏은 우리에게 구경꾼의 시선을 제공하는 게 아니다. 그것은 각 인물이 서 있는 장소에 우리를 번갈아 위치시킨다. 대화에 가담한 사람들이 서로를 마주 보며 번갈아 말하고 듣는다는 사실이 관객인 우리를 한 시야에서 다른 시야 사이를 반복해서 옮겨 다니며 위치시키는 비현실적인 장치를 정확히 설명해 주지는 못한다. 우리가 그 비현실적인 위치 변동을 망설임 없이 수용한다는 사실이 컨벤션이다. 대개 카메라의 시선은 비스듬한 각도에 놓이지만, 때로는 두 캐릭터가 있는 자리에 정확히 일치하며 그때 우리는 상대방의 눈을 바라볼 수 있다. 숏/리버스 숏이 두 배우가 카메라를 정면으로 바라보는 방식으로 찍혀질 수도 있는 것이다. 이런 장치의 초기 대가인 스트로하임은 이미 〈어리석은 아내들Foolish Wives〉(1922), 특히 〈켈리 여왕Queen Kelly〉(1928)에서 이런 방식을 사용했다. 최근의 사례 가운데 하나는 조너선 드미Jonathan Demme의 〈양들의 침묵The Silence of the Lambs〉(1991)에서 발견되는데, 관객의 눈을 정면으로 쏘아보는 한니발 렉터의 시선은 오싹한 최면적 효과를 발휘한다. 배우가 카메라를 정면으로 바라보도록 하는 것은 컨벤션의 변형으로 간주된다. 대개는 마치 카메라가 거기 없는 것처럼 인물들이 서로를 바라본다는 허구를 우리가 받아들이기 때문이다. 하지만 스트로하임과 드미의 영화에서 체험할 수 있듯, 한 인물의 눈을 정면으로 바라보고 그다음에는 상대방의 눈을 반대 방향에서 바라본다는, 보통의 숏/리버스 숏보다 비현실적인 위치 교대를 우리는 어려움 없이 수용한다.

　　동일시가 정도의 문제라는 것이 숏/리버스 숏보다 분명하게 드러나는 곳은 없다. 우리의 동일시가 한 인물에게만 향하고 맞은편 인물에게는 전혀 향하지 않는다면, 또한 우리가 두 인물 모두에게 어느 정도 동일시하고 있는 게 아니라면, 우리는 두 인물 사이를 오갈 수 없을 것이며 이런 위치 교대의 컨벤션을 수용할 수 없을 것이다. 우리가 두 인물에게 얼마나 동일시하느냐는 무엇보다 숏/리버스 숏이 이뤄지는 방식에 달려 있다. 두 인물이 실제로는 그렇게 가까이 있지 않는 경우에도 스크린에 한 인물이 큰 사이즈로 등장하는 클로즈업을 생각해 보라. 혹은 상당한 거리를 둔 숏을 생각해 보라. 후자는 〈베이비 길들이기*Bringing Up Baby*〉(하워드 혹스, 1938)의 결말 장면의 멋진 숏/리버스 숏에서 볼 수 있다. 우리는 비계 발판 위의 케리 그랜트를 올려다보고, 사다리에 오른 캐서린 헵번을 내려다보며, 곧 무너질 듯한 거대한 공룡 뼈가 둘 사이에 놓여 있다. 한 인물이 클로즈업으로 다른 인물이 롱 숏으로 찍힐 수도 있다. 두 인물을 찍는 거리와 앵글은 같을 필요가 없기 때문이다. 실제로 카메라는 종종 관객에게 인지될 만큼 분명하게 다른 거리와 앵글로 두 인물을 찍으며 한 인물을 다른 인물보다 더 강조할 수도 있다. 숏/리버스 숏은 인물들을 분리해 한 번에 한 사람씩 담기도 하고, 한 인물의 어깨너머로 상대방을 담기도 한다. 배열은 장면의 진행에 따라 바뀌기 마련이다. 로맨틱한 장면에서는 숏의 교대 과정에서 두 연인이 근접성을 유지하면서 등이 보이는 한 사람 곁에 다른 사람의 4분의 3이 보이도록 찍는 것이 적절한 것으로 간주된다. 언쟁 중인 두 인물이라면, 둘을 분리해 찍으면서 논쟁의 점증하는 강도를 표현하기 위해 카메라가 두 인물의 얼굴에 점차 더 근접해 갈 것이다. 용의자를 심문하는 형사, 인터뷰를 수행하는 기자는 대개 옆모습으로, 용의자나 인터뷰 대상자는 얼굴 전체로 등장한다. 옆모습은 활과 같은 형상으로서 질문자의 적절한 표상으로 간주되며, 정면의 얼굴은 질문을 받는 타깃의 적절한 표상으로 간주되는 것이다. 숏/리버스 숏은 특수한 컨벤션으로서, 우리에게 화면에 보이는 피사체의 각도와 거리의 적정성을 받아들이도록 요청한다.

적정성은 자의성을 배제한다. 고전적 예술은 적정성을 규칙으로 삼으며, 숏/리버스 숏이 고전적이 아니라면 아무것도 아닐 것이다. 응시의 교환과 대사의 교환에 정확히 상응하는 숏 교대의 적정성, 즉 캐릭터와 드라마적 상황, 언급된 대상, 그리고 그에 동반되는 혹은 반응하는 표현에 해당하는 각 숏의 적정성에 숏/리버스 숏이 자리한다. 모더니즘은 자의성의 인지를 통해 적정성의 감각에 도전한다. 그렇다고 모더니즘이 자의성 안에만 머무는 것은 아니다. 어떤 성공적인 예술 작품도 그럴 수 없다. 불안정의 예술인 모더니즘 예술은 자의성의 적정성을 탐색한다. 배제될 수 없는 자의성을 유예 상태로 위태롭게 붙들고 있는 적정성(어떤 한순간에 그러할 것이며, 그 순간이 예술 작품이다)을 말하는 것이다. 포스트모던 예술 이론은 단지 자의성만을 찬미한다.

〈클로즈업〉 시작 장면에서 기자와 경찰이 이야기가 진행되는 집에 들어가 있는 동안 키아로스타미가 우리를 택시 기사와 함께 밖에 머물게 하는 것은 자의적이다. 이 자의성의 적정성은 우리가 밖에서 기다리는 동안 만나는 깡통과 꽃으로 육화된 예술의 수단과 목적, 그리고 그 집 안에서 진행되는 이야기에의 접근성에 대한 성찰에서 비롯된다. 스트라우브와 위예가 〈역사 수업〉에서 카메라를 차의 뒷좌석에 고정시키는 것도 자의적이다. 이 자의성의 적정성도 우리가 이야기에 이르는 경로, 그리고 우리의 시점의 불가피한 한계를 인지하도록 하는 방식에서 비롯된다. 그 인지는 우리를 이야기로 이끌고 그의 눈이 우리 시점의 중심이 되어 주는 운전하는 젊은이와의 동일시(우리의 인지에 의해 저지되지만 여전히 작동하고 있는)에 대한 인지이기도 하다. 그 인지는 또한 모더니티의 거리에 가둬진 차로 구현되는 사진적 그리고 영화적 재현 수단에 대한 우리의 인지이기도 하다.

젊은이 옆에 앉아 율리우스 카이사르 씨의 사업에 대해 말하는 늙은 은행가 주위를 카메라가 회전하는 것도 자의적이다. 여기서 영화는 현대의 로마 다큐멘터리에서 허구의 드라마로 이행한다. 카메라가 은행가 주위를 회전한다는 것의 자의성은 그 이행을 중재하는 방법으로서, 다시 말해 고대인과 시대를 뛰어넘어 대면한다는 개연성 없는 상황, 즉 관습적인 숏/리버스 숏이 개연성 있게 표현할 수 없었던 상황을 포함한 허구의 길을 안내하는 방법으로서 적정성을 지니게 되는 것이다(이런 허구적 대면은 코미디의 과장된 비개연적 방식으로 묘사될 수도 있었을 것이다. 하지만 〈역사 수업〉은 코미디가 아니다). 정원에서의 산책 이후에도 영화는 관습적인 숏/리버스 숏에 안주하지 않는다. 우리가 뜻밖에 마주하는 것은 검은 무지 화면의 자의적 삽입이다. 우리가 할당된 자리에 안착하지 않고 우리가 서 있는 자리를 질문에 부치도록 하는 방식으로 일관된 이 영화에서 젊은이의 숏들이 자신의 적정성을 발견할 수도 있었을 그 대목에 그 자의적인 무지 화면이 등장하는 것이다.

노예 거래에 대해 말한 뒤에, 즉 이 노예 거래가 로마 사업가들에 의해 인수되고 확대된 과정 그리고 이것이 노예 노동과 경쟁할 수 없었던 농부들 및 장인들에 미친 파멸적 효과에 대한 말을 마친 뒤에, 은행가는 침묵에 빠져 공간을 응시한다. 갑자기 작은 시냇물의 격류와 소음의 숏으로 옮겨가고, 카메라는 시내의 상류로 패닝해 작은 물레방앗간 문 앞에 서 있는 농부와 대면한 젊은이의 롱 숏으로 이어진다. 카이사르의 군대와 폼페이 군대에 모두 징집돼 복역한 이 농부(그가 내전에서 폼페이 편에서 싸웠던 것이 그의 악운이었다)에게 젊은이가 말할 때, 카메라는 컷백을 거듭하며 두 인물을 숏/리버스 숏의 방식에 담는다. 하지만 여기서 두 인물과 카메라와의 거리, 특히 앵글은 혼란스럽게 바뀐다. 처음에 우리는 농부를 옆모습으로 젊은이를 정면으로 본다. 이어지는 농부의 숏은 점점 정면으로 바뀌고, 젊은이의 숏은 점점 측면으로 바뀐다. 이것은 농부가 온전한 정면으로 젊은이가 온전한 측면으로 보일 때까지 계속된다. 측면에서 정면으로 그리고 정면에서 측면으로 카메라가 90도로 회전하고, 한 캐릭터를 비추는 숏의 각도는 이전 숏의 상대 캐릭터를 비추는 각도와 정확히 90도를 이룬다. 이런 숏/리버스 숏은 일찍이 없었다. 두 캐릭터를 찍는 거리와 각도는 숏/리버스 숏의 과정에서 확연히 변화할 수 있지만, 이 변화는, 예컨대 논쟁하는 두 인물이 키스하고 화해하는 등의 액션이 진행됨에 따라, 그에 맞게 적정하게 이뤄진다. 그런데 여기서의 변화는 드라마적인 동기가 없으며 단지 기하학적 자의성에 따라 이뤄지고 있는 것처럼 보인다. 이런 자의성의 적정성은 무엇인가?

은행가에게 말할 때 젊은이는 교사에게 배우는 학생처럼 공손하다. 반면 늙은 농부에게 말할 때 젊은이는 그 노인보다 더 많이 안다는 듯 잘난체하는 태도를 보인다. 젊은이는 민주주의의 이상을 갖고 있고, 이론적으로는 가련한 노인의 편에 서며, 카이사르도 이쪽 편에 서 있다고 가정한다. 하지만 자신 앞에 서 있는 노인을 향해 서 있는 이 젊은이의 태도는 어느 정도 의식적인 계급적 우월감의 성격이 있다. 노인은 자신의 태도를 유지한다. 산기슭을 굽이치는 시냇물과 같은 정신을 지닌 인물로서의 태도 말이다. 처음에는 젊은이는 대답을 줄 수 있는 사람처럼 온전한 정면으로 등장한다. 하지만 그 역할이 점차 변화해 가면서 젊은이는 조금씩 측면으로 등장하고 질문자의 자리로 이동해 간다. 반면 농부의 얼굴은 측면에서 점차 정면으로 바뀌어 가면서, 진정으로 아는 사람으로 등장하는 것이다.● 카메라 앵글의 변화는 여기서 캐릭터 변화와

●　농부의 마지막 숏 직전 숏은 3/4 정면 숏이며 이 장면에서 가장 근접 숏이다(또한 1분 넘게 지속되는 가장 긴 숏이다). 이 숏까지의 기하학적 구도로 봐서, 우리는 농부의 마지막 숏이 더 근접한 그리고 더 정면의 숏이 될 거라고 예상한다. 그런데 마지막 숏은 더 정면이긴 하지만 더 근접

〈역사 수업〉. 젊은이와
농부의 대화.

연관된 것이다. 이것은 비관습적인 숏/리버스 숏이지만, 그럼에도 하나의 숏/리버스 숏이다.

두 캐릭터를 오가는 편집은 두 사람의 모종의 관계(그것이 언쟁의 관계이더라도)를 표현한다. 농부와의 조우는 〈역사 수업〉에서 가장 드라마적인 교류이며, 이 숏들의 교대는 이 영화에서 가장 빠른 속도로 이뤄진다. 그에 따라 젊은이가 수세기의 거리를 그리고 그와 농부를 갈라놓은 계급적 거리를 뛰어넘어, 은행가와의 관계 그리고 나중에 대화를 나누게 될 법률가 및 시인과의 관계보다 더 농밀한 관계를 맺어나가는 것처럼 보인다.

상대적으로 드라마적이라 해도, 농부와의 교류는 아직 스크린에 명확한 교류로 드러나지는 않는다. 스트라우브와 위예의 영화는 과거의 영화이고 역사의 영화이지만 율리우스 카이사르와 그의 시대의 역사는 아니다. 그것은 브레히트와 그의 미완의 소설의 역사에 관한 영화이며 그가 율리우스 카이사르와 그의 시대에 대해 썼던 시대의 영화다. 또한 그 소설을 바탕으로 한 영화 만들기의 역사에 관한 영화이며 젊은이가 현대의 로마 거리를 운전하는 시대의 영화, 그리고 이 배우들이 스트라우브와 위예의 카메라와 녹음기 앞에서 브레히트의 소설을 연기하는

하진 않는다. 오히려 약간 멀리 찍혀져 있고, 이는 나름의 적정성을 지닌 또 다른 자의성의 숏이다. 농부의 이 마지막 숏은 스크린의 '잘못된' 쪽(젊은이로부터 떨어진 옆쪽)에 큰 여백의 공간을 남기며, 이 여백에 멀리 산의 작은 시냇물이 보이기 때문이다. 이를 통해 농부와 시냇물의 연계라는 환유와 은유가 다시 적절하게 강조되는 것이다. 이전 장면에서 은행가의 화려한 저택은 배경의 '잘못된' 쪽에 있었고, 그런 위치 때문에 저택은 확연히 눈에 띄었다. 농부 장면은 첫 숏에서 그랬듯 굽이치는 시냇물로 끝맺는다. 이 장면에서 나는 쿠바의 작가이자 혁명가 호세 마르티의 시를 떠올린다. "지상의 빈자들과 함께/내 운명을 바치리라/산의 시냇물은/바다보다 즐겁구나."

시대의 영화다. 다큐멘터리는 항상 과거의 영화이며 불과 한순간 전일지라도 지나간 시간의 영화다. 스트라우브와 위예의 영화는, 토가를 입은 배우들이 고대 로마인 행세를 하고 브레히트의 독일어로 오늘의 젊은이에게 말을 걸 때처럼 가장 노골적으로 허구적일 때조차 철저히 다큐멘터리적인 영화다.

먼 과거 혹은 가까운 과거로부터 우리에게 전해지는 모든 책, 영화, 사물들은 그 자신의 시간에 관한 기록으로 간주될 수 있을 것이다. 스트라우브와 위예의 영화들은 의식적으로 그 영화들 자신의 시간에 관한 기록으로 만들어졌다. 이것은 관객이 이 영화를 보게 될 미래의 시간과의 대화일 뿐만 아니라, 카이사르의 시간과 브레히트의 시간을 포함한 이전 시대들의 기록들과의 대화인 것이다. 〈포르티니/카니Fortini/Cani〉(1976)는 고대의 역사가 아니라, 아랍과 이스라엘의 갈등 즉 현재의 역사에 관한 영화다. 그러나 스트라우브와 위예는 과거의 기록에 초점을 맞춤으로써 이 현재의 역사를 다룬다. 그들은 피렌체 작가 프랑코 포르티니Franco Fortini를 인터뷰하고 이 영화가 만들어지던 때의 그의 견해 표명을 요청할 수도 있었을 것이다. 하지만 그들은 그렇게 하지 않고 포르티니에게 10년 전 그가 아랍-이스라엘의 1967년 6일 전쟁에 대해 쓴 책 《시나이의 개들I Cani del Sinai》[254]을 큰 소리로 읽게 한다. 즉 영화 속 포르티니는 그 책을 썼던 포르티니와 대화를 시도하는 것이며, 이것은 이전의 포르티니들을 환기시킨다. 또한 관객인 우리는 우리 자신의 시간에 대해 그리고 포르티니 생애의 여러 시점에서의 포르티니와 우리의 관계, 그리고 중동의 과거 및 현재의 상황과 우리의 관계에 대해 성찰하게 된다. 스트라우브와 위예는 브레히트의 소설, 포르티니의 논변, 요한 제바스티안 바흐Johann Sebastian Bach 혹은 아르놀트 쇤베르크Arnold Schönberg 혹은 요제프 하이든Joseph Haydn의 음악, 하인리히 뵐Heinrich Böll과 체사레 파베세Cesare Pavese와 카프카의 소설, 피에르 코르네유Pierre Corneille와 프리드리히 휠덜린Friedrich Hölderlin, 소포클레스의 희곡, 후안 크루스San Juan de la Cruz와 말라르메의 시, 세잔의 회화 등 기존의 작품들을 늘 사용한다. 이 작품들은 각색되어 스크린에 제시되는 게 아니라, 과거로부터 주어진 무언가이고 인용되거나 발췌된 무언가이며, 다른 요소들과 혼합되는 것이 아니라 병치되어 나타나는 다른 시간대의 조각이고, 그 자체가 역사의 한 단편이며 기록인 것이다.

과거란 무엇인가라고 하이데거는 《존재와 시간》에서 과거로부터 온 것들에 관해 묻는다. 과거로부터 온 것은 과거가 아니라 현재 우리가 만나는 것이기 때문이다. 그들이 더 이상 과거의 그들 그대로가 아니라면, 그들이 과거가 아니라 그들의 세계가 과거이기 때문이다. 과거란 그들의 세계, 그들이 한때 속했던 세계이고 그들이 일부였던 전체이며, 그들이 존재했던 컨텍스트다. 그들은 더 이상 그 컨텍스트 내에 존재하지 않고 그 세계의 일부가 아니다. 그 컨텍스트가 그들의 과거이며 그들이 한때 자리했던 장소는 더 이상 존재하지 않는 것이다. 과거는 부분들이 아니라 전체다. 과거란 현재에 살아남은 그 부분들인 그들이 아닌 그 전체인 것이다. 과거로부터 온 것의 과거란 더 이상 존재하지 않는 세계다.[255]

한 편의 영화는 조각들의 모음이다. 조각들은 다른 장소와 다른 시간대에서 왔지만 하나의 전체 속으로 융합된다. 그리하여 조각들은 그 전체의 부분들로 보일 것이며 스크린에 영화가 구축하는 한 세계의 구성물들로 보일 것이다. 영화가 그 조각들에게 부여하는 컨텍스트, 즉 그들을 구성 요소로 삼는 하나의 전체가 군림한다. 그들의 세계는 이제 더 이상 존재하지 않는 것이 아니라, 그 세계가 과거에 존재한 게 아니었던 것처럼, 이제 그 조각들은 스크린에 현존하게 된 세계 안에 자신의 자리를 갖는다. 다큐멘터리적 세부들, 달리 말해 카메라 앞의 세계에 있었던 대상들을 스크린에 구축된 허구가 지배하는 것이다. 스트라우브와 위예의 영화에 소집된 조각들은 그 같은 방식으로 조합되지 않는다. 앞서 말한 허구는 구축되지 않으며 군림하는 전체라는 것도 없고, 존재해 온 것들을 지우며 현전하는 세계라는 것도 없다. 스트라우브와 위예의 카메라와 녹음기가 포착한 다큐멘터리적 세부들은 현전하는 무언가로 변환되는 것이 아니라, 그 영화 이전의 세계라는 자기 출처의 흔적을 고스란히 보유하며 존속되는 것이다. 그 조각들은 과거로부터 왔으며, 다른 장소들과 다른 시간대들, 그들이 한때 속했던 다른 전체들, 이제 존재하지 않는 다른 세계들로부터 온 것들로 인식된다.

브레히트는 일기에 이렇게 썼다.

> 하나의 연극을 구축하는 아리스토텔레스적 체계와 그에 동반되는 연기 스타일 아래서, 관객은 무대에 등장하는 사건들이 실제로 발생하는 것처럼 받아들이는데, 이런 기만 작용은 그것의 스토리가 분할될 수 없는 세계를 구성한다는 사실에 의해 뒷받침된다. 그 세부들은 실제 삶에서 그들에 상응하는 부분들과 개별적으로 비교될 수 없다. 어떤 것도 '자신의 컨텍스트 바깥으로' 추출되어, 리얼리티의 컨텍스트 아래서 정돈되지 않을 것이다. 해법은 연기의 소격 스타일the alienating style에 있다. 여기서 스토리 라인은 파괴된 것이 된다. 이제 하나의 전체는 독립적인 부분들로 구성되며, 그들은 실제 삶에서 그에 상응하는 부분 사건들에 비교될 수 있고 비교되어야 한다.[256]

아리스토텔레스가 하나의 예술 작품이 분할될 수 없는 전체라고 주장한 것에 반대하며 브레히트는 부분들의 자율성을 제기한다. 부분들은 한 작품의 세계라는 컨텍스트에서 추출되어 실제 삶의 컨텍스트에 놓인 뒤 리얼리티와 비교되어야 한다는 것이다. 뷔르거는 이 구절을 인용해 역사적 아방가르드의 개념과 연관시킨다. 뷔르거에게 역사적 아방가르드는 예술의 자율성에 대한 반격이고 예술 작품을 구성하는 조각들의 자율성에 대한 긍정이다. 다시 말해 하나의 전체로서의 자율성을 거스르며 작동하는 부분들의 자율성을 주장하는 것이다. 뷔르거는 이렇게 쓴다. "아방가르드 이론은 초기 입체파 콜라주에 의해 제시된 몽타주의 개념에서 시작해야 한다. 리얼리티의 조각들이 회화에 기입된다는 것은······ 하나의 전체로서의 회화의 통일성을 파괴한다는 것을 뜻한다."[257]● 그는 정당하게도 아도르노의 견해를 문제 삼는다. 꼭 아도르노의 것이라고만은 할 수 없는 이 견해는 아방가르드 예술의 파편적 형식 자체가 기성 질서에 대한 대항이라는 하나의 정치적 진술을 수행한다는 것이다. 그러나 뷔르거가 제시하는 대안은 매우 허약하다. 그의 주장은 파괴된 형식이 예술 작품에 정치적 진술을 기입하도록 허용한다는 것으로, 이는 텔레비전의 중간 광고와도 같은 것이다. 브레히트의 정치적 연극의 정치학은 형식 자체에만 놓여 있는 게 아니며, 어떤 내용의 기입에만 놓여 있는 것도 아니다. 예술에서의 정치학이 놓여야 할 자리는 리얼리티의 재현에 있다. 브레히트 작품에서는 파괴된 형식, 즉 씬들의 몽타주와 씬들의 요소들의 몽타주가 재현의 단순한 수용을 저지하면서 재현과 리얼리티와의 비교를 촉구하는 것이다.

연극과 회화는 기록 매체가 아니다. 하나의 기록은 퍼스의 표현을 빌리면 지표이며, 그 대상과 직접적 연관을 지닌 하나의 기호다. 한편의 연극 혹은 회화는 그 자신의 시간의 기록일 수 있다. 특정한 시간에 생성된 것은 무엇이라도 그 시간과의 직접적 연계를 지니며, 그것이 드러내는 그 연계의 기호들이 하나의 기록을 구성한다는 점에서 그러하다. 그러나 그것은 사진적 이미지에서와 같은 다큐멘터리적 재현은 아니다.

● 뷔르거는 몽타주를 아방가르드의 중심 전략으로 간주하면서도 영화는 배제하는데, 그 이유는 몽타주가 영화의 태생적 요소이기 때문이라는 것이다. 그는 아방가르드 영화에 대한 언급을 하지 않으며, 아방가르드적 테크닉이 영화라는 대중 예술의 속성일 수도 있다는 중대한 사실에 주목하지도 않는다.

사진 이미지에서 리얼리티는 그 사진의 일부이며, 카메라에 포획되어 이미지로 인화된 세계의 사물들로부터 비롯된 빛이라는 그 지표가 재현에 개입된다. 물론 한 편의 연극 혹은 회화에서도 모종의 지표가 예술작업에 개입될 수 있다. 예컨대 붓질은 항상 화가의 행위의 지표다. 하지만 그것은 재현되는 리얼리티의 지표로서의 재현에 개입되는 것은 아니다. 하나의 연극 혹은 회화에서 재현되는 리얼리티는 구현된 이미지와 직접적 연계가 없으며, 예술가의 해석을 통하지 않는 한 이미지에 개입되지 않는다. 심지어 입체파의 콜라주에서 작품에 수용되는 것은 정확히 말하면 "리얼리티의 조각들"이 아니라 종잇조각들 혹은 그래픽 디자인의 파편들이다. 이것은 리얼리티의 직접적 기록이 아닌, 또한 그 작가 자신의 창작이 아닌, 다른 이들이 만든 재현적 파편들의 전용이다.

파괴된 형식, 즉 씬들의 몽타주 그리고 씬들의 요소들의 몽타주는 스트라우브와 위예의 작품에서는 허구로 전환되지 않고 허구의 세계로 집적되지 않으며, 카메라와 녹음기가 기록한 다큐멘터리적 세부로 남는다. 여기다 기존의 허구도 기록으로 전환된다. 연극 혹은 연극의 조각을, 그리고 산문 혹은 시 혹은 음악의 조각을 과거의 잔여물 즉 역사가 우리에게 남긴 흔적으로 간주하게 만드는 것이다. 스트라우브와 위예의 영화는 전적으로 다큐멘터리 영화인 것이다.

자기 시대의 기록, 그리고 그 작가와 그의 시대의 기록인 《시나이의 개들》은 시오니즘에 대한 마르크스주의자의 비평이며, 작가가 이탈리아 유대인이라는 배경에서부터 어떻게 이 지점까지 왔는지에 대한 사적이고 정치적인 회고다. 포르티니의 아버지는 1920년대에 권력을 쥐게 된 파시즘에 대해 목청 높여 반대했고 구타당한 뒤 체포되었다. 하지만 그는 나중에 파시스트들이 자신의 그런 과거를 잊기를 원했고 아들의 파시스트 청년 조직 아방가르디스티Avanguardisti 가입에 서명했다. 그 조직의 회합에서 어린 포르티니는 아버지의 옛 동료인 변호사 콘솔로(1925년

〈포르티니/카니〉. 피렌체 거리.

10월의 어느 밤, 아이들의 눈앞에서 블랙셔츠Blackshirts•에 의해 집에서 살해당했다)의 두 아들을 만났다. 포르티니가 이것을 구술하는 음성을 우리가 사운드트랙으로 들을 때, 우리는 화면에서 피렌체의 '세르비의 길Via dei Servi'을 본다. 우리가 직접 듣지는 못하지만 변호사 콘솔로가 살해당한 게 이곳이었다. 혹은 아방가르디스티 집회가 벌어진 곳이 이곳이었다. 혹은 포르티니의 가족이 살았으며 그 아래층에 콘솔로의 아내와 아이들이 살았던 곳(포르티니 가족은 조심하느라 결코 그들을 방문하지 않았다)이 바로 이곳이었다. 카메라의 시선은 길모퉁이 술집 위의 낡은 벽에 붙은 거리 표지판을 바라보는, 눈높이보다 높은 위치에서 시작된다. 하지만 멀리 있는 거리 끝에는 성당의 거대 돔이 시야를 가로막으며, 카메라는 눈높이로 틸트

● 이탈리아 파시스트당의 준군사 조직을 가리킨다. ─ 옮긴이

다운해 거리의 차량과 행인들을 비춘다. 성당의 돔이 후경에 등장하고, 한 집의 내부를 감싼 창문의 철제 틀이 전경에 등장한다. 르네상스 원근법의 창시자 필리포 브루넬레스키Filippo Brunelleschi가 건축한 돔이 우리가 그 너머를 볼 수 없어 공공의 사물에 대한 우리 시야의 한계를 이룬다면, 창문은 우리가 그 안을 들여다볼 수 없어 사적인 사물에 대한 우리 시야의 한계를 이룬다. 우리는 듣지 못하지만 아마도 그곳은 바로 여기였을 것이다. 여기서 과거에 벌어졌던 사건의 이야기, 혹은 벌어졌을지도 모르는 사건의 이야기가 현재에 어른거리지만 현재를 장악하지 않으며, 그 이야기는 이 거리를 그러한 과거의 현장으로 전용하지 않는다. 이 거리는 그 이야기로부터 자율성을 지니지만, 그 이야기는 여전히 이 거리에서 울려 나온다. 우리 앞에 펼쳐진 이러한 세부들의 잠재적이며 사라진 컨텍스트로서 울려 나오는 것이다. 이 세부들은 전체가 없는 부분들이며, 세계가 없는 사물들이다.

영화는 주변의 언덕 숏에서 피렌체시의 롱 숏으로 컷한다. "이 모든 것은 시간 낭비였다. 과거는 너무 가까웠다. 1925년에서 불과 13년이 지났을 뿐이다." 우리는 사운드트랙으로 포르티니가 읽는 걸 듣는다. 그는 아버지가 파시스트 정권의 환심을 사려던 노력을 언급한다.

> 한 건 아무것도 없었지만 그는 항상 '베이지색'이었는데, 피렌체 사람들에게 그것은 반파시스트를 뜻했다. 게다가 그는 유대인이었다. 로마에서 그는 인구통계청에 의해 '위험한 유대인'으로 분류되었다. 1940년 6월 무솔리니가 전쟁을 선언한 직후 그는 체포되었다. 이제 아들을 구하는 일이 필요해졌다. 지평선은 닫혔다. 하지만 그건 지나가는 폭풍우였을 것이다. 약간의 속임수면 충분했다. 유대인 아버지와 '아리안' 어머니의 아들로서 나는 '아리안'이 될 수 있었다. …… 내가 그것에 필요한 과묵한 기회주의를, 건강한 냉소주의를 받아들이기만 했다면…… 하지만 아니었다. 모든 나의 문화적 환경은 성령과 도

덕성의 '진지함'을 고양시켰다. …… 그 몇 년간 피렌체의 청교도들 그리고 특히 발도파Waldensians●와 나의 관계는, 내가 지역적이고 소부르주아적 세계로부터 유럽의 대부르주아적 세계, 현재보다는 과거 지향적 세계를 좇으면서, 의식하지 못하는 사이에 멀어져 갔다. …… 나는 1939년 5월의 고통스럽게 심각한 기억을 떠올릴 수 있다. 나는 그보다 10개월 아니면 12개월 전에 세례를 받았고 그것이 나를 구해 줄 거라고 다들 믿었다. …… 하지만 어림없었다. 파시스트들은 멍청이가 아니었다…… '더러운 반파시스트 유대인!,' 이 단어들과 함께 주먹이 날아왔고 이빨에선 피 냄새가 났다. 주먹은 민병대 두목의 것이었고, 그 사람은 내가 유대교로 '잘못 인도한' 지인의 형이었다. 1939년 11월 초, 피렌체 거리의 한가운데, 군중 속에서였으며, 이탈리아는 아직 전쟁 전이었다. 그 단어들이 나를 붙박았고 나를 규정했다."[258]

우리는 이 모든 것을 듣고 사운드트랙의 목소리는 더 커진다. 하지만 우리가 전부 받아들일 수 있는 것은 아니다. 우리가 모든 것을 포착할 수 있는 위치에 있지 않기 때문이다. 우리는 많은 이들이 분개할 수도 있는 위치에 있지만 그렇다고 우리가 거기에 있는 게 특별한 것은 아니다. 스트라우브와 위예의 작품에서 특별한 것은 우리가 모든 것을 포착하고 있지 않다는 사실을 알 수 있도록 한다는 점이다. 특히 정치학은 사람들이 제대로 알고 있지 않은 것들에 대해서도 강한 견해를 가지게 되는 영역이어서, 우리가 전부를 알지 못한다는 사실을 인지하도록 해 준다는 유용한 정치적 목적을 수행하는 것이다.

우리가 보통의 영화에서 듣는 말은 연기된 말이고 드라마화된 말이며, 연기하는 인물에 의해 제시된다. 스트라우브와 위예의 영화에서 우리

● 12세기 말 프랑스에서 피에르 발데스Pierre Vaudès(페터 발도Peter Waldo)가 시작한 기독교의 순복음적 신앙의 일파를 말한다. — 옮긴이

가 듣는 말은 그저 발화된 말일 뿐이며 과거의 텍스트로부터 인용된 말이다. 또한 그 말은 발화될 뿐이지만 길게 발화된다. 혹자들은 스트라우브와 위예가 이미지보다는 말에 무대의 중심을 할애한다고 말한다. 보이스오버 내레이션이 주도하는 다큐멘터리는 말할 것도 없고 대부분 영화에서 드라마화된 말, 즉 인물들의 대사가 무대의 중심을 차지하는데도 이것이 무슨 특별한 선택인 양 말이다. 하지만 스트라우브와 위예의 영화에서는 말이 무대의 중심에 있긴 해도 지배하지는 않으며, 이미지를 일러스트레이션처럼 말의 부수적인 요소로 사용하지도 않는다. 스트라우브와 위예의 영화에서 이미지는 말의 깊이에 대응하는 표층으로 다뤄지지 않는다. 말은 대답이 아니며 그 자체가 질문이고, 그 자체가 우리가 해독해야 할 기록이다. 말과 이미지는 둘 다 기록이며 과거의 흔적이다. 전체 없는 조각들, 우리의 귀와 눈앞에 병치된 역사의 파편들이다.

포르티니는 〈포르티니/카니〉에서 홀로 읽는다. 그의 말을 듣고 질문하는 젊은이는 존재하지 않고 그와 번갈아 등장하는 인물도 따로 없다. 다만 그 책을 쓴 이전의 자신, 그리고 그 책이 환기시키는 과거로부터 온 인물들과 또 다른 이전의 자신들이 있을 뿐이다. 숏/리버스 숏은 없지만 단 한 장면에서 시점 숏과 같은 것이 등장하는데, 이것은 과거와의 교류라고 볼 수 있는 시점 숏이다.

영화는 피렌체시의 롱 숏에서 시골집 테라스에 앉아 자신의 책을 읽은 포르티니에게로 컷한다. 그는 스크린 오른쪽에 옆모습으로 보이고, 배경에는 푸른 언덕이 있으며, 그의 시선은 프레임 아랫부분 밑의 책을 향해 고정되어 있다. 일련의 화이트아웃 화면(페이드아웃이 아니라 삽입된 흰 무지 화면)을 거쳐 이 장면이 반복적으로 등장하는데, 이것은 다른 페이지로의 이행을 나타낸다. 거리와 시가지의 롱 숏에서 그는 아버지와 자신의 개인적 경험에 관한 대목을 읽었지만, 여기서는 보다 정치적인 대목을 읽는다.

내겐 유대 민족의 보편주의적 소명을 확증하기 위해 꼭 성서의 권위에 의존할 필요는 없는 것처럼 보인다. 유대인은 그 보편주의의 '형상figure'으로 그리고 '여러 민족들 중에서 신의 목격자인 민족'으로 '존재해 왔다.' 유대인이 된다는 것이 어떤 행위와 운동과 상황, 그리고 선택되고 부과된 운명의 통합체를 뜻한다면, 몇몇 인간 공동체들은 이런 것이 될 수 있다. '유대인'이라는 속성은 후천적으로 획득되고 상실되고 집중되고 해체된다……

이스라엘이라는 나라와 아랍 국가들의 정치적 군사적 문제는 여전히 남아 있다. 이 나라는 무력과 전쟁으로 태어났고, 무력과 전쟁은 그것을 유지하거나 파괴할 수 있다. 나는 세계 전체가 이스라엘이라는 나라의 존재와 발전으로부터 큰 이득을 기대할 수 있다고 확신한다. 많은 이들이 말하는 것이지만, 가장 큰 이득은 이른바 자유주의 기독교의 서구와 사회주의의 유산과 제 3세계 사이의 혁명적 중재라는 정치적 역할이다. 물론 이것은 아직 실현되지 않은 잠재적 역할이다. 혁명적 중재는 달리 말하면 민족 국가, 사적인 영리, 착취, 특히 신식민주의의 종언을 위한 투쟁으로 표현될 수 있다. 민족적 생존에는 어떤 다른 권리도 있을 수 없다. 혹은 적어도 어느 여타 민족 혹은 종족 집단의 권리와 다른 부류의 권리라는 것은 있을 수 없다……

인간, 집단, 사람들은 같지 않다. 하지만 단지 그들의 과거가 다르고 과거가 그들을 다르게 만들었기 때문에 다른 것은 아니다. 그들은 같지 않고 그럴 수 없으며 그래선 안 되고 오히려 다르기 마련이며 달라야 한다. 지금 여기서 그들의 행위가 다르기 때문이며, 역사적 힘들의 복합체 안에서 또한 세계의 동시성 안에서 다른 장소를 점유하고 있기 때문이다. 과거가 지금 그들이 놓인 자리에 이르게 했지만, 그들을 움직이도록 하는 것은 미래다. 그리고 그들은 당신과의 관계 속에서 다르다. 지금 그들의 행동으로 그들은 '당신의' 다름과 '당신의' 행동을 연루시키기 때문이다. 나와 당신과의 친밀도, 당신과의 거리는, 즉각적이고 세계적인 투쟁이라는 대립의 컨텍스트 안에서, 우리 둘 다 무엇을 하는가에 의해, 어떻게 그리고 어디서 하는가에 의해 측정된다.[259]

〈포르니티/카니〉. 자신의 책을 읽는 포르티니, 룬가르노의 기념비, 돌에 새겨진 프리메이슨의 삼각형 마크.

읽기를 잠시 멈추고 포르티니는 고개를 들어 정면을 바라본다. 그의 시선은 왼쪽 스크린 외부의 무언가를 향해 있고, 스크린 왼쪽의 빈 공간은 그의 응시를 주목하도록 만든다. 관습적인 숏에서라면 우리는 그의 눈을 통한 시점 숏으로의 컷을 기대하게 된다. 영화는 피렌체의 룬가르노로 컷하는데, 우리는 여기서 19세기 이탈리아 해방의 대의를 위해 멘타나에서 스러져 간 애국자들을 칭송하는 기념비의 문구를 읽을 수 있다. 민족 해방 투쟁의 기념비를 보며, 우리는 이스라엘 민족의 투쟁, 팔레스타인 해방 투쟁을 떠올리게 되고, 포르티니가 "민족주의가 부활한 세계를 살고 있음을 잘 알고 있음"에도 불구하고 전통적 마르크스주의자의 그리고 유대인의 인터내셔널리즘을 강조해 온 과정을 떠올리게 된다. 기념비의 초석은 눈높이에 보여지는데, 카메라는 정면이 아니라 약간 오른쪽에서 바라보며, 스크린 오른쪽은 비어 있다. 관습적인 숏에서처럼 이 숏은 이전 숏에서 이 방향을 바라보던 캐릭터의 시점 숏으로 보이는 것이다. 이 컷에서 그런 인상을 즉각적으로 받긴 하지만, 이 도시의 기념비는 물론 포르티니가 시골집 테라스에서 바라보는 대상이 아니다. 이 숏에서의 그의 시선을 공유하려는 우리의 기대는 고양된 다음 좌절되는 것이다.

이 숏이 스크린에 등장하고 읽기를 재개하는 포르티니의 음성이 들리며, 이제 읽기의 주제는 그의 아버지에게로 돌아가고 우리가 보고 있는 기념비 문구와 연결된다. "나를 룬가르노와 기념비 앞에 멈춰 세운 건 내 아버지였을 것이다……" 이 순간 카메라는 기념비 아래로 움직이기 시작하고 거기에는 삼각형 마크가 새겨져 있다. "나중에 나는 파시스트가 훼손한 프리메이슨 삼각형의 흔적을 알아차렸다." 카메라의 아래로의 움직임은 눈의 움직임을 정확히 모방한 것이어서 시선의 제스처, 즉 기념비 앞에 서서 아래 함몰부의 삼각형을 발견한 누군가의 눈의 제스처를 스크린에 각인하는데, 투사된 빛의 유령 같은 움직임이 그런 각인을 행하기에 충분한 질료인 것처럼 보인다. 우리가 기대했던 시점 숏이 마침내 등장한 것이다. 하지만 그 시점 숏은 포르티니가 지금 보고 있는 게 아니며, 아버지와 함께 거기에 있던 어린 시절에 대한 플래시백도 아니고, 그때 그곳에서 포르티니의 마음에 새겨진 기억이나 이미지도 아니다. 그것은 스크린의 이미지에 새겨진 그 기억의 각인 즉 상기된 시점의 각인과 같은 어떤 것이다.

다니엘 위예와 장마리 스트라우브는 1950년대부터 함께 지냈으며 1960년대 초반부터 함께 영화를 만들어 왔다. 그들은 그들만의 예술을 추구하며 외로운 길을 걸어왔다. 그들은 어떤 학파나 운동에도 속하지 않으며, 심지어 어떤 국가에도 속하지 않는다. 그들은 프랑스에서 태어났으며(스트라우브는 독일 국경 부근의 로레인에서 태어났다), 그 시점에 독일로 이주하지 않았다면 누벨바그와 연계했을 수도 있었지만, 독일에서 영화를 만들기 시작했다. 그들의 영화 대부분은 독일에서 만들어졌지만, 프랑스어와 이탈리아어로도 작업했으며 1969년 이후로 로마에서 살았고 이탈리아에서 대부분의 영화를 찍었다.

어떤 이들에게 모더니즘은 절제austerity의 예술, 즉 소소익선少少益善/less is more의 예술을 뜻한다. 관능적인 마티스는 절제의 피트 몬드리안 Piet Mondrian만큼 모더니스트가 아니라는 듯 말이다. 스트라우브와 위예는 소소익선 예술학파의 일원으로 종종 간주된다. 절제의 모더니스트 로베르 브레송은 그들의 작품에 큰 영향을 미친 것으로 생각되어 왔다. 브레송의 영향에 대한 인터뷰어의 질문에 스트라우브는 자신이 〈볼로뉴 숲의 여인들Les Dames du Bois de Boulogne〉(1945)과 〈어느 시골 사제의 일기Journal d'un curé de campagne〉(1951)를 매우 찬미하긴 하지만 그의 후기 영화들을 그만큼 좋아하진 않으며, 어느 경우에도 장 르느와르가 미친 영향이 브레송 못지 않다고 말했다.[260] 르느와르는 모더니스트로 잘 인식되지 않는데, 그가 추상주의자가 아닌 리얼리스트였기 때문이다. 스트라우브와 위예가 브레송에게 배운 것은, 달리 말해 〈볼로뉴 숲의 여인들〉에서 드니 디드로Denis Diderot의 작품을 각색하고, 〈어느 시골 사제의 일기〉에서 조르주 베르나노스Georges Bernanos의 작품을 각색한 브레송에게 배운 것은 기존 작품의 관습적인 드라마화를 거부하고 병치의 방법론을 추구하는 것이었다.[261] 그러나 혼합이 아니라 요소들의 몽타주인 병치는 브레송 영화에서는 스트라우브와 위예의 영화에서처럼 일종의 기록이라는 목적을 갖진 않는다. 그리고 스트라우브와 위예의 영화에서 드라마화의 거부는 감축이 아니라 잉여를, 너무 적지도 너무 많지도 않은 잉여를 생산한다. 영화는 분명히 소소익선의 예술 분야가 아니며, 우리가 완전히 이해할 수 있는 것보다 많은 것을 지속해서 제공한다.

칸트가 말한 미적 경험의 무관심성disinterestedness이라는 특징, 즉 경험된 것의 실제적 현존에 대한 무관심이, 현존하는 것들의 기록인 다큐멘터리 예술에 어떻게 적용될지는 불분명하다. 칸트가 사진 이미지를 본 적은 없지만, 그의 미학 개념은 인공적인 것뿐만 아니라 자연적인 것까지 포괄한다. 20세기에 살았다면 그는 사진이 자연적인 것에 대한 미적 경험 능력을 향상시킨다고 말했을지도 모르겠다. 하지만 역사적인 것은 또 다른 문제다. 스트라우브와 위예의 예술은 역사적인 것의 기록인 다큐멘터리 예술이다. 그것은 우리의 무관심성을 호출하는 예술이 아니며, 자신이 재현하는 것들의 현존에 대한 우리의 무관심을 요청하는 예술이 아니다. 그것은 모더니즘 예술, 다시 말해 예술에의 주의를 요청하는 예술, 자신의 수단과 매체의 인위성을 전시하는 예술이다. 그러나 전적인 탐미주의 예술은 결코 아니다. 자신의 예술과 자신이 제시하는 과거의 예술을, 역사에서 발생하고 있는 어떤 행위, 즉 역사의 현존하는 환경 아래(젊은이가 도시의 거리라는 현존하는 환경 아래 운전하는 것처럼) 수행된 인간의 행위로서 주시해 주기를 요청하는 예술인 것이다. 자신의 인위성에 대한 전시는, 사라진 삼각형의 흔적이 룬가르노의 기념비 아래에 새겨진 것처럼, 역사에 자신을 각인하는 방식이다.

파시스트들이 제거한 프리메이슨 삼각형의 흔적, 포르티니의 아버지가 그를 그 기념비에 데리고 갔던 기억, 포르티니가 6일 전쟁에 대한 응답으로 쓴 그 책에서 그 기억에 대해 말하는 대목, 10년 뒤에 만들어진 이 영화에서 그 책의 이 구절을 읽는 그의 음성, 스크린에 등장하는 여전히 움푹 팬 삼각형 이미지 등. 여러 컨텍스트에 걸쳐 있고 다양한 함축을 지닌 이 사라진 삼각형에 관한 기호들이 영화의 한순간으로 모여든다. 이제 우리는 그들을 다른 것들과 비교하게 된다. 스크린 위의 이미지와 포르티니의 소년 시절의 정신적 이미지에 대한 우리의 지각을 비교하고, 사운드트랙의 포르티니의 음성에 담긴 말들과 그 말들이 쓰인 때에 대한 우리의 지각을 비교하며, 인쇄되거나 발화된 말들을 기억되거나 촬영된 이미지와 비교하는 것이다. 과거의 기호들이 가시화되면서, 현재의 새로운 상황에서 새로운 의미를 띠게 된다. 관객으로 초대되어 그 영화를 보게 되고 모종의 연계를 이루게 된 우리 자신의 상황도 여기에 포함된다. 나는 어린 시절 아바나에서 아버지가 메인Maine호 침몰 때 숨진 사람들을 기리는 기념비에 데려갔던 기억을 떠올렸다. 미국인들이 주장하듯 스페인 사람들이 그 배를 침몰시킨 게 절대 아니며, 스페인 사람들은 쿠바의 독립 전쟁이라는 문제로 이미 충분히 골머리를 썩고 있었고, 따라서 그들은 결코 미국과 전쟁을 벌이고 싶지 않았다는 아버지의 설명도 함께 떠올렸다. 다른 아버지가 다른 아들을 민족 해방 투쟁과 연관된 수변의 기념비로 데리고 간 것이었다. 스트라우브와 위예는 〈역사 수업〉의 농부를 보고 내가 떠올린, 지상의 빈자들에 관한 그리고 산골짜기 시내에 관한 호세 마르티José Martí의 시 구절을 알고 있을 것이다. 그런 연상 혹은 연관성은 의도된 것일 수도 아닐 수도 있다. 하지만 어느 쪽이든 영화는 두 가지 가능성에 열려 있으며 관객을 창작자가 의도한 연계에만 묶어 두지 않는다. 스트라우브와 위예는 아버지가 나를 아바나만에 데려가 일종의 역사 수업을 했음을 알지 못할 것이다. 이런 연계는 나의 특수한 경험이지만, 그렇다고 관객인 우리 각자가 관람을 통해 무언가를 떠올리고, 우리 자신과 그것과의 관계를 생각해 보도록 이끄는 이 한 편의 영화와 무관하지 않은 것이다.

역사의 흔적들, 현재에 남은 과거의 표지들은 스트라우브와 위예의 작품의 중심이다. 스트라우브는 자신과 위예가 쇤베르크의 미완성 오페라에 관해 만든 영화 〈모세와 아론*Mose and Aron*〉(1975)을 세 구체적인 역사적 시기 사이의 비교라고 말했다. 성서에 기록된 사건의 시간, 그 오페라가 쓰인 1930년대 초반의 시간, 그리고 이 영화가 만들어진 시간의 세 시간대를 말한다. 스트라우브와 위예의 모든 영화는 기록보관소, 다른 시간대의 과거가 남긴 흔적들의 병치, 현재의 다른 것들과 비교 대상이 되는 증거의 구체적 단편들로 특징지어진다.

〈안나 막달레나 바흐의 연대기Chronik der Anna Magdalena Bach*The Chronicle of Anna Magdalena Bach*〉(1967)에서 바흐를 연주하는 배우는 바흐가 우리에게 남긴 그가 실존한 주요한 흔적으로서의 음악을 연주하는 음악인이다. 극 중 배역으로서의 그 캐릭터가 아니라 즉 바흐의 삶과 시대의 재상연이 아니라, 그 음악이 진정한 주인공이다. 오늘의 음악인들에 의해 연주되는 음악, 카메라와 녹음기 앞에서 이뤄지는 특정한 퍼포먼스로서 직접 녹음되는 음악 말이다. 콘서트와는 달리, 이 영화는 18세기 독일에서 그것을 작곡했던 사람의 삶과 시대라는 그 음악의 시원적 배경 또한 고려하도록 요청한다. 비록 우리는 이 연주자들이 동시대인이라는 것을 알고 있지만, 그들은 실재하는 오래된 교회의 방에 앉아 바흐 시대의 옷을 입고 그 시대의 악기를 연주한다. 연주 외에 바흐의 삶에 관해선 많은 것들이 재연되지 않지만, 바흐의 두 번째 아내 안나 막

달레나의 연대기적 내레이션은 그의 가족 문제, 돈 문제, 남편의 음악인으로서의 노력과 좌절에 대해 말한다. 이 영화는 음악 안에서 살아 있는 바흐와, 생을 영위하고 일했던 바흐와의 대화라고 말할 수 있다. 우리는 바흐가 작업할 때 썼던 사물들, 그가 직면했던 곤경들, 그 음악을 작곡했던 때의 구체적인 환경에 대해 알게 되며, 그와 함께 이 변함없이 아름다운 음악이 고통스러운 환경을 초월한다는 사실도 깨닫는다. 이것은 음악에 대한 우리의 미적 경험과 음악가의 역사적 상황에 대한 우리의 지각 사이의 대화이며, 예술의 자율성과 그것의 역사 속에서의 구현 사이의 대화다.

〈신랑, 여배우, 포주*Der Bräutigam, die Komödiantin und der Zuhälter*〉(1968)는 창녀들이 선택되기를 바라며 줄을 서 있는 뮌헨 교외의 거리를 비추는 트래블링 숏으로 시작한다. 과소 노출된 어두운 이미지가 사운드 없이 거의 2분 동안 지속된다. 그러다 갑자기 바흐의 승천주일 오라토리오 ascension oratorio가 들리기 시작한다. 충격적인 이 부조화의 음악은 트래블링 숏의 후반부에 계속된다. 무성의 숏은 거리의 추악한 리얼리티를 기록하며, 고결한 음악이 더해져도 우리가 계속 보게 되는 거리는 바뀌지 않는다. 하지만 이것은 리얼리티에 맞선 감독의 단호한 선택이며, 있는 그대로 받아들이기를 거부하는 몸짓이다. 이 단편의 결말에서, 거리에서 우리가 본 창녀 중 하나는 흑인 남자와 결혼해 새 삶을 시작한다. 남자는 스페인 신비주의자 '후안 크루스'의 독일어 번역본 시의 구절을 그녀에게 들려준다. 이 커플이 그들의 새집에 도착하자, 포주(라이너 베르너 파스빈더Rainer Werner Fassbinder가 연기하는)가 거기서 기다리고 있다. 그녀는 그의 총을 빼앗아 그를 쏜다. 그런 뒤 카메라는 그녀를 따라 창문으로 간다. 영화는 밖에 선 나무의 과다 노출된 이미지로 끝난다. 사운드트랙으로 그녀는 후안 크루스의 시를 암송하며, 바흐의 음악도 다시 울린다.

영화는 창녀의 어둠으로 시작해 구원의 빛으로 끝난다. 하지만 매

〈신랑, 여배우, 포주〉. 매춘의 어두운 거리, 포주를 향한 총격, 결말의 빛과 나무.

춘은 기록된 리얼리티이며 구원은 확연한 작위이고 이 영화가 우리에게 리얼리티로 수용하기를 요구하지 않는 허구다. 포주의 피격 장면은 고의적으로 엉성하게 만들어져, 우리는 그것을 완결된 사실로 받아들일 수 없다. 마지막 장면의 빛은 과다 노출된 필름 위로 영사기가 투사한 인공적인 빛이다. 영화는 나무의 아름다움이 매춘 거리의 추함을 가린다거나 과거의 유산인 바흐의 음악과 후안 크루스의 시가 현재의 문제에 대한 해답을 제공한다고 주장하지 않는다. 그런데도 구원의 감각이 환기된다. 하지만 이 구원은 희망으로서의 구원이며, 우리가 지향해야 하는 목적지, 이미 일어난 일이 아니라 우리가 일어나도록 해야 할 무언가다. 포주는 아직 총에 맞지 않았으며, 창녀는 아직 결혼하지 않았음을 우리는 감지하게 된다. 총격과 결혼은 리얼리티가 아니라 용납될 수 없는 현실에 맞서 발생해야 할 행위의 상징과 같은 것이다. 〈신랑, 여배우, 포주〉는 알레고리다. 창녀와 억압과 여성 착취의 리얼리티는 우리 시대에 실재하는 모든 억압과 착취를 상징한다. 포주를 향한 총격은 혁명을 상징하고, 나무와 빛과 후안 크루스와 바흐는 구원을 상징한다. 아직 도래하지 않은 혁명과 구원인 것이다. 바흐의 음악, 후안 크루스의 시, 나무와 빛 등 이 영화가 제공하는 미적 경험은 우리의 문제에 대한 해답으로 제공된 것이 아니며, 지배적인 현실에 대한 반명제로 제시되고 있는 것이다.

스트라우브와 위예는 예술이 세상을 바꿀 수 없고, 바흐의 음악이 매춘의 거리를 바꿀 수 없다는 것, 세계는 예술이 수행할 수 없는 혁명과 구원을 필요로 한다는 것을 알고 있다. 하지만 이것이 예술이 아무 일도 일어나게 할 수 없음을 뜻하진 않는다. 이런 결론은 탐미주의, 달리 말해 실제 삶과의 무연관성을 바탕으로 한 쾌락주의적 예술관으로 흐를 수도, 혹은 속물적 실리주의, 달리 말해 삶의 긍정적 변화를 초래할 수 없는 예술의 무능력에 대한 폄하로 흐를 수도 있다. 예술이 일으킬 수 있는 것은 실생활에서 발생하는 영역에 있지 않고 의식의 영역에 있다. 예술은 실제로 발생하는 것을 바꿀 수 있는 능력이 없지만 일어나기를 바라는 무언가에 대한 우리의 소망을 바꿀 수는 있다. 〈신랑, 여배우, 포주〉는 혁명적 의식의 알레고리다.

스트라우브와 위예는, 남아 있는 과거의 흔적만큼, 지워져서 더 이상 남아 있지 않은 것들, 묻히고 잊혀진 과거에 대해서도 관심을 가진다. 〈포르티니/카니〉에서 카메라는 피렌체 인근의 아펜니노산맥의 풍경을 느리고 유장한 일련의 숏들로 보여 준다. 이곳은 2차 세계 대전 때 독일인들이 수많은 이탈리아 파르티잔을 학살한 장소이며, 유혈의 현장이었지만 피의 흔적이 사라진 아름다운 풍경이다. 그 피는 이곳에 어떤 흔적도 남기지 않았으나, 카메라는 신중한 패닝으로 이 장소 자체를 각인한다. 물론 정보 제공을 위해 이 장소가 전용되는 것은 아니다. 다만 카메라는 그 장소를 있는 그대로 담아내는데, 사람들이 죽어간 이곳에 사람들이 여전히 살고 있기 때문이다. 패닝 숏들의 마지막 장면은 수백 명이 살해된 마르차보토 마을에서 촬영된 것으로 카메라는 원형 회전하며, 우리가 방금 목격한 그 땅 위에서 움직임을 계속한다. 카메라가 느린 패닝으로 천천히 움직이는 까닭에 무언가를 인식하려고 애쓰기에 충분한 시간이 우리에게 주어진다. 하지만 잠시 뒤면 우리는 벌써 잊기 시작하고 만다. 〈화해 불가Nicht versöhnt〉(1965)는 독일인들이 그들의 20세기 역사를 기억하려는 노력을 다룬다. 나치 시대에 그리고 그전의 제정 독일 시대에 그들이 거쳐 갔던 같은 경로를 지금 다시 경과하고 있음을 인식하지 못한다는 사실도 그 노력과 함께 다뤄진다. 이 영화에서도 카메라는 폭력적 과거의 흔적을 찾아 현재의 공간 주변을 느린 패닝으로 탐색한다. 〈화해 불가〉는 하인리히 뵐의 소설 《9시 반의 당구Billard um halbzehn》를 각색한 것이며, 촬영지가 쾰른이라고 알아차릴 수 있지만 무대는 익명의 독일 도시로 설정된다. 중심인물 중 하나는 젊은 시절 반나치 민병대였던 슈렐라인데, 수년간의 추방 생활 끝에 자신이 살던 거리로 이제 돌아온 사람이다. 카메라는 완전히 바뀐 그 거리를 원형으로 패닝한 뒤 그의 옛집 앞에서 멈춘다. 이곳에서 한 아이가 그에게 슈렐라라는 이름의 사람은 이곳에 산 적이 없다고 말한다.

스트라우브와 위예는 스크린 위에 어떤 세계도 구축하지 않으며, 우리가 보고 듣는 조각들을 하나의 전체로 구성하지 않는다. 영화의 장소는 아펜니노의 마을이 학살 현장이었다는 과거 세계도, 사람들이 계속 삶을 영위하는 현재 세계도 아닌 곳, 마찬가지로 슈렐라가 살았던 쾰른 거리의 과거 세계도, 한 아이가 슈렐라의 존재를 부인하는 현재 세계도 아닌 곳이다. 하나의 세계는 틈들이 있고 틈들은 메워질 수 있을지 모른다. 어떤 부분들이 빠져 있지만 다시 빈 곳이 채워질 수 있는 전체일지 모른다. 스트라우브와 위예는 〈화해 불가〉를 구멍 뚫린lacunary 영화라고 불렀는데, 그들의 모든 영화에 적용될 수 있는 말이다. 틈들이 메워질 수 없어 하나의 세계가 되지 못하는 영화, 빠진 부분들을 채워 넣을 수 없어 하나의 전체가 되지 못하는 영화인 것이다. 이것은 관객인 우리가 그 전체의 구성을 완결하도록 요청받는다는 의미가 아니다. 창작자가 하지 못한 것을 우리가 어떻게 한단 말인가. 틈들과 사라진 조각들은 그 작품의 것이면서 동시에 우리의 것이다. 전체 없는 조각들을 소집하는 작업은 관객인 우리가 참여해야 할 일인 것이다.

《9시 반의 당구》는 3대가 모인 한 건축가 가족의 이야기를 다룬다. 1958년, 80세가 된 가장의 생일이 시간적 배경이며, 다양한 회상과 내적 독백이 과거와 정신을 탐사한다. 1차 세계 대전 이전 하인리히 페멜이 건축가로서 명성을 떨치게 한 수도원은 2차 세계 대전의 마지막 무렵에 파괴되었다. 그의 아들 로베르트는 파괴자가 자신임을 숨겨 왔다. 로베르트는 광적인 장군의 명령에 따라 파괴를 실행했지만, 실은 자신의 뜻대로 움직인 것이었으며 그 파괴 자체를 나치 시절의 망자들을 위한 기

넘비 혹은 반反기념비로 간주했다. 〈화해 불가〉는 그 자체가 일종의 반기념비로 보일 수도 있다. "뵐 소설의 내러티브를 파괴하는 것이 로베르트가 아버지의 성당을 파괴하는 것과 동형이다"라고 폴 코티스Paul Coates는 주장한다. 또한 바튼 바이그에게 이 영화는 "제임스 E. 영James E. Young이 말한 홀로코스트 '반기념비'의 실례가 된다. 반기념비는 영구적인 각인이 아니라 자신의 허약함과 사라짐의 기록이다."262 허약함과 사라짐, 그것은 슈렐라의 언니이자 로베르트의 아내인 에디트의 얼굴, 그들의 젊은 시절의 영혼처럼 내러티브를 배회하는 얼굴이다. 에디트는 전쟁 중 폭격으로 죽었고, 사원의 파괴로 죽은 어느 누구보다 먼저 추념되는 그 얼굴은 단지 몇 분간만 〈화해 불가〉에 등장한다. 대부분의 영화감독보다 더 오래 대상을 숙고할 수 있는 스트라우브와 위예는 스크린에 짧게라도 무언가를 보여 주는 것의 힘을 누구보다 잘 알고 있다.

보여지는 대상들은 과거가 아니라, 그들의 세계다. 〈화해 불가〉에서 과거의 잔재들, 다양한 과거의 흔적들은 그 과거들에 놓여 있는 게 아니다. 당혹스러울 만큼 돌발적으로 영화는 다른 시대들 사이를 오가고, 다른 시대의 같은 인물들을 연기하는 다른 배우들 사이를 오간다. 과거에서 온 것들은 과거로 체험되지 않고, 현재에 속한 것들과 같은 발언권을 지닌 것으로 경험된다. 요점은 이것이다. 독일의 과거는 끝나지도 완료되지도 않았으며, 현재에 계속된다. 그러나 〈화해 불가〉에서 대상들은 현재 세계에 존재하는 것도 아니다. 그들은 세계 없는 대상들이며, 독일인들이 하나의 세계로 만들어 내야 할 대상들이다. 거짓된 하나의 세계로 그들을 만들어 내는 것은 쉬운 일이다. 하지만 이 영화는 그렇게 하지 않는다. 뵐의 내러티브를 조각냄으로써 다시 조립하기 어렵게 만드는 것이다. "아이야, 무얼 말하라고?"라며 로베르트 페멜이 급작스러운 오프닝 장면에서 묻는다. 지금 자기 앞에 있는 사춘기 소년의 나이였을 때 그가 겪은 나치 치하의 경험을 말하라는 것일까? 독일의 과거에 대해,

또 그것이 현재의 관심사와 무슨 관련이 있는지를 말하라는 것일까? 영화는 시종 무언으로 질문한다. 질문은 파편화되며, 회고조 내러티브는 헝클어진다. 반세기에 걸친 긴 이야기로부터, 우리는 인물들에 의해 설명되는 파편들 그리고 나치 및 제정독일 시대의 플래시백 장면들에서 재연되는 파편들의 뒤엉킨 뭉치를 마주하게 된다. 이들 사이에는 연계도 손에 쉬 잡힐 수 있는 연결 고리도 없다. 따라서 사라진 조각들이 이 영화에 등장하는 대상들만큼의 무게를 지닌다. 그것은 잊혀졌거나 억압된 그러나 여전히 현재에 관여하는 과거의 무게로 느껴진다.

로베르트의 반기념비는 사적인 것이다. 수도원이 파괴된 것은 모두가 알지만, 그가 파괴했음은 아무도 모르며, 그것이 그에게 무엇을 의미하는지 아무도 모른다. 아버지 하인리히는 그가 했다는 것을 알고 그 행동을 승인한다. 아들 요제프는 로베르트가 그랬다는 것을 알고 자신의 건축 공부와 수도원 재건축에 참여하기를 포기한다. 하지만 소설 《9시 반의 당구》에서 이 모든 것은 사적인 것으로 남게 되며, 그것에 관해 서로 말하지 않는 인물들의 내면에 남게 된다. 소설의 내적인 독백들은 영화 〈화해 불가〉에서는 발화됨으로써 공적인 영역으로 옮겨진다. 뵐의 인물들이 밖으로 발설하지 않는 사적인 이야기들인 이 가족의 이야기를 스트라우브와 위예는 국가의 이야기로 만들어 내는 것이다. 하지만 소설의 말들은 영화에서 드라마화되지 않으며, 온전히 상연되는 것이 아니라 말해질 뿐이다. 발화됨으로써 말들이 공적인 영역으로 옮겨지지만, 우리의 주의를 요청하는 파편들과 조각들로만 제시될 뿐이며, 응집된 국가의 이야기로 통합되지 않는다. 공유되는 공적 담론으로 절합되거나 대상들의 공적인 질서로 통합되지 않는 것이다. 국가의 이야기를 말하는 것은 어떤 예술가도 홀로 해낼 수 없는 작업이다. 〈화해 불가〉는 배우들이 자신의 대사를 암송함으로써 집단적 회고의 노력을 펼치고, 자신들의 증거를 제시하며 모두에게 속한 하나의 이야기를 작성하는 작업에 참여한다. 빠진 조각들, 구멍 뚫린 이 영화의 틈들은 그 작업이 아직 완료되지 않았음을 암시하고 우리의 노력을 요청한다. 공적 이야기를 말하는 작업은 관객인 우리 모두 특히 독일인들이 함께 참여해야 하는 작업인 것이다.

사실을 숨기지 않고 털어놓은 페멜 가족 중 한 사람은 그로 인해 정신병원에 있다. 하인리히의 아내이자 로베르트의 어머니인 요하나. 1차 세계 대전 때 황제를 바보라 불렀고 2차 세계 대전 때 기차역으로 가서 자신을 유대인과 함께 수용소에 보내달라고 했던 인물이다. 그녀는 정신병자로 취급되어 목숨을 부지했고 그 이후로 정신병원에서 지내왔다. "나를 미쳤다고 생각 마라. 난 우리가 어디에 있는지 정확히 안다." 전쟁은 여전히 진행 중이고 죽은 자는 여전히 살아 있으며 과거는 여전히 현재라고 그녀는 아들 로베르트에게 말한다. 우리가 어디 있는지에 대한 그녀의 지각, 과거와 현재를 뒤섞는 그녀의 정신성을 이 영화는 공유한다. 리처드 라우드Richard Roud는 이렇게 썼다. "그녀가 약간 미쳤다고 생각되는 바로 그 대목(소설에 나오는 요하나의 긴 독백 장면)에서, 뵐은 과거와 현재를 오가는 그녀의 정신적 운동을 '정당화'하는 데 시간을 쓰지 않는다. 이것은 50년간의 독일인의 삶에 관한 모호하면서도 극히 효과적인 팔림프세스트palimpsest●라는 점에서 스트라우브의 방식과 흡사하다."[263] 광인의 담론은 대개 표현주의의 격화된 주체성으로 번역된다. 하지만 〈화해 불가〉는 이것을 냉정한 객관성을 지닌, 진실에 가장 근접한 담론으로 제시한다. 하인리히와 로베르트와 요제프라는 건축가 3대가 아니라, 요하나(제정독일 시절의 플래시백에서 위에 자신이 연기하는)가 스트라우브와 위예가 자신들과 가장 동일시하는 인물이며, 〈화해 불가〉에서 진정한 예술가의 모습이다.

● 원래의 글 일부 또는 전체를 지우고 다시 쓴 고대 문서를 말한다. — 옮긴이

〈화해 불가〉. 온실에 들어서는 요하나: 깊은 곳에 총이 있다.

　문이 닫혀 있어 평면적인 공간처럼 보이는 온실의 정면 숏에서, 요하나는 문을 열고 예기치 않은 깊이를 지닌 온실 안으로 걸어 들어간다. 깊은 후경으로 걸어 들어가는 그녀의 모습은 마치 발굴하는 사람의 모습 같다. 과거를 살아 있는 것으로 보는 이 광인은 다른 인물들보다 독일 역사에 내재한 연속성의 패턴을 더 잘 감지한다. 온실에 들어가는 그녀의 이미지가 암시하듯, 표면을 뚫고 사물의 바닥에 도달할 수 있는 것이다. 그 심연에 총이 놓여 있다. 그녀는 온실에 들어가 정원사가 보관하던 권총을 획득한다. 그리고 자신의 아들 오토를 나치의 악영향으로부터 탈출시키기 위해 나치 한 사람을 쏘려 한다. 오토는 전쟁 중 키이우(키예프)에서 죽었다. 하지만 그 나치는 살아 있을 뿐 아니라 경찰서장이 되었다. 참전군인 퍼레이드에서 그는 흰 말 위에 앉아 있고, 발코니에서 요하나는 정원사의 권총으로 그를 겨눈다. 그녀의 뒤에는 쾰른 대성당이 서 있는

〈화해 불가〉. 성당을 뒤로하고 총을 겨누고 있는 요하나.

데, 또 다른 평면적인 공간이라는 인상의 이 건물은 그녀를 억누르는 것
처럼 보이며, 그녀의 총이 겨냥하는 완강한 현실의 상징이다.

하지만 거기에는 흰 말 위의 뚱뚱한 남자 혼자만 있는 게 아니다. 그
녀의 남편이 말하듯, 총에 맞아 마땅한 또 다른 복귀한 나치가 행렬에
있다. 또 이웃한 발코니에서 군인들의 표를 호소하고 있는 한 정부 각료
가 있는데, 그는 미래를 대표하기 때문에 하인리히가 "당신 손자의 살인
범"이라고 부르는 인물이다. 정신질환에 의한 행동으로 자신을 변호할
생각인 요하나는 그 각료를 쏘지만 심각한 부상을 입히지 못한다. "나
는 그 경악한 표정이 그의 얼굴에서 사라지지 않기를 소망한다"라는 이
영화의 마지막 대사를 하인리히가 말한다. 이 대사는 그의 여든 살 생일
파티이면서 결과적으로 요하나의 저항을 축하하게 되는 파티 자리에서
이야기된다. 이 영화에서 처음으로 함께 모인 페멜 가족(요하나는 제외하고)

구성원들을 카메라는 패닝으로 훑은 다음 창가로 이동해 라인 강변의 나무 이미지에서 멈춘다. 사운드트랙에서는 바흐의 조곡이 흘러나온다. 바흐의 이 조곡은 요하나가 황제를 바보라 불렀을 때도 흘러나왔다. 반세기 전 그녀의 저항 행위가 이뤘던 것에 비해, 그녀의 폭력 행위는 오늘날 결코 많은 것을 이루지 못했다. 그녀는 적의 얼굴에 경악의 표정을 드리우게 했을 뿐, 총이 겨냥한 현실에서는 많은 변화를 만들지 못한 것이다. 하지만 그때처럼 그녀는 공적인 행동으로 문제를 명확하게 드러냈다. 요하나는 예술이 할 수 있는 모든 것을 해냈다. 예술은 세계를 변화시킬 수 없지만 세계에 대한 우리의 의식을 변화시킬 수 있다. 예술은 적을 죽일 수 없지만 상징적 폭력과 미학적 테러를 가할 수 있다. 〈신랑, 여배우, 포주〉의 결말과 마찬가지로 이 결말에서, 현실에선 아무것도 변하지 않았음을 알고 있지만, 우리는 구원의 공기를 숨 쉰다. 성취된 구원이 아니라 구원으로의 항해라는 희망의 공기 말이다. 이것은 축원하기에 충분한 대의다.

〈역사 수업〉에서 농부와 대화를 나눈 뒤 젊은이는 현대의 로마에서 다시 차를 달린다. 그리고 법률가와 시인과 말을 나눈다. 법률가는 카이사르를, 그의 과오와 상관없이 그라쿠스 시대의 민주주의의 옹호자로 찬미한다.

우리는 우리가 평민이라는 사실을 잊어 왔어. 당신도, 스파이서(은행가)도, 그리고 나도. 그런 건 오늘날에는 중요하지 않다고 말해선 안 돼. 정확히 말하면 이뤄진 것이 바로 그것이지. 그런 게 오늘날 중요하지 않다는 것 말이야. 그것이 카이사르의 의미야. 그것과 비교하면, 몇 번의 옛날식 전투들, 카이사르가 맺었을지도 모르는 토착민 족장들과의 몇 번의 불안정한 계약들이

〈역사 수업〉. 젊은이와 법률가, 해변의 시인.

란!…… 가이우스 율리우스(카이사르)가 성취한 게 그라쿠스 시대의 이상이었어. 그 열매가 바로 제국Imperium이야.[264]

제국으로서의 민주주의. 낯익은 말인가? 은행가와의 대화가 〈월 스트리트 저널〉을 읽는 것과 같다면, 법률가와의 대화는 〈뉴욕 타임스〉를 읽는 것과 같다. 그다음 등장한 시인은 해변 테라스의 긴 의자에 몸을 기대고 정치의 추악한 거래와 원로원의 탈을 쓴 도둑들에 대한 경멸을 표현한다. 시인과의 대화 장면에서 젊은이는 한순간도 등장하지 않으며, 스크린 외부에서 시인의 말을 듣고 있음이 암시될 뿐이다. 거리를 돌아다닌 뒤, 젊은이는 은행가와의 두 번째 대화를 위해 호화 저택의 정원으로 돌아온다.

은행가와의 이 두 번째 대화가 〈역사 수업〉의 결론에 해당되며, 첫 번째 대화와는 확연히 다르다. 세팅은 전과 같다. 은행가는 정원 벤치에 앉아 있고 젊은이는 테이블 맞은편 의자에 앉아 있는데, 이 장면 내내 그들이 그대로 앉아 있음을 알 수 있다. 서로 얼굴을 마주보고 있으며 테이블에는 그들이 나눠 마시고 있는 레드 와인 병이 놓여 있다. 이 장면은 관습적으로 보이는 교차 숏으로 시작한다. 은행가는 정면 숏으로 스크린 중앙에 앉아 왼쪽 스크린 외부를 바라보며, 젊은이는 측면 숏으로 스크린 왼쪽에 앉아 오른쪽 스크린 외부를 바라본다.● 정면과 측면의 이 교대는 한쪽 캐릭터인 은행가가 대답하고 상대 캐릭터인 젊은이

● 와인 피처가, 은행가 숏에서는 프레임의 왼쪽 라인에 반만 걸쳐 등장하고, 젊은이 숏에서는 오른쪽 라인에 반만 걸쳐 등장한다. 와인 피처는 두 사람의 경계에 놓여 있으므로 이 두 숏은 두 인물 사이의 공간을 분할하는 것으로 보일 수 있으며, 젊은이와 은행가가 와인 말고는 공유하는 게 없다는 암시가 될 수도 있다. 우리가 놓칠 수 있는 것도 있다. 정교하게 구성되었지만 알아차리기 힘든 이런 세세한 부분은 모든 것이 중요하지만 우리가 모든 것을 다 인지할 수는 없다는 것이며, 이것이 스트라우브와 위예만의 세부 묘사다.

〈역사 수업〉. 젊은이와 은행가의 두 번째 대화.

가 질문하는 관습적인 숏/리버스 숏의 교차 방식이다.

젊은이의 측면 숏은 우리의 주의를 화면 밖으로 이끌며, 은행가의 정면 숏은 우리의 주의를 그에게 이끈다. "민주주의의 대의는 개한테 주어져 버렸지." 카이사르와 폼페이의 내전 이야기를 들려주며 은행가는 이렇게 말한다. 이 이야기는 전 장면에서 농부가 짧게 해 준 것이지만 이제 내부자의 시점으로 길게 다시 진술되고 있다. 젊은이는 인터뷰어처럼 정보를 구하려는 자의 위치인 측면 숏으로 등장하지만 점점 정면 숏으로 바뀌어 간다. 질문하는 자의 위치에서 질문을 마주한 자의 위치로 이행하는 것이다. 반면 은행가는 점점 측면 숏으로 바뀌는데 이로써 그는 이야기하는 자가 아니라 질문하는 자처럼 보이며, 은행가와 젊은이는 점차 인터뷰어와 인터뷰이로서의 자리를 서로 바꿔 가고 있는 것처럼 보인다.

농부와의 대화에서와 마찬가지로 은행가와의 대화에서도 한 인물은 측면에서 다른 인물은 정면에서 시작했지만 점차 두 인물을 향한 앵글이 바뀌는데(매번 상대방의 이전 숏으로부터 90도 각도 차이로), 이 변화가 측면에서 시작된 인물이 정면이 되고 측면에서 시작된 인물이 측면이 될 때까지 계속되는 것이다.● 기하학적 구도는 같지만 속도는 훨씬 느려져, 이 장면의 숏 교차는 더욱 사색적이 되며 농부와의 대화 장면에서 성립했던 관계의 명료함은 희박해진다. 동일한 기하학이 여기서는 역전되어 카메라는 젊은이의 측면에서 정면으로, 상대방은 정면에서 측면으로 회전

● 마틴 월시Martin Walsh는 이 시퀀스들에 대한 유용한 분석을 제공한다. 그의 관찰에 따르면, 젊은이는 농부를 정면으로 바라보았지만, 은행가와 있을 때는 그의 오른쪽에 앉는다. 이 90도의 차이는 카메라의 각도가 아니라 이 장면에서 인물들의 위치가 만드는 각도다. 스크린을 바라보는 우리 시선의 각도도 90도 달라지지만, 이제 우리는 이 차이가 인물의 위치에서 비롯되는 것이며, 이 경사는 젊은이가 스스로 선택한 것임을 알 수 있다(Martin Walsh, *The Brechtian Aspect of Radical Cinema*, ed. Keith M. Griffiths [London: British Film Institute, 1981], 74~77).

〈역사 수업〉. 젊은이와 은행가의 마지막 네 숏.

한다. 이 자의성의 적정성은 무엇인가?

　젊은이와 농부의 대화는 그에게 가장 적극적인 교류 행위였다. 은행가와의 첫 대화에서 그는 더 조용했고 스승에게 경의를 지닌 학생과 같았으며 몇 가지 질문을 했지만(은행가의 한 가지 질문에 그가 대답했던 정원 산책 장면을 제외하고) 아주 짧게만 비칠 뿐이었다. 이제 그는 어떤 질문도 하지 않고 입을 굳게 닫고 있다. 하지만 그는 이제 은행가만큼 길게 스크린에 등장하는데, 이것은 영화의 초점이 은행가만큼 어쩌면 그보다 강하게 그를 향하는 것으로 느껴진다. 그의 정면으로 이동해 가는 숏들이 우리의 주의를 점점 더 많이 요청하기 때문이다. 그는 조용히 듣고 있지만 어떤 소신을 지닌 것처럼, 혹은 점점 더 강한 소신을 지니게 되는 것으로 보인다. 말없이 듣고 있다 해도 그는 더 이상 스승의 말을 경청하는 학생이 아닌 것이다. 로마 역사에 대해서 진술되는 말들에 여전히 집중하고 있지만 그의 표정은 이제 강건해 보이며 그의 시선은 믿음보다 탐사의 시선처럼 보인다.

　농부와 대화할 때, 젊은이는 처음에는 이 무학의 노인보다 자신이 더 똑똑하다고 생각했지만 점차 자신을 인터뷰어의 위치, 즉 상대방에게 배우는 자의 위치에 두게 되었다. 은행가와의 두 번째 대화에서 젊은이는 점차 자신을 질문에 직면하는 자의 위치, 즉 상대방에게 배운 것으로 무엇을 해야 할 것인가를 결정해야 하는 자의 위치에 두게 된다. 이 장면의 마지막 대목에서, 카이사르가 저항적인 루시타니아 종족들을 은광의 노예로 복속시킨 더러운 사업에 관해 신나게 떠드는 은행가의 말을 들을 때, 젊은이의 얼굴에는 분노의 기운이 떠오른다. "그(카이사르)에 대한 나의 확신은 틀리지 않았던 거지"라며 은행가는 영화의 마지막 대사를 읊조린다. "우리의 작은 은행은 더 이상 작지 않았던 거야." 젊은이는 은행가와의 첫 대화 직후에 농부와 대화했고, 법률가와의 대화 직후에 시인과 대화했다. 각 경우에 한 사람의 설명은 다른 시점을 지닌 다른 사람의 설명과 상반된 것이었다. 은행가와의 두 번째 대화 이후에는 어떤 설명도 뒤따르지 않으며, 젊은이에게 마지막 말은 허락되지 않는다. 은행가의 설명은 젊은이의 얼굴에서 우리가 감지하는 어렴풋한 분노와 상반된다. 이것은 관습적 장치의 비관습적인 수정으로서의 리액션 숏이다. 한 인물의 표정이라는 리액션으로의 커팅에 의해 관객의 반응을 촉진하는 숏인 것이다.

하지만 젊은이의 얼굴에 드러난 반응은 읽어내기 쉽지 않다. 여기서 우리의 반응은 리액션 숏이 흔히 요청하는 한 인물의 감정의 단순한 공유가 될 수 없다. 젊은이는 내러티브 의식의 중심이지만 우리는 그의 의식에 쉽게 접근할 수 없다. 그는 동일시의 중심인물이지만 우리의 동일시는 우리의 성찰을 요청하는 거리 두기에 의해 복합화하며 억제된다. 우리는 그가 무엇을 느끼는지 짐작할 뿐 확신할 수 없고, 이것은 우리가 이 상황에 대한 우리의 느낌을 살펴보며 우리 자신의 의식을 탐구하고 활성화하도록 요청하는 것이다. 숏/리버스 숏에서 인터뷰어와 인터뷰이의 점진적인 위치 교대라는 이 비관습적인 숏 배열은 단지 우리의 주의를 젊은이의 반응에만 집중하게 하지는 않는다. 여기에 담긴 암시는 젊은이는 응답해야 하고 이것이 은행가의 내러티브를 젊은이에게 주어진 일종의 질문으로 전환한다는 것이다. 그는 역사를 대면한 학생으로 시작했지만, 마지막에는 역사가 그를 대면한다. 말하자면, 역사가 그를 자신이 배워 온 것의 토대 위에서 자신만의 입장을 갖도록 촉구하는 것이다. 그의 반응이 우리의 반응을 결정짓지는 않지만, 그가 요청받았던 대로 우리 역시 우리의 관점에 의거해 응답하도록 요청받는다.

행동과 세계의 어떤 재현도 관객을 재현되는 그 행동과 세계의 일부로 만들진 않는다. 하지만 〈역사 수업〉은 의식의 재현이며, 의식화의 재현이다. 이 영화는 주인공이자 의식의 중심인 젊은이를 통해 관객에게 의식화 과정에 참여하도록 요청한다. 그는 민주주의자의 위치에서 시작하지만, 마지막 주행 동안 거리에 늘어선 빌딩 벽의 공산주의 포스터가 암시하듯 마르크스주의자의 의식 혹은 그에 가까운 의식("내가 아는 한 나는 마르크스주의자가 아니다"라고 스트라우브는 말했다)으로 이행하고 있다고 우리는 느끼게 된다. 그것이 무엇이든, 그의 얼굴은 은행가와의 마지막 조우에서 새로운 이해의 표정을 보여 주며, 은행가를 향한 그의 태도는 확연히 바뀐 것처럼 보인다. 비상한 숏/리버스 숏의 전개가 빚어낸 컨텍스트 위에 놓인 젊은이의 반응이 우리 자신의 반응을 숙고하게 하고 우리 자신의 자리를 결정하도록 촉구하는 것이다. 우리는, 단지 젊은이의 분노를 대리 체험하며 공유하는 게 아니라, 은행가에 대한 우리의 분노를 발견해야 한다고 영화는 암시한다. 브레히트의 연극에서 억척 어멈이 젊은 병사에게 말하듯, 긴 분노 즉 순간의 감정이 아니라 성찰에 근거한 분노가 필요하기 때문이다.

젊은이의 조용한 분노는 우리가 투사한 감정일지도 모른다. 하지만 그가 순진무구함을 잃고 책임감을 얻었음은 확실하다. 정치에 관심을 가진 젊은이에게 은행가의 말과 같은 내부자의 발설보다 더 유혹적인 건 없을 것이다. 특권의 형식 혹은 특권의 환영이라 할 수 있는 내부자의 지식이라는 유혹 외에도, 은행가가 대변하는 부와 권력이라는 특권도 있다. 고급 와인에 곁들여진 은행가의 확신에 도취되어, 젊은이는 자신이 거부하는 것처럼 보이는 지배 계급에 순응하도록 이끌린다. 산맥과 호화 저택 중 어디에 미래를 걸 것인가를 결정해야 하는 상황에 진입하는 것이다. 카메라가 은행가의 측면으로 회전할 때, 한 숏의 배경에 저택의 연못이 등장하고 저택의 건물은 멀지만 위압적인 외양으로 나타난다. 정원에는 꽃들이 가득한데, 이 꽃들은 아름다움, 부와 권력이 우리에게 제공할 아름다움의 유혹이다.

카메라가 젊은이의 정면으로 회전할 때, 카메라는 정면의 4분의 3 지점에서 스크린 중앙의 젊은이를 클로즈업으로 비춘다. 다음 숏은 조금 더 정면인데 이것이 영화에서 그를 비추는 마지막 장면이다. 여기서 카메라는 더 다가서지 않고 뒤로 빠지며, 스크린 오른쪽 아래에 있는 그를 보여 주는데, 관습적인 방식과 달리, 스크린의 위쪽과 왼쪽은 비워 둔다. 그 빈 공간에는 꽃들이, 카이사르가 이베리아반도를 정벌할 무렵 자신을 위해 벌어들인 돈에 대해 은행가가 말할 때, 바람에 흔들리는 꽃들이 있다. 우리가 근접 숏을 기대한 대목에서 뒤로 물러서는 카메라는 젊은이가 은행가로부터 물러서 그 자신과 그 착취자들로부터 거리를 두고 있다는 인상을 준다. 바람에 흔들리는 꽃들은, 에이젠시테인 영화에 등장하는, 포위된 상트페테르부르크 겨울궁전에서 흔들리는 샹들리에, 즉 화염 아래 떨고 있는 특권을 상징하는 아름다운 묘사를 떠올리게 한다. 여기서는 젊은이의 조용한 분노의 불길을 의미한다고 볼 수 있다. 그러나 〈역사 수업〉에서 꽃들은 동요하는 아름다움의 보다 복합적인 이미지다. 갑부의 정원에서 꽃들이 특권과 유혹의 미를 상징한다면, 바람 속의 꽃들의 흔들림은 특권과 유혹에 대한 젊은이의 저항, 그리고 그의 단호한 표정에서 감지되는 거부의 몸짓을 상징한다. 그러나 꽃들은 지배계급에 속함으로써 아름다운 게 아니다.● 카메라가 꽃들의 아름다운 동요 주위를 선회할 때, 꽃들은 스스로 변화의 바람에 가담하고 발아하는 혁명의 아름다움을 상징하게 된다. 〈클로즈업〉에서의 꽃들의 아름다움과 마찬가지로 이것은 약속undertaking으로서의 아름다움이다.

영화의 끝 무렵에 우리는 젊은이가 자리에서 일어나 은행가를 쏠 것이라고 예상할 수도 있다. 은행가의 마지막 대사 직후에 터져 나오는 바

●　꽃들은 자연이다. 가꿔진 자연이지만 여전히 자연이다. 부자의 정원의 장식이지만 빈자의 시냇물처럼 모종의 에너지를 불러일으키는 장식이다. 젊은이의 마지막 숏에서 꽃들이 스크린의 잘못된 쪽에 등장하는 것처럼(그 때문에 더욱 주의를 끈다) 산의 시냇물은 농부의 마지막 숏에서 스크린의 잘못된 쪽에 등장한다.

흐 음악은 정말로 총소리 같다. 하지만 이 고대 로마인은 오래전에 죽었고, 이제 적은 오늘의 로마 거리에 도사리고 있는 그의 현대판 동료들에게서 찾아야 함을 우리는 알고 있다.

9장

다정함의 기표들

장뤽 고다르의 세 가지 모더니즘

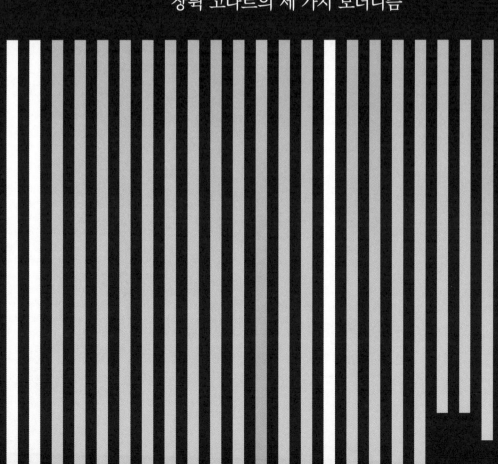

영화의 발명가는 뤼미에르라는 적절한 이름을 가졌다. 그 이름이 의미하는 대로 사진은 빛의 각인이다. 카메라가 피사체로부터 획득하고 자신의 화면에 보존하는 빛의 각인인 것이다. 빛으로부터 영화 이미지는 두 번 만들어진다. 빛은 카메라에 각인되고, 빛은 스크린에 이미지를 투사한다. 내 어린 시절, 극장에서 사람들은 담배를 피웠다. 공기 중의 담배 연기 덕에 우리는 어두운 영화관을 가로질러 스크린에 그림을 그려내는, 긴 유령 붓과도 같은 광선의 궤적을 볼 수 있었다. 뤼미에르의 최초 영화 카메라는 영사기로도 사용되었다. 빛이 그 안으로 들어갔고, 또 나왔던 것이다.

누벨바그 즉 1960년대 초에 정점에 이른 프랑스 영화의 '새로운 물결'의 빛은 특별했다. 그것은 흑백 필름 위에 새겨진 자연광의 빛이었고, 스크린 위에서 자연스러움과 인위성의 빼어난 조합을 빚어냈다. 기계 속으로 진입한 빛은 교정되지 않은 자연스러움을 지니고 있었고, 기계 밖으로 투사된 빛은 오인될 수 없는 인위성을 지니고 있었다. 자크 드미Jacques Demy의 눈부신 영화 〈롤라Lola〉(1961. 그의 첫 영화이며, 새로운 세대에게 기회가 열렸던 짧은 기간에 태어난 수많은 첫 영화들 중 하나로 이들이 누벨바그를 이뤘다)는 그 특별한 빛을 이 매혹스러운 매체 안으로 끌어들였다. 같은 카메라맨 라울 쿠타르Raoul Coutard가 촬영한 또 다른 첫 영화는 누벨바그의 전형으로 많은 이들의 기억에 남게 되는데, 바로 장뤽 고다르의 민첩하고 대담한 〈네 멋대로 해라À bout de souffle〉(1959)다. 〈롤라〉의 빛이 마술적이라면, 〈네 멋대로 해라〉의 빛은 실존적이다. 거기에는 그때 그 순간의 찬연한 빛이 위태롭게 살아 있었다.

고다르, 드미, 트뤼포, 자크 리베트Jacques Rivette, 로메르 그리고 아녜스 바르다Agnès Varda와 같은 누벨바그 감독들은 카메라를 들고 세계 속으로 뛰어들었으며, 거리에서뿐만 아니라 실제 방과 복도에서 영화를 찍었다. 자연광이야말로 실재하는 장소의 실재하는 빛, 대낮의 빛 혹은 램프의 빛, 밤거리의 빛이며, 여느 영화에서 관객이 감지하지 못하는 부가 조명에 의해 수정되지 않은 세계 자체의 빛이다. 〈네 멋대로 해라〉의 한 장면에서 부가 조명이 필요했을 때, 고다르는 장소를 사진가의 스튜디오로 설정함으로써, 스튜디오 조명이 거기 있음이 감춰지지 않도록 했다. 자연광은 누벨바그의 이미지에 다큐멘터리적 즉흥성의 외양을 부여했다. 당시의 한 강연에서 할리우드 몽타주 전문가이자 영화 이론가인 슬라브코 보르카피치Slavko Vorkapich는 그런 거친 다큐멘터리적 외양이 거리에서의 촬영에는 적합하지만 침실 장면에서는 명백히 부적합하다고 불만을 표했다. 보르카피치는 수사학적으로 질문했다. 뉴스릴 카메라가 침실에서 무엇을 하려 하는가? 자연광은 자연스럽고 즉흥적으로 보이지만 그와 동시에 카메라와 영화의 인위성을 상기시킨다는 것, 다시 말해 세상의 빛처럼 보이는 것이 실은 스크린에 이미지를 투사하는 영사기의 빛이라는 사실에 주의를 환기한다는 것이다.

부가 조명에 의해 교정되지 않은 세계의 빛은 종종 이미지를 과다 노출하거나 과소 노출하기 마련이다. 실생활에서 우리의 눈은 창문을 통해 스며드는 햇빛에 곧바로 적응하지만, 필름 위에서는 스튜디오 조명 혹은 반사광이 한낮의 햇빛과 실내의 어두운 빛 사이의 불일치를 보완하지 않는 한, 실외는 과다 노출되고 실내는 과소 노출된 상태로 각인된다. 이미지의 인위성에 주의를 환기하기 때문에 전통적 촬영에선 허용되지 않았던 이런 촬영 방식을 누벨바그 감독들은 허용했을 뿐 아니라 환대하고 과장했다. 거리에서뿐만 아니라 침실에서도 즉흥 연출의 생생한 삶 감각의 중핵을 이루는 〈네 멋대로 해라〉의 뉴스릴적 외양은 실은 비인위적인 즉흥 연출이 아니라 고다르와 쿠타르가 바로 그런 효과를 얻기 위해 계산된 분투의 효과다.

이것이 예술에서 아마추어적으로 간주되던 방식이 성공적인 스타일로 전화한 첫 번째 사례는 아니다. 인상파 화가들은 관습적인 마감 칠을 무시하고 대담한 밝은색과 꾸밈없는 거친 붓질을 사용함으로써 유사한 스타일을 창안했다. 양자는 모두 실재의 반짝임을 드러내고 자연광을 운용한다는 같은 목적을 추구하면서 자기 매체의 인위성에 대한 주의를 환기시켰고 자연스러움과 인위성의 종합에 이르렀다. 인상파는 항구성의 매체인 회화로 흐르는 찰나를 포착하려 했다. 누벨바그는 다른 곳의 세계(고다르와 스탠리 카벨 모두 말하듯), 이미 발생한 세계를 우리 눈앞에 펼쳐 놓는 영화라는 매체로 현재라는 순간, 지금 그리고 여기의 느낌을 포착하려 했다.

고다르 영화는 완결이 아닌 현재진행형의 인상을 준다. 그의 1966년 영화 〈남성, 여성*Masculin Féminin*〉에서 언명되듯, 발생 과정에 있는 세계, 만들어지고 있는 과정의 영화라는 느낌을 전하는 것이다. 고다르는, 대부분의 영화가 대부분의 소설처럼 지나간 일을 말하고 결말이 있는 반면, 자신은 완결되지 않은 현재를 말하려고 시도하며 따라서 자신은 소설가보다는 저널리스트에 가깝다고 말한다. 〈네 멋대로 해라〉 이후에 고다르는 훨씬 덜 알려졌지만 훨씬 더 훌륭한 〈작은 병정*Le Petit Soldat*〉(1960)을 만들었는데, 프랑스 정부가 개봉을 금지해 3년간 개봉이 미뤄진 이 영화는 그 순간을 살았던 생, 하지만 개인적이며 정치적 순간을 여전히 살고 있는 생에 관한 영화다.

〈작은 병정〉은 당시 프랑스의 뜨거운 정치적 이슈였던 알제리 전쟁의 긴급성을 하나의 이미지에 함축적으로 제시한다. 한 암살자가 혼잡하지만 아무도 그를 주목하지 않는 거리에서 타깃 뒤를 따라가면서 총을 겨눈 채 격발을 망설이며 걷고 있는 장면으로, 이는 정치적 폭력의 믿을 수 없는 일상성의 빼어난 이미지다. 고다르는 주인공이자 내레이터로, 즉 실제 삶의 공간에서 만들어진 이 스파이 스릴러의 의식의 중심을 이루는 인물로, 이 전쟁의 나쁜 쪽에 선 브루노 포레스티에를 의도적으로 선택한다. 이 완고한 젊은이는 아랍 세계와 그 동조자들에 맞선 프랑

〈작은 병정〉. 정치적 폭력.

스 우익을 위해 일하는 자이며, 애송이 확신범으로서의 실존적 영웅이다. 결코 호감이 가지 않지만 무시할 수도 없는 이 인물은 우리를 이야기 안으로 이끌지만 우리의 충심을 불러일으키지 않는다. 이 주인공이야말로 우리에게 질문을 남기고 이 문제적 상황에서 우리의 태도를 우리 스스로 찾도록 만드는 고다르의 방식이다. 〈작은 병정〉은 한쪽 편을 들지만(결말 무렵에 이 영화의 태도가 알제리 해방의 대의에 동조적임이 분명해진다), 관객을 어느 한편에 밀어 넣지 않는 희귀한 정치 영화다. 우익과 좌익 모두에 공격받은 이 영화는 누구의 편견에도 순응하지 않았고 모두를 불편하게 만들었다. 정치는 우리 시대의 비극이라고 영화 속 한 인물이 나폴레옹을 인용하며 말한다.

〈작은 병정〉은 고다르의 가장 뛰어난 정치 영화다. 고다르가 1968년 이후에야 정치적으로도 예술적으로도 성숙했다고 주장하는 사람들에게는(이들에겐 예술적으로 올바른 것과 정치적으로 올바른 것은 같은 것이다) 이 영화는 이단적일 것이다. 콜린 매케이브Colin MacCabe는 〈스크린Screen〉에 쓴 글에서, 고다르는 〈그녀에 대해 알고 있는 두세 가지 것들2 ou 3 choses que je sais d'elle〉을 만든 1966년 즈음에도 "여전히 미학적 태도를 관객에게 제시"했으며, "예술 영화와 정치 영화 사이에서 망설이고 있었다"[265]라고 썼다. 매케이브는 그가 나중에 '68 클래스'라고 부른 견해, 즉 즐거움은 지식을 위해 포기되어야 하며 예술은 정치를 위해 포기되어야 한다는 견해를 대변한다. 하지만 이 견해에 따른다면 예술에 신경 쓸 필요가 있을까? 실제로 1968년 이후 수년 동안 고다르는 예술에 신경 쓰지 않고 계속 영화를 만들었으며, 예술에 신경 쓰지 않는 것이 전투적인 정치학으로 가는 길이라고 믿는 사람들을 위해 만들었다. 무엇보다 〈작은 병정〉의 주인공은 탐미주의자다. 그의 미적 지향이 우익 정치학과 연관되어 있다 해도, 그를 각성시켜 자신의 정치적 지향의 오류를 깨닫게 만드는 것은 그의 미적 감각이다. 고다르 영화에 처음 등장해 알제리 해방을 위해 일하는 여성을 연기하는 안나 카리나의 아찔한 아름다움이 그를 깨운 것이다. 아름다움이 진실이라는 말은 진실이 아니다. 하지만 매케이브 같은 부류들

● "〈역사 수업〉이 어떤 관객을 대상으로 만들어졌는지 이해하기란 불가능하다"라고 매케이브는 같은 글에서 이렇게 쓰며 덧붙인다. "〈역사 수업〉을 이해하기 위해선 브레히트의 소설과 로마의 역사를 영화와는 별도로 알고 있어야 한다"(51~52). 내가 〈역사 수업〉을 처음 봤을 때, 나는 브레히트 소설에 대해선 들어본 적도 없었다(나는 아직도 읽지 못했는데, 영화에 인용된 구절 외에는 번역이 되어 있지 않기 때문이다). 또한 내가 로마 역사에 대해 아는 것은 고등학교 때 배웠던 게 전부였다. 하지만 내 주변 관객들이 중간에 일어나 나가는 와중에도, 나는 그 영화에 사로잡혔다(이것은 1973년 뉴욕영화제에서 있었던 일이다). 물론 나는 이 영화의 전부를 이해하진 못했지만 매혹될 정도로는 충분히 이해했다. 〈역사 수업〉이 어떤 관객을 위해 만들어졌는지 명확하지 않다는 것은 일종의 정치적 진술처럼 들린다. 지금에 와서 뒤늦게 매케이브의 글을 논박하는 것은 의미 없는 일이겠지만 이 글이 당시의 흥미로운 기록임은 분명하다. 한 가지만 말하면, 이 글에서 '정치적으로 올바른'이라는 표현은 평면적이고 아이러니 없이 사용되었다.

〈작은 병정〉에서의 안나 카리나: 아름다움의 사진화, 진실에 대한 말, 1초에 24번.

이 말하는 것처럼 아름다움이 진실의 적이라는 말도 진실이 아니다.

〈네 멋대로 해라〉에서부터 1968년 전까지 숨 가쁘게 영화를 만들어 낸 그 고다르는 누벨바그의 가장 유희적이면서 가장 진지한 감독이었고, 가장 혁신적이면서 가장 지속해서 작업한 감독이었다. 그는 다른 누구보다 더 오래 그리고 더 깊이 컨벤션에 도전했고 기꺼이 위험을 짊어졌으며, 맹렬한 탐구의 정신을 버리지 않았다. 1960년대의 으뜸가는 예술가이고 당대의 기질이라고 부를 만한 것을 빚어낸 그는 1960년대 내내 매우 논쟁적인 인물이었고, 누군가에겐 찬미의 다른 이들에겐 비난의 대상이었다. 그 연대 내내 그는 사람들을 불편하게 만들었다. 연극 연출가이자 영화감독인 피터 브룩Peter Brook은 고다르의 중요성은, 그가 카메라의 유동성이 아닌 사유의 유동성을 영화에 제공한 것이라고 말했다.

> 고다르는 영화를 그 자신의 일관성으로부터 해방시킨다. 당신은 어느 순간 한 술집에서 세 사람이 담긴 사진 하나를 보고 있다. 그런 다음 당신은 사진에서 반쯤 비켜나고, 그런 다음 4분의 3쯤 비켜난다. 그런 다음 당신은 그것을 한 편의 영화로 보고 있다. 그런 다음 이것이 한 영화감독에 의해 만들어진 무언가라고 알게 된다. 그런 다음 당신은 이것이 배우들에 의해 만들어진 것임을 상기하게 된다. 그런 다음 당신은 곧바로 다시 그것을 믿도록 만들어진다. 이것이 당신이 셰익스피어에서 본 변화하는 관계다.[266]

파리는 고다르의 1965년 영화에서 '알파빌'로 등장한다. 알파빌은 전체주의적 미래 세계의 수도이지만, 우리가 스크린에서 보는 그 도시는 오늘의 파리 그대로다. 파리가 있는 그대로 알파빌이라는 배역을 맡듯, 고다르의 배우들은 있는 그대로 자신의 배역을 맡는다. 알파빌과 마찬가지로 고다르의 캐릭터들은 우리의 불신을 유예할 필요가 없는 노골적 허구다. 파리와 마찬가지로 그의 배우들 역시 허구의 존재지만 단순한 허구와는 다른 존재로, 스크린에서 그들 자신의 리얼리티의 특질을 발휘한다. 고다르는 파리가 알파빌이 아니고 배우들이 그 캐릭터들이 아님을 우리에게 인지시키지만, 동시에 그는 우리가 파리 속에서 알파빌을, 배우들 속에서 캐릭터들을 인식하기를 요청한다. 달리 말해 장소와 배우의 현전하는 리얼리티 안에서 노골적 허구를 바라보기를 요청한다. 파리는 어떤 위장 없이 알파빌 노릇을 하는데, 비인간화되고 컴퓨터가 지배하는 미래의 구현으로 보이기 위해 어떤 것도 필요하지 않다고 고다르는 암시한다. 어떤 의미에서 알파빌은 파리다. SF가 그려내는 미래의 대부분은 우리의 현재에 이미 존재하기 때문이다. 마찬가지 의미에서, 고다르의 캐릭터들은 그의 배우들이다. 그들의 핍진성 없는 배역에 그들 자신의 특징이 기록되기 때문이다.

브레히트와 마찬가지로 고다르는 배우와 캐릭터를 노골적으로 분리한다. 브레히트의 '소격 효과'는 흔히 관객에게 미치는 효과로 거론된다. 관객의 드라마에의 몰입 및 캐릭터들과의 동일시로부터 거리를 마련한다는 것이다. 하지만 그것은 무엇보다 관객 이전에 드라마와 퍼포먼스에 작용하는 효과다. 퍼포먼스가 드라마로부터 거리를 두게 하고, 배우가 자신이 연기하는 배역과의 동일시로부터 거리를 두게 하는 것이다. 롤랑 바르트가 말했듯, 브레히트의 연극은 '기표의 연극'이다. 자신의 재현 수단들(대사, 배우, 무대, 의상, 조명, 음악 등)을 전경화하고, 그들이 기호들로서 작동하고 있음을 노정하며, 그들이 드라마의 구성 요소가 아니라 드라마에 대한 자기 지시로 보이도록 하는 연극이라는 의미다. 브레히트 자신이 지적했듯, 그의 연극은 드라마와 결별하고 '서사시'가 된다. 그가 말하는 서사시는 '내러티브' 연극을 뜻하며, 이것은 드라마를 상연하는 것이 아니라 퍼포먼스를 통해 자신에 대해 말하는 연극이다. 그러면서 이 연극이 이 대사들과 이 배우들과 이 무대라는 수단에 의해 그리고 캐릭터와 연기를 통해 제시되는, 많은 가능한 서술 중 하나의 서술일 뿐임을 노정하는 연극이다. 아리스토텔레스는 서사시와 비극, 내러티브와 드라마, 무언가에 대해 말하는 매체와 관객 앞에서 그것을 상연하는 매체를 확연하게 구분했다. 브레히트는 아리스토텔레스를 비판하며, 상연을 말하기의 매체로 만들어 냈다.

소격 효과는 몰입을 억제하긴 하지만, 어느 정도 몰입과 연계되거나 상호 작용하지 않는다면 무의미하다. 브레히트에게 소격 효과는 대개 결합되기 마련인 몰입의 두 인력을 거스르며 작동한다. 드라마에의 몰입과 라이브 퍼포먼스에의 몰입이 그것이다. 드라마의 허구와 라이브 퍼포먼스의 리얼리티라는, 연극 매체에 내재한 두 가지 속성의 구분을 작업의 소재로 삼아, 브레히트는 그 구분을 두드러지게 만들고, 그것을 구조적 원칙으로 삼는다. 영화에서 라이브 퍼포먼스에 해당하는 것이 이미지와 사운드의 조직화된 재생산이다. 영화 관객은 카메라가 관찰한 외양에 몰입하게 되며, 스크린에 투사된 이미지인 그 외양은 허구와 리얼리티의 구분을 쉽게 허용하지 않는다. 언어적 서술에서 같은 단어들이 허구에 관해 말하기도 하고 리얼리티에 대해 말하기도 하는 것, 또는 같은 구절이 허구적 인물과 실제 상황을 함께 묘사하게 되는 것도 마찬가지 맥락이다. 이런 이유로 영화와 소설은 연극보다 더욱 리얼하다고 간주된다.

연극 무대는 컨벤션에 의해 만들어진, 그리고 눈앞의 퍼포먼스를 다른 세계의 재현으로 간주하는 관객의 동의에 의해 만들어진 실제 공간이다. 반면 스크린은 컨벤션에 의해 실재하는 것으로 보이도록 만들어진, 그리고 눈앞에 투사된 이미지를 세계의 이미지와 동등한 것으로 간주하는 관객의 동의에 의해 만들어진 허구의 공간이다. 영화가 그 동의에 충실한 한, 스크린 위의 배우들은, 이들이 실제가 아니라 빛과 그림자의 궤적에 불과하다 해도, 연극 무대 위에 현전하는 배우들보다 더욱 실제적이고 더욱 현재적인 존재로 보일 수 있다. 연극의 어떤 장치나 연기 양식도 영화의 클로즈업의 친밀성을 끌어낼 수 없다. 클로즈업은 관객에게 특별한 호소력을 지닌 허구적 친밀성이며 환영적 근접성이다. 거기에 없지만 거기에 있는 얼굴, 유령의 육체처럼 스크린을 채우는 형상인 것이다.

이 현전성이라는 환영, 달리 말해 스크린 위 형상의 강력한 환영 덕택에 영화배우는 연극배우에 비할 수 없을 만큼 깊이 자신이 연기하는 인물과의 동일시를 관객에게 이끌어 내기 마련이다. 영화 스타의 경우에는, 그가 연기하는 캐릭터는, 자신이 출연해 온 영화들의 개별 캐릭터들을 관류하는 어떤 항구적 존재와 동일시되기도 한다. 하나의 아이콘으로서의 그 배우는 어느 경우에나 '그레타 가르보'이거나 '존 웨인'이며, 그들이 연기하는 캐릭터는 부차적 존재가 되는 것처럼 보인다. 물론 그런 인상을 주는 것이 사실이지만, 이 스타들이 정확히 자기 자신을 연기하는 것은 아니다. 그들은 자신의 아이콘을 연기하며, 자기 자신과 카메라와 스크린의 복합체를 연기한다. 이 복합체는 광대한 영역은 아니라도 특정한 몇몇 캐릭터들의 영역을 포괄한다. 다른 부류의 영화 연기는 배우와 캐릭터를 동일시하도록 유도하고 그것에 의존한다. 에이젠시테인에 의해 실행된 '유형화typage' 방식이라는 것도 있다. 예컨대 짧지만 강렬한 클로즈업으로 포착된 놀람의 얼굴은 사회적 유형을 간결하게 성격화한다. 네오리얼리즘의 비전문 배우는 또 다른 방식에 속한다. 로마의 거리에서 발탁된 로마 노동자 혹은 시칠리아 마을에서 발탁된 시칠리아 어부는, 진정성의 아이콘으로서 영화 스타와는 상반된 존재로서 바로 그 자신을 연기한다는 인상 혹은 스크린에 그 자신으로 존재한다는 느낌을 전해 준다. 브레송의 영화에도 비전문 배우가 있다. 감정 표출이 거의 허용되지 않는 심각하고 우울한 연기자로서, 온전한 현전성과 완고한 모습으로 연기하며, 그의 내면은 스크린에서 암시될 뿐이다. 영화는 외양의 예술이고, 사람 및 사물의 얼굴의 예술이며, 스크린 표면에 전시되는 표면의 예술이다. 일반적으로 영화 연기에서 배우의 외양, 달리 말해 그가 연기하는 개인적 특질의 표면이 캐릭터의 정체성을 정립한다. 캐릭터의 기표로서의 외양이 영화 관객에게, 얼굴과 음성과 어떤 특질을 제공하는 배우와 그가 연기하는 캐릭터와의 동일시를 유도한다.

우리가 좋아하는 연기자들을 보러 영화관에 가는 것은 사실이지만, 정확히 말하면 우리는 그들의 '연기'를 보기 위해서라기보다 '그들'을 보기 위해서, 달리 말해 스크린에서 우리가 보고 있는 것이 실제 그들이라는 그럴듯한 환영 때문에 간다. 한 편의 영화가 우리에게 영화의 퍼포먼스의 실제 상황(카메라, 기술 스태프, 대개 짧고 종종 반복되는 테이크들)에 주목하게 만들 때, 그 퍼포먼스는 '소격 효과'를 발생시킨다. 홈 무비의 경우, 카메라가 명백한 배우 노릇playacting이 펼쳐지는 상황을 만들어 내고 기록한다는 사실을 우리가 알고 있기 때문에, 어떤 소격 효과도 발생하지 않는다. 그 배우 노릇은 우리가 아는 사람들의 일상적 리얼리티의 한 부분이기 때문이다. 이 경우에는 우리는 사람들의 연기가 아닌 사람들 자체에, 즉 그들이 카메라 앞에서 드러내는 모습에 흥미를 느낀다. 카메라를 위한 배우 노릇이라는 것을 대개 숨기는 픽션 영화는 카메라가 사람들에 대해 드러내는 것에서 유사한 몰입 효과를 창출한다. 우리는 배우와 그가 연기하는 캐릭터를 구분하지 않고 카메라가 드러내는 것 자체를 인간의 리얼리티로 지각하는 것이다. 고다르는 이렇게 말한다. "모든 영화는 배우의 다큐멘터리다." 이것은 홈 무비에 더욱 정확히 적용되는 말이다. 픽션 영화는 배우들의 다큐멘터리로부터 캐릭터들의 픽션을 구축한다. 그것은 카메라 앞에서 상연되는 픽션의 다큐멘터리다. 또한 캐릭터들의 다큐멘터리와 배우로 구현된 그 캐릭터들의 현신이 우리의 머릿속에서 통합되는 픽션이다.

관찰하거나 기록할 수 없고 오직 상연할 뿐인 연극과는 달리, 애니메이션이나 시각적 추상을 제외한 모든 영화에는 다큐멘터리가 개입한다. W. C. 필즈의 대담한 연극적 영화이며 얼어붙은 북극에 대한 냉소적인 모조 버전인 〈치명적인 맥주 한 잔〉(1933)에도 다큐멘터리가 담겨 있는데, 이 영화의 연극성이 지닌 풍자적 효과는 상당 부분 다큐멘터리적 가능성을 거스르는 대목들에서 기인한다. 다큐멘터리는 노골적인 SF 스파이 판타지인 〈알파빌*Alphaville*〉에서 중핵을 이룬다. 자신의 다큐멘터리적 측면과 파리 및 배우들의 리얼리티와의 불일치를 노골적으로 드러내는 판타지, 하지만 그 때문에 기묘하게도 더욱 리얼해진 리얼리티로 가득한 판타지인 것이다.

모든 영화가 픽션과 다큐멘터리를 결합한다면, 고다르 영화는 양자를 충돌시킨다. 〈네 멋대로 해라〉에서 이미 고다르는 통상의 방식으로 픽션과 다큐멘터리를 결합하는 게 아니라, 양자를 분리하고 불화하는 것, 상반된 방향으로 동시에 뻗어가는 것으로 다룬다. 〈네 멋대로 해라〉는 실제 로케이션으로 더 진짜 같아 보이는 갱스터 영화가 아니다. 이 갱스터 픽션은 엄격한 의미에서 패러디는 아니지만 많은 장면이 인용 부호를 통해 제시된다. 또한 이 영화가 지닌 실제적 느낌 즉 거칠고 즉흥적인 '여기 지금'의 외양은 이 영화를 역설적으로 덜 리얼하게 만든다. 이것은 할리우드의 판타지가 파리라는 공간에 이식되고 있는 장면을 뉴스릴 카메라가 포착하고 있는 것처럼 보이기도 한다. 〈네 멋대로 해라〉의 뉴스릴적 측면은 실존 그 자체로 정의될 수 있는 생의 감각을 즉흥 연출의 방식으로 제시하며, 이 영화는 실존주의적 진술로 해석되어 왔다. 하지만 이 영화의 판타지 측면은 실존주의에 대한 비판으로 작동한다. 주인공의 자기 규정적 즉흥성은 실은 할리우드의 터프가이, 즉 주인공의 실존에 앞선 허구의 인물을 모델로 삼고 있기 때문이다. 그렇다고 할리우드 실존주의에 대한 비판이라고 말할 수는 없다. 주인공이 험프리 보가트를 모델로 한 캐릭터여서든 아니면 이것이 뭔가 불확실한 픽션이어서든 간에 〈네 멋대로 해라〉는 실존적 주인공이 하나의 허구라는 사실을 알게 해 준다. 다큐멘터리와 픽션의 충돌을 통해 〈네 멋대로 해라〉는 픽션의 진정성뿐만 아니라 진정성의 픽션이라는 것과도 대면하도록 이끈다. 인물이 연기하는 픽션이 오히려 진정으로 그 인물다울 수 있을 때 그것을 픽션의 진정성이라 할 수 있다. 반면 진정성의 픽션은 인물이 행동을 통해 자신을 정의하면서 연기하는 픽션이다.

연극을 볼 때 무대에 너무 가깝게 앉아 있으면 우리는 만든 이들이 의도하지 않은 세부들을 보게 되기 마련이다. 반면 영화를 볼 때 우리가 목격하는 배우의 모든 것은 보이기 위해 거기 있는 것이다. 카메라는 인물 자체와 그 인물의 연기 사이의 경계를 알지 못한다. 고다르는 그 경계를 끌어내 보여 준다. 그는 배우의 리얼리티와 그들이 연기하는 캐릭터의 허구성을 동시에 강조함으로써, 캐릭터로부터 배우를 분리한다. 한편으로 그는 배우 자신의 특징들, 그들의 제스처와 말투와 행동 방식의 개성을 강조한다. 다른 한편, 고다르는 배우가 허구적인 인물을 연기하도록 함으로써, 우리의 불신을 작동시킨다. "나는 배우들에게 그들 자신이 되도록 요청한다"라고 고다르는 말하며 덧붙인다. "다만, 그들 자신의 것이 아닌 구조 속에서." 그가 자신의 배우들을 위해 고안한 구조는 배우들이 그들 자신이 되도록 고무함으로써, 카메라가 재생하는 리얼리티(《작은 병정》의 수다스러운 주인공이 말하는 "1초에 24번의 진실")와 노골적으로 과시되는 허구적 장치들 사이에 발생하는 균열의 다큐멘터리적 측면에, 자신들의 특징을 기록하도록 만든다.

배우와 캐릭터를 분리하는 것은, 양자의 융합이 영화와 연극에서 다른 양상으로 드러나듯, 매체에 따라 다른 과제가 요청된다. 양자를 단순히 분리하는 것은 매우 쉬운 일이다. 무능력이 그렇게 할 수 있는데, 미스 캐스팅, 서투른 연기와 연출이 그러할 것이다. 하지만 브레히트와 고다르처럼 소격과 몰입 사이의 정교한 상호 작용을 작동시키면서 양자를 분리하는 것은 전혀 다른 일이다. 연극은 퍼포먼스에 의한 재현이라는 토대 위에 구축되며 영화는 기록에 의한 재현이라는 토대 위에 구축된다.

연극의 첫 의미화 행위는 무대를 구획하고 표시하는 것, 다시 말해 퍼포
먼스의 지속을 위해 실제 세계와 분리된 별도의 영역을 설정하는 것이
다. 영화의 첫 의미화 행위는 카메라를 어떤 대상 혹은 기록될 외양의 한
조각을 향해 두는 것이다. 물론 많은 사전 작업이 요구되지만, 두 매체는
모두 가리킴pointing이라는 근본적 행위에서 출발한다. 무대를 퍼포먼스
의 영역으로 가리키는 것, 카메라로 세계 속의 기록될 무언가를 가리키
는 것. 브레히트와 고다르는 모두 기표와 기의의 분리, 즉 재현 및 표현의
수단과 재현되고 표현되는 것의 분리를 실행한다. 하지만 두 사람은 다른
방식으로 즉 각 매체의 속성을 거쳐 이를 수행한다. 브레히트가 퍼포먼
스와 드라마의 변증법을 추구한다면, 고다르는 다큐멘터리와 픽션의 변
증법을 추구한다.

다큐멘터리는 대개 사실 자체, 실제로 존재한 것들의 재현으로 간
주된다. 이런 일반적 용법으로서의 다큐멘터리는 사실을 재현하는 영화
이며 혹자는 논픽션 영화라고 부르길 좋아한다. 하지만 다큐멘터리 역
시 사진적 이미지의 형식으로 존재하고, 구성의 공정을 거치며 자신의
재현 수단에 의존한다. 사진적 이미지가 지닌 특유의 사실적 감각(우리가
알고 있는 사진적 이미지가 아닌 무언가 다른 이미지를 산출하는 컴퓨터 공정의 점증하는 사용
에 의해 점차 소멸해 가는 감각)은 재현되는 사물의 외양 그 자체가 직접 기입된
다는 점에서, 달리 말해 카메라가 그 사물들로부터 방사된 빛을 수용하
고 그 빛이 사진을 형성한다는 점에서 비롯된다. 다큐멘터리는 결과일
뿐 아니라 수단이며, 결과가 그 징표를 확연히 지닌 수단이다. 논픽션뿐
아니라 픽션 영화도 그 수단을 공유한다. 한 편의 영화가 재현하는 허구
의 세계 역시 실제 세계의 조각들로부터 구축되는 것이다.

픽션 영화에서의 다큐멘터리는, 사람에 관한 것이든 장소에 관한 것
이든, 픽션의 재현을 위한 수단으로 복무한다. 연극에서 퍼포먼스가 드
라마의 기표이듯, 픽션 영화에서 다큐멘터리는 픽션의 기표다. 서부극에

서 서부의 풍경은 허구의 과거를 표상한다. 옛 서부가 여전히 현존했던 1903년에도, 〈대열차 강도〉에서 뉴저지의 풍경은 허구의 서부로 등장했다. 당대의 파리 현지에서 촬영된 영화도 그와 다르지 않다. 픽션의 요청에 따라 선택된 실제 도시의 광경은 그 픽션의 세계를 표상하도록 만들어진다. 영화배우 역시 캐릭터의 퍼포먼스를 제공한다. 하지만 그 퍼포먼스를 통해 배우 자신의 특징 역시 그가 연기하는 배역에 드리워진다. 실제 파리와 SF의 알파빌을 분리하는 것과 마찬가지 방식으로, 고다르는 그 배우 혹은 그 인간의 다큐멘터리를 그가 연기하는 허구의 존재로부터 분리하는 것이다.

"얼굴을 찍는 것은 그 이면의 영혼을 찍는 것이다. 사진은 진실이다. 그리고 영화는 진실, 1초에 24번의 진실이다." 사진은 진실이라고 브루노는 말한다. 그는 아름다운 여인을 찍으면서 반쪽 진실의 말을 버릇처럼 읊조리는 인물이다. 〈작은 병정〉에서 그가 이런 대사를 말하면서 찍고 있는 인물은 안나 카리나 혹은 고다르의 아내가 된 뒤 카리나가 고다르 영화에서 맡은 첫 배역인 베로니카 레이크이며, 브루노는 사진 한 장을 찍는 짧은 시간에 이 여인에게 빠져든다. 아마도 고다르 역시 그랬을 것이라고 우리는 짐작할 수 있다. 카메라의 피사체로서의 안나 카리나, 고대 그리스의 유물과는 다른 의미의 미와 진실로서의 그 피사체를 두고 고다르는 1962년 영화 〈비브르 사 비Vivre sa vie〉에서 홀린 듯한 그러나 성찰적인 자기만의 에세이를 빚어냈다.

〈작은 병정〉에서처럼 〈비브르 사 비〉에서 고다르는 카리나의 초상을 그녀와 같은 덴마크 사람인 칼 드레이어 즉 영혼 특히나 여인의 영혼을 시현示現한 이 영화감독과, 주의 깊게 촬영된 얼굴을 통해 연결시킨다. 카리나가 맡은 나나라는 인물이 클로즈업으로 유명한 드레이어의

1928년 영화 〈잔 다르크의 수난〉을 보러 간 장면에서 〈비브르 사 비〉의 첫 클로즈업들이 등장한다. 고다르는 객석에 앉아 글썽이는 카리나의 얼굴과 드레이어의 숭고한 주인공 마리아 팔코네티의 눈물 어린 얼굴을 교차 편집한다. 하지만 집세가 밀려 몸을 파는 보통 여인 나나는 숭고한 삶을 살지 않으며, 경쟁하는 포주들의 총격전에 연루되는 상황에서 숭고한 죽음을 맞을 수도 없다. 그녀의 죽음 장면은 매우 인위적이다. 두 포주들은 서로를 겨냥하는 게 아니라 정확히 그녀를 겨냥한다. 거의 도식화된 이 장면은 개연성 있는 리얼리티가 아니라 하나의 컨셉트를 재현한다. 또한 이 장면은, 시각적으로도 돌발적인 자의적 비극의 정서적 효과라는 면에서도, 〈무방비 도시〉(1945)의 안나 마냐니가 거리에서 나치의 총격으로 쓰러지는 네오리얼리즘의 저 유명한 죽음 장면과도 공명한다. 드레이어 영화에 대한 언급 그리고 덜 확연하지만 로셀리니 영화에 대한 언급은 인위성 즉 영화에서 우는 여인을 묘사하는 픽션, 또한 영화에서 죽는 여인을 묘사하는 픽션의 인위성에 대한 수긍이며, 그런데도 우리를 깊이 감동시킬 수 있는 픽션의 힘에 대한 수긍이다. 나나로서의 카리나와 잔 다르크로서의 팔코네티 사이에서, 나나와 나치 희생자로서의 마냐니 사이에서 고다르는 유사성과 함께 아이러니한 대조를 제시한다. 유사성과 대조는 캐릭터들뿐 아니라 배우들 사이에서, 또한 표현된 내용뿐 아니라 표현의 형식 사이에서도 이뤄진다. 고다르는 나나의 비루하고 범상한 이야기를 여느 고결한 정념의 비극만큼 가치 있는 비극으로 제시하면서, 동시에 그 이야기의 전제들과 이야기하기 자체를, 그리고 정념의 유발이라는 문제를 질문에 부친다.

드레이어의 영화는 클로즈업의 정념이며, 상황을 초월해 고통받는 영혼의 정념이다. 로셀리니의 영화는 롱 숏의 정념이며, 불행한 상황에 포획된 개별자의 정념이다. 〈비브르 사 비〉의 시점視點은 클로즈업에서 롱 숏으로 이행한다. 고다르의 근본적인 대립 항은 다큐멘터리와 픽션이지만, 그의 영화들은 종종 클로즈업과 롱 숏, 돌발적인 커팅과 롱 테이크, 자연광과 인공조명, 즉흥적인 것과 조율된 것, 예기치 못한 것과 예상 가능한 것, 말과 그림, 소리와 영상을 충돌시킨다. 브레히트와 마찬가지로 고다르는 여느 영화에서 대개 융합되는 요소들을 분리해 불균질하게 병치함으로써 상호 소격 효과를 발생시키고 그 불협화음이 서로를 낯설게 만드는 것이다. 고다르는, '충돌collision'의 이론가이자 실천가인 에이젠시테인보다 더 복합적이고 더 과격하게, 상충과 불안정한 혼합, 돌발적 이행, 변증법적 불화의 교환을 조직한다.

〈비브르 사 비〉에 대한 고다르 자신의 홍보 문구에 따르면, 나나는 "몸은 주지만 영혼은 지킨다." 클리셰의 복합체인 나나는 순수한 영혼을 지닌 창녀이며, 〈네 멋대로 해라〉의 갱스터 벨몽도처럼 갖가지 인용부호를 거느리고 있다. 하지만 그녀는 어떤 진지한 의미에서, 경건성의 영화들의 클리셰를 넘어, 자신의 영혼을 즉 몸을 주는 행위와 자신의 불행한 상황을 초월하는 영혼을 지킨다는 것일까? 한 에피소드에서(이 영화는 브레히트의 방식과 유사하게 12개의 독립적인 에피소드로 나뉘어 있고, 이어질 내용을 예고하는 중간 제목이 달려 있다) 나나는, 때로 잊기도 하지만, 자신의 삶에 대한 온전한 책임이 자신에게 있다고 주장한다. "책임이 있어…… 그리고 자유로워." 하지만 그녀는 자신의 것이 아닌 주어진 대사를 진지하지만 어색한 미소로 전달하는 배우이기도 하다. 의도적으로 강조된 그러한 대사와 연기 방식 그리고 사실상 나나의 인생행로 전체에 책임을 진 감독이 이들을 클로즈업으로 보여 준다. 고다르와 찍은 영화들에서 카리나는 들뜬 아마추어다. 고다르는 카리나의 연기자로서의 서투름을 고스란히 드러내며, 이를 자신의 구조에 끌어들인다.

모든 허구는, 산포적이고 열린 결말의 허구라도, 근본적으로 결정론적이다. 캐릭터들이 자유로워 보일지라도 그들에게 일어난 모든 일은 그들의 창조자인 작가의 구상에 의해 정돈되고 배열된다. 디드로의 대담한 산포적 소설인 《운명론자 자크와 그의 주인Jacques le fataliste》은 작가의 구상이라는 사실 그 자체와 유희를 벌인다. 운명론자 자크는 모든 것이 "저기 위에서 쓰인" 신의 뜻에 따라 정해져 있다고 믿는다. 하지만 사실은 모든 것이 바로 여기에 쓰인 것이며, 독자는 자신이 손에 쥔 소설의 결말을 알기 위해 중간을 건너뛰고 읽을 수도 있다. 모더니즘 소설에서 이전 시대의 필연성이라는 것을 선택의 자의성이 대체한다고 말할 수 있다면, 그것은 근대 예술가들이 작가에게 부여된 것으로 여겨져 온 신과 같은 역할을 더 이상 상정할 수 없기 때문이다. 작가의 자의성 자체를 노정하는 모더니즘 픽션으로서의 〈비브르 사 비〉는 허구적 구축의 결정론을 반박하거나 고스란히 드러내면서 주인공의 책임과 자유라는 관념을 숙고한다. 이어질 내용을 예고하는 중간 제목들은, 윌리엄 펙터가 지적했듯이, 결정론을 강조하는 역할을 맡는다. "고다르에 동의하고 반대하며For and Against Godard"라는 에세이에서 펙터는, 나나를 진정으로 책임감 있고 자유로운 인물로 간주하는 수전 손택의 독법[267]에 반대한다. 또 〈비브르 사 비〉의 "주된 힘과 엄청난 통렬함"은 "주인공이 자기 자신을 파악하는 방식과 실제로 그녀에게 일어나는 일 사이의 모순"●에서 비롯된다고 그

● 펙터의 글은 이렇게 이어진다. "이 점은 누보로망이 그러한 것처럼 인물의 심리를 이해할 수 없고 이 모순이 해소되는 데 관여하는 사건이 부재하다는 점 때문에 더 강화된다." 펙터는 이 글에서 사람들이 고다르를 '브레히트주의자'라고 부르는 것에 의문을 제기한다. 그의 이런 지적은 적절하다. 〈남성, 여성〉에서 배우들은 카메라 쪽으로 얼굴을 돌리고 우리에게 말하기 시작할 때, 액션은 중단되고 우리의 흥미는 일시적으로 교란된다. 하지만 여기서 획득되는 지각은 주체가 자신을 직접 드러내는 시네마 베리테cinéma vérité적인 인터뷰라 할 수 있다. 또한 비평가들은 이런 방식으로 구현되는 예술과 삶의 패러독스에 매달리겠지만, 이 대목의 즉각적 효과는 캐릭터의 '리얼리티'에 대한 몰입의 강화다"(William S. Pechter, "For and Against Godard," in Twenty-four Times a Second [New York: Harper & Row, 1971], 245). 나도 동의한다. 이것은 사람들이 말하는 소격 효과라기보다는 몰입 효과다. 고다르가 브레히트와 매우 다르다는 펙터의 지적은 옳다. 그러나 고다르는 브레히트와 소격과 몰입의 상호 작용을 운용한다는 점을 공유한다. 물론 고다르는 소격과 몰입이 다른 장소에서 비롯되는 매체로 작업하긴 하지만 말이다.

는 주장한다. 하지만 주인공도 그녀에게 일어나는 일도 우리에게 리얼한 것으로 제시되지 않는다. 확신을 끌어내고 몰입을 유발하는 주된 요소는 배우 자신, 즉 카리나의 기록된 리얼리티다. 그녀는 주어진 역할을 수행하는 한 사람의 배우로서 자신의 육체를 카메라에 제공하지만, 픽션에 대한 책임은 없다. 그녀가 배역과 픽션으로부터 구분되는 존재로서의 자신을 유지하는 한, 그녀는 자신의 영혼을 지킨다.

〈비브르 사 비〉는 영화 만들기에 대한 영화, 픽션의 책략에 관한 영화, 픽션과 다큐멘터리에 관한 영화, 카리나를 향한 고다르의 매혹에 관한 영화다. 하지만 동시에 카리나라는 배우에게 온전히 흡수되지 않은 채 카리나와의 관계를 성찰케 하는 나나라는 창녀에 관한 영화이기도 하다. 〈그녀에 대해 알고 있는 두세 가지 것들〉에서와 마찬가지로 고다르는 여기서 매춘을 실재하는 직업으로(한 에피소드는 보이스오버 내레이션으로 실제 매춘에 관한 보고서 형식을 채용한다) 또한 우리의 모든 직업, 달리 말해 우리를 둘러싼 사회와 우리가 접속하는 모든 방책의 알레고리로 다룬다. 손택은 후자를 우리가 자신을 외적으로 공여하지만 내적으로는 자신을 지키는 불일치를 상징한다는 점에서 "급진적 은유"라고 부른다(이 영화는 미셸 드 몽테뉴Michel de Montaigne의 경구를 인용한다. "타인에게 당신을 대여하라. 그리고 당신 자신에게 당신을 제공하라"). 이 은유를 중첩하고 다층화하면서, 이 영화는 직업으로부터 또 다른 광범한 은유를 이끌어 낸다. 바로 연기라는 은유, 특히 영화에서 여성의 연기, 더 특별하게는 고다르를 위한 카리나의 연기에 관한 은유다. 연기와 매춘은 육체를 제공하는 직업이다. 달리 말해 자기 자신을 상품으로 제공하는 것, 타인의 기대에 맞춰 자신을 공여하는 직업이다. 양자는 모두 타인에게 우리 자신을 대여한다는, 우리 자신을 타인의 객체로 전환한다는 양상의 친숙한 은유를 빚어낸다. 우리는 모두 어느 정도까지 타인과의 거래에서 연기자이며, 직업적으로 매춘부와 유사한 점이 있다고 말할 수 있다. 사회가 요구하는 연기자와 매춘부가 되면서도 여전히 우리의 영혼을 지키며 여전히 책임감 있고 자유로운 것이 가능할까? 우리 중 누가 타인에게 우리의 외면을 공여하면서도 지속성 있고 심지어 활달한 내면을 지켜낼 수 있을까? 자신의 희생을 벗어나려던 순간에 죽음으로써 희생된 나나라는 매춘부에 관한 한, 대답은 부정적이다. 하지만 나나에 연루되어 있지만 또한 그로부터 분리된 카리나라는 여배우에 관한 한, 이 영화가 제시하는 대답은 잠정적이지만 분명히 긍정적이다.

　매춘하기 전에 나나는 절도를 시도하다 체포되어 경찰서로 넘겨진다. 거기서 나나가 경찰관의 냉혹한 심문을 마주할 때, 카리나는 카메라의 응시를 마주한다. 이 에피소드는 창문을 등진 그녀의 탈중심적 정면 숏으로 시작된다. 그녀의 얼굴은 그 바깥에 광원이 놓인 창문의 과다 노출된 빛 때문에 과소 노출된 희미한 이미지로 드러난다. 고다르는 늘 그래왔듯, 이 장면을 자연광 혹은 '거기 있는' 빛으로 찍지만 이것이 이 이미지에서 인위적 빛이 된다는 것을 우리에게 알려준다. 이 장면과 더 먼 거리의 두 정면 숏은, 모두 롱 숏으로 찍혔는데, 우리가 대낮의 빛 아래서 그녀의 얼굴의 굴곡을 들여다본다는 느낌을 전해 준다. 카메라가 연속적으로 근접해 가고, 탈중심적이던 프레이밍은 연속적으로 중심적으로 바뀌어 가면서, 또한 그녀의 얼굴이 이미지의 더 많은 부분을 차지하고 반면 창문은 더 작은 부분을 차지해 가면서, 내부가 더 선명하게 드러난다. 선명한 조명으로 찍힌 경찰의 두 정면 숏과 교차 편집되다가 극단적인 클로즈업에 도달하는 이 숏들은 지금까지 지속된 정면 시선이 최종적 대면에 이르는 과정을 구성한다. 수치감을 가져오는 것은 나나의 그리고 카리나의 (장폴 사르트르Jean-Paul Sartre가 《존재와 무L'Être et le néan》의 유명한 구절에서 표현했듯) 타인과의 대면 혹은 타인의 시선과의 대면이다. 나나에게 그 타인은 그녀에 관한 보고서를 타자기라는 기계로 작성하고 있는 경찰관으로 구현되며, 카리나에게 그 타인은 스크린에 그녀를 기록하고 있는 기계인 카메라로 구현된다. 카메라의 완강한 정면 응시 앞에서, 카리나는 때로 그 응시를 되받지만 대개 시선을 아래로 떨구거나 다른 곳을 보면서 자신을 지키려는 노력을 보여 준다. 법 앞에 노출된 캐릭터의 수치감은, 카메라의 근접 촬영에 자신을 노출한 연기자의 수치감과 상응한다.

픽션 영화의 컨벤션 중 하나는 배우가 자신을 찍고 있는 카메라를 모르는 것처럼 가장하는 것이다. 같은 관습이 관객에게도 작용하는데, 관객은 카메라의 현존을 의식하지 않고 화면에 등장하는 인물의 삶을 실제와 거의 같은 것으로 수용하는 것이다. 클로즈업의 드라마적 사용을 선도했던 바이오그래프 영화들에서 D. W. 그리피스는 머지않아 클로즈업의 가장 위대한 대상이 될 인간의 얼굴을 찍을 때 클로즈업을 거의 사용하지 않았다. 1910년 혹은 1911년 무렵, 영화에서 사물의 클로즈업은 드물지 않았다. 하지만 클로즈업의 특권적 피사체라고 짐작되는 얼굴의 클로즈업은 실제로 거의 없었다. 왜 영화 테크닉의 창시자들이 얼굴 앞에선 물러섰을까? 추측건대, 그리피스는 그토록 사적인 영역에 근접하는 것은 프라이버시 침범이라고 여겼을 것임이 분명하다. 나중에 그가 릴리언 기시의 얼굴에 카메라를 근접시켰을 때, 아마도 당대의 가장 아름다운 피사체의 클로즈업을 만들어 냈다. 클로즈업은 일반적으로 근접 자체를 당연시하는 반면, 그리피스의 클로즈업은 근접을 진정으로 훌륭한 것, 특권적인 대상, 진정한 친밀성의 제스처로 다루는 것이다. 그가 〈동쪽 저 멀리Way Down East〉를 만든 1920년 무렵, 얼굴 클로즈업은 영화에서 흔한 것이었고, 이미 당연시되고 있었다. 하지만 그리피스 영화에서 카메라는 릴리언 기시의 얼굴을 첫사랑에 대한 경외와 다정함을 지니고 바라본다. 어떤 이에게 그것은 혁신의 창시자가 자신의 테크닉 앞에서 흔들린다는, 일종의 결함으로 비칠 것이다. 그의 클로즈업들은 다른 숏들과 시각적으로 어울리지 않고 이미 이 시기에 관습화된 유연한 연속성을 벗어나 있기 때문이다. 하지만 내 판단으로는 이것이야말로 그가 추구한 것이다.

오페라에서의 아리아와 마찬가지로, 다른 것들로부터 분리되어 돌출한 클로즈업 말이다. 내 생각에, 그것은 그리피스가 여전히 얼굴의 프라이버시를 침범하는 일을 꺼렸기 때문이며, 그처럼 한 여인에게 근접하는 것은 연인의 특권이라고 여겼기 때문이다. 그리피스는 릴리언 기시의 클로즈업에 독창적인 떨림의 서정lyricism을 부여한 것이다.

드레이어를 직접 인용하긴 하지만, 고다르의 카리나 클로즈업은 그리피스를 더 많이 연상시킨다. 드레이어의 팔코네티 클로즈업은 관능 없는 영성의 클로즈업이며, 거기에는 무언가 무자비한 심문의 눈길이 있다. 드레이어의 카메라는, 심판관 맞은편의 잔 다르크 곁에 있긴 하지만, 심판관의 완고한 권위적 자세와 유사한 태도로 그녀를 바라본다. 물론 동시에 공감과 연민을 표하는데, 수난을 겪는 그녀의 벌거벗은 얼굴에 집요하게 다가섬으로써, 그리고 고통을 통한 그녀의 내적인 승리가 빛나게 함으로써 그렇게 한다. 드레이어의 카메라의 집요한 근접성은 획득된 친밀성이라기보다는 일종의 부과imposition이며, 사랑의 특권이 아닌 힘의 특권이라고 말할 수 있다. 감독은 항상 연기자에 대해 힘과 권위를 갖고 있으며, 힘과 권위는 클로즈업을 통해 즉 카메라가 얼굴의 시각적 소유권을 행사함으로써 가장 확연히 드러난다. 경찰서 에피소드에서 고다르는, 유비되는 카메라와 경찰관 양자를 모두 타인에게 수치를 안겨주는 자리에 놓음으로써, 자신의 힘과 권위의 행사를 인지한다. 하지만 동시에 고다르는 배우가 마음을 움직이는 자신의 인간적 힘과 한 개인으로서의 자신의 권위로 카메라의 시선에 응답하도록 용인하며, 배우의 자아는 가시화한다. 이 상호적 힘이 행사되도록 용인하는 것은 사랑을 부여하는 일이며, 다소 감상적인 표현이 양해된다면, 사랑의 힘을 보여 주는 일이다.

누구도 그리피스가 보여 준 기시의 클로즈업의 순수성을 다시 포착할 수 없다. 성적인 순수성이 아니라 기술적 순수성의 면에서 그러하다. 그 기술에는 카메라의 사랑의 언어를 처음 체득하고 놀랍도록 능숙하게 구사하게 된 자의 흥분이 담겨 있다. 고다르는 지나치게 익숙해진 하나의 언어를 다시 체득하고, 오랫동안 제대로 탐사되지 못한 채 무감하게 사용되어온 다정함의 기표들에 신선한 의미와 갱신된 감화력을 부여하려 시도하면서, 우리에게 자신의 감상적 표현을 양해해 주기를 요청하고 있다. 〈미치광이 피에로Pierrot le fou〉(1965)의 바닷가 장면에서, 카리나와 벨몽도 커플이 다정하게 포옹할 때, 고다르는 '데이 포 나이트'라는 관습화된 기법을 사용해, 낭만적 분위기를 빚어낸다. 데이 포 나이트는 낮에 촬영하지만 특정한 필터를 사용해 부드럽고 은은한 빛이 감도는 밤처럼 보이게 만드는 기법이다. 하지만 고다르는 이 기법을 발가벗긴다. 필터를 사용해 태양이 달이 되는 과정을 대담하게 보여 줌으로써 이 낭만적 장면이 자신의 조작임을 노정하는 것이다. 다른 한편, 고다르는 부드러운 인위적 밤이라는 컨벤션에 비상한 아름다움을 부여함으로써 그것을 구원한다. 그 오래된 컨벤션은 마치 이 장면을 위해 새롭게 재발명된 것처럼 보인다. 다정함은 손쉬운 필터로 혹은 그것이 빚어낸 즐거운 순간들로 얻어지는 것이 아니며, 비록 그것이 환영적이라고 해도 하나의 염원으로 보존되어야 하는 위태롭고 소중한 것이다. 고다르는 그렇게 말하려는 것 같다.

그리피스 시대에 등장해 그가 자기만의 방식으로 사용한 컨벤션인 클로즈업은 고다르 시대에선 '데이 포 나이트' 및 여타 컨벤션들과 마찬가지로 이미 정착된 지 오래여서, 고다르는 그 컨벤션을 갱신해 자신의 목적에 맞게 탈바꿈할 필요가 있다고 느꼈다. 카리나의 클로즈업들은 그녀에게 카메라의 근접을 모르는 척하거나 관객에게 카메라의 근접 권한을 수용하도록 요청하지 않는다. 대상을 소유하면서도 경외하는 카메라, 그리고 얼굴을 내주면서도 자신의 인격을 지키는 배우 사이의 상호 작용을 제시함으로써 그 클로즈업들은 친밀감을 얻고 다정함을 획득한다.

홈 무비에서 카메라를 정직하게 의식하는, 달리 말해 카메라의 응시에 대한 자의식을 지닌 연기자는 카메라의 통상적 운용에 도전하거나 그것을 교란하지 않을 것이다. 고다르의 다른 1960년대 영화와 마찬가지로 〈비브르 사 비〉에는 홈 무비와 비슷한 무언가가 있다. 그 영화를 만든 사람의 아내를 찬미하는 영화, 그녀에게 반쯤은 유명 여배우들과 같은 느낌을 끌어내며 배우 노릇의 기회를 제공하는 영화, 그녀를 위한 사적인 송가이자 매혹된 만큼이나 매혹적으로 만들어진 송가. 하지만 고다르는 어떤 일관된 양식이나 무드를 견지하지 않는다. 또 다른 부류의 영화로서의 매춘에 관한 드라마적인 픽션이 사적인 송가와 얽힘으로써 우리를 교란하며 그 스스로 교란된다. 사적인 송가의 서정이 매춘부 이야기의 파토스와 충돌하는 것이다. 카리나를 위한 송가와 나나의 이야기는 서로에게 소격 효과를 발생시킨다. 각자는 다른 편이 빚어내는 정서를 훼손하는 것이다. 이 송가는 이 음울한 이야기가 다가설 가능성을 열어둔다. 반면 이야기는 달콤한 송가가 외면하려 하는 난관을 불러들인다. 요컨대 그것은 사랑과 자유의 가능성이며, 또한 힘과 위압적 환경의 난관이다. 영화의 끝 무렵, 고다르는 송가와 이야기와 그 외 모든 것을 비유적이고 우의적으로 받아들이도록 요청한다. 서정은 승리를 축복하고, 파토스는 자신을 지키려 한 영혼의 패배, 현신을 얻으려 한 다정함의 패배, 필연성의 대지 위에서 실현을 꿈꾸던 자유의 패배를 한탄한다. 추상적 언어가 아니라 예술의 구체성을 거쳐, 즉 자신의 수단들을 성찰하며 그 수단들에 지각이 새겨진 예술의 구체성을 통해, 〈비브르 사 비〉는 고도의 냉정함으로 광범한 문제들을 제기한다.

배우가 스크린 위에서 자기 자신을 유지하는 몇 가지 다른 방법이 있다. 개인적 특징의 차이를 논외로 한다면, 그들이 표명하는 현존 방식 즉 그들이 취하는 스타일에서 차이가 있다. 그것은 연기의 스타일이 아니라 자기다움selfhood의 스타일의 차이다. 그레타 가르보와 존 웨인이 한 영화에 등장하는 것을 상상하기 어렵다면, 그것은 그들이 실생활에서 어울리기 힘든 사람들이어서가 아니라, 그들의 스타로서의 그들의 현존이 상이한 영화 세계를 구성하기 때문이다. 영화배우들은 대작영화, B급 영화, 다양한 장르 영화에 출연한다. 에이젠시테인, 네오리얼리스트, 브레송, 홈 무비의 연기자처럼 비전문 배우일 수도 있다. 〈비브르 사 비〉는 거의 카리나의 1인극, 혹은 배우와 카메라의 2인극이라고 말할 수 있다. 고다르가 이듬해 만든 〈경멸Le mépris〉에는 서로 어울리지 않을 법한 연기자들이 뒤섞여 있다. 프랑스의 섹스 아이콘인 브리지트 바르도, 훌륭한 배우지만 스타는 아닌 미셸 피콜리, 미국에서 건너와 미국 영화 프로듀서 역할을 맡은 중후한 배우 잭 팰런스, 그리고 〈엠M〉을 만들었고 나치를 피해 미국으로 탈주한 저명한 감독이며 여기서 자기 자신을 연기하는 프리츠 랑 등이 그들이다. 이 모든 연기자는 〈경멸〉에서 '그들 자신'이다. 하지만 자기다움의 스타일은 모두 제각각인데, 프리츠 랑은 잭 팰런스가 제작하는 영화를 연출하려 하지만 그의 간섭에 직면한다. 미셸 피콜리는 브리지트 바르도와 결혼했지만 평범한 남자와 섹시한 영화 스타 커플이 겪을 법한 갈등을 거치고 있다.

〈비브르 사 비〉 때도 이미 영화 스타였지만 3년 뒤인 〈알파빌〉과 〈미치광이 피에로〉 때 안나 카리나의 명성은 더 높아졌다. 하지만 보통의 영화 스타와는 달랐다. 예컨대 안토니오니의 네 작품에 출연하면서 스타가 된 모니카 비티의 경우와는 다른 것이었다. 카리나는 배역에 스타의 자아를 그대로 보존한다는 역설적 조합을 통해, 열성적 아마추어의 태도를 유지했다. 홈 무비 연기자와 스크린 여신의 교차점으로서의 그녀는 한 사람의 스타이면서 동시에 그 존재 자체가 스타덤에 대한 비평이기도 했다. 〈알파빌〉에서 그녀의 어울리지 않는 짝은 레미 코숑 역의 B급 영화 전문 배우 에디 콘스탄틴인데, 그가 맡은 비밀 요원은 이 미국 배우가 일련의 프랑스 스릴러 영화에서 맡아온 그의 단골 배역이다. 카리나는 미래 도시 알파빌의 유폐된 공주로, 폰 브라운으로 알려진 이 도시의 지배자 노스페라투 교수의 딸이다. 누에바 요크에서 태어났지만 아버지가 알파빌로 데리고 온 그녀는 자신의 과거를 거의 기억하지 못하는데, 이 도시에서 과거라는 단어는 책보다 더 금지된 불법적 단어다. 그녀가 가장 좋아하는 단어 중 하나였던 '다정함' 역시 금지어다. '다정함'과 '양심'은, 딕 트레이시와 플래시 고든처럼 알파빌에서의 미션 수행에 실패한 요원 앙리 딕슨이 숨을 거두며 말한 단어들이다. 영화에서 비밀 요원이 흔히 그러하듯, 레미 코숑은 알파빌에 맞서 미션 수행에 성공하고 공주를 구출한다. 포커페이스에 다분히 만화적인 이 터프가이가 공주를 일깨워 알파빌이 억압한 휴머니티를 회복하게 한다는 액션이 엉성하고 거칠게 전개된다. "무엇이 어둠을 빛으로 바꾸는가?"라는 심문 중인 마스터 컴퓨터 알파60의 질문에 레미 코숑은 대답한다. "시."

스타의 자기다움을 보존하는 카리나는 영혼의 표상이고, 다정함의 기표이며, 억압될 수 없는 아름다움과 휴머니티의 구체적 현현이다. 물론 레미 코숑이 그녀에게서 이런 자질을 이끌어 내는 사람은 아니다. 하지만 그녀가 알파빌에 맞서는 자신의 무기가 되자, 그는 의도적으로 엉성한 알레고리의 비밀 요원에서 시의 비밀 요원이라는 더욱 알레고리적인 존재가 된다. 붕괴하는 알파빌의 탈출로를 찾던 코숑은 그녀에게 말한다. "사랑이라는 단어를 생각해 봐요." 그러자 그녀는 지체 없이 정확한 방향을 찾아낸다. '사랑'이라는 단어, '다정함'이라는 단어, 그리고 '양심conscience'(프랑스어에서는 '의식consciousness'이란 뜻도 있다). 이들은 단어이고 기표이지만 기의는 아님을 고다르는 강조한다. 우리 마음에 상기되며 찾던 방향을 가리키는 이정표이지만 실제적인 획득물과는 등치될 수 없는 기표인 것이다.

바르트는 브레히트의 연극을 "기표의 연극"이라고 불렀다. 기호 작용의 과정이 마무리되고 의미가 정돈되는 기의의 결말에 도달하는 연극이 아니라, 기호 작용의 과정을 통해 기표들의 활동으로 우리를 이끌기 때문이다. 달리 말하면 의미를 향해 움직이지만 "의미를 유예시켜 질문으로 제기하는"[268] 연극이며 그 유예는 브레히트의 연극에서 재현된, '아직 아닌the not-yet'이라는 특별한 자질의 역사적 시간에서 우리가 조우하는 유예다. 고다르의 영화 역시 기표의 영화라 부를 수 있을 것이며, 그것은 제시되는 기표와 유예되는 기의('아직 아닌' 시간을 환기하며, 도착한 것이 '아직 아닌' 기의) 사이의 열린 틈을 남긴다.

〈미치광이 피에로〉의 데이 포 나이트는 〈알파빌〉에서의 그 단어들처럼 공표된 기표로서 다정함을 의미한다. 하지만 우리는 이를 리얼한 것으로 받아들일 수도, 그렇다고 가짜로 치부해 버릴 수도 없다. 실제적인 면에서는 거짓이지만 염원의 면에서는 리얼한, '아직 아닌' 다정함이다. 〈알파빌〉을 곤경에 처한 아름다움에 관한 그리고 비인간화로부터의 탈출에 관한 알레고리라 부를 수 있다면, 〈미치광이 피에로〉를 다정함의 알레고리라고 부를 수 있을 것이다. 알레고리는 문자 그대로의 층위와 비유적 층위를 분리하는 전통적 양식이다. 전통적 알레고리에서 의미는 비유적 층위에 담기지만, 고다르와 브레히트의 알레고리에서 의미는 열려 있으며, 암시되지만 확정되지 않는, '아직 아닌' 의미다. 〈알파빌〉에서 레미 코숑은 행동의 기표이지만, 비인간화의 조직화된 세력에 맞설 만한 행동의 적절한 수행자로는 전혀 보이지 않는다. 그런 행동이 절실히 요구되지만(레미 코숑은 그 요구를 대변하며, 원시적인 판타지의 방식으로만 요구를 충족시킨다), 그 행동은 아직 수행될 수 없을 뿐만 아니라 아직 적절히 표현될 수도 없다고 고다르는 암시한다.

한 편의 영화에서 어둠을 빛으로 전화하는 것은 영사기다. 〈알파빌〉은 검은 배경 화면 위에서 우리를 향해 간헐적으로 반짝이며 우리의 주의를 영사기의 광원으로 이끄는 둥근 빛의 클로즈업으로 시작된다. 언제나처럼 영화관에서 배우들을 존재하게 하고 그들이 사는 세계

〈알파빌〉. 도착하는 레미 코숑.

로 이끄는 이 영사기의 빛은, 여기서는 스크린으로부터 관객을 향해 투사된다. 〈알파빌〉의 빛은 우리에게 익숙하지 않은 어떤 패턴 혹은 코드에 따라 점멸한다. 이것은 모종의 의미 작용을 수행하는 빛이지만 그 빛이 전달하는 메시지는 즉각적으로 읽을 수 있는 것은 아니다. 사운드트랙으로 우리는 간헐적인 스릴러 음악을 듣고 픽션과 리얼리티에 관해 말하는 기묘한 내레이션의 목소리를 듣는다. 그 목소리는 우리가 처음 생각한 것처럼 작가의 목소리가 아니라, 알파60이라는 컴퓨터의 목소리임을 나중에 알게 된다. 이 영화에 등장하는 기계 사회의 구성 요소와 그것이 소리와 광경을 만들어 내는 방식을 노정하면서, 고다르는 이 영화의 작가와 이 픽션이 악당으로 제시하는 전제적 기계 사이의 연관을 암시한다. 그다음 내레이션은 알파빌에 도착한 레미 코숑의 목소리다. 우리에게 익숙한 장치인 주인공의 내레이션은 컴퓨터의 내레이션과 영화 내내 교차된다. 0과 1이 교차되는 디지털 컴퓨터와 마찬가지로 〈알파빌〉은 교차의 구축물이다.

자신이 붙인 담뱃불로 윤곽이 드러나는 레미 코숑의 얼굴은 어둠으로부터 등장하며, 다시 어둠으로 돌아가기 전의 짧은 순간, 미국 토양에 이식된 독일 표현주의의 분파인 필름 느와르의 터프가이를 전형적으로 보여 준다. 강한 흑백 대조의 흑백 영화인 〈알파빌〉은 조너선 로즌바움이 지적했듯이, 표현주의에 대한 비평이다.[269] 불안한 그림자와 불길한 기운을 불러들인 다음, 그것을 떨쳐내는 게 아니라, 이 두려움의 기표들이 운명이 아니라 영사기를 통과한 필름 조각에 새겨진 것일 뿐이라고 언명하는 것이다. 갖가지 번쩍임과 깜빡이는 불빛은 〈알파빌〉의 곳곳에서 맥동하며, 움직이는 이미지를 물질화하는 영사기의 민첩한 빛의 명멸을 상기시킨다. 빛과 어둠의 효과는, 전통적인 표현주의라면 칼리가리의 스튜디오에서 만들어 냈겠지만, 여기서는 영사된 이미지 내부의 인공적인 빛 그 자체로 획득된다. 스튜디오의 정제된 명암과 달리, 우리는 차와 네온과 창문의 빛과 가로등과 젖은 도로의 반사광으로 윤곽을 드러내는 과소 노출된 파리의 밤거리를 목격한다. 한 장면의 전경에서 우리는 낮게 매달린 전구가 계속 흔들리며 그림자의 진동을 만들어 내는 오랜 과정을 지켜보게 된다. 모든 장면에서 빛의 출처는 명백하며, 우리 앞에 영사된 이미지는 여느 영화의 이미지와는 완전히 다른 빛이 된다. 때로 그 이미지는 네거티브 필름으로 바뀌었다 다시 포지티브 필름으로 되돌아온다. 호텔 복도의 트래블링 숏에서, 천장 전구로부터 나온 불규칙한 빛과 카메라 움직임에 따라 이미지는 밝아짐과 어두워짐을 거듭한다. 이제 두려움의 기표들은 더욱 두려워진다. 그 기표들의 출처가 실재하는 빛이라는 것이 인지됨에 따라, 더욱 리얼해지기 때문이다. 고다르의 다큐멘터리-픽션 변증법은 이야기와 캐릭터의 픽션뿐만 아니라, 실재에서 파생된 것이라 해도 그 빛 자체는 허구라는 의미의 픽션을 포함한다.

컴퓨터의 질문을 받은 레미 코숑이 시의 권능을 말할 때, 심문 과정에서 더욱 두드러지는 알파빌의 맥동하는 빛은 그를 비춘다. 그의 이미지로부터 방사된 빛은 객석의 우리를 또한 비춘다. 컴퓨터의 내레이션이 기계 장치를 가장한 작가의 음성처럼 들린다면, 물리적으로 영사기로부터 방사되는 빛인 알파빌의 빛은 주제의 면에서도 영사기의 빛과 연관된다. 영사기라는 기계가 작가의 이미지들을 생동하는 실존으로 드러내기 때문이다. 있는 그대로의 파리인 알파빌은, 그것의 밤과 낮이 스크린의 밝아짐과 어두워짐으로 나타나는, 영사기의 도시다. 모더니스트 예술가인 고다르는 영화라는 매체의 물질적 속성, 그 존재와 의미 작용의 조건을 인지한 다음, 인지된 사실을 소집해 의미화 행위에 연관시킨다.

레미 코숑이 아침에 호텔로 돌아오자, 그의 방에 코숑과의 만남이 금지된 공주가 기다리고 있다. 그가 문을 열자 공주는 환각처럼 혹은 꿈처럼(코숑이 몽상가 유형은 아니긴 하지만) 세 번의 연속적 이미지로 등장한다. 문이 열리고, 이 영화의 가장 화사한 시퀀스가 이어진다. 창문을 통해 햇빛이 쏟아지고, 실제로 눈을 뜨고 맞는 찬란한 아침처럼, 과다 노출된 광휘가 이미지들의 윤곽을 번지게 만든다. 실제이면서 동시에 판타지인 카리나를 눈부시게 드러내는 것은, 실제 같지만 동시에 꿈결 같은, 태양광이면서 동시에 영사기의 광선인 바로 이 빛이다. 개연성은 없지만 터프가이는 공주를 일깨워 시와 사랑의 세계로 이끈다.

"사랑? 그게 뭐죠?" 창문을 통해 내려다보이는 거리에 경찰이 도착하는 모습을 지켜보며 공주는 그에게 묻는다. 조금도 겁먹지 않은 모습으로 공주는 자신의 질문에 서정적이면서도 위엄이 담긴 아름다운 구절로 스스로 답한다. 실제 사랑이 아닌 사랑의 상상만으로도 경찰의 위협 앞에서 평온을 유지할 수 있다는 듯, 영화가 전개하는 액션으로부터 유예된 이 순간은 기묘한 도취의 제의와도 같다. 이것은 그녀의 목소리가

〈알파빌〉. 햇빛을 받으며 사랑이 무엇인지 물어보는 공주.

담긴 유일한 내레이션이기도 하다. 이 구원된 사랑의 시에서, 작가●는 자기 연인의 목소리로 또한 그녀의 정신적 이미지로 진술한다. 이 장면은 공주의 눈 클로즈업으로 시작되는데, 깜박이는 눈처럼 또한 오프닝에서 깜박이던 빛처럼, 섬광으로 반짝인다. 그리고 카메라가 느린 팬으로 움직이며 의례의 키스 장면까지 계속되는 공주의 얼굴 클로즈업에서, 불빛은 그녀의 뒤에서 공주의 얼굴 쪽으로 깜박이는 후광을 투사한다. 사건의 전개와 분리된 듯한 이 대목에서, 알파빌의 빛은 연인의 마음속에서 다시 태어난 사랑을 성스럽게 축복하며, 멈춤 없이 맥동한다. 영화가 화창한 아침으로 돌아가기 전에, 그리고 경찰이 호텔 방을 급습하기 전에, 이 대목은 과소 노출된 파리의 빛이 창문에 어른거리는 밤의 방 장

● 고다르를 뜻한다. — 옮긴이

면으로 끝난다. 하지만 이제 밤은 더 이상 두려움의 밤이 아니라, 사랑의 밤이다. 공주가 알파빌의 시민이자 죄수인 이상, 그녀는 사랑조차 알파빌의 빛 속에서 상상해야 한다고 말해야 할지도 모르겠다. 하지만 고다르는 우리 모두가 알파빌의 시민이고, 테크놀로지라는 수도의 아이들임을 시사한다. 물론 자신과 영화라는 매체를 이 도시의 인공물들에 연루시켜 온 작가 자신도 예외가 아니다. 우리는 모두 사랑을 상상해야 하고 사랑의 실현을 시도해야 하며, 우리의 현재 상황은 비인간화를 수행하는 테크놀로지에 감금되어 있지만, 우리가 그 테크놀로지로 무엇을 만들어 내는가에 따라 상황은 바뀔 수 있다는 것이다. 두려움을 일깨우는 빛이 동시에 다정함을 일깨울 수 있는 것이다.

자신의 정체를 노정한 표현의 수단과 질료, 즉 두려움 혹은 다정함의 기표들은 표현된 것들과는 명백히 분리된 상태로 제시된다. 이들은 의미의 일시 정지를 이끌어 내는데, 두려움은 극복될 수 있고 다정함은 획득될 수 있지만, 즉 세계는 변화될 수 있지만, 그 모두가 도래하기에는 '아직 아닌' 것으로 제시되는 것이다. 두려움은 어떻게 극복될 수 있으며, 다정함은 어떻게 획득될 수 있는가, 혹은 세계는 어떻게 변화될 수 있는가라는 질문은 여전히 열려 있다. 우리는 레미 코숑이 그 질문에 답하리라고 기대하지 않는다. 그는 두려움 없는 인물이 아니며, 다정함의 인물이라고 말하기에도 좀 모자라다. 이 영화는 또 다른 보다 중대한 기표인 행동의 기표를 제시한다. 그것은 의식을 생성하고 그것에 형상을 부여하는 바로 그 행동 속에서 완강한 세상에 모종의 작용을 가하는 의식의 기표다. 많은 모더니스트의 작품에서와 마찬가지로, 고다르 영화에서, 예술가가 매체의 질료들(빈 페이지의 단어들, 하얀 캔버스의 페인트, 스크린 위에서 세계의 빛으로 만들어진 그리고 영사기의 빛으로 투사된 이미지들)을 조율하는 가시적이며 구성적인 작업 과정은 실제 세계 안에서 하나의 질서를 찾고 구축하려는 시도를 표상하게 된다. 예술 창작은 그 자체가. 예술의 으뜸 주제가 아니라, 삶의 질서 찾기의 알레고리가 된다.

어둠을 빛으로 바꾸는 것은 영사기이며 시다. 고다르가 영사된 이미지 및 동반되는 소리로부터 다시 말해 이 매체의 테크놀로지로부터 만들어 내는 것이 시라고 말할 수 있다. 자신의 능력과 이 매체의 변형 능력을 실행하면서, 고다르는 관객인 우리도 우리 자신의 소재와 테크놀로지로써 세계의 지배적 질서보다 더욱 인간적인 충족감을 주는 질서를 건설해야 한다고 제안한다. 〈그녀에 대해 알고 있는 두세 가지 것들〉에서 그의 내레이션은 속삭인다. "내 목적은 시적인 만큼 정치적인 것이다." 햇빛을 반사하는 빨간 자동차 후드 위에 비친 나뭇잎들이 흔들리고, 말들은 다정함의 이미지 위로 흘러나온다. 그의 모든 작업이 그러하듯, 노골적으로 인위적이면서 동시에 실재에 토대를 둔 이 복합적 구성의 시퀀스는, 평범한 세차 장면이지만, 소비 사회의 번지르르한 장식품으로부터 서정적인 시를 끌어낸다. 추상적이지 않으며 자신의 소재들에 구체적 형상을 부여하는 이 시는 세계의 변화에 대한 소망을 알레고리화한다. 이 대목은 현존하는 것에서 아직 도래하지 않은 무언가를 향한, 달리 말해 우리를 둘러싼 소재로 우리가 아직 만들어 내지 못한 무언가를 향한 도정을, 고다르의 작품 중에서도 가장 정교하게 드러낸다.

알파빌을 영원히 떠나려는 공주와 함께 터프가이는 자신의 자동차 (극 중에서는 포드 갤럭시로 부르지만 실은 무스탕)에 올라타고, 우주 공간을 가로질러 집을 향한 먼 여정에 나선다. 과소 노출된 밤하늘에 별들이 빛나고, 멀리 뻗어 있던 고속도로는 카메라가 차를 따라 움직이자 우리를 향해 다가오며, 도로 양쪽에 끝없이 늘어선 고개 숙인 높은 가로등은 그 무한의 형상으로부터 재기 넘치며 잊을 수 없는 이미지를 만들어 낸다. 이 장면은 전면 유리를 사이에 두고 터프가이와 공주의 정면을 보여 주다 공주의 얼굴만 보이는 클로즈업으로 바뀌며, 가로등은 광채를 발하며 떠오르는 별들처럼 보인다. 마치 알파빌의 빛들이 구원된 사랑과 인간

〈알파빌〉. 상냥함을 일깨우는 빛.

〈알파빌〉. 우주 공간과 겹쳐지는 고속도로.

애의 승리를 축복하는 불꽃처럼 드러나는 것이다(고다르는 다음 영화 〈미치광이 피에로〉에서 와이드 스크린으로 더 화려한 컬러 불꽃놀이를 보여 주지만, 그 장면은 시작할 때 등장하고 결말은 비극이다). 공주는 매우 느리게, 호흡을 가다듬으며, 구원의 결어를 말한다. "당신을 사랑해요." 그녀의 얼굴을 마지막으로 담은 이 장면에서, 한껏 고무된 이 아마추어 배우는 빛과 그림자의 경계에서 물기 어린 크고 매서운 눈으로 진지하게 연기한다. 하지만 그녀가 농담처럼 연기하고 있을지도 모른다는 불확실성 또한 은연중에 드러낸다. 결말의 불확실한 톤과 동반하는 이 불확실성은 혼란스럽지만 그만큼 강렬한 감흥 또한 이끌어 낸다. 고다르의 결말은 늘 비결정적이고, 어떤 형식도 내용을 정돈할 수 있다고 가장하지 않기 때문이다. 고다르는 우리에게 보통 픽션에서처럼 불신의 유예를 요청하지 않고, 빛과 어둠으로 빚어진 이 엔딩을 통해 기만 없는 경이와 가능성의 감각으로 우리를 이끈다. 또한 그는 우주 공간과 중첩된 고속도로에서 이뤄지는 이 아름다운 형식의 결말에서, 이 고속도로를 실제적 해결을 향한 비유적인 길로 보라고 우리에게 요청하지 않는다. 비유적인 의미로 이해된다면, 이 개연성 없는 픽션은 오히려 실제적 해결의 불가능성을 함축한다. 그 해결이 레미 코숑과 카리나라는 어울리지 않는 짝짓기로 알레고리화된, 거친 폭력과 다정한 사랑의 있을 법하지 않은 조합을 요청하기 때문이다. 하지만 아이러니컬하다고만 말하기는 힘든 이 비현실적인 해피 엔딩에는 진정으로 희망적인 행복의 기운이 있다. 고다르의 알레고리는 대답이 아니라 번득이는 도발적 질문을 끌어낸다. 터프가이는 비인간화의 수도로부터 공주를 구출했다. 고다르는 통상적 감상주의로부터 다정함의 기표들을 구출한 것이다. 또한 진정한 구출은 아직 수행되지 않은 것이다.

누벨바그가 종언을 고한 이후인 1973년 5월, 고다르는 오랜 친구이자 동지 프랑수아 트뤼포에게 편지를 썼다. 이때부터 그는 트뤼포를 거짓말쟁이라고 부르기 시작했다.

> 어제 〈아메리카의 밤La Nuit américaine〉을 봤다. 아마 누구도 너를 거짓말쟁이라고 부르지 않을 테니, 나는 그렇게 부르겠다. 이건 '파시스트'라고 부르는 것보다 더한 모욕은 아니며, 하나의 비평이야…… 네가 거짓말쟁이인 것은 며칠 전 저녁, 너와 재클린 비셋이 셰프랑시스●에 앉아 있던 장면이 네 영화에 담겨 있지 않기 때문이고, 〈아메리카의 밤〉에서는 왜 극 중 감독만 유일하게 성교하지 않는 사람인가라는 의문을 멈출 수 없기 때문이지.

● 알마 광장에 있는 레스토랑이다. — 옮긴이

〈아메리카의 밤〉혹은 〈데이 포 나이트*Day for Night*〉(프랑스어로도 영어에서와 마찬가지로 이 제목은 낮의 빛을 흐릿하게 만드는 필터가 스크린에 '미국의 밤'의 환영을 만들어 내는 영화적 트릭을 일컫는다)는 영화에 관한 영화이며, 트뤼포 영화로는 큰 성공을 거두었고, 오스카 최우수 외국어 영화상을 받았다. 하지만 고다르가 옳았다. 이건 거짓말쟁이의 영화다. 단지 유명한 바람둥이이자 배우와의 스캔들을 종종 일으킨 트뤼포 자신이 연기한 극 중 감독이 거의 성인으로 보일 만큼 순수하고 다정한 인물로 그려졌기 때문만은 아니다. 이 비정직함이 이 영화를 관류하는 비정직함의 한 징후라고 고다르는 예민하게 알아챘다. 〈아메리카의 밤〉은 위선자의 감상적이고 얄팍한 미소를 띠고 있다. 또한 즐거움을 주려 애쓰지만 그만큼 공허하고 가식적이다.

이 편지에서, 트뤼포와 그의 위선적인 영화를 그토록 깎아내리면서도, 고다르는 뻔뻔스럽게 트뤼포에게 자기 영화에 투자하기를 요청한다. "넌 나를 도와줘야 해. 그래야 우리 모두가 너처럼 영화를 만들진 않는다는 걸 알게 되지." '우리 모두'가 뜻하는 것은 의심의 여지 없이 누벨바그 감독들이다. 고다르는 지금 트뤼포에게 한때 그들이 혁신적인 청년 집단의 구성원이었음을 상기시키고 있다. 트뤼포는 이미 오래전부터 안전한 고상함의 세계에 몰두하고 있었다. 서너 편의 훌륭한 영화를 만든 뒤에, 트뤼포는 젊은 비평가 시절 자신이 그토록 격렬하게 비난하던 '웰메이드' 부류의 영화를 만드는 데 자신의 이력 대부분을 바쳐왔던 것이다. 이 상업적 타협성이 정치적 타협 불가의 서신을 받은 것이다. 고다르는 1968년부터 급진적으로 되었고, 이제 그는 더 이상 한 개인이 아니라 전투적인 지가 베르토프 집단의 일원으로서 영화를 만들었다. 그는 관객에게 닿으려는 노력을 사실상 포기했고, 정치적 급진주의로 개종했을 뿐 아니라 그 정치학을 전파하기 위한 정당한 방법으로서의 불쾌의 미학으로 개종했다. 가뿐한 상쾌가 격렬한 불쾌의 서신을 받은 것이다.

20쪽에 이르는 트뤼포의 긴 답장은 분노로 가득했다. 고다르가 편지에 쓴 대목들을 조목조목 따지며 항변했지만, 트뤼포는 왜 〈아메리카의 밤〉에서 감독이 성교하지 않은 유일한 사람인지에 대해선 입을 다물었다. 이 서신과 답신은 트뤼포가 1984년에 죽은 뒤 출간된 《서한집 Correspondence》에 포함되었고, 세월이 흘러 온유해진 고다르는 친구의 편지 모음집에 서문을 썼다.[270] 하지만 한 사람은 주도적인 보수파의 일원이고 다른 한 사람은 주도적인 자유주의자 기관의 일원이었던 두 서평자는, 이 온유함은 완전히 무시한 채, 다른 의제도 많이 담긴 이 편지들을 트뤼포의 분노를 유발한 고다르의 인신공격에 대한 트뤼포의 상세한 반격의 문서로만 다뤘다. 〈뉴 크라이테리언New Criterion〉의 존 사이먼John Simon과 〈뉴욕 리뷰 오브 북스New York Review of Books〉의 줄리언 반스Julian Barnes는 공히 고다르의 흠결과 실패 사례를 일일이 나열하는 트뤼포의 반론을 은근히 즐기는 것 같다.[271]

무슨 적대감이 있었던 것일까. 고다르에 대한 사이먼의 적대감은 1960년대로 거슬러 올라가는데, 그는 특유의 골목 대장 같은 태도로 여러 쪽에 걸쳐 고다르에 대한 몽매한 욕설을 쏟아냈다.[272] 반스는 자신이 젊은 시절 〈네 멋대로 해라〉를 보고 깊은 감명을 받았지만, 나이를 먹고 보니 이제는 고다르의 영화가 "기를 쓰고 내용을 찾아 헤매는 스타일의 무지막지한 진열"임을 알게 되었다고 말한다(물론 고다르는 진정으로 찾아 헤매고 질문해 왔다. 하지만 반스는 '내용'이라는 것을 욕조에 담긴 온수처럼 안정되고 정돈된 무언가로 간주하는 것 같다). "트뤼포와 고다르의 한때의 우정에는······ 석연찮은 면이 있다." 반스는 이어 이렇게 적는다. "트뤼포는 말하자면 나팔바지를 그저 한번 입어 보는 중이었다. 반면 고다르는 평생 공급분을 비축하고 있었다."[273] 나팔바지를 입어 보려는 트뤼포의 시도가 그의 최고작 〈피아니스트를 쏴라Shoot the Piano Player〉를 낳았다(사이먼은 그렇게 생각하며, 나도 동의한다). 하지만 반스의 적대감은 나팔바지와 모종의 연관이 있는데, 그것은 명백히 1960년대에 대한 적대감이다. 위대한 영화의 시대였던 1960년대의 상징으로 한 사람의 영화감독을 꼽는다면, 그것은 고다르여야 한다.

반스는 고다르를 나팔바지와 연관시키면서 그가 1960년대의 일시적 유행이었을 뿐이라고 격하한다. 나팔바지를 1960년대의 상징으로 부각시킨 뒤 이 연대 전체를 우리가 더 현명해지면서 흥미를 잃게 된 하나의 단계에 불과하다고 폄하하는 것이다. 반스는 영국에서 평론 활동을 벌이고 있지만 좌파의 과거를 부인하는 미국식 전통, 즉 미국의 좌파 전통이라면 무엇이든 지우려는 이상한 전통에 더 잘 어울린다. 1960년대의 유령은 노스탤지어에 젖은 사람들이 아니라, 뒤집힌 노스탤지어에 빠져 강박적으로 좌파를 공박하고 비난하고 문책하는 사람들에게, 즉 자신들이 갖지 못했던 모든 즐거움에 끈질기게 분개하는 사람들, 1960년대에 겁먹은 나머지 좌파를 그냥 두면 다시 발흥할지 모른다는 두려움을 지닌 모든 사람에게 광범위하게 드리워져 있다. 과대평가된 트뤼포는 고다르로 대표되는 1960년대 좌파 패거리들 사이에서도 바른 행실을 유지한 녀석으로 상찬되는 것이다. 고다르와 그가 예술적으로 그리고 정치적으로 대변하는 모든 것을 폐기하려는 시도가 이뤄지고 있다. 고다르의 비판자들이 그를 지가 베르토프 집단의 정치적 유행에 민감하며 짜증나는 정치 중심주의자로 폄하하는 것도 그런 시도다. 하지만 트뤼포가 고다르를 비꼬기 위해 비유한 '전투적인 우르줄라 안드레스,'● 혹은 개종자를 향해 말하는 동안에도 거의 매 순간 기계적으로 자신을 확신시키려는 것처럼 보이는 성직자는 결코 정치적 고다르의 유일한 면모가 아니다. 처음부터 고다르의 영화는 정치적이었고, 그의 작품에 대한 오랜 공격은 대부분 정치적 동기에서 비롯되었다.

어떤 이들에게는 1960년대가 1968년에 시작되었다. 하지만 이 나라

● 007 시리즈에서 최초의 본드걸을 맡은 배우다. — 옮긴이

미국에서 1968년은 마틴 루터 킹Martin Luther King과 로버트 케네디Robert Kennedy의 암살, 그리고 로널드 레이건Ronald Reagan까지 그 유산이 이어지는 리처드 닉슨Richard Nixon의 선출로 1960년대의 정치적 이상주의가 치명타를 맞은 해였다. 프랑스에서 1968년 5월 혁명은, 전해에 만들어진 고다르의 놀라울 정도로 세심한 〈중국 여인La Chinoise〉에서 그 전조를 보인 바 있지만, 고다르를 비롯한 많은 사람에게 혁명적 열정을 불어넣었다. 1968년에 고다르의 1960년대는 끝났다. 〈네 멋대로 해라〉로 시작되고 〈중국 여인〉 그리고 〈주말Week-end〉의 전반부에서 종언을 고한, 치열한 질문과 관습 파괴적인 탐구의 시대가 끝난 것이다. 뒤따른 것은 전적인 정치주의자로서의 고다르, 하지만 미학적으로뿐만 아니라 정치적으로도 황폐화한 고다르였다. 이런 부류의 영화들, 즉 상업적으로는 거의 상영되지 않은 〈동풍Le Vent d'est〉(1969)과 참기 힘든 〈제인에게 보내는 편지Letter to Jane〉(1972) 같은 영화들의 공동 감독으로서의 고다르는 영화학 교수들과 영화 이론가들에게는 애호의 대상이었다. 초기의 고다르는 너무나 복합적이고 유동적이며 역설적이다. 이후의 교조주의자 고다르, 즉 전투적인 불쾌의 주창자로서의 고다르는 수용하긴 힘들지만 가르치기에 힘든 것은 아니다. 이런 고다르는 그러나 오래 지속되진 않았다. 트뤼포에게 편지를 보낸 얼마 뒤인 1973년 지가 베르토프 그룹은 해체되었다. 하지만 새로운 고다르가 모양을 갖춰나가는 속도는 아주 느렸다.

〈할 수 있는 자가 구하라(인생)Sauve qui peut (la vie)〉(1979)로 고다르는 괴상한 방식이긴 하지만 상업 영화 시스템으로 돌아왔다. 혹자는 형식으로의 회귀로 혹자는 새로운 돌파구로 간주하는 이 영화는 얼마간 강렬하지만, 대체로 침울하고 흡입력이 없다. 여기서 고다르는 감독 자신을 대변하는 지루하고 호감이 가지 않는 중심인물을 등장시켰는데, 이 지루함과 비호감은 명백히 의도된 바였지만, 관객에게도 그만큼 따분하게 다가왔다. 하지만 1980년대 중반 무렵 고다르는 초기의 예리함과 탁월함을 지닌 영화들로 돌아왔다. 치명적이고 창의적인 여인들의 영화이며 일종의 모자이크를 이루는 〈미녀 갱 카르멘*Prénom Carmen*〉(1983)과 〈마리아에게 경배를*Je vous salue, Marie*〉(1985), 음울하고도 찬란한 〈탐정*Détective*〉(1985), 매몰차면서도 애조 어린 현대판 〈리어왕*King Lear*〉(1987)으로 돌아온 것이다. 고다르의 더 새로운 뉴 웨이브의 신비로운 정점은 그가 〈누벨바그*Nouvelle Vague*〉라고 이름 붙인 1990년 영화다. 〈누벨바그〉는 뉴욕영화제에서 상영됐으나 평판이 나빴고 미국 개봉에 실패했다. 고다르는 1980년대 초중반의 영화들로 가까스로 다시 불러 모은 관객을, 자신의 예술성을 회복한 작품으로 다시 잃어가는 것처럼 보인다. 이 시기의 어떤 감독도 고다르만큼 아름다운 영화를 만들지 못했다. 하지만 이제 아름다움은 우리 시대의 문화적 기류 속에서 무언가 의심스러운 것이 되었다.

흑백 영화는 컬러 영화보다 더 유령적이고, 사물의 더 온전한 그림자이며, 스크린에 투사된 빛의 더 순수한 현현이다. 컬러 영화는 빛과 그림자를 색채로 구성하며, 이는 사물의 질감과 양태를 더 두드러지게 만든다. 고다르는 일찍이 〈경멸〉, 〈미치광이 피에로〉, 〈그녀에 대해 알고 있는 두세 가지 것들〉과 같은 1960년대의 컬러 영화에서, 흰색과 원색을 강조하고 스크린 위에서 광원들 자체가 빛나게 함으로써, 〈누벨바그〉의 반짝이는 흑백 영상과 유사한 순수한 투사 광을 빚어냈다. 그의 팔레트는 〈탐정〉에서 더 어두워지는데, 이 영화는 말하자면 그랜드호텔에 세팅된 필름 느와르다. 하지만 이 영화의 더욱 음울한 이미지들 속에서 또한 호텔 로비의 샹들리에 속에서 또한 거리에 늘어선 네온사인들 속에서, 필름의 강렬한 빛, 고다르의 비디오 작업에서는 사라졌던 그 빛은 그만큼이나 찬란하게 반짝인다.

모호하지만 눈부시게 아름다운 〈누벨바그〉에는 스위스의 한 호반의 정경이 펼쳐지는데, 이곳은 스위스가 고향인 고다르의 유년기 기억을 품고 있다. 1960년대에 고다르는 도시를 무대로 현재 시점의 영화를 찍었다. 이제 그는 시골에 이끌리는데, 이 선택은 현재로부터의 퇴각과 과거의 조화에 대한 갈망을 함축한다. 지금 이곳의 속도와 기운으로부터 멀리 떨어진 〈누벨바그〉의 빛은, 가을의 그림자가 드리울 무렵 사라져 가는 여름의 유령과도 같은 희미한 아름다움을 드러낸다. 아마도 〈누벨바그〉의 위대한 시각적 아름다움이 그 자체로 위대한 영화 혹은 좋은 영화로 만들지는 못할 것이다. 하지만 이 숨 막히는 아름다움을 볼 수 없다면 이 영화를 제대로 만날 수 없을 것이다. 〈뉴욕 타임스〉의 빈센트 캔비 Vincent Canby는 그것을 볼 수 없었다. "극영화 길이의 립스틱 광고처럼 예쁘장하다." 캔비는 수년 전 뉴욕영화제에서 상영된 안토니오니의 〈여인의 정체Identificazione di una donna〉 리뷰에서 그랬던 것처럼 악담을 퍼부었고, 이는 이 영화가 미국 배급업자를 찾을 기회를 방해했다. 이 나라에서 외국영화의 운명은 종종 〈뉴욕 타임스〉의 리뷰에 좌우된다.[274]

오늘날 아름다움은 철 지난 것으로 간주된다. 포스트모더니스트들은 대개 아름다움을 거부한다. 남자가 여자에게서 아름다움을 본다 해도("아름다움은 한 사물의 자질로 간주되는 쾌락"이라고 조지 산타야나George Santayana는 말했다)[275] 페미니스트들은 대개 그것을 못마땅하게 여긴다. 대처리즘 미학자 로저 스크러턴Roger Scruton은 아름다움이 의미 있는 것으로 고려되기에는 너무 부정확한 개념이라고 생각한다. 하지만 아름다움에 대해 말할 수 없는 미학자라면 아마도 다른 일을 찾아보는 게 좋을 것이다. 좌파 진영에서 아름다움은 특권적 소수에게 허락된 엘리트주의자들의 전유물로 의심되며, 지배 계급 이데올로기를 전파하는 일종의 매춘과 같은 것으로 간주된다. 좌우를 막론하고 오늘의 청교도주의에서 아름다움은 (좌파의 혹은 우파의) 정치적 올바름의 십자가를 들고서 조심스럽게 접근되어야 하는 종류의 것이다.

〈누벨바그〉는 아름다운 영화이고 동시에 아름다움에 대한 비평이자 아름다움의 조건에 대한 비평이다. 이 비평은 우리의 응답을 동요케 하고 우리의 안온을 뒤흔들지만, 그렇다고 아름다움에 대한 우리의 감흥을 감소시키지 않는다. 이 영화의 주 무대는 초가을의 눈부신 목가적 풍경을 제공하는 수려한 전원이다. 단풍을 감상하려면 차라리 버몬트로 가는 게 좋을 거라고, 캔비는 〈뉴욕 타임스〉의 독자들에게 조언했다. 당신의 쾌락을 가능케 한 특권을 의식할 필요 없이 가을의 목가를 마음껏 누리라는 것이다. 이 영화의 목가는 어두워지고 복잡해지는데, 이는 모든 사물의 덧없음(이 무드는 전통적 목가에서 자연의 영원성에 대한 찬미만큼이나 중심적이다)에 대한 자각뿐만 아니라, 목가의 다감한 쾌락을 가능케 한 무감한 착취적 특권에 대한 계속되는 탐구에서 비롯된 것이다.

목가의 양식은 자연을 즐거움의 대상으로 여유롭게 감상할 수 있는 특권적 공간과 시간이 전제되는 양식이다. 레이먼드 윌리엄스가 《시골과 도시》에서 말했듯, 필립 시드니Philip Sidney의 목가 소설 《아르카디아 Arcadia》는 "소작농을 축출하고 조성된, 마을 전체를 둘러싼 공원에서 씌어졌다."[276] 〈누벨바그〉에서 착취적 특권은 무감한 우리 시대의 기업인 부류의 것이다. 이들은 자연과 건축에 대한 다감한 찬미를 그들의 여자들이나 하인들(실러를 좋아하는 하인, 철학적 정원사)이나 좋아하는 것으로 격하하며, 그들의 사업과 사적인 관계는 고다르의 신랄한 미장센을 통해 꼴사납게 동거하는 모습으로 등장한다.

주요 인물은 한 여인과 사실상 한 사람인 두 남자다. 도미지아나 지오다노가 연기하는 여인은 초록 눈동자와 단풍 색깔을 연상케 하는 긴 곱슬머리의 귀족적 아름다움을 지니고 있다(고다르는 그녀를 콘테사 토를라토파르비나라고 부르는데, 〈맨발의 콘테사 The Barefoot Contessa〉에서 에바 가드너가 미남이지만 성불능인 귀족과 결혼한 뒤 얻는 이름이다). 알랭 들롱이 연기하는 두 남자는 쌍둥이 혹은 한 남자의 두 자아이며, 차례로 여인의 연인이 된다. 한 사람은 감성적이고 수염투성이지만 따분한 남자여서 그녀는 그를 호수에 빠져 죽게 한다. 다른 한 사람은 부드럽고 활기찬 사업가(안토니오니의 1962년작 〈일식〉에서 젊은 들롱이 연기한 주식 중개인을 연상케 하는)인데, 형의 익사 후에 등장해 결국 호수에 빠진 '그녀'를 구해야 한다. 브레히트는 《사천의 선인*Der gute Mensch von Sezuan*》에서 한 사람의 선한 면이 사회에서 억압되어야 하는 자아가 되도록 설정함으로써 지킬과 하이드 구도를 뒤집었다. 고다르가 여기서 하는 것도 비슷하다. 예민하고 감상적인 남자는 실패하고 그의 분신인 책략가가 그의 자리를 차지한다. 첫 남자의 감상성과 회한에 젖은 자기 연민은 행동의 영역에서뿐만 아니라 의식의 영역에서도 만연한 기업가적 냉혹함에 대한 대안으로 제시되지 않는다. 좋은 옛 시절의 소멸을 향한 감성적이고 수동적인 한탄은 아무런 쓸모가 없다.

목가는 노스탤지어의 양식이다. 하지만 〈누벨바그〉는 노스탤지어의 인물을 익사시킨 다음 기업가적 활력의 인물로 부활하게 한다. 목가의 특권적 조건을 산출하는 착취적 기업가의 활력이 승리하는 것이다. 우리는 감동적인 아름다움과 그 아름다움을 낳은 추한 특권의 모순에 직면한다. 그런데 기업가 동생은 귀족적인 미모의 여인을 구할 정도로 자신의 내부에 감상적 형의 자질이 있음을 보여 줌으로써, 이 남자가 자상함과 다정함을 비밀스럽게 지닌 채 냉혹한 자본가를 연기하고 있을지도 모른다는 기분 좋은 암시가 주어진다. 냉혹함 이면에 시가 있다는 암시, 냉혹함은 시의 비밀 요원이라는 암시가 주어지는 것이다. 그 인물은 〈알파빌〉에서 시의 옹호자이자 아름다움의 구원자로서의 비밀 요원 레미 코숑을 상기시킨다. 물론 그를 〈알파빌〉의 시적 터프가이보다 더 신뢰할 수 있는 것은 아니다. 다감한 아름다움과 무감한 특권 사이의 모순은 해결되지 않는 것이다. 하지만 여기에는 모종의 소중한 깜박임, 아직 도래하지 않은 거대한 변화의 에너지의 깜박임이 있다.

낙엽은 정치 영역 밖에 놓여 있는 것처럼 보일지도 모른다. 하지만 고다르에게는 그렇지 않다. 그의 카메라는 낙엽을 서정적 시선으로 바라보지만, 고다르는 서정적 응시를 가능케 한 사회적 물질적 조건을 우리가 자각하도록 이끈다. 하지만 그 자각이 서정을 단순히 특권층의 전유물로 폄하하게 만들지는 않는다. 〈누벨바그〉에서 서정적인 존재는 특권층이 아니라 그들의 하인들이다. 그렇다면 서정은 하인의 위안거리, 지배 계급의 하인일 수밖에 없는 존재인 우리의 위안거리일 뿐인가. 지가 베르토프 집단의 일원이었던 고다르, 즉 정당한 포스트모던 고다르라면 그런 서정을 비웃었을 것이다. 종종 서정적이지만 강인한 모더니스트였던 1960년대의 고다르는 이 같은 위안을 허용하지 않았을 것이다. 〈누벨바그〉에서 포스트-포스트모더니스트 고다르는 서정의 위안이 폄하되어선 안 된다고 말하려는 것 같다. 우리 모두가 지배 계급의 하인일지 모르지만 우리가 그들의 정원에서 가을 잎의 아름다움을 누리는 즐거움은 가질 수 있다고 말하려는 것 같다.

하지만 포스트-포스트모더니스트이자 여전한 모더니스트 고다르는 거기에 머물지 않는다. 〈누벨바그〉의 아름다움은 단순한 위안으로 치부하기에는, 또한 아름다움과 그것을 가능케 한 특권 사이의 갈등을 체념적으로 받아들이기에는, 너무도 강렬하다. 이 영화가 과묵하지만 예리하게 드러내듯, 특권에서 비롯된 아름다움은 그 특권의 전제들을 지탱하지만 동시에 그것을 부정하고 교란하는 것으로도 제시된다. 현존 질서의 대안에 이르려는 소망을 구현함으로써, 아름다움은 현재에 도전할 수 있다. 하지만 현재에 대한 도전은, 현재 아름다움이 어디서 비롯됐는지에 대한 자각만큼이나 아름다움 그 자체에 대한 인지에서 비롯된다. 그 아름다움은 자신을 형성한 활동과 조건을 숨기지 않고 인지하는 아름다움인 것이다. 고다르 영화에서 아름다움의 감각은 칸트가 말한 무관심의 감각이 아니며 보편화하는 감각이 아니다. 오히려 그것은 필요한 비용을 지불한 지배 계급에 의존하는 당파적인 아름다움이다. 하지만 그것은 또한 지배 계급에 저항하는 자에 의해 더욱 깊이 인지되고 감각되는 아름다움이기도 하다. 바로 그 아름다움의 당파성이 동시에 칸트가 말한 보편성이 아니라 사람들을 연대하게 만드는 힘으로서의 공동체성이며, 불시에 저항의 도구로 전환될 수도 있는 당파성이다.

10장

이방인의 시점

안토니오니, 존재와 부재의 변증법

안토니오니의 〈일식〉(1962)●은 끝에서 시작한다. 그것은 한동안 지속되던 연애의 끝이며, 이제 결별하려는 두 연인의 긴 밤 동안 이어진 다툼의 끝이다. 첫 장면에서 희미한 여명이 깃들고, 남녀는 지쳐서 서로에게 할 말이 거의 남지 않았다. 관객인 우리는 메인 드라마를 보지 못한 채 드라마 이후에 도착한다. 안토니오니의 영화가 늘 그렇듯 우리는 인물에 대한 어떤 정보도 알지 못하고 설명적 대사도 듣지 못하지만, 이 경우에는 시작 장면의 특별한 충격으로 우리의 무지는 더 깊게 느껴진다. 두 연인에 대해 우리가 아는 것은 이 특별한 상황의 외양에서 수집되고 발견되는 것들 외에는 전무하다. 우리는 관계의 종말에 이른 두 남녀를 단지 이방인의 시점으로 관찰하는 것이다. 안토니오니의 카메라이기도 한 이 이방인은 촉각을 곤두세워 이들과 이들의 상황을 지켜본다.

모든 장면은 생략으로 시작된다. 이전에 일어난 일이 삭제된 것이다. 하지만 안토니오니가 〈일식〉의 첫 장면과 여타 작품에서 생략을 사용하는 방식은 여느 영화와 사뭇 다르다. 보통의 경우, 생략은 암시를 통해 감지되기 때문에 별도로 언급되거나 보일 필요가 없는 것을 삭제한다. 키스하는 동안 러브 씬이 페이드아웃되는 표준적인 생략 장면에서 독자나 관객은 생략된 장면을 알아차리는 데 어려움을 느끼지 않는다. "생략은 모더니즘적 플롯에 매우 중요한 형식적 자산"이라고 시모어 채트먼은 최근 안토니오니론에서 그의 모더니스트 방식의 생략 용법을 분석했다.[277] 〈정사L'avventura〉(1959)에서 예상 불가능하고 설명되지 않으며 해결되지 않는 안나(그녀는 사고사하거나 자살한 것으로 추정되는 실종 시점까지 주인공으로 등장한다)의 실종은 플롯의 구멍에 관한 기념비적 사례다. 하지만 채트먼은 합리적 의심 없이 채워질 수 있는 고전적 생략과 모더니즘적 생략을 구분하지 못했다. 우리는 〈정사〉에서 안나에게 일어난 일을 알지 못한다. 또한

● 한국에는 〈태양은 외로워〉로 소개됐다. — 옮긴이

우리는 〈일식〉의 시작 장면 이전에 일어난 일을 알지 못한다. 〈셜록 주니어〉에서라면 영사 기사 버스터 키튼을 제외하곤 누구도 키스 장면의 페이드아웃 이후에 일어나는 일에 관해 의심하지 않을 것이다. 하지만 안토니오니의 생략은 불확실성의 표지다. 우리는 사라진 조각을 확신으로 채울 수 없다. 생략된 장면의 열린 틈에 관해 우리는 오직 추론할 수 있을 뿐이다. 사라진 조각은 진정으로 사라진 것이다. 그것은 수사학적인 생략일 뿐만 아니라 우리 앎의 감지된 결여다.

일반적으로 픽션 작품에서 캐릭터들이 어떤 사람인가보다는 그들이 제시되는 방식 혹은 우리가 그들을 알게 되는 방식이 더 중요하다. 우리는 존 포드 영화의 인물들을 그들의 강렬한 첫인상을 통해 마치 우리가 그들을 평생 알아왔던 것처럼 안다고 느낀다. 특정한 마을, 소도시, 공동체에 속한 사람을 알아보는 유형화된 캐릭터화 방식이 거기에는 있다. 워즈워스는 일곱 번째 책 《서곡The Prelude》의 '런던 체류Residence in London'에서 이렇게 썼다. "모든 이의 얼굴/나를 지나쳐 가는 그것이 미스터리다/…… 옆집의 이웃들조차…… 여전히/이방인들이다." T. S. 엘리엇의 〈칵테일 파티Cocktail Party〉에서 심리학자는 "모든 만남에서 우리는 이방인을 만난다"라고 말한다. 현대적인 대도시에 사는 우리는 부분적으로 그리고 불확실하게 사람들을 알게 된다. 안토니오니가 자신의 인물들을 제시하는 방식도 이러하다. 이것이 근대적 삶의 불확실성과 소외에 걸맞은 캐릭터와 방식인 것이다.

안토니오니 영화는 비완결의 질감을 직조한다. 부분적인 것을 포획하는 국부적 시선, 빈 공간, 내러티브의 유예의 시간, 조심스러운 불안으로 채워진 사이 공간, 스토리 및 캐릭터화에서 실종된 조각들, 예기됐으나 부재한 이미지 혹은 부재한 시퀀스의 영화인 것이다. 버넌 영Vernon Young은 안토니오니에 관해 이렇게 썼다. "'간격interval'에 대한 무결한 그리고 극히 사적인 애호로, 그는 자신의 영화에 점증하는 서스펜스를 불어넣는다. '서스펜션Suspension'은 적절한 단어일 것이다. 매 순간들은 머뭇거리며, 한 시간의 흐름이 기대를 배태한다. 감정의 파도가 최고조에 이르지만 폭발하지는 않는다. 각 이미지는 이제껏 억류된 진실의 괴물을 방면하려는 듯, 혹은 끝없이 암시되어 온 하지만 억제되어 온 폭력 행위를 방출하려는 듯 우리를 위협한다. 그것은 천둥 없는 열뢰다."[278] 안토니오니의 실종된 조각들은 고전적 생략과 다르지만, 미스터리나 서스펜스의 관습적 서사에서 등장하는 정보의 유보와도 근본적으로 다르다. 후자의 유보는 범인의 얼굴을 보여 주지 않는 범죄 영화에서 그러하듯, 영화는 대답을 알고 있음을 시사하는 유보이며, 최종적 해결을 한동안 지연하는 것일 뿐이다. 〈정사〉에서 실종된 안나에게 무슨 일이 일어났는가를 물어본다 해도, 누구도 이 영화보다 더 잘 알고 있지 못하며 결국 대답은 불가능하다. 미스터리 장르의 기이한 모더니즘적 변주인 이런 부류의 영화에서 미스터리와 서스펜스는 언젠가 밝혀질 유보된 앎이 아니라 불확실성과 미혹적인 무지의 공명에서 온다.

포스트모던 시대인 오늘날에는 모더니즘에 관한 말들이 낡은 것으로 들릴지 모른다. 안토니오니는 영화 세상의 후기 모더니스트인데, 영화라는 매체 자체가 새로운 것이었기 때문에 다른 예술 분야에 비해 모더니즘의 동학을 갱신하는 것에는 늦었다. 현재 시점에 그는 더 이상 새롭지 않다. 하지만 그의 관심사는 여전히 우리의 것이고, 그 관심사에 대한 그의 탐구는 갱신의 에너지 면에서 여전히 유효하다. 그를 오늘의 방식으로 재구성하자고 제안하는 것이 아니라, 그 관심사를 포스트모던의 방식으로 재구성하면서 그를 숙고해 보자고 제안하는 것이다. 그의 예술은 이 혼란의 시대에 우리가 지닌 여전히 가장 날카롭고 가장 비옥한 성취 중 하나다.

여타 모더니즘 작품과 마찬가지로 안토니오니 영화는 우리에게 길을 잃게 한다. 하지만 그것은 혼란으로 이끄는 것이 아니라 우리의 익숙한 지각 방식이 더 이상 유효하지 않으며, 우리가 지닌 세계에 대한 전제들이 더 이상 타당하지 않다는 자각에 이르게 하는 것이다. 불확실성 속에서 새로운 방위를 찾으려는 시도를 통해, 그리고 우리의 경험을 이끌고 이해하는 새로운 방식을 찾으려는 시도를 통해 그렇게 한다. 안토니오니의 카메라를 통해 보여지듯, 우리의 일상 세계는 유예의 순간을 제공한다. 우리는 더 이상 친숙한 것에 잠겨 들지 못하며, 새롭고 탐구적인 시선으로 바라보게 된다. 모호하지만 매혹적이고, 불안하면서도 신중하며, 치열하면서도 냉정한 안토니오의 창의적인 시각적 스타일은 결코 장식이 아니다. 하이젠베르크의 유명한 불확정성 원리가 선언적이 아니라 수학적으로 불확정성을 정식화하고 그를 통해 그것의 이해를 이끌어 내듯, 안토니오니의 이미지는 우아한 적확함으로 현대 생활의 불확실성을 제시하고 그를 통해 혼란스럽고 불안한 세계에 직면해 새로운 이해에 이르려는 인간 의식의 분투를 보여 준다.

안토니오니는 위대한 의심의 예술가다. 그는 자족적인 회의주의자가 아니라 탐색자이며 관찰자다. 하지만 단순한 광경의 관찰자가 아니라, 가시적인 것에 몰두해 실제의 뉘앙스와 변모에 촉각을 곤두세우는 관찰자이며, 세계의 표면the surface of the world(채트먼의 적절한 저서 제목이기도 하다)에 대한 신중하지만 열정적이고 예민한 탐구자인 것이다. 정박지 없는 숙고를 거듭하며 어디서든 기꺼이 인상을 끊임없이 갱신하고 결론을 유보하는 안토니오니는 외양을 불신하기 때문이 아니라 그 외에는 어떤 것도 믿지 않기 때문에 의심한다. 관객을 교란하는(교란하도록 만들어진) 불확실성에 대한 질문을 받았을 때, 그는 고대의 자연주의 철학자이며 시인인 루크레티우스Lucretius의, 오늘에도 유효한 어구를 인용하며 답했다. "어떤 것도 확실하지 않은 세계에서 어떤 것도 자신을 온전히 드러내지 않는다. 확실한 오직 하나는 모든 것을 불확실하게 만드는 비밀스러운 폭력의 실존이다."[279] 어떤 것도 자신을 온전히(말하자면 명료하게, 고스란히, 감춤

없이) 드러내지 않는다 해도, 안토니오니는 픽션이 관습적으로 채택하는 것처럼 외양 아래 감춰진 진실이 있다고 결코 상정하지 않는다. 그에게 진실은 외양 자체에서 찾아져야 하는 것이다. 외양 아래 혹은 그 이면이 아니라, 외양의 변모하고 종잡을 수 없으며 모호한 물질적 영역 안에서 찾아져야 하는 것이다. 파시즘 시대 이후에 이탈리아 영화에 신선한 생명력을 불어넣었으며, 안토니오니 자신도 초기 다큐멘터리를 통해 참여했던 네오리얼리즘은 그에게 스튜디오의 조작성을 거부하도록 가르쳤고, 그의 카메라가 실제 세계에 다가서도록 연마시켰다. 하지만 네오리얼리즘 감독들이 카메라의 직접적인 기계적 미메시스 앞에서 진실이 스스로 모습을 드러낼 것이라고 확고하게 믿었던 반면, 안토니오니는 진실의 추구를 문제적이며 필연적으로 부분적이고 잠정적인 성격의 과업으로 간주했다. 실재에 단련된 그의 카메라는 우리에게 직접적인 설명을 제시하지 않고, 신중하게 에두르고 집요하게 관찰하며 대상의 모호한 얼굴을 탐색한다. 네오리얼리스트들이 앙드레 바쟁의 말대로 "현실 자체에 믿음을 두었다"면, 안토니오니는 현실에 대한 어떤 전망도, 그것에 대한 어떤 설명도 질문에 부친다. 안토니오니의 영화에서, 적확하게 관찰된 하지만 불확실성투성이인 세계의 외양은 모종의 위협 아래 놓인 것처럼 보인다. 루크레티우스가 말한 비밀스러운 폭력이 언제나 유예의 이미지들을 뚫고 나오기라도 할 듯이 말이다.

행동보다는 장소가, 사건보다는 상황이 안토니오니의 주된 관심사다. 선명하게 촬영된 여름의 시칠리아, 밀라노, 로마라는 장소의 표정과 환경이 〈정사〉, 〈밤La Notte〉, 〈일식〉의 심장부에 있는 것이다. 이 3부작은 1960년대 초 안토니오니에게 사건 장면은 짧고 공간 장면은 긴 영화의 작가라는 명성을 안겨주었다. "어떤 일도 발생하지 않으리라. 장소 외에는." 말라르메의 시 〈한 번의 주사위가 결코 우연을 없애진 못하리라Un coup de dés jamais n'abolira le hasard〉에 나오는 이 구절을 영화적으로 구현한 인물이 안토니오니라고 해도 좋을 것이다. 연극 무대에서 행동은 장소로부터 분리되며 회화에서 공간은 시간으로부터 분리된다. 드라마적이며 회화적이기도 한 영화에서는 행동과 장소, 공간과 시간이 통합될 수 있다. 안토니오니는 드라마 작가보다 화가에 가깝긴 하지만 그의 영화에서 장소의 이미지는 정적이거나 묘사적이지 않으며 오히려 행동 감각에 의해 활성화된다. 물론 이때의 행동은 그 순간 무언가 벌어지고 있는 것이 아니며, 〈일식〉의 시작 장면에서와 같은 모종의 행동의 흔적이 혹은 행동의 임박한 혹은 잠재적 발생 신호가 매 순간 울려 퍼지는 그러한 행동이다.

안토니오니 영화에서 시간은 바로 그 순간의 시간이며, 바로 그 순간의 공간을 음미하는 시간이다. 대부분 영화에서 그러하듯 플롯의 우선권에 종속되는 드라마적 시간이 아닌 것이다. 안토니오니의 시간은 다음에 무엇이 오는가에 관련된 시간이 아니라, 현재의 시간이며 선형적 시간이 아니라 망설이는 시간이다. 각 순간은 현존과 가능성의 많은 선들의 교차점이 된다. 다음의 상황으로 서둘러 이행하려 하지 않는 이 유예의 시간은 우리에게 극 중 인물들과 그들의 삶에 내재한 생략되지 않은 간격 혹은 사이 시간을 고스란히 공유하도록 이끈다. 우리는 그들의 시간에 잠겨 있다고 느끼면서, 그들과 함께 그들의 경험 세계의 일부에 거주한다고 느끼게 된다. 이것은 드라마적 시퀀스가 거의 없는, 여파와 기다림과 유예와 사건 부재의 사이 공간의 지속이며, 타인에게라면 별다른 의미가 없을 지극히 사적인 경험을 공유한다는 감각을 우리에게 안겨준다. 안토니오니 영화에서 공유된 사이 시간은 그들을 우리가 잘 안다는 느낌 없이도, 또한 우리가 굳이 그들의 입장이 되어 보려고 애쓰지 않아도, 안토니오니의 캐릭터인 이방인들과 기묘한 친밀감을 갖도록 이끈다. 다만 이 친밀감은 탐색자의 거리감과 결합한 친밀감이다. 그러한 밀고 당김이 모더니즘의 특징이다. 공감의 충동을 불러일으키는 몰입으로 당기는 것, 그러한 충동을 보류하도록 미는 것, 이 양자의 작용은 우리를 안온한 미학적 거리가 아니라 몰입과 소격이 공존하는 불안정한 자리로 초대한다.

길게 늘어뜨림과 갑작스러운 단절이 안토니오니의 특징적 리듬이다. 망설임과 중단, 지체와 생략, 정교한 페이스와 불안정한 싱커페이션의 움직임이 이 리듬을 구성한다. 보통의 경우 영화의 한 숏은 대상을 명료하게 보여 주는 데 필요한 시간만큼 지속되며, 드라마적 계기 혹은 적절하다고 간주되는 인상을 제공한다. 안토니오니의 거의 모든 숏은 그보다 오래 지속되어, 우리는 다시 보고 그 이미지를 숙고함으로써 첫인상을 수정하도록 요청받는다. 하지만 우리가 수정된 인상에 안착하는 시간을 갖기 전에, 컷 혹은 움직임이 우리의 시야를 다시 이동시킨다. 자신의 이미지들에 대한 안토니오니의 숙고는 그들의 구성이나 그들을 통해 전달되는 내용에 국한되지 않고, 영원한 물음을 즉 그 이미지들의 연쇄가 주의를 환기하며 제기하는 물음을 촉발한다. 우리가 일단 그의 리듬에 진입하기만 하면, 안토니오니 영화의 페이스는 느리다기보다 오히려 빠르게 느껴진다. 그의 편집을 작동케 하는 리듬이 그의 플롯과도 연관된다. 〈일식〉의 플롯은 서성이고 우회하다가 결론에 이르기 전에 갑자기 중단된다. 결말 시퀀스에서 시간은 희망적이면서도 불길하게 느껴지는 불완전한 기대감과 함께 흐른다.

〈일식〉은 근사하게 배치되어 얼마간 지속하는 일종의 정물 장면으로 시작된다. 카메라는 프레임의 오른쪽 아래에 진열된 서적들, 왼쪽 윗부분의 그림자가 드리운 램프를 거쳐 서적들을 무심하게 비춘 뒤 곧 온전히 드러날 하얀 형상을 보여 준다. 그 형상의 진동이 카메라의 오른쪽으로의 가벼운 패닝을 촉발하고 곧 하얀 옷소매에 감싸인 남자의 팔이 등장한다. 비완결적이고 불안정한 그리고 화면 외부의 것들로 곧 수정될, 짧은 조화의 순간들로 이뤄진 이런 구성은 안토니오니 영화의 전형이다. 그러니 이것은 발견으로 이끄는 움직임으로 전환되는 정물성이다. 침울해 보이는 흰 셔츠의 남자는 자신에게 어떤 말도 하지 않고 그를 쳐다보지도 않는 젊은 여인을 조용히 바라본다. 미지의 두 인물의 교차하는 그러나 마주 보지 않는 시점을 통해 우리는 급작스럽게 이 장면에 진입한다. 그리고 시각적 정보들이 맞춰지면서 이 장소가 모던하고 잘 꾸며진 교외에 있는 남자의 주택임이 점차 드러나고, 우리에게는 시작인 이 끝 장면으로부터 우리는 그들의 드라마를 추론할 수 있게 된다.

차츰 알게 되는 것은 그 젊은 여인 비토리오(안토니오니 영화에 세 번째 출연한, 섬세한 열정을 매혹적으로 연기하는 모니카 비티)는 이 남자를 더 이상 사랑하지 않기로 했으며, 결별을 통보하기 위해 여기 와 있다는 것이다. 자신의 소유물을 잃을 상황에 심술궂게 저항하듯이, 남자는 여자의 손과 얼굴 그리고 탁자와 의자 사이로 드러난 다리를 응시한다. 그는 여자에게 더 상처를 주려는 듯 혹은 자신의 상처는 숨기고 위엄을 유지하려는 듯한 모습을 보인다. 약간의 유머를 보태 말한다면, 이 시퀀스에서의 그 남자는 남성적 파토스의 완벽한 사례이며, 그의 진지함은 그의 가식적 자세와 분리될 수 없다. 〈정사〉의 사라진 안나와 비슷하게, 이 남자는 자신을 중심인물로 드러내는 오프닝 시퀀스 이후에는 하나의 기억으로서밖에는 거의 아무런 역할을 하지 않는다. 안토니오니의 후기 영화 〈패신저 The Passenger〉(1975)에서 남녀가 주고받는 대사를 인용해 보자. "사람들이 매일 사라져요." 그리고 "매번 그들은 방을 떠나지요."

광경, 창, 거울, 그림으로 향하는 시작 장면은 안토니오니가 〈일식〉의 오프닝 시퀀스에서 많은 변주를 시도하는 그의 테마 하나를 보여 준다. 창 혹은 그림과 그것의 구획된 프레임, 그것의 닫힌 윤곽선을 동반하는 오프닝은 시선을 제한하고 관람자로부터 그것을 분리한다. 우리가

〈일식〉. 비토리아가 창문 밖을 바라본다.

처음 비토리아를 볼 때 그녀는 빈 액자를 들고 그 안에 무언가를 채워 넣는다. 불면의 밤이 남긴 꽉 찬 재떨이를 치우고 로마 교외에 있는 남자의 집을 장식하는 현대 미술의 한 예시인 작은 조각품을 액자 가운데 둔다. 영화감독과 마찬가지로 그녀는 영화의 프레임을 연상케 하는 빈 액자에 기호들을 배치한다. 그 프레임은 어디로든 움직일 수 있지만 오직 그 경계 안에서만 한 번에 세계의 작은 한 조각만을 채울 수 있는, 그리고 감독의 선택에 따라 금방 비워지고 다시 채워지는 장방형의 세트와 같은 것이다. 이 오프닝 시퀀스의 거의 모든 숏의 프레임 안에 모종의 프레임이 등장하며, 종종 프레임들의 조합도 등장한다. 벽에 걸린 크고 작은 그리고 추상적이고 사실적인 그림들 혹은 이 주택 도처에 있는 현대식 장방형과 깔끔한 경계선들은 시야를 구획하는 견고한 틀을 제공한다.

선풍기는 돌고 있고, 전등은 여전히 켜져 있으며, 커튼은 여전히 내려져 있다. 비토리아가 커튼을 들어 올려 아침 햇살을 받는 나무들을 바라볼 때까지 자연은 이 주택으로부터 차단된 것처럼 보인다. 창유리는

〈일식〉. 떠나는 비토리아.

여전히 그녀를 외부로부터 분리하고 있지만, 그 표면에는 밝아오는 신록의 나무들과 그녀의 반사 이미지가 중첩된다. 비토리아는 커튼을 더 열고 모던한 대형 창문을 통해, 즉 액자 속 그림을 보듯 창문을 통해 바깥을 바라본다. 실외를 향한 창의 투명성은 실내를 구획하면서 동시에 유리를 통한 자유로운 조망을 제공함으로써, 열림과 가능성의 외양을 전시한다. 그녀가 실내의 전등을 끄자, 실외의 광경은 스크린에 투사된 영상처럼 보이게 된다(《밤》[1960]은 카메라가 밀라노의 한 마천루의 유리 벽을 따라 계속 내려가는 장면으로 시작되는데, 이 영화는 유리 건축물에 대한 안토니오니의 가장 예민한 성찰이다). 마침내 고갈된 로맨스의 우리를 부수고 나온 비토리아는 뒤돌아 정면의 목재 문을 향하는데, 이 문은 위쪽에 선 그녀의 형상을 제외하면, 스크린을 평면적으로 가득 채운다. 그녀가 떠나려 하고 문은 커튼처럼 열린다. 화면은 남자에게로 컷하는데, 남자는 그의 뒤에 있는 대형 표현주의 추상화 프레임 안에 놓여 있다. 여자 뒤로 문이 닫히자 남자가 흐린 조명 속에 서 있다. 밖으로 나간 여자가 계속 걸어가 정문을 통과한 뒤, 스크린을 비스듬히 가로지르는 정문 윗부분의 수평 개방부가 멀리 있는 나무들을 프레이밍한다.

　D. W. 그리피스는 영면이 얼마 남지 않은 시점에, 즉 영화 이력은 이미 오래전에 끝난 그 시점에, 영화는 자신의 시대에 영화가 가졌던 것, 즉 나무에 이는 바람의 아름다움을 원한다고 말했다. 〈일식〉에 묘사된 로마 교외의 나무들보다 더 아름다운 나무는 어떤 영화에도 없다. 심지어 〈진실한 마음의 수지True Heart Susie〉(1919)에 나오는 그리피스의 목가적 풍경에도 없다. 물론 그리피스가 담아낸, 바람에 흔들리는 나뭇잎들은, 릴리안 기시가 분한 수지의 여림과 같은 지속적인 연약함을 통해 변화의 덧없음과 영원성에 대한 감각을 불러일으킨다. 이 목가적 나무들은 그 흔들림을 통해 강인함을 동시에 드러내고, 폭풍우와 겨울을 견디고도 꽃을 피워내는, 끝없는 변화 속에서 유지되는 자연의 지속성을 암시한다. 〈일식〉에 등장하는, 불안정하지만 활달하며 두려움을 감춘 아름다운 색감의 근교 나무들은 바람에 흔들리며, 자연의 가변성뿐만 아니라 두려운 불확실성을 전하는 듯하다. 동요하는 나뭇잎들은 여름과 태양도 잠재울 수 없는 불안을, 모니카 비티가 분한 비토리아의 연약함과 같은, 지속되는 혹은 지속되지 않는 연약함을 환기한다.

　자신의 세계 안에 그리고 그 세계의 주민들 속에 있지만 비토리아는 자신이 외국에 있는 것처럼 느낀다. 안토니오니의 카메라 그 자체와 마찬가지로 그녀는 세상을 이방의 탐색자처럼 혼란스러운 호기심의 눈으로 바라본다. 그녀는 채트먼이 안토니오니 영화에서 "목격자witness"라고 부른 유형의 캐릭터다. 하지만 카메라는 그녀로부터 일정한 거리를 유지한다. 간혹 근접하긴 하지만 그녀의 시선으로부터 갈라서거나 멀어진다. 비토리아는 남자의 집을 떠난 뒤, 유리로 둘러싸인 인근의 현대적 건물인 그녀의 아파트에 홀로 도착한다. 우리는 바깥에서 창문을 통해 실내의 비토리아를 지켜본다. 카메라가 그녀를 따라 왼쪽으로 팬하고 벽을 지나간다. 그리고 우리는 이제 두 번째 창문에 나타난 비토리아를 지켜보는데, 그녀는 시선을 왼쪽으로 향한 채, 세 번째 창문을 통해 바람 속의 나무들을 바라본다. 화면 왼쪽을 채운 이 나무들은 벽의 가장자리와 스크린의 왼쪽 가장자리로 이뤄진 네 번째 창문과도 같은 프레임으로 우리에게 나타난다. 우리가 그녀를 바라보는 스크린이라는 창을 반복하는 이런 다양한 창들을 통해, 우리는 관객으로서의 우리의 자리를 반복하는 안토니오니의 목격자인 그녀를 지켜보며, 또한 우리는 그녀가 또 다른 창을 통해 바라보는 나무들의 흔들림을 지켜본다. 시작 시퀀스의 이 마지막 숏은 안토니오니 영화에서 목격자의 자리에 대한 전형적인 사례로서, 이 영화의 시선의 문제를 요약한다. 비토리아가 이방인의 시선으로 바라보듯, 우리는 주변 환경뿐만 아니라 비토리아를 이방인의 시선으로 바라본다.

르네상스 원근법의 주창자인 알베르티 이후, 회화는 우리를 현실로부터 분리하면서 동시에 현실을 바라볼 수 있게 하는 창에 비유되어 왔다. 리얼리티의 재현이라는 면에서 회화보다 훨씬 몰입적이긴 하지만 영화는 그럼에도 불구하고 스크린이라 불리는 창을 통해 대상을 시각화하며, 스탠리 카벨의 표현으로는 스크린한다. 안토니오니는 우리의 주의를 프레임으로 이끌면서, 즉 우리가 세계에서 분리되어 있다는 사실을 환기시킴으로써, 모더니즘의 방식으로 영화라는 매체와 그것의 매개 작용을 노정한다. 장방형의 프레임과 개인의 원근법적 시야라는, 영화 이미지를 구성하는 두 가지 형식적 원칙이 르네상스 이후의 서양 회화의 전통에서 유래되었고, 영화 카메라에 의해 유동성을 부여받았음을 안토니오니는 자기만의 방식으로 드러낸다. 무언가가 새겨진 표면이 회화라면, 유동하는 프레임과 시야가 영화라고 할 수 있다.

1950년대 영화에서 안토니오니는 적은 수의 컷, 그리고 더 적은 수의 클로즈업, 유영하는 카메라, 끊임없이 재액자화하는 액자화, 스크린 외부를 활성화하는 공간, 자율적이며 탐색하는 의식으로서의 유동적 시점을 통해 롱 테이크의 테크닉을 확립했다.[●] 안토니오니 특유의 카메라는 한 캐릭터를 따라가다가 도중에 마주친 다른 캐릭터로 이동한다. 다른 방향으로 이동하기 전에 카메라는 잠시 멈춰 섰다가 다시 제3의 캐릭터와 마주친다. 그러는 동안 첫 번째 캐릭터는 이어진 숏의 먼 후경에 재등장하기도 한다. 주의를 이동시키는 연출, 즉 카메라 자신의 응시 경로와 여러 갈래로 교차하며 드러나는 경로들과 출구들과 입구들의 배열은 종종 드라마를 중심화하면서 이미지를 부차화하기도 하고 반대로 드라마를 부차화하고 이미지를 중심화하기도 한다. 안토니오니의 이런 연출 방식은 우리가 어디에 주의를 향해야 할지 질문을 제기한다. 우리는 그것이 그의 선택임에 주목하게 된다. 우리의 눈을 이끄는 프레이밍과 시야의 특정한 연쇄가 또 다른 것이 될 수도 있었을 그 선택을 주목하는 것이다. 〈정사〉와 그 이후의 영화에서 안토니오니는 대립적인 것들을 조합한다. 탐색의 움직임과 간결한 컷, 급작스러운 시선 이동과 유연한 흐름, 우리가 되돌아보도록 만드는 성찰적 정지의 순간과 우리에게 새로운 시야를 연이어 제시하는 현저히 다른 측면들의 불연속적 연쇄를 결합하는 것이다.

자신의 재현 및 표현 수단들을 우리가 인지하도록 이끌지만, 안토니오니의 관심사는 형식의 문제에 국한되지 않는다. 위대한 모더니스트들이 그러하듯, 그 도구에는 의미가 함축되어 있고 종종 은유가 담겨 있다. 〈정사〉에서 안나가 사라진 황량한 화산섬의 빈 공간은 형식적 은유의 좋은 사례다. 형상이 섬세하게 포착된 빈 공간은, 실종자를 찾아 섬 전체를 뒤지는 캐릭터들과 카메라의 엇갈리며 교차하는 행로를 통해,

---

[●] 채트먼은 안토니오니의 1950년대 작품들을 경시한다. 하지만 〈어느 사랑의 연대기〉, 〈동백꽃 없는 숙녀 *La Signora senza camelie*〉, 〈여자 친구들〉과 같은 걸출한 영화가 그 연대에 태어났다. 이 작품들을 〈정사〉를 위한 습작으로 간주하는 것은 결코 온당치 못한 일이다.

불일치의 안무라고 불릴 만한 것을 보여 준다. 빈 공간을 형상화하고 사이 공간을 탐지하는 그리고 이 영화의 다른 대목에서도 실행되는 이런 창의적 방식은 이 섬을 부재와 이질성의 장으로 그리고 사라진 존재에 대한 탐색의 장으로 제시하는 것이다.

〈일식〉의 오프닝 시퀀스에서 두드러지며 이후 반복적으로 등장하는 프레임 내부의 프레임은 인물들의 상호 소외를 의미하며 동시에 영화라는 매체의 필수 형식인 프레임 자체를 관객 자신의 소외의 은유로 만든다. 첫 장편이며 금지된 사랑의 이야기인 〈어느 사랑의 연대기〉(1950)에서 후경의 소실점을 향해 모여드는 원근법의 선들이 강조되는데, 이 선들은 재현된 심도 공간으로 우리의 주의를 이끌 뿐만 아니라 그 선들 자체와 수렴하는 선들의 형상에도 유의하도록 만든다. 이를 통해 선형의 원근법이 바로 깊이를 재현한다는 사실을 인지하도록 이끄는 것이다. 곧 합쳐질 것처럼 보이지만 소실점이라는 어디에도 없는 곳을 향해 한없이 뒤로 물러나고 있는 선들은 이 영화의 금지된 연인들의 상황을 상징한다. 이들은 과거를 반추하고 미래를 염려하지만, 현재는 무기력과 행동 상실의 드라마를 상연할 뿐인 것이다.

모더니즘은 내용에서도 형식에서도 소외의 예술이다. 샤를 보들레르Charles Baudelaire, 플로베르, 마네, 19세기의 수도의 시민들, 자신의 삶에서 소외와 조우하며 근대의 삶을 그린 화가들에게서 모더니즘이 시작되었다. 《보바리 부인》 혹은 《억척 어멈과 그 자식들》에서 그리고 마네의 술집 종업원 그림에서 혹은 〈정사〉 혹은 〈일식〉에서 모더니즘은 소외의 형식을 통해 소외된 주체를 제시한다. 브레히트가 '소격 효과'라고 부른 계획된 소외를 통해 소외를 그려내는 것이다. 상처에 모욕을 가하는 방식이 아니라, 상처에 대담함으로써 즉 자기 반영적 예술의 비판적 비전을 통해 복합적 공감을 제시함으로써 그렇게 한다. 모더니즘이 확립한 소외의 형식, 그리고 모더니즘이 강조하는 인위성과 리얼리티의 분리는 소외된 주체에 대한 분리된 반응을 불러온다. 플로베르는 자신을 보바리 부인에게 동일시하면서 동시에 동일시하지 않았고, 그의 소설은 이를 통해 그 균열을 명료화했다. 또한 브레히트가 억척 어멈에게, 마네가 종업원에게, 안토니오니가 모니카 비티 캐릭터들에 대해 그렇게 했다. 모더니즘은, 우리에게 소외에 동일시되게 하는 게 아니라, 그것과의 거리를 형성해 질문을 제기하는 것이다. 물론 그 거리는 편안한 거리는 결코 아니며 우리는 그것으로부터 초연할 수 없다. 레이먼드 윌리엄스는 이렇게 썼다. "브레히트는 우리가 소외된 세계에 접속하면서 소외된 의식을 작동시키도록 한다."[280] 소외된 의식이 작동시키는 질문의 행위야말로 모더니즘에서 의식된 표현 수단 자체가 표현하는 것이다.

카메라가 대상의 외양을 직접 포착하기 때문에 객관적이라고 말할 수도 있지만, 어떤 의미에서는 항상 주관적이기도 하다. 대상이 개별적 관찰자의 시점으로 보이는 대로 묘사되기 때문이다. 이 관찰자가 영화의 한 인물로 제시되든 아니든, 카메라는 개별자의 시선과 지각을 모방하면서 작동하는 것이다. 스크린 외부의 무언가를 향한, 특정 인물의 응시를 본뜬 관습적인 주관적 카메라는 컷의 방식으로 응시의 객체로 방향을 돌리며 캐릭터의 눈을 통한 시점 숏을 제공한다. 이 시점 숏은 응시 행위가 초래한 주관적인 숏으로 설정되며, 대개는 또 한 번의 컷을 통해 응시 주체의 숏이 뒤따른다. 응시 주체를 괄호 친 주관적 숏들과 객관적인 숏으로 추정되는 그 외의 숏들의 이런 관습적 경계를 안토니오니는 교묘하게 분쇄한다.

〈일식〉의 한 장면에서 비토리오는 호기심 어린 얼굴로 주식거래소에서 돈을 잃은 키 작은 남자를 따라간다. 남자는 진정제를 사러 약국에 들른 뒤 약을 먹기 위해 카페에 가서 물을 시킨다. 비토리아는 그를 따라 약국과 카페에 가는데, 그녀의 시선은 스크린 외부의 정면을 향해 있다. 영화는 다시 리버스 앵글로 컷한 뒤 야외 테이블에 앉아 미네랄

워터를 주문하는 남자를 주관적 시점 숏으로 보여 준다. 이 장면은 관습적인 주관적 시점 숏으로 시작되지만 응시하는 비토리아의 시선으로 되돌아가는 관습적인 컷을 택하지 않는다. 대신 영화는 그녀가 카메라 뒤쪽으로부터 걸어 나와 자신의 주관적 시야의 정해진 영역을 침범하는 잉여의 순간까지 이 숏을 지속시킨다. 비토리아는 남자가 앉은 테이블 가까운 곳까지 걸어가는데, 이 대목에서 그녀는 자신이 호기심을 가졌던 대상과 같은 자리를 점하는 것으로 보인다. 남자가 자리를 뜨자 비토리아는 남자의 자리에서 종이쪽지를 집어든 뒤 그가 꽃을 그리고 있었음을 알게 된다. 여인의 눈을 통한 시점 숏으로 시작한 장면이 단절 없이 여인의 호기심 어린 시선이 자신을 향하는 숏, 더 이상 주관적이라고 말할 수 없지만 주관적 관찰의 인상이 여전히 남아 있는 숏이 되어 버리는 것이다. 인물의 응시 숏에 이어 응시의 객체 숏이 뒤따랐지만, 이 주관성은 이제 카메라 자신의 탐색적 시선에 속해 있는 것이다. 수정되고 재설정된 시점 숏들은 안토니오니 영화에 종종 등장하며, 관습적인 시점 숏은 오히려 드물다.

우리가 시야의 국부성과 주관적 시점의 특정성을 인식할 때 그리고 불완전함이 스스로를 드러내고 있음이 감지될 때, 즉 감각과 추론의 활동 공간을 남겨 두는 하나의 시선이 지닌 불충분함이 감지될 때, 주관성의 인상이 떠오른다. 보통의 경우 한 편의 영화는 그런 국부성과 불충분의 감각을 주관적 시점 숏에서 한 인물의 물리적 한계와 연관시킨다. 소설에서 한 캐릭터의 말이 내레이터의 지배적 말과 전혀 다른 것처럼, 관습적인 시점 숏은 스토리텔링을 지배하는 시점과는 별개의 주관적 순간들로 제시된다. 안토니오니의 첫 컬러 영화이며 컬러가 신경증적 주인공의 의식과 연관된 〈붉은 사막Il deserto rosso〉(1964)을 논하면서 파졸리니는 이 영화의 기법을 소설에서의 자유 간접 화법에 비유했다. 자유 간접 화법은 한 캐릭터의 말이지만 직접적인 인용이 아니라, 내레이션 내부로 통합되면서 작가 혹은 내레이터의 언어와 캐릭터의 언어 및 의식이 뒤섞인 발화를 뜻한다.[281] 안토니오니의 영화 언어는 한 인물이 보는 것을 직접 재현하는 한정된 시선이라는 컨벤션으로부터 자유로운 주관성을 정교하게 탐색한다. 대개의 스토리텔링에서 일반적인 우월적 앎의 지배적 지위를 거부하면서, 그의 카메라는 지배하기보다는 탐색하며 언명하기보다는 질문한다. 특정 캐릭터의 주관성을 지속해서 반영하지 않으면서도 여느 캐릭터의 시점만큼이나 주관적으로 느껴지는 시점 숏을 통해서 그렇게 한다. 주인공의 불안에 거의 몰두하는 표현주의적 작품인 〈붉은 사막〉은 안토니오니의 영화 중에서도 특별한 경우다. 그의 전형적인 기법은 캐릭터에의 몰입과 그와의 초연한 거리의 감각 사이를 교묘하고도 예측 불가능하게 오가는 것이다. 종종 특정 캐릭터의 시선을 연계시켜 그로부터 잠정적인 주관적인 색조를 획득하는 안토니오니의 카메라는 그 연계의 안과 밖을 유려하게 오가며, 그 과정에서 지각 작용을 재점검함으로써 각 시점이 개별자의 제한된 시선에 가까운 것임을 우리가 알아차리도록 이끈다. 안토니오니의 카메라가 제시하는 각 시선은, 그것이 한 캐릭터의 지각에 가까운 것이든 아니면 그와 별개의 것이든, 주관성의 인상을 전달한다. 때로는 인물들의 시점과 연계되고 때로는 그것과 절연하는 이 지배적 주관성은 무엇보다 카메라 자신의 시점에 귀속한다.

새벽에 결별하고 저녁에 귀가한 비토리아는 자신을 태워다 준 친구와 얘기를 나누다, 이웃에 살지만 잘 알지 못하는 케냐 여인에게서 온 전화를 받는다. 비토리아와 친구는 창문으로 다가가서, 어두운 거리 너머의 발코니에 서 있는 그 이웃을 (관객과 함께) 본다. 여기서 이웃 여인으로 추정되는 인물의 시점으로 컷하는데, 시점의 주체가 전혀 드러나지 않은 상태여서 이 시점 숏은 유령적이다. 비토리아와 친구를 향한 이 이방인의 시점은 어둠 속에서 창문에 비친 두 사람의 왜소한 실루엣으로

〈일식〉. 세계가 돌아본다. 두 개의 프레임: 비토리아와 친구들이 바깥의 이웃들을 바라보는 숏에서, 이웃들이 두 여인을 바라보는 시선의 숏으로 컷한다.

이방인의 시점

드러난다. 창문을 통해 두 사람이 주관적 시선으로 외부의 세계를 바라본 다음, 이제 세계가 주관적으로 두 사람을 바라보는 것이다. 그 효과는 세계가 멀리서 우리를 바라보는 것처럼 우리가 갑작스럽게 우리를 바라보는 느낌이다.

안토니오니 영화에서 몰입을 이끄는 한 가지 요소는 그의 예민한 다큐멘터리적 감각, 다시 말해 압도적 실재감을 지닌 외양 묘사 혹은 사물의 촉감이다. 물론 영화는 시각적이고 기록적 매체이며 카메라 앞의 리얼리티를 직접 전사한다. 하지만 안토니오니만큼 회화적 배치와 리얼리티의 외양에 동시에 몰두하는 감독은 극히 드물다. 〈일식〉은 그의 영화 중에서도 다큐멘터리적 감각이 가장 선명한 작품일 것이다. 로마 중심가에 있는 주식거래소 장면을 위해 안토니오니는 실제 주식 중개인들을 고용해 그들이 쉬는 날에 그들의 일터에 모이게 했고 배우들은 그들 사이에 섞이게 했다. 픽션의 그림자가 다큐멘터리에 드리우게 한 것이다. 어떤 이들은 이 시퀀스들이 너무 길다고 불평했는데, 드와이트 맥도널드Dwight Macdonald도 그들 중 하나다. "나는 요점이 무언지 바로 알아차렸다." 하지만 그가 바로 알아차렸다는 요점은 활개 치는 자본주의에 대한 안토니오니의 냉소적이라기보다 탐색적이고 비판적인 관찰을 고삐 풀린 탐욕에 대한 고발로 단순화한다. 확실히 이 시퀀스들에는 빠르고 공격적인 활동이 가득하다. 하지만 이 시퀀스들은 비토리아의 이야기 배경이라고 해도, 관객인 우리도 그녀처럼 호기심 어린 외부자의 시선으로 바라보는, 그리고 부분적으로만 이해되는 수많은 사건을 지닌, 어딘지 성긴 전경을 펼친다. 새벽에 시작된 장면은 낮으로 이어지고, 비토리아는 방금 끝난 연애에 대한 얘기를 나누고 싶어서 어머니를 찾아 주식거래소에 간다. 하지만 어머니는 주식에 너무 몰두해 있어 사적인 이야기를 나눌 수 없다. 주식거래소의 소란 와중에 비토리아의 사적인 이야기에서 중요한 일이 일어나는데, 비토리아가 새로운 연애를 시작하게 될 젊은 주식 중개인 피에로(알랭 들롱)를 만나는 것이다.

새벽, 낮, 집에서의 저녁 그리고 케냐 출신의 이웃 방문하기: 이 영화에서 우리는 태양의 움직임을 느낀다. 안토니오니가 필름에 담았으나 결국 삭제한 자연 현상을 제목으로 삼은 〈일식〉은 카벨이 썼듯 "세계의 절반은 항상 세계 자체에 의해 어둠에 잠겨 있음을 상기시킨다."[282] 태양, 낮의 시간, 1년의 시간, 따뜻한 날들과 여름의 달콤한 저녁들, 나무들, 대기의 감촉: 이 영화에서 우리는 도시와 교외 생활에 존재하는 자연의 리듬과 촉감을 느낀다. 자연과 문화의 대조를 돌출시키는 대신, 안토니오니는 그들의 상호 침투와 상호 작용을 보여 준다. 어떤 자연도 문화적이지 않을 수 없는데 우리가 문화를 통해 자연을 감상하기 때문이다. 또한 어떤 문화도 자연적이지 않을 수 없는데 우리가 자연을 통해 문화를 구축하기 때문이다. 〈일식〉은 우리가 보고 있는 것이 한 편의 영화일 뿐임을 지속해서 상기시킨다. 한 편의 영화에서 우리는 인위적 장치를 통해 자연을 감상하며, 그 영상은 자연으로부터 직접 구축된 다큐멘터리적 영상이다. 거의 모든 영화가 수행하는 다큐멘터리와 시각 예술의 조합(안토니오니 영화에서 양자는 동등하게 강조된다)을, 안토니오니는 자연과 문화의 상호 작용에 대한 은유로 만들어 낸다.

케냐 출신 이웃의 아파트에 있는 많은 사진과 소품들은 유럽 교외의 거주 공간에 수집된 아프리카의 흔적들이다. 이는 비토리아로 하여금 흑인 분장으로 창을 들고 아프리카 토속 음악에 맞춰 춤을 추면서 아프리카 원주민 흉내를 내도록 이끈다. 이 행위는 그녀의 관능과 함께 보다 단순하고 보다 자연적인 삶에 대한 그녀의 판타지를 표현한다. 비토리아의 원주민 시늉은 주식거래소의 문명화된 인간에 대비되는 보다 자연적인 인간의 상징을 향한다고 볼 수도 있다. 하지만 여기서는 그 역이 더 정확할 것이다. 주식거래소는 그릇된 방향이라 해도 엄청난 인간적 에너지를 불러일으킨다. 비토리아의 원주민 시늉은 자연 그 자체가 아니라 문명인이 조작한 자연으로의 회귀라고 봐야 한다. 다음 장면에서 비토리아는 이웃의 사라진 검은 푸들을 찾아다니다 어두운 하늘을 배경으로 늘어서 바람에 흔들리는 깃대들, 즉 고정된 수직선의 기묘한 흔들림을 만난다. 어둠을 뒤에 두른 이 창백한 수직선들은 우리가 낮에 보았던 나무들의 유령 혹은 골격과 같은 음화이며, 바람을 맞는 나무의 모던한 추상이다.

깃대들이 스크린의 왼쪽 경계선과 나란히 서 있고, 오른쪽으로는 활주로가 소실점을 향해 뻗어 있는 이 장면에서, 이륙 중인 작은 비행기의 날개가 보이더니 바로 다음 날로 넘어간다. 이는 망설임과 생략을 오가는 안토니오니의 전형적인 편집 방식인데, 영화는 비토리아의 경험의 한 조각을 통해 그녀를 따라가다 갑자기 그녀가 새로운 인물처럼 느껴지는 또 다른 조각으로 이행한다. 비행기에 앉은 비토리아는 편안해 보인다. 그녀는 문화의 도구를 통해 보여지는 자연인 구름을 내려다보고, 곧 도착하게 될 아담하고 소박한 지방 공항을 쳐다본다. 비토리아의 들쑥날쑥한 여정이 이르는 곳은 목가적 장소다. 카메라는 그녀 시점의 안과 밖을 수시로 오간다. 공항의 야외 카페에 편안히 앉은 비토리아는 스크린 외부의 무언가를 바라본다. 여기서 컷하면 관습적인 시점 숏이 아닌 숏으로 넘어간다. 며칠이 지난 시점에 주식거래소에 있는 피에로와 그의 상사가 등장하는 것이다.

지금까지 영화는 비토리아를 따라왔지만, 이제 피에로로 옮겨와 더욱 광적으로 보이는 주식거래소 시퀀스로 이행한다. 막을 내린 연애의 적막 다음에 처음 등장했던 떠들썩한 주식거래소가 평화로운 공항의 적막 다음에 다시 등장하는 것이다. 내부인인 피에로가 우리를 주식거래소로 인도하지만 우리의 시선은 여전히 외부자의 자리에 머문다. 무언가 광폭하게 진행되지만 우리는 그것에 대해 잘 알 수 없는 것이다. 우리는 비토리아를 그리워하게 된다. 그녀가 여기 있다면 외부자이자 목격자인 그녀의 자리가 이 막막한 돈의 바다에서 우리에게 일종의 정박지가 되어 줄 수 있기 때문이다. 비토리아의 이야기로부터의 이 이탈은 그 자체가 하나의 이야기로 꾸려질 때까지 계속된다. 영화가 비토리아가 아닌 피에로를 주인공으로 다시 시작하는 것처럼 보이는 것이다.

주식 시장이 악화될 무렵 비토리아의 어머니가 도착한다. 잔인한 돈의 바다를 누비던 카메라는 한 숏에서 피에로와 말을 나눈 뒤 계속 걸어가면서 신경질적으로 입술을 깨무는 그녀를 따라간다. 후경에 피에로가 다시 등장해 반대 방향으로 달려가고, 카메라는 방향을 바꿔 빠르게 그의 뒤를 따른다. 이 숏은 안경 뒤로 기묘한 긴장된 눈빛을 보여 주는 미지의 여인이 전경에 등장해 카메라가 잠시 멈출 때까지 지속된다. 비토리아가 도착할 무렵, 어머니는 누구보다 많은 돈을 잃은 상태다. 비토리아가 건물 밖에서 꽃을 그리는 남자 뒤를 따라간다. 하지만 아직까지는 비토리아 이야기로 돌아온 것이 아니라 여전히 피에로의 이야기가 중심인 것처럼 보인다. 안토니오니식 플롯의 움직임은 그의 숏들만큼이나 분산적이다. 주의의 대상은 수시로 이동하고, 중심과 주변은 계속 자리를 바꾼다. 안토니오니 영화에 플롯의 결함이 있다고 생각되어 왔다면, 이것은 주로 윌리엄 펙터가 말했듯이, "그의 이야기가, 채택되지 않은 수많은 내러티브의 길 중에서 거의 임의로 선택된 것임을 발견하게 되는, 즉 만든 것이 아니라 '찾아진found' 서사"[283]이기 때문이다. 산포와 탐색, 지연과 유랑을 특징으로 하는 안토니오니식 플롯의 길은 그 성질과 형태에서 지역의 풍경과 장소를 서성이며 응시하는 카메라의 길과 같다.

〈일식〉은 한 여자와 한 남자라는 두 독립적인 주인공을 지닌 현대 중산층의 피카레스크다. 두 사람의 동기와 궤적은 다르고 상호 보완적이면서도 양립할 수 없지만 종종 교차한다. 쓰라린 아침을 보낸 뒤 어머니를 찾아온 비토리아와 주식 중개인 피에로가 만나는 장면은 로맨스의 시작으로 보일 수도 있고, 이 하루 동안 이야기의 중간 휴식처럼 보일 수도 있다. 지칠 줄 모르는 젊은 남자는 일터에서 까탈스러운 고객들을 매력적으로 느껴지는 훌륭한 매너로 상대한다. 밤 10시가 지나서야 일을 마친 그는 충동적으로 비토리아의 동네로 차를 몰고 가서 주차한 뒤 거리를 걸으며 그녀의 집을 찾는다. 비토리아가 사는 건물에서 나오는 한 여인이 잠깐 그의 주의를 끈다. 여기서 비토리아의 이층 창문을 통해 보이는 전망의 숏으로 컷하는데, 아직 피에로가 비토리아를 만나기 전에 그녀의 시선으로 바뀌는 것이다. 비토리아는 떠나는 여인을 보고 있으며, 여인은 차를 타고 떠난다. 남자의 시선에서 여자의 시선으로의 이 갑작스러운 컷은 떠나는 여인이라는 이방인을 선회한다. 이 이방인은 두 분리된 응시를 하나의 교차점으로 모으는 것이다. 남녀의 시선이 모이는 또 다른 지점은 술 취한 남자인데, 그는 비틀거리며 비토리아의 창문 곁으로 다가서면서 피에로의 시선을 그녀 쪽으로 이동시킨다. 이 미래의 연인들은 내러티브를 분산시켰을 수도 있는 두 행인의 중재로 비로소 대면하게 된다. 술 취한 남자 역시 앞선 여인과 마찬가지로 차를 타고 떠난다. 그런데 이 차는 피에로의 스포츠카다. 남자는 근처에 있는 호수로 이 차를 몰고 가 자살한다. 이것은 다음 날 차와 남자가 인양되는 장면을 본 뒤에야 비토리아와 피에로가 알게 되는 사실이다. 안토니오니의 원래 계획은 두 사람이 이날 밤 차를 타고 호숫가로 가서 헤드라이트가 비추는 호수를 바라보는 것이었지만, 촬영 조건 때문에 포기했다.

안토니오니 영화에서 그의 카메라의 길이기도 한 이방인의 길은 근대적 삶의 시공간을 지도화하는 불안정한 상대론적 기하학이며, 예기치 못한 지점에서 마주치고 예상할 수 없는 방향으로 떠도는 정향과 탈정향의 선들의 망이다. 안토니오니에게 산란성distraction의 존중은 실패의 결과로 여겨지는 무언가가 아니라, 다양한 함의의 요구들에 응답하는 하나의 방식이다. 그 산란성은 외래적인 것일 수도 결정론적인 것일 수도 있으며, 중심과 주변의 구분 그리고 중대한 것과 사소한 것의 구분, 또한 본론과 여담의 구분을 무효화하는 모더니티에 의해 거듭해서 생성되는 것이다.

에피소드 중심적인 피카레스크 내러티브는 주인공이 드넓은 공간과 시간을 떠도는 이야기다. 아버지와 아들이라는 두 독립적인 주인공을 지닌 모던한 피카레스크인 조이스의 《율리시스》처럼 독립적인 두 남녀가 주인공인 〈일식〉은 전통적인 피카레스크의 공간과 시간을 압축하면서 유랑의 정신 혹은 삶의 무한한 가능성에 대한 탐구심을 계승한다. 이튿날 비토리아의 정면 트래블링 숏으로 기묘한 만남을 위해 사건 현장인 호수에 도착한 그녀를 보여 준 다음, 영화는 그녀 뒤쪽의 먼 지점으로 컷해, 비토리아와 피에로가 만나는 장면을 보여 준다. 이 갑작스러운 조망의 시야 안에는 두 사람뿐만 아니라, 그녀가 그를 만나기 위해 지나온 도로이자 전날 밤 만취한 남자가 차를 몰고 지나왔음이 분명한 도로가 눈에 띄게 드러난다. 미하일 바흐친Mikhail Bakhtin이 말했듯, 삶의 길이라는 표현은 피카레스크 내러티브에서 현실화되는 은유다.[284] 두 사람이 호수를 떠나 걸어가는, 그들의 정면을 머리 위쪽에서 잡은 트래블링 숏에서, 비토리아가 그 밑을 지나며 잠깐 잡아보는 상록수 가지들은 진전의 표시처럼 보인다. 특별할 것 없는 또 다른 교차로에서 피에로는 길 저쪽 편에 이르면 키스하겠다고 말한다. 여기서 그들 뒤를 따르던 카메라는 다시 정면으로 컷해서 두 사람을 머리 위쪽에서 찍는데, 이곳은

● 피카레스크 내러티브와 소설 일반에 등장하는 길의 크로노토프에 관한 바흐친의 논의를 따라, 나는 피카레스크라는 용어를 길 위를 떠도는 방랑자의 이야기를 지칭하는 확대된 의미로 사용한다.

〈일식〉. 키스에 이르는 도로의 하얀 선들.

긴 도로가 앞에 놓여 있으며 하얀 선들이 보이는 횡단보도 위다. 이 선들은 진전의 또 다른 표시다. 비토리아는 이 점을 강조하듯 도로 가운데 서서 반쯤은 유혹하듯 또 반쯤은 슬픈 표정으로 "우리는 절반쯤 건너왔어요"라고 말한다. 이 시퀀스의 특별한 것 없는 산책은 이 커플이 계획 없이도 높은 곳에서 관찰될 수 있는 경로를 따라 정해진 목적지로 나아가고 있다는 느낌, 즉 우연처럼 보이지만 거의 운명적인 경로를 따라 이 교차로에 도착했다는 느낌을 전달한다.

거리 반대편에는 짚 더미로 덮인 미완성 건물이 있는데, 공사가 멈춘 것처럼 보인다. 바람에 흔들리며 반짝이는 나뭇잎들이 갑자기 스크린을 채운다. 다음 숏에서 비토리아는 미완성 건물 앞에서 남자가 망설이던 키스를 청하듯 피에로에게 몸을 돌린다. 하지만 피에로가 키스를 두 번 시도하자 이번에는 비토리아는 주저하며 얼굴을 돌린다. 키스는 유예되고 여자는 그 자리를 떠나면서 나무 조각을 드럼통의 물에 던진다. 카메라는 여자의 뒤를 따라가는데 이것은 피에로의 머뭇거리는 시선이 담긴 움직임처럼 보인다. 뒷모습을 보이며 걷던 여자는 멈췄다가

〈일식〉. 여름 낮에 잠복한 밤의 구멍으로서의 빈 길모퉁이.

무언가 할 말이 남았다는 듯 몸을 돌린다. 하지만 컷하면 남자의 모습은 길모퉁이에서 보이지 않고 갑작스러운 부재의 이미지가 등장한다. 여자와 우리가 모두 남자가 있으리라 예상했던 길모퉁이에 아무도 없음을 그녀가 목격한 뒤, 카메라가 180도 돌아 여자의 모습을 담는다. 여자를 바라보는 남자의 시선을 공유하고 있다고 생각해 온 우리는 남자가 사라졌음을 발견한 여자보다 더 놀라게 된다. 오후의 햇살을 받아 반짝이는 여자의 금발과 하얀 블라우스는 길모퉁이를 둘러싼 그늘진 어두운 나무들과 대조를 이룬다. 빛과 어둠의 기이한 조합, 여름의 낮 안에 잠복한 밤의 구멍으로 감지되는 빈 길모퉁이의 풍경은 낮의 하늘 아래 밤의 나무들과 집들을 그린 르네 마그리트René Magritte의 회화와도 같다. 비토리아로 컷하면 집에 돌아온 그녀가 현대적으로 디자인된 전등을 배경으로 뒷모습을 보이며 홀로 서 있다.

피에로와 다시 만나기 위해 비토리아는 길모퉁이에 일찍 도착한다. 그녀의 이른 도착은 남자를 빨리 만나고 싶은 조급함과 그 만남을 준비하려는 마음 모두를 드러낸다. 비토리아는 건축 현장의 벽돌 더미 뒤에

⟨일식⟩. 비토리아의 이른 도착. 벽돌 더미와 미완성 건물.

서 화면 왼쪽에 진입해 오른쪽으로 이동하며 카메라는 패닝으로 그녀의 모습을 담는다. 이 벽돌 더미들은 비토리아를 상대적으로 거대해 보이게 만드는, 소인국의 현대 도시처럼 보인다. 비토리아가 오른쪽으로 빠져나가면 하늘로 컷해 오후의 청명한 하늘과 함께 가로등과 가느다란 나무들이 보인다. 이 숏은 그녀의 머리가 왼쪽 아래에 다시 진입해 스크린의 아래를 따라 움직이다가 오른쪽으로 빠져나갈 때까지 지속된다. 비토리아의 동선이 반대로 잡힌 다음 장면에서,● 영화는 거대한 미완성 빌딩으로 컷해 스크린 아래 중앙에 튀어나오듯 등장한 뒤 왼쪽으로 걸어가는 비토리아의 작은 형상을 롱 숏으로 비추는데, 이번에는 그녀의 모습이 소인국의 주민처럼 보인다. 빌딩은 꼭대기에 헐벗은 비계가 있고 짚단과 나무로 이뤄진 위장막으로 둘러싸인 기묘한 거대 상자와 같은 모양을 하고 있다. 늘 얼마간 지연된 건축처럼 보이는 모더니티의 미완성 풍경과 인간의 관계는 안토니오니의 탐색적 시선 아래 끊임없이 변화한다.

모퉁이를 돌아 물통을 바라보던 비토리아는 자신이 던져 놓았던 나뭇조각을 발견하고 기뻐하는데, 그것은 그 자체로 그녀가 그때 거기 있었음의 미세한 표지이며, 그것은 보다 확신에 찬 연인이라면 그 표면에

● 여기서 안토니오니는 다른 영화에서도 종종 그러하듯 180도 규칙을 어기고 상상선을 넘는다. 부드러운 연속성이 유지되기 위해선 넘지 말아야 할 상상선은 움직임(여기서는 비토리아의 움직임)의 선 혹은 한 인물의 응시(특히 숏/리버스 숏에서 두 인물 사이의 교환되는 시선)의 선이다. 상상선을 넘는 컷은 움직임과 응시의 명확한 방향을 뒤집는 것이며, 관객에게 순간적 방향 감각 상실을 초래하는 것이어서 관습적인 영화에서는 바람직하지 않은 것으로 간주된다. 하지만 이러한 방향 감각 상실 혹은 돌발적인 이행은 안토니오니 같은 영화감독의 목적에 부합한다. 몇 년 전 내 강의를 듣던 프린스턴대학교의 한 학생은 안토니오니의 상상선 침범에 관한 논문을 썼고, 나는 이 논문이 매우 좋다고 판단해 출판을 제안했다. 하지만 이 에세이를 받아본 영화 잡지는 거절의 답을 보내왔는데, 그 이유가 그 글이 기술적 실수에 불과한 것에 대한 과도한 분석이라는 것이었다고 한다. 그 학생, 릭 페이스트Rick Feist는 그 후에 영화 편집자가 되었다. 1981년 봄, 로마에 처음 갔을 때 티브루티나 스튜디오에서 〈여인의 정체〉를 찍고 있는 안토니오니를 만났다. 그에게 상상선 침범에 대해 물었더니 "계획적이고도 본능적으로" 그렇게 했다고 대답했다.

〈일식〉. 사라짐과 돌아옴: 이방인의 길이자 키스를 향한 행로였던 길모퉁이에 피에로 가 등장한다.

뭔가 새겨두었을 흔적과도 같다. 비토리아는 빌딩 위쪽을 바라보며, 우 리는 그녀의 시선을 통해 건물을 둘러싼 채 미풍에 흔들리는 짚단을 본 다. 비토리아는 몇 걸음 뒤로 움직여 나무에 기대고 카메라는 그녀를 따 라 패닝해 횡단보도의 하얀 줄을 응시한다. 노발리스Novalis가 말하길, 시는 낯선 것을 친숙하게 친숙한 것을 낯설게 만든다. 이 평범한 교외의 길모퉁이는 기묘한 낯섦과 기괴한 색감이 감싸고 있지만, 비토리아와 카 메라가 그것의 세부를 곰곰이 살피자 새로운 친숙함을 얻는다. 그러자 피에로가, 키스를 향한 경로의 표시였던 횡단보도의 선들에 의해 불려 나오듯 불쑥 다시 등장한다. 나무에 기댄 비토리아가 몸을 돌려 말을 끄 는 남자가 무심히 지나가는 모습을 바라보고, 카메라도 교차로 횡단보 도의 선들을 가로지르는 이 행인의 움직임을 따라 잠시 패닝하는데, 바 로 그때 피에로가 프레임에 진입하는 것이다. 피에로는 자신도 일찍 도 착했기 때문에 여인이 더 일찍 온 것에 놀란다. 아마도 두 사람은 일상적 이지만 동시에 낯설어 보이는 길모퉁이 공간을 자신들의 것으로 만들고 싶어 하는 것 같다. 그들은 그것의 친숙함을 낯섦으로, 그것의 낯섦을 친숙함으로 만드는 것 같다.

사라짐의 불안, 돌아옴의 확신: 이전 장면에서 비토리아가 돌아봤을 때 사라졌고 그늘진 빈 공간만 남겼던 피에로가 이방인의 길이자 키스를 향한 행로였던 교차로에 돌아온 것이다. 《쾌락 원칙을 넘어서*Beyond the Pleasure Principle*》에서 프로이트는 '포르트/다*fort/da*'라고 이름 붙인 아이의 놀이를 분석한다. 아이는 실뭉치를 굴러가게 한 뒤 "갔다"라고 말하고 다시 끄집어낸 뒤 "거기"라고 말한다. 언어가 동반된 이 시각적 게임은 부재와 현존 혹은 사라짐과 귀환을 상징적으로 수행함으로써 어머니의 잦은 부재를 보충하려는 행위로 간주되어 왔다. 영화는 유사한 방식으로 보임과 보이지 않음 사이를 오가는 놀이다.● 회화가 한 세계를 가시화하는 반면, 영화는 스크린의 각 이미지에서 그 영화가 속한 세계의 대부분을 비시적인 것으로 남겨 둔다. 회화나 연극 무대에서 재현 공간의 외부는 단순히 보이지 않을 뿐 아니라, 가시 영역 밖에 있는 보일 수 없는 공간이다. 회화와 연극은 부재가 아니라 현존의 예술이다. 양자는 공히 우리 앞에 가시의 영역, 현존의 공간을 전시하기 때문이다. 연극에서

● 정신분석학적 영화 이론은 존재와 부재의 문제에 큰 관심을 쏟았고, 종종 아이의 게임에 관한 프로이트의 논의를 원용했다. 하지만 영화 이미지에서 보이는 것과 보이지 않는 것의 상호 작용이라는 영화적 재현에서 중핵을 이루는 문제에는 별로 관심을 보이지 않았다. 대신 이미지의 환영성llusionism에, 즉 실제로 부재하지만 눈앞에 현존하는 영화 이미지의 특수성에 몰두했다. 라캉-알튀세르주의 이론은 우리가 영화를 볼 때 현실이 우리 앞에 제시되는 것처럼 오인하며, 현존하는 환영과 부재하는 실재 사이에, 달리 말해 우리가 실재라고 믿으며 그 이미지에 이끌리는 것과 그것이 현실이 아니기 때문에 발생하는 배신감을 느끼는 것 사이에 포획된다고 주장한다. 환영성에 대한 비판자들은 종종 관객이 환영의 수동적 포로가 된다고 잘못 가정한다. 이는 마치 프로이트 이야기에서 아이가 인형이 어머니를 뜻하는 기호가 아니라 어머니 자체라고 믿는다고 가정하는 것과 마찬가지다. 내가 말하는 상호 작용은 이미지와 기호의 영역, 그리고 존재와 부재의 재현 영역에서 발생하는 것이다.

라면 〈정사〉의 안나는 사라질 수 없었을 것이며 다만 무대를 떠났을 뿐일 것이다. 무대는 그녀가 찾아질 수 있는 유일한 공간이다. 영화는 부재의 예술이며 파편적 시야들의 예술이고, 보이는 것보다 더 많은 것을 감춘 예술이다. 하지만 대개의 경우 영화는, 아이가 자신이 사라지게 만든 것을 돌아오게 만드는 것처럼, 현존으로 우리의 기대를 충족시킨다. D. W. 그리피스가 배우가 방을 떠나는 장면에서 복도에 진입한 장면으로 컷했을 때, 그는 부재의 가능성(카메라의 가시 영역보다 큰 공간을 만들고 있기 때문에)과 현존의 즐거운 연속성을 동시에 확립한 것이었다. 영화의 컨벤션은 부재, 공백, 미결, 비가시적인 것의 암시를 결국 현존으로 해소되도록 하는 것이다. 안토니오니는 미결된 부재의 대가다. 〈정사〉의 섬과 〈일식〉의 길모퉁이는 부재의 공간이며 사라진 자를 탐색하는 공간이다. 비토리아와 피에로의 탐색은 육체적이라기보다는 감정적인 것이지만, 그 감정은 육체적인 혹은 물리적인 것에 거주한다. 그들의 탐색은 결국 그들이 낭만적으로 전용하게 되는 이 낯선 교외의 교차로에서 이루어지는 것이다.

피에로는 비토리아를 자신의 집이 아니라 부모의 집으로 데리고 간다. 거대한 아파트이며 마치 가족의 어두운 과거가 숨겨진 듯 칙칙하며 아무도 살지 않는 듯한 곳이다. 영화에서 이 커플이 시간을 보내는 곳은 여자의 집도 남자의 집도 아닌 어떤 장소인 것이다. 두 사람은 여자의 어머니 집에 갔고 이제 남자의 부모의 장소, 즉 두 사람이 편안함을 느끼지 못하는 낡은 집에 간다. 그들의 장소가 있다면 그곳은 차라리 길모퉁이다. 그곳은 그들의 엇갈린 행로의 교차로이며 그들만의 장소를 찾기 위한 미완의 노력을 표상한다.

피에로의 부모가 살던 낯선 곳에 도착한 뒤, 비토리아는 창문을 통

〈일식〉. 건너편의 여인.

해 길 건너편의 한 여인을 바라보는데, 이 여인은 자신의 어두운 창문의
어둠 속으로 곧 사라진다. 자신이 속한 어둠으로 사라지는 유령처럼 말
이다. 창문은 안쪽에 있는 사람이 바깥을 바라보는 시선을 프레임화한
다. 여기 두 창문, 두 관찰자, 두 어두운 내부가 거울 이미지처럼 서로를
바라보며, 외부의 광경을 무효화한다. 드레스의 끈이 외설적으로 끊긴
다음 침실 쪽으로 물러난 비토리아는 또 다른 창문의 셔터를 열고 햇살
이 내리쬐는 외부를 바라본다. 그리고 두 개의 시점 숏이 이어진다. 거의
텅 빈 소광장에 있는 야외 식당의 하얀 사각 테이블의 숏, 그리고 광장
의 길모퉁이에 홀로 서 있는 군인의 숏이 그녀의 시점으로 보인다. 그녀
가 창으로 더 다가서면 비토리아의 시선으로부터 놀라울 만큼 급작스럽
게 광장 쪽으로 컷한 다음 이번에는 광장에 있지만 화면에 등장하지 않
은 이방인의 주관적 시선으로, 관찰하는 비토리아가 관찰된다. 이 장면
은 충격적인 방식으로 우리의 부유하는 주체성을 바라보는 원거리 시점
을 제시한다. 말하자면 이것은 세계가 우리의 자아를 바라보는 리버스
앵글이다. 다시 비토리아 쪽의 리버스 앵글로 컷한 뒤 비토리아의 시선

〈일식〉. 비토리아는 창을 통해 바깥을 바라보고 세계는 그 시선을 되받는다: 비토리아
의 시선에 비친 야외 식당, 먼 관찰자의 시점으로 보여진 창문 앞에 서 있는 비토리아.

에 의해 관찰된 두 개의 시점 숏들이 뒤따르고, 두 번째 숏에서는 바로크풍 교회에서 나오는 사람들의 모습이 보인다. 비토리아가 창문을 통해 보는 광경과 그녀를 향한 보이지 않는 이방인의 응시는 마치 외부에 거울이 있는 것처럼 서로를 마주 보며, 내부자의 시점의 권능을 무효화한다. 내부자의 시선이 갖기 마련인 특권적 지위는 박탈되며, 그녀의 시점과 외부자 곧 이방인의 시선은 동등한 지위를 지니게 되는 것이다. 다시 컷하면 아파트의 어두운 내부로 돌아오는데, 이제 자아에게 내부는 바깥 세계의 타자성보다 더 이상 온유하지 않게 된다.

르네상스 회화의 명료함과 온전함은 특권적 내부의 우월한 시선을 전제한다. 내부는 알베르티의 창을 통해 바깥 세계에 대한 지배적 시선을 획득하는 것이다. 내부자의 시선을 두려움에 찬 응시로 전환하는 표현주의에서조차 그 응시는 상처 입은 자아와 두려운 세계 사이의 메울 수 없는 간극을 표현주의자의 진실로 포착하는 특권적 시선으로 제시된다. 고전적이지도 표현주의적이지도 않은 안토니오니의 작품은 내부자의 우월적 지위를 버리고 외부자의 교란되고 매혹된 탐색으로 나아간다. 방향 상실과 방향 재설정을 유연하게 오가며 우리의 실제 삶의 혼란스러운 외양을 탐구하는 것이다.

적막한 내부와 공허한 외부의 사이에 놓인 비토리아는 마치 사랑의 추구로 부재를 추방하고 현존을 확인하려는 듯 피에로와 포옹한다. 존 버거는 이렇게 썼다. "현대적 의미의 낭만적 사랑은 결속의 사랑, 혹은 잘못된 장소에 놓인 두 사람을 결속하려는 희망의 사랑이다."[285] 〈정사〉가 사랑의 허약함에 관한 영화, 〈밤〉이 사랑의 실패와 현대의 결혼에 내재한 사랑의 유령에 관한 영화라면, 〈일식〉은 사랑의 여전한 기회에 관한 영화다. 여기 무미건조한 주식 중개인 남자와 주저하는 젊은 여자가 있다. 남자의 신경증적 에너지는 과도한 조급함에서 드러나고, 여자의 신경증적 에너지는 과도한 숙고에서 표출된다. 두 사람의 조합은 나

쓰지 않다. 남자는 여자에게 움직임을 제공하고, 여자는 남자에게 휴지기를 제공한다. 남자는 둔감하다고 생각될지 모르며, 여자는 짜증 나는 인물이라고 생각될지 모른다. 하지만 안토니오니는 그들에게 서로의 단점을 알아차리는 공감을 제공한다.●

〈일식〉은 '소년, 소녀를 만나다' 혹은 '소녀, 소년을 만나다'의 이야기이지만, 기묘한 형태를 지닌다. 이 영화는 네 개의 장으로 나뉠 수 있다. 비토리아의 장, 피에로의 장, 비토리아와 피에로의 장, 비토리아도 피에로도 아닌 무언가의 장. 영화의 절반 이상은 소녀를 따라간다. 그런 다음 소년을 따라간다. 그런 다음 두 사람은 커플로 만나기 시작한다. 그런 다음 미스터리를 품은 듯한 교외의 저물녘에 두 사람의 미래를 질문에 부친 채, 아직 연인이 되지 않은 두 사람 없이 영화가 끝난다. 〈일식〉은 끝에서 시작하고, 시작에서 끝난다.

모든 작품의 결말에는 생략이 있다. 결말 뒤에 일어나는 일을 생략하기 때문이다. 하지만 〈일식〉의 결말이 지닌 생략은 모든 것을 유보 상

● 채트먼은 이 커플을 허울 좋은 요소로 다룬다. "교차로는 연인들의 전통적 회합 장소인 광장과 얼마나 다른가! 교차로는 우리 사회에서 일상적인 것들, 덧없는 것들, 변하는 것들을 환기시킨다…… 이 스포츠카의 시대에 사람들은 바닷가의 모래 위를 오가는 물처럼 연인들을 쉽게 다룬다. 친밀한 관계relationship(예정된 사소성을 의미하는 바로 그 단어)의 시작은 이미 중간 단계에 있고, 끝이 분명히 보인다. 사태가 어떻게 끝맺을지 지켜볼 필요도 없다"(Chatman, *Antonioni*, 108, 110). 안토니오니의 생략에 대해 불편함을 드러내며, 채트먼은 우리의 앞에 남겨진 열린 틈들에 주의를 기울이지 않으며, 생략된 것들을 볼 필요가 없다는 주장을 계속한다. 비토리아와 피에로의 장소인 풍성하고도 낯선 길모퉁이에서 채트먼은 지루한 황량함 외에는 아무것도 보지 않는다. 대신 로맨틱한 장면에는 아늑한 광장을, 유령 이야기에는 낡고 어두운 집을, 실패로 끝날 로맨스에는 황량한 길모퉁이를 등장시키는 단순한 연극적 설정으로 간주한다. 한편 친밀한 관계라는 단어는, 레이먼드 윌리엄스가 말했듯 그 관계에 포함된 어떤 관계와 관계 당사자들을 함께 의미하는데, 자칭 우리 문화의 수호자들로부터 받아온 빈번한 속물적 공격으로부터 옹호되어야 한다. 생략에 관한 채트먼의 논의에서 가장 흥미로운 것은 예정된 사소성에 심원하게 헌정된 영화를 찬미하는 요령이다. 그의 말에서 우리는 폴린 케일의 허세 가득한 비아냥을 떠올릴 수도 있을 것이다. "묶인 몸만 아니라면, 〈일식〉을 보러 가지 않을 것이다."

〈일식〉. 비토리아가 등장하는 마지막 장면.

태로 남겨 둔다. 이 결말은 안토니오니의 가장 대담하고 가장 울림이 큰 미해결로서의 부재다. 몇몇 논평자들, 특히 그중에서도 채트먼은 이 생략의 빈자리에 젊은 연인들이 다시 만나지 않을 것이라는 부적절한 결론을 채워 넣으려 했다. 물론 이 결말이 해피 엔딩이 아니라는 것은 의심할 바 없다. 비토리아와 피에로의 관계는 끝났을 수도 오래 지속되지 못했을 수도 있다. 하지만 우리가 그들을 마지막으로 보았을 때, 그들은 점심시간(지중해 국가들의 긴 점심시간으로 열린 창문으로 부드러운 여름의 미풍이 불어온다)에 피에로의 빈 사무실에 있고, 두 사람은 무척 행복해 보이며 막 연인이 되려는 사람들 특유의 활기와 장난기가 가득하다. 여자가 떠나려하고 남자가 오후의 일과로 돌아갈 무렵, 그들의 분위기는 얼마간 수심 어린 상태로 바뀐다. 그들은 포옹하고 그다음 날과 그다음 다음 날 보기로 약속한다. 그리고 그날 밤에도. 그들의 미래에 대해 우리가 알 수 있는 것은 남자도 여자도 그날 저녁 그 길모퉁이에서 만나자는 약속을 지키지 않는다는 사실이다(그들이 약속을 취소했을 수도, 혹은 다른 시간 다른 장소로 약속을 옮겼을 수도 있다). 카메라만 그 약속을 지킨다.

《오디세이》에서부터 그것의 현대적 변주인 《율리시스》에 이르는 피카레스크 서사의 결말은 귀향 혹은 귀가다. 길 위의 방랑자가 마침내 여정의 끝에서 집을 발견하는 것이다. 〈일식〉에서 집은 비토리아와 피에로가 만났던 교외의 적막한 길모퉁이다. 비록 그 집이 완성되지 않은 대체물로서의 집이며 인물들 없이 카메라만 도착한 집, 그러므로 집으로서의 가능태만 지닌 곳이라고 해도 말이다. 이것은 그 외부가 미묘한 감상성이 어려 있는 공유지 일부이며, 내부는 미완성 건물을 감추고 있는 집이다. 외적으로도 내적으로도 완성의 도정에 있는 것이다.

두 연인의 등장을 초조하게 기다리는 듯한 그리고 동시에 그들의 재회를 예기하며 만남의 전조를 드러내는 듯한 카메라는 약속 시각보다 훨씬 일찍 여기 도착해 있다. 스크린상으로는 10분이 채 되지 않는, 안토니오니의 특출한 몽타주에 의해 압축된 카메라의 기다림의 시간은 늦은 오후에서부터 어둠이 깃들 무렵까지 지속된다. 연인들은 결국 등장하지 않지만 말이다. 영화는 새벽에 시작해 태양의 하루 궤적을 따라 이어지다가 결국 저녁에 끝난다. 결정의 새벽과 미결의 황혼. 그것은 자연이 인도하는 시작과 끝, 하지만 우리가 만들 수 없는 시작과 끝이다. 안토니오니의 카메라의 주관성, 그것의 응시와 그것의 시점이 특정한 개별적 시선에 속한다는 사실에 대한 인지, 우리의 앎을 조율하는 자율적 지각의 정신에 대한 인지는 이 특출한 결말 시퀀스에서 정교한 방식으로 체감된다. 카메라는 낮이 끝날 무렵 아무도 거주하지 않는 것처럼 보이는 집에 도착한 것이다.

길모퉁이에 도착하자마자 카메라는, 도착하지 않은 비토리아와 피에로가 아닌, 그들이 이전에 만났던 장소의 낯익은 광경을 찾는다. 미완성 건물, 벽돌 더미, 물통을 거쳐 카메라는 비토리아가 서 있던 그녀의 장소로 패닝했다가, 그녀의 시선과 같은 앵글로 찍힌 짚더미로 쌓인 건물 장면으로 컷한다. 말을 끄는 사람이 다시 지나가고, 카메라는 이전

〈일식〉. 부감으로 본 길모퉁이.

장면에서처럼 그의 뒤를 따라가지만 피에로는 교차로의 횡단보도에 나타나지 않는다. 입맞춤을 향한 그 행로 위에서 한 이방인 혹은 아무것도 알지 못하는 침입자로 느껴지는 한 인물이 약간 비스듬한 대각선의 횡단보도를 짐짓 무심한 모습으로 건너고 있다. 그림자가 어린 반짝이는 나뭇잎들이 다시 스크린을 채운다. 다른 이들에게라면 아무것도 아닐 수 있는 이 사적인 경험에서, 우리는 두 남녀와 연관된 사물들을 응시함으로써 그들의 기억을 카메라와 공유하게 된다. 이 사물들이 카메라에게 그리고 우리에게 두 사람의 기억을 전해 주고 동시에 그들의 부재를 상기시킨다.

카메라는 그 길모퉁이를 이 연인들의 장소로 바라보려 하며, 그곳에 새겨진 그들의 과거의 흔적을 찾으려 한다. 그리고 이 미완의 모더니티라는 무대 혹은 이 부재의 장소가, 회고적이며 얼마간 우수 어린 응시의 모드와 기묘하게 조응하고 있음을 알아차린다. 길모퉁이에서 멀어지지 않고 연인들의 등장을 여전히 예기하며, 카메라는 탐색의 시선을 다른 사물들과 다른 사람들에게로 돌린다. 낮의 끝 무렵 특별한 일은 아무것도 벌어지지 않는다. 공중의 하이 앵글로 컷한 숏에서, 멀리서 움직이는 차 한 대를 제외하면 인적이 드물고 조용한 거리를 비추다 느린 패닝으로 길모퉁이를 향해 움직이며, 움직임은 도로가 사선으로 가르고 있는 스크린의 중심에 길모퉁이가 위치할 때까지 계속된다. 그리고 빠른 연속 화면으로 기다리며 서 있는 두 여인이 별도의 숏으로 보인다. 그 움직임이 세 숏으로 나누어져 파도가 부서지는 단계처럼 보이는 버스가 길모퉁이를 돌아 정차하고, 한 남자와 한 여자가 내려 각기 다른 방향으로 걸어간다. 남자가 읽는 신문에는 핵전쟁의 전망에 관한 기사가 실려 있다. 아마도 당시의 쿠바 미사일 위기에 관한 기사일 것이다. 물통은 이제 새기 시작했으며, 카메라는 추상적인 패턴으로 번져 가는 하지만 아마도 별다른 의미가 없을 물의 흐름을 놀란 듯 바라본다. 스프링클러가 물을 뿜는 잔디밭에는 아이들이 놀고 있다. 우리는 비토리아와 피에로가 스프링클러로 장난을 치던 것을 기억하는데, 이제 스프링클러는 꺼진다. 그리고 물방울을 떨어뜨리는 둥근 나뭇잎들이 스크린을 채운다. 우리가 이 시퀀스에서 보는 모든 것은 크든 작든 상징적 독해의 여지가 있는 표현들(예컨대 유출되는 물은 지속되기 힘든 관계의 에너지 유출이다)과 특정한 시간과 장소의 세부를 담은 정밀한 다큐멘터리적 재현 사이의 어딘가에 놓여 있다.

능동적이고 성찰적인 의식에 의해 지각되고 배치된 자연: 하루 동안의 자연의 운동, 밤의 점진적이고 거역할 수 없는 도래, 자전이라는 지구의 운동에 의한 암전eclipse을 안토니오니의 카메라는 일상의 조각들로 나눈 다음, 기대와 염려의 마음으로 절합한다. 이 시퀀스의 각 숏은 어떤 한순간을 붙박는다. 또한 각 컷은 오후가 저녁에, 대낮의 빛이 황혼에, 황혼이 어둠에 자리를 내주는 시간의 흐름을 선명하게 촉각화한다. 문화와 자연: 톱니 모양의 발코니를 지닌 창백한 장방형의 현대식 건물은 그늘이 깃든 나무들의 흔들리는 둥근 잎들과 스크린을 분유分有한다. 발코니로의 근접 컷과 더 근접한 컷. 사람들이 옥상에서 일몰을 바라

〈일식〉. 하루의 끝에 버스에서 승객들이 내리고 집으로 향한다.

볼 때, 비행기가 남긴 길고 가는 구름이 어두워 가는 하늘에 드리운다. 나무의 꼭대기에서 솟아난 것처럼 보이는 미묘한 곡선의 가로등은, 마치 금속과 유기체의 이종 교배로 잎에서 전기가 솟아난 것처럼 보이기도 하는데, 반짝이면서 현대의 밤을 인공적으로 밝힌다. 나무들이 어둠에 잠기자, 그들의 파트너인 가로등이 줄지어 빛난다. 이 영화에서 우리는 자연의 빛과 어둠이 그에 응답하는 문화의 빛과 어둠과 상호 작용하고 교류한다고 느낀다.

　어둠이 짙어지자, 또 다른 버스가 길모퉁이를 돌아 정차하고 몇 명의 승객이 내리는데, 비토리아와 피에로는 보이지 않는다. 잠시 머뭇거리던 카메라는 이 이방인들을 잠시 뒤따른다. 이들은 물론 낮이 저물자 교외의 집으로 향하는 것이지만 카메라는 곧 뒤따르기를 멈추고 자신의 집이라 할 수 있는 길모퉁이로 조심스럽게 돌아온다. 화면은 음침한 빈 길모퉁이로 컷하고, 미완성 빌딩은 전구 하나의 희미한 불빛에 실려 가까스로 형체를 드러낸다. 거리로 팬하면 이제 거의 보이지 않는 나무들이 한쪽에, 별처럼 빛나는 가로등의 행렬이 다른 쪽에 보이는데, 카메라

〈일식〉. 영화의 결말에 나오는 어둠이 깃든 길모퉁이.

는 이제 그들로부터 멀리 물러서 있다. 마지막 이미지로의 컷: 환한 가로
등 하나를 클로즈업하면 태양을 바라볼 때처럼 우리의 눈은 짧은 순간
시야를 잃는다. 이것은 스크린의 인공적인 밤과 낮을 밝히는 영사기라
는 인공적 태양을 연상시킨다. 점진적인 암전이 돌연 중단되는 이 마지
막 숏에서 혹자는 빛이 어둠을 낳는다는 역설을 상기하고, 혹자는 핵폭
발의 암시를 보기도 한다. 그러나 우리의 인공적 문명이 아직은 불러오
지 못한 밝은 새날로 해석될 수도 있다.

　　불확실성이라는 의제를 논외로 한다면 안토니오니 영화의 생략
은 일반적 질문을 제기한다. 왜 이 연인들은 갈라서려는가. 우리는 〈일
식〉의 시작 장면에서 그것을 궁금해하고, 그들의 사정을 제대로 알지 못
한 채, 정주하지 못하는 현대의 사랑이 일반적으로 지닌 곤경 혹은 우리
시대를 일반적으로 특징짓는 집의 상실을 숙고하게 된다. 비토리아와 피
에로가 영화가 끝난 뒤 다시 함께하게 될지는 그렇게 중요한 게 아니다.
그들이 서로 다른 곳을 떠돈다면 또 다른 예기치 못한 로맨틱한 교차로
가 그녀의 그리고 그의 길에 찾아올 것이다. 집이 세계와 담을 쌓은 사

적인 장소가 아니라 우리 모두가 거주할 수 있고 우리의 것으로 만들 수 있는 그런 장소인 한, 그 두 사람이 상연하고 재현하는 집을 향한 여정에, 우리의 문화와 우리의 자연의 운명이 달려 있다.

"사진 예술을 지시하기pointing의 행위에 비유할 수 있다"라고 존 샤르코우스키John Szarkowski는 말했다. "최고의 사진가들은 무엇보다 지시자들pointers이었다. 말하자면 당신의 주의를 이 피라미드, 이 얼굴, 이 전장, 자연의 이 패턴, 이 순간적인 병치로 이끄는 사람"[286]이라는 것이다. 실은 최고의 사진가들이 아니라 카메라를 든 모든 사람이 주목할 가치가 있는 세계의 조각들을 찾아내려 한다는 게 맞을 것이다. 모든 사진 이미지는 무엇보다 이렇게 말하는 것이다. 내가 본 이것을 보라.

누군가는 그림도 마찬가지가 아니냐고, 혹은 무언가를 묘사하는 모든 이미지는 묘사되는 것을 지시하는 게 아니냐고 반문할지도 모른다. 사진이 물려받은 장방형의 프레임은 자신의 프레임 안에 담긴 것으로 우리의 주목을 유도하는 지시자로 작용한다. 장식적이든 소박하든 그 프레임은 네 윤곽선 안에 담긴 것을 보라고 우리에게 말한다. 하지만 회화에서 우리 눈에 보이는 것은 우리의 실제 세계가 아닌 또 다른 세계다. 우리의 세계와 닮을 수 있지만, 화가의 눈과 손을 통해 만들어진 세계다. 반면 사진은 우리가 사는 세계의 조각을 기록한 것이다. 우리 눈에 보이는 것은 별도의 이미지 영역에서 선택되어 조합된 게 아니라, 다중적 실제 세계에서 직접 추출된 것이다. 회화의 프레임은 그림을 지시한다. 사진의 프레임은 묘사된 실제 세계의 조각들을 지시한다.

지시의 행위를 하는 것이라면, 다시 말해 지시의 손가락index finger(검지)으로 기능하는 것이라면 무엇이든 퍼스가 말한 의미에서 지표index다. 사진 이미지는 재현된 사물들로부터 직접 각인된 것이기 때문에 하나의 지표다. 또한 지시의 손가락처럼 그 사물들을 우리에게 보도록 요청하기 때문에 하나의 지표다. 각인, 잔여, 흔적이 오늘날 가장 빈번히 논의되는 지표이지만, 그것이 유일한 지표는 아니다. 가늠추는 하나의 지표이며 따라서 적절한 명칭이다. 무대 위의 스포트라이트는 지표이며 문의 노크 또한 그러하다. "주목을 요청하는 것이라면 무엇이든 하나의 지표다"라고 퍼스는 썼다.[287] 프레임은 사진이 회화로부터 물려받은 지표이며 사진은 이를 실제 세계로 가져와 삶의 세부, 즉 삶의 큰 덩어리에서 추출된 특정한 측면들과 순간들에 주목하도록 만든다. 카메라는 지표적 도구이며, 선택을 통해 앎에 이르게 하는 수단이다. 대상들을 향해 두어진 다음 그들의 빛의 각인을 수용함으로써 프레이밍하고 이미지로 변환하는 것이다. 그들의 지체된 빛이 우리에게 도착하면, 우리의 응시는 카메라의 지시적 응시를 따르고 재현된 그들의 외양에 주목하는 것이다. 그러므로 사진 이미지는 무언가를 수용하며 가리킨다는 이중의 의미에서 지표다. 그것은 지진계처럼 파동을 기록하고, 지시의 손가락처럼 선택된 무언가를 가리키며 주목을 요청하는 것이다.

프레임은 이미지의 세계에서 우리를 분리시킨다. 그것은 삶과 이미지 사이의 경계선이다. 하지만 사진은 삶으로부터 추출된 이미지다. 사진이 재현한 세계는 우리가 거주하는 세계와 동질의 것이다. 스탠리 카벨은 이렇게 썼다. "하나의 회화는 하나의 세계다. 하나의 사진은 우리가 사는 세계의 것이다a photograph is of the world."[288] 하나의 사진에서 우리가 보는 것은 우리가 사는 세계와 다른 세계가 아니지만 다른 시간과 다른 장소의 것이다. 재현된 장면으로부터 우리를 분리하는 것은 오로지 거리(경과된 시간 혹은 확장된 공간)이거나 부재다. 우리는 거기에 있지 않고 그것은 여기 있지 않다. 회화의 전통적 프레임이 장식적이고 사진의 프레임이 대개 단순하다면, 그건 전통적 취향이 장식적인 쪽에 가깝고 현대의 취향이 단순한 쪽에 가깝기 때문만은 아니다. 그것은 회화의 프레임이 실제 세계와 회화 사이의 더 큰 틈을 잇는 가교이기 때문이기도 하다. 회화의 네 윤곽선에서 하나의 세계가 끝맺어진다. 가장자리의 장식이 우리가 사는 세계의 컨텍스트 안에 별도의 작은 세계를 일종의 연극 무대처럼 구획하는 것이다. 회화의 프레임은 연극 공연장의 프로시니엄 아치처럼 하나의 지표이며, 우리가 사는 세계의 현실에 둘러싸여 있는, 하지만 그와 독립된 하나의 영역의 경계를 지시한다. 반면 사진의 프레임은 독립된 한 세계의 윤곽선이 아니라 실제 세계에서 선택된 것의 범위를 지시한다.

사진이 회화로부터 물려받은 또 다른 유산인 원근법은 그러나 두 매체에서 현저하게 다른 방식으로 사용된다. 원근법은 르네상스 시기에 깊이를 재현하고 삼차원을 이차원에 표현하기 위해 발명되었다. 회화에서 원근법의 선은 회화의 평면에 허구의 삼차원 감각을 구축하는 데 기여한다. 사진은 회화로부터 물려받은 원근법을 뒤집어서 사용한다. 화가는 회화의 평면에서 시작해 그 위에 하나의 세계를 구성하는 반면, 사진가는 우리가 사는 세계의 한 조각에서 시작해 그것으로부터 하나의 이미지를 추출한다. 사진에서 원근법은 삼차원으로부터 이차원을 만들어 내는 것이다. 평면에 깊이를 불어넣어 하나의 세계를 만드는 게 아니라 우리 세계를 평면화해 하나의 이미지를 만들어 내는 것이다.[289] 사진에서 원근법의 선들은 깊이를 재현한다기보다 특정한 한 방향을 가리키며 멀리 뻗은 특정한 한 경로를 따라 우리의 시선을 이끌고 간다. 사진에서 원근법의 선들은 대개 지시적이다. 카메라 앵글도 지시의 선이다.

무언가로 초점을 맞추도록 하는 것이라면 모두 하나의 지표다. 카메라는 초점이 장착된 기계다. 문자 그대로 렌즈의 물리적 작용으로 무언가를 초점화하는 것이다. 회화의 유산과 무관한 기계적 속성으로서의 카메라의 초점은 사진의 지시 작용의 또 다른 수단이다. 초점의 대상이 되는 무언가를 향해 우리의 주목을 요청하는 것이다. 무언가를 그 사진

안의 다른 것보다 더 뚜렷한 초점의 대상으로 삼는다는 것은 지시의 행위 즉 저것이 아닌 이것을 추출하는 행위이며, 그 무언가는 그것을 가리키는 지시의 손가락만큼 가시화한다.

아이는 가리키기의 도움으로 언어를 배운다. 사물들을 가리키고 그들의 이름을 부르는 것을 통해 단어들의 의미를 학습하는 것이다. 사전에서처럼 단어가 오직 다른 단어들과의 관계 속에서만 의미화한다고 믿는 사람들은 가리키기의 작용을 망각하는 것이다. 단어와 사물을 결부시키는 가리키기에 의존하는 다른 단어들을 이용해 한 단어를 정의하는 것을 이해할 수 있을 만큼 충분히 언어를 미리 알고 있지 않다면, 사전은 쓸모없을 것이다. 가리키기는 주의를 이끄는 행위로써, 한 사람이 다른 사람에게 그들이 공유한 의식의 대상을 지시하는 손가락이다. 예컨대 붉음, 나무라고 학습된 단어는 그 공유된 대상을 의미화하는 것이다. 하지만 제시된 대상이 단어들의 일반적 의미에 그치지 않고 특정화할 수도 있다. 그냥 붉음이 아니라 이 붉음, 그냥 나무가 아니라 저 나무라는 식으로 말이다. 이 경우에 우리는 주된 기표로서의 가리키기에 의존한다. 성인은 단어만으로는 대상을 충분히 전할 수 없을 때 대개 가리키기를 행한다.

사진은 가리킨다. 카메라는 실제 세계의 무수한 대상으로부터 우리의 시선을 포획할 특정한 대상을 추출한다. 사진의 지시의 손가락이 우리의 의식에 제시할 대상을 하나의 이미지로 고정시키는 것이다. 영화의 유동하는 지시의 손가락은 우리 눈앞에 수많은 지시에 해당하는 이미지들의 연쇄를 펼쳐 놓는다.

그러나 사진과는 달리 그리고 회화와 유사하게 하나의 픽션 영화는 하나의 세계다. 정지된 사진에는 삶으로부터 추출된 파편으로서의 삶이 있다. 영화는 삶으로부터 파편을 추출하지만 그것을 하나의 허구에 편입시킨다. 영화가 재현한 세계는 우리가 거주하는 세계가 아니라 스크린에 소집된 또 다른 세계다. 다른 한편, 그것은 한 번에 하나씩 제시되는 세계로서, 각 이미지는 실제 세계의 것으로 간주될 수도 있다. 동시에 한 편의 영화에 담긴 무한하게 넓은 세계에서 추출된 세부로 간주될 수도 있는데, 영화가 대개 자신의 세계를 실제 세계에 필적하는 것으로 취급하기 때문이다. 영화 카메라는 자신이 프레임화하고 초점화하는 대상이 우리가 사는 세계의 수많은 대상으로부터 우리의 시선을 위해 선택되는 것처럼 활동한다. 우리가 사는 세계와 유사한 어떤 세계 안에서, 영화 카메라가 사진 카메라처럼 유의미한 세부를 연속적으로 가리킬 수 있는 접근성과 유동성의 권한을 부여받았다고 간주하는 컨벤션은 픽션 영화의 허구에 중심적인 컨벤션이다.

교외에서 마주친 미지의 남자가 다리를 벌리고 오른팔을 들어 올려 손가락으로 무언가를 단호하게 가리키고 있다. 무엇을 가리키고 있는가? 이 남자는 안토니오니가 "어느 감독의 이야기들"[290]을 구두 묘사로 담아 출간한 책의 한 단편에 나오는 인물로서 "내러티브의 핵 narrative nuclei"이며, 안토니오니 자신이 관찰자로 때로는 참여자로 등장한다. 여기서 안토니오니는 무척이나 자주 실직 상태로 지내는 이 감독이 결코 만들지 않을 영화들의 출발점을 회고하거나 만들어 낸다. ●

● 그의 영화 제작 지원을 꺼리는 영화 산업, 고령과 몇 년 전 발생한 뇌졸중으로 인한 신체적 부자유 등 갖가지 역경에도 불구하고 안토니오니는 이 소설을 바탕으로 한 영화를 만드는 데 성공했다. 〈구름 저편에 *Al di là delle nuvole*〉(1995)를 만들면서 아내 엔리카와 빔 벤더스Wim Wenders의 도움을 얻었지만 이 영화는 의심의 여지 없이 안토니오니 영화다. 욕망이 항상 (프로이트와 라캉 그리고 그들의 추종자들의 생각대로) 충족될 수 없기 때문이 아니라 그것이 이제 세상으로부터 사라져갈 혹은 이제 세계가 자신으로부터 빠져나갈 노인의 것이기에, 충족될 수 없는 욕망에 관한 이 영화는 사랑스러운 고별사와도 같은 작품이다. 안토니오니는 평생 영화 제작에 어려움을 겪었다. 마흔 살이 다 돼서야 첫 장편 영화를 만들었고, 쉰 살이 다 돼서야 국제적 찬사

남자의 본업과 부업을 살펴보기 위해 안토니오니는 "일련의 이미지들로부터 사태들의 상태로 소급해 작동하는"[291] 자신만의 테크닉을 사용한다. 대부분 영화감독들은 이미지의 선택을 결정짓는 사태들의 상태 혹은 하나의 이야기에서 출발하는 반면, 안토니오니는 이미지에서 이야기로 거슬러 올라간다. 증거로부터 범죄의 전모로 거슬러 올라가는 탐정처럼 말이다. 스토리 라인을 따라가는 게 아니라, 자신의 이미지들이 여러 가능한 이야기들 혹은 주의의 시선이 좇는 여러 다른 경로를 가리키는 것이다. 그런 일련의 이미지들은 아직 발견되지 않은 것투성이인 채로, 〈일식〉의 엔딩 장면에서도 그러하듯, 결론을 유보하고 놀랄 만한 중지 상태에 이른다.

　　미지의 남자의 팔과 손가락이 가리키는 것은 "두 건물 사이의 빈 통행로, 공백 외에는 아무것도 없는 빈 공간"이다. 그를 바라보는 안토니오니는 이렇게 짐작한다. 아마도 이 남자는 "자신들만 볼 수 있는 무언가를 가리키는 그런 사람 중 하나"다. 아마도 그의 지향적 동작과 개인 언어는 공유될 수 없는 의식의 대상을 가리키고 있다.[292] 하지만 한 건물의 열린 문이 남자의 이미지를 붙잡은 뒤 안토니오니를 향해 되돌려 보낼 때 남자의 손가락은 목표를 찾은 것만 같다. 징집 포스터처럼 그가 가리키는 선이 되돌려져 이제 손가락이 남자를 향하는 것이다. 의식의 대상이, 마치 주관성이 객체의 부재를 메우기 위해 불려 나온 것처럼, 갑자기 의식하는 자아가 되는 것이다.

　　가리키는 남자를 묘사하는 이 대목은 영화 연출에 관한 알레고리로

를 얻었다. 영화 예술이 인기가 있던 1960년대는 그도 인기가 있었지만, 그 이후에는 그의 영화를 위한 제작비 마련이 어려워졌다. 그의 영화는 광범한 호소력을 지니기 힘든 성격의 예술이다. 〈욕망〉의 커다란 상업적 성공은 그가 다시 이룰 수 있을 거라고 기대하기 힘든 것이었다. 1960년대 후반의 과소평가된 〈자브리스키 포인트〉 이래, 그는 오직 네 편의 극영화를 만들 수 있었다. 여든세 살에 즉 거의 구름 저편에서 〈구름 저편에〉를 만들게 된 것은 멋진 일이다.

간주될 수 있다. 카메라 앵글이 지시의 선이라면, 시선의 대상이 그다음에 등장하는 리버스 앵글은 이 선의 되받기와도 같다. 분신 혹은 대칭성과 그 사악함에 관한 영화인 〈열차 안의 낯선 자들*Strangers on a Train*〉(1951)에서, 히치콕은 앵글과 리버스 앵글을 테니스의 공 주고받기와 영민하게 연결한다. 한 테니스 경기에서 악당은 다른 관중들처럼 좌우를 번갈아보는 것이 아니라 자신의 분신인 주인공을 뚫어져라 쳐다본다. 그의 응시는 이제 공이 살인의 교환에서 주인공의 코트로 넘어갔음을 말하고 있다. 앞서 말한 소설에서 나온, 가리키는 남자를 비추는 놀라운 함축적 리버스 앵글은 공을 안토니오니의 코트에 넘기는 것이다. 앵글과 리버스 앵글이 번갈아 스크린 외부를 가리키는데, 두 스크린 외부는 각각 상대방이 가리키는 대상이다. 하지만 여기서는 감독이자 관객인 안토니오니가, 가리키는 남자의 분신인 것처럼 이 교환에 불려 나오는 것이다.

영화에서 카메라만 가리키기를 행하는 것은 아니다. 배우들도 응시와 제스처, 말과 움직임으로 프레임 안팎의 사물들로 주의를 요청한다. 영화는 종종 스크린 외부의 무언가를 가리킨다. 하나의 영화 이미지는 스크린 외부 공간의 컨텍스트 안에 존재한다. 스크린 외부는 단지 보이지 않는 상태로 암시될 뿐만 아니라 보이는 것들에 끊임없이 영향을 미치는 영역이다. 정지된 사진은 외부의 무언가를 지시하는 경우에도, 단지 그것의 존재를 암시할 따름이다. 영화라면 다음 이미지에서 그것을 보여 줄 것이다. 하나의 영화 이미지가 외부로 우리의 시선을 이끌 때, 예컨대 배우가 문을 열고 나가거나 창문 너머를 바라볼 경우, 그다음 이미지는 지시된 대상을 보여 줄 것이다. 영화 이미지들에서 보이지 않는 대상에 대한 지시는 그 대상을 곧 볼 것이라는 기대를 불러일으킨다.

영화에서 부재는 현존의 기대를 만든다. 스크린 외부의 무언가가 우리의 주의를 끌거나 스크린 내부의 무언가가 불완전할 경우, 우리의 시각 장에서 부재한 것이 곧 불려 나올 준비를 한다. 빈 공간에 대한 지시는 영화에서 드물지 않은 이미지이며, 곧 공백이 채워질 것이라는 기대가 형성되는 것이다. 한 배우가 프레임에 진입해 빈방을 채우는 경우가 그러하다. 다소 놀라운 변주도 있는데, 공백을 가리키는 남자의 이미지가 열린 문의 프레임에 진입해 예기치 못한 방식으로 자신의 가리킴이 빚어낸 기대를 그 스스로 충족시키기도 한다. 자신의 가리킴이 만든 기대를 충족시키는 것은 영화감독의 임무다. 그 기대를 예기치 못한 방식으로 충족시키는 것이 안토니오니의 특별한 방식이다. 안토니오니의 예기적 이미지들, 다시 말해 그 이미지들의 부재 감각 혹은 카메라가 망설이는 동안의 사이 시간이 관습적인 현존으로 채워지는 경우는 거의 없다. 〈정사〉에서 여주인공 안나가 사라진 다음, 그녀가 발견될 것이라는 기대, 최소한 그녀에게 무슨 일이 일어났는가를 알게 될 것이라는 기대는 점차 다른 이야기, 즉 그녀의 자리를 차지한 다른 인물의 이야기, 그녀의 부재의 기운과 공명하는 이야기에 자리를 내준다.

〈패신저〉의 마지막은 스크린 외부에서 주인공이 스페인의 호텔 방에서 죽는 광경으로 귀결되는 숨 막히는 롱 테이크 장면이다. 안토니오니의 카메라는 방 안에서부터 옅은 햇살이 비치는 광장으로 창문을 통과하며 움직이는데 그 동작은 마치 창틀이 존재하지 않는 것처럼 부드럽다. 카메라는 광장을 선회한 다음 다시 창문으로 돌아가는데 이제 카메라는 바깥에서 창문 안쪽을 바라본다. 이전 장면에서 주인공이 텔레비전 기자로서 인터뷰를 통해 우리의 방 안에 외부 세계를 전달할 때, 그는 자신이 카메라 뒤가 아니라 앞에 있는 상황을 맞았다. 인터뷰 대상은 아프리카인 반란 지도자였지만 프레임 안에서 위치를 정하는 주체는 그 지도자였으며, 카메라를 주인공 쪽으로 향하도록 했던 것이다. 〈정사〉에서 실종된 안나와 그녀를 수색하면서 안나의 자리를 차지하게 되는 클라우디아는 서로의 분신으로 간주될 수 있을 것이다. 〈패신저〉에서 자신을 닮은 죽은 자와 신분을 교환하는 주인공은 실종자와 수색자가 결합한 인물이다.

〈패신저〉는 또 다른 자아 즉 도플갱어 이야기이며, 여기서는 분리된 두 자아가 내부와 외부가 된다. 이것은 자기 자신을 내부가 아닌 외부에서 찾아 헤매는 실종자의 이야기다. 주인공은 총기 밀반입자 신분으로 위장함으로써 외부 세계에서 자신을 발견하려 한다. 이 도플갱어 이야기에서 다른 자아는 이 세계의 리버스 앵글에서 보이는 자아다. 이 이야기의 모럴은, 도플갱어 이야기의 전통에 따른 것으로, 분리는 죽음을 초래한다는 것이다. 자아와 또 다른 자아인 지킬과 하이드는 죽음으로 합일한다. 〈패신저〉에서 내부와 외부가 이음매 없는 하나로 나타날 때 이 같은 일이 일어난다. 안토니오니의 카메라가 항상 상연하는 내부자와 외부자의 상호 작용은, 다시 말해 외부자의 시선의 주관성 혹은 내향적 의식의 외부를 향한 움직임은, 여기서 자아와 세계의 알레고리가 된다.

대부분 영화에서 카메라는 스토리 라인의 길이 이끄는 곳을 가리키며 관심의 대상들과 조성된 기대들은 대개 드라마적이다. 하지만 〈정사〉의 스토리는, 앞서 말한 남자의 가리키는 손가락처럼, 공백으로 귀결된다. 실종자의 수색은 결국 주체성을 호출하는 수색이며, 의식이 정주할 수 있는 대상의 부재를 채우는 것은 안토니오니의 카메라라는 외부자의 응시다. 드라마의 전개에서 벗어나 자유롭게 유동하는 안토니오니의 카메라는 스스로의 길을 따라 가리키고 작동하며 인물들에 주목하지만 인물들을 둘러싼 공간에도 그만큼 주목하며 종종 길을 잃은 듯 샛길로 접어들어 또 다른 이야기로 흘러갈 수도 있는 우연적 환경에 열려있다. 앞서 언급한 책에서 안토니오니는 이렇게 말한다. "영화를 만들기 시작할 때마다 또 다른 영화가 뇌리에 떠오른다."[293] 조지프 베넷Joseph Bennet은 〈정사〉에 관한 글에서 "매번의 운동은 탈선asides의 연쇄"[294]라고 썼다. 이는 안토니오니 영화 일반에 적용된다. 안토니오니의 가리킴이 빚어내는 불안정하지만 매혹적인 시각적 우아함을 지닌 예기들은 주로 본다는 행위에 관한 것이다. 보는 행위의 긴장과 호기심, 탐색하는 시선, 가시적인에 것에 대한 숙고와 연관되는 것이다. 안토니오니는 배우와 드라마의 감독이라기보다 비상한 예리함을 지닌 주의력의 감독이다. 브레송이 자신을 "장면의 연출자metteur en scène"가 아니라 "배열의 연출자 metteur en ordre"(그는 장면을 연출하는 것이 아니라 장면의 조각들을 엄격한 순서로 배치한다)라고 말했는데, 안토니오니는 장면의 연출자라기보다 '의식의 연출자'라고 불릴 수 있을 것이다. 의식에 무언가를 불러오는 사람, 앎의 배열자인 것이다.

〈욕망〉(1966)의 플롯은 샛길과 교란과 분산의 연쇄로 진행된다. 명민한 런던 사진가의 하루 동안의 시간을 담고 있으며 다른 것을 찍으려다 우연히 사진에 담긴 무언가로 인해 살인자의 행로와 교차하게 된다. 〈욕망〉은 보통의 살인 추리극과 같은 해결의 결말이 없다. 〈일식〉은 비토리아와 피에로의 로맨스의 시작에 이르는 데까지 상영 시간의 반 이상을 사용한다. 여자의 이틀, 그리고 남자의 하루가 지난 다음에야 그들의 길은 교차하고 만나게 되는 것이다. 피에로를 만나자마자 비토리아는 스크린 외부의 무언가를 보고 그쪽으로 움직인다. 컷하면 다른 젊은이가 지나쳐 가는데, 그의 근사한 외모가 비토리아의 눈길을 끈 것이다. 카메라는 비토리아의 응시가 멈춘 동안에도 그 젊은이를 따라간다. 이 순간 비토리아는 피에로와의 만남을 머뭇거리며 다른 대안, 즉 이 사랑 이야기의 불안정한 중심에서 벗어나는 또 다른 길을 고려하는 것이다. 다시 말해 한순간 이 영화는 선택할 수도 있었던 또 다른 내러티브의 길을 엿보는 것이다.

롤랑 바르트의 논의(에세이 "리얼리티 효과The Reality Effect"295)에 따르면 묘사는 내러티브의 의미 작용을 초과하기 마련이다. 묘사된 측면들과 세부들은 장면 안에서의 기능에 머무르지 않고, 성격화를 풍성하게 하며 이야기를 동기화하고 접지接地시킨다. 바르트가 주장하길, 그 초과는 리얼리즘적 픽션에서 실재를, 즉 의미화에 저항하는 것으로 지각되는 실

〈일식〉. 샛길의 행인.

재를 의미한다. 달리 말해 리얼리즘적 픽션은 의미를 가리키는 행위를, 즉 실재의 광대한 공간으로부터 추출된 유의미한 대상에 초점을 맞추는 행위를 드러내고 싶어 한다. 리얼리즘적 픽션과 사진이 비슷한 시기에 발명된 것은 단순한 우연이 아니다.

리얼리즘적 픽션을 사진적 방식으로 상연하는 매체인 영화에서, 리얼리즘의 정전적 스타일은 전후 이탈리아에서 확립되었다. 리얼리티가 의미화에 저항한다는 지각이 이탈리아 네오리얼리즘 특히 로셀리니의 영화를 특징짓는다. 로셀리니의 네오리얼리즘의 혁신성은, 로버트 워쇼가 〈전화의 저편〉(1946)에 관해 쓴 표현에 따르면, "실제 경험의 고유한 특수성이 우리의 의식에 남겨 두는" 특정한 대목들에서 천명되었다.[296] 로셀리니의 혁신성은 리얼리티가 그 스스로 발화하도록 하는 데 있지 않다. 리얼리티는 해석되지 않는 한 발화하지 않기 때문이다. 그것은 오히려 전개되는 상황을 부분적으로밖에 포착할 수 없는 외부자의 시선을 통해 제시함으로써, 리얼리티가 발화하지 않도록 하는 데 있다. 카메라는 우월한 해석자의 지위를 거부하고 사물들의 특수성을 과묵의 경이로 드러내는 것이다. 로셀리니 역시 안토니오니처럼 카메라에 내부자의 특권적 시선으로 세계를 해석하는 권능을 부여하지 않았다는 점에서, 안토니오니만큼 일관성이 있진 않았다 해도, 그의 중요한 선도자다. 하지만 안토니오니는 로셀리니의 과묵에 히치콕의 정교한 카메라워크와 편집 그리고 시점의 능수능란한 사용을 결합한다. 안토니오니도 서스펜스의 대가다. 다만 그의 서스펜스는 발화의 시도에 저항하는 리얼리티를 정교하고 탐색적인 시선으로 응시하는 것에서 비롯된다.

안토니오니는 가리키는 남자가 눈을 겨냥하는 대목의 빈 공간에 대해 이렇게 썼다. "이상한 점은 이것이다. 교외가 실제로 시작되지만, 그 대목에서 우리는 그렇게 느끼지 못한다는 것이다. 우리는 단지 공허의 느낌만 든다."[297] 도시에서 교외로 이행해 갈 때 도시가 공백화하는 과정을 우리는 어떻게 지각하는가? 가리키는 남자는 안토니오니로 하여금, 분산화의 경험을 예민하게 드러내고, 당연하게 여겨지는 것을 놀라운 것으로 보여 주면서, 그 부재에 주목할 수 있도록 해 준다. 〈밤〉에 나오는, 여유로우면서도 긴박하며 종잡기 힘들면서도 리듬감 넘치는 한 시퀀스를 예로 들어 보자. 여인의 가리킴과 카메라의 가리킴의 대조, 입구들과 출구들의 대조, 카메라의 머뭇거리는 앵글과 간결한 편집의 대조가 강조되는 이 시퀀스에서, 잔 모로의 캐릭터는 거리를 서성이다 밀라노 교외로 진입하는데, 이 캐릭터가 안토니오니로 하여금 확장하면서 제멋대로 뻗어 나가고 있는 사이 공간들을 적절히 표현하도록 해 준다. 〈일식〉의 로마 교외와 〈붉은 사막〉의 산업화된 라벤나의 교외에서도 모니카 비티의 캐릭터는 안토니오니에게 그 공간들을 명료하게 드러낼 수 있도록 해 준다. 이 캐릭터들이 채트먼이 말한 안토니오니 영화에서의 "목격자witness"의 사례들이다. 이 인물들은 카메라의 대상들에 대한 탐색적 시선과 동반하며, 초연하면서도 예민하고 혼란스러워하면서도 근심 어린 외부자의 시선으로 대상들을 바라본다.

우리에게 보도록 하는 것은, 콘래드에게라면 소설가의 책무이며, 그리피스에게라면 영화감독의 책무다. 안토니오니의 책무는 우리에게 보도록 하면서 일단 보고 난 뒤 다시 보도록 하는 것이다. 안토니오니의 목격자의 시점은 영화의 시점과 같지 않다. 안토니오니는 목격자의 시야 및 지각과 카메라의 지각 및 시야를 합치시키지 않고 양자의 대위법을 빚어낸다. 카메라 시선의 분신이라 할 수 있는 목격자는 안토니오니가 우리에게 다시 보게 하도록, 다시 말해 하나의 상황을 다른 시야에서 보도록 하는 다른 시야를 인지시키기 위해 채택하는 수단이다. 그의 술회에 따르면, 무대에서 연극을 상연했을 때 무대의 반대 방향을 관객에게 보여 줄 수 없다는 사실이 괴로웠다고 한다. 자신의 영화에서 안토니오니는 흔히 머뭇거리는 내향적 시선에서 돌발적으로 확장된 조망의 시선으로 컷한다. 그는 또한 한 장면의 한쪽 면으로부터 마주 보는 면으로 급작스럽게 컷하곤 한다. 이는 지배적인 컨벤션을 위반하는 것인데, 보는 이에게 순간적으로 방향 감각을 잃도록 하기 때문이다. 우리의 지각적 방위를 이동시키면서 본다는 행위를 선명하게 드러내는 것이다. 주의 깊게 다시 보고 또한 다르게 보면서, 그는 한 장면의 여러 측면을 추적하고, 가시적인 것의 무수히 다양한 면을 탐사하는 것이다.

〈밤〉에서 잔 모로의 캐릭터가 없었다면, 밀라노 거리와 교외를 서성이는 시퀀스는 인상의 나열 혹은 일상생활의 진열에 불과했을 것이다. 하지만 그녀의 존재가 있어, 일련의 이미지들은 상황들의 현재 진행으로서의 사태들을 가리키게 된다. 또한 예기적이고 유예적이며 산포적이고 불확실하지만 분명히 초점을 지니며 모종의 함축을 담은 내러티브 시퀀스를 명료화할 수 있게 된다. 젊은 연인들이 다시 만나리라는 기대가 없었다면, 또한 그들의 부재가 전하는 모종의 울림이 없었다면, 〈일식〉의 마지막 시퀀스는 교외의 저녁 무렵 일상에 대한 소박한 묘사에 그쳤을 것이다. 또한 우리의 모더니티의 사라진 조각들 혹은 사이 공간들이 전하는 희망적이고도 두렵고 기이하고도 혼란스러운 감각은 느낄 수 없었을 것이다. 안토니오니의 영화가 사건 중심적이 아니며 사이 시간의 숙고와 반향에 오래 몰두한다 해도, 그는 뛰어난 비주얼의 감독일 뿐만 아니라 걸출한 내러티브의 감독이다. 그의 이미지들이 내러티브적 의미를 초과한다면, 그것은 그 이미지들이 하나가 아닌 수많은 잠재적 이야기들을 들려주고 있기 때문이다.

모니카 비티는 네 편의 안토니오니 영화에 연이어 출연했는데, 첫 캐릭터인 〈정사〉의 클라우디아는 안나의 친구로 등장해 안나 그리고 안나의 연인 산드로와 동행한다. 그들은 시칠리아의 북쪽 바다로 일군의 부유층과 함께 요트 여행을 떠난다. 헨리 제임스 소설에 나오는 순수한 인물을 연상시키는 클라우디아는 이 그룹의 아웃사이더이며 젊고 활달하고 명민하고 아름답고 다소 천진난만한 여자다. 처음에는 부수적 인물로 등장한 그녀는 우리의 주의를 끌기도 하고 벗어나기도 하지만, 마침내 안토니오니가 내러티브의 경로로 삼는 캐릭터가 된다. 클라우디아는 아웃사이더 관찰자이며 안토니오니적 목격자다. 안토니오니의 카메라와 동행하며 이방인의 시점을 통해 주변 세계의 인상에 민감하게 반응하고 그를 수용하는 인물인 것이다. 안토니오니의 가장 예민한 목격자는 여자들이다.●

안나와 산드로와 함께 여행하는 동안 클라우디아는 동행하는 커플

● "나는 여인을 특별히 사랑한다"라고 안토니오니는 말했다. "아마도 내가 그들을 더 잘 이해하기 때문일까? 나는 여인들 사이에서 태어났고, 여자 사촌들과 여자 친척들 틈에서 자랐다. 나는 여자들을 매우 잘 알고 있다. 여인의 심리를 통하면 모든 것은 더욱 신랄해진다. 그들은 자신을 더 잘 그리고 더 정확히 표현한다. 그들은 우리가 사물을 더욱 분명히 보고 분별할 수 있도록 해주는 필터다"(Sam Rohdie, *Antonioni* [London: British Film Institute, 1990], 183에서 인용).

〈정사〉. 안나가 사라진 화산섬의 클라우디아.

의 불화와 권태와 불행을 주시한다. 그녀가 타인들의 삶을 캐내려 해서
가 아니라, 이 커플들이 시칠리아 바다의 화산섬과 같은 황량한 주변 환
경의 성질과 유사한 모습을 드러내기 때문이다. 안나가 사라진 뒤 클라
우디아는 이야기의 중심으로 옮겨 가면서, 자신이 초연한 태도로 관찰
해 온 세계 속으로 점점 더 깊이 연루된다. 영화의 끝 무렵, 안나가 한 섬
에서 실종된 뒤 어디서도 발견되지 않은 채, 두 인간 형상을 한 에트나
산의 화산 정상이 멀리서 보이는 마지막 이미지가 떠오른다. 돌발적이고
긴 이 롱 숏은 우리에게 초연한 질문자의 태도로 바라볼 것을 요청한
다. 클라우디아는 더 이상 관찰자도 황량한 공간의 외부자도 아니며, 이
제 산드로와 함께 그 불행한 커플들의 하나가 되었다. 인물들에게 더 깊
이 연루되기도 하고, 또한 그들로부터 더욱 초연해지기도 하는 안토니오
니의 카메라는 외부자의 시선, 즉 이방인의 시점을 고수한다. 윌리엄 펙
터는 〈정사〉에 대해 이렇게 썼다. "안토니오니의 상상력은 윤리적인moral
것이다. 그는 모든 캐릭터를 동등하게 바라본다. 그들은 유사성 속으로
사라지고…… 공통된 약점으로 일체가 될 수 있으며…… 모두 실종자들

이라는 점에서 그러하다."²⁹⁸ 클라우디아의 이야기는 사랑의 감정 이입으로 인해 내부자가 된 외부자의 이야기다. 이 감정 이입은 그녀의 활력이고 잠정적 강점이기도 하지만 그녀를 산드로 및 다른 실종자들과 일체가 되도록 한다는 점에서 약점이기도 하다.

기발한 것으로 우리를 놀라게 하는 것은 어렵지 않다. 안토니오니는 평범한 것, 유별나지 않은 낯섦, 표면적으로는 사소하고 우연적이지만 외면하기 힘든 세부로 우리를 놀라게 한다. 그러한 세부들에 대한 클라우디아의 놀람은, 또한 우리의 놀람은, 요트 여행의 첫날에 일어난다. 클라우디아의 시야를 벗어나 있는 한 장면에서, 산드로는 안나의 빈정대는 듯한 말을 듣고 어깨를 으쓱하며 자신이 읽고 있던 신문지를 갑판 위로 던져 버린다. 그의 뒤편에서 펄렁이며 후미 쪽으로 날아가는 신문지로 컷한 카메라는 신문지의 움직임을 따라 패닝한다. 그리고 후미에 앉아 있는 클라우디아가 프레임에 들어온다. 이 장면은 그녀의 등 뒤에서 찍혔는데, 그녀는 몸을 일으켜 바람에 흩날리는 신문지를 놀란 듯 바라본 뒤 바다 쪽으로 몸을 숙인다. 그녀의 시선이 향한 곳은 우리는 그 경로를 알고 있지만 그녀에겐 미스터리인 신문지이기도 하다. 우리는 그녀의 놀람을 즉각적으로 공유하지 않지만 자신이 본 것에 대한 그녀의 놀람은 우리에게 이 신문지의 움직임의 진정한 원천에 대해 우리가 얼마나 알고 있는지 의심하도록 이끈다. 우리는 산드로가 신문지를 던지는 것을 보았지만 던져진 신문지가 가리키는 그와 안나의 파열해 가는 관계에 대해서는 잘 알지 못하기 때문이다. 클라우디아가 여전히 보고 있는 시야 속에 흩날리는 더 많은 신문지들이 프레임에 진입해 좀전의 신문지들이 그녀를 놀라게 한 만큼이나 우리를 놀라게 한다. 이 대목 혹은 여타 장면들에서 안토니오니가 목격자를 사용하는 방식은 '리액션 숏'을 피하는 것이다. 인물의 표정으로 컷함으로써 우리가 그 표정에 이끌려 해당 장면에 반응하도록 하는 관습적 방식을 취하지 않는 것이다. 안토니오니의 목격자는 우리가 그의 시야와 반응을 공유하는 캐릭터가 아니다. 그의 목격자는 대상에 대한 우리의 감각을 더욱 예민하게 만든다. 클라우디아는 우리에게 이 신문지에 대한 시점이 아니라 우리의 반응을 되돌아보는 비교의 관점을 제공한다.

안나는 곧 충동적으로 신문지의 행로를 따라가는데 이는 그녀의 실종을 예기한다. 다른 사람들이 어느 곳에서 수영할지 망설이는 동안(이는 사소한 우유부단함이지만 그녀에겐 더 큰 우유부단함을 암시한다) 안나는 참지 못하고 요트가 움직이는데도 바다로 뛰어드는 것이다. 카메라는 그녀의 궤적을 따라 팬한 뒤 그녀의 모습을 계속 담는다. 이 장면에서 등을 보이고 있는 클라우디아는 신문지가 날려 가는 것을 바라볼 때처럼 친구가 헤엄치며 멀어져 가는 모습을 바라본다. 다른 대목에서도 종종 그러하듯 여기서 안토니오니는 목격자를 찍으면서 그의 표정이 아닌 관찰자로서의 제스처를 담는다. 두 사건은 같은 방식으로 제시되는데 카메라가 요트가 남긴 파문을 향해 오른쪽으로 패닝한 뒤 이를 보며 당혹스러워하는 클라우디아에서 멈추는 것이다. 입수하는 안나와 산드로의 신문지가 평행을 이루며 시각적으로 동일시되고 있는 것이다.

안토니오니를 심각한 상징과 은유의 작가로 보는 시각이 있다. 그의 상징들과 은유들은 현대인이 지닌 타인과의 소통의 무능함을 장대하게 표현한다는 것이다. 채트먼은 이런 시각에 반대하며 안토니오니는 은유가 아니라 환유에 의존해 의미를 표현한다고 주장한다. 하지만 이 또한 잘못된 판단이다. 채트먼은 안토니오니를 상징주의자가 아니라 리얼리스트이고, 시인이라기보다 기록자로 여기는 것이다. 하지만 안토니오니는 양자의 독특한 혼합이다.

은유와 환유는 오늘의 많은 평자들처럼 채트먼이 로만 야콥슨Roman Jakobson의 정의에 따라 사용하는 용어다. 은유적 연계와 의미 작용은 비교 혹은 유사성에 의해 이뤄지고(나이프와 칼, 시작으로서의 새벽, 줄리엣을 태양으로 성격화하는 것), 환유적 연계와 의미 작용은 인접성에 의해 이뤄진다(나이프와 포크, 부엌과 달빛, 입은 옷이나 이웃의 묘사를 통해 한 남자를 성격화하는 것). 야콥슨은 은유라는 개념으로 유사성뿐만 아니라 대조성까지 포괄한다. 또한 환유라는 개념으로, 공간과 시간의 컨텍스트적 연관까지 그리고 전체의 한 부분을 뜻하는 제유까지 포괄한다.[299]

은유가 시의 주된 표현 양식이라면 환유는 리얼리즘적 픽션의 주된 표현 양식이다. 은유가 비약한다면 환유는 가리킨다. 환유를 통해 세부는 캐릭터를 가리키고 한 측면은 한 장면을 가리키며 상황은 이야기를 가리킨다. 또한 여기는 저기를, 이전은 이후를, 원인은 효과를 가리키며 반대 방향으로도 이뤄진다. 의미화에 저항하는 하나의 세부 혹은 하나의 측면은 저지된 환유로 여겨질 수도 있다. 간편한 기호학적 해석에 몰두하는 채트먼은 이 용어들에 감화된 것처럼 보이지만, 환유는 예술적인 작업일 뿐만 아니라 매우 일상적인 것이기도 하다. 연기는 불을, 웃는 얼굴의 클로즈업은 환희를 의미하는 것이다. 환유의 대가인 안토니오니는 또한 정교한 은유의 실행자이기도 하다. 공히 갑판 위의 움직임인 산드로의 신문지와 안나의 입수入水는, 따로 떼놓고 보면, 각각 캐릭터와 스토리를 가리키는 환유들이다. 하지만 양자의 시각적인 병렬은 은유로 나아간다. 무엇에 대한 은유인가? 안토니오니 영화에서 환유뿐만 아니라 은유도 의미의 추구를 작동시키며, 그 추구는 저항에 부딪힌다.

시처럼 회화도 비교의 체계를 구성해, 대상들을 서로 어울리도록 운율에 맞춰 배열하며, 각각은 다른 것들과의 연관성에 의해 감지된다. 은유는 시에서만큼 회화에서도 주된 표현 양식이다. 회화의 의미는 주로 유사성과 차별성, 상응성과 보완성, 동등성과 부등성의 배열에서 나온다. 회화의 구도는 우리의 눈이 차별성에서 유사성을, 유사성에서 차별성을 보도록 이끈다. 안토니오니는 정적인 구도나 색채의 측면에서가 아니라 진정으로 영화적인 방식으로 가장 회화적인 영화감독에 속한다. 화가가 들어 올려진 팔의 형상을 움직이는 나뭇가지에, 하늘의 색깔을 성모의 외투 색깔에 비유하듯, 안토니오니는 운동하는 이미지를 병렬함으로써 그렇게 한다. 갑판 위를 날아가는 신문지의 운동은 수영하고 싶어 안달하는 여인의 운동에 비유되는 것이다.

〈일식〉은 하루의 새벽에 시작해 다른 날의 황혼 녘에 끝난다. 그 과정 내내 태양의 빛과 어둠, 햇빛과 그림자, 낮의 자연광과 저녁의 어둠이, 스크린에 투사되는 영화 이미지의 빛과 어둠을 상기시키는 전기 문명의 인공적인 문화적 빛과 어둠에 비교된다. 비토리아가 아파트 창문을 통해 보이는 한 장면에서 그녀는 저녁 무렵 집에 도착해 불을 켠다. 이 장면에서 그녀는 어둠의 스크린 내부에 밝고 작은 스크린을 만들어 내는데, 이는 저녁의 어둠 안에 인공적인 작은 낮을 만드는 것이다. 아파트 내부로 컷하면 인공적 빛으로 인해 스크린 전체가 낮처럼 밝아진다. 침대에 앉아 친구와 대화를 나누면서 비토리아는 검은 숄을 머리 위로 들어 올린다. 다시 돌발적인 클로즈업 화면으로 컷되면서, 인공적인 낮 안에 숄이 만들어 낸 인공적인 밤 혹은 인공적인 일식이 스크린을 채운다. 반대 방향의 전개가 영화의 끝에 일어난다. 교외 공간이 저녁의 어둠에 잠겨가는 숏에서 클로즈업된 가로등이 우리의 눈을 순간적으로 멀게 하는 마지막 숏으로 컷되는 것이다. 〈일식〉의 빛과 어둠은 문자 그대로 빛과 어둠이기도 하지만, 은유적으로는 문화의 구축을 통해 의미를 찾으려는 우리 정신과 감정이 지닌 빛과 어둠이기도 하다.

롤랑 바르트는 안토니오니에게 보내는 공개서한에서 이 감독이 "의미에 대한 적확한 느낌"을 갖고 있다고 썼다. "당신은 의미를 강요하지 않지만 제거하지도 않습니다. 이 변증법이 당신의 영화에······ 위대한 섬세함을 부여합니다. 당신의 작품은 항상 의미화의 길을 열어둔다는, 혹자라면 비결정적이라고 말할 수도 있는, 원칙을 고수합니다."[300] 안토니오니에 관한 책을 쓰면서, 샘 로디Sam Rohdie는 기꺼이 의미를 제거하려는 반면 채트먼은 끈질기게 의미를 찾아내려 한다. 어느 쪽도 바르트가 말한 변증법과 섬세함을 포착하지 못한다. 회화성을 추구하는 대부분의 감독은 의미를 강요하든가(표현주의적 왜곡을 통해), 의미를 제거하려 한다(순전한 장식을 통해). 회화적 영화라는 면에서 미조구치 겐지와 비견될 만한 유일한 감독인 안토니오니는 온전히 장식적인 그리고 의미로 가득 채운 회화적 구성을 피한다. 그의 영화의 회화적 의미 작용 혹은 시각적 비유의 은유들은 잠정적으로만 실행된다. 동시에 결론을 삼가는 놀랍도록 정교한 함축화를 통해 상황의 상태를 존중하면서 세부와 환경을 선명하게 묘사한다. 심각하게 상징적이지 않고 또한 은유 아닌 환유에 기대지 않으면서, 안토니오니의 의미화 작업은, 여전히 그것이 근본적으로 유예의 상태임을 암시하면서, 환유와 은유를 오가고 관찰된 리얼리티와 상징의 제시 사이를 서성인다. 필름에 한데 모인 실재의 흔적과 이미지가, 다시 말해 기록된 외양과 그것의 시각적 배열이, 서로를 질문에 부치면서 함께 간절한 탐색에 나선다.

〈정사〉 초반부의 시각적 운율의 위트가 담긴 한 장면은 안나의 아버지의 벗겨진 머리를, 배경의 지평선에 기묘한 위엄을 지닌 채 서 있는 성 베드로 대성당의 돔과 연결시킨다. 채트먼이 환유라고 부르는 이 은유는 부유한 은퇴 외교관인 안나의 아버지를 교회 및 전통의 위엄을 지닌 그러나 쇠락한 구조물과 연관시키는 것이다. 하지만 그의 고루한 차림새와 근엄한 태도는 그것만으로도 충분히 명료해, 이 시각적 운율은 이후의 구도 변화가 뒤따르지 않는다면 얼마간 불필요할 수도 있을 것이다. 잠시 뒤 안나가 돔의 맞은편에 등장해 이번에는 그녀의 머리가, 아버지와 함께 전통을 의미하는 둥근 구조물과 시각적 운율을 만들어 낸다. 이 시각적 수사는 어떤 진술보다 효과적으로 하나의 질문을 제기한다. 이 질문 즉 아버지 및 전통적 구조물과 안나의 모호한 연관성이라는 이슈는 시각적으로 제기되지만, 시각적으로 대답될 수는 없다. 의미 전

〈정사〉. 아버지의 벗겨진 머리와 지평선의 돔.

달에 보다 적극적인 감독이라면 대답을 시도했을 수도 있다. 하지만 안토니오니는 안나의 풍성한 흑발이, 배경의 성당 형상과 시각적으로 다르기 때문에, 아버지와 교회의 전통에 대한 거부를 의미하는 것으로 상정하지 않는다. 물론 그에 대한 수용이라고 보기도 힘들다. 돔과 그녀의 시각적 대비는 하나의 이슈 혹은 열린 질문을 제기하며, 그 질문은 영화 후반부에 더 깊이 탐구된다. 안나의 실종 뒤에 그녀의 소지품에서 성경이 발견된다. 이때 그녀의 아버지가 도착하고 성경을 읽고 있던 자신의 딸이 자살했을 리 없다고 단정한다. 클라우디아는 말없이 눈물을 떨구며 뒤로 물러선다. 질문은 여전히 열려 있다.

풍성한 흑발의 머리, 그리고 그 반대편에 떠오르는 벗겨진 그리고 뿌리 뽑힌 전통의 머리와도 같은 지평선의 돔. 이 회화적 구도는 하나의 갈등을 상징적으로 시사한다. 이것이 관능 및 에로스와 낡았으나 쉽게 버릴 수도 없는 문화적 전통 사이의 갈등을 암시하는 것처럼 보이는 안나의 긴장된 얼굴을 설명할 수도 있을 것이다. 안나가 실종된 뒤 얼마간의 시간이 흐른 시점의 한 장면에서, 번민 끝에 안나의 남자 친구에게

〈정사〉. 안나의 풍성한 흑발과 지평선의 돔.

다가가기로 마음먹은 클라우디아는 자신의 금발을 감싸는 가발을 쓴다. 클라우디아와 산드로는 현대적 교회가 있는 시칠리아의 적막한 시내를 방문한 직후에 연인이 된다. 산드로는 안나를 찾으러 다녀간 적이 있던 노토의 한 교회 옥탑에서 클라우디아에게 청혼한다. 어쩔 줄 몰라하며 대답을 찾지 못하던 클라우디아는 자신 앞에 놓인 로프를 당긴다. 그러자 놀랍게도 로프와 연결된 교회 종이 울리고 인근 교회의 종이 대답하듯 울린다. 이것은 말 그대로 결혼의 종소리이며, 교회는 이 불안한 커플을 위해 종을 울리는 것이다. 하지만 얼마 뒤 시칠리아 남자들을 유혹하는 흑발의 매춘부가 등장해 안나의 자리를 차지한다. 사라진 산드로가 돌아온 안나와 함께 있지 않을까 두려워하던 클라우디아는 소파에서 흑발의 매춘부와 함께 있는 산드로를 발견한다. 이 연계들은 환유적으로 그리고 은유적으로 분기해 뻗어 나간다.

산드로의 신문지와 안나의 입수라는 이 커플의 분리를 지시하는 두 가지 분리 운동은 괴리와 결별과 분산의 은유를 형성한다. 갑판 위의 두 가지 운동의 시각적 병렬은 원인에 대한 설명 없이 이 커플의 불화를 우리에게 지각하도록 이끈다. 또 다른 질문이 시각적으로 제시되고 대답되지 않은 채 남겨진다. 우리는 펄럭이며 날아가는 신문지들에서 안나를 대하는 산드로의 태도가 그처럼 무심하고 들쑥날쑥하다고 추론해야할까? 하지만 청혼한 것은 산드로이고 망설인 것은 안나가 아닌가. 그가 나중에 클라우디아에게 비슷한 정도의 진지함으로 청혼했을 때 비로소 그의 동기가 의심스러운 것이 되긴 하지만 말이다. 후반부에 가서야 우리는 안나의 입수에서 자살 충동 혹은 소실 충동 같은 것을, 신문지의 움직임에서 이 여자에서 저 여자로 널뛰는 산드로의 변덕스러운 애정을 뒤늦게 알아차린다. 르네상스 화가들이 회화적 은유라는 표현 방식을 사용해 선명한 하나의 세계를 그려냈다면, 안토니오니는 그 표현 방식을 사용해 실제 세계의 외양을 탐사한다. 르네상스가 명료성의 시대였다면, 우리 시대는 미스터리의 시대다. 태어난 지 한 세기 반이 지났지만 여전한 호소력을 지닌 미스터리와 서스펜스라는 장르의 지속성은 이 시대의 그 특성을 증언한다.

안토니오니의 성격화 스타일은 카메라라는 탐문의 눈이 수사를 행하는 미스터리 형식을 택한다. 설명적인 대사나 행위 혹은 전지적 카메라 없이 제시되는 그의 인물들은 이방인과 같은 존재다. 우리는 그들을 사건의 진행 중에 조우하며 파편적으로 그리고 부분적으로 알게 되지만 그 앎은 종종 교란되고 결코 완결되지 않는다. 겉보기에 매우 자기중심적인 산드로도 결코 속 편한 작자가 아니다. 그는 노토 거리를 혼자 서성이다 성당 광장에서 한 건축학도가 그리고 있던 성당의 스케치를 발견하고, 부주의를 가장하며 고의로 열쇠 줄로 잉크병을 넘어뜨려 그림을 망쳐 버린다. 이 행위는 환유를 통해 한때 그 자신의 것이었던 한 청년의 야망과 조우함으로써 솟아오른 회한과 분노를 의미한다. 청년 시절 그는 건축가가 되어 이 광장의 성당과 같은 아름다운 건축물을 지으려 했다. 더 이상 젊지도 않지만 그렇다고 그 야심을 접을 만큼 늙지도

〈정사〉. 기독교풍의 검은색과 엎질러진 잉크.

않은 산드로는 지금 광고 계약으로 큰돈을 벌고 있다.

　환유에 이어 매혹적인 탐문의 은유가 뒤따른다. 망쳐진 그림 때문
에 화가 난 젊은이와의 다툼을 산드로가 피하려 할 때, 카메라 옆으로
그들의 주의를 끄는 무언가가 지나가고 두 사람은 다툼을 멈추고 그것
을 바라본다. 긴 행렬의 학생들과 성직자들이 기독교풍의 검은 옷을 입
고 성당에서 나와 광장으로 걸어가는데, 그 모습이 종이 위에 엎질러진
검은 잉크의 궤적과 놀라울 정도로 흡사한 것이다. 두 이미지의 시각적
병렬에 대해 존 사이먼은 펠리니를 연상케 하는 "반교권주의적 터치"라
고 해석했다. 실제로 학생들과 성직자들은 광장을 가로질러 엎질러진 잉
크처럼 즉 이 광장 건축물의 얼룩처럼 보인다. 하지만 건축 드로잉이 잉
크에 의존해 그려지듯, 광장의 아름다운 바로크 건축물은 교회에 의존
해 건설되었다. 교회 설계도를 그려낸 잉크의 검은 색은 어떤 의미에서
성직자의 색이기도 하다. 오늘의 시대에는 얼룩처럼 보이는 교회적인 것
은 이 건축을 디자인하는 잉크였고, 그 건축의 실제적 목적이자 영적 원
칙이었다. 종이 위에 엎질러진 잉크처럼 미적인 경관을 어지럽히는 성직

자 무리의 돌출은 아름다운 건축이 미적인 관심만으로는 만들어지지 않는다는 사실을 상기시킨다. 이것은 마치 노토의 성당 광장이라는 장대한 바로크 드로잉 위에 안토니오니가 잉크를 쏟고 있는 것과도 같다. 이를 통해 우리는 무엇이 그 건축에 개입되었는지 그리고 무엇이 그 건축물을 만든 이들과 우리를 갈라놓고 있는지 인식하게 된다. 우리가 찬미하는 이 건축물들은 재능이 아니라 다른 종류의 결여로 인해 오늘에는 지어질 수 없을 것이다. 재능을 가진 개인은 언제나 있었지만, 오늘의 교회와 사회와 정보 문화는 그런 건축물에 영감과 지속성을 제공할 능력을 지니고 있지 않기 때문이다. 또한 오늘의 우리가 아름다운 건축물을 만든다 해도 그 영감과 지속성을 우리 시대의 정보 문화에 의존하게 될 것이다. 환유는 옹졸한 성마름과 회한이라는 산드로의 약점을 전해 주었다. 은유는 그 회한을 깊고 넓게 만들며, 개인적 단점의 영역으로부터 끄집어내 우리 문화를 가로지르는 질문으로 일반화한다. 분명 산드로는 아름다운 건물을 짓지 않을 것이다. 우리는 어떠한가?

18세기는 미적인 세계를 주조했고 실용적인 것, 영적인 것, 도덕적인 것, 사회적인 것 등 인간 경험의 모든 관심 영역으로부터 일정한 거리를 둔 미적인 것의 무관심 영역을 분리했다. 고대, 중세, 르네상스는 그런 분리를 알지 못했다. 플라톤에게 진정한 아름다움은 감각 기관이 선을 지각하기 위해 최선을 다할 때 도달하는 영역이었다. 종교의 시대였던 중세에 아름다움은 당시의 최고의 관심사였던 영적인 것과 불가분의 것이었다. 하늘을 향해 시선을 둔 고딕 성당이 스테인드글라스를 통해 빛이 스며들게 한 것은 손에 닿는 아름다움이 아니라 세속적 삶을 향해 다가오는 천상의 아름다움을 환기하기 위해서였다. 르네상스 시대에 아름다움의 관념은 인간의 척도와 질서에 토대를 둔 삶에 대한 확신과 융합한다. 인간의 눈으로 시선을 돌린 르네상스 혹은 바로크 성당은 용틀임하는 휴머니즘의 영성을 건설한 것이다.

모든 예술 중에서 건축은 필연적으로 관심의 예술이다. 하나의 건축 스타일은 삶의 영위를 조율하는 해당 문화의 방식을 구현한다. 또한 건축은 필연적으로 긍정의 예술이다. 무언가를 건설한다는 것은 그것을 옹호한다는 것이며, 하나의 문화가 건설하는 것은 성당이든 쇼핑센터든 해당 문화의 가치와 믿음을 표현한다. 하지만 18세기 후반에 접어들자, 유럽 건축은 자신의 시대를 긍정하는 스타일에 회의를 갖기 시작했고, 과거의 스타일을 수시로 전용하기 시작했다. 이것이 19세기 건축을 지배했고, 이전 시대의 것들을 되살려 한데 모으는 이 경향은 로코코 양식과 도래할 새로운 건축 양식 사이의 과도기에 번성했다. 그러고는 새로운 건축 양식인 20세기의 모던한 국제적 스타일이 도착한다. 모더니즘이 그 비판적인 본성으로 인해 자신의 문화와 사회에 대해 적대적인 입장을 취하는 예술이라면, 구축적이어야 하는 예술 형식인 건축은 모더니즘 운동 안에서도 특별한 경우라 할 수 있다. 과거의 모방을 경멸하는 모던한 국제적 스타일은, 그것이 최상의 활력을 지닐 때, 현재가 아니라 미래를 긍정한다. 건축이라는 매체에는 반드시 실제적인 무언가가 담겨야 하므로, 그것은 단순히 상상되거나 예측된 미래가 아니라 실제 건축의 한 부분에 구현되는 미래다. 건축에서 모더니즘은 유토피아적 과업으로서, 대담하게 이상적이지만 실은 성취 불가능한 과업이다. 미래는 건축물만으로는 건설될 수 없기 때문이다. 포스트모던 이론가들은 건축의 이 특별한 속성에 대한 고려 없이 일반화를 시도했고, 모든 모더니즘을 유토피아적인 것으로 특징짓는다. 보다 더 나은 것을 향해 무언가를 제시하는 것이면 무엇이든 포스트모더니즘의 어법에서 유토피아적인 것으로 불리게 되었다. 하지만 유토피아라는 단어는 찬미의 뜻으로 사용될 수도 있지만 실제적이지 않으며 획득 불가능한 무언가를, 즉 꿈꾸기에는 좋지만 결코 실현되지 않을 무언가를 동시에 뜻한다. 오늘의 포스트모더니즘은 모더니즘이 절박하게 정초한 희망으로부터, 또한 비판 속에서도 표현하기를 멈추지 않은 염원으로부터 확연히 퇴각했다. 아름다움에 대한 감각은 희망적인 게 아니라면 아무것도 아니다. 어디엔가 이르기 위한 시도가 아니라면, 반짝이는 염원이 아니라면, 아무것도 아니다.

안토니오니는 자신의 영화에서 건축학도이고 건축 비평가이며, 인공적이든 자연적이든 혹은 고안된 것이든 있는 그대로의 것이든 장소에 대한 예민한 관찰자다. 그의 영화에서 장소는 인간과 연루된 실제적이면서도 상징적 모티브를 지닌 건축적인 것으로 드러나는 것이다. 〈정사〉에서 시칠리아 여행은 과거를 향한 여행이며, 바로크 시대의 종교적 자취와 전통적 삶의 흔적이 남아 있는 지중해 지역으로의 여정처럼 느껴진다. 그러한 과거의 시칠리아에서라면 이탈리아 캐릭터들도 외국인과 다를 바 없다. 버넌 영은 이렇게 썼다. "거리 미화원에 관한 단편 영화(《도시 청소*Netteza Urbana*》, 1948)에서 처음으로 언명된 안토니오니의 암묵적 주제는 인간이 거주하는 장소의 본질이다."[301] 결점이 있지만 인상적인 영화 〈자브리스키 포인트*Zabriskie Point*〉(1969)는 1960년대 후반 미국 서부 해안 지역의 삶이 지닌 허세의 외양을 혼란스럽지만 적확하게 포착한다. 학생운동가들의 회합, 로스앤젤레스의 거대한 공간을 채우는 입간판들, 히피들의 자유 공간으로서의 사막, 구세대의 어둡고 쓸쓸한 술집, 그리고 화려한 현대식 주택이 바람에 날려 수많은 꽃잎으로 변하는, 폭력 혁명을 향한 환상을 구현한 매혹적인 마지막 장면 등이 연이어 등장한다. 이 영화가 1960년대 반문화에 대한 찬미라고 본 사람들과 찬미 대상에 해당하는 반문화의 당사자들 모두 이 영화를 싫어했지만, 〈자브리스키 포인트〉는 모든 안토니오니 영화와 마찬가지로 장소와 그것의 점유에 대한 아웃사이더의 예민한 탐사다.

건축 비평에 최적의 매체라 할 수 있는 영화는 움직임과 내러티브 및 인물들의 상호 작용을 통해 장소에 대한 건축학적 탐구를 새롭게 만들 수 있다. 1930년대에 에이드리언 스톡스는 "우리의 거리에 미학적으로 가장 어울리는 오늘의 인간 형상은 무엇이며, 우리의 출입구들의 프레임에 가장 어울리는 인간 형상은 무엇인가?"라고 묻고 그 대답을 "뛰어난 갱스터 영화의 미장센"에서 찾았다. "긴 코트를 입고 권총을 꼭 쥔 손을 주머니에 넣은 남자. 우리의 거리와 우리의 실내에 이 악당이 미학적으로 꼭 들어맞는다는 사실을 부인할 수 없다. 그의 이상은 진공의 징후로부터 우리의 도시 환경을 구출하는 것이다."³⁰² 안토니오니의 반복적 주제는 진공의 징후, 가리키는 남자의 공백, 분산되는 공간, 사이 공간이다. 바로 우리가 거주하는 그곳이다.

실종된 안나의 단서를 따라 노토로 가는 길에 산드로와 클라우디아는 버려진 모던한 주택들이 모여 있는 마을에 이른다. 두 사람은 차를 멈추고 파시즘 시대에 건설되었지만 이제는 방치된 그 장소를 둘러본다. 그들이 자동차로 마을 거리를 돌 때, 버넌 영이 썼듯이 "카메라는 사람이 살지 않는 주택으로부터 중간 정도의 거리를 유지하며…… 거의 감지할 수 없을 정도로 조금씩 앞으로 나아간다." 영은 덧붙인다. "이 커플이 떠난 뒤 홀로 남은 카메라는 조심스럽게 전진을 계속한다. 마치 그곳의 누군가 혹은 어떤 영혼이 비밀스럽게 지켜보는 것처럼. 우리는 이 대목에서부터 추적의 양상이 바뀌었음을 알아차리게 된다. 산드로와 클라우디아가 더 이상 무언가를 찾고 있는 게 아니다. 무언가가 그들을 찾고 있는 것이다."³⁰³ 클라우디아는 산드로가 추적 작업에서 한발 물러난 다음 그와 합류했기 때문에, 그들이 머잖아 연인이 될 것은 예상 가능한 일이다. 카메라가 텅 빈 마을에 홀로 머무는 장면에서, 클라우디아가 활달한 관능미를 풍기며 들판에서 산드로를 포옹하는 장면으로 급작스럽게 컷한다. 버려진 마을에 있는 동안 카메라는 두 사람으로부터 일정한 거리를 유지하며 채워지지 않은 공백을 가리켰지만, 이제 돌발적인 클로즈업으로 공백과 방기로부터 뻗어 나온 듯한 팔로 서로 감싸며 사랑을 나누는 두 사람을 지켜본다. 거리를 두고 마을을 관찰되는 이전 장면들에서 우리는 두 사람이 더 가까이 보이기를 기대한다. 여느 영화에서 하나의 장소는 행동을 위한 무대로 등장한다. 그러나 이 마을은 이곳이 아닌 다른 곳에서 일어날 행동을 위한 무대다. 하지만 이곳은 그냥 텅 빈 곳이 아니다. 가장 충격적인 것은 마을에서 그들을 지켜보는 그 영혼이, 이 새로운 커플이 이제 곧 배신하게 될 사라진 안나임을 암시한다는 것이다. "이것이 안나가 사라진 곳인가?"라고 펙터는 물었다. 악당이 우리의 도시 환경을 인간화한다면 전통적 세계 속의 모던한 비거주 고립지의 은밀한 거주자인 그 영혼 역시 기이한 방식으로 버려진 마을의 그 스산한 건축물, 사라진 사람들을 위한 건축물을 인간화하고 있는 것이다.

하나의 장소를 활성화해 그것의 영혼을 의식과의 상호 작용으로 이끄는 사건 혹은 간격, 예기, 이행, 발견, 여파, 사건의 전환과 유예에 대한 예민한 촉수를 안토니오니는 지니고 있다. 위대한 사이 공간의 감독 안토니오니는 위대한 교외의 영화 〈일식〉의 사이 공간에서 종료된 연애와 새로 시작된 연애 사이에 유예된 시간에 초점을 맞춘다. 안토니오니는 내면적 불확실성의 시간을 아스팔트와 나무가 듬성듬성 뒤섞인 모던한 교외의 공간으로, 다시 말해 사라진 사람들을 위한 그리고 이제 자신의 거주자들을 막 찾아낸, 도시도 시골도 아닌 사이 공간으로 외면화한다. 〈일식〉의 주 무대는 EUR로 불리는 로마의 교외로서, 시칠리아의 모던한 마을처럼 파시즘 시대에 조성되었지만 공동화하진 않았다. 〈일식〉의 교외는 〈항해자〉(1924)에서 대양을 떠도는 버스터 키튼의 버려진 여객선처럼 조소의 대상이 아니라, 긴박한 당혹감을 안기는 소외된 현대적 삶의 전형으로 제시된다. 시칠리아의 과거에 둘러싸인 채, 〈정사〉에서 클

〈정사〉. 버려진 마을 그리고 버려짐에 대한 반작용으로서의 로맨스.

라우디아와 산드로의 모던한 마을 방문이, 즉 포기된 미래를 암시하듯 굳게 폐쇄된 이 마을에의 방문이, 둘의 사랑을 촉발시킨다. 교외의 현재에 둘러싸인 채, 〈일식〉에서 비토리아와 피에로는 과거를 봉인하듯 내부가 천으로 감싸진 피에로의 옛집에 머무는 동안 연인이 된다. 두 커플의 로맨스는 공백과 버려짐에 대한 해독제다.

미학을 발명한 세기는 또한 낭만주의를 발명했다. 18세기에 접어들어 도시에 나무가 심어지기 시작했다. 자연에 대한 숭배가 발길을 재촉했고, 기계적인 것에 대한 반발로서 유기체적인 것이 미와 통일성의 관념의 중심을 이루게 되었다. 그리고 사람들은 낭만적 사랑에 빠져들었다. 자연으로부터 격리된 사람들만이 자연을 숭배한다. 〈일식〉에서 비토리아가 아프리카 원주민 흉내를 낼 때, 그녀의 행동은 자연에 대한 동경과 그로부터의 격리를 동시에 함축하고 있는 것이다. 고전 예술은 내용에 대한 형식의 적합성을 상정했다. 형식과 내용의 관계를 고민하는 예술만이 양자의 낭만적 통일성을 고수한다. 미적 경험이 유기적 통일성을 추구하는 것처럼, 낭만적 사랑은 실제 세계에서 체험된 분열성을 치유하려 한다. 이러한 심미주의와 낭만주의의 후예인(우리 또한 그러하다) 안토니오니는 이 소외된 세계에서 감정적 여정과 감정적 교육을 통해 합일을 향한 사랑의 시도에 관한 영화를 만든다. 그가 포착한 이미지들은 거리를 두고 관찰된 대상들로부터 아름다움에 대한 감각을 일깨운다.

거리를 둔 아름다움이 무관심의 아름다움이 될 필요는 없다. 안토니오니 영화에서 외부자의 응시 혹은 이방인의 시점은 연루된 외부자의 혼란스러운 응시이며, 예민한 관심을 지닌 이방인의 주의 깊은 시점이다. 아름다움과 관심성의 분리는, 우리에게 오랫동안 자명한 것으로 비쳐 왔다 해도, 예술과 평온하게 동반해 온 것은 아니다. 낭만적 예술이 그 분리를 치유하고 통일성을 지향하며 그를 넘어서려 한다면, 안토니오니 영화와 같은 모더니스트 예술은 그 분리를 형식과 내용 사이의 분절된 긴장으로, 그리고 아름다움과 그 대상들의 변증법적 교환으로 제시한다. 그 분리를 알지 못한 고전 예술은 모던한 의미의 형식주의와 리얼리즘을 알지 못했다. 하지만 최상의 모더니스트 예술은 불화의 풍성한 상호 작용을 통해 양자를 조합한다. 그 상호 작용은 아마도 궁극적으로는 해소 가능할지도 모를 미와 진리 사이의 갈등이지만, 그리스 항아리의 고요한 평정과는 거의 무관할 것이다. 안토니오니 영화에서 열망의 대상이지만 불확실하므로 여전히 한 발 떨어져 있는 아름다움, 또한 불안정한 상태에서 일종의 질문으로 제시되는 아름다움은 우리 미스터리의 시대에 선을 향한 사려 깊고 열정적인 탐색을 표현한다.

주

서론

1 Pauline Kael, "Trash, Art, and the Movies," in *Going Steady*, Boston: Little, Brown, 1970, 102.

2 G. Cabrera Infante, *A Twentieth Century Job*, trans. Kenneth Hall and G. Cabrera Infante, London: Faber & Faber, 1991.

3 Orson Welles and Peter Bogdanovich, *This Is Orson Welles*, ed. Jonathan Rosenbaum, New York: HarperCollins, 1992.

4 그리피스의 광고는 1913년 12월 3일자 〈뉴욕 드라마틱 미러〉에 실렸다.

5 Andrew Sarris, "Notes on the Auteur Theory in 1962," *Film Culture*, no. 27(winter 1962~1963), reprinted in *Film Culture Reader*, ed. P. Adams Sitney, New York: Praeger, 1970, 128.

6 Pauline Kael, *I Lost It at the Movies*, New York: Bantam, 1966, 280.

7 Christopher Faulkner, *The Social Cinema of Jean Renoir*, Princeton: Princeton University Press, 1986, 3~16.

8 Robert E. Kapsis, *Hitchcock: The Making of a Reputation*, Chicago: University of Chicago Press, 1992.

9 Alfred Hitchcock, 같은 책, 20에서 인용.

10 Cabrera Infante, *A Twentieth Century Job*, 278~279, 281.

11 Kapsis, *Hitchcock*, 149.

12 Graham Greene, review of *You Can't Take It With You*, in *Graham Greene on Film: Collected Film Criticism, 1935~1940*, ed. John Russell Taylor, New York: Simon & Schuster, 1972, 203~204.

13 Pauline Kael, *5001 Nights at the Movies*, New York: Holt, Rinehart & Winston, 1991, 383.

14 Welles and Bogdanovich, *This Is Orson Welles*, 137.

15 James Harvey, *Romantic Comedy in Hollywood from Lubitsch to Sturges*, New York: Knopf, 1987, 113.

16 같은 책, 112~113.

17 Stanley Cavell, *Pursuits of Happiness: The Hollywood Comedy of Remarriage*, Cambridge: Harvard University Press, 1981.

18 Frank Capra, *The Name above the Title: An Autobiography*, New York: Macmillan, 1971.

19   Joseph McBride, *Frank Capra: The Catastrophe of Success*, New York: Simon & Schuster, 1992.

20   Richard Griffith, "The Film Since Then," in *The Film till Now: A Survey of World Cinema*, by Paul Rotha, with an additional section by Richard Griffith, London: Spring Books, 1967, 452~453.

21   William S. Pechter, "American Madness," in *Twenty-four Times a Second*, New York: Harper & Row, 1971, 123~132.

22   Eric Bentley, *The Life of the Drama*, New York: Atheneum, 1966, 314.

23   Christian Metz, "The Cinema: Language or Language System?" in *Film Language: A Semiotics of the Cinema*, trans. Michael Taylor, New York: Oxford University Press, 1974, 31~91.

24   John Ellis, *Visible Fictions*, London: Routledge & Kegan Paul, 1982, 59~61.

25   다이앤 스티븐슨은 마그리트와 푸코에 관한 자신의 에세이 "This Is Not a Pipe, It's a Pun"(미출간)에서 이미지와 관련해서는 소쉬르적 모델이 부적합하다고 논한다.

26   Christian Metz, *The Imaginary Signifier: Psychoanalysis and the Cinema*, trans. Celia Britton, Annwyl Williams, Ben Brewster, and Alfred Guzzetti, Bloomington: Indiana University Press, 1982.

27   Noël Carroll, *Mystifying Movies: Fads and Fallacies in Contemporary Film Theory*, New York: Columbia University Press, 1988, 42~43.

28   Sigfried Kracauer, *Theory of Film: The Redemption of Physical Reality*, New York: Oxford University Press, 1960, 305.

29   라캉의 모호성과 그의 젊은 시절의 초현실주의 간의 연결 고리, 그리고 그 모호성이 계산된 초현실주의적 전략이었다는 점과 관련해서는 심리학자 데이비드 리히텐슈타인David Lichtenstein에게 많은 도움을 받았다.

30   Laura Mulvey, "Visual Pleasure and Narrative Cinema" *Screen* 16, no. 3 (1975), 6~18.

31   Miriam Hansen, *Babel and Babylon: Spectatorship in American Silent Film*, Cambridge: Harvard University Press, 1991, 1.

32   David Bordwell and Noël Carroll, eds., *Post-Theory: Reconstructing Film Studies*, Madison: University of Wisconsin Press, 1996.

33   Noël Carroll, "Prospects for Film Theory," 같은 책, 61~67.

34   Judith Mayne, *Cinema and Spectatorship*, New York: Routledge, 1993, 58.

35   Carroll, "Prospects for Film Theory," 42~43.

36   Raymond Williams, *Drama from Ibsen to Brecht*, New York: Oxford University Press, 1968, 13.

37   Raymond Williams, *Politics and Letters: Interviews with New Left Review*, London: NLB, 1979, 330.

38   Saussure, *Course in General Linguistics*, 68.

39   Carroll, *Mystifying Movies*, 248.

40   Béla Balázs, *Theory of the Film: Character and Growth of a New Art*, trans. Edith Bone, New York: Dover, 1970, 62~63.

41   André Bazin, *Jean Renoir*, ed. François Truffaut, trans. W. W. Halsey II and William H. Simon, New York: Dell, 1974, 87.

42   André Bazin, *What Is Cinema?* trans. Hugh Gray, Berkeley: University of California Press, 1967, 14.

43 Kracauer, *Theory of Film*, 163.

44 같은 책, 164.

45 Bazin, *What Is Cinema?* 16, 다소 번역을 수정. 원본은 다음을 보라. André Bazin, *Qu'est-ce que le cinéma?* vol. 1, Ontologie et langage, Paris: Editions du Cerf, 1958, 18.

1장

46 André Bazin, *What Is Cinema?* trans. Hugh Gray, Berkeley: University of California Press, 1967, 13.

47 Christian Metz, *The Imaginary Signifier: Psychoanalysis and the Cinema*, trans. Celia Britton, Annwyl Williams, Ben Brewster, and Alfred Guzzetti, Bloomington: Indiana University Press, 1982, 44.

48 Bazin, *What Is Cinema?* 89.

49 Roland Barthes, *Camera Lucida: Reflections on Photography*, trans. Richard Howard, New York: Hill & Wang, 1981, 80~81.

50 Bazin, *What Is Cinema?* 13.

51 로저 스크러튼에게 사진은 예술이 될 수 없을 뿐만 아니라 재현도 될 수 없다. 그의 주장은 지각과 감각을 결여한 어떤 것으로서의 기계 복제에 반대하는 단순하고 낡아빠진 선입견을 궤변으로 포장한 것이다(Roger Scruton, "Photography and Representation," *Critical Inquiry* 7, no. 3 [1981]: 577~603).

52 Joel Snyder, "Photography and Ontology," in *The Worlds of Art and the World*, ed. Joseph Margolis (Anlsterdam: Rodopi, 1984), 21~34.

53 James Agee, *Agee on Film*, vol. 1 (New York: McDowell Obolensky, 1958), 301.

54 André Bazin, *What Is Cinema?* trans. Hugh Gray, vol. 2 (Berkeley: University of California Press, 1971), 78, 몇몇 군데를 변형해서 옮겼다. 원본은 다음을 보라. Bazin, *Qu'est-ce que le cinéma?* vol. 4, *Une Esthétique de la réalite: le neo-réalisme* (Paris: Editions du Cerf, 1962), 91.

55 Eric Rhode, *Tower of Babel: Speculations on the Cinema* (London: Weidenfeld & Nicolson, 1966), 67.

56 Roland Barthes, "The Face of Garbo," in *Mythologies*, trans. Annette Lavers (New York: Hill & Wang, 1972), 56~57.

57 Roberto Rossellini, interview by Fereydoun Hoveyda and Jacques Rivette, *Cahiers du cinéma*, no. 94 (April 1959).

58 Bazin, *What Is Cinema?* 24.

59 Luis Buñuel, *My Last Sigh*, trans. Abigail Israel (New York: Knopf, 1983), 225. 스페인어판을 토대로 몇몇 군데 변형해서 옮겼다. *Mi último suspiro* (Barcelona: Plaza & Janes, 1982), 219.

60 Siegfried Kracauer, *Theory of Film: The Redemption of Physical Reality* (New York: Oxford University Press, 1960), 257.

61 로버트 플래허티. Paul Rotha, *Robert J. Flaherty: A Biography*, ed. Jay Ruby (Philadelphia: University of Pennsylvania Press, 1983), 31에서 인용.

62 Andrew Sarris, *The American Cinema: Directors and Directions*, 1929~1968 (New York: Dutton, 1968), 42~43.

63 Erik Barnouw, *Documentary: A History of the Non-Fiction Film*, 2nd rev. ed. (New York:

Oxford University Press, 1993), 39.

64   톰 거닝은 초기 영화와 어트랙션 시네마에 대해 여러 논문을 썼다. 예를 들면 다음을 보라. Tom Gunning, "The Cinema of Attraction: Early Film, Its Spectator and the Avant-Garde," in *Early Cinema: Space, Frame, Narrative*, ed. Thomas Elsaesser (London: British Film Institute, 1990), 56~62.

65   William Rothman, *Documentary Film Classics* (Cambridge: Cambridge University Press, 1997), 6.

2장

66   Victor Shklovsky, "Sterne's Tristram Shandy: Stylistic Commentary," in *Russian Formalist Criticism: Four Essays*, ed. and trans. Lee T. Lemon and Marion J. Reis (Lincoln: University of Nebraska Press, 1965), 57.

67   Émile Benveniste, *Problems in General Linguistics*, trans. Mary Elizabeth Meek (Coral Gables: University of Miami Press, 1971), 209.

68   Charles Musser, *Before the Nickelodeon: Edwin S. Porter and the Edison Manufacturing Company* (Berkeley: University of California Press, 1991); Charles Musser, *The Emergence of Cinema: The American Screen to 1907* (New York: Scribner's, 1990).

69   André Bazin, *The Cinema of Cruelty: from Buñuel to Hitchcock*, ed. François Truffaut, trans. Sabine d'Estreé with the assistance of Tiffany Fliss (New York: Seaver, 1982), 7. 바쟁이 이 글은 쓴 것은 1949년이다. 비슷한 개념에 관한 좀 더 최근의 글을 원한다면 다음을 보라. André Gaudreault, "Narration and Monstration in the Cinema," *Journal of Film and Video* 39 (spring 1987): 29~36.

70   Edward Branigan, *Narrative Comprehension and Film* (London: Routledge, 1992), 148.

71   Walter Benjamin, *Illuminations*, ed. Hannah Arendt, trans. Harry Zohn (New York: Schocken, 1969), 247.

72   Susan Sontag, "Spiritual Style in the Films of Robert Bresson," in *Against Interpretation* (New York: Farrar, Straus & Giroux, 1966), 181, 183.

73   *Poetics* 3장에서 발췌했는데 번역문은 다음에서 인용한 것이다. S. H. Butcher (New York: Hill & Wang, 1961), 53.

74   같은 책, 6장, 53.

75   David Bordwell, *Narration in the Fiction Film* (Madison: University of Wisconsin Press, 1985), 4.

76   같은 책, 62.

77   Tom Gunning, *D. W. Griffith and the Origins of American Narrative Film: The Early Years at Biograph* (Urbana: University of Illinois Press, 1991), 10~30과 여러 부분을 24에서 인용.

78   A. Nicholas Vardac, *Stage to Screen* (Cambridge: Harvard University Press, 1949), 135~151.

79   *Poetics*, 23.

80   윌리엄 로스먼은 히치콕에 관한 그의 연구서 중 〈의혹의 그림자〉에 관한 장에서 이 숏와 이 숏이 시사하는 카메라와 찰스 사이의 공모에 관해 논한다(다음을 보라. Rothman, *Hitchcock: The Murderous Gaze* [Cambridge: Harvard University Press, 1982], 183와 여러 부분).

81   베르톨트 브레히트. Klaus Volker, *Brecht Chronicle*, trans. Fred Wiek (New York: Seabury,

1975), 79에서 인용.

82   내러티브적 공간이란 표현에 그것을 제목으로 하는 스티븐 히스의 논문(그의 저서 *Questions of Cinema* [Bloomington: Indiana University Press, 1981]에 수록돼 있음)이 떠오르는 사람이라면, 내가 그 말을 전혀 다른 의미로 사용하고 있음을 명백히 알 수 있을 거라 생각한다.

83   Cuccu, *La visione come problema*, 34~35, 125~127, 134~138, 그 외 여러 부분. 이 장의 첫 번째 버전 "The Narrative Sequence," *Hudson Review* 30, no. 1 (1977)을 발표했을 때 나는 안토니오니에 관한 쿠쿠의 저서에 대해 몰랐다. 변명의 여지는 더욱 적지만, 이후 안토니오니의 〈일식〉에 관한 글을 발표("The Point of View of a Stranger," *Hudson Review* 44, no. 2 [1991], 그 글의 대부분은 다른 글들과 합쳐져 아래 10장이 되었다)했을 때도 여전히 몰랐다. 내가 쿠쿠에 영향을 받지 않았을지는 몰라도 그의 글은 내 글을 예기하고 있었으며, 나로서는 그를 알게 돼 기쁘다.

3장

84   Walter Kerr, *The Silent Clowns* (New York: Knopf, 1975), 242.

85   Hugh Kenner, "In Memoriam: Buster Keaton," *National Review* 18 (22 February 1966): 167.

86   같은 책, 181.

87   같은 책.

88   Robert Warshow, *The Immediate Experience* (New York: Atheneum, 1970), 207.

89   James Agee, "Comedy's Greatest Era," in *Agee on Film*, vol. 1 (New York: McDowell Obolensky, 1958), 19.

90   Kenner, "In Memoriam," 167, 181.

91   E. Rubinstein, *Filmguide to The General* (Bloomington: Indiana University Press, 1973), 22.

92   Edmund Wilson, "The New Chaplin Comedy," in *The American Earthquake* (Garden City, N.Y.: Anchor, 1964), 69.

93   Hugh Kenner, "Stan, Ollie, and the Universe," *National Review* 19 (14 November 1967): 1277~1278.

94   Agee, "Comedy's Greatest Era," 16.

95   키튼의 알코올 중독 또한 고려될 필요가 있는 또 하나의 요소다. 다음 평전을 보라. Tom Dardis, *Keaton, the Man Who Wouldn't Lie Down* (New York: Scribner's, 1979).

96   Wilson, "The New Chaplin Comedy," 73.

97   Kerr, *The Silent Clowns*, 143.

98   Henri Bergson, "Laughter," in *Comedy*, ed. Wylie Sypher (Baltimore: Johns Hopkins University Press, 1980).

99   John Grierson, *Grierson on Documentary*, ed. Forsyth Hardy (New York: Harcourt Brace, 1947), 32~33.

100   Rubinstein, *Filmguide to The General*, 38.

101   Warshow, *The Immediate Experience*, 207.

4장

102   Siegfried Kracauer, *From Caligari to Hitler: A Psychological History of the German Film*

(Princeton: Princeton University Press, 1947), 79.

103 Martin Heidegger, *Being and Time*, trans. John Macquarrie and Edward Robinson (New York: Harper & Row, 1962), 294.

104 한나 아렌트Hannah Arendt는 에세이 "80세의 마르틴 하이데거Martin Heidegger at Eighty"(*New York Review of Books*, 1971, 10월)에서 독일에서 하이데거의 명성이 프라이부르크와 마르부르크 학생들에 의해 처음으로 퍼졌으며 이는 《존재와 시간》보다 약 8년 전이라고 말한다.

105 José Ortega y Gasset, *The Dehumanization of Art and Other Essays on Art, Culture, and Literature* (Princeton: Princeton University Press, 1968), 109~111.

106 이 웃음은 스톡스에게 소중한 것이며 자신의 예술론에서 여러 번 사용한다. 스톡스는 이 비유를 그의 첫 번째 책《콰트로 센토*The Quattro Cento*》에서 처음 사용한다(Adrian Stokes, *The Quattro Cento*, in *The Critical Writings of Adrian Stokes*, ed. Lawrence Gowing, vol. 1 [New York: Thames & Hudson, 1978], 34).

107 Alexandre Astruc, "Fire and Ice," in *Cahiers du Cinéma in English*, no. 1 (January 1966), 70; Jean-André Fieschi, entry on F. W. Murnau in *Cinema: A Critical Dictionary*, ed. Richard Roud, vol. 2 (New York: Viking, 1980), 704.

108 Svetlana Alpers, *The Art of Describing* (Chicago: University of Chicago Press, 1983), 26~71.

109 Astruc, "Fire and Ice," 71.

110 William Hazlitt, "Why Distant Objects Please," in *Selected Writings*, ed. Ronald Blythe (Baltimore: Penguin, 1970), 14.

111 카르네의 글 "La Caméra, personnage du drame"는 다음에서 인용한 것이다. Lotte H. Eisner, *Murnau* (Berkeley: University of California Press, 1973), 86, 280.

5장

112 Sergei Eisenstein, *Film Form: Essays in Film Theory*, ed. and trans. Jay Leyda (New York: Harcourt, Brace, 1949), 175.

113 Sergei Eisenstein, *Writings, 1922~34*, vol. 1 of Selected Works, ed. and trans. Richard Taylor (Bloomington: Indiana University Press, 1988), 34.

114 Eisenstein, *Film Form,* 238.

115 Peter Wollen, *Signs and Meaning in the Cinema* (Bloomington: Indiana University Press, 1969), 19~70.

116 *Kino-Eye: The Writings of Dziga Vertov*, ed. Annette Michelson, trans. Kevin O'Brien (Berkeley: University of California Press, 1984), 71, 63, 69, 66.

117 Eisenstein, *Writings, 1922~1934*, 64.

118 일본 표의 문자에의 비유는 다음에서 찾을 수 있다. Eisenstein, *Writings, 1922~34*, 138~50과 (같은 글의 다른 번역인) *Film Form*, 28~44. 인용구는 다음에서 옮겨왔다. *Writings, 1922~34*, 163, 180.

119 Robert Warshow, "Re-Viewing the Russian Movies," in *The Immediate Experience* (New York: Atheneum, 1970), 269~282.

120 같은 책, 270.

121 같은 책, 272.

122 G. Cabrera Infante, *A Twentieth Century Job*, trans. Kenneth Hall and G. Cabrera Infante (London: Faber & Faber, 1991), 181.

123 Sergei Eisenstein, "Constanfa (Whither '*The Battleship Potemkin*')," in *Writings, 1922~1934*, 67~70.

124 다음을 보라. David Bordwell, Janet Staiger, and Kristin Thompson, *The Classical Hollywood Cinema: Film Style and Mode of Production to 1960* (New York: Columbia University Press, 1985), 61.

125 Vernon Young, "Fugue of Faces: A Danish Film and Some Photographs," in *On Film: Unpopular Essays on a Popular Art* (Chicago: Quadrangle, 1972), 44~50.

126 Alexander Dovzhenko, "Autobiography," in *Alexander Dovzhenko: The Poet as Filmmaker*, ed. and trans. Marco Carynnyk (Cambridge: MIT Press, 1973), 3.

127 Raymond Williams, "Metropolitan Perceptions and the Emergence of Modernism," in his *The Politics of Modernism*, ed. Tony Pinkney (London: Verso, 1989), 37~48.

128 P. Adams Sitney, entry on Alexander Dovzhenko in *Cinema: A Critical Dictionary*, ed. Richard Roud, vol. 1 (New York: Viking, 1980), 290.

129 Vance Kepley Jr., *In the Service of the State: The Cinema of Alexander Dovzhenko* (Madison: University of Wisconsin Press, 1986).

130 "Poetry and the Film: A Symposium," in *Film Culture Reader*, ed. P. Adams Sitney (New York: Praeger, 1970), 171~186.

131 Ivor Montagu, "Dovzhenko: Poet of Life Eternal," *Sight and Sound* 27, no. 1 (1957): 47.

132 Kenneth Burke, *A Rhetoric of Motives* (Berkeley: University of California Press, 1969), 3~20.

133 근거리 시각의 촉각성(그리고 원거리 시각의 유령성)에 관한 오르테가의 글은 4장에서 인용하고 논의한다.

134 Erich Auerbach, *Mimesis*, trans. Willard R. Trask (Princeton: Princeton University Press, 1968), 4.

135 Auerbach, *Mimesis*, 6~7.

136 Warshow, "Re-Viewing the Russian Movies," 281.

137 알렉산드르 도브젠코. Marco Carynnyk in his introduction to *Alexander Dovzhenko*, xlii~xliii에서 인용.

138 Siegfried Kracauer, *Theory of Film: The Redemption of Physical Reality* (New York: Oxford University Press, 1960), 44.

139 Bernard Berenson, *The Italian Painters of the Renaissance* (Ithaca: Cornell University Press, 1980), 59와 여러 부분.

140 Adrian Stokes, *Stones of Rimini*, in *The Critical Writings of Adrian Stokes*, ed. Lawrence Gowing, vol. 2 (New York: Thames & Hudson, 1978), 197.

141 같은 책, 1: 247.

142 존 하워드 로슨. Marco Carynnyk in his introduction to *Alexander Dovzhenko*, xx에서 인용.

143 Warshow, "Re-Viewing the Russian Movies," 282.

144 Eisenstein, *Film Form*, 242.

145   이러한 역사적 상황에 대한 설명은 다음을 참조하라. Paul E. Burns, "Cultural Revolution, Collectivization, and Soviet Cinema: Eisenstein's *Old and New* and Dovzhenko's *Earth*," *Film and History* 11, no. 4 (1981): 84~96.

146   Marco Carynnyk, introduction to *Alexander Dovzhenko*, xliv~xlv.

147   William Empson, *Some Versions of Pastoral* (New York: New Directions, 1960), 6.

148   Karl Marx, *The Grundrisse*, ed. and trans. David McLellan (New York: Harper & Row, 1971), 45.

6장

149   Jean Renoir, *My Life and My Films*, trans. Norman Denny (New York: Atheneum, 1974), 49.

150   Ronald Bergan, *Jean Renoir: Projections of Paradise* (Woodstock, N.Y.: Overlook, 1994), 210. 버건의 전기는 얄팍하고 가십 중심적이다. 저자는 르느와르 영화에 대한 비평적 논의도 제공하고 있다고 주장하지만 정확성이 결여되어 있다. 이 책은 르느와르에 관한 다른 논의를 많이 빌려왔으며, 때로는 오려 붙이기를 한 것처럼 보이는 대목들도 있다. 특히 셀리아 베르탱Celia Bertin의 *Jean Renoir: A Life in Pictures*(Baltimore: Johns Hopkins University Press, 1991)에 많이 의존한다. 베르탱의 전기는 보다 진지하고 철저하지만, 이 위대한 인간에 대한 경외감이 지나치다는 게 문제다. 버건은 그러한 결점을 바로잡는 데 별다른 관심이 없다. 그렇다 해도 버건의 책은 어디에서도 찾기 힘든 정보와 통찰도 일부 포함하고 있어, 결점에도 불구하고 쓸모는 있다.

151   Eric Rhode, *A History of the Cinema* (New York: Hill & Wang, 1976), 325; Christopher Faulkner, *The Social Cinema of Jean Renoir* (Princeton: Princeton University Press, 1986), 50.

152   Faulkner, *Social Cinema of Jean Renoir*, 17~30.

153   장 르느와르. Faulkner, *Social Cinema of Jean Renoir*, 81에서 인용.

154   엘리자베스 그로틀 스트레벨Elizabeth Grottle Strebel은 다음 글에서 〈랑주 씨의 범죄〉와 그것의 정치적 맥락의 관계를 탐구한다. "Renoir and the Popular Front," *Sight and Sound* 49, no. 1 (1979~1980): 36~41.

155   Bertin, *Jean Renoir*, 142.

156   Renoir, *My Life and My Films*, 172.

157   Renoir, *My Life and My Films*, 172.

158   장 르느와르. *Social Cinema of Jean Renoir*, 170에서 포크너가 인용.

159   Andre Bazin, *Jean Renoir*, ed. François Truffaut, trans. W. W. Halsey II and William H. Simon (New York: Dell, 1974), 111.

160   "미학의 이데올로기An Ideology of Aesthetics"는 포크너의 다음 책에 나오는 〈강〉, 〈황금마차〉, 〈프렌치 캉캉〉에 관한 장의 제목이다. *Social Cinema of Jean Renoir*, 162~198.

161   William S. Pechter, *Twenty-four Times a Second* (New York: Harper & Row, 1971), 196.

162   Jean Renoir, *Renoir on Renoir: Interviews, Essays, and Remarks*, trans. Carol Volk (Cambridge: Cambridge University Press, 1989), 250.

163   브롱베르제는 셀리아 베르탱에게 이 경험을 말했다. 〈시골에서의 하루〉의 제작과 편집에 관한 설명을 보라. Bertin, *Jean Renoir*, 125~128.

164   르느와르의 언급과 윌렌스키의 논평은 다음에 인용되어 있다. Adrian Stokes, *Monet*, in *The Critical Writings of Adrian Stokes*, ed. Lawrence Gowing, vol. 2 (New York: Thames &

Hudson, 1978), 292.

165 Bazin, *Jean Renoir*, 89.

166 Jean Renoir, *Renoir, My Father*, trans. Randolph Weaver and Dorothy Weaver (San Francisco: Mercury House, 1988), 189.

167 T. J. Clark, *The Painting of Modern Life: Paris in the Art of Manet and His Followers* (New York: Knopf, 1985), 148. 이 책의 한 장인 '파리의 주변'은 인상파들이 그렸던 시골로 나들이 가는 이들에 대한 동시대인들의 조소를 기록하고 있다.

168 John Berger, "The Eyes of Claude Monet," in *The Sense of Sight*, ed. Lloyd Spencer (New York: Pantheon, 1985), 190.

169 Meyer Schapiro, "The Nature of Abstract Art," in *Modern Art: Nineteenth and Twentieth Centuries* (New York: Braziller, 1978), 192~193.

170 Clark, *The Painting of Modern Life*, 5.

171 다음을 보라. Donald Posner, "The Swinging Women of Watteau and Fragonard," *Art Bulletin* 64, no. 1 (1982): 75~88.

172 Seymour Chatman, "What Novels Can Do That Films Can't (and Vice Versa)," in *Film Theory and Criticism*, 4th ed., ed. Gerald Mast, Marshall Cohen, and Leo Braudy (New York: Oxford University Press, 1992), 412.

173 Guy de Maupassant, "A Country Excursion," in *Sur Veau and Other Stories*, trans. Albert M. C. McMaster et al. (London: Standard, 1922), 4.

174 William Rothman, *The "I" of the Camera* (Cambridge: Cambridge University Press, 1988), 146.

175 Clark, *The Painting of Modern Life*, 199.

176 Bazin, *Jean Renoir*, 46.

177 Leo Braudy, *Jean Renoir: The World of His Films* (Garden City, N.Y.: Anchor, 1972), 35.

178 Alexander Sesonske, *Jean Renoir: The French Films*, 1924~1939 (Cambridge: Harvard University Press, 1980), 241~256.

179 Tag Gallagher, talk at Sarah Lawrence College, Bronxville, N.Y., 10 April 1995; idem, "Jean Renoir: The Dancers and the Dance," *Film Comment* 32, no. 1 (1996): 64~66, 72~76.

180 Maupassant, "A Country Excursion," 10.

181 Pauline Kael, *Kiss Kiss Bang Bang* (Boston: Little, Brown, 1968), 254.

182 Sesonske, *Jean Renoir*, 252.

183 Sesonske, *Jean Renoir*, 252.

184 William Empson, *Seven Types of Ambiguity* (New York: New Directions, 1966), 24.

185 같은 책.

186 Stanley Cavell, *The World Viewed*, enl. ed. (Cambridge: Harvard University Press, 1979), 143~144.

187 Dudley Andrew, *Mists of Regret: Culture and Sensibility in Classic French Film* (Princeton: Princeton University Press, 1995), 287.

188   William S. Pechter, *Twenty-four Times a Second* (New York: Harper & Row, 1971), 92.

189   Robert Warshow, "Movie Chronicle: The Westerner," in *The Immediate Experience* (New York: Atheneum, 1970), 135~154.

190   Richard Slotkin, *Gunfighter Nation: The Myth of the Frontier in Twentieth-Century America* (New York: Atheneum, 1992).

191   Jane Tompkins, *West of Everything: The Inner Life of Westerns* (New York: Oxford University Press, 1992), viii.

192   같은 책, 45.

193   Ann Douglas, *The Feminization of American Culture* (New York: Knopf, 1977).

194   Lee Clark Mitchell, "'When You Call Me That ······': Tall Talk and Male Hegemony in *The Virginian*," *PMLA* 102, no. 1 (1987): 66~77.

195   제임스가 위스터에게 한 말로 다음 글에서 인용함. Carl Bode, "Henry James and Owen Wister," *American Literature* 26, no. 2 (1954): 250~252.

196   John G. Cawelti, *Adventure, Mystery, and Romance: Formula Stories as Art and Popular Culture* (Chicago: University of Chicago Press, 1976), 215~230.

197   Warshow, "Movie Chronicle: The Westerner," 149.

198   같은 책, 2~3.

199   같은 책, 3.

200   다음을 보라. Henry Nash Smith, *Virgin Land: The American West as Symbol and Myth* (Cambridge: Harvard University Press, 1978), 250~260.

201   Richard Slotkin, *Regeneration through Violence: The Mythology of the American Frontier, 1600~1860* (Middletown, Conn.: Wesleyan University Press, 1973).

202   William S. Pechter, *Movies Plus One* (New York: Horizon, 1982), 66~73.

203   서부극과 중세 서사시의 연관성을 살피기 위해서는 다음을 보라. Remy G. Saisselin, "Poetics of the Western," *British Journal of Aesthetics*, 2, no. 2 (1962): 159~169.

204   Slotkin, *Gunfighter Nation*, 379.

205   지난 유행이긴 하지만 작가주의와 구조주의 관점에서 포드의 이런 이중성을 다룬 유용한 분석은 다음을 보라. Peter Wollen, *Signs and Meaning in the Cinema* (Bloomington: Indiana University Press, 1969), 94~102.

206   Robin Wood, entry on John Ford in *Cinema: A Critical Dictionary*, ed. Richard Roud, vol. 1 (New York: Viking, 1980), 380.

207   같은 책.

208   Slotkin, *Gunfighter Nation*, 342.

209   Jean-Marie Straub and Danièle Huillet, "Straub and Huillet on Filmmakers They Like and Related Matters," in *The Cinema of Jean-Marie Straub and Danièle Huillet*, ed. Jonathan Rosenbaum, booklet for a retrospective at Film at the Public (New York City, 2~14 November 1982), 6.

210   Tompkins, *West of Everything*, 3, 208.

211   Robert Warshow, "The Gangster as Tragic Hero," in *The Immediate Experience*, 132, 133.

212 같은 책, 132~133.

213 같은 책, 131.

214 Guy Debord, *Comments on the Society of the Spectacle*, trans. Malcolm Imrie (London: Verso, 1990), 63~67.

215 William S. Pechter, "Keeping up with the Corleones," in Pechter, *Movies Plus One*, 86~93.

216 같은 책, 90.

217 "Martin Scorsese interviewed by Gavin Smith," *Film Comment* 26, no. 5 (1990): 28.

218 Warshow, "The Gangster as Tragic Hero," 130.

8장

219 Clement Greenberg, "Modernist Painting," in his *Collected Essays and Criticism*, ed. John O'Brian, vol. 4, *Modernism with a Vengeancey 1957~1969* (Chicago: University of Chicago Press, 1993), 86.

220 Peter Bürger, *Theory of the Avant-Garde*, trans. Michael Shaw (Minneapolis: University of Minnesota Press, 1984).

221 Stéphane Mallarmé, "The Impressionists and Edouard Manet," *Art Monthly Review* 1, no. 9 (1876). *Modern Art and Modernism: A Critical Anthology*, ed. Francis Frascina and Charles Harrison (New York: Harper & Row, 1982), 42, 44에서 재인용.

222 T. J. Clark, *The Painting of Modern Life: Paris in the Art of Manet and His Followers* (New York: Knopf, 1985), 10.

223 Ian Watt, *The Rise of the Novel: Studies in Defoe, Richardson, and Fielding* (Berkeley: University of California Press, 1957), 31~33 등등.

224 내가 아는 한 앙드레 바쟁은 처음으로 미국 영화를 고전 예술이라고 부른 사람이다. 옛 할리우드의 방식을 고전 스타일로 정의하려는 가장 지속적인 노력의 성과는 다음 책이다. David Bordwell, Janet Staiger, and Kristin Thompson, *The Classical Hollywood Cinema: Film Style and Mode of Production to 1960* (New York: Columbia University Press, 1985).

225 José Ortega y Gasset, *The Dehumanization of Art and Other Essays on Art, Culture, and Literature* (Princeton: Princeton University Press, 1968), 3~8.

226 Jonathan Rosenbaum, "Lessons from a Master," *Chicago Reader* 25, no. 36 (1996): 45~47.

227 같은 책, 46.

228 Renato Poggioli, *The Theory of the Avant-Garde*, trans. Gerald Fitzgerald (New York: Harper & Row, 1971), 120.

229 Clement Greenberg, "Avant-Garde and Kitsch," in his *Collected Essays and Criticism*, ed. John O'Brian, vol. 1, *Perceptions and Judgments, 1939~1944* (Chicago: University of Chicago Press, 1986), 11~12.

230 초기와 만년의 그린버그에 대해서는 다음을 보라. T. J. Clark, "Clement Greenberg's Theory of Art," in *The Politics of Interpretation*, ed. W. J. T. Mitchell (Chicago: University of Chicago Press, 1983), 203~220.

231 다음을 참조하라. Peter Wollen, "The Two Avant-Gardes" and " 'Ontology' and 'Material-

ism' in Film," in *Readings and Writings: Semiotic Counter-Strategies* (London: Verso, 1982), 92~104, 189~207.

232 Ortega y Gasset, *The Dehumanization of Art* y 49~50. 헬레네 바일Helene Weyl이 번역한 것을 여기서 몇 군데 수정하였다.

233 다음을 참조하라. Andreas Huyssen, "Mapping the Postmodern," in *After the Great Divide: Modernism, Mass Culture, Postmodernism* (Bloomington: Indiana University Press, 1986), 178~221.

234 Thomas Crow, *Modern Art in the Common Culture* (New Haven: Yale University Press, 1996), 3. 이 책의 첫 장 '시각 예술에서 모더니즘과 대중 예술'은 원래 "갓 태어난 포스트모더니즘이 뻔뻔스럽게 자기 것이라고 사칭하는 모더니즘의 풍성한 성과를 기록하기 위한"(263) 글이었다. 이 장에서 크로는 모더니즘을 저항의 하위문화로 특징짓는다. 모더니즘이 공식적인 고급 문화를 교란하기 위한 노력의 일환으로 저항의 잠재력을 풍부하게 지닌 대중문화와 하위문화로 반복해 회귀한다는 것이다. "처음부터 모더니즘의 성공은 사회 질서 내에서 자신의 자리를 굳히거나 거부하는 것과 무관했다. 오히려 자신의 자리를 그 모순 속에서 표현하고 비판적 의식 그 자체를 실행한 것에서 비롯된 것이다"(29).

235 Theodor W. Adorno, "Perennial Fashion — Jazz," in *Prisms*, trans. Samuel Weber and Shierry Weber (Cambridge: MIT Press, 1983), 119~132.

236 Meyer Schapiro, "The Patrons of Revolutionary Art," *Marxist Quarterly*, October-December 1937, 464~465.

237 Susan Sontag, "Godard," in *Styles of Radical Will* (New York: Farrar, Straus & Giroux, 1969), 147~148.

238 Roland Barthes, *Camera Lucida: Reflections on Photography*, trans. Richard Howard (New York: Hill & Wang, 1981), 80.

239 같은 책, 27.

240 같은 책, 51. ("What Is a Photograph?" *Art History* 17, no. 3 [1994]: 450~464에서) 마거릿 이베르센Margaret Iversen은 바르트의 푼크툼을 라캉의 실재와 연관 지어 '코드화할 수 없는, 동화할 수 없는 성질'을 공유한다고 했다"(455).

241 Barton Byg, *Landscapes of Resistance: The German Films of Danièle Huillet and Jean-Marie Straub* (Berkeley: University of California Press, 1995), 22.

242 Raymond Williams, *The Country and the City* (New York: Oxford University Press, 1973), 241~242

243 Aristotle, *Poetics* 23, translation by S. H. Butcher, 105. 《시학》에 관한 이 책에서 마이클 데이비스Michael Davis는 "아리스토텔레스의 역사의 비통일성에 관한 아리스토텔레스의 사례는 좀 이상하다"라고 첨언한다. 아리스토텔레스가 연관성이 결여되어 있다고 말한 바로 그 동시적 전투를 헤로도토스는 연관 지어 설명한다(다음을 보라. Michael Davis, *Aristotle's Poetics: The Poetry of Philosophy* [Lanham, Md.: Rowman & Littlefield, 1992], 131).

244 다음을 보라. Williams, *The Country and the City*, chap. 14, "Change in the City," 142~152.

245 항상 우리를 따라오는 물 위의 빛이라는 주관성 개념은 작가 척 와첼Chuck Wachtel에게 빌려왔다.

246   Byg, *Landscapes of Resistance*, 117.

247   Stephen Heath, "Narrative Space," in *Questions of Cinema* (Bloomington: Indiana University Press, 1981), 19~75.

248   Bertolt Brecht, "The Curtains," in *Poems on the Theatre*, trans. John Berger and Anna Bostock (Lowestoft, Suffolk: Scorpion, 1961), 12.

249   Eric Bentley, "The Stagecraft of Brecht," in In *Search of Theater* (New York: Vintage, 1959), 140.

250   P. Adams Sitney, *Modernist Montage: The Obscurity of Vision in Cinema and Literature* (New York: Columbia University Press, 1990), 17~20 등등.

251   Michel Foucault, *The Order of Things* (New York: Vintage, 1973), 3~16.

252   Jean-Pierre Oudart, "La Suture," *Cahiers du cinemay* nos. 211 (April 1969): 36~39, 212 (May 1969): 50~55, reprinted as "Cinema and Suture" in *Cahiers du cinema, 1969~1972: The Politics of Representation*, ed. Nick Browne (Cambridge: Harvard University Press, 1990), 45~57.

253   David Bordwell, "Convention, Construction, and Cinematic Vision," in *Post-Theory: Reconstructing Film Studies*, ed. David Bordwell and Noël Carroll (Madison: University of Wisconsin Press, 1996), 87~107.

254   Franco Fortini, *I Cani del Sinai* (Bari: De Donato, 1967).

255   Martin Heidegger, *Being and Time*, trans. John Macquarrie and Edward Robinson (New York: Harper & Row, 1962), 431~432.

256   Bertolt Brecht, *Journals, 1934~1955*, trans. Hugh Rorrison, ed. John Willett (New York: Routledge, 1993), 83, capitalization added.

257   Bürger, *Theory of the Avant-Garde*, 77.

258   Jean-Marie Straub and Danièle Huillet, script of *Fortini/Cani*, trans. Geoffrey Nowell-Smith, *Screen* 19, no. 2 (1978): 27~28.

259   같은 책, 30~33.

260   Jean-Marie Straub and Danièle Huillet, "Straub and Huillet on Filmmakers They Like and Related Matters," in *The Cinema of Jean-Marie Straub and Danièle Huillet*, ed. Jonathan Rosenbaum, booklet for a retrospective at Film at the Public (New York City, 2~14 November 1982), 5.

261   브레송의 병치의 방법론에 대한 가장 뛰어난 논의는, 아마 젊은 스트라우브도 알고 있었을, 앙드레 바쟁의 "〈어느 시골 사제의 일기〉와 로베르 브레송의 스타일"이다. André Bazin, "*Le Journal d'utt cure de campagne* and the Stylistics of Robert Bresson," in *What Is Cinema?* trans. Hugh Gray (Berkeley: University of California Press, 1967), 125~143.

262   Paul Coates, *The Gorgon's Gaze: German Cinema, Expressionism, and the Image of Horror* (Cambridge: Cambridge University Press, 1991), 216; Byg, *Landscapes of Resistance*, 95.

263   Richard Roud, *Jean-Marie Straub* (New York: Viking, 1972), 47.

264   Jean-Marie Straub and Danièle Huillet, script of *History Lessons*, trans. Misha Donat in collaboration with them, *Screen* 17, no. 1 (1976): 69~70.

9장

265   Colin MacCabe, "The Politics of Separation," *Screen* 16, no. 4 (1975~1976): 53.

266 "Shakespeare on Three Screens: Peter Brook Interviewed by Geoffrey Reeves," *Sight and Sound*, 34, no. 2 (1965): 69.

267 Susan Sontag, "Godard's *Vivre Sa Vie*," in *Against Interpretation* (New York: Farrar, Straus & Giroux, 1966), 196~208.

268 Roland Barthes, "Literature and Signification," in *Critical Essays*, trans. Richard Howard (Evanston: Northwestern University Press, 1972), 263~264.

269 Jonathan Rosenbaum, "Theory and Practice: The Criticism of Jean-Luc Godard," in *Placing Movies: The Practice of Film Criticism* (Berkeley: University of California Press, 1995), 21.

270 *François Truffaut: Correspondence, 1945~1984*, ed. Gilles Jacob and Claude de Givray with a foreword by Jean-Luc Godard, trans. Gilbert Adair (New York: Farrar, Straus & Giroux, 1990).

271 John Simon, "François Truffaut: Saved by the Cinema," *New Criterion*, 9, no. 1 (1990): 35~43; Julian Barnes, "Night for Day," *New York Review of Books* 37 (11 October 1990): 14~16.

272 John Simon, "Godard and the Godardians," in *Private Screenings* (New York: Macmillan, 1967), 272~296.

273 Barnes, "Night for Day," 14.

274 Vincent Canby, review of *Nouvelle Vague*, *New York Times*, 29 September 1990.

275 George Santayana, *The Sense of Beauty: Being the Outlines of Aesthetic Theory* (New York: Dover, 1955), 31.

276 Raymond Williams, *The Country and the City* (New York: Oxford University Press, 1973), 22.

10장

277 Seymour Chatman, *Antonioni; or, The Surface of the World* (Berkeley: University of California Press, 1985), 79.

278 Vernon Young, *On Film: Unpopular Essays on a Popular Art* (Chicago: Quadrangle, 1972), 188~189.

279 안토니오니는 1959년 칸영화제에서 〈정사〉 상영 후에 가진 인터뷰에서 루크레티우스를 인용했다. 이 책에 인용된 구절은 안토니오니의 소설집 영역판에 실린 번역자의 서문에서 옮겨 온 것이다. *That Bowling Alley on the Tiber: Tales of a Director*, trans. William Arrowsmith (New York: Oxford University Press, 1986), xix.

280 Raymond Williams, *Drama from Ibsen to Brecht* (New York: Oxford University Press, 1968), 290.

281 Pier Paolo Pasolini, *Heretical Empiricism*, ed. Louise K. Barnett, trans. Ben Lawton and Louise K. Barnett (Bloomington: Indiana University Press, 1988), 175~180.

282 Stanley Cavell, *The World Viewed*, enl. ed. (Cambridge: Harvard University Press, 1979), 142.

283 William S. Pechter, *Movies Plus One* (New York: Horizon, 1982), 158~159.

284 M. M. Bakhtin, "Forms of Time and Chronotope in the Novel," in *Dialogic Imagination*, ed. Michael Holquist, trans. Caryl Emerson and Michael Holquist (Austin: University of Texas Press, 1981), 243~245.

285 John Berger, *And our faces, my heart, brief as photos* (New York: Pantheon, 1984), 65~66.

286 John Szarkowski, "Atget and the Art of Photography," in *The Work of Atget*, by John

Szarkowski and Maria Morris Hambourg, vol. 1, *Old France* (New York: Museum of Modern Art, 1981), 11.

287   Charles Sanders Peirce, "Logic as Semiotic: The Theory of Signs," in *Philosophical Writings of Peirce*, ed. Justus Buchler (New York: Dover, 1955), 108.

288   Cavell, *The World Viewed*, 24.

289   화가들에 의해 사진이 발명되었다고 믿는 피터 갈라시Peter Galassi는 전도된 원근법 적용이 사진의 결과가 아니라, 사진에 선행했고 사진을 이끈 회화 발전의 결과라고 주장해 왔다. 다음을 보라. *Before Photography: Painting and the Invention of Photography* (New York: Museum of Modern Art, 1981), 11~31.

290   Michelangelo Antonioni, *That Bowling Alley on the Tiber*, 93~96.

291   Antonioni, *That Bowling Alley on the Tiber*, 71.

292   같은 책, 93~94.

293   같은 책, 3.

294   Joseph Bennett, "The Essences of Being," *Hudson Review* 14, no. 3 (1961): 436.

295   Roland Barthes, "The Reality Effect," in *The Rustle of Language*, trans. Richard Howard (New York: Hill & Wang, 1986), 141~148.

296   Robert Warshow, *The Immediate Experience* (New York: Atheneum, 1970), 251.

297   Antonioni, *That Bowling Alley on the Tiber*, 93.

298   William S. Pechter, *Twenty-four Times a Second* (New York: Harper & Row, 1971), 49.

299   은유와 환유에 관한 로만 야콥슨의 핵심적 에세이 "Two Aspects of Language and Two Types of Aphasic Disturbances"는 야콥슨과 모리스 홀Morris Halle의 공저 *Fundamentals of Language*(The Hague: Mouton, 1956)에 처음 실렸다. 이후 여러 책에 실렸으며, 다음 책에도 게재되었다. Roman Jakobson, *Language in Literature*, ed. Krystyna Pomorska and Stephen Rudy (Cambridge: Harvard University Press, 1987), 95~114.

300   바르트의 공개서한은 1980년 볼로냐시가 안토니오니에게 공로상을 수여한 기념으로 쓴 것이다. 프랑스 번역본은 "Cher Antonioniappeared"으로 〈카이에 뒤 시네마〉(no. 311, 1980년 5월)"에 실렸다. 내가 영어로 번역한 것이다.

301   Young, *On Film*, 279.

302   Adrian Stokes, *Colour and Form*, in The Critical Writings of Adrian Stokes, ed. Lawrence Gowing, vol. 2 (New York: Thames & Hudson, 1978), 13.

303   Young, *On Film*, 189. 이 시퀀스는 다음 글에서도 깊이 있게 논의되었다. Geoffrey Nowell-Smith, "Shape around a Black Point," *Sight and Sound*, 33, no. 1 (1963~1964): 15~20.

이 책의 일부는 다음 문헌에 실렸던 글이다.

서론: *The Nation* (January 4/11, 1993), *Raritan* 16 (spring 1997)

2장: *The Hudson Review* 30 (spring 1977), *The Nation* (November 4, 1991)

3장: *The Hudson Review* 34 (autumn 1981)

4장: *Sight and Sound* 36 (summer 1967), *Raritan* 13 (summer 1993)

5장: *The Hudson Review* 28 (spring 1975)

6장: *The Hudson Review* 42 (summer 1989), *The Yale Review* 83 (October 1995)

7장: *The Nation* (September 14, 1992; October 25, 1993), *The Yale Review* 84 (July 1996)

8장: *Artforum* 17 (October 1978), *The Yale Review* 85 (January 1997)

9장: *Raritan* 6 (summer 1986), *The Nation* (February 18, 1991)

10장: *The Hudson Review* 44 (summer 1991), *The Yale Review* 82 (July 1994).

참고 문헌

Adorno, T. W. "Perennial Fashion — Jazz," in *Prisms*, trans. Samuel Weber and Shierry Weber, Cambridge: MIT Press, 1983, 119~132.

Affron, C. *Cinema and Sentiment*, Chicago: University of Chicago Press, 1982.

Agee, J. *Agee on Film*, vol. 1, New York: McDowell Obolensky, 1958.

Almendros, N. *Dias de una cámara*, Barcelona: Seix Barral, 1982; *A Man with a Camera*, trans. Rachel Phillips Belash. New York: Farrar, Straus & Giroux, 1984.

Alpers, S. *The Art of Describing*, Chicago: University of Chicago Press, 1983.

Andrew, D. *Film in the Aura of Art*, Princeton: Princeton University Press, 1984.

Andrew, D. *Mists of Regret: Culture and Sensibility in Classic French Film*, Princeton: Princeton University Press, 1995.

Antonioni, M. *That Bowling Alley on the Tiber: Tales of a Director*, trans. William Arrowsmith, New York: Oxford University Press, 1986.

Arendt, H. "Martin Heidegger at Eighty," *New York Review of Books*, Oct. 1971.

Aristotle. *Poetics*, trans S. H. Butcher, New York: Hill & Wang, 1961.

Astruc, A. "Fire and Ice," in *Cahiers du Cinéma in English*, no. 1, January 1966.

Auerbach, E. *Mimesis*, trans. Willard R. Trask, Princeton: Princeton University Press, 1968.

Auerbach, N. *Woman and the Demon*, Cambridge: Harvard University Press, 1982.

Bakhtin, M. M. *Dialogic Imagination*, ed. Michael Holquist, trans. Caryl Emerson and Michael Holquist, Austin: University of Texas Press, 1981.

Balázs, B. *Theory of the Film: Character and Growth of a New Art*, trans. Edith Bone, New York: Dover, 1970.

Barnes, J. "Night for Day," *New York Review of Books* 37, 11 October 1990, 14~16.

Barnouw, E. *Documentary: A History ofthe Non-Fiction Film*, 2nd rev. ed., New York: Oxford University Press, 1993.

Barthes, R. *Critical Essays*, trans. Richard Howard, Evanston: Northwestern University Press, 1972.

Barthes, R. *Mythologies*, trans. Annette Lavers, New York: Hill & Wang, 1972.

Barthes, R. "Cher Antonioniappeared," *Cahiers du cinéma*, no. 311, May 1980.

Barthes, R. *Camera Lucida: Reflections on Photography*, trans. Richard Howard, New York: Hill & Wang, 1981.

Barthes, R. *The Rustle of Language*, trans. Richard Howard, New York: Hill & Wang, 1986.

Bazin, A. "La Politique des auteurs," *Cahiers du cinéma*, no. 70, 1957; *The New Wave*, ed. Peter Graham, New York: Doubleday, 1968.

Bazin, A. *What Is Cinema?* trans. Hugh Gray, Berkeley: University of California Press, 1967; *Qu'est-ce que le cinéma?* vol. 1, Ontologie et langage, Paris: Editions du Cerf, 1958.

Bazin, A. *What Is Cinema?* trans. Hugh Gray, vol. 2, Berkeley: University of California Press, 1971; *Qu'est-ce que le cinéma?* vol. 4, *Une Esthétique de la réalite: le neo-réalisme*, Paris: Editions du Cerf, 1962.

Bazin, A. *Jean Renoir*, ed. François Truffaut, trans. W. W. Halsey II and William H. Simon, New York: Dell, 1974.

Bazin, A. *The Cinema of Cruelty: from Buñuel to Hitchcock*, ed. François Truffaut, trans. Sabine d'Estreé with the assistance of Tiffany Fliss, New York: Seaver, 1982.

Benjamin, W. *Illuminations*, ed. Hannah Arendt, trans. Harry Zohn, New York: Schocken, 1969.

Bennett, J. "The Essences of Being," *Hudson Review* 14, no. 3, 1961.

Bentley, E. *Search of Theater*, New York: Vintage, 1959.

Bentley, E. *The Life of the Drama*, New York: Atheneum, 1966.

Benveniste, É. *Problems in General Linguistics*, trans. Mary Elizabeth Meek, Coral Gables: University of Miami Press, 1971.

Berenson, B. *The Italian Painters of the Renaissance*, Ithaca: Cornell University Press, 1980.

Bergan, R. *Jean Renoir: Projections of Paradise*, Woodstock, N.Y.: Overlook, 1994.

Berger, J. *And our faces, my heart, brief as photos*, New York: Pantheon, 1984.

Berger, J. "The Eyes of Claude Monet," in *The Sense of Sight*, ed. Lloyd Spencer, New York: Pantheon, 1985.

Bergson, H. "Laughter," in *Comedy*, ed. Wylie Sypher, Baltimore: Johns Hopkins University Press, 1980.

Bertin, C. *Jean Renoir: A Life in Pictures*, Baltimore: Johns Hopkins University Press, 1991.

Branigan, E. *Narrative Comprehension and Film*, London: Routledge, 1992.

Brecht, B. "The Curtains," in *Poems on the Theatre*, trans. John Berger and Anna Bostock, Lowestoft, Suffolk: Scorpion, 1961.

Brecht, B. *Journals, 1934~1955*, trans. Hugh Rorrison, ed. John Willett, New York: Routledge, 1993.

Bode, C. "Henry James and Owen Wister," *American Literature* 26, no. 2, 1954, 250~252.

Booth, W. *Rhetoric of Fiction*, Chicago: University of Chicago Press, 1961.

Bordwell, D. *Narration in the Fiction Film*, Madison: University of Wisconsin Press, 1985.

Bordwell, D. *The Cinema of Eisenstein*, Cambridge: Harvard University Press, 1993.

Bordwell, D. & Carroll, N. eds., *Post-Theory: Reconstructing Film Studies*, Madison: University of Wisconsin Press, 1996.

Bordwell, D., Staiger, J., & Thompson, K. *The Classical Hollywood Cinema: Film Style and Mode of Production to 1960*, New York: Columbia University Press, 1985.

Braudy, L. *Jean Renoir: The World of His Films*, Garden City, N.Y.: Anchor, 1972.

Brook, P. "Shakespeare on Three Screens: Peter Brook Interviewed by Geoffrey Reeves," *Sight and Sound*, 34, no. 2, 1965.

Browne, N. "The Spectator-in-the-Text: The Rhetoric of Stagecoach," *Film Quarterly* 29, no. 2, 1975~1976, 26~38.

Buñuel, L. *My Last Sigh*, trans. Abigail Israel, New York: Knopf, 1983; *Mi último suspiro*, Barcelona: Plaza

& Janes, 1982.

Burch, N. "Porter, or Ambivalence," *Screen* 19, no. 4, 1978~1979, 91~105.

Bürger, P. *Theory of the Avant-Garde*, trans. Michael Shaw, Minneapolis: University of Minnesota Press, 1984.

Burke, K. *A Rhetoric of Motives*, Berkeley: University of California Press, 1969.

Burns, P. E. "Cultural Revolution, Collectivization, and Soviet Cinema: Eisenstein's *Old and New* and Dovzhenko's *Earth*," *Film and History* 11, no. 4, 1981, 84~96.

Byg, B. *Landscapes of Resistance: The German Films of Danièle Huillet and Jean-Marie Straub*, Berkeley: University of California Press, 1995.

Canby, V. Review of *Nouvelle Vague*, *New York Times*, 29 September 1990.

Capra, F. *The Name above the Title: An Autobiography*, New York: Macmillan, 1971.

Carroll, N. *Mystifying Movies: Fads and Fallacies in Contemporary Film Theory*, New York: Columbia University Press, 1988.

Cavell, S. *The World Viewed*, enl. ed., Cambridge: Harvard University Press, 1979.

Cavell, S. *Pursuits of Happiness: The Hollywood Comedy of Remarriage*, Cambridge: Harvard University Press, 1981.

Cavell, S. "What Becomes of Things on Film?" in *Themes out of School: Effects and Causes*, San Francisco: North Point, 1984.

Cawelti, J. G. *Adventure, Mystery, and Romance: Formula Stories as Art and Popular Culture*, Chicago: University of Chicago Press, 1976, 215~230.

Chatman, S. *Antonioni; or, The Surface of the World*, Berkeley: University of California Press, 1985.

Chatman, S. "What Novels Can Do That Films Can't (and Vice Versa)," in *Film Theory and Criticism*, 4th ed., ed. Gerald Mast, Marshall Cohen, and Leo Braudy, New York: Oxford University Press, 1992.

Clark, T. J. "Clement Greenberg's Theory of Art," in *The Politics of Interpretation*, ed. W. J. T. Mitchell, Chicago: University of Chicago Press, 1983, 203~220.

Clark, T. J. *The Painting of Modern Life: Paris in the Art of Manet and His Followers*, New York: Knopf, 1985.

Coates, P. *The Gorgon's Gaze: German Cinema, Expressionism, and the Image of Horror*, Cambridge: Cambridge University Press, 1991.

Crow, T. *Modern Art in the Common Culture*, New Haven: Yale University Press, 1996.

Cuccu, L. *La visione comeproblema: Forme e svolgimento del cinéma di Antonioni*, Rome: Bulzoni, 1973.

Dardis, T. *Keaton, the Man Who Wouldn't Lie Down*, New York: Scribner's, 1979.

Davis, M. *Aristotle's Poetics: The Poetry of Philosophy*, Lanham, Md.: Rowman & Littlefield, 1992.

Debord, G. *Comments on the Society of the Spectacle*, trans. Malcolm Imrie, London: Verso, 1990.

Deren, M. "Poetry and the Film: A Symposium," in *Film Culture Reader*, ed. P. Adams Sitney, New York: Praeger, 1970, 171~186.

Douglas, A. *The Feminization of American Culture*, New York: Knopf, 1977.

Dovzhenko, A. *Alexander Dovzhenko: The Poet as Filmmaker*, ed. and trans. Marco Carynnyk, Cambridge: MIT Press, 1973.

Eisenstein, S. *Film Form: Essays in Film Theory*, ed. and trans. Jay Leyda, New York: Harcourt, Brace, 1949.

Eisenstein, S. *Writings, 1922~34*, vol. 1 of Selected Works, ed. and trans. Richard Taylor, Bloomington: Indiana University Press, 1988.

Eisner, L. H. *Murnau*, Berkeley: University of California Press, 1973.

Ellis, J. *Visible Fictions*, London: Routledge & Kegan Paul, 1982.

Empson, W. *Some Versions of Pastoral*, New York: New Directions, 1960.

Faulkner, C. *The Social Cinema of Jean Renoir*, Princeton: Princeton University Press, 1986.

Fieschi, J. A. Entry on F. W. Murnau in *Cinema: A Critical Dictionary*, ed. Richard Roud, vol. 2, New York: Viking, 1980.

Fortini, F. *I Cani del Sinai*, Bari: De Donato, 1967.

Foucault, M. *The Order of Things*, New York: Vintage, 1973.

Hansen, M. *Babel and Babylon: Spectatorship in American Silent Film*, Cambridge: Harvard University Press, 1991.

Harvey, J. *Romantic Comedy in Hollywood from Lubitsch to Sturges*, New York: Knopf, 1987.

Hazlitt, W. "Why Distant Objects Please," in *Selected Writings*, ed. Ronald Blythe, Baltimore: Penguin, 1970.

Heath, S. *Questions of Cinema*, Bloomington: Indiana University Press, 1981.

Heidegger, M. *Being and Time*, trans. John Macquarrie and Edward Robinson, New York: Harper & Row, 1962.

Huyssen, A. *After the Great Divide: Modernism, Mass Culture, Postmodernism*, Bloomington: Indiana University Press, 1986.

Infante, G. C. *A Twentieth Century Job*, trans. Kenneth Hall and G. Cabrera Infante, London: Faber & Faber, 1991.

Iversen, M. "What Is a Photograph?" *Art History* 17, no. 3 , 1994, 450~464.

Galassi, P. *Before Photography: Painting and the Invention of Photography*, New York: Museum of Modern Art, 1981.

Gallagher, T. *John Ford: The Man and His Films*, Berkeley: University of California Press, 1986.

Gallagher, T. Talk at Sarah Lawrence College, Bronxville, N.Y., 10 April 1995; idem, "Jean Renoir: The Dancers and the Dance," *Film Comment* 32, no. 1, 1996, 64~66, 72~76.

Gaudreault, A. "Narration and Monstration in the Cinema," *Journal of Film and Video* 39, Spring 1987, 29~36.

Godard, J. L. *François Truffaut: Correspondence, 1945~1984*, ed. Gilles Jacob and Claude de Givray with a foreword by Jean-Luc Godard, trans. Gilbert Adair, New York: Farrar, Straus & Giroux, 1990.

Greenberg, C. *Collected Essays and Criticism*, ed. John O'Brian, vol. 1, *Perceptions and Judgments, 1939~1944*, Chicago: University of Chicago Press, 1986.

Greenberg, C. *The Collected Essays and Criticism*, ed. John O'Brian, vol. 3, *Affirmations and Refusals, 1950~1956*, Chicago: The University of Chicago Press, 1993.

Greenberg, C. *Collected Essays and Criticism*, ed. John O'Brian, vol. 4, *Modernism with a Vengeancey 1957~1969*, Chicago: University of Chicago Press, 1993.

Greene, G. Review of *You Can't Take It With You*, in *Graham Greene on Film: Collected Film Criticism, 1935~1940*, ed. John Russell Taylor, New York: Simon & Schuster, 1972, 203~204.

Grierson, J. *Grierson on Documentary*, ed. Forsyth Hardy, New York: Harcourt Brace, 1947.

Grierson, J. *Grierson on the Movies*, ed. Forsyth Hardy, London: Faber & Faber, 1981.

Griffith, R. "The Film Since Then," in *The Film till Now: A Survey of World Cinema*, by Paul Rotha, with an additional section by Richard Griffith, London: Spring Books, 1967, 452~453.

Gunning, T. "The Cinema of Attraction: Early Film, Its Spectator and the Avant-Garde," in *Early Cinema: Space, Frame, Narrative*, ed. Thomas Elsaesser, London: British Film Institute, 1990, 56~62.

Gunning, T. *D. W. Griffith and the Origins of American Narrative Film: The Early Years at Biograph*, Urbana: University of Illinois Press, 1991.

Jakobson, R. *Language in Literature*, ed. Krystyna Pomorska and Stephen Rudy, Cambridge: Harvard University Press, 1987.

Jakobson, R. & Halle, M. "Two Aspects of Language and Two Types of Aphasic Disturbances," *Fundamentals of Language*, The Hague: Mouton, 1956.

Kael, P. *I Lost It at the Movies*, New York: Bantam, 1966.

Kael, P. *Kiss Kiss Bang Bang*, Boston: Little, Brown, 1968.

Kael, P. *Going Steady*, Boston: Little, Brown, 1970.

Kael, P. *5001 Nights at the Movies*, New York: Holt, Rinehart & Winston, 1991.

Kapsis, R. E. *Hitchcock: The Making of a Reputation*, Chicago: University of Chicago Press, 1992.

Kenner, H. "In Memoriam: Buster Keaton," *National Review* 18, 22 February, 1966.

Kenner, H. "Stan, Ollie, and the Universe," *National Review* 19, 14 November 1967.

Kepley Jr., V. *In the Service of the State: The Cinema of Alexander Dovzhenko*, Madison: University of Wisconsin Press, 1986.

Kerr, W. *The Silent Clowns*, New York: Knopf, 1975.

Kracauer, S. *From Caligari to Hitler: A Psychological History of the German Film*, Princeton: Princeton University Press, 1947.

Kracauer, S. *Theory of Film: The Redemption of Physical Reality*, New York: Oxford University Press, 1960.

MacCabe, C. "The Politics of Separation," *Screen* 16, no. 4, 1975~1976.

Mallarmé, S. "The Impressionists and Edouard Manet," *Art Monthly Review* 1, no. 9 (1876). *Modern Art and Modernism: A Critical Anthology*, ed. Francis Frascina and Charles Harrison, New York: Harper & Row, 1982.

Marx, K. *The Grundrisse*, ed. and trans. David McLellan, New York: Harper & Row, 1971.

Maupassant, G. de. "A Country Excursion," in *Sur l'Eau and Other Stories*, trans. Albert M. C. McMaster et al., London: Standard, 1922.

Mayne, J. *Cinema and Spectatorship*, New York: Routledge, 1993.

McBride, J. *Frank Capra: The Catastrophe of Success*, New York: Simon & Schuster, 1992.

Metz, C. *Film Language: A Semiotics of the Cinema*, trans. Michael Taylor, New York: Oxford University Press, 1974.

Metz, C. *The Imaginary Signifier: Psychoanalysis and the Cinema*, trans. Celia Britton, Annwyl Williams, Ben Brewster, and Alfred Guzzetti, Bloomington: Indiana University Press, 1982.

Mitchell, L. C. "'When You Call Me That ⋯⋯': Tall Talk and Male Hegemony in *The Virginian*," *PMLA* 102, no. 1, 1987, 66~77.

Modleski, T. "Time and Desire in the Woman's Film," *Cinema Journal* 23, no. 3, 1984.

Montagu, I. "Dovzhenko: Poet of Life Eternal," *Sight and Sound* 27, no. 1, 1957.

Mulvey, L. "Visual Pleasure and Narrative Cinema," *Screen* 16, no. 3, 1975, 6~18.

Murdock, I. *Metaphysics as a Guide to Morals*, Harmondsworth: Penguin, 1993.

Musser, C. *The Emergence of Cinema: The American Screen to 1907*, New York: Scribner's, 1990.

Musser, C. *Before the Nickelodeon: Edwin S. Porter and the Edison Manufacturing Company*, Berkeley: University of California Press, 1991.

Nowell-Smith, G. "Shape around a Black Point," *Sight and Sound*, 33, no. 1, 1963~1964, 15~20.

Ortega y Gasset, J. *The Dehumanization of Art and Other Essays on Art, Culture, and Literature*, Princeton: Princeton University Press, 1968.

Oudart, J. P. "La Suture," *Cahiers du cinéma*, nos. 211 (April 1969): 36~39, 212 (May 1969): 50~55, reprinted as "Cinema and Suture" in *Cahiers du cinema, 1969~1972: The Politics of Representation*, ed. Nick Browne, Cambridge: Harvard University Press, 1990, 45~57.

Pasolini, P. P. *Heretical Empiricism*, ed. Louise K. Barnett, trans. Ben Lawton and Louise K. Barnett, Bloomington: Indiana University Press, 1988.

Pechter, W. S. *Twenty-four Times a Second*, New York: Harper & Row, 1971.

Pechter, W. S. *Movies Plus One*, New York: Horizon, 1982.

Peirce, C. S. "Logic as Semiotic: The Theory of Signs," in *Philosophical Writings of Peirce*, ed. Justus Buchler, New York: Dover, 1955.

Poggioli, R. *The Theory of the Avant-Garde, trans. Gerald Fitzgerald*, New York: Harper & Row, 1971.

Posner, D. "The Swinging Women of Watteau and Fragonard," *Art Bulletin* 64, no. 1, 1982, 75~88.

Renoir, J. *My Life and My Films*, trans. Norman Denny, New York: Atheneum, 1974.

Renoir, J. *Renoir, My Father*, trans. Randolph Weaver and Dorothy Weaver, San Francisco: Mercury House, 1988.

Renoir, J. *Renoir on Renoir: Interviews, Essays, and Remarks*, trans. Carol Volk, Cambridge: Cambridge University Press, 1989.

Renoir, J. *Letters*, ed. David Thompson and Lorraine LoBianco, trans. Craig Carlson, Natasha Arnoldi, Michael Wells, and Anneliese Varaldiev, London: Faber & Faber, 1994.

Rhode, E. *Tower of Babel: Speculations on the Cinema*, London: Weidenfeld & Nicolson, 1966.

Rhode, E. *A History of the Cinema*, New York: Hill & Wang, 1976.

Rohdie, S. *Antonioni*, London: British Film Institute, 1990.

Rosenbaum, J. *Placing Movies: The Practice of Film Criticism*, Berkeley: University of California Press, 1995.

Rosenbaum, J. "Lessons from a Master," *Chicago Reader* 25, no. 36, 1996, 45~47.

Rossellini, R. Interview by Fereydoun Hoveyda and Jacques Rivette, *Cahiers du cinéma*, no. 94, April 1959.

Rotha, P. *Robert J. Flaherty: A Biography*, ed. Jay Ruby, Philadelphia: University of Pennsylvania Press, 1983.

Rotha, P. & Griffith, R. *The Film till Now: A Survey of World Cinema*, London: Spring Books, 1967.

Rothman, W. *Documentary Film Classics*, Cambridge: Cambridge University Press, 1997.

Rothman, W. *Hitchcock: The Murderous Gaze,* Cambridge: Harvard University Press, 1982.

Rothman, W. *The "I" of the Camera*, Cambridge: Cambridge University Press, 1988.

Roud, R. *Jean-Marie Straub*, New York: Viking, 1972.

Rubinstein, E. *Filmguide to The General*, Bloomington: Indiana University Press, 1973.

Saisselin, R. G. "Poetics of the Western," *British Journal of Aesthetics*, 2, no. 2, 1962, 159~169.

Santayana, G. *The Sense of Beauty: Being the Outlines of Aesthetic Theory*, New York: Dover, 1955.

Sarris, A. *The American Cinema: Directors and Directions, 1929~1968*, New York: Dutton, 1968.

Sarris, A. "Notes on the Auteur Theory in 1962," *Film Culture*, no. 27, winter 1962~1963, reprinted in *Film Culture Reader*, ed. P. Adams Sitney, New York: Praeger, 1970.

Saussure, F. de. *Course in General Linguistics*, ed. Charles Bally and Albert Sechehaye with Albert Riedlinger, trans. Wade Baskin, New York: McGraw-Hill, 1966.

Schapiro, M. "The Patrons of Revolutionary Art," *Marxist Quarterly*, October–December 1937, 464~465.

Schapiro, M. *Modern Art: Nineteenth and Twentieth Centuries*, New York: Braziller, 1978.

Schatz, T. *The Genius of the System: Hollywood Filmmaking in the Studio Era*, New York: Pantheon, 1988.

Scorsese, M. "Martin Scorsese interviewed by Gavin Smith," *Film Comment* 26, no. 5, 1990.

Scruton, R. "Photography and Representation," *Critical Inquiry* 7, no. 3, 1981, 577~603.

Sesonske, A. *Jean Renoir: The French Films, 1924~1939*, Cambridge: Harvard University Press, 1980.

Seton, M. *Sergei M. Eisenstein*, New York: Wyn, 1952.

Shklovsky, V. "Sterne's Tristram Shandy: Stylistic Commentary," in *Russian Formalist Criticism: Four Essays*, ed. and trans. Lee T. Lemon & Marion J. Reis, Lincoln: University of Nebraska Press, 1965.

Simon, J. *Private Screenings*, New York: Macmillan, 1967.

Simon, J. "François Truffaut: Saved by the Cinema," *New Criterion*, 9, no. 1, 1990, 35~43

Sitney, P. A. Entry on Alexander Dovzhenko in *Cinema: A Critical Dictionary*, ed. Richard Roud, vol. 1, New York: Viking, 1980.

Sitney, P. A. *Modernist Montage: The Obscurity of Vision in Cinema and Literature*, New York: Columbia University Press, 1990.

Slotkin, R. *Gunfighter Nation: The Myth of the Frontier in Twentieth-Century America,* New York: Atheneum, 1992.

Slotkin, R. *Regeneration through Violence: The Mythology of the American Frontier*, 1600~1860, Middletown, Conn.: Wesleyan University Press, 1973.

Smith, H. N. *Virgin Land: The American West as Symbol and Myth*, Cambridge: Harvard University Press, 1978.

Snyder, J. "Photography and Ontology," in *The Worlds of Art and the World*, ed. Joseph Margolis, Anlsterdam: Rodopi, 1984, 21~34.

Sontag, S. *Against Interpretation,* New York: Farrar, Straus & Giroux, 1966.

Sontag, S. *Styles of Radical Will*, New York: Farrar, Straus & Giroux, 1969.

Stokes, A. *The Critical Writings of Adrian Stokes*, ed. Lawrence Gowing, vol. 1, New York: Thames & Hudson, 1978.

Stokes, A. *The Critical Writings of Adrian Stokes*, ed. Lawrence Gowing, vol. 2, New York: Thames & Hudson, 1978.

Straub, J. M. & Huillet, D. script of *History Lessons*, trans. Misha Donat in collaboration with them, *Screen* 17, no. 1, 1976, 69~70.

Straub, J. M. & Huillet, D. script of *Fortini/Cani*, trans. Geoffrey Nowell-Smith, *Screen* 19, no. 2, 1978, 27~28.

Straub, J. M. & Huillet, D. "Straub and Huillet on Filmmakers They Like and Related Matters," in

The Cinema of Jean-Marie Straub and Danièle Huillet, ed. Jonathan Rosenbaum, booklet for a retrospective at Film at the Public, New York City, 2~14 November 1982.

Strebel, E. G. "Renoir and the Popular Front," *Sight and Sound* 49, no. 1, 1979~1980.

Studlar, G. "Masochistic Performance and Female Subjectivity in Letter from an Unknown Woman," *Cinema Journal* 33, no. 3, 1994.

Szarkowski, J. "Atget and the Art of Photography," in *The Work of Atget*, by John Szarkowski and Maria Morris Hambourg, vol. 1, *Old France*, New York: Museum of Modern Art, 1981.

Tifft, S. "Theater in the Round: The Politics of Space in the Films of Jean Renoir," *Theater Journal* 39, October 1987, 328~346.

Tifft, S. "Drôle de Guerre: Renoir, Farce, and the Fall of France," *Representations* 38, Spring 1992, 131~165.

Tompkins, J. *West of Everything: The Inner Life of Westerns*, New York: Oxford University Press, 1992.

Turner, F. J. *The Frontier in American History*, New York: Henry Holt, 1962.

Tynan, K. *Profiles*, ed. Kathleen Tynan and Ernie Eban, New York: HarperCollins, 1989.

Vardac, A. N. *Stage to Screen*, Cambridge: Harvard University Press, 1949.

Vertov D. *Kino-Eye: The Writings of Dziga Vertov*, ed. Annette Michelson, trans. Kevin O'Brien, Berkeley: University of California Press, 1984.

Volker, K. *Brecht Chronicle*, trans. Fred Wiek, New York: Seabury, 1975.

Walsh, M. *The Brechtian Aspect of Radical Cinema*, ed. Keith M. Griffiths, London: British Film Institute, 1981.

Warshow, R. *The Immediate Experience*, New York: Atheneum, 1970.

Watt, I. *The Rise of the Novel: Studies in Defoe, Richardson, and Fielding*, Berkeley: University of California Press, 1957.

Welles, O. & Bogdanovich, P. *This Is Orson Welles*, ed. Jonathan Rosenbaum, New York: HarperCollins, 1992.

Williams, R. *Drama from Ibsen to Brecht*, New York: Oxford University Press, 1968.

Williams, R. *The Country and the City*, New York: Oxford University Press, 1973.

Williams, R. *Politics and Letters: Interviews with New Left Review*, London: NLB, 1979.

Williams, R. *The Politics of Modernism*, ed. Tony Pinkney, London: Verso, 1989.

Wilson, E. *The American Earthquake*, Garden City, N.Y.: Anchor, 1964.

Wilson, G. M. *Narration in Light*, Baltimore: Johns Hopkins University Press, 1986.

Wollen, P. *Signs and Meaning in the Cinema*, Bloomington: Indiana University Press, 1969.

Wollen, P. *Readings and Writings: Semiotic Counter-Strategies*, London: Verso, 1982.

Wood, R. Entry on John Ford in *Cinema: A Critical Dictionary*, ed. Richard Roud, vol. 1, New York: Viking, 1980.

Young, V. *On Film: Unpopular Essays on a Popular Art*, Chicago: Quadrangle, 1972.